Ruedi Ackerb

KARL OFTINGER
AUSGEWÄHLTE SCHRIFTEN

Karl Oftinger

Ausgewählte Schriften

Herausgegeben von den Mitgliedern der
Juristischen Abteilung der Universität Zürich

Schulthess Polygraphischer Verlag Zürich 1978

© Schulthess Polygraphischer Verlag AG, Zürich 1978
Printed in Switzerland
Buchdruckerei Schulthess AG, Zürich
ISBN 3 7255 1912 9

INHALTSVERZEICHNIS

Vorwort · VII
Hinweise für den Leser · XII
Abkürzungen · XIII

I. Grundfragen des Rechts und der Rechtspolitik

Über den Zusammenhang von Privatrecht und Staatsstruktur. Ein Hinweis (1941) · 3
Punktationen für eine Konfrontation der Technik mit dem Recht (1961) · 22
Die Vertragsfreiheit (1948) · 46
Überblick über die Problematik und einige Hauptpunkte der Interpretation (1967) · 63
Einige grundsätzliche Betrachtungen über die Auslegung und Ergänzung der Verkehrsgeschäfte (1939) · 79
Handelsrecht und Zivilrecht. Monismus oder Dualismus des Privatrechts und seiner Gesetzbücher? (1954) · 101

II. Zivilrecht (ohne Haftpflichtrecht)

Die krisenbedingte Veränderung der Grundlagen bestehender Verträge. Von der sog. Clausula rebus sic stantibus. Ein Überblick auf Grund bundesgerichtlicher Judikatur und inländischer Literatur (1940) · 123
Die ungelesen unterzeichnete Urkunde und verwandte Tatbestände (1955) · 145
Betrachtungen über die laesio im schweizerischen Recht. Die Bestimmung über die Übervorteilung, insbesondere im Lichte neuerer Entwicklungen und Tendenzen (1973) · 155
Die Haftung des Bürgen für die gesetzlichen Folgen eines Verschuldens oder Verzugs des Hauptschuldners (1937) · 172
Le régime matrimonial légal dans les législations contemporaines: Suisse (1957) · 196
Die rechtliche Zulässigkeit der Publikation von Krankengeschichten zu psychiatrisch-wissenschaftlichem Zweck (1944) · 207
Dürfen Redaktionen ihnen übergebene Beiträge verändern? Presserechtliche Studie mit einer Nutzanwendung auf das Radio (1968) · 211

III. Haftpflichtrecht

Haftpflichtrecht und Persönlichkeitsrecht vor der neueren technischen Entwicklung (1957)	227
Der soziale Gedanke im Schadenersatzrecht und in der Haftpflichtversicherung (1943)	237
Die Haftung ohne Verschulden im schweizerischen Recht (1958)	256
Rapport sur l'évolution récente de la responsabilité sans faute en droit suisse (1946)	267
L'évolution de la responsabilité civile et de son assurance dans la législation suisse la plus récente (1965)	280
Haftpflicht, Versicherung und soziale Solidarität bei der Wiedergutmachung von Schäden im schweizerischen Recht (1970)	294

IV. Umweltschutzrecht

Zur Phänomenologie des Automobilismus: Vom Schädigungspotential und anderen Wirkungen des Motorfahrzeuges und was sich daraus für rechtliche Folgerungen ergeben (1963)	309
Eine neue schweizerische Bestimmung über die Haftpflicht wegen Verunreinigung von Gewässern (1973)	318
Lärmbekämpfung in rechtlicher Sicht (1964)	335
Lärmbekämpfung (1973)	351
Kriterien für die Bewilligung eines Sportflugplatzes. Mit einem Ausblick auf den Umweltschutzartikel der Bundesverfassung (1976)	386
Veröffentlichungen von Karl Oftinger	403

VORWORT

Der vorliegende Band enthält eine Auswahl von Aufsätzen und Vorträgen von Professor Karl Oftinger (1909—1977), der von 1944 bis 1974 Ordinarius für Schweizerisches Zivilrecht an der Universität Zürich gewesen ist.

Wenn die Mitglieder der Juristischen Abteilung der Zürcher Rechts- und staatswissenschaftlichen Fakultät das Buch ein Jahr nach dem Tod ihres Kollegen einer weiteren Öffentlichkeit vorlegen, erfüllen sie damit mehr als eine bloße Pietätspflicht: Unter den Rechtslehrern, die in neuerer Zeit an der Universität Zürich wirkten, hat wohl kaum ein anderer so wie Karl Oftinger immer wieder in Zeitschriftenartikeln, Beiträgen zu Festschriften, Kongreßberichten usw. zu zentralen Fragen des heutigen und des kommenden Rechts Stellung genommen und dabei Arbeiten von bleibendem Wert geschaffen. Diese Schriften, die in ihrer Gesamtheit ebenbürtig neben den großen Werken des Verstorbenen stehen, sind heute oft nur noch in größeren Bibliotheken zu finden. Sie auch einer neuen Generation von Juristen wieder leicht zugänglich zu machen ist der Hauptzweck dieser Sammlung.

*

Karl Oftinger wurde am 8. August 1909 als Bürger von Zurzach in Bern geboren. Nach dem Besuch des dortigen Freien Gymnasiums studierte er von 1928 bis 1932 an der Universität Bern die Rechte. Im Herbst 1932 erwarb er das Diplom eines bernischen Fürsprechers, und noch im gleichen Jahr wurde er von der Berner Rechts- und wirtschaftswissenschaftlichen Fakultät auf Grund einer ausgezeichneten Dissertation «Von der Eigentumsübertragung an Fahrnis» (Abhandlungen zum schweizerischen Recht, Neue Folge Nr. 82, Bern 1933) zum Doctor iuris promoviert. Nach Studienaufenthalten in London, Paris und Rom übersiedelte er 1934 nach Zürich, um hier als Anwalt zu praktizieren. Im Frühjahr 1936 habilitierte er sich an der Universität Zürich für das Fach des Schweizerischen Zivilrechts; die Habilitationsschrift «Der Trödelvertrag. Prolegomena zu seiner Lehre» erschien 1937 in Zürich.

Dem Schweizerischen Juristentag von 1938 legte Karl Oftinger ein umfangreiches und stark beachtetes Referat über «Gesetzgeberische Eingriffe in das Zivilrecht» vor. Im Herbst 1942 wurde er zum vollamtlichen Extraordinarius für Schweizerisches Zivilrecht, Versicherungsrecht und Einführung in die Rechtswissenschaft an der Universität Zürich gewählt, zwei Jahre später zum Ordinarius mit der gleichen Lehrverpflichtung. Mit großem Engagement las er jeden Winter die Einführung in die Rechtswissenschaft, um hier den Anfängern sein Bestes zu geben. Ein besonderes Anliegen war ihm auch die Vorlesung über den Allgemeinen

Teil des Obligationenrechts; die Übungen zu dieser Vorlesung bedeuteten für die Studierenden der mittleren und oberen Semester einen Höhepunkt ihres Studiums. Oftinger betreute zeitweise auch das Erbrecht und lange Zeit das Sachenrecht, das Haftpflichtrecht und das Versicherungsrecht.

Karl Oftingers Verdienste um die Weiterbildung des Rechts wurden im Jahre 1959 durch die Verleihung des Ehrendoktorats der Universität Neuenburg gewürdigt. 1972 ernannte ihn die Rechtsfakultät der Universität Bern zum Doctor honoris causa.

Im Oktober 1974 trat Karl Oftinger, 65 Jahre alt geworden, von seiner Professur zurück, um sich vermehrt wissenschaftlichen Aufgaben widmen zu können. Mitten in der Arbeit für eine Neuauflage des Kommentars zum Fahrnispfand befiel ihn ein Herzleiden, das nach wenigen Krankheitstagen am 8. Juli 1977 seinem Leben ein Ende setzte.

*

Der Name von Karl Oftinger bleibt für immer verbunden mit den von ihm geschriebenen Büchern, insbesondere mit dem zuerst zwei-, dann dreibändig herausgegebenen Werk «Schweizerisches Haftpflichtrecht», das ein umfassendes System eines sehr schwierigen, vom Gesetzgeber nie zusammenhängend geregelten Teils unseres Privatrechts enthält. Während die erste Auflage dieses für Wissenschaft und Praxis grundlegenden Werkes noch in der Privatdozentenzeit des Verfassers geschrieben wurde und 1940/42 erschien, konnte Oftinger in der 1975 veröffentlichten vierten Auflage des ersten Bandes eine umfangreiche Rechtsprechung, der er auf weiten Strecken selbst den Weg gewiesen hatte, und unzählige Schriften anderer Autoren, die sich lebhaft mit seinen Auffassungen auseinandergesetzt hatten, verarbeiten. Einen großartigen Überblick über das bearbeitete Rechtsgebiet mit erstaunlicher Beantwortung der sich stellenden Einzelfragen vermittelte auch der 1952 im «Zürcher Kommentar» erschienene Band über das Fahrnispfand (Art. 884—918 ZGB). Die 1956 publizierte Kampfschrift «Lärmbekämpfung als Aufgabe des Rechts» zeitigte Wirkungen ganz besonderer Art: Die Einsicht, daß die Technik dort, wo ihre Auswirkungen überborden, von der Rechtsordnung in die Schranken zu weisen ist, und die wohl noch lange aktuellen Bestrebungen zum Schutz der natürlichen Umwelt des Menschen gehen zu einem nicht unwesentlichen Teil auf jene Mahnungen Karl Oftingers zurück. Zählt man zu diesen drei Hauptwerken noch die eingangs genannten drei Monographien aus den dreißiger Jahren hinzu, so sind es zusammen mit den zur Hauptsache dem Rechtsunterricht dienenden Schriften «Vom Handwerkszeug des Juristen und von seiner Schriftstellerei» (5. Auflage Zürich 1974), «Bundesgerichtspraxis zum Allgemeinen Teil des Schweizerischen Obligationenrechts» (2. Auflage Zürich 1973) und «Schweizerische Haftpflichtgesetze» (Zürich 1967) nicht weniger als neun Bücher, die wir Oftinger verdanken.

Zu diesen in Buchform erschienenen Schriften kommt nun aber eine große Zahl kleinerer Arbeiten hinzu, die Oftinger seit dem Jahre 1935 in Fachzeitschriften und Sammelwerken des In- und Auslandes veröffentlicht hat.

Aus Platzgründen konnten nicht alle diese Studien in dem vorliegenden Band Aufnahme finden. Die Auswahl von 24 Arbeiten aus den Jahren 1937 bis 1976 will zwei Anforderungen erfüllen: Der Sammelband soll einmal einen repräsentativen Querschnitt durch das Schaffen von Karl Oftinger bieten und deshalb die wertvollsten Aufsätze aus all seinen Arbeitsgebieten enthalten. Sodann wird er vorwiegend schweizerischen Juristen zu dienen haben, weshalb die Herausgeber in Zweifelsfällen auch einige im Ausland erschienene Studien aufnahmen, statt nach vollständiger Reproduktion aller in der Schweizerischen Juristen-Zeitung publizierten Beiträge zu streben. Anstelle der strikt chronologischen Zusammenstellung — sie hätte wohl dem Leser die Entwicklung der wissenschaftlichen Persönlichkeit Oftingers verdeutlicht — ist von den Herausgebern dieses Sammelwerkes eine systematische Gliederung in vier Sachgruppen vorgezogen worden.

Es ist hier nicht der Ort, die Schriften Oftingers im einzelnen zu würdigen. Mehrere der abgedruckten Arbeiten, so insbesondere die letzten vier der in die Gruppe «Haftpflichtrecht» aufgenommenen Aufsätze, richteten sich ursprünglich an ausländische Juristen, die über die Grundzüge der schweizerischen Regelung eines bestimmten Rechtsgebiets orientiert werden wollten; andere Arbeiten waren auch für Nichtjuristen bestimmt. Überwiegend aber handelt es sich um kleine Monographien, von denen manche — wie etwa die Studien über die Vertragsfreiheit, die Auslegung der Verkehrsgeschäfte oder die ungelesen unterzeichnete Urkunde — zum klassischen Bestand der schweizerischen Rechtsliteratur gehören, oder um Arbeiten mit rechtspolitischer Zielsetzung, die Zeugnis ablegen von Oftingers Fähigkeit zur Kritik. Mit ihrer prägnanten Sprache und dem immer wieder sichtbaren Streben des Autors, zu vollkommener Klarheit der Gedanken und des Ausdrucks zu gelangen, werden die «Ausgewählten Schriften» gerade auch für die jüngere Juristengeneration wegweisendes Vorbild sein. Jenen Lesern, die Karl Oftinger aus eigener Begegnung kannten, so insbesondere seinen ehemaligen Hörern, wird der Sammelband den Mann wieder vor Augen führen, dem sie Wesentliches verdanken: den Lehrer, Forscher und Kämpfer Karl Oftinger.

*

Die Mitglieder der Juristischen Abteilung der Universität Zürich haben einer Reihe von Personen zu danken, ohne deren Hilfe der vorliegende Gedenkband nicht hätte veröffentlicht werden können.

Der Dank richtet sich zunächst an Frau Anneliese Oftinger-Woertz, die bereitwillig die Unterlagen für die Drucklegung zur Verfügung stellte. Er gilt sodann Herrn Professor Ulrich Häfelin, dem ehemaligen Vorsteher der Juristischen Abteilung, der das ganze Vorhaben umsichtig betreute. Auch den Spendern, deren großzügige Beiträge es ermöglichten, den Verkaufspreis für das Buch stark zu senken und es den Teilnehmern des Schweizerischen Juristentages 1978 unentgeltlich zu überreichen, wissen sich die Herausgeber sehr zu Dank verpflichtet. Anerkennung verdient ferner Herr lic. iur. Heinz Pfleghard, welcher sich mit großem Einsatz der vielfältigen Einzelfragen annahm, die sich bei der Herausgabe des Sammelbandes stellten. Beim Lesen der Korrekturen haben außer Frau Oftinger und Herrn Pfleghard auch Frau Elisabeth Beit, Herr lic. iur. Reto Casutt, Herr Dr. iur. Wolfgang Eckert, Herr Dr. iur. Andreas Maag, Frau lic. iur. Helga Pfleghard und Herr lic. iur. Beat Rohrer in verdankenswerter Weise mitgewirkt. Herr Max Bühler half mit seinem wertvollen Rat. Herr Dr. iur. Gerold Betschart überließ uns freundlicherweise das Schriftenverzeichnis, das er für die 1969 herausgegebene Festgabe für Karl Oftinger zusammengestellt hatte. Schließlich gilt ein ganz besonderer Dank der Firma Schultheß Polygraphischer Verlag AG, die sich mit großer Sorgfalt der Publikation des Gedenkbandes angenommen hat.

Im Namen der Mitglieder der
Juristischen Abteilung der Universität Zürich:
Jörg Rehberg, Dekan

Zürich, im August 1978

HINWEISE FÜR DEN LESER

1. Die Aufsätze sind — abgesehen von kleineren satztechnischen Änderungen und Druckfehlerkorrekturen — unverändert abgedruckt.
2. Die Zitierweise in den Fußnoten wurde, in teilweiser Abweichung von den Originalaufsätzen, für das ganze Werk möglichst einheitlich gestaltet.
3. Vereinheitlichung wurde auch hinsichtlich der Abkürzungen angestrebt. Abkürzungen der juristischen Fachsprache und der Gesetzgebung, fremdsprachige Abkürzungen und dem ausländischen Leser möglicherweise nicht vertraute Abkürzungen schweizerischer Institutionen sind in einem für das ganze Werk gültigen Abkürzungsverzeichnis zusammengestellt. Nur in einem einzelnen Aufsatz vorkommende Abkürzungen, die bereits im Originaltext in einer Liste zusammengefaßt waren, werden in dem vorliegenden Sammelwerk dem betreffenden Aufsatz vorangestellt.
4. Die Fundstellen (mit * bezeichnet) erscheinen vor den Anmerkungen auf der ersten Seite eines jeden Beitrags.
5. Die ursprünglichen Seitenzahlen werden durch in den Text eingebaute Zahlen in eckigen Klammern wiedergegeben. Verweisungen innerhalb eines einzelnen Beitrags beziehen sich auf die ursprüngliche Seitenzahl.

ABKÜRZUNGEN

A.	Auflage
ABGB	österreichisches Allgemeines Bürgerliches Gesetzbuch, vom 1. Juni 1811
ACS	Automobil-Club der Schweiz
AG	Aktiengesellschaft
AICB	Association internationale contre le bruit
a. M.	anderer Meinung
aOR	Bundesgesetz über das Obligationenrecht, vom 14. Juni 1881
ArbG	Bundesgesetz über die Arbeit in Industrie, Gewerbe und Handel (Arbeitsgesetz), vom 13. März 1964
Art.	Artikel
AS	Amtliche Sammlung der Bundesgesetze und Verordnungen
BAV	Verordnung über Bau und Ausrüstung der Straßenfahrzeuge, vom 27. August 1969
BB	Bundesbeschluß
BBl.	Bundesblatt
BG	Bundesgesetz
BGB	deutsches Bürgerliches Gesetzbuch, vom 18. August 1896
BGE	Amtliche Sammlung der Entscheidungen des Schweizerischen Bundesgerichts
BGH	deutscher Bundesgerichtshof
BJM	Basler Juristische Mitteilungen
BlZR	Blätter für Zürcherische Rechtsprechung
BRB	Bundesratsbeschluß
BS	Bereinigte Sammlung der Bundesgesetze und Verordnungen 1848—1947
BV	Bundesverfassung der Schweizerischen Eidgenossenschaft, vom 29. Mai 1874
CC fr.	Code civil français, vom 21. März 1804
CC it.	Codice civile italiano, vom 16. März 1942
CCom fr.	Code de commerce français, vom 28. August 1807
cf.	confer! = vergleiche!
chap.	chapitre
D.	Digesta Iustiniani
dB	Dezibel
dtsch. HGB	deutsches Handelsgesetzbuch, vom 10. Mai 1897
éd.	édition
EG	Einführungsgesetz
EHG	Bundesgesetz betreffend die Haftpflicht der Eisenbahn- und Dampfschiffahrtsunternehmungen und der Post, vom 28. März 1905
ElG	Bundesgesetz betreffend die elektrischen Schwach- und Starkstromanlagen, vom 24. Juni 1902
EntG	Bundesgesetz über die Enteignung, vom 20. Juni 1930

ETrG	Bundesgesetz über den Transport auf Eisenbahnen und Schiffen, vom 11. März 1948
FHG	Bundesgesetz betreffend die Haftpflicht aus Fabrikbetrieb, vom 25. Brachmonat 1881
JdT	Journal des Tribunaux
Jg.	Jahrgang
JZ	deutsche Juristenzeitung
KUVG	Bundesgesetz über die Kranken- und Unfallversicherung, vom 13. Juni 1911
KV	Kantonsverfassung
LFG	Bundesgesetz über die Luftfahrt (Luftfahrtgesetz), vom 21. Dezember 1948
lit.	litera(ae)
loc. cit.	loco citato = an der angegebenen Stelle
MFG	Bundesgesetz über den Motorfahrzeug- und Fahrradverkehr, vom 15. März 1932
N.	Note
NHG	Neue Helvetische Gesellschaft
NJW	Neue Juristische Wochenschrift
no, nos	numéro(s)
NZZ	Neue Zürcher Zeitung
op. cit.	opere citato = im angegebenen Werk
OR	Bundesgesetz über das Obligationenrecht, vom 30. März 1911/ 18. Dezember 1936
Ord.	ordonnance
p.	page
PTT	Post-, Telefon- und Telegrafenbetriebe
RabelsZ	Rabels Zeitschrift für ausländisches und internationales Privatrecht
rev	revidiert
SBB	Schweizerische Bundesbahnen
sc.	scilicet = nämlich
SchKG	Bundesgesetz über Schuldbetreibung und Konkurs, vom 11. April 1889
Sem. jud.	Semaine judiciaire
SJZ	Schweizerische Juristen-Zeitung
StenBull. NR	Stenographisches Bulletin des Nationalrats
StenBull. StR	Stenographisches Bulletin des Ständerats
StGB	Schweizerisches Strafgesetzbuch, vom 21. Dezember 1937
SUVA, SUVAL	Schweizerische Unfallversicherungsanstalt (Luzern)
sv.	suivant
SVG	Bundesgesetz über den Straßenverkehr, vom 19. Dezember 1958
SVZ	Schweizerische Versicherungszeitschrift
SZS	Schweizerische Zeitschrift für Sozialversicherung
t.	tome
v.	vide! = siehe!

VAargR	Vierteljahresschrift für aargauische Rechtsprechung
VAS	Verkehrsaktensammlung = Sammlung der amtlichen Aktenstücke über das schweizerische Verkehrswesen
VO	Verordnung
vol.	volume
VPB	Verwaltungspraxis der Bundesbehörden
VRV	Verordnung über die Straßenverkehrsregeln, vom 13. November 1962
VVG	Bundesgesetz über den Versicherungsvertrag, vom 2. April 1908
VVO	Vollziehungsverordnung
ZBJV	Zeitschrift des Bernischen Juristenvereins
Zbl.	Schweizerisches Zentralblatt für Staats- und Gemeindeverwaltung
ZGB	Schweizerisches Zivilgesetzbuch, vom 10. Dezember 1907
Ziff.	Ziffer
ZSR	Zeitschrift für Schweizerisches Recht
ZStR	Schweizerische Zeitschrift für Strafrecht

I.
GRUNDFRAGEN DES RECHTS UND DER RECHTSPOLITIK

ÜBER DEN ZUSAMMENHANG VON PRIVATRECHT UND STAATSSTRUKTUR*

Ein Hinweis**

I.

[225] Die letzten Monate ist in der Schweiz manches über die Notwendigkeit und den Inhalt einer allfälligen *Staatsreform* gesprochen und geschrieben worden. Soweit eine solche gefordert wird, gehen die Reformpostulate von rein technischen Maßnahmen, wie etwa der Verkleinerung des Nationalrates, bis zu tiefgreifenden Strukturwandlungen, wie der berufsständischen Ordnung oder der Übertragung der Gesetzgebungsgewalt an die Bundesregierung. Die Beobachtung zeigt, daß die Staatsreform meist — auch von rechtskundiger Seite — diskutiert wird, ohne daß man sich frägt, ob die geforderten Maßnahmen für das *Privatrecht* Bedeutung besitzen; dieses wird offenbar vielmehr als ein Gebiet gedacht, das eine Sonderexistenz führe, unberührt von politischen und staatsrechtlichen Wandlungen. Die erwähnte Beobachtung ist der äußere Anlaß für die Publikation dieser Zeilen; ihr Zweck ist der Hinweis — soweit er auf knappem Raum versucht werden kann —, daß das Privatrecht nicht diese Sonderexistenz besitzt. Vielmehr ruhen sowohl öffentliches wie Privatrecht auf im wesentlichen *gleichen ideellen Grundlagen,* so daß sich Strukturänderungen auf der einen Seite notwendig, auf der andern Seite bemerkbar machen müssen. Der Versuch dieses Hinweises[1] wird dergestalt unternommen, daß zunächst die leitende Idee des Privatrechts gesucht wird; dann soll geprüft werden, ob sich für diese Idee im herkömmlichen öffentlichen Recht als der Ausdrucksform der Staatsstruktur Parallelen finden. Das wird in der Tat der Fall sein; deshalb wird es auch nicht überraschen, wohl aber die gemachte Beobachtung unterstreichen, daß die Veränderungen, die die wirtschaftlichen und kriegerischen Verwicklungen der Gegenwart in unserer Rechtsordnung gezeigt haben, sich wieder durchaus parallel auf Privatrecht und Staatsstruktur auswirken — man denke an die Bedeutung der Kriegsnotgesetzgebung z. B. für die (zivilistische) Vertragsfreiheit und die (publizistische) Handels- und Gewerbefreiheit.

---

* *Schweizerische Juristen-Zeitung 37 (1940/41), S. 225—230, 241—246.*

** Dieser Aufsatz schließt sich an Ausführungen an, die der Verfasser bei Anlaß eines Vorlesungszyklus an der letzten *«Lucerna»*-Tagung im Juli 1940 vorgetragen hat.

[1] Der Verfasser macht sich nicht anheischig, hier lauter *neue* Erkenntnisse vorzubringen; sondern er meint bloß, einige *Hinweise* seien im angegebenen Sinn am Platz. In neuerer Zeit ist in der schweizerischen Literatur namentlich von Egger, Über die Rechtsethik des schweizerischen Zivilgesetzbuches (1939) 152 ff., die Einheitlichkeit der Rechtsordnung betont worden.

Unter *«Staatsstruktur»* im Sinne dieser Ausführungen werden nicht in erster Linie die organisatorischen Normen des öffentlichen Rechts verstanden, sondern gemeint sind die sonstigen leitenden Grundsätze der öffentlichen Ordnung, die dem staatlichen Leben das Gepräge geben: dazu gehören z. B. neben den verfassungsmäßigen Freiheitsrechten oder dem Prinzip der Rechtsgleichheit ebensogut die Maxime «nulla poena sine lege» wie das Verhandlungsprinzip des Zivilprozesses und dergleichen mehr, was sich aus den folgenden Darlegungen ergeben wird.

II.

Wie angedeutet ist es am Platz, die gestellte Frage — nach dem Zusammenhang von Privatrecht und Staatsstruktur — zunächst von der Seite des erstern aus zu betrachten. Das setzt voraus, daß die *leitende Idee des Privatrechts* umschrieben wird.

Die *Beziehungen der Rechtsgenossen unter sich* können, abstrakt gesehen, auf zwei Arten geregelt werden: heteronom und autonom. Die *heteronome* Regelung beruht darin, daß ihnen von außen her, zwangsweise eine Ordnung auferlegt wird; die ordnende Instanz ist per definitionem der Staat, sein Mittel die zwingende, mit Sanktionen durchgesetzte, öffentliche Ordnung. Die *autonome* Regelung zeichnet sich dadurch aus, daß es die Rechtsgenossen selber sind, die ihre Beziehungen nach ihrem Gutdünken ordnen; das Mittel ist vornehmlich das Rechtsgeschäft; [226] die Befugnis dazu bezeichnet man als Privatautonomie. Sie entstammt aber nicht eigener Machtvollkommenheit der Rechtsgenossen, sondern ist ihnen vom Staat verliehen, gleich wie z. B. auf dem Gebiet der Staatsorganisation die Autonomie der Gemeinden (logisch, nicht genetisch!) durch den Staat verliehen ist. Wohl keine Rechtsordnung steht ausschließlich auf dem Boden der heteronomen (d. h. schlechthin staatlichen, zwingenden) Ordnung, und keine vollständig auf dem Boden der privat-autonomen Regelung. Sondern das Gesamtgebiet der menschlichen Beziehungen pflegt teils heteronom, teils autonom geordnet zu sein. Die Domäne nun, wo herkömmlicherweise die Privatautonomie vorherrscht, ist das *Privatrecht*[2]; die *Privatautonomie* ist deshalb die leitende Idee des Privatrechts. Aber, wie angedeutet: das hat nicht die Meinung, hier gelte *ausschließlich* die Privatautonomie; sondern diese ist bekanntlich durch mancherlei *Schranken* eingeengt. Sie stellen indessen nach der geltenden Konzeption der Rechtsordnung *Ausnahmen* dar; sie müssen ausdrücklich statuiert sein, sonst gilt der Grundsatz der Privatautonomie. Auf die Bedeutung dieser Schranken wird (unter Ziff. IV) noch zurückzukommen sein.

---

[2] Vgl. dazu das Referat des Verfassers über Gesetzgeberische Eingriffe in das Zivilrecht, Verhandlungen des Schweizerischen Juristenvereins 1938 (ZSR 57) 496a ff.

III.

Der Begriff der *Privatautonomie* erhält seinen Inhalt erst durch die Heranziehung seiner *Manifestationen*. Es sind ihrer vier: die rechtsgeschäftliche Freiheit, die Assoziationsfreiheit, die Freiheit des dinglichen Rechts und die Persönlichkeitsfreiheit. Der juristische Begriff «Freiheit» besitzt keine teleologische, sondern eine dogmatische Bedeutung: er setzt eine Erscheinung voraus, *von der* man frei ist; hinsichtlich der Manifestationen der Privatautonomie ist gemeint die Freiheit von (zwingenden, ins Gebiet der heteronomen Regelung gehörenden) Schranken der Privatautonomie.

Die vier Manifestationen der Privatautonomie bedürfen einer kurzen Erläuterung:

1. Die *rechtsgeschäftliche Freiheit* umfaßt namentlich viererlei: die Freiheit, ein bestimmtes Rechtsgeschäft *abzuschließen* oder nicht; die Freiheit der Wahl einer allfälligen *Gegenpartei;* die Freiheit der Gestaltung des *Inhalts* des Geschäfts; die Freiheit, ein bestehendes Rechtsgeschäft *aufzuheben*. Da der Vertrag das bedeutendste Rechtsgeschäft ist, ist die Vertragsfreiheit der wichtigste Fall der rechtsgeschäftlichen Freiheit.

2. Die *Assoziationsfreiheit* ist die korporative Parallele zur rechtsgeschäftlichen Freiheit und eigentlich ein Sonderfall davon. Sie hat die gleiche vierfache Bedeutung: die Freiheit der Entscheidung, eine bestimmte Assoziation zu *gründen* bzw. sich einer bestehenden *anzuschließen;* die Freiheit der Wahl seiner *Partner;* die Freiheit der Bezeichnung des *Zwecks* der Assoziation und der *Mittel* zu seiner Verwirklichung; die Freiheit, eine bestehende Assoziation *aufzuheben* oder aus ihr *auszutreten* bzw. Mitglieder aus ihr *auszuschließen*.

3. Die *Freiheit des dinglichen Rechts* enthält zweierlei: daß die *Befugnisse*, welche das fragliche Recht verleiht, weder beschränkt noch entzogen seien; und daß der Berechtigte frei über sein Recht *verfügen* kann. Eine solche Verfügung erfolgt durch das Mittel des Rechtsgeschäfts, namentlich des Vertrages; diese Manifestation des dinglichen Rechts fällt deshalb mit der rechtsgeschäftlichen Freiheit zusammen. Da das Eigentum das wichtigste dingliche Recht ist, stellt die Eigentumsfreiheit die hervorstechendste Anwendung der Freiheit des dinglichen Rechts dar.

4. Die *Persönlichkeitsfreiheit* beruht namentlich[3] in folgendem: Das schweizerische Recht anerkennt bekanntlich in sehr weitem Umfang die Persönlichkeit als Inbegriff der Eigengesetzlichkeit und Würde des Menschen, indem es dem Persönlichkeitsrecht weiten Raum gewährt. Das Persönlichkeitsrecht bedeutet[4] den An-

---

[3] Genaueres vor allem bei EGGER und HAFTER, Kommentare zum Personenrecht, Art. 27/28.
[4] EGGER, Art. 28 N. 47.

spruch der Persönlichkeit auf *Existenz, Entfaltung* und, von unserm Gesichtspunkt aus, namentlich auf *Freiheit*. Die Persönlichkeitsfreiheit äußert sich, um nur einige Fälle zu nennen, im Recht auf Gestaltung seines Lebens nach eigenem Gutdünken, in der Freiheit der Niederlassung, der Berufswahl, des Wettbewerbs, in der Freiheit der Geheimsphäre, in der Freiheit, sich nach Gutdünken mit Seinesgleichen in Vereinigungen und Versammlungen zusammenzutun und seine Meinung in Wort, Schrift und Bild zu äußern, im Recht auf freie Verfügung über seine Arbeit, seine Existenz und seinen Körper und auf dessen Unversehrtheit, im Recht auf freie Entfaltung und Unversehrtheit des geistigen und seelischen Lebens. Die außerordentliche Bedeutung, welche unser Recht dieser Freiheit beimißt, geht namentlich daraus hervor, daß nach Art. 27 ZGB niemand auf die Rechts- und die Handlungsfähigkeit ganz oder zum Teil verzichten kann und niemand sich seiner Freiheit entäußern oder sich in ihrem Gebrauch in einem die Rechtsordnung oder die Sittlichkeit verletzenden Grade beschränken kann. Die unbefugte Störung des Persönlichkeitsrechts ruft einer Klage zur Feststellung und Abwehr u. U. auf Schadenersatz und Genugtuung (ZGB 28/OR 49). In diesen Zusammenhang gehört auch, daß es unzulässig ist, den Vollzug eines Eheversprechens [227] durch Eingehung der Ehe gerichtlich zu erzwingen (ZGB 91), Verträge über die religiöse Erziehung der Kinder abzuschließen (ZGB 277 II) oder Dienst- und Gesellschaftsverträge auf Lebenszeit einzugehen (OR 351, 545 I Ziff. 6). Alle diese Bindungen verstoßen nach unserm Recht gegen den Grundsatz der Freiheit der Persönlichkeit; die beiden erstern Anwendungsfälle zeigen, daß speziell die Ehefreiheit und die Religionsfreiheit zur Persönlichkeitsfreiheit gehören.

IV.

Es ist nicht ernstlich zu bestreiten, daß die als Privatautonomie bezeichnete Gesamtheit der aufgezählten *zivilistischen Freiheiten dem Privatrecht das Gepräge geben*. Um das einzusehen, braucht man sich nur die eine oder andere völlig wegzudenken — etwa die Eigentumsfreiheit. Das Eigentum ist ein Kernstück unserer Rechtsordnung: «In der Bestimmung dessen, was ein jeder sein eigen nennen darf, liegt neben der Anerkennung der Persönlichkeit die bedeutendste Ordnung des gesellschaftlichen Lebens überhaupt; eine Persönlichkeit ohne die Mitgabe der Herrschaft über Vermögenswerte würde sich als einen Gedanken ohne Inhalt darstellen. Erst in den Beziehungen, die zu den Werten des gesellschaftlichen Zusammenlebens gegeben sind, erhält die Person im Rechtssinn ihr Wesen. Das Eigentum ist eine der aus dem Begriff des Rechtes selber abzuleitenden Folgerungen vom Wesen des Rechtes.[5]» Diese Bedeutung des Eigentums zeigt sich schon äußerlich;

---

[5] EUGEN HUBER, Erläuterungen zum Vorentwurf des Eidgenössischen Justiz- und Polizeidepartements, Schweizerisches Zivilgesetzbuch (2. A. 1914) II 32.

große Teile des ZGB beziehen sich ausschließlich hierauf und auf die von ihm abgespaltenen Rechte; andere Teile, wie das Obligationenrecht, das Erbrecht und das eheliche Güterrecht, haben es vorwiegend mit den Verfügungen über das Eigentum zu tun. Man denke nur an die Rolle des Geldes in der modernen Wirtschaft; die Frage der Verteilung des Geldes ist u. a. die Frage der Verteilung von Eigentum. Und zwar haben alle in den aufgezählten Rechtsgebieten enthaltenen, unmittelbar oder mittelbar auf das Eigentum bezüglichen Normen nur einen Sinn, wenn das Eigentum bis zu einem gewissen Ausmaß *frei* ist. Entsprechende Überlegungen lassen sich für die übrigen Freiheiten anstellen: daß das ganze Obligationenrecht die Vertragsfreiheit voraussetzt und daß das Gesellschaftsrecht und der auf die juristischen Personen bezügliche Teil des Personenrechts die Assoziationsfreiheit als Grundlage haben, liegt auf der Hand; daß ohne die Persönlichkeitsfreiheit der Begriff des Persönlichkeitsrechts mit all seinen für das schweizerische Recht so fruchtbaren Folgerungen inhaltslos wäre, braucht kaum belegt zu werden.

Die Feststellung, die den Begriff der Privatautonomie ausmachenden Freiheiten würden das Privatrecht charakterisieren, wird nicht durch die Tatsache entkräftet, daß diese Freiheiten keineswegs absolut sind. Sie bestehen vielmehr zum vornherein bloß innerhalb von *Schranken*, die insbesondere durch zahlreiche zwingende Normen der Gesetzgebung aufgestellt werden; und zwar ist das Verhältnis derart aufzufassen, daß die Schranken (logisch, nicht genetisch) als präexistierend zu denken sind[6]. Auch wo die Schranken[7] sehr zahlreich werden, wie das in jüngerer Zeit infolge der wirtschaftlichen Umwälzungen[8] und des 1939 ausgebrochenen Krieges der Fall ist (nachstehend Ziff. VII), bleiben die zivilistischen Freiheiten das Merkmal des Zivilrechts, solange sie als *Ausnahmen* erscheinen. Ob das der Fall ist, stellt nicht eine auf ein quantitatives Kriterium abstellende Frage dar; sondern es kommt darauf an, ob sie im Rahmen des gesetzlichen Systems als Ausnahmen anzusehen sind und als solche empfunden werden, indem noch immer das Bewußtsein lebt, daß es eben die Freiheiten sind, die das Wesen des Zivilrechts ausmachen. Das letztere dürfte in der Schweiz in hohem Maße zutreffen; und daß die Schranken sich in systematischer Hinsicht prinzipiell als Ausnahmen darstellen,

---

[6] Diese von der früheren «klassischen» Anschauung abweichende Auffassung ist bekanntlich hinsichtlich des Eigentumsinhalts im ZGB, Art. 641 I, eindrücklich zutage getreten. Demgegenüber umschrieb der hundert Jahre ältere französische CC (Art. 544) das Eigentum noch wie folgt: «La propriété est le droit de jouir et disposer des choses de la manière *la plus absolue*...» Allerdings wird schon beigefügt: «... pourvu qu'on n'en fasse pas un usage prohibé par les lois ou par les règlements.»

[7] Ein aus dem System der zivilistischen Freiheiten abgeleitetes System der Schranken findet sich in dem in N. 2 zitierten Referat des Verfassers 499a ff.

[8] Darüber das Referat von COMMENT, Les atteintes portées au droit civil par des mesures législatives exceptionnelles (ZSR 57) 215a ff. und das in N. 2 zitierte des Verfassers.

ist unschwer einzusehen. Einige grundlegende Gesetzesbestimmungen sagen es mehr oder weniger deutlich (OR 19; ZGB 481 I, 641 I); im übrigen ergibt es sich ohne Zweifel aus dem vorhin skizzierten Wesen der Freiheiten, wie namentlich auch aus dem Umstand, daß die Schranken ausdrücklich aufgezählt zu werden pflegen[9], weshalb [228] immer dort, wo keine Schranke besteht, die Freiheit herrscht. So steht der *Vertrags*inhalt (OR 19) nur dort nicht im freien Belieben der Parteien, wo ihnen ein Verbot oder Gebot auferlegt ist[10]; *Assoziationen* sind bloß dann unzulässig, wenn ihre Zwecke (ZGB 78) vom Gesetz ausdrücklich mißbilligt werden[11]; das *Eigentum* ist einzig dort gehemmt (ZGB 641 I), wo ein staatlicher Erlaß dies vorsieht[12]; die Entfaltung der *Persönlichkeit* darf erst dann beschränkt werden, wenn eine zwingende Norm die Befugnis gibt[13], usw.

Die Tatsache, daß das herkömmliche Zivilrecht der Privatautonomie den ersten Platz einräumt, ist von größter Bedeutung für die Ordnung des sozialen Lebens. Denn sie führt zur Feststellung, daß die Regelung der menschlichen Beziehungen *schlechthin* im Zweifel der Privatautonomie überlassen ist (die sich eben durch die Mittel des Privatrechts verwirklicht), soweit diese Beziehungen überhaupt der privatautonomen Regelung zugänglich sind. Das ist z. B. per definitionem nicht der Fall bei der staatlichen Zuständigkeitsordnung und bei gewissen Vorschriften auf dem herkömmlichen Gebiet des Privatrechts, die aus logischen Gründen zwingend sein müssen[14]; das hat indessen mit den hier geprüften Fragen nichts zu tun[15].

---

[9] Zum Beispiel VVG 97/98 und neuerdings Art. 19 des Entwurfes eines BG über das Anstellungsverhältnis der Handelsreisenden, BBl. 1940, 1358. Den umgekehrten Weg will der Nationalrat gemäß Beschluß vom 22. Februar 1940 bei der Bürgschaftsrevision gehen; in einem Art. 492 II ist folgendes vorgesehen worden: «Soweit sich aus dem Gesetz nicht etwas anderes ergibt, kann der Bürge auf die ihm in diesem Titel eingeräumten Rechte nicht zum voraus verzichten.» Der Ständerat hat demgegenüber die zivilistische Tradition gewahrt und die Streichung dieser Bestimmung beschlossen. Sein Berichterstatter, Dr. Iten, hat dazu folgende Ausführungen gemacht (StenBull. 1940, 393): «Art. 19 des Obligationenrechts stellt den *Grundsatz der Freiheit* der Verträge auf. *Zwingendes Recht* soll nach diesem Grundsatz *ausdrücklich* als solches bezeichnet werden, sofern sein zwingender Charakter nicht aus der Systematik des Gesetzes oder dem Gesetzestext selbst hervorgeht.»
[10] Zum Beispiel der freie Handel mit Opium ist nur deshalb unerlaubt, weil das BG vom 2. Oktober 1924 betr. Betäubungsmittel eine Bewilligungspflicht vorsieht.
[11] Eine AG zum Betrieb einer Falschmünzerwerkstätte ist deshalb unzulässig, weil die Fälschung von Geld verboten ist, StGB 240 ff.
[12] Die Expropriation ist erst dann möglich, wenn ein Erlaß sie für einen bestimmten Zweck in Aussicht nimmt, z. B. BV 23 II, Enteignungsgesetz vom 20. Juni 1930, Art. 1—3.
[13] Der Freiheitsentzug durch Anstaltsinternierung ist an strenge, in den Gesetzen abschließend normierte Voraussetzungen gebunden.
[14] W. BURCKHARDT, Die Organisation der Rechtsgemeinschaft (1927) 25 ff.
[15] Damit ist auch gesagt, daß sich nicht die *ganze* Rechtsordnung auf die Verteilung von Freiheit und Zwang reduzieren lasse; vgl. nachstehend Ziff. VI.

V.

Schon die soeben getroffene Feststellung, die Privatautonomie habe im Rahmen des ganzen Rechtssystems auf dem ihr überhaupt zugänglichen Gebiet den Primat inne, weist darauf, daß die (zivilistischen) Freiheiten nicht eine Sondererscheinung darstellen, deren Bedeutung sich auf die überlieferte Domäne des Privatrechts beschränken würde. Vielmehr hat man es mit Manifestationen einer nach herkömmlicher Ansicht *beherrschenden Idee der gesamten Rechtsordnung* zu tun, eben der Freiheitsidee. Deshalb ist es nicht verwunderlich, daß die *zivilistischen Freiheiten* ihre *publizistischen Parallelen* in einer Reihe wichtiger Grundsätze und Institute des *öffentlichen Rechtes* finden, die in ihrer Gesamtheit mit ihren Auswirkungen der Staatsstruktur das Gepräge zu geben vermögen. Das soll an einigen Beispielen — die Aufzählung ist nicht abschließend — belegt werden. Aber neben den konkreten Freiheiten finden ebenfalls andere zivilistische Grundideen ihre ausdrückliche publizistische Parallele, so gerade der Grundsatz des Primats der Privatautonomie selber oder das Prinzip der allgemeinen Rechtsfähigkeit (ZGB 11). Auch davon ist zu sprechen.

1. Daß die *rechtsgeschäftliche Freiheit*, namentlich die *Vertragsfreiheit*, ihren staatsrechtlichen Ausdruck im Grundsatz der *Handels- und Gewerbefreiheit* hat (BV 31), liegt auf der Hand[16]. Der Staat auferlegt sich durch diesen Verfassungsgrundsatz Zurückhaltung in der Reglementierung der Wirtschaft, um der freien Konkurrenz Raum zu lassen. Diese betätigt sich durch das Mittel des Rechtsgeschäfts; die Handels- und Gewerbefreiheit wird folglich durch das Rechtsgeschäft ausgeübt. Jede Beschränkung der Handels- und Gewerbefreiheit verengert das Anwendungsgebiet des Rechtsgeschäfts; eine völlige — nur in thesi vorzustellende — Aufhebung der Handels- und Gewerbefreiheit würde zum mindesten die schuldrechtlichen Verträge so gut wie gegenstandslos machen. Denn eine absolut verstaatlichte Wirtschaft würde nicht mehr durch Verträge handeln, sondern durch Verwaltungsakte.

2. Die *Assoziationsfreiheit* hat einen unmittelbaren Ausdruck gefunden in der *Vereinsfreiheit* (BV 56), die sich auf Gründung, Zweckbestimmung und Tätigkeit der Vereine bezieht. Aber auch die Handels- und Gewerbefreiheit steht mit ihr in Verbindung. Einmal sind von jeher Kartellvereinbarungen als unter dem Schutz der Handels- und Gewerbefreiheit stehend betrachtet worden, und sie enthalten begrifflich ein assoziatives Moment; ferner setzt die Handels- und Gewerbefreiheit handelnde und damit Rechtsgeschäfte schließende Subjekte voraus, und als solche

---

[16] Den Zusammenhang von Handels- und Gewerbefreiheit und Privatrecht unterstreichen EGGER, Über die Rechtsethik des schweizerischen Zivilgesetzbuches (1939) 14 ff.; HANS HUBER, Die staatsrechtliche Bedeutung der Allgemeinverbindlicherklärung von Verbandsbeschlüssen und -vereinbarungen, ZSR 59, 361/62.

kommen neben den natürlichen Personen die Assoziationen [229] in Betracht (juristische Personen und Gesamthandverhältnisse).

3. Die *Freiheit des dinglichen Rechts* ist in allen Kantonsverfassungen mit Ausnahme der tessinischen[17] in Gestalt der *Eigentumsgarantie* staatsrechtlich verankert worden. Sie bietet freilich keinen Schutz gegen jede staatliche Beschränkung[18], auferlegt aber immerhin den staatlichen Organen konkrete Hemmungen: die Beschränkungen dürfen nicht ungesetzlich sein und nicht des generellen Charakters entbehren; eine völlige oder teilweise Enteignung ist nur gegen Entschädigung zulässig. Auch indirekt, durch die Handels- und Gewerbefreiheit und den ganzen Aufbau des Bundeszivilrechts[18a], wird die Eigentumsfreiheit sichergestellt; beide setzen ein bis zu einem gewissen Grade freies Privateigentum voraus, und der Bund könnte es z. B. nicht zulassen, wenn ein Kanton unter Berufung auf ZGB 6 das Privateigentum abschaffen oder die Eigentumsfreiheit so weit aufheben wollte, daß eine sinnvolle Anwendung des eidgenössischen Privatrechts, namentlich des Sachen-, Obligationen- und Erbrechts, nicht mehr möglich wäre[19]. Die Eigentumsgarantie erstreckt sich übrigens nach den von der Praxis entwickelten Grundsätzen[20] auf alle privaten Vermögensrechte und auf den Besitz, so daß sie ebenfalls dem Schutz der rechtsgeschäftlichen Freiheit dient. Auch sonst setzen wichtige Bezirke des öffentlichen Rechts das Privateigentum voraus; man denke nur an das Steuerrecht und die strafrechtlichen Normen über die Vermögensdelikte; die Lehre von den öffentlichen Sachen hat nur Sinn als Gegenüberstellung zu den dem Privateigentum unterliegenden Sachen.

4. Das *Persönlichkeitsrecht*[21] besitzt zunächst in verschiedenen Verfassungsgrundsätzen seine Parallele[22]. Dahin gehört einmal die *Niederlassungsfreiheit*

---

[17] Die tessinische Rechtsordnung setzt aber selbstverständlich das Privateigentum auch voraus; RUCK, Schweizerisches Staatsrecht (2. A. 1939) 60. Vgl. auch HANS HUBER in der N. 23 zit. Arbeit, 156 a.

[18] Im Begriff des Eigentums liegt es vielmehr, daß es sich, wie schon bemerkt, zum vornherein nur innerhalb der Schranken der Rechtsordnung auswirken kann.

[18a] Aber selbst des öffentlichen Bundesrechts: das zeigt namentlich der Umstand, daß die bundesrechtliche Enteignung bundesgesetzlicher Ermächtigung bedarf (BV 22/23) und daß Bundessteuern in der BV verankert sein müssen (RUCK 61).

[19] Denn diese setzen, zusammen mit andern Gebieten des Privatrechts, die Eigentumsfreiheit voraus, vorne Ziff. IV.

[20] HAAB, Kommentar zum Sachenrecht, Art. 641 N. 59; RUCK 60; neuerdings BGE 65 I 302/03.

[21] Auf seine publizistische Bedeutung weist hin: EGGER, Art. 28 N. 8, 10; vgl. auch HAFTER, Kommentar zum Personenrecht, Art. 28 N. 12; EMIL HUBER, in SJZ 17, 1 ff.; SPECKER, Die Persönlichkeitsrechte (1910) 21 ff., 316 ff.

[22] Das wird nicht dadurch gehindert, daß zivilistisches Persönlichkeitsrecht und (paralleles) publizistisches Freiheitsrecht dogmatisch verschieden sind. Jenes schützt gegenüber dem Rechtsgenossen, dieses gegen den Staat: EGGER, Art. 28 N. 10.

(BV 45), welche die allgemeine Freizügigkeit gewährleistet. Die *Versammlungsfreiheit*[23] garantiert dem Bürger das Recht, sich mit seinesgleichen zu politischer, religiöser und sonstiger Diskussion zusammenzutun, was auf der zivilistischen Seite im Persönlichkeitsrecht enthalten ist[24]. Das gleiche gilt in höchstem Maß für die *Glaubens- und Gewissensfreiheit* (BV 49, ferner 27 III) und für die *Kultusfreiheit* (BV 50) wie ferner für die *Freiheit im Gebrauch der vier Nationalsprachen* (BV 116; es soll jedem überlassen bleiben zu sprechen, wie er es für gut hält). Unschwer ergibt sich der Zusammenhang für die *Pressefreiheit* (BV 55) als der Garantie, seine persönliche Überzeugung durch das Mittel der Druckerpresse kundgeben zu können, wie überhaupt allgemein für die in kantonalen Verfassungen[25] gewährleistete und vom Bund wohl als selbstverständlich vorausgesetzte[25a] und auch tatsächlich geachtete *Freiheit der Meinungsäußerung*. Auch die in kantonalen Verfassungen und Unterrichtsgesetzen verankerte *Lehr-*[26] und *Lernfreiheit* (sog. Unterrichtsfreiheit) gehört hierher. Wie das zivilistische Persönlichkeitsrecht den Schutz der Geheimsphäre in sich schließt, so gewährleistet der Staat ein *Post-, Telegraphen- und Telephongeheimnis* (BV 36 IV; Postverkehrsgesetz vom 2. Oktober 1924 Art. 5; Telegraphen- und Telephongesetz vom 14. Oktober 1922 Art. 6); er respektiert in der Hauptsache und verstärkt sogar durch Strafsanktionen namentlich das *Bankgeheimnis* (Bankengesetz [230] Art. 47 I lit. b)[27]. Das *Berufsgeheimnis* weiterer Berufsgruppen hält vor der Zeugenpflicht im Zivil- und Strafprozeß stand und wird durch Strafandrohungen betont (StGB 321). Das *Amtsgeheimnis* wird durch zahlreiche verwaltungsrechtliche Vorschriften gesichert. Die Prozeß- und Steuergesetze (neuestens z. B. Wehropferbeschluß Art. 59 I) schützen das *Geschäftsgeheimnis* der Parteien. Die Verletzung des *Schriftgeheimnisses* wird strafrechtlich verfolgt (StGB 179). Zivil- und strafprozessuale Instruktions- und sonstige behördliche Untersuchungshandlungen dürfen sich nur unter gesetzlich umschriebenen Voraussetzungen und in gesetzlichen Formen auf die

---

[23] Ob sie bundesrechtlich als in der Vereinsfreiheit (BV 56) inbegriffen garantiert sei, ist umstritten. Dafür FLEINER, Bundesstaatsrecht (1923) 368. Dagegen BURCKHARDT, Kommentar BV (3. A. 1931) 526; HANS HUBER, Die Garantie der individuellen Verfassungsrechte. Verhandlungen des Schweizerischen Juristenvereins 1936, ZSR 55, 157a; RUCK 64. Offengelassen wurde die Frage vom Bundesgericht in BGE 53 I 354; 60 I 207; 61 I 35, 107. Sie ist praktisch in der Hauptsache obsolet, weil die meisten Kantonsverfassungen die Versammlungsfreiheit kennen (RUCK 64; HUBER 157a; z. B. Zürcher KV Art. 3) und auch der Bund sie respektiert. Vgl. auch FAVRE, L'évolution des droits individuels de la Constitution. Verhandlungen des Schweizerischen Juristenvereins 1936 (ZSR 55, 381a).
[24] Dazu EGGER, Kommentar Personenrecht, Art. 28 N. 28.
[25] Zum Beispiel Zürcher KV Art. 3, Berner KV Art. 77.
[25a] FLEINER, Bundesstaatsrecht (1923) 372; RUCK 64; FAVRE 360 a/61 a.
[26] Zum Beispiel Zürcher KV Art. 63, Berner KV Art. 87.
[27] Vgl. die kurze Darstellung der Frage im Artikel «Bankgeheimnis» von A. JANN im Handbuch der schweizerischen Volkswirtschaft (1939) I 173; dort Literaturangaben.

Geheimsphäre erstrecken; so namentlich Hausdurchsuchungen. Kantonale Verfassungen gewährleisten auch ein *Hausrecht*[28]. Daß nur unter gesetzlich normierten Voraussetzungen die *Bewegungsfreiheit einer Person* beschränkt oder aufgehoben werden darf, ist schon angedeutet worden[29]. Überhaupt gewährleistet manche Kantonsverfassung schlechthin die *persönliche Freiheit*[30]. Der Bund schützt die Person durch die *Beseitigung der Todesstrafe* im bürgerlichen Strafrecht (StGB 336 lit. b; speziell für politische Vergehen BV 65 I) und die Abschaffung des *Schuldverhafts* (BV 59 III) und der *körperlichen Strafen* (BV 65 II). Mit dem Persönlichkeitsrecht hängt auch der durch die *strafrechtliche Ahndung der Sittlichkeitsdelikte* gesicherte Schutz der geschlechtlichen Freiheit und des Gefühlslebens zusammen; das gleiche gilt für die Freiheitsdelikte, die Ehrverletzungen, die Religionsdelikte usw. (StGB 187 ff., 180 ff., 173 ff., 261/62). Die Beispiele könnten vermehrt werden. Bei den vorhin erwähnten Vorschriften zeigt sich, daß der Staat vom Gedanken einer *garantierten Privatsphäre* des Bürgers ausgeht und Eingriffe in diese seitens seiner Organe nur unter genauen Voraussetzungen, als abschließend normierte Ausnahmen, vorsieht[31].

[241] Der vorangegangene Überblick zeigt, auf welche Weise wichtige Grundsätze unseres Staatsaufbaus mit den vier zivilistischen Freiheiten harmonieren. Die Parallele von öffentlichem und Privatrecht läßt sich aber auch darüber hinaus verfolgen; zum Unterschied vom Bisherigen wird hierfür zweckmäßigerweise von der publizistischen Seite ausgegangen.

---

[28] Zum Beispiel die Zürcher KV Art. 8, die Berner KV Art. 76.

[29] Vgl. die strafprozessualen und polizeirechtlichen Vorschriften über die *Verhaftung* und neuestens die im Interesse der Landessicherheit nötig gewordenen über die Unterstellung verdächtiger Personen unter *militärische* oder *polizeiliche Aufsicht* bzw. Bewachung und Anweisung eines *Zwangsaufenthalts;* Art. 11 I der VO vom 22. September 1939 über die Wahrung der Sicherheit des Landes, in der Fassung des BRB vom 16. April 1940. Zahlreiche Kantone kennen ein *verfassungs*mäßiges Verbot ungesetzlicher Verhaftung und, bzw. oder, gerichtlicher Verfolgung; HANS HUBER, «Nulla poena sine lege» und schweizerisches Strafgesetzbuch, SJZ 36, 21.

[30] Zitate bei HANS HUBER, a. a. O. N. 5.

[31] Sehr lehrreich ist in dieser Hinsicht Art. 3 I der zit. VO vom 22. September 1939: «Soweit die Wahrung der Landessicherheit es zuläßt, haben die mit der Ausführung dieser Verordnung betrauten militärischen Stellen die Unverletzlichkeit der Person, das Privateigentum und die privaten Rechtsverhältnisse zu achten.» Sogar das Amts- und Berufsgeheimnis wird in Art. 8 noch weitgehend gewahrt. Diese VO kommt einem in einer Zeit, die in weiten Bezirken der Welt den Bürger gegenüber dem Staate völliger Rechtlosigkeit ausgeliefert hat, wie ein Reservat des Menschenrechts vor; gleichwohl ist sie scharfer Opposition seitens einiger kantonaler Regierungen begegnet. Sie ist denn auch durch die Gewährleistung eines Beschwerderechts gemildert worden, vgl. den zit. BRB vom 16. April 1940. All dies beweist doch wohl, wie tief verankert die Achtung des Staates vor der Unversehrtheit seiner Bürger und ihres Persönlichkeitsrechts bei uns ist.

Namentlich der im schweizerischen Staatsrecht zu außerordentlicher und einzigartiger Bedeutung gelangte Grundsatz der

5. *Rechtsgleichheit* (BV 4) gehört hierher [32]. Er will in der Hauptsache besagen, daß alle Rechtsgenossen einander im *Verhältnis zum Staat*, d. h. seiner Gesetzgebung und seinen rechtsanwendenden Organen, *koordiniert* sind. Das Privatrecht enthält den Gedanken der Rechtsgleichheit, entsprechend seiner Aufgabe einer Ordnung der Beziehungen der Rechtsgenossen unter sich, in der Form, daß die Menschen *auch unter einander koordiniert* sind, vgl. Art. 11 ZGB [33]: «Rechtsfähig ist jedermann. — Für alle Menschen besteht demgemäß in den Schranken der Rechtsordnung die gleiche Fähigkeit, Rechte und Pflichten zu haben.» Das heißt, das Privatrecht gibt *jedem* Rechtsgenossen in derselben Weise die Möglichkeit, in seinen Formen am sozialen Leben teilzunehmen [34]. Sogar für sich selber macht der Staat keine Ausnahme von der *zivilistischen Rechtsgleichheit;* sobald er als Subjekt des Privatrechts auftritt, ist er den eigentlichen Rechtsgenossen koordiniert. Tritt er als Käufer auf, dann untersteht er den entsprechenden zivilistischen Normen; wenn er seine vertraglichen Pflichten nicht erfüllt, so kann er wie jedermann eingeklagt und vom Gericht zum geschuldeten Verhalten gezwungen werden. In der zivilistischen Rechtsgleichheit ist auch die Unmaßgeblichkeit konfessioneller oder rassischer Eigenarten der Rechtsgenossen enthalten. Daß dies auf der publizistischen Seite unter Art. 4 BV fällt, ergibt sich von selbst. Damit hängt die verfassungsrechtlich verankerte *religiöse Neutralität des Bundes* zusammen [35], von deren Funktionen namentlich die Neutralität von Ehe, Zivilstand und Bestattung ausdrücklich genannt sind [36]. Die *Freiheit der Niederlassung* (BV 45) und die *Handels- und Gewerbefreiheit* (BV 31) haben hier ebenfalls Ausstrahlungen: es dürfen

---

[32] *Spezielle* Manifestationen des allgemeinen Rechtsgleichheitsprinzips finden sich namentlich in folgenden Bundesverfassungsnormen: Gleichbehandlung niedergelassener Schweizerbürger (BV 60), namentlich auch steuerrechtlich (45 VI); Doppelbesteuerungsverbot (46 II); Garantie des verfassungsmäßigen Richters (58 I) und Abschaffung der geistlichen Gerichtsbarkeit (58 II); Garantie der Ehefreiheit, namentlich in religiöser und wirtschaftlicher Hinsicht (54); religiöse Neutralität von Ehe (54 II), Zivilstandswesen (53 I) und Bestattungswesen (53 II) sowie in der Ausübung bürgerlicher und politischer Rechte (49 III) und des obligatorischen Unterrichts (27 III, 49 II); der allgemeine Schulzwang, verbunden mit dem Recht auf Unentgeltlichkeit des Unterrichts (27 II).

[33] Hinweise auf die Beziehungen dieser Bestimmung zur verfassungsmäßigen Rechtsgleichheit bei EGGER, Art. 11 N. 7 ff.; derselbe, Über die Rechtsethik des schweizerischen Zivilgesetzbuches, 107.

[34] Gewisse neuere Rechtsanschauungen negieren freilich die Basis des Gleichheitspostulats, nämlich daß alle Menschen gleich seien, nicht nur für das Gebiet des *Tatsächlichen*, sondern auch des *Rechts*. Sind die Menschen rechtlich ungleich, so brauchen sie konsequenterweise vom Staat auch nicht gleich behandelt zu werden.

[35] die allerdings nicht ganz konsequent durchgeführt ist, vgl. BV 50—52.

[36] Vgl. N. 32.

im Grundsatz nicht bestimmte Individuen oder Klassen vom Recht der freien Wohnsitzbegründung ausgeschlossen werden, und mit der Handels- und Gewerbefreiheit ist weder die Zubilligung wirtschaftlicher Privilegien noch die wirtschaftliche Entrechtung bestimmter Rechtsgenossen [242] vereinbar. Daß alles dies auch seine zivilistischen Konsequenzen hat, braucht nicht besonders bewiesen zu werden [37, 38].

6. Die Vorherrschaft der Privatautonomie im Privatrecht hat eine unmittelbare Parallele auf dem Gebiet des *Zivilprozesses:* dieser dient in der Hauptsache der Feststellung bestrittener, *rechtsgeschäftlich* begründeter Rechte und Pflichten; es ist deshalb sachlich notwendig, daß auch auf dem Gebiet des Zivilprozesses die Privatautonomie maßgebend ist [39]. Das ist denn auch der Fall; durch die *Parteien* wird der Prozeß anhängig und gegebenenfalls (durch Abstand, Anerkennung oder Vergleich) gegenstandslos gemacht, von ihnen wird in der Hauptsache die Prozeßmaterie bestimmt und der Rechtsgang im wesentlichen beeinflußt; es gilt m. a. W. die sog. *Verhandlungsmaxime.* Sie beherrscht auch das *Schuldbetreibungs- und Konkursverfahren,* gleichgültig ob es allein der Vollstreckung gerichtlicher und sonstiger behördlicher Erkenntnisse bzw. unbestrittener Forderungen dient oder auch einen rudimentären Zivilprozeß enthält (im Fall eines im Rechtsöffnungsverfahren zu beseitigenden Rechtsvorschlags).

7. Sogar auf den *Strafprozeß* hat der Parteibetrieb — wenn auch nur in beschränktem Umfang — übergegriffen; das Institut der *Antragsdelikte* gibt der Parteiwillkür Raum; öffentlicher Ankläger und Angeklagter besitzen während der *Hauptverhandlung* in der Hauptsache als Parteien die gleichen prozessualen Rechte. Beides enthält auf die Privatautonomie zurückgehende, ideell dem Privatrecht verhaftete Elemente, obwohl im Strafprozeß nicht Privatinteressen in Frage stehen, sondern das Wohl der Allgemeinheit.

8. Ebenfalls auf dem Gebiet des materiellen *Strafrechts* finden sich Parallelen zum zivilistischen Primat der Privatautonomie: die Grundsätze «*nullum crimen sine lege*» und «*nulla poena sine lege*» (StGB 1)[40]. Nur dort soll Zwang herrschen, wo dies ausdrücklich bestimmt ist, und dort darf eine strafrechtliche Sanktion eintreten, wo es ausdrücklich vorgesehen ist. Beide Maximen hängen gleichzeitig

---

[37] Vgl. auch das in N. 2 zit. Referat des Verfassers (ZSR 57) 680 a ff.

[38] Auch im *Völkerrecht* findet sich das Prinzip der Rechtsgleichheit: in dem — nunmehr aufs höchste gefährdeten — Grundsatz der Gleichberechtigung aller Mitglieder der Völkerrechtsgemeinschaft, die anerkannt wird, ungeachtet der Verschiedenheit in der Größe des Territoriums und der Machtmittel.

[39] Materiell übereinstimmend W. BURCKHARDT, Die Organisation der Rechtsgemeinschaft 60/61. Vgl. auch HEUSLER, Der Zivilprozeß der Schweiz (1923) 93.

[40] Wo insbesondere der Grundsatz «nulla poena sine lege» nicht schon im kantonalen Recht niedergelegt war, galt er auch bisher auf Grund der bundesgerichtlichen Rechtsprechung zu BV 4; vgl. HANS HUBER, a. a. O., SJZ 36, 21.

mit dem Persönlichkeitsrecht zusammen, soweit sie auch dem Schutz der persönlichen Freiheit dienen.

VI.

Diese Darstellung dürfte die Behauptung belegt haben, daß das Privatrecht innerhalb der Rechtsordnung auch ideell keine Sonderexistenz führt; sondern seine Grundlagen stehen im Zusammenhang mit wesentlichen Prinzipien des im öffentlichen Recht niedergelegten Staatsaufbaus. Die Privatautonomie als juristische, sich sowohl im öffentlichen wie Privatrecht auswirkende, Form der Selbstverantwortlichkeit des Menschen gibt unserm ganzen herkömmlichen sozialen Gefüge das Gepräge. Die *politische Formulierung* dieser Einsicht führt zum Begriff des *bürgerlichen Staats der liberalen, demokratischen Aera*, die *ökonomische* zum Begriff der *freien* (d. h. vom Staat möglichst unbeeinflußt gelassenen) *Verkehrswirtschaft*. Alle diese Begriffe und die von ihnen erfaßten Erscheinungen berühren sich. Sie sind teils begrifflich, teils funktionell durch einander bedingt, zum Teil sind sie der in die Sprache verschiedener Wisssensgebiete gefaßte Ausdruck ein und desselben Prinzips, eben des Primats der Autonomie des Menschen. Es handelt sich um Antworten, die unter mancherlei Gesichtspunkten auf die gleiche *Frage* gegeben werden: diejenige nach dem *Verhältnis von Individuum und Kollektivität*. Die herkömmliche, in Generationen gewachsene (keineswegs, wie neuerdings oft behauptet, ausschließlich erst seit der Französischen Revolution konstruierte!) Rechtsordnung, die in unserer Bundes- und den Kantonsverfassungen, in den großen Zivil-, Verwaltungs- und Strafgesetzen, in den Grundlehren der rechtsstaatlichen Organisation und Verwaltung und in den wichtigsten Prozeßgesetzen niedergelegt ist, hat darauf eine einheitliche Antwort gefunden: sie steht auf dem Boden der Privatautonomie, der Freiheit [40a]. Freilich ist es keineswegs eine ungebundene Freiheit; sondern ihr sind notwendige Schranken auferlegt. Das sowohl im Privatrecht wie im Aufbau des liberalen Staates verkörperte Freiheitsprinzip — oder anders ausgedrückt: das individualistische Prinzip — stellt dogmatisch betrachtet ein Postulat dar, das notwendigerweise nur zum Teil verwirklicht werden kann. Gleichwohl macht es ein wesentliches Charakteristikum unserer Rechtsordnung aus.

Zwei Bemerkungen sind hier anzubringen, um *Mißverständnisse* auszuschalten.

Einmal: selbstverständlich wird nicht die Meinung vertreten, im Gegensatz von Freiheit und [243] staatlichem [41] Zwang oder auch von Individuum und Kollek-

---

[40a] Vgl. auch EGGER, Über die Rechtsethik 151 f.
[41] Außer acht gelassen wird namentlich auch die Gegenstandslosmachung der zivilistischen Freiheit auf dem Wege des Rechtsgeschäfts bzw. assoziativer Maßnahmen selber, z. B. im Rahmen des Kartellwesens; bekanntlich ergab sich hier «das Gegenteil dessen, was mit der wirtschaftlichen Freiheit erreicht werden sollte»; SCHINDLER, Verfassungsrecht und soziale Struktur (1932) 96.

tivität erschöpfe sich das Problem des menschlichen Zusammenlebens; sicher aber handelt es sich um wesentlichste Fragen. Allfällige Staatsreformen bezögen sich wohl zunächst darauf; deshalb mußte dieser Gesichtspunkt im Hinblick auf die Eigenart des Privatrechts herausgestellt werden. Daran ändern auch die dogmatischen Schwierigkeiten nichts, denen die Einordnung der publizistischen Freiheitsrechte ins Rechtssystem, und was dergleichen Probleme mehr sind, begegnet. An der fundamentalen Bedeutung dieser Freiheitsrechte für die herkömmliche schweizerische Staatsstruktur ist deshalb im Ernst nicht zu zweifeln. Mag dogmatisch ihre Bedeutung nur die von Postulaten und nicht diejenige von Rechtssätzen sein oder sehe man im Gedanken einer über die konkreten publizistischen Einzelfreiheiten hinausgehenden allgemeinen Freiheit nur die Forderung der gesetzesmäßigen Verwaltung; als grundsätzliche Entscheidung gegen die Allmacht des Staates haben die publizistischen und zivilistischen Freiheiten für viele von uns trotz ihrer offenbaren Krise die Rolle nicht ausgespielt; sie bedeuten uns nicht ein «bürgerliches Vorurteil [41a]». Vielmehr sieht manch einer sie an als Anruf zur Selbstverantwortung des Menschen in der Gemeinschaft, und dies um so eher, je mehr sie dem Mißbrauch ausgesetzt sind; Verantwortung aber ist «der Kernpunkt der Persönlichkeit [41b]». Die Freiheiten müssen deshalb eiserner Bestand und zentrales Problem jeder schweizerischen Rechtsordnung sein. Ihre richtige Abgrenzung ist die ungeheuer schwere Aufgabe der Gegenwart; eine Frage, für deren Lösung es kein mechanisch wirkendes Kriterium geben kann, sondern sie ist Sache der Entschließung aus «freier, schöpferischer Urteilskraft [41c]».

Ferner: nicht selten wird in der politischen Diskussion der Vorwurf erhoben, es werde zuviel von der Freiheit und zuwenig von der Pflicht gesprochen. Das mag richtig sein, soweit damit die Haltung der Rechtsgenossen zu den Imperativen der Sitten- und der Rechtsordnung getadelt wird. Das kann aber die Tatsache nicht aus der Welt schaffen, daß unsere öffentliche und private Rechtsordnung eben freiheitlich orientiert ist; um diese *dogmatische* Feststellung hat es sich hier gehandelt.

VII.

Es ist bekannt, daß die durch die *wirtschaftliche* Entwicklung namentlich des letzten Jahrzehnts nötig gewordene *außerordentliche Gesetzgebung* eine fortschreitende Verengerung des Gebiets der Privatautonomie gebracht hat; die einschneidenden Konsequenzen dieser Entwicklung für das Privatrecht konnten nicht

---

[41a] Wie sich Lenin geäußert zu haben scheint; zit. bei VON SCHENK, Der Begriff der Freiheit heute, im Jahrbuch «Die Schweiz 1940/41», S. 19.
[41b] W. BURCKHARDT, Staatliche Autorität und geistige Freiheit (1936) 18.
[41c] Wie W. BURCKHARDT, a. a. O. 30 in verwandtem Zusammenhang es ausgedrückt hat.

übersehen werden [41d]. Das schon vor dem Kriegsausbruch des Herbstes 1939 vorsorglich vorbereitete und seither in gewaltigem Maß angeschwollene *Kriegsnotrecht* hat die Tendenz aufs schärfste verstärkt. Alle vier zivilistischen Freiheiten sind in ihren sämtlichen Manifestationen weitgehend eingeengt worden. Das soll an einigen symptomatischen Erscheinungen dargetan werden:

1. Auf dem Gebiet der *rechtsgeschäftlichen Freiheit* sei statt sehr vieler auf das kennzeichnende Beispiel der Verfügung Nr. 3 des Eidg. Volkswirtschaftsdepartementes vom 18. Januar 1940 betr. die Kosten der Lebenshaltung usw. (Beschlagnahme und Verkaufszwang) hingewiesen. Besteht ein dringender Verdacht, daß sich ein Kaufmann oder Industrieller der Preistreiberei, der Hamsterei und ähnlicher Vergehen schuldig gemacht hat, dann kann auf Grund einer Beschlagnahme ein sog. *Verkaufszwang* angeordnet werden. Darüber heißt es im erwähnten Erlaß, Art. 6: «Die Verfügung des Verkaufszwangs ... verpflichtet den von ihr Betroffenen, die beschlagnahmten Waren zu festzusetzenden normalen Handelspreisen durch Verkauf dem Konsum zuzuführen ... Weigert sich der Betroffene, die beschlagnahmten Waren zu verkaufen, so ist die Eidg. Preiskontrollstelle befugt, deren Überführung in den Konsum durch einen von ihr bezeichneten Sachwalter ... auf Rechnung und Gefahr des ... Betroffenen anzuordnen ... Der Sachwalter kann die beschlagnahmten Waren, sei es durch freihändigen Verkauf, sei es im Wege der freiwilligen Versteigerung gemäß Art. 299 ff. des schweizerischen OR, dem Konsum zuführen.» Man sieht: ein außerordentlich starker Zwang zum Abschluß von Verkäufen; die Rechtsstellung des Verkäufers ist nicht viel anders als diejenige eines Schuldners, dem der Betreibungsbeamte seine Habe unter den Hammer bringt.

Von geradezu umwälzender Bedeutung ist der BRB vom 19. Januar 1940 über Maßnahmen gegen die Bodenspekulation und die Überschuldung sowie [244] zum Schutze der Pächter [42]. Er entzieht den gesamten bäuerlichen Boden mit einem bestimmten minimalen Flächeninhalt der freien Vertragsgestaltung, indem mit einigen Ausnahmen *alle Verträge* auf Eigentumsübertragung an *land- und forstwirtschaftlichen Grundstücken* und auf Errichtung von Nutznießungen, sowie auf Errichtung und Übertragung von Kaufs- und Baurechten, auf Errichtung von Pfandrechten und Grundlasten *bewilligungspflichtig* erklärt werden.

2. Die *Assoziationsfreiheit* wird namentlich durch den BRB vom 22. September 1939 über *kriegswirtschaftliche Syndikate* [43] berührt: Gründung und Aufhebung einer solchen Assoziation, Aufnahme und Ausschluß der Mitglieder, Sanktionen

---

[41d] Vgl. die in N. 2 und 8 zit. Referate, speziell die Schlußfolgerungen des Verfassers 680 a ff.
[42] Ergänzt durch BRB vom 20. Dezember 1940 über die Anwendung usw.
[43] Dazu SCHÖNENBERGER, Die rechtliche Gestaltung der kriegswirtschaftlichen Syndikate, SJZ 36, 312.

gegen diese, Gestaltung der Statuten, Zweckbestimmung und Tätigkeit der Organisation sind behördlich gebunden [44].

3. Daß das *Eigentum* sich sehr einschneidende Maßnahmen gefallen lassen muß, ist wohl kaum überraschend. Schon die *Beschlagnahme* (grundsätzlich geordnet [45] im BRB vom 25. Oktober 1940 über Beschlagnahme, Enteignung und Lieferungszwang) [46], die eine Sicherstellung der betroffenen Objekte bezweckt, entkleidet den Eigentümer u. U. praktisch aller seiner Funktionen. So können z. B. ganze Fabrikbetriebe beschlagnahmt werden (Art. 2 I, 6 des zit. BRB), was nichts anderes als eine vorübergehende Verstaatlichung bedeutet [47]. Der Eigentümer wird dadurch zu einem bloß nominellen Inhaber. Der letzte Schritt wird durch die *Enteignung* getan (ebenfalls grundsätzlich durch den zit. BRB geordnet), welche die Übertragung des Eigentums auf den Staat oder eine kriegswirtschaftliche Organisation bewirkt; sie kann — wenigstens in thesi — den Großteil aller beweglichen Güter von einiger Bedeutung erfassen. Zu diesen — und sehr zahlreichen weitern — in der Hauptsache negativen Eingriffen ins Eigentum kommt eine immer umfangreicher werdende Kategorie von positiven Maßnahmen, durch die dem Eigentümer ein bestimmtes Handeln vorgeschrieben wird. Außerordentlich wichtig sind die *Bewirtschaftungspflichten,* wie sie in steigendem Maße den Landwirten auferlegt werden [48]; aber auch industrielle und kommerzielle Betriebe können ihnen unterstellt werden [49].

Wir stehen hier vor einer Strukturwandlung des Eigentums. In aller Stille spielt sich ein Prozeß der *Sozialisierung des Eigentums* ab, von den meisten kaum bemerkt. Der Eigentümer ist in manchen Fällen zum bloßen Treuhänder der Allgemeinheit geworden, der seine Güter ausschließlich im Interesse des Volkes zu verwalten hat. Die ausgebauten Enteignungsmöglichkeiten lassen das ursprüngliche Verhältnis des Eigentümers zur Sache in vielen Fällen als ein provisorisches erscheinen; er muß jederzeit gewärtigen, sein Recht zu verlieren. Wer denkt hier nicht an das Postulat der sozialistischen Theoretiker aller Epochen auf Verstaatlichung der Produktionsmittel?

---

[44] Für ein weiteres Beispiel des Assoziationszwanges vgl. Art. 6 I des BRB vom 1. Oktober 1940 über die Ausdehnung des Ackerbaues.

[45] Daneben auch in der zit. Verfügung Nr. 3 vom 18. Januar 1940 vorgesehen.

[46] Er hat den BRB vom 14. November 1939 ersetzt.

[47] KARRER, Schuldrechtsetzendes Verwaltungsrecht in der neuen schweizerischen Kriegswirtschaftsgesetzgebung, SJZ 37, 39, schlägt für solche Fälle statt des Ausdrucks «Beschlagnahme», der nur für die vorläufige Sicherstellung zu verwenden wäre, den Ausdruck «Bewirtschaftung» vor.

[48] Vgl. namentlich BRB vom 1. Oktober 1940 über die Ausdehnung des Ackerbaues.

[49] VO I bis vom 15. August 1939 über die Sicherstellung der Landesversorgung mit lebenswichtigen Gütern, Art. 1; BRB vom 22. September 1939 über kriegswirtschaftliche Syndikate, Art. 2; BRB vom 25. Oktober 1940 über Beschlagnahme usw., Art. 6, 23.

4. Auf die Beschränkungen des *Persönlichkeitsrechts* braucht wohl nicht besonders hingewiesen zu werden; man denke nur an die zahllosen die Geheimsphäre ergreifenden *Kontrollen*, die zur Durchsetzung der kriegswirtschaftlichen Vorschriften nötig sind, und an die *Arbeitsdienstpflicht*[49a].

VIII.

Diese ganze, durch die Schwierigkeiten unserer Zeit nötig gewordene Entwicklung hat geradezu zu einer *Verdrängung des Privatrechts* aus einigen Gebieten des Lebens geführt; seine Aufgaben sind durch Institute des Verwaltungsrechts übernommen worden, die teilweise neu geschaffen worden sind[50].

Wie sehr die *verfassungsmäßigen Grundrechte* in den letzten Jahren — *parallel zur Einschränkung der zivilistischen Freiheiten* — reduziert worden sind, ist jedermann zu geläufig, als daß es noch ausführlich belegt werden müßte. Die *Handels- und Gewerbefreiheit* ist zu einem kümmerlichen Rest zusammengeschmolzen. [245] *Vereinsfreiheit*[51], *Versammlungsfreiheit*[52] und *Pressefreiheit*[53] unterliegen einschneidenden Beschränkungen. Aus militärischen Gründen können die *Freiheit der Niederlassung*[54] und das *Post-, Telegraphen- und Telephongeheimnis*[55] aufgehoben werden. Sehr eindrucksvoll ist die starke Durchbrechung des Grundsatzes der *Rechtsgleichheit*, welche die Konsequenz zahlreicher wirtschafts- und kriegsnotrechtlicher Maßnahmen ist: aufgrund der vielfältigen Bewilligungspflichten, Kontingentszuteilungen, Betriebsbeschränkungen und dergleichen stehen weite Be-

---

[49a] VO vom 17. Mai 1940; Vollzugsverfügungen vom 20. Juli und 11. Oktober 1940.

[50] Dazu eindringlich KARRER, a.a.O. in SJZ 37, 37.

[51] BRB vom 6. August 1940 über Maßnahmen gegen die kommunistische und anarchistische Tätigkeit; BRB vom 19. November bzw. 26. November 1940 über die Auflösung der Nationalen Bewegung der Schweiz bzw. der Kommunistischen Partei der Schweiz; BRB vom 17. Dezember 1940 über den Vollzug usw.

[52] Art. 10 der VO vom 22. September 1939 über die Wahrung der Sicherheit des Landes; BRB vom 9. Juli 1940 über die Kontrolle der politischen Versammlungen.

[53] BRB vom 8. September 1939 über die Ordnung des Pressewesens; BRB vom 8. September 1939 über den Schutz des Landes im Gebiet des Nachrichtendienstes; BRB vom 31. Mai 1940 betr. die Überwachung der schweizerischen Presse; weitere dort in Art. 1 zit. Erlasse; BRB vom 4. Dezember 1939 betr. das Verbot der staatsgefährlichen Propaganda in der Armee; Verfügung Nr. 4 des Eidgenössischen Volkswirtschaftsdepartements vom 31. Oktober 1940 betr. die Kosten der Lebenshaltung usw.

[54] Art. 8 des BB vom 18. März 1937 betr. die Festungsgebiete; Art. 5 und 12 der zugehörigen VO vom 1. Oktober 1937; Art. 2 lit. d und e des BRB vom 8. Juni 1940 betr. Sicherungsmaßnahmen in militärisch wichtigen Gebieten; Art. 11 I der VO vom 22. September 1939/16. April 1940 über die Wahrung der Sicherheit des Landes; BRB vom 9. Februar 1940 über die befohlene Evakuation der Zivilbevölkerung im Kriegsfalle.

[55] BRB vom 8. September 1939 über den Schutz der Sicherheit des Landes im Gebiet des Nachrichtendienstes; Art. 11 der zit. VO vom 22. September 1939; Art. 2 lit. f des zit. BRB vom 8. Juni 1940.

zirke der wirtschaftlichen Tätigkeit nicht mehr allen Rechtsgenossen in gleicher Weise offen; die Betriebsbeschränkungen [56] belasten einzelne Kategorien von Eigentümern und privilegieren andere; das sehr stark ausgebaute, außerordentliche Nachlaßvertragsrecht und die speziellen Strafverfahren und -gerichte für Verstöße gegen das wirtschaftliche Kriegsnotrecht [57] sowie die Einsetzung von Kriegswirtschaftsgerichten [58] schaffen eine Reihe von Sonderordnungen [59].

Auch hier zeigt sich also wieder die Parallelität der Vorgänge im öffentlichen und im Privatrecht. Freilich ist nicht gesagt, daß überall, wo nach den fraglichen Erlassen die *Möglichkeit* von behördlichen Maßnahmen besteht, solche auch *tatsächlich* ergriffen werden. Aber schon die Wandlungen, die offensichtlich eingetreten sind, sind eindrücklich genug; und ein Ende dieser Entwicklung ist keineswegs abzusehen; ganz im Gegenteil. Wenn die überkommene Rechtsordnung ihren *politischen* Ausdruck im Staat der liberalen, demokratischen Aera gefunden hat (vorne Ziff. VI), so ist nicht zu übersehen, daß eine teilweise Abkehr davon eingetreten ist. Ob man das begrüßt oder bedauert, es ist eine nicht zu mißachtende Tatsache. Doch nicht hierauf zu insistieren ist der Zweck dieses Aufsatzes. Sondern worauf es dem Verfasser ankam, das war der Nachweis, *wie stark die Eigenart unseres Privatrechts mit der im öffentlichen Recht normierten Staatsstruktur verbunden* ist. Es ist unmöglich, daß sich das eine verändert, ohne daß dies sofort beim andern Wirkungen zeitigt. Die durch die außerordentliche Wirtschafts- und die Kriegsgesetzgebung geschaffene Lage erhellt es deutlich. So wäre es auch undenkbar, daß eine im Zug der Staatsreform durchgeführte Änderung der organisatorischen Normen des öffentlichen Rechts sich nicht unverzüglich in der gesamten Staatsstruktur und im Privatrecht manifestieren würde. Jede Abkehr vom Grundsatz der Rechtsgleichheit, um einen Fall herauszugreifen, zeigt eine gefährliche Tendenz zur Erweiterung, die sich notwendig auch auf das Privatrecht auswirkt. Die Wandlungen, die das Privatrecht im einen oder andern der Länder durchgemacht hat, die in jüngster Zeit zu neuen Staatsformen übergegangen sind, belegen es. Es wäre eine *Täuschung, wollte man bei uns glauben, man könne den*

---

[56] Zum Beispiel zulasten der Warenhäuser, der Hotellerie, der Uhren- und Schuhindustrie usw.
[57] BRB vom 1. September 1939 betr. die Einsetzung von strafrechtlichen Kommissionen des Volkswirtschaftsdepartements; BRB vom 3. Oktober 1939 über die Erweiterung der Zuständigkeit usw.; zugehörige Verfahrensreglemente vom 4. Oktober/27. Dezember 1939, 12. Oktober/27. Dezember 1939.
[58] VO II vom 20. September 1939 über die Sicherstellung der Landesversorgung usw.
[59] Dazu die Ausführungen des Verfassers in dem in N. 2 zit. Referat, 680 a ff. Man erinnere sich bei dieser Gelegenheit, daß bei der Schaffung des OR seinerzeit der Erlaß eines besondern Handelsgesetzbuchs deshalb abgelehnt wurde, weil dies gegen die Rechtsgleichheit verstoße! (Botschaft von 1879, BBl. 1880 I 174).

Staat reformieren und das Privatrecht unberührt lassen[60]; *abgesehen davon, daß das Privatrecht* [246] *in seinem herkömmlichen Bestand bereits stark durch das Wirtschafts- und Kriegsnotrecht bedroht ist*[61].

Damit soll beileibe nicht behauptet sein, nichts in unserem Staat sei reformbedürftig; zum mindesten sind es die Menschen. Sondern: wenn man die Reformbedürftigkeit des Staates schon bejaht und sich mit Reformplänen befaßt, so möge man es im vollen Bewußtsein der Tragweite, auch in zivilistischer Hinsicht, tun. Jede größere Änderung in der Rechtsordnung führt unweigerlich zu einer Neuverteilung der Individualsphäre und der Kollektivsphäre; das aber ist ein Kernproblem der Gesellschaftsordnung[62] überhaupt. Zu ihm gehört nicht nur die Antwort auf die Frage nach der Struktur des Staates, sondern auch diejenige auf die Frage nach der Eigenart und dem Herrschaftsgebiet des Privatrechts. Das herauszustellen erschien dem Verfasser nicht überflüssig, da die gesamte Diskussion über die Staatsreform offenbar ausschließlich die publizistische Seite des Problems beachtet. Die Entscheidung der Frage nach der Notwendigkeit und Art einer Staatsreform fällt wohl außerhalb der Studierstube des Rechtskundigen; dieser hat aber auf die Zusammenhänge dieser (politischen) Frage mit dem (juristischen) Problem der Struktur des Privatrechts hinzuweisen.

---

[60] Das ist ebenso unmöglich, wie es z. B. widerspruchsvoll ist, gleichzeitig als Förderer des Korporationenstaates und als Vorkämpfer des Föderalismus aufzutreten; jener ist gegen das zivilistische Individualprinzip gerichtet, und der Föderalismus ist die bundesstaatsrechtliche Form des Individualismus.

[61] Dazu die Ausführungen des Verfassers in dem N. 2 zit. Referat 680a ff.; vgl. dort auch die Angaben über im Ausland herrschende Tendenzen, ferner z. B. FRANK, Nationalsozialistisches Handbuch für Recht und Gesetzgebung (2. A. 1935) 24 ff., 427 ff., 931 ff.

[62] «... die wir heute suchen und nicht finden!» (W. BURCKHARDT, Die Aufgabe des Juristen und die Gesetze der Gesellschaft 1937, 38).

PUNKTATIONEN FÜR EINE KONFRONTATION DER TECHNIK MIT DEM RECHT *

I. EINLEITUNG UND BEMERKUNGEN ZUM TATBESTAND

[1] Das überwältigende Phänomen der heutigen Technik [1], ihre alles durchdringende, alles erfassende Wirksamkeit [2], deren fragwürdige Aspekte, beginnen nach den Philosophen und Kulturkritikern [3], nach Ärzten und Psychologen [4] und immer wieder selbst Technikern und Physikern [5] auch die Juristen zu beschäftigen [6] und vereinzelt zu beunruhigen [7]. Von dieser Beunruhigung geht die vorliegende Studie aus. Sie hält es mit einer Feststellung von KARL JASPERS [8]:

> «Das ist unsere geistige Situation: daß das technische Zeitalter unsere Denkungsart selber hat technisch werden lassen... Durch die täglichen Lebensbedingungen wird uns diese Denkungsart eingeprägt und eingeübt, unter Schwächung und schließlicher Vernichtung aller anderen, nun überhaupt nicht mehr verstandenen Denkungsart.»

Es soll gezeigt werden, wie technisches Denken manchenorts das juristische Denken verdrängt und wie Maßstäbe der Technik an die Stelle der traditionellen, für das Recht geltenden Wertmaßstäbe treten, so daß die Technik mit wichtigen,

---

* *Die Rechtsordnung im technischen Zeitalter. Festschrift zum Zentenarium des Schweizerischen Juristenvereins 1861—1961 (Zürich 1961), S. 1—34.*

[1] «La constatation manque d'originalité», bemerkt COLLIARD in seiner N. 6 zit. Studie, «mais il convient pourtant de la répéter inlassablement...»

[2] FREYER, Theorie des gegenwärtigen Zeitalters (Stuttgart 1958) 166 ff. und passim; GEHLEN, Die Seele im technischen Zeitalter (Hamburg 1957); vor allem aber und grundlegend JASPERS, Vom Ursprung und Ziel der Geschichte (München 1949, 3. A. 1952), zit. nach der Ausgabe der Fischer-Bücherei, 81 ff. Er schreibt S. 98: «Wegen der Größe der Frage, was damit aus dem Menschen werden kann, ist die Technik heute vielleicht das Hauptthema für die Auffassung unserer Lage. Man kann den Einbruch der modernen Technik und ihre Folgen für schlechthin alle Lebensfragen gar nicht überschätzen.» S. 121: «Die Technik ist im Begriff, mit dem gesamten Arbeitsdasein des Menschen den Menschen selbst zu verwandeln.» S. 122: «Durch die Wirklichkeit der Technik ist der ungeheure Bruch in der Menschheitsgeschichte entstanden, dessen schließliche Folgen keine Phantasie vorwegnehmen kann...»

[3] Statt vieler neben KARL JASPERS: MARTIN HEIDEGGER, Holzwege (3. A. Frankfurt a. M. 1957) 266 ff.; ERICH BROCK, Befreiung und Erfüllung (Zürich/Stuttgart 1958) 365 ff.; ALEXANDER RÜSTOW, Ortsbestimmung der Gegenwart III (Erlenbach/Stuttgart 1957) 58 ff.; WILHELM RÖPKE, Jenseits von Angebot und Nachfrage (Erlenbach/Stuttgart 1958) 99 ff.; F. G. JÜNGER, Die Perfektion der Technik (4. A. Frankfurt a. M. 1953); EDUARD SPRANGER/ROMANO GUARDINI, Vom stilleren Leben (Würzburg 1956).

[4] Der Verfasser denkt vor allem an Schriften, die von anthropologischem und psychologischem Standort aus zur Kulturkritik vorstoßen, wie C. G. JUNG, Gegenwart und Zukunft (Zürich/Stuttgart 1957); BODAMER, Gesundheit und technische Welt (Stuttgart 1955); derselbe, Der Mann von

ja oft wichtigsten, juristischen Prinzipien in Konflikt gerät. Die Darlegungen können oft nur skizzenhaft sein; es gilt alsdann pars pro toto.

Als Abriß des *Tatbestandes* (ohne solchen sind Betrachtungen wie die vorliegende nicht ausführbar) seien einige Aspekte des Phänomens Technik, die für unser Thema Bedeutung besitzen, verzeichnet. [2] Eine rechtliche Würdigung der einzelnen Sachverhalte erfolgt gleichzeitig dort, wo das Thema insofern als behandelt gelten muß. Daß einzelne der Tatsachen nicht der Technik im eigentlichen Sinn, sondern den Naturwissenschaften (Medizin, Chemie, Biologie) oder der angewandten Psychologie zugehören, ist ohne Belang; die ihnen zugrunde liegende Denkweise ist hier im wesentlichen dieselbe.

1. Der zunehmende Umfang des auf technische Erscheinungen zurückgehenden Stoffes in der Gesetzgebung. Jeder Blick in die [3] Register der eidgenössischen Gesetzessammlung bestätigt dies, etwa sub verbis «Motorfahrzeuge, Straßenverkehr» oder «Luftfahrt». Ein äußerlicher Gesichtspunkt, aber eine folgenschwere Erscheinung: Übersichtlichkeit, Faßlichkeit, Kontinuität und Stabilität des Rechts, und insoweit die Rechtssicherheit, fehlen diesem Teil der Gesetzgebung besonders [8a]. Damit wird bereits zum folgenden Gesichtspunkt übergeleitet:

heute, seine Gestalt und Psychologie (2. A. Stuttgart 1956); derselbe, Der Mensch ohne Ich (Freiburg 1958). — Aufschlußreich unter anderem Gesichtspunkt WESPI, Zeitschrift für Präventivmedizin 1959, 83 ff. (Er schreibt von der heutigen Jugend, daß «Wachstum, Entwicklung und Begabung außerordentlich stark in Mitleidenschaft gezogen worden sind».) Beschränktem Gegenstande gewidmet, doch bedeutsam das Sonderheft «Psychologie der Straße» der Zeitschrift «Der Psychologe» 9 (1957) Nr. 5 (Schwarzenburg), von DETTLING, GRABER, HERREN, BLUM u. a.

[5] EICHELBERG, Der Mensch und die Technik (Zürich 1953); derselbe, Menschsein im technischen Raum (Zürich 1960); PAUL HUBER, Atomenergie und Universität (Heft 40 der Basler Universitätsreden), 1958, zit. nach dem Abdruck in Schweizerische Hochschulzeitung 1959, 143: «Geistige Höhlenbewohner sind wir geblieben angesichts des technischen Fortschritts.»

[6] COLLIARD, La Machine et le droit privé français contemporain, in Etudes offertes à GEORGES RIPERT I (Paris 1950) 115, beklagt indes die «tendance trop marquée» des juristes «de négliger ce trait essentiel de la civilisation contemporaine. La négation de ce facteur technique, de sa capitale importance ne va pas sans danger.»

[7] HANS HUBER, Das Recht im technischen Zeitalter, Rektoratsrede (Bern 1960); wichtige Teilaspekte finden sich in den Referaten für den Schweizerischen Juristentag 1960 und in den Voten daselbst behandelt: GROSSEN, La protection de la Personnalité en droit privé, und JÄGGI, Fragen des privatrechtlichen Schutzes der Persönlichkeit, ZSR 1960, 1a ff., 133a ff., Diskussion ZSR 1960, 624a ff.; weiter: WERNER KÄGI in «Atomenergie», Mitteilungsblatt des Delegierten für Fragen der Atomenergie 1959, Nr. 1 S. 25 ff.; dann vom VERFASSER: Lärmbekämpfung als Aufgabe des Rechts (Zürich 1956) mit allgemeinen Betrachtungen 129 ff.; SJZ 1959, 97 ff.; Les armes juridiques dans la lutte contre le bruit, JdT 1960, 466 ff.; Zeitschrift «Lärmbekämpfung» (Baden-Baden) 1 (1957) 45 ff.; Haftpflichtrecht und Persönlichkeitsrecht vor der neueren technischen Entwicklung, Festschrift *Friedrich List* (Baden-Baden 1957). Verschiedene Überlegungen, die im vorliegenden Aufsatz berührt werden, sind dort näher ausgeführt.

[8] In dem von BÄHR hg. Buch «Wo stehen wir heute?» (Gütersloh 1960) 44.

[8a] Dazu HANS HUBER (zit. N. 7); RIPERT, Les forces créatrices du droit (Paris 1955) 8 f., 27, 58, 423.

2. Die inhaltliche Bestimmung dieses Stoffes durch die Technik. An sich ist dies unausweichlich; es sind die «Realien der Gesetzgebung» (EUGEN HUBER), die hier wirken, die «Natur der Sache», die sich durchsetzt. Doch sind Ausmaß und Folgen ungewöhnlich. Es [4] gibt Erlasse, die, obwohl für breite Schichten Bedeutung besitzend, sich wie ein Kapitel aus einem technischen Handbuch, das nur den Fachmann anspricht, lesen (etwa BRB über Motorfahrräder und Kleinmotorräder vom 15. November 1960). Die technischen Differenzierungen führen zu immer weiter getriebenen juristischen Differenzierungen, die gegebenenfalls ein erstaunliches Ausmaß annehmen. So unterscheidet die neueste Gesetzgebung z. B. nicht weniger als drei Arten von Motorrädern mit einem ganz verschiedenen juristischen Regime: a) Motorfahrräder, die rechtlich als Velos gelten, sowohl in polizeirechtlicher Hinsicht (im wesentlichen) wie in bezug auf Haftpflicht und Versicherung (also keine Kausalhaftung, SVG 70); b) Kleinmotorräder, die, polizeirechtlich und haftpflichtrechtlich betrachtet, Motorfahrzeuge darstellen (also Kausalhaftung nach SVG 58 und entsprechend Versicherung, SVG 63), jedoch von der SUVA, wie schon die Motorfahrräder, in die Nichtbetriebsversicherung nach KUVG einbezogen werden[9]; c) die übrigen, die eigentlichen Motorräder, z. B. die Roller, welche polizei- und haftpflichtrechtlich schlechthin als Motorfahrzeuge behandelt werden; die Nichtbetriebsversicherung erfaßt hier nur die Unfälle auf dem Wege zu der und von der Arbeit (KUVG 67 III, Fassung laut BG vom 19. Juni 1959)[10]. Es sind zum Teil ebenfalls technisch determinierte Differenzierungen, die (abgesehen von den gerade berührten Sonderfragen) einer sehr detaillierten Ordnung von Haftpflicht und Versicherung im SVG gerufen haben; die dortige, 32 Artikel umfassende Regelung wird ergänzt durch die VO über Haftpflicht und Versicherungen [5] im Straßenverkehr vom 20. November 1959 mit 76 Artikeln und einem Anhang von 15 Seiten. Die zivilrechtlichen Bestimmungen dieser Erlasse entsprechen nicht durchwegs mehr dem Bild einer privatrechtlichen Ordnung. Auffallend ist auch Art. 96 Ziff. 2 SVG, wonach das Führen eines Motorfahrzeuges ohne Haftpflichtversicherung mit Gefängnis und mit Buße bestraft wird; die Buße «muß mindestens einer Jahresprämie der Versicherung» gleichkommen: also richtet sie sich nach dem Prämientarif, der seinerseits auf ganz

---

[9] SJZ 1961, 16.
[10] Einzelheiten im zit. BRB vom 15. November 1960; VO über Haftpflicht und Versicherungen im Straßenverkehr vom 20. November 1959, Art. 37; Botschaft betr. Änderung des KUVG, BBl. 1960 II 1423 ff.; PFISTER in SZS 1960, 284 ff. — Die zusätzlichen Besonderheiten bezüglich der Unfallversicherung nach SVG 78 sind nicht einmal erwähnt worden. Das Motorradwesen hat zur Revision dieser Vorschrift geführt, bevor das SVG in Kraft stand (BG vom 19. Juni 1960), und KUVG 100 ist im Hinblick hierauf bereits zum zweitenmal revidiert worden (zunächst BG vom 19. Juni 1959, jetzt BG vom 17. März 1961; dazu die erwähnte Botschaft BBl. 1960 II 1423 ff.).

anderen als strafrechtlichen Erwägungen beruht. Es hat sich als erforderlich erwiesen, den Gerichten einen Auszug aus solchen Tarifen zur Verfügung zu halten und ihn mit einer amtlichen Gebrauchsanweisung zu versehen [11].

Es geht hier nicht um die Kritik dieser Erlasse, sondern um die registrierende Feststellung, daß man kraft der Determiniertheit durch die Technik einen eigenen Typ von Gesetzen vor sich hat, der sich insbesondere weit von der hergebrachten Beschaffenheit der sog. Justizgesetzgebung entfernt, weit vom Bestreben, einfache, allgemeine, das Generelle erfassende Formeln zu finden. Vielleicht mögen sich die meisten Lösungen, wenn man sie jede für sich betrachtet, rechtfertigen lassen; doch ist damit ein Weg betreten worden, dessen Ende nicht abzusehen ist. Neue sehr spezielle Materien haben gewiß ihre eigene Sachgerechtigkeit. So mag es verständlich sein, wenn man in einem so gesonderten Gebiet wie dem der hypothekarischen Verpfändung von Luftfahrzeugen eigene Begriffe von Zugehör und Bestandteil schafft (BG über das Luftfahrzeugbuch vom 7. Oktober 1959 Art. 21, 22) [12]. Indes erweckt es Sorge, daß auch hier der Keim zur Auflösung erprobter Institute des Privatrechts ausgestreut ist. Ein Beleg mehr für «die allgemeine Hörigkeit des Rechts gegenüber der Technik [13]».

[6] *3. Das Schädigungspotential der heutigen Technik.* Die technische Entwicklung hat gleichzeitig zu einer *Ubiquität* der Gefahren und einer *Größe* derselben geführt (beide Erscheinungen werden mit dem Ausdruck «Schädigungspotential» erfaßt), die ein schlechthin neues Factum darstellt [14]. Auch von dieser Tatsache gilt das früher Erwähnte: il convient de la «répéter inlassablement». Statt vieler Belege soviel: Im Jahre 1960 ließen 1300 Personen auf den schweizerischen Straßen ihr Leben, und 34 400 erlitten Körperverletzungen. Eine keineswegs kleine Gemeinde wird also jährlich ausgelöscht. 1954 bis 1959 verunfallten 179 164 Personen, das ist mehr als die Einwohnerzahl, welche die Stadt Genf Ende 1959 aufwies, und 6545 starben dabei, was der Einwohnerzahl von Brugg entspricht [15]. In

---

[11] SJZ 1960, 384; Kreisschreiben der Eidgenössischen Justizabteilung vom 21. September 1960.

[12] Dazu GULDIMANN in Festschrift *Alex Meyer* (Düsseldorf 1954) 59 ff.; derselbe, Das Bundesgesetz über das Luftfahrzeugbuch vom 7. Oktober 1959, SJZ 1961, 185 ff.; ARTHUR EGLI, Die Luftfahrzeugverschreibung nach dem Entwurf eines Bundesgesetzes über das Luftfahrzeugbuch (Diss. 1958) 63 ff.

[13] HANS HUBER (zit. N. 7) 7.

[14] Dazu IMHOF in Schweizerische Technische Zeitschrift 1956, Nr. 48/49, 977 ff. Einige Angaben, die von den folgenden Daten weitergeführt werden, bei OFTINGER, Schweizerisches Haftpflichtrecht I (2. A. Zürich 1958) 9 f.

[15] Nach JAECKLE, in StenBull. NR 1956, 630/31, erlitten 40 Prozent der 1950 bis 1954 nicht tödlich Verunfallten Schädelbrüche. Die Altersstufung der Verunfallten führte den Redner zum Schluß, daß entscheidende Teile der Arbeitskraft des Landes wegfallen. TENCHIO, a. a. O. 631, stellte für damals den jährlichen Verlust eines kriegsstarken Bataillons allein durch die Tötungen fest. Die Debatten dort 620 ff., 660 ff. sind aufschlußreich unter manchen Gesichtspunkten.

der Bundesrepublik Deutschland betrug die Anzahl der Tötungen 1960 14 000, täglich 38. Für ganz Europa schätzt man zur Zeit die Zahl auf jährlich 60 000, diejenige der Schwerverletzten auf drei- bis viermal mehr. In den Vereinigten Staaten waren es im Jahre 1960 38 200 Getötete und von 1900 bis 1958 1 265 000, d. h. (wie man liest) fast zweimal soviel als in allen Kriegen, in die Amerika vom Unabhängigkeitskrieg bis zum Koreakrieg je verwickelt war. 1,4 Millionen verunfallte Amerikaner trugen 1960 dauernde körperliche Schäden davon. Die Frage drängt sich auf, welche Werte denn diesen Unwerten gegenüberstehen, und es läßt sich kaum die weitere Frage unterdrücken, was dies eigentlich für eine Zivilisation sei, die solches als selbstverständlich in sich schließt[16]. Dazu kommt, daß [7] — wie die stereotype Formel lautet — «mindestens drei Viertel aller durch Fahrzeuglenker verschuldeten Unfälle auf die Mißachtung elementarster Verkehrsregeln zurückzuführen sind[17]». Doch zurück zu den Zahlen. Man schätzt für die Bundesrepublik Deutschland den gesamten Personen- und Sachschaden, der auf Verkehrsunfälle zurückgeht, mitsamt den Aufwendungen für Justiz und Polizei auf 4—5 Milliarden DM im Jahr[18]. An einem einzigen Rundstreckenrennen für Automobile (in Le Mans, Frankreich) wurden am 12. Juni 1955 84 Leute getötet und 100 verletzt, fast alles Zuschauer (die Veranstaltung wurde keineswegs abgebrochen, sondern nach Programm weitergeführt). Der Zusammenstoß zweier Großflugzeuge über New York am 16. Dezember 1960 erforderte 132 Todesopfer und der Absturz eines weiteren am 17. Dezember 1960 auf die Innenstadt von München deren 51, davon 32 am Boden befindliche, die zum Teil bei lebendigem Leibe verbrannten. Die Wahrscheinlichkeit, daß die industrielle Ausnützung der Atomenergie zu Unfällen und Erkrankungen führt, ist [8] nach Aussage der Sach-

---

[16] Dazu A. SCHMID in StenBull., a.a.O. 629; WANNAGAT in NJW 1960, 1598: «Diese gefahrvollen Tätigkeiten werden von der Gemeinschaft als sozial tragbar, wirtschaftlich wertvoll und unentbehrlich anerkannt» — eine Feststellung, die durchaus zutrifft, aber unausweichlich zu den soeben gestellten Fragen führt. Der Gerichtsmediziner ZOLLINGER hält fest: «128 ausgelöschte Kinderleben sind das traurige Ergebnis des Verkehrsjahrs 1956. Wieviel weniger haben diese Fälle die Öffentlichkeit erregt und die Eltern geängstigt als die 59 tödlich verlaufenen Kinderlähmungsfälle desselben Jahres» (in «Verkehr und Menschlichkeit», Schriften der NHG Nr. 3, Zürich 1958, 13). Über das Entsetzliche der Kinderunfälle NUSSBAUMER, Die Überfahrung im Rahmen des Straßenverkehrsunfalles (Basel/Stuttgart 1960) 108 ff.

[17] Jahresbericht 1959 der Schweizerischen Beratungsstelle für Unfallverhütung 15. Näheres in den Unfallstatistiken des Statistischen Jahrbuches.

[18] 4 Milliarden für das Jahr 1959 nimmt ERNST MEYER laut Zentralblatt für Verkehrsmedizin 1960, 191 an; allein die Aufwendungen für Justiz und Polizei beziffert er auf 250 Millionen. Auf 5 Milliarden kommt BERKENKOPF laut Angabe von WIETHAUP in «Der Krankenhausarzt» 1960, Nr. 4/6. Andere Schätzungen lauten (offenbar ohne die indirekten Aufwendungen) jährlich auf etwa 3 Milliarden, Internationales Archiv für Verkehrswesen, 12 (1960) Nr. 1 S. 32. — Das Motorfahrzeug erweist sich als ungeheuer kostspieliges Verkehrsmittel, was bei seiner Einschätzung durch den Gesetzgeber in Rechnung gestellt werden sollte.

verständigen sehr gering [19]. Doch beweist allein schon die gesetzliche Ordnung mit ihrer Haftungssumme und dem Versicherungsobligatorium von 40 Millionen Franken (Atomgesetz vom 23. Dezember 1959 Art. 12 VI, 21 II) [20], daß das Schädigungspotential gewaltig ist [21].

Diese Aufzählung mag als Exemplifikation genügen. Die zum Teil realen, zum Teil bestrittenen chemischen und biologischen Gefahren seien beiseite gelassen [22].

4. Das Störungspotential der heutigen Technik. Auch es stellt schlechthin ein Novum dar. Die Tatsachen sind bekannt: Der überwältigende Lärm, dem man kaum mehr zu entrinnen vermag und der vielfach eine Stärke erreicht, welche nur die fortgeschrittene Abgestumpftheit — um es zurückhaltend zu sagen — nicht durchwegs als das erkennen läßt, was er ist: ein Dauerangriff, der das [9] Wohlbefinden, oft die Gesundheit so vieler beeinträchtigt, ein «typischer Repräsentant der Primitivschicht», um mit dem Psychiater WALTHER-BÜEL zu sprechen [23]; dann die Abgase insbesondere der Motorfahrzeuge und gewisser Industriebetriebe sowie

---

[19] HOUTERMANS in «Atomenergie», Mitteilungsblatt des Delegierten für Fragen der Atomenergie 1957, Nr. 1 S. 25 ff.; VON WEIZSÄCKER, Atomenergie und Atomzeitalter (Frankfurt a. M. 1957) 109 ff.; Botschaft BBl. 1958 II 1529: Nach amerikanischen Schätzungen sei diese Wahrscheinlichkeit unvergleichlich geringer als die Wahrscheinlichkeit, einen Automobilunfall zu erleiden.

[20] In den USA kann der entsprechende Betrag im Ergebnis mehr als 500 Millionen Dollar erreichen, JUAN THELER, Zur Versicherung des Atomrisikos (Diss. Basel 1960) 40 f.; BBl. 1958 II 1532.

[21] Über den gerne übersehenen doppelten Inhalt des Begriffs Gefahr OFTINGER, Schweizerisches Haftpflichtrecht I (2. A. 1958) 16. — Über das Atomrisiko des näheren THELER, a.a.O. 16 ff., bes. 23, dessen Angaben der Verfasser nicht nachprüfen kann: «Was das Ausmaß eines möglichen Schadens anbetrifft, so schätzen die gleichen Wissenschafter, daß ein Reaktor von 500 000 thermischen kW bei einem Unfall alles Leben in einem Umkreis von 24 km auszulöschen vermöchte. Bis zu 72 km Radius gäbe es Verletzte, und bis 200 km müßte die gesamte Bevölkerung evakuiert werden. Die Sachschäden allein könnten im schlimmsten Falle den Betrag von 7 Milliarden Dollar erreichen.» Dies ist die Gefahr im zweiten vom Verfasser definierten Sinn (Schweizerisches Haftpflichtrecht, a.a.O.).

[22] Über die toxischen Zusätze zu Lebensmitteln EICHHOLTZ, Die toxische Gesamtsituation auf dem Gebiet der menschlichen Ernährung (Berlin/Göttingen/Heidelberg 1956); über Insektizide und andere Mittel der Schädlingsbekämpfung unterrichtet in anderem Zusammenhang F. SCHWARZ in ZStR 1957, 143 ff.

[23] Hiezu die N. 4 zit. Literatur; über die Lautstärken SJZ 1959, 101: Ein geräuschvolles Motorfahrzeug erzeugt z. B. die 128fache Lautheit, verglichen mit dem Geräuschniveau eines ganz ruhigen Studierzimmers, ein Preßlufthammer gegebenenfalls die 64fache Lautheit des Konversationstones der menschlichen Stimme. Über die psychologische und anthropologische Seite der heutigen Lärmsituation WALTHER-BÜEL, in Zeitschrift für Präventivmedizin 1957, 73 ff. und 1958, 395 ff.; SCHNEIDER daselbst 399 ff. und in Schweizerische Arbeitgeber-Zeitung 1960, 32 ff.; SPRANGER/GUARDINI (zit. N. 3); die Angaben SJZ 1959, 100; die N. 4 zit. Schriften von BODAMER, bes. «Gesundheit und technische Welt» 22 f., 26 ff., 64/65, 72; über die alarmierende Einwirkung auf die Schuljugend und den Unterricht WESPI (zit. N. 4) 83 ff. Die Literatur über die physiologisch ungünstigen Wirkungen wächst ständig an; Angaben SJZ 1959, 97 N. 1; seither beunruhigend JANSEN, in Archiv für Gewerbepathologie und Gewerbehygiene 17 (1959) 238 ff.

der Ölheizungen, ebenfalls eine immer unzumutbarer werdende Plage, die vielen Bürgern das Dasein vergällt[24]; stellenweise auch Erschütterungen und Einwirkungen von Licht[25]. Es ist immer wieder die Überzeugung geäußert worden, daß hier ein kontinuierlicher Angriff auf die menschliche Substanz im Gange ist. Zwei der köstlichsten Güter dieser Erde, Ruhe und reine Luft, sind einem, zum mindesten in den Städten und manchen größeren Kurorten, geraubt, und ein drittes, gutes Wasser, ist stark gefährdet. Auch hier drängt sich die Frage auf, welche Werte denn eigentlich den Unwerten gegenüberstehen.

5. Die Entprivatisierung des Menschen. Sie vollzieht sich vor allem vermöge ungehemmter Publizität, vornehmlich mittels Bildreportagen, die auch Intimstes und bis jetzt als schlechthin schonungswürdig [10] Betrachtetes erfassen — etwa den Todeskampf eines Menschen, den Schmerz seiner Angehörigen —, also wiederum kraft des Einsatzes technischer Mittel. Der Hinweis auf die Literatur muß genügen[26].

6. Der Zugriff auf die menschliche Person. Der Mensch ist dem Menschen «zum Gegenstand ... technischen Zweckdenkens» geworden[27]. Daß die Störungen der unter Ziff. 4 beschriebenen Art und die Anfechtungen gemäß Ziff. 5 zum Teil auch hierher gehören, ergibt sich aus den dortigen Ausführungen. Die Gefährdung oder allenfalls Schädigung (darunter die genetische) durch ionisierende Strahlen, so durch Radioaktivität, aber anscheinend auch durch gewisse chemische Stoffe, ist hier einzureihen, schätze man sie höher oder niedriger ein[28]. Gewissen Problemen ruft der ärztliche Bereich; sie sollen hier nicht verfolgt werden[29]. Indes: Das

---

[24] Über die Verderbnis der Luft durch die Motorfahrzeuge ein Urteil des Zürcher Obergerichts, in welchem festgestellt wird, daß bei weiterer Zunahme des Verkehrs auf einer bestimmten Straße des Geschäftsviertels von Zürich mit gesundheitlicher Gefährdung der Anwohner zu rechnen ist, ZR 1956, Nr. 1 S. 5, 8. GRANDJEAN in «Durch- oder Umfahrung von Städten und Dörfern», hg. vom ACS (Bern 1955) 30 ff., erkennt, generell betrachtet, schon jetzt Schädigungen.

[25] SJZ 1953, 229.

[26] Man vgl. insbesondere die Referate von GROSSEN und JÄGGI (zit. N. 7) und dort vermerkte Schriften. Zutreffend SCHÜLE in *Huber/Schüle*, Persönlichkeitsschutz und Pressefreiheit, Gutachten, hg. vom Bundesministerium der Justiz (Bonn 1960) 53; er spricht vom «Bedrängtsein, in mancher Hinsicht geradezu Ausgeliefertsein des Menschen gegenüber den Mächten und Möglichkeiten der heutigen Massenumwelt, die ihn auf zahllosen Wegen berühren, seine private Lebenssphäre schmälern und sie in Teilstücken zu vernichten drohen».

[27] WOLFGANG SIEBERT in NJW 1958, 1369.

[28] Die nüchternen Tatsachen, die HADORN, Von der Gefährdung biologischer Grundlagen des Menschen, Reformatio 1957, Nr. 11/12, 637 ff., und ZUPPINGER 654 ff. nennen, sind jedenfalls nicht zu übersehen.

[29] EUGEN BUCHER, Die Ausübung der Persönlichkeitsrechte, insbesondere die Persönlichkeitsrechte des Patienten als Schranken der ärztlichen Tätigkeit (Diss. Zürich 1956) 241 ff.; GROSSEN (zit. N. 7) 48a ff.; SAVATIER, Les métamorphoses économiques et sociales du droit privé d'aujourd'hui II (Paris 1959) 253 ff., III (1959) 63 ff.; KOLLE in NJW 1960, 2226 bei N. 10, der einen krassen medizinischen «Eingriff in die natürliche — oder sagen wir getrost: göttliche — Person» schildert und reprobiert.

unbedenkliche Experimentieren stellt eine Versuchung dar. Wenn es richtig ist, daß der heutigen Naturwissenschaft und Technik Ansätze zum [11] Totalitarismus innewohnen[30], so hat man sich vorzusehen[31], zumal die bisherigen Erfahrungen mit totalitären Staaten ja gerade den Zugriff auf den Menschen mit naturwissenschaftlichen und technischen Mitteln in schauerlichen Vorgängen erkennen ließen. Dann sei auf die Manipulationen des Bewußtseins und des Unterbewußtseins durch die wissenschaftlich fundierte, die Erkenntnisse der experimentellen Psychologie und der Physiologie ausnützende Propaganda hingewiesen[32], Dinge, die, wie immer es sich im einzelnen damit verhalten möge, ernst zu nehmen sind. Daß in allen diesen Hinsichten die Persönlichkeit, Schutzobjekt sowohl des öffentlichen wie des Privatrechts, stark betroffen ist, bedarf keines Beleges. Dies gilt, wie beigefügt sei, überdies für die vorstehend unter Ziff. 3, 4 und 5 aufgezählten Tatbestände[33]. Gerade sie haben zu der heute in verschiedenen Ländern feststellbaren Aktualisierung des Persönlichkeitsrechts geführt[34].

7. *Der Zugriff auf das Eigentum.* Er ist vor allem die Wirkung der Störungen im Sinne der vorstehenden Ziff. 4, der Immissionen. Der Grundeigentümer und sonstige Besitzer wird durch sie im «Genusse» seiner Sache beeinträchtigt, z.B. wenn der eine Nachbar geräuschvolle Baumaschinen installiert und ein anderer einen Industriebetrieb eröffnet, der lästige Gerüche ausströmt. Am drastischsten sind Lärm- und Geruchsimmissionen, die von den öffentlichen Grundstücken stammen: von Straßen, Baustellen, Flugplätzen usw. [12] Direkte Hilfe durch das öffentliche Recht fehlt hier weitgehend. Der gegebenenfalls auch gegenüber dem Gemeinwesen offenstehende Weg des privatrechtlichen Schutzes (Art. 684/679 und 928 ZGB)[35] ist dem Bürger meist zu unsicher und kostspielig. Das öffentliche Schadenersatzrecht, im besondern das Expropriationsrecht, kraft dessen Entschädigungen geleistet werden sollten, versagt zum Teil schon auf Grund veralteter Gesetzestexte, zum Teil wegen deren zu engherziger Anwendung[36]. Das Ergebnis ist nicht zu verkennen. Die entschädigungslose Überflutung durch übermäßige Immissionen, die von öffentlichen Grundstücken ausgehen, verletzt so-

---

[30] Statt vieler HEIDEGGER (zit. N. 3) 267: «Die moderne Wissenschaft und der totale Staat sind als notwendige Folge des Wesens der Technik zugleich ihr Gefolge... Im Grunde soll sich das Wesen des Lebens selbst der technischen Herstellung ausliefern»; MUTHESIUS, Der letzte Fußgänger oder die Verwandlung unserer Welt (München 1960) 121 f.
[31] Das besorgte Buch eines so grundgescheiten Mannes wie ALDOUS HUXLEY, Dreißig Jahre darnach (Brave new world revisited; 2. A. München 1960), verdient größte Aufmerksamkeit.
[32] HUXLEY, a.a.O. 53 ff.
[33] OFTINGER in Festschrift List (zit. N. 7) 126/27.
[34] SCHÜLE, a.a.O. 53; SAVATIER, a.a.O. II 5 ff.
[35] OFTINGER, Lärmbekämpfung als Aufgabe des Rechts, 30 ff.; JdT 1960, 470 ff.
[36] Lärmbekämpfung als Aufgabe des Rechts, 56 ff.

wohl die Eigentumsgarantie wie die Rechtsgleichheit[37]. Denn der gleiche Staat, der jedes Stück Land, das er dem Bürger wegnimmt, recht bezahlt, schreitet zur entschädigungslosen Expropriation der aus den Art. 684/679 ZGB fließenden Abwehrrechte gegen Immissionen und damit eines Teils des Eigentums. Er auferlegt dem Betroffenen im Ergebnis ohne Gegenleistung so starke, ja oft gewaltige Belästigungen, wie sie z. B. die von Flugplätzen und oft auch von Fluglinien herrührenden Lärmeinwirkungen für einen Teil der Nachbarschaft bedeuten. Es bleibt abzuwarten, ob sich Gleiches bei der Anlage von Nationalstraßen in Gebieten, die bisher vom Verkehr verschont geblieben waren, wiederholen wird[38]. Die von Art. 1 des Luftfahrtgesetzes gegebenenfalls legitimierten Überfliegungen stellen neben der Störung durch Lärm auch angesichts der offenbar immer aktueller werdenden Gefahr von Abstürzen eine Beeinträchtigung des Eigentums dar. Jene Bestimmung sowie Art. 667 I ZGB müßten unter Berücksichtigung solcher Gesichtspunkte verstanden werden[39].

[13] Dieser Überblick hat unter verschiedenen Gesichtspunkten, die sich zum Teil überschneiden, Einbrüche der Technik ins Recht und in die vom Recht geschützten Bereiche des Lebens zusammengestellt, die mit den Arbeitsgebieten des Verfassers Berührung haben. Der Publizist, der Straf- und der Zivilprozessualist würden deren weitere namhaft machen können[40]. Der Konflikt mit wichtigen Postulaten des Rechts, etwa demjenigen des Schutzes des menschlichen Lebens, der körperlichen Integrität, der Persönlichkeit oder des Schutzes vor Störungen liegt auf der Hand. Man steht, wie eingangs vorweggenommen, vor einer partiellen Überwältigung des Rechts durch die Technik, vor dem Sachverhalt, daß das technische Denken vielenorts die Oberhand gewonnen hat. Um dies näher zu belegen, bedarf es vorerst einer Charakterisierung des technischen Bereichs (Ziff. II) und dann dessen Konfrontation mit dem rechtlichen Bereich (Ziff. III).

II. VOM TECHNISCHEN DENKEN UND SEINEN PRINZIPIEN

Hievon soll nur gerade insoweit die Rede sein, als Eigentümlichkeiten zu erwähnen sind, die zu *den* Konflikten mit dem Recht führen, welchen diese Ab-

---

[37] Lärmbekämpfung als Aufgabe des Rechts, 33 ff., 57 ff.; gl. M. ANDREAS KUONI, Das Enteignungsrecht des Kantons Graubünden (Diss. Bern 1959) 76 ff.
[38] Über dieses rechtliche Problem näher JdT 1960, 472.
[39] Lärmbekämpfung als Aufgabe des Rechts, 119 ff.
[40] Es sei nur auf bestimmte Methoden der Wahrheitserforschung im Strafprozeß hingewiesen: Narkoanalyse und dergleichen. Außer Ansatz blieben auch die Probleme, die der Zugriff auf die Natur und die sonstige Umwelt des Menschen aufwerfen; es sei an den Naturschutz, den Gewässerschutz, den Heimatschutz u. a. m. erinnert.

handlung gewidmet ist. Es geht weder um das vielgestaltige Wesen der Technik im ganzen noch um den viel berufenen spezifisch technischen Schöpfertrieb[41], und auch nicht um die von anderen gepflegten kulturkritischen Analysen. Es sollen einzig einige *empirisch* gewonnene Charakteristika releviert werden. Die Schattenseiten jeder Verallgemeinerung müssen in Kauf genommen [14] werden; ein Typus, ein Modell ist zu schildern. Die Enumeration will nicht vollständig sein.

1. Technisches Denken ist ungeschichtlich. Nur Gegenwart und nächste Zukunft zählen, nicht aber, im Gegensatz zum Recht, Gewachsenes, Tradition, überlieferte Werte. Der Augenblick ist maßgebend; der Blick für weite Zeiträume und das Dasein des Menschen in ihnen fehlt[42].

2. Es ist monistisch und vordergründig, nur der unmittelbare Effekt wird beachtet, weder die ungünstige Nebenwirkung noch die spätere Fernwirkung finden ausreichende Aufmerksamkeit. Die störenden Folgen etwa des Straßen- und des Luftverkehrs oder die Verschmutzung der Gewässer, die fragwürdige Veränderung des Wasserhaushaltes ganzer Landschaften sind Belege. Eine hiermit zusammenhängende Eigentümlichkeit ist ein spezifischer Optimismus, wogegen der Jurist (auch er als Typus verstanden), dialektisch geschult und der Ambivalenz der menschlichen Dinge bewußt, zum Skeptizismus neigt.

3. Es huldigt einem spezifischen Perfektionismus. Für den einmal bejahten Zweck — z. B. große Geschwindigkeit oder möglichst differenzierte Modelle — sollen immer adäquatere Geräte geschaffen werden. Die Verbindung mit Punkt 2 führt zu den dort erwähnten Nachteilen, die Übernahme der Differenzierungen in die Gesetzgebung zu den unter Ziff. I/2 geschilderten Erscheinungen. Demgegenüber begnügt sich das Recht — um nur dieses in Erinnerung zu rufen — auf Grund uralter Erfahrung mit Lösungen, die den Durchschnittssituationen gerecht werden, indem es schematisiert. «Il se contente d'approximations ... et l'erreur commune fait le droit», hält RIPERT fest[43].

[15] *4. Für die Konstruktion ist ausschlaggebendes Prinzip die Leistung.* Die leistungsfähigere Maschine gilt als die bessere, auch wenn die größere Leistung bedenkliche Folgen zeitigt, z. B. ganz übermäßigen Lärm. Dessen Dämpfung ist unerwünscht, sobald Leistungsverlust oder Kosten drohen. Die monistische Komponente des Denkens (Ziff. 1) erschwert ungemein die Würdigung gegenläufiger Interessen, welche den Verzicht auf die maximale Leistung fordern. Die Bezie-

---

[41] Statt der oft lediglich beschönigenden Berufung hierauf und der ständigen Zitierung des Herrschaftsauftrags in der Genesis (1, 28) würde man gerne erleben, daß so dringende technische Probleme wie die Schaffung geräusch- und geruchloser Motorfahrzeuge gelöst würden.
[42] Anders kann man z. B. nicht erklären, daß die ungeheure Verschwendung der Rohstoffe bedenkenlos weitergeht. Darüber EICHELBERG, Menschsein im technischen Raum (Zürich 1960) 11 ff.
[43] Les forces créatrices du droit (Paris 1955) 42.

hung dieses Prinzips zu demjenigen der *Wirtschaftlichkeit* — überhaupt die Beziehung von Technik und Wirtschaft — liegt auf der Hand.

5. Der Zweck diktiert und legitimiert das Mittel. Rasches Bauen ist erwünscht, folglich werden die bekannten Maschinen eingesetzt, auch wenn deren Lärm ein ganzes Quartier monatelang der schwersten Belästigung aussetzt. Automobilrennen gelten — wenn auch zu Unrecht — als unerläßlich zur Erprobung von Konstruktionen, also nimmt man ihre großen Gefahren, ja mit statistisch zu erhärtender Wahrscheinlichkeit eintretende schwere Unfälle in Kauf.

6. Das technische Zweckdenken, das einem vorab auffällt, resultiert aus der Kombination aller bisher aufgezählten Merkmale. Es ist geneigt, *alles als Objekt des Machens zu betrachten:* die Natur, die von traditionellen Anschauungen und Werten getragene und erfüllte Umwelt des Menschen, schließlich diesen selber.

7. Es gilt die Identifikation von Können und Dürfen. Da der heutige Techniker letztlich alles für machbar erachtet, sieht er nicht ein, daß, was ihm möglich ist, nicht auch getan werden darf. Man *konnte* z. B. die großen zivilen Düsenflugzeuge bauen; also *geschah* es, auch wenn vorauszusehen war, daß ihr Betrieb gesteigerte Gefahren und eine schwere Belästigung für viele Anwohner der Flugplätze mit sich bringen mußte, ja daß die Umstellung auf den Betrieb mit diesen kostspieligen Luftfahrzeugen manche Fluggesellschaft vor ernste finanzielle Probleme stellen werde, von den ungeheuren Auslagen [16] der Flugplatzhalter, die zu Lasten der Steuerzahler gehen, nicht zu sprechen. Maßgebende Techniker handeln, wie die Beobachtung immer wieder zeigt, nach dem Axiom, daß das Publikum, das sich von seiten der Technik bis jetzt so gut wie alles gefallen ließ, sich auch künftig so gut wie alles wird gefallen lassen. Also darf man an es entsprechende Zumutungen stellen.

8. Es gilt eine autonome Wertordnung. Maximale Leistung der Maschinen und Geräte, Ausleben des konstruktiven Willens gelten als Werte an sich; zudem besteht ein eigenes Sendungsbewußtsein, das die technische Perfektion der Welt als Ziel an sich versteht. Es ist nicht richtig, daß die Technik «wertfrei» ist, wie häufig erklärt wird[44], sondern sie folgt ihrer eigenen Wertordnung[45]. Ebensowenig stimmt, daß der Techniker keine Verantwortung trägt. Der Jurist weiß, daß alles menschliche Handeln einer aus Recht und Moral fließenden Wertung unterliegt und zur Verantwortlichkeit führen kann.

---

[44] Zutreffend HANS BARTH, der die Eigengesetzlichkeit der Technik hervorhebt («Die geistigen und philosophischen Aspekte der Förderung von Wissenschaft und Technik», Schweizerische Hochschulzeitung 1959, 69), wie auch MUTHESIUS (zit. N. 30) 104, der die Tendenz der Technik, «sich selbständig zu machen», unterstreicht: EICHELBERG (N. 5 zit. Schrift von 1953) 6 spricht vom «dämonischen Eigenleben» der Technik.

[45] Die Tendenz hiezu zeigt sich z. B. auch im verbandsmäßig geleiteten Sport.

Diese Charakterisierung darf nicht als pejorativ verstanden werden. Es ging ja nicht darum, die positiven Seiten der Technik hervorzuheben, die sich von selber ins Licht stellen [46], sondern bestimmte [17] ihrer Eigentümlichkeiten, welche zu den unter Ziff. I geschilderten Sachverhalten und den nunmehr zu erörternden Konflikten mit der Welt des Rechts führen. Da es um einen Typus geht, ist von vornherein in Rechnung gestellt, daß das Denken des Technikers in concreto gegebenenfalls nicht dem Modell gemäß verläuft. Überdies konnte das technische Denken erst nach seinem Übergreifen in andere Bereiche, vor allem in die Politik und das Recht, die ungünstigen Folgen zeitigen, die uns heute bedrängen.

III. JURISTISCHES DENKEN, JURISTISCHE PRINZIPIEN UND IHRE GEFÄHRDUNG DURCH DAS TECHNISCHE DENKEN UND SEINE PRINZIPIEN

Das juristische Denken ist normativ, wertbezogen und im wesentlichen deduktiv: gebunden an vorgegebene Grundsätze und Werte. Die Rechtsordnung ihrerseits ist normativ, sie erstrebt an den entscheidenden Stellen die ethische Richtigkeit und basiert auf einer in Jahrhunderten gewachsenen Hierarchie der Werte [47], über die in den wichtigen Fragen Zweifel nicht bestehen: Freiheit, Leben, Gesundheit, Wohlbefinden stehen zuoberst, es gilt die Respektierung einer persönlichen Sphäre der Ungestörtheit. Der Mensch wird in seiner Wesenheit, seiner «Würde» anerkannt und geschützt; eine Maxime, die in den letzten Jahren — freilich allein im juristischen [18] Bereich! — stärkste Bekräftigung erfahren hat [48]. Die Aus-

---

[46] In dieser Hinsicht statt vieler A. STODOLA, Gedanken einer Weltanschauung vom Standpunkte des Ingenieurs (3. A. Berlin 1932); vor allem F. DESSAUER, Streit um die Technik (Frankfurt a. M. 1956, 2. A. 1958); ferner OSTERTAG in der Zeitschrift «Wasser- und Energiewirtschaft» 1959, Nr. 8/9/10 S. 227 ff. Wer ganz andere, insbesondere psychologische Aspekte kennenlernen will, greift zu des N. 4 zit. BODAMER «Der Mann von heute» und zu MAX FRISCHS Roman «Homo Faber». Es sei unterstrichen, daß die Überwältigung des juristischen Denkens durch das technische, welche das eigentliche Thema dieses Aufsatzes ist, ohne Beizug solcher Schriften aus anderen Gebieten nicht deutlich gesehen werden kann.

[47] Dazu: Lärmbekämpfung als Aufgabe des Rechts, 132 ff. Wie jung ist hiegegen die moderne Technik!

[48] Statt zahlreicher Belege die N. 7 zit. GROSSEN und JÄGGI mit zahlreichen Hinweisen (letzterer S. 1a: «Die Würde der menschlichen Person steht mehr denn je im Vordergrund des Rechtsdenkens»); EUGEN BUCHER (zit. N. 29) 22; SAVATIER (zit. N. 29) III 5 ff.; COING, Die obersten Grundsätze des Rechts (Heidelberg 1947) 40 ff., 64 ff.; ENNECCERUS/NIPPERDEY, Allgemeiner Teil des Bürgerlichen Rechts (15. A. Tübingen 1959) § 101. Die Verfassung der Bundesrepublik Deutschland, das Bonner Grundgesetz, bestimmt: «Die Würde des Menschen ist unantastbar. Sie zu achten und schützen ist Verpflichtung aller staatlichen Gewalt» (Art. 1 I). «Jeder hat das Recht auf die freie Entfaltung seiner Persönlichkeit, soweit er nicht die Rechte anderer verletzt und nicht gegen die verfassungsmäßige Ordnung oder das Sittengesetz verstößt. — Jeder hat das Recht auf Leben und körperliche Unversehrtheit. Die Freiheit der Person ist unverletzlich. In diese Rechte darf nur auf Grund eines Gesetzes eingegriffen werden» (Art. 2).

prägungen, die diese Grundsätze hinsichtlich des Persönlichkeitsrechts und des Eigentums erfahren haben, dürfen hier als bekannt vorausgesetzt werden. Es gilt ferner, als ganz fundamental, das Gebot der Rücksichtnahme, ohne welches das Leben unerträglich wäre [49]. Bereits die unter Ziff. I erwähnten Tatsachen und die unter Ziff. II geschilderten Gesichtspunkte technischen Handelns tun indes dar, daß jene rechtlichen Grundlagen durch die technische Entwicklung gefährdet und vielfach bereits überspielt worden sind. Im folgenden soll anhand von *Beispielen,* die wiederum als pars pro toto gelten, gezeigt werden, wie im einzelnen, jetzt nicht im Bereich der Tatsachen, sondern im Rechtsleben selber, die soeben in Erinnerung gerufenen Ausprägungen des Rechts mittels Übernahme der technischen Denkweise ausgeschaltet worden sind. Die Darstellung knüpft an die Enumeration jener rechtlichen Gesichtspunkte an, um deren Ausschaltung es geht.

1. Es gilt Normativität, nicht Faktizität, und maßgebend ist das Abstellen auf richtige Wertungen. Daß heute die Ideologie des [19] Lebensstandards eine fast durchwegs ausschlaggebende Rolle spielt, bedarf keiner Belege mehr. Wirtschaft und Technik — in anderer Formel: Produktivität — sind ihre Mittel. Mit jener Ideologie verbindet sich die Faszination durch die Technik an sich. «Wirtschaftliche Notwendigkeit», «technische Notwendigkeit» sind Zauberworte geworden, denen man spezifisch rechtliche Erwägungen unterordnet oder opfert. Ungehemmte Verbreitung, ungehemmter Einsatz technischer Mittel scheinen selbstverständlich, gegebenenfalls selbst auf Kosten der Legalität [50]. Das Factum der technischen Entwicklung, des Vorhandenseins technischer Mittel, der Technizität des Lebens gilt als ausreichende Begründung für eine dieses Factum honorierende Bildung und Handhabung des Rechts. Das Factum gilt somit als Wert an sich, ohne Berücksichtigung anderer, höherer Werte; insofern ist die vom Recht verkörperte Wertordnung pervertiert und geht die Faktizität der Normativität vor. Technisches als Faktisches erlangt «normative Kraft». Der «wertkritische» Gesichtspunkt wird vom «soziologischen» verdrängt, während doch aus den Tatsachen allein nicht schon das (richtige) Recht fließt [51]. Für diese Überwältigung des spezifisch Juristischen durch das Technisch-Faktische sollen einige Anhaltspunkte vorgelegt werden.

---

[49] Dieses Gebot hat z. B. in verschiedenen Bestimmungen des SVG verbalen Ausdruck gefunden (33 II, 34 II, 35 III, 37) und ist eine der Grundlagen der bundesgerichtlichen Rechtsprechung zum Straßenverkehrsrecht (z. B. BGE 81 IV 133 f., 173, 177; 83 IV 98; 84 IV 31); es findet seine Verwirklichung in ungezählten Bestimmungen der allgemeinen Polizeiverordnungen.

[50] Näheres: Lärmbekämpfung als Aufgabe des Rechts, 129 ff.

[51] GERMANN, Methodische Grundfragen (Basel 1946) 109; derselbe in ZSR 1952 (Jubiläumsgabe) 120 ff.; OTTO SCHWEIZER, Freie richterliche Rechtsfindung intra legem als Methodenproblem (Basel 1959) 102 ff.; RIPERT (zit. N. 43) 27, 36, 39 ff., 51, 73; und viele andere mehr. Über die Normativität und die Anerkennung übergeordneter Werte von der philosophischen Seite her HANS BARTH, Fluten und Dämme (Zürich 1943) 145 ff.

Ob der Staat die nach Ende des Zweiten Weltkrieges mit voller Wucht einsetzende und sich seither fortgesetzt steigernde Motorisierung auf der Straße angesichts ihrer voraussehbaren Folgen (vorstehend Ziff. I/3, 4, 7) hätte bremsen sollen und können, scheint heute eine müßige Frage. Normatives Denken und die Relevierung der Hierarchie der Werte zwingen jedoch zu positiver Antwort. Dann [20] wird es um so unverständlicher, daß der Staat immer wieder die Motorisierung sogar fördert, nämlich durch sukzessive ausgebaute Erleichterungen und Privilegien auf dem Gebiete der Motorräder. Dies zunächst mittels Herabsetzung des Mindestalters für die Führer von sog. Motorrädern mit Hilfsmotor und zugleich Erhöhung der Maximalgeschwindigkeit; letzteres mit der Folge, daß eine neue Kategorie in Wirklichkeit richtiger und starker Motorräder, die keineswegs Velos «mit Hilfsmotor» sind, neu aufkommt und sich sofort gewaltig verbreitet, die sog. Mopeds. Man vergleiche die folgenden Erlasse: BRB vom 6. August 1947 (und MFG 9 II): Mindestalter 18 Jahre, Geschwindigkeit 30 km/st; BRB vom 28. Dezember 1950 (das ist der Erlaß, der zum Aufkommen der Mopeds führt): Mindestalter 16 Jahre, Geschwindigkeit 40 km/st; BRB vom 8. Februar 1957: überdies Zulassung von Anhängern. Die erwähnte Maximalgeschwindigkeit der Mopeds von 40 km wurde von zahlreichen Fahrzeugen unter entsprechender Geräuschentwicklung und Erhöhung der Unfallgefahren stark überschritten, weil sie vorschriftswidrigerweise abgeändert wurden. Die Polizei erwies sich hiegegen als machtlos, was in einer bundesrätlichen Botschaft euphemistisch wie folgt festgehalten ist: «Die Fahrräder mit Hilfsmotor haben sich in den letzten Jahren zu leistungsfähigen Kleinmotorrädern entwickelt. Die Einhaltung der zulässigen Höchstgeschwindigkeit (40 km/st) ist in vielen Fällen nicht mehr gewährleistet[52].» Sie wird denn auch fallengelassen; denn jetzt gilt gemäß BRB vom 15. November 1960 die unter Ziff. I/2 erwähnte Dreiteilung der Motorräder mit der Maßgabe, daß für die bisherigen Mopeds (jetzt als Kleinmotorräder bezeichnet) keine Maximalgeschwindigkeit mehr vorgeschrieben ist und daß der kleinste Typ, die Motorfahrräder, vom 14. Altersjahr an gefahren werden darf, wogegen freilich das für die Mopeds bis jetzt geltende Mindestalter auf 18 Jahre hinaufgesetzt wurde. Die Motorfahrräder [21] werden «rechtlich» — ein neues Beispiel von Fiktion für das juristische Lehrbuch — wie Velos behandelt, also wird z. B. keine Fahrprüfung mehr verlangt, und Haftung und Haftpflichtversicherung sind diejenigen für Velos (SVG 70; nicht Kausalhaftung, sondern Verschuldenshaftung, Art. 41 OR)[53]. Dazu kommt als wichtiger Faktor, welcher der Motorisierung

---

[52] BBl. 1960 II 1424/25 betr. Revision des KUVG. Man sieht: auch hier geht Faktizität vor Normativität.

[53] Näheres BRB vom 15. September 1960, Art. 3; VO über Haftpflicht und Versicherungen im Straßenverkehr vom 20. November 1959, Art. 37.

Vorschub leistet, die vorstehend unter Ziff. I/2 berührte Erstreckung der Nichtbetriebsversicherung nach KUVG auf nunmehr einen großen Teil der Motorräder[54].

Die Wirkungen dieser Maßnahmen sind unausweichlich: je mehr Entgegenkommen des Gesetzgebers, je tiefer das Mindestalter der Führer, desto mehr Fahrzeuge[55], Unfälle[56] und Störungen durch Lärm[57] und Abgase; größere Geschwindigkeit — schwerere Unfälle. Denn nach der bekannten Formel über die kinetische Energie ist die Geschwindigkeit ausschlaggebend für die Unfallfolgen[58]. Eine Geschwindigkeit von 40 km/st (für Mopeds früher das zulässige Maximum) entspricht schon einem Sturz aus 6,4 m Höhe (3. Stockwerk), 50 km/st einem Sturz aus 9,80 m Höhe usw.[59] Die Zulassung Vierzehnjähriger [22] zum Fahren auf den Motorfahrrädern wird mit Wünschen, die anläßlich der Beratung des SVG im Parlament angebracht wurden, begründet[60]. Sehen wir zu, wie man in umgekehrter Richtung laufende Wünsche honorierte, die im gleichen Rat geäußert worden waren und welche, anders als im Falle der Motorräder, sogar zu Zusicherungen — wenn auch gewundenen — führten. Als anläßlich der Beratung des Luftfahrtgesetzes von 1948 zwei Parlamentarier die Aufnahme von Bestimmungen zum Schutze der Bevölkerung gegen Lärm verlangten, bekämpfte man ihre Anträge, erklärte sich aber bereit, solche Vorschriften in die Vollziehungsverord-

---

[54] Vorstehend N. 9.
[55] 1952, d. h. im ersten Jahr, für welches das Statistische Jahrbuch die «Fahrräder mit Hilfsmotor» im Sinne des BRB vom 28. Dezember 1950 (das sind also vor allem die Mopeds) gesondert aufführt, gab es deren 30 548, 1955 59 201, 1960 136 065. Die «unprivilegierten» Motorräder haben sehr viel weniger zugenommen: Anzahl der Motorroller 1952 39 217, 1955 76 654, 1960 95 997; die gewöhnlichen (großen) Motorräder haben sogar abgenommen: 1952 72 609, 1955 80 586, 1960 59 282. Wenn diese Zahlen auch noch von anderen Faktoren beeinflußt sind, darf man doch annehmen, daß sie die obigen Überlegungen erhärten.
[56] Diese Relation kann allerdings durch Maßnahmen der Unfallbekämpfung gemildert werden.
[57] StenBull. NR 1957, 251.
[58] SJZ 1957, 383/84; StenBull. SR 1958, 100; LAVES/BITZEL/BERGER, Der Straßenverkehrsunfall (Hamburg 1956) 30.
[59] Über die Gefährlichkeit des Motorradfahrens die Unfallstatistiken des Statistischen Jahrbuchs; PFISTER in SZS 1960, 284; Schweizerische Beratungsstelle für Unfallverhütung, Jahresbericht 1959, 12 f., 18; BBl. 1960 II 1425 unten; drastisch BBl. 1958 II 950/51: die vom Bundesrat seinerzeit befürwortete gänzliche Übernahme des Motorradrisikos durch die Nichtbetriebsversicherung der SUVA hätte einen Mehraufwand von 24 Millionen Franken bewirkt. Die Analyse der Unfallzahlen des Jahres 1960, die das Eidgenössische Statistische Amt veröffentlicht hat, spricht von einem «starken Anstieg der tödlichen Unfälle mit Kleinmotorrädern und Motorfahrrädern»; es seien vor allem junge Männer verunglückt, NZZ Nr. 484 vom 10. Februar 1961.
[60] Antwort des Bundesrates auf eine Kleine Anfrage Grendelmeier vom 22. September 1960. Ausführliche Debatten über das rechtliche Regime der kleineren Motorräder StenBull. NR 1956, 344 ff. und 1957, 245 ff., mit im Guten und im Schlechten bemerkenswerten Voten, geradezu ein Spiegel der hier behandelten Problematik.

nung aufzunehmen [61]. Die VVO (vom 5. Juni 1950) wurde jedoch *ohne* solche Bestimmungen erlassen, und sie bestehen noch heute nicht [62]! Der luftrechtlichen Gesetzgebung sei ein weiteres Beispiel entnommen. Ungeachtet aller bitteren Klagen über den Fluglärm, ungeachtet dessen, daß der Bundesrat auf Grund einer Motion Stüßi ein umfassendes Vorgehen gegen den Lärm in Aussicht gestellt hat [63], hat das Eidgenössische Post- und Eisenbahndepartement im Jahre 1960 die für die [23] Geräuscheinwirkung wesentliche Mindesthöhe der Flugzeuge in einem entscheidenden Punkte empfindlich herabgesetzt: auf Grund spezifisch technischer Überlegungen [64].

Diese Beispiele aus der Gesetzgebung — sie ließen sich stark vermehren [65] — erweisen, wie die Faktizität von Erscheinungen der technischen Welt unter Außerachtlassung rechtlich-normativer, unter spezifisch rechtlichem Gesichtspunkt wertender Überlegungen den Grund für gesetzgeberische Maßnahmen bildet. Die hier wirksame «normative Kraft des Faktischen» kann bei der Rechtsanwendung bis zur Hintanstellung der Legalität gehen. Auch hiefür ein Beispiel. Das schweizerische Luftrecht steht auf dem Boden des sog. Landungsplatzzwanges [66]: grundsätzlich sind Landungen nur auf konzessionierten oder zum voraus polizeilich bewilligten, gewöhnlich mit gewissen ständigen Einrichtungen versehenen Flugplätzen statthaft (Luftfahrtgesetz Art. 17, VVO vom 5. Juni 1950 Art. 65 [67]). Desungeachtet vollzieht sich seit Jahren unter Förderung von Behörden ein reger Flugbetrieb auf Gletschern und Firnen zu kommerziellen Zwecken (touristische Attraktion, Sport), der ganz überwiegend gesetzwidrig ist [68]. Die Maschinen sind da, die technische Möglichkeit besteht, also wird sie verwirklicht. Können und

---

[61] StenBull. NR 1947, 333/34, 525 ff.; auch hier im Guten wie vor allem im Schlechten bemerkenswerte Voten. Der Kommissionsreferent bekämpfte jene Anträge mit der Bemerkung: «Es kann ja sein, daß die technische Entwicklung einmal so weit geht, daß die Luftfahrzeuge keinen Lärm mehr nach unten abgeben; dann wäre die gesetzliche Bestimmung (über Lärmbekämpfung) überflüssig»!

[62] Jetzt immerhin ein Ansatz in Verfügung vom 18. November 1960, Art. 9, 10 II (AS 1960, 1519).

[63] StenBull. StR 1956, 90 ff., 204 ff.

[64] Verfügung vom 18. November 1960, Art. 12 (AS 1960, 1519), gegenüber Verfügung vom 20. September 1950, Art. 26 (AS 1950, 939).

[65] Ein klassisches Experiment bildeten die Kontroversen, die schließlich zur heute geltenden Geschwindigkeitsbeschränkung für Motorfahrzeuge auf Strecken innerorts führten: SVG 32 II; StenBull. NR 1956, 619 ff., 660 ff.; StR 1958, 99 ff. Hier hat sich der normative, richtig wertende Gesichtspunkt durchgesetzt. Der Bundesrat hatte noch in seiner Botschaft zum SVG die Geschwindigkeitsbeschränkung abgelehnt, BBl. 1955 II 32/33.

[66] MARTIN KÖPFLI, Schweizerisches Flugplatzrecht (Diss. Zürich 1947) 15 ff.

[67] Die letztere Bestimmung sprengt schon den Rahmen des Art. 17 Luftfahrtgesetz.

[68] Die Antwort des Bundesrates vom 18. September 1959 auf eine Kleine Anfrage Akeret gibt dies virtuell zu.

Dürfen [24] sind eins (Ziff. II/7)⁶⁹. Das vorstehend Ziff. II/2 hervorgehobene monistische Denken erreicht kaum irgendwo die monumentale Einseitigkeit, die in der Aviatik herrscht. Deshalb muß auch in diesen Darlegungen öfters von ihr die Rede sein. Die unter dem Gesichtspunkt der Legalität erfolgende weitere Analyse der Verwaltungspraxis, von der hier abgesehen werden soll, würde zusätzliche Beispiele zutage fördern, wo immer wieder technische Vorhaben oder mit der Technik, der Maschine verbundenes Verhalten geduldet wurden, auch wenn sie gegen das Gesetz verstießen [70].

2. Es gilt das Abstellen auf ethische Richtigkeit und nicht auf Zweckmäßigkeit allein, oder: Der Zweck legitimiert nicht das Mittel. Unter Ziff. II/5 ist festgehalten, daß im technischen Denken der Zweck diktiert und das Mittel legitimiert. Rechtliches Denken dagegen geht davon aus, das Ziel habe sich nach der Erlaubtheit des Mittels zu richten. Ist das Mittel unstatthaft, dann muß man auf das Ziel verzichten oder aber ein anderes Mittel einsetzen. Nicht der Zweck liefert somit den Maßstab für die Erlaubtheit, sondern das Mittel. An anderer Stelle sind die gefährlichen und opferreichen Rundstreckenrennen der Automobile, die angeblich dem technischen Fortschritt dienen, als Beispiel für das technische Zweckdenken verwendet worden. Sie wurden auch in der Schweiz, ungeachtet ernster Unfälle, lange Zeit polizeilich gestattet (MFG 28). Der eidgenössische Gesetzgeber hat sich demgegenüber bei Erlaß des SVG auf [25] den entgegengesetzten, den rechtlichen Gesichtspunkt besonnen und sie verboten (SVG 52 I)[71]. Öffentliche Flugmeetings

[69] Weitere Beispiele dieser «normativen Kraft» des technischen Faktums, unter dem Gesichtspunkt der Legalität betrachtet, SJZ 1959, 320; 1955, 60 Nr. 42, und 1959, 320.
[70] Was den Lärm anlangt, so ist in «Lärmbekämpfung als Aufgabe des Rechts» das Erforderliche gesagt. Fortschritte sind seither erzielt, ein befriedigender Zustand noch lange nicht erreicht worden, am wenigsten auf dem Gebiete des öffentlichen Straßenbau- und Tiefbauwesens. — Es dauerte bis ungefähr 1956, bis das seit dem 1. Januar 1933 laut VVO zum MFG Art. 12 III in Kraft stehende Verbot gefährlicher Kühlerfiguren der Automobile von den zuständigen Stellen durchgesetzt wurde, NZZ Nr. 2366 vom 27. August 1956.
[71] Die Motive, Ausflüchte, Aktionen und Gegenaktionen sind interessant; neben anderen: StenBull. NR 1957, 205 ff.; NZZ Nr. 1596 vom 15. November 1955; Nr. 75, 160, 256, 325 vom 10. Januar, 18. Januar, 28. Januar und 4. Februar 1956. Der jährlich gefahrene «Grand Prix» von Bern hat 1947 bis 1954 jedesmal zu Unfällen geführt; 9 Personen wurden getötet und 44 erheblich bis schwer verletzt. Ein Mitglied des Berner Stadtparlamentes jedoch sprach, als die weitere Abhaltung nicht mehr bewilligt wurde, den Organisatoren den Dank aus für ihre «Leistungen im Dienste der Volkswirtschaft Berns», NZZ Nr. 333 vom 5. Februar 1956. Das Unglück von Le Mans mit 84 Toten, das der Anlaß zu jenem Verbot in Art. 52 I SVG war, ist an anderer Stelle erwähnt. Ein Einsender schrieb damals der NZZ (Nr. 144 vom 17. Januar 1956), daß die *Automobiltechnik* aus den an Rennen gewonnenen Erfahrungen «noch sehr viel Vorteil zu ziehen hat» usw. Deutlicher kann der Gesichtspunkt, daß der technische Fortschritt selbst kühl in Rechnung gestellte Menschenopfer wert sei, nicht ausgesprochen werden. Ganz anders dachte die Regierung von Baselland, als sie die Bewilligung für ein Bergrennen mit der Begründung versagte, eine solche Veranstaltung animiere die Zuschauer zu schnellem Fahren, ZSGV 1959, 23 ff.

bringen ebenfalls sehr große Gefahren für die dicht gescharten Besucher mit sich [72]; in Farnborough (England) wurden an einem solchen am 7. September 1952 28 Zuschauer getötet und deren 44 verletzt ins Spital eingeliefert («nach kurzem Unterbruch wurde das Programm weitergeführt [73]»). Desungeachtet sind diese Vorführungen, anders als die Rundstreckenrennen der Automobile, keineswegs verboten, sondern sie finden sich eingehend gesetzlich geregelt (VVO zum Luftfahrtgesetz vom 5. Juni 1950 Art. 85—94, 99). Vorkehrungen für den Sanitätsdienst, Berichterstattung über die Unfälle und Haftpflichtversicherung sind dort von vornherein vorgesehen. Die Lärmerzeugung ist bei großen Veranstaltungen, an denen Militärflugzeuge neuesten Typs teilnehmen, ungeheuer und hat schon zu bedenklichen Unzukömmlichkeiten geführt [74]. Als ein eidgenössischer Parlamentarier rügte, daß man solche Vorführungen bewilligt, entgegnete ihm der zuständige Departementschef, die Meetings stellten eine «erwünschte [26] Demonstration des technischen Fortschritts und eine gute Propaganda» dar [75].

Der Platz reicht nurmehr für wenige Beispiele aus, die zeigen, wie immer wieder das rechtliche Denken, das Abstellen auf die ethische Richtigkeit, vom technischen Denken, auf Grund spezifisch technischer Argumente, überspielt wird: Die Überfliegung der großen Städte durch die Verkehrsflugzeuge, ungeachtet der andernorts erwähnten Absturzgefahr und der Beeinträchtigung der Bevölkerung durch den Lärm [76]: aus «technischen Gründen»; der gänzlich ungenügende Schadenersatz, den das Warschauer Abkommen vom 12. Oktober 1929 [77] den Flugpassagieren in Aussicht stellt und welchen der schweizerische Gesetzgeber auch für die Inlandbeförderung dekretiert hat: bei Personenschaden höchstens Fr. 36 250.— (Lufttransportreglement vom 3. Oktober 1952 Art. 9, 11 II) [78]; die Tatsache, daß in der bundesrätlichen Botschaft zum Nationalstraßengesetz mit nüchternen Worten festgehalten wird, es könnten zwar andere Interessen als die technischen und wirtschaftlichen des Verkehrs für die Führung der Routen maßgebend sein, z. B.

---

[72] Guldimann in NZZ Nr. 3557 vom 10. Dezember 1956.
[73] So meldete die NZZ, Nr. 1927 vom 8. September 1952.
[74] Hierfür besitzt der Verfasser Unterlagen, zum Teil von medizinischer Seite.
[75] «Der Bund», Morgenausgabe vom 22. Juni 1956, nicht im StenBull.; dem Verfasser vom betreffenden Parlamentarier bestätigt.
[76] «Neue Berner Nachrichten» vom 28. September 1960; Kleine Anfrage Bächtold vom Dezember 1960, «Neue Berner Zeitung» vom 23. Dezember 1960: Noch unlängst hat man «nach langwierigen und kostspieligen Versuchen» (wie amtlicherseits erklärt wurde) eine Luftstraße neu so über die Stadt Bern verlegt, daß über schwere Störungen geklagt wird.
[77] BS 13, 653.
[78] Bittere Kritik bei SAVATIER (zit. N. 29) III 24/25: «... chiffre moindre pour la mort d'une personne que pour la perte d'une marchandise.» Motiv ist das wirtschaftliche Interesse der Fluggesellschaften (RIESE/LACOUR, Précis de droit aérien, Paris/Lausanne 1951, n° 331) und damit letztlich der «technische Fortschritt».

diejenigen des Natur- und Heimatschutzes, aber bei Interessenkollisionen seien in den meisten Fällen «die wirtschaftlichen Grundregeln der Ingenieurkunst zu befolgen», der Bau einer Autobahn sei «in erster Linie eine technische [27] Aufgabe [79]»: so schickt man sich denn auch an, an manchen Stellen, wo dies vermeidbar wäre, die neuen Straßen mitten durch Ortschaften und Siedlungsgebiete zu legen, nachdem bis jetzt immer wieder betont worden war, deren Umfahrung sei das ersehnte Mittel, die Bevölkerung vor den Nachteilen des Verkehrs zu schützen [80]; die Duldung des Dauerparkierens auf öffentlichen Straßen, die neuerdings oft allein deswegen verbreitet werden, ungeachtet der Belästigung der Anwohner, ungeachtet der verwaltungsrechtlichen Lehren vom Gemeingebrauch und vom gesteigerten Gemeingebrauch und des Grundsatzes der Rechtsgleichheit [81].

3. Es gilt das Postulat der Verwirklichung der richtigen Hierarchie der Werte. Es sei an die unter Ziff. II und eingangs Ziff. III gemachten Feststellungen erinnert. Das technische Denken kollidiert gegebenenfalls mit dieser vom richtigen Recht gebotenen Hierarchie, und es zeigt sich immer wieder, daß sie, sei es in der Gesetzgebung, sei es bei der Rechtsanwendung, der abweichenden Wertordnung des technischen (und wirtschaftlichen) Denkens geopfert wird [82]. Dies belegen bereits die soeben unter Ziff. 2 und 3 gemachten Ausführungen (deren Gesichtspunkt sich mit dem für die vorliegende Betrachtung maßgebenden Gesichtspunkt überschneidet): das technisch motivierte Interesse an Flugvorführungen wertet man z. B. höher denn das Interesse an der Vermeidung schwerer Gefahr für unzählige Personen. Des weiteren gilt — es geht wiederum um Beispiele —: Es ist nicht zu verkennen, daß dem Interesse am «flüssigen [28] Verkehr» in der Behördenpraxis ein ständig größeres Gewicht beigemessen wird. Der lange Widerstand der am Verkehr Interessierten, aber auch des Gesetzgebers gegen die Geschwindigkeitsbegrenzung innerorts (jetzt SVG 32 II) war wesentlich hierdurch bedingt [83]. Dem sei die lapidare Formel des Zürcher Obergerichtes entgegengehalten: «Vor den ‚Bedürfnissen des heutigen Straßenverkehrs' steht der Anspruch des Menschen darauf, die Straßen möglichst ohne Gefahr für Leib und Leben begehen und befahren zu können [84].» Zur Zeit der Kampagne um die Geschwindig-

---

[79] BBl. 1959 II 109; BG über die Nationalstraßen vom 8. März 1960, Art. 5. Jene Äußerungen widersprechen auch den sympathischen Ausführungen von RUCKLI in «Natur und Technik», Schriften der NHG Nr. 5 (Zürich 1959) 43 ff.

[80] Botschaft zum SVG, BBl. 1955 II 32/33; «Die Durch- oder Umfahrung von Städten und Dörfern», hg. vom ACS (Bern 1955).

[81] Dazu: Lärmbekämpfung als Aufgabe des Rechts, 82 N. 7.

[82] Das hat auch SAVATIER (zit. N. 29) III 25 erkannt. Kennzeichnend die von THELER (zit. N. 20) 24 gebrauchten Wendungen.

[83] StenBull. NR 1956, 640/41, 665/66: die Stellungnahme des Bundesrates ist befremdlich.

[84] ZR 1955 Nr. 140; beachtlich auch BGE 80 IV 133; 81 IV 179. Zutreffend FRANK in SJZ 1959, 148.

keitsbegrenzung innerorts befürwortete die «Schweizerische Vereinigung städtischer Polizeichefs» die umstrittene Maßnahme mit dem Satz, «die Erhaltung eines einzigen Menschenlebens lohne die Einführung der Geschwindigkeitsbeschränkung [85]». So zutreffend diese Feststellung ist, so sehr ist zu befürchten, daß die in ihr verkörperte Wertordnung — die in rechtlicher Hinsicht allein maßgebende! — durchaus nicht mehr allgemein als verbindlich anerkannt wird [86]; es sei wiederum auf die unter Ziff. 2 erwähnten Beispiele sowie auf die späteren Ausführungen verwiesen. Hier zeigt sich vielmehr die Hintansetzung zunächst der ganz vitalen Interessen an Leben, körperlicher Unversehrtheit und Gesundheit, dann der Interessen an der Ungestörtheit [87], sei es des Eigentums, sei es der privaten Sphäre, hinter oft [29] ganz nichtige, technisch motivierte Interessen. Es sei einmal mehr daran erinnert, daß einem einzelnen Sportflieger erlaubt wird, Zehntausende von Bürgern zu stören; man schreibt ihm weder vor, dicht besiedelte Gebiete, vor allem Städte, zu vermeiden, noch eine ausreichende Höhe einzuhalten und einen Schalldämpfer zu verwenden. Hier zeigt sich auch jenes «Unbeteiligtsein am schlicht Menschlichen», das HANS HUBER erwähnt [88]. Es kann sich bis zur Grausamkeit steigern. Einen Beleg bietet die oft zu beobachtende unfaßliche Lärmerzeugung auf öffentlichen Baustellen auch bei Nacht, inmitten von Wohnquartieren, selbst in der Nachbarschaft von Spitälern, wofür keine ins Gewicht fallenden Gründe bestehen [89].

Auf eine Konsequenz dieser Störungen in der Einstufung der Werte sei noch hingewiesen. Aus der für das Recht richtigerweise als maßgebend zu betrachtenden Hierarchie der Werte läßt sich das Prinzip ableiten: in dubio pro securitate. Im Zweifel ist die ungefährlichere, die weniger schädigende Lösung zu wählen. Demgegenüber gingen z. B. die Gegner der Geschwindigkeitsbeschränkung innerorts seinerzeit sinngemäß davon aus, man habe zu beweisen, daß die Beschränkung *gewiß* zur erheblichen Verminderung der Unfälle führe (während dies doch überhaupt nur wahrscheinlich gemacht werden kann), folglich: da Zweifel am Nutzen der Geschwindigkeitsbeschränkung bestünden, sei von dieser abzusehen, also die

---

[85] NZZ Nr. 1684 vom 1. Juni 1956.

[86] Vorstehend N. 16.

[87] Über die Perversion der Hierarchie der Werte insbesondere im Bereiche des Lärms: Lärmbekämpfung als Aufgabe des Rechts, 131 ff.; Festschrift List (zit. N. 7) 128. — Aus Eckermanns Gesprächen mit Goethe (3. April 1829): «Man sprach von Bauten, vom Schall und wie er zu vermeiden...» In der Schweiz verfügt noch heute, 130 Jahre darnach, einzig die Gemeinde Spreitenbach (Aargau) über ausreichende Vorschriften über den Schallschutz in Gebäuden (Zonenordnung vom 12. Januar/26. Januar 1960).

[88] Rektoratsrede (zit. N. 7) 6.

[89] Unterlagen hierfür besitzt der Verfasser genug. Eine Parallele stellen die grausamen wissenschaftlichen Tierexperimente dar, die MAURER in Juristenzeitung (Tübingen) 1960, 734 schildert.

gefährlichere Lösung der ungefährlicheren vorzuziehen [90]; in dubio pro insecuritate. Als man sich dann stritt, ob die Grenze auf 50 oder 60 km/st anzusetzen sei, und von gerichtsmedizinischer Seite erklärt wurde, man sollte nicht auf 60 km gehen, weil die Unfallfolgen hier wesentlich schwerer, also 50 km die «kritische [30] Grenze» seien [91], entschloß man sich für 60 km — abweichend von verschiedenen andern Ländern —, u. a. weil (wie dem Verfasser von beteiligter Seite erklärt wurde) es «doch nicht sicher» sei, daß jene Auffassung zutreffe; wiederum in dubio pro insecuritate [92]. Es tritt hierdurch eine Perversion derjenigen Beweislastverteilung ein, die sich aus der richtigen Wertordnung zwingend ergibt: Wer die Harmlosigkeit einer dem ersten Anschein nach gefährdenden Maßnahme behauptet, hat jene zu beweisen. Die verkehrte Konzeption zeigt sich auch immer wieder in den Diskussionen um die Gefährlichkeit radioaktiver Stoffe. Diese Gefährlichkeit besteht in vielen Fällen dem ersten Anschein nach, also muß nicht sie, sondern die Ungefährlichkeit bewiesen werden.

4. Es besteht keine absolute, sondern allein eine durch rechtliche Schranken begrenzte Freiheit der Verwendung technischer Mittel. So trivial dieser Satz klingt, so sehr widerspricht ihm doch so oft nicht allein technisches Streben, sondern auch die ihm verfallene Praxis von Behörden [93]. So ist z. B. unverkennbar, daß man geneigt ist, die in Art. 1 des Luftfahrtgesetzes formulierte Freiheit der Benützung des Luftraumes zu verabsolutieren und die dort vorbehaltene «übrige Bundesgesetzgebung», die sowohl den Schutz der Persönlichkeit wie des Eigentums statuiert [94], beiseite läßt, obwohl sich daraus ein Maßstab für eine subtilere Interessenabwägung entnehmen [31] ließe, als sie heute herrscht [95]. Von vielen Seiten wird immer wieder eine strengere Praxis in der Zulassung der Motorfahrzeugführer und in der Ausschaltung untauglicher, undisziplinierter und delinquierender Elemente gefordert. Falsch angewandter Liberalismus verhindert, neben andern Motiven, den schärferen Zugriff der Behörden. Noch unlängst wurde man davon unterrichtet, daß die Anlage der Nationalstraßen «auf die unterste Stufe der Intelligenz ausgerichtet» sein müsse [96]. «Die Rückbildung tradi-

---

[90] Man vgl. StenBull. NR 1956, 624/25, 640 Sp. II, 641 Sp. II, 645 Sp. II, 666 Sp. I/II.
[91] StenBull. NR 1956, 638/39, 643; NZZ Nr. 1619 vom 3. Juni 1958 (DETTLING). Es geht an dieser Stelle nicht darum, ob jene medizinische Annahme zutreffe, sondern um die Würdigung einer typischen Geisteshaltung.
[92] Ein einzelner Votant freilich sprach von vorneherein davon, daß 50 km «bei dem heutigen Stand der Technik als zu niedrig erscheinen», StenBull. NR 1956, 633.
[93] Im Bereiche des Lärms bestehen der Belege in Überfülle: Lärmbekämpfung als Aufgabe des Rechts, 53 f., 129, 132 und passim; JdT 1960, 474/75.
[94] Art. 27/28, 641, 667 I, 684, 928 ZGB sowie die verfassungsrechtliche Garantie des Eigentums.
[95] Lärmbekämpfung als Aufgabe des Rechts, 116.
[96] NZZ Nr. 3536 vom 15. Oktober 1960.

tioneller Rechte wird der Preis sein, den wir dafür werden zahlen müssen, daß wir Millionen von Menschen den Gebrauch von Kraftfahrzeugen gestatten [97].» Die Abwehr von Störungen, wie insbesondere durch Lärm, kann nur erfolgreich werden, wenn sehr weitgehende, möglichst viele Störungsquellen erfassende Polizeivorschriften erlassen werden. Je zahlreicher und akuter die Möglichkeiten von Konflikten zwischen dem technischen Streben, den technischen Mitteln und dem auf die traditionellen Rechtsanschauungen gestützten Anspruch auf Schutz vor Aggressionen, je größer die auf technische Mittel gestützte Macht, desto zahlreicher und schärfer wirkend müssen die hiegegen eingesetzten rechtlichen Mittel sein [98]. Anders schützt man die Freiheit der Rücksichtslosen.

IV. SCHLUSSBETRACHTUNG

[32] Diese Darlegungen kommen auf eine juristische Pathologie des technischen Zeitalters hinaus. Die Folgerungen sind unschwer zu ziehen [99]. Die Suprematie der rechtlichen Betrachtungsweise muß wiederhergestellt werden [100]. Die Wertordnung des Rechts muß den Vorrang besitzen. Das Recht hat der Technik die Schranken zu setzen und nicht umgekehrt. Es befindet über die Erlaubtheit der Mittel und damit der Zwecke. Die von der Technik verfolgten Zwecke dürfen keineswegs a priori für indiskutabel betrachtet werden. Die vom Recht gesetzten Schranken und damit die mit ihnen verteidigten Werte sind von der Technik als Realitäten zu betrachten und von vornherein bei der Planung in Rechnung zu stellen, gleich wie die rechnerisch bestimmbaren technischen und wirtschaftlichen Gegebenheiten. Im Bereiche des Institutionellen stehen folgende Postulate im Vordergrund:

1. Stärkere Aktualisierung des Persönlichkeitsrechts, zunächst im Privatrecht, dann durch Schaffung einer eigenen Verfassungsbestimmung, welche den Schutz der Persönlichkeit als Grundrecht statuiert [101].

---

[97] Booss in NJW 1960, 373. In der Bundesrepublik Deutschland erfolgen, wie er mitteilt, jährlich mehr als 1,1 Millionen Verurteilungen wegen Verkehrsübertretungen. Wer noch nicht klar sieht, sei auf das N. 16 zit. Buch von NUSSBAUMER, dasjenige von HANS PETER, Die psychiatrische Beurteilung von Motorfahrzeugführern (Bern/Stuttgart 1960), und das N. 4 erwähnte Heft «Psychologie der Straße» verwiesen.
[98] Gleiche Meinung sinngemäß JÄGGI in ZSR 1960, 228a.
[99] Der Verfasser hat sie in den N. 7 zit. Schriften bereits ausführlicher entwickelt, als hier geschehen soll.
[100] Sie wird in allgemeiner Hinsicht betont von RIPERT (zit. N. 43) bes. 30, 39, 42, 51, 71 ff.
[101] Votum OFTINGER am Schweizerischen Juristentag 1960, ZSR 1960, 657a ff. und die daselbst beschlossene Resolution, a.a.O. 660a ff., 668a; vorstehend N. 48.

2. Modifizierte Auffassung von Begriff, Zweck und Legitimation der Polizei. Nicht die *Beschränkungen,* welche die polizeiliche Norm vorsieht und welche der polizeiliche Eingriff bewirkt — also ein [33] Negativum —, sind in den Vordergrund zu stellen, sondern das Positivum des *Schutzes* von Freiheit, Eigentum und namentlich Persönlichkeit[102]. Darum geht es im technischen Zeitalter mit seinem Schädigungs- und seinem Störungspotential. Art und Umfang der polizeilichen Maßnahmen müssen der Größe dieses doppelten Potentials adäquat sein. So wenig dies gefallen wird, so ist doch der Schluß unausweichlich: Die Polizeigesetzgebung bedarf eines kräftigen Ausbaues und ihre Durchsetzung einer starken Intensivierung[103].

3. Daneben wäre zu erwägen, ob nicht ein entschlossener Einsatz traditioneller rechtlicher Mittel an einzelnen Stellen in präventiver und repressiver Hinsicht angezeigt wäre, etwa im Strafrecht der Lehre vom dolus eventualis — man denke an besonders stark gefährdendes Verhalten[104] — und im Privatrecht der Klage aus unechter (eigennütziger) Geschäftsführung ohne Auftrag im Sinne von [34] Art. 423 OR: um Gewinne, die mit widerrechtlichen Mitteln erzielt worden sind, abzuschöpfen[105].

---

[102] Vgl. das N. 101 zit. Votum; ferner JdT 1960, 474.

[103] In welchem Ausmaß die heutige Praxis ihre Aufgabe übersieht, zeigt die Feststellung, daß ungeachtet der bedenklichen Rolle, die der Alkohol als Ursache von Verkehrsunfällen spielt, in den meisten Kantonen keine oder keine ausreichende Aufklärung der Erwerber von Führerausweisen über diese Gefahr erfolgt, wie von zuständiger Seite festgestellt wurde, NZZ Nr. 49 vom 6. Januar 1961. Im übrigen gilt noch heute die vom Bundesrat BBl. 1955 II 33 getroffene Feststellung, daß die Mehrzahl der Kantone bisher nicht imstande war, eine genügende Verkehrspolizei aufzubauen. Dabei wird immer wieder darauf hingewiesen, daß der Einsatz der Polizei auf der Straße eines der wirksamsten Mittel zur Bekämpfung der Unfälle sei. So schreibt die Schweizerische Beratungsstelle für Unfallverhütung: «Je mehr einzelne (selbstverständlich motorisierte) Polizeifunktionäre in Erscheinung treten, desto stärker ist die prophylaktische Wirkung. Es sollte nicht mehr vorkommen, daß man von Romanshorn bis nach Genf fahren kann, ohne einem einzigen patrouillierenden Polizisten zu begegnen.» «... untätig zuzusehen, wie sich täglich schwere Unfälle ereignen, Menschenleben ausgelöscht, Sachwerte vernichtet werden, hieße eine nationale Aufgabe aufs gröblichste vernachlässigen» (NZZ Nr. 3497 vom 13. Oktober 1960).

[104] Dazu SJZ 1955, 242. Der Grundsatz dürfte auch in anderen Bereichen als dem Straßenverkehr aktuell sein.

[105] Dazu Merz in ZSR 1960, 676a; von Tuhr/Siegwart, Allgemeiner Teil des Obligationenrechts I 434/35; Oftinger, Schweizerisches Haftpflichtrecht I (2. A. Zürich 1958) 48 N. 32; Moser in SJZ 1946, 2 ff.; von Caemmerer in Festschrift *Rabel* I (Tübingen 1954) 352 ff., 394 ff.; BGE 45 II 206 ff. (Gegenposition BGE 73 II 197 ff.). Man denke z. B. an den Einsatz stark lärmiger Baumaschinen; er kann widerrechtlich sein gemäß Art. 684 ZGB und das Persönlichkeitsrecht verletzen, ein Schaden sich aber nicht beweisen lassen. Hier kann vielleicht — nähere Prüfung bleibt vorbehalten — Art. 423 OR in die Lücke treten.

Der Verfasser ist sich bewußt, daß das Recht Kompromißcharakter aufweist. Aber der Kompromiß fällt zur Zeit sehr zum Nachteil der traditionellen Werte aus. Ferner steht fest, daß die Macht des Rechts, die Welt zu gestalten, nicht unbegrenzt ist [106]. Doch *hat* das Recht solche Macht, und dies in bedeutenderem Ausmaß, als gerade im Bereich seiner Konflikte mit der Technik gemeinhin angenommen wird. Es gilt, diese Macht einzusetzen [107].

---

[106] Dazu HANS HUBER in SZS 1960, 1 ff.
[107] Über die Rolle des Rechts in der Zivilisation eindrucksvoll RIPERT (zit. N. 43) S. VII, 421 f. und passim.

DIE VERTRAGSFREIHEIT*

[315] Dieser Beitrag soll das *Wesen* der Vertragsfreiheit zeigen (Ziff. I), ihre *heutige Lage* skizzieren (II) und diese einer *Würdigung* unterziehen (III)[1].

Der Vertrag ist ein beherrschendes Institut eines jeden *Privatrechts* vom Zuschnitt des schweizerischen. Seine Regelung oder Anwendung findet er im ganzen Privatrecht: am wenigsten im Personenrecht (wo immerhin — man denke an die Handlungsfähigkeit — wichtige Voraussetzungen des Vertragsschlusses geordnet sind), am meisten im Obligationenrecht, das überwiegend Vertragsrecht ist. Wenn von der Vertragsfreiheit die Rede ist und von ihrer Problematik, so denkt man deshalb gewöhnlich an den schuldrechtlichen, im OR geordneten Vertrag. [316] Er stellt nach Art und Zahl den eindrücklichsten Typus dar. Diese Feststellung wird nicht durch die Tatsache erschüttert, daß Institute vom Rang der Ehe und des ehelichen Güterrechts, der Dienstbarkeiten und des Pfandrechts im gesetz-

---

* Die Freiheit des Bürgers im schweizerischen Recht. Festgabe zur Hundertjahrfeier der Bundesverfassung (Zürich 1948), S. 315—333.

[1] *Allgemeine Literaturangabe.* Es werden einige neuere Schriften zitiert, die sich namentlich mit der heutigen Problematik der Vertragsfreiheit beschäftigen und die ihrerseits zum Teil weitere Hinweise enthalten: EGGER, Über die Rechtsethik des schweizerischen Zivilgesetzbuches (Zürich 1939); COMMENT, Les atteintes portées au droit civil par des mesures législatives exceptionnelles, ZSR 57 (1938) 473a, 786a; OFTINGER, Gesetzgeberische Eingriffe in das Zivilrecht, ZSR 57 (1938) 481a, 769a; derselbe, Über den Zusammenhang von Privatrecht und Staatsstruktur, SJZ 37 (1941) 225; ESMEIN et HARVEN, L'intervention de l'état dans les contrats, Travaux de l'Association Henri Capitant I (Paris 1946) 118, 134; FLOUR et PIAGET, L'influence du droit public sur le droit privé, Travaux de l'Association Henri Capitant II (1947) 184, 199 (Bibliographie 196); WALINE, L'individualisme et le droit (Paris 1945) 168; SAVATIER, Du droit civil au droit public (Paris 1945) 3, 53; JOSSERAND, Tendances actuelles de la théorie des contrats, Revue trimestrielle de droit civil (Paris 1937) 1; derselbe, La publication du contrat, in: Introduction à l'étude du droit comparé, Recueil d'Etudes en l'honneur d'*Edouard Lambert* V (Paris 1938) 143; DURAND, La contrainte légale dans la formation du rapport contractuel, Revue trimestrielle de droit civil (Paris 1944) 73; RIPERT/BOULANGER, Traité élémentaire de droit civil de Marcel Planiol (2e éd. Paris 1947) II, nos 13 et s.; RIPERT, Le régime démocratique et le droit civil moderne (Paris 1936) nos 92 et s., 137 et s.; derselbe, Aspects juridiques du capitalisme moderne (Paris 1946) nos 15 et s.

Zusätzliche Angaben finden sich in den Fußnoten. Französische Schriften werden hier u. a. deshalb stark herangezogen, weil die Auseinandersetzungen mit unserem Gegenstande in der Literatur zu einem betont freiheitlich gedachten Recht wie demjenigen des Code civil für uns interessant sein müssen, zumal angesichts der großen wirtschaftlichen und politischen Schwierigkeiten, mit denen Frankreich seit langem kämpft; sie ließen die ganze Problematik sichtbar werden, bevor das in der Schweiz der Fall war.

lichen Tatbestand ihrer Entstehung den Vertrag mitenthalten. Die vorliegende Studie wird sich vor allem mit dem *schuldrechtlichen Vertrag* befassen[2].

I. WESEN DER VERTRAGSFREIHEIT

Die Vertragsfreiheit — liberté contractuelle — bedarf der Bestimmung in *dogmatischer* (A) und *ideologischer* Hinsicht (B); sie ist in allgemeine, rechtliche und außerrechtliche, *Zusammenhänge* zu rücken (A).

A. Dogmatische Betrachtung; Zusammenhänge

Der *Gehalt der Vertragsfreiheit* ist vierfach: Die Freiheit 1. einen Vertrag abzuschließen oder nicht; 2. der Wahl der Gegenpartei; 3. der Gestaltung des Vertragsinhalts; 4. der Aufhebung des Vertrags[3]. Der Ausdruck «Vertragsfreiheit» formuliert demnach das *Prinzip,* es sei dem Belieben der Partei überlassen, ob sie einen Vertrag eingehen will, mit wem, worüber und ob oder wann der Vertrag wieder beseitigt oder wenigstens abgeändert werden soll.

Das *schweizerische Recht,* besonders das Obligationenrecht, steht mit seiner ganzen Struktur und mit zahlreichen Einzelvorschriften auf dem Boden der Vertragsfreiheit. Sie stellt sich dar als ganz wesentliche Auswirkung der Rechts- und der Handlungsfähigkeit (ZGB 11, 12) oder, knapper gesagt, der Persönlichkeit. Das gilt, obwohl der Grundsatz als solcher nirgends ausgesprochen, sondern nur in einer — seiner auffälligsten — Ausprägung positivrechtlich niedergelegt ist; in OR 19 I, wo die Freiheit der Gestaltung des Vertragsinhalts erwähnt wird[4].

---

[2] Über die Vertragsfreiheit im ZGB: VON TUHR/SIEGWART, Allgemeiner Teil des schweizerischen Obligationenrechts I (2. A. Zürich 1942) 234—235; OSER/SCHÖNENBERGER, Kommentar zum Obligationenrecht (2. A. Zürich 1929), Art. 19 N. 5. Gewöhnlich ist im Bereich des ZGB die später erwähnte Freiheit in der Gestaltung des Vertragsinhalts erheblich beschränkt (z. B. bei der Ehe, den beschränkten dinglichen Rechten, nicht aber beim Erbteilungsvertrag.

[3] Auf diese vier lassen sich die zahlreichen Auswirkungen der Vertragsfreiheit zurückführen, die in der Literatur aufgezählt werden: DEMOGUE, Traité des obligations en général I (Paris 1923) nos 27 et s.; PLANIOL/RIPERT/ESMEIN, Traité pratique de droit civil français VI (Paris 1930) nos 14 (von Cassin); WALINE (zit. N. 1) 170.

[4] Das OR von 1881 enthielt diese Vorschrift nicht. Die Vertragsfreiheit wurde als so feststehend vorausgesetzt, daß der Grundsatz auch in den Materialien zu revOR 19 keine nennenswerten Spuren hinterlassen hat. Im Kommentar von HAFNER, Das schweizerische Obligationenrecht (2. A. Zürich 1905) findet sich das Stichwort Vertragsfreiheit nicht. Vor dem OR anerkannten die kantonalen Rechte die Vertragsfreiheit; hinsichtlich des zürcherischen Rechts wurde sie, gewiß übertreibend, von einem Autor als «illimité» eingeschätzt; darüber Iso KELLER, Rechtsethik und Rechtstechnik (Aarau 1947) 89.

[317] Mit der Vertragsfreiheit gibt die Rechtsordnung dem Rechtssubjekt — dem Privaten — die Möglichkeit, seine Verhältnisse, soweit sie dem Vertrag überhaupt zugänglich sind, *selber zu gestalten*. Die ehegüterrechtlichen, sachenrechtlichen und namentlich die obligationenrechtlichen Verträge sind das juristische Mittel *wirtschaftlicher Vorgänge* und *Betätigungen;* die letzteren sind prinzipiell dem *Privaten* überlassen. Durch Verträge erwirbt, veräußert und vermittelt er Güter, verpflichtet sich zur Erzeugung von solchen, stellt er Hilfskräfte an, verschafft sich eine Behausung, borgt sich Geld aus, sichert dieses mittels Verpfändung, läßt sich industriell verwertbare Rechte abtreten, schützt sich vor künftigem Schaden. Hinter diesen nüchternen Stichworten stehen die ungeheuren Betätigungsfelder von Handel, Industrie, Gewerbe, Finanz- und Bankwesen, des Wohnungsmarktes, der unselbständigen Arbeit, des Patent-, Urheberrechts- und sonstigen Immaterialgüterwesens, alles im privatwirtschaftlichen Rahmen gedacht. Die Aufzählung erhellt das Anwendungsgebiet des Vertrags und damit die *elementare Bedeutung der Vertragsfreiheit;* sie liegt darin, *daß* dieses Gebiet dem Vertrag offensteht. Die Tragweite des Satzes wird am eindrücklichsten durch die Vorstellung des Gegenteils: eine schlechthin verstaatlichte Wirtschaft, ohne freie Verfügung über irgendwelche Güter, die sämtliche von staatlichen Organisationen und Funktionären erzeugt und umgesetzt werden; jeder wirtschaftliche Vorgang ist durch zwingende Vorschrift reglementiert. Mit der Bemerkung, daß diese (hier als gedankliche Konstruktion angeführte) Ordnung rein öffentlich-rechtlicher Natur wäre, ist gleichzeitig gesagt, daß das gegenteilige System, das vertragliche, bezeichnend ist für das Privatrecht. In der Tat: der als grundsätzlich frei gedachte Vertrag ist ein *Kernstück des Privatrechts*[5]. Ohne Vertrag fehlten ihm wesentliche Teile, wie an einigen Belegen gezeigt sei. Im Personenrecht würden Rechts- und Handlungsfähigkeit teilweise inhaltsleer; die Erbteilung vollzöge sich nicht, wie nach geltendem Recht, vorwiegend durch Vertrag, sondern müßte zwingender gesetzlicher Vorschrift und richterlicher Maßnahme überlassen bleiben; das Sachenrecht, das in seinem Kern Eigentumsordnung ist, wäre in der Hauptsache [318] gegenstandslos, weil die wichtigste Befugnis des Eigentümers heute darin besteht, vertraglich über sein Recht zu verfügen; das Obligationenrecht ist ohnehin vorwiegend Vertragsrecht; die Gesellschaften des Handelsrechts und die Genossenschaft arbeiten mittels Verträgen. *Funktionell* gesehen, gibt der Vertrag den Parteien die Befugnis, eine begrenzte, nur gerade ihre Beziehungen betreffende Rechtsordnung zu schaffen. «Les conventions légalement formées tiennent lieu de

---

[5] WALTHER BURCKHARDT, Methode und System des Rechts (Zürich 1936) 155; derselbe, ZBJV 73, 49; derselbe, Die Organisation der Rechtsgemeinschaft (2. A. Zürich 1944) 41.

loi à ceux qui les ont faites», erklärt der französische Code civil (1134) nachdrücklich.

Vorhin ist auf die wirtschaftliche Bedeutung der Vertragsfreiheit hingewiesen worden. Ihr liegt die von der Rechtsordnung getroffene Entscheidung zugrunde, die wirtschaftliche Betätigung sei den Privaten zu überlassen. Die staatsrechtliche Ausprägung dieses Gedankens stellt das Prinzip der *Handels- und Gewerbefreiheit* dar (BV 31 I)[6]. Darnach sollen die Privaten im Rahmen der Konkurrenz grundsätzlich frei wirtschaften können. Der Staat will sich sowohl mit Reglementierungen wie mit eigener wirtschaftlicher Aktion zurückhalten[7].

Die bisher gewonnene Charakteristik bedarf einer unerläßlichen Ergänzung. Die Vertragsfreiheit ist zunächst als Idealtyp herausgestellt worden, d.h. eben schlechthin als Freiheit der Betätigung mittels Verträgen. In der Wirklichkeit kann sie nur begrenzt durch gesetzliche *Schranken* auftreten. Daß absolute Freiheit in der Rechtsordnung überhaupt nicht durchführbar ist, fließt aus zwei Überlegungen: die Freiheit des einen Rechtsgenossen wird durch diejenige des anderen von selber eingeengt; und das Leben in der Gesellschaft macht es nötig, der Allgemeinheit auf Kosten des Einzelnen Befugnisse einzuräumen, die notwendig die Freiheit des Rechtsgenossen vermindern. Folglich muß die Rechtsordnung sich immer vorbehalten, die Vertragsfreiheit nur im Rahmen der von ihr zu steckenden Grenzen zuzulassen, gleich wie sie die subjektiven Rechte durch Schranken und komplementäre Pflichten [319] näher umschreibt[8]. So lautet die in OR 19 Abs. I enthaltene Proklamation des Grundsatzes der Vertragsfreiheit nicht absolut, sondern es wird der Vorbehalt «der Schranken des Gesetzes» aufgestellt[9] und dahin erläutert (Abs. II), daß durch zwingende gesetzliche Vorschrift der beliebigen Bestimmung des Vertragsinhalts Grenzen gesetzt seien.

Aus der obigen Bemerkung über die Notwendigkeit der Schranken ergibt sich

---

[6] VON TUHR/SIEGWART (zit. N. 2) 233 N. 3; HEDEMANN, Die Fortschritte des Zivilrechts im XIX. Jahrhundert I (Berlin 1910) 4; OFTINGER, SJZ 37, 228 und Zitate dort N. 16. Die Vertragsfreiheit war freilich anerkannt, bevor die BV 1874 die Handels- und Gewerbefreiheit ausdrücklich garantierte. Der scheinbare Widerspruch löst sich durch die Feststellung auf, daß auch vor 1874 die Handels- und Gewerbefreiheit tatsächlich gehandhabt wurde. Ohnehin ist weder sie noch die Vertragsfreiheit je unbeschränkt. Die Revision der Art. 31 ff. BV im Jahre 1947 hat das *Prinzip* der Handels- und Gewerbefreiheit nicht angetastet; SCHÜRMANN, Zbl. 1948, 35.

[7] Es braucht nicht genauer ausgeführt zu werden, daß beides geeignet ist, sowohl die Handels- und Gewerbefreiheit wie die Vertragsfreiheit zu vermindern. Dazu WALTHER BURCKHARDT, Kommentar der schweizerischen Bundesverfassung (3. A. Bern 1931) 228.

[8] Beispiele: ZGB 641 I über den Inhalt des Eigentums; ZGB 2 als Grundlage einer allgemeinen, mit den subjektiven Rechten verbundenen Pflicht: derjenigen zur *richtigen* Rechtsausübung.

[9] Die Angabe von FICK, Das schweizerische Obligationenrecht (Zürich 1911), Art. 19 N. 1, der Grundsatz der Vertragsfreiheit sei hier «in aller Schärfe» aufgestellt, war deshalb nie richtig.

ihre doppelte *Motivierung*[10]: 1. Zunächst muß die Freiheit vor Mißbrauch durch die Beteiligten geschützt werden. Der Einzelne kann von sich aus versucht sein, seine Freiheit durch Vertrag zu weitgehend aufzugeben, oder die Gegenpartei, als die Stärkere, veranlaßt ihn dazu. Schrankenlose Freiheit hebt sich leicht selber auf. Deshalb kennt das schweizerische Recht in den Vorschriften zum *Schutz der Persönlichkeit* die eine Gruppe der Vertragsschranken (OR 19 II, ZGB 27). Man darf z.B. nicht durch vorbehaltslose Übertragung der Vermögensverwaltung sich der Handlungsfähigkeit begeben[11]; wer durch eine Konkurrenzklausel dem Verpflichteten jede Möglichkeit wirtschaftlicher Betätigung raubt, hat einen unzulässigen Vertrag abgeschlossen[12]. Die im Schutz der Persönlichkeit liegende Vertragsschranke hilft also dem Schwachen, bindet den Rücksichtslosen und ermöglicht durch die Aufstellung von Spielregeln erst ein erträgliches Funktionieren der freiheitlichen Ordnung[13]. — 2. Die andere Motivierung der Vertragsschranken liegt in der Notwendigkeit des *Schutzes der Gemeinschaft* als solcher, durch Vorschriften, die den vertraglichen Verstoß gegen die «öffentliche Ordnung» (OR 19 II) als unerlaubt erklären; ihre Richtschnur wird gewöhnlich als «öffentliches Interesse» bezeichnet. Dahin gehört z. B. die Schenkung, die eine Beamtenbestechung bezweckt, oder der Vertrag, [320] mit dem baupolizeilich vorgeschriebene Grenzabstände ausgeschaltet werden sollen.

Die Schranken sind, wie erwähnt, generell in OR 19 vorgesehen; OR 20 sieht als wichtigste zivilrechtliche Sanktion gegen ihre Mißachtung die Nichtigkeit des Vertrags vor. Im *einzelnen* können die *Schranken* alle vier Richtungen erfassen, die in ihrer Gesamtheit die Vertragsfreiheit ausmachen. Wir haben dann 1. einen Zwang zum Abschluß eines Vertrags vor uns (Kontrahierungszwang); oder 2. einen solchen in der Wahl der Gegenpartei; es besteht 3. Zwang in der Gestaltung des Inhalts, schließlich 4. Zwang zur Aufhebung oder Nichtaufhebung des Vertrags. Ein Beispiel für die erste Möglichkeit ist die häufig vorgesehene Versicherungspflicht; die dritte bildet den Hauptfall, verkörpert in zahlreichen Verbots-

---

[10] EGGER, Kommentar zum schweizerischen Zivilgesetzbuch (2. A. Zürich 1930) Art. 27 N. 2 ff.; FELIX WIGET, Der zivilrechtliche Begriff der öffentlichen Ordnung (Diss. Zürich 1939) 37, 112, 143; JAKOB SCHAFFNER, Die Grenzen der Vertragsfreiheit und Treu und Glauben in den Beschlüssen der Generalversammlung (Diss. Bern 1940) 3 ff., 36; EMIL ZÜRCHER, Die Grenzen der Vertragsfreiheit (Diss. Zürich 1902).
[11] ZGB 27 I; BGE 69 II 234 mit etwas anderem Tatbestand.
[12] ZGB 27 II; OR 356 ff.; BGE 39 II 546.
[13] Dazu LIPPMANN, Die Gesellschaft freier Menschen (Bern 1945) 452—453, 366 und passim; RÖPKE, Die Gesellschaftskrisis der Gegenwart (1. A. Erlenbach/Zürich 1942) 357 ff. (4. A. [1942] 364 ff.) und passim; OULÈS, Travaux de l'Association Henri Capitant II (zit. N. 1) 241, 247. Dem gleichen Ziel dient auf anderem Boden das UWG; dazu GERMANN, Concurrence déloyale (Zürich 1945) 249, 256.

vorschriften, wie z. B. OR 129, oder auch in Geboten, wie die Anordnung bestimmter Vertragsklauseln (VVG 91 II). Für den zweiten und vierten Fall lassen sich in der herkömmlichen Gesetzgebung[14] kaum anschauliche Belege finden. Die Schranken sind zum Teil in den privatrechtlichen Gesetzen selber niedergelegt, zum größeren Teil in den verschiedensten Erlassen des öffentlichen Rechts, traditionsgemäß vornehmlich im Polizeirecht. Es soll davon genauer unter Ziff. II, A die Rede sein; hier war zunächst bloß das Grundsätzliche abstrakt festzulegen.

Der Erwähnung bedürfen auch einige dogmatische *Folgerungen* der Vertragsfreiheit. Diese bedeutet, wie sich gezeigt hat, die von der Rechtsordnung gewährte grundsätzliche Befugnis, sich nach Gutdünken vertraglich zu binden. Wenn das Gesetz über den Inhalt der Verträge Vorschriften aufstellt, so müssen sie demnach hauptsächlich dispositiven Rechts sein; zwingendes Recht soll die Ausnahme und als solche kenntlich gemacht sein (OR 19 II). In der Tat ist das Vertragsrecht des OR ganz überwiegend dispositiv. Als eine andere Folgerung haben die Parteien die freie Wahl unter den vom Gesetz (OR 184 ff.) zur Verfügung gestellten Vertragstypen; sie können diese abändern oder kombinieren oder eigene Typen (sog. Innominatkontrakte) schaffen, sind also nicht auf ein gesetzliches Kontraktsystem verpflichtet. Aus der Vertragsfreiheit wird auch das Postulat abgeleitet, der Gesetzgeber habe weitgehend die Formfreiheit zu verwirklichen (OR 11 I).

Der *Rechtstechnik* nach ist die Vertragsfreiheit endlich wie folgt zu kennzeichnen: Die Rechtsordnung besteht in ihrem maßgeblichen Inhalt aus dem in den Rechtssätzen formulierten Zusammenspiel von juristischen Tatbeständen und Rechtsfolgen. Der juristische Tatbestand [321] zählt die Voraussetzungen auf, unter denen eine Rechtsfolge — z. B. eine Leistungspflicht — entstehen kann. Beim Vertrag gehört der gleichgerichtete *Wille* der Parteien zum juristischen Tatbestand. Der Wille erzielt also nicht von sich aus die Rechtsfolge[15], sondern nur, weil er zusammen mit andern juristischen Tatsachen als *Tatbestandsteil* im Hinblick auf die Rechtsfolge berücksichtigt wird[16]. Die als Beispiel erwähnte Leistungspflicht besteht folglich nur deshalb, weil das Gesetz es zuläßt, daß sich Parteien zu eben diesem Zweck binden, und weil es nur dann die Pflicht als begründet ansieht, *wenn* willentlich die Bindung eingetreten ist. Leistungspflichten können selbstverständlich auch bestehen, ohne daß auf den Willen abgestellt wird,

---

[14] Die außerordentliche Gesetzgebung wird später berücksichtigt.
[15] Zutreffend unterstrichen von WALINE (zit. N. 1) 204 ff.; ferner HIPPEL, Einführung in die Rechtstheorie (Berlin 1932) 10 ff.
[16] Daher ist die häufig gegebene Definition des Rechtsgeschäfts unscharf: es sei die Willensäußerung, die auf Begründung, Aufhebung oder Veräußerung eines subjekten Rechts oder eines Rechtsverhältnisses gerichtet ist. Vielmehr ist es der juristische *Tatbestand*, in dem das Gesetz an die auf diese Folgen gerichtete Willensäußerung anknüpft.

z. B. eine zwingend vorgesehene Unterhaltspflicht. In seiner Eigenschaft als juristische Tatsache löst demnach der Wille die gesetzlich vorgesehenen, dem Bereich des Vertrags zugänglichen Rechtsfolgen aus. Wo dem Willen diese Wirkung verliehen ist, haben wir eine rechtsgeschäftliche, im besonderen eine vertragliche Regelung; dort gilt Vertragsfreiheit. <u>Somit ist die Rechtsordnung immer vor die Frage gestellt, ob sie im Hinblick auf eine konkrete Sachlage den Willen berücksichtigen oder ohne ihn, von sich aus — zwingend — Rechtsfolgen erzeugen, also von der Vertragsfreiheit absehen soll.</u> Das ist eine wichtige Entscheidung; sie gehört nicht mehr ins Gebiet der Rechtstechnik, sondern ist materieller, letztlich ideologischer Natur. Davon soll als Nächstem die Rede sein.

B. Ideologische Betrachtung

Die gedanklichen Wurzeln der Vertragsfreiheit reichen in die Jahrhunderte zurück[17]; ihre scharfe, ideologisch[18] begründete Betonung und konsequente Auswertung in den neueren Gesetzen ist indessen eine Frucht des europäischen *Liberalismus*, wie er sich nach der Auflösung der alten, in Feudalismus und Korporationen gebundenen Gesellschaft [322] im Gefolge der Französischen Revolution durchsetzte[19]. Die Formel für die ideologische Grundlage der Vertragsfreiheit ist im Prinzip der *Privatautonomie* — autonomie de la volonté — zu sehen[20]. Sie ist die von der Rechtsordnung den Subjekten des Privatrechts (den Privaten) verliehene grundsätzliche Befugnis, ihre Beziehungen nach eigenem Gutdünken zu ordnen[21]. Der Vertrag ist das eindrücklichste Mittel der Betätigung dieser Autonomie.

---

[17] GÉNY, Méthode d'interprétation et sources en droit privé positif II (2e éd. Paris 1919 et 1932) no 171, p. 151—152; RIPERT/BOULANGER (zit. N. 1) no 17. Eine Arbeit von SCHERRER, Die geschichtliche Entwicklung der Vertragsfreiheit (Basel) ist bei Abschluß dieser Studie erst angekündigt.

[18] Unter Ideologie verstehe ich auf Wertungen beruhende Vorstellungen davon, wie das menschliche Zusammenleben am besten zu gestalten sei.

[19] WALINE 172 ff.; SAVATIER 6; RIPERT, Régime, nos 137 et s.; derselbe, Capitalisme 37—38; EGGER, Rechtsethik 14 ff. (alle zit. N.1); PLANIOL/RIPERT/ESMEIN VI 21; DEMOGUE, nos 27 et s. (beide zit. N. 3); HEDEMANN (zit. N. 6) 3 ff.; SCHNITZER, Vergleichende Rechtslehre (Basel 1945) 283; RENNER, Die Rechtsinstitute des Privatrechts und ihre soziale Funktion (Tübingen 1929) 179; ferner EUGEN HUBER, System und Geschichte des schweizerischen Privatrechts IV (Basel 1893) 281, 902—903.

[20] OFTINGER, ZSR 57, 489a.

[21] Verschiedene Definitionen bei WIGET (zit. N. 10) 1. Auf das Prinzip der Privatautonomie lassen sich einige doktrinäre Anschauungen der Zivilistik des 19. Jahrhunderts zurückführen, wie die Willenstheorie (man denke z. B. an die früher beliebte Unterschiebung eines stillschweigend geäußerten Willens). Darüber eingehend DEMOGUE I, nos 27 et s.; auch PLANIOL/RIPERT/ESMEIN VI, nos 14, 15 (beide zit. N. 3); WALINE 171; RIPERT/BOULANGER, nos 17 et s. (beide zit. N. 1). Das sind Übertreibungen, die die schweizerische Praxis wenig zu beeinflussen vermochten und heute in der Doktrin verschiedener Länder, namentlich auch der Schweiz, großen Teils überwunden sind.

Durch Rechtsgeschäft, auf Grund einer Einigung mit der Gegenpartei, gestaltet der Private seine Verhältnisse, und zwar grundsätzlich frei, unabhängig von staatlicher Einflußnahme, die sich durch gesetzliche Vorschriften und darauf gestützte behördliche Vorkehrungen äußern würde. Der Mensch wird als autonom gedacht; in eigener Kompetenz bestimmt er juristisch sein Schicksal, schafft er Recht «inter partes». Die ursprüngliche Anschauung [22] faßte die Autonomie vorbehaltlos auf: eine mit der Tatsache des Menschseins gegebene, vorstaatliche Machtvollkommenheit, die der Staat, die Rechtsordnung, als a priori bestehend anzuerkennen haben. Eine modernere, in der Schweiz als herrschend anzusprechende Ansicht ist sich demgegenüber bewußt, daß im positiven Recht die Autonomie nur insoweit Bestand haben kann, als die Rechtsordnung sie vorsieht, dem Grundsatz und dem Umfang nach. Die in der Privatautonomie liegende Machtbefugnis ist dem Privaten *kraft Delegation verliehen*[23]. Damit ist gleichzeitig [323] den Schranken der Vertragsfreiheit, die auf weiterem Plane Schranken der Privatautonomie sind, der Standort angewiesen. Beides, Privatautonomie und Schranken, beruht positivrechtlich auf dem gleichen Fundament: der Rechtsordnung, dem Gesetz. Die Schranken sind nicht ein nachträglicher Einbruch in einen ursprünglichen Zustand völliger Freiheit; sie sind als Teil der Rechtsordnung von vornherein mit dieser vorhanden. Das Gesetz läßt die Freiheit nur innerhalb des von ihm bestimmten Rahmens zu.

Diese Konstruktion anerkennt somit die Befugnis des Staates, das Gebiet der Privatautonomie zu verkleinern, eben durch die Errichtung neuer Schranken. *Dogmatisch* gesehen ist die Fähigkeit dazu unbegrenzt; der Staat könnte völlig auf die Privatautonomie verzichten und zu einer rein öffentlich-rechtlichen, schlechthin verstaatlichten, einen absoluten Zwangscharakter tragenden Rechtsordnung gelangen. Die ungeheure Bedeutung des ideologischen Entschlusses, die Privatautonomie, die Vertragsfreiheit zuzulassen, liegt jedoch darin, daß hier ein für allemal eine den Staat bindende *Wertordnung* aufgestellt ist: der Mensch wird um seiner selbst willen anerkannt, er wird als frei betrachtet, soll grundsätzlich der Herr seines Schicksals sein. Deshalb dürfen die Schranken nicht ein Übermaß erreichen; sie müssen vielmehr die Ausnahme bilden, und die Freiheit — die Vertragsfreiheit im besonderen — muß die Regel darstellen.

---

[22] Sie scheint unter den französischen Zivilisten noch jetzt viel vertreten zu sein, WALINE (zit. N. 1) 202 ff. Über die philosophische Herkunft der Lehre von der Privatautonomie (Kant ist einer ihrer wichtigsten Förderer) WALINE 169 ff.; WELZEL, Über die ethischen Grundlagen der sozialen Ordnung, Süddeutsche Juristen-Zeitung 1947, 409.

[23] Statt vieler OSER/SCHÖNENBERGER (zit. N. 2) S. 23 N. 34, Art. 19 N. 7; SCHNITZER (zit. N. 19) 413; SAVATIER (zit. N. 1) 53; MAX WEBER, Wirtschaft und Gesellschaft (Tübingen 1922) 413; OFTINGER, ZSR 57, 497a—498a; derselbe, SJZ 37, 225—226; besonders nachdrücklich WALINE (zit. N. 1) 210, 219.

Das ist denn auch die Lösung des geltenden Rechts. Nur dort herrscht nicht Freiheit, wo dies aus dem Gesetz hervorgeht; die Schranken sind die Ausnahmen[24]. Das gibt dem Vertragsrecht und damit weithin dem Privatrecht das Gepräge: es ist eine freiheitliche Ordnung[25]. Die Privatautonomie und mit ihr die Vertragsfreiheit muß sich freilich dem allgemeinen Streben der Rechtsordnung fügen: dem Ausgleich des Wohles des Einzelnen und des Gemeinwohles. Dabei liegt jedoch die Richtlinie in der einfach klingenden, doch so weit reichenden Feststellung: *Recht und Staat bestehen um des Menschen willen;* es gilt nicht das Umgekehrte[26]. Damit ist die Antwort erteilt auf die Kernfrage der gesellschaftlichen Ordnung, derjenigen nach dem *Verhältnis von Einzelmensch und Gemeinschaft.* Es ist die im Privatrecht wie im öffentlichen [324] Recht, also in der ganzen schweizerischen Rechtsordnung[27] verwirklichte Lösung: die freiheitliche. Sie beruht auf der Überzeugung, daß der Sinn des Menschendaseins nur erfüllt werde, wenn dem Individuum Freiheit gegeben sei, sich im Dienste seiner sittlichen Bestimmung zu entfalten. *Hier* liegt letztlich der ideologische Kern der im geltenden Recht verankerten Vertragsfreiheit[28]; sie gehört in ganz entschiedenem Maß zur «Freiheit des Bürgers im eidgenössischen Recht».

II. HEUTIGE LAGE

Mit den soeben getroffenen Feststellungen ist nichts ausgemacht über den *tatsächlichen Umfang der Vertragsfreiheit.* Er bestimmt sich durch eine Untersuchung des jeweils geltenden Rechts. Die gegenwärtige Situation kennzeichnet sich, wie sich zeigen wird, durch ein beträchtliches Anwachsen der Schranken der Vertragsfreiheit. Im folgenden mögen sie als *juristische Schranken* bezeichnet werden (A). Es fragt sich, ob dort, wo rechtlich Vertragsfreiheit besteht, diese tatsächlich ausgeübt werden kann. Wie sich erweisen wird, trifft dies vielfach nicht zu; die Vertragsfreiheit unterliegt somit nicht nur rechtlichen, sondern auch *faktischen Schranken* (B), für die sich ebenfalls eine Zunahme feststellen läßt.

---

[24] So vor allem OR 19; OFTINGER, SJZ 37, 227—228.
[25] Näheres bei WIGET (zit. N. 10) 1 ff.; OFTINGER, ZSR 57, 496a ff.; derselbe, SJZ 37, 225—226.
[26] Es ist bezeichnend für die heutige Lage, daß dieser Satz mit besorgtem Unterton öfters wiederholt wird; SAVATIER 11; derselbe, Travaux de l'Association Henri Capitant I 163, II 55 (alles zit. N. 1); derselbe, Recueil Dalloz, Chronique, 1946, 28. Ferner WALINE (zit. N. 1) 317, 415.
[27] Nachweis der ideologischen Gleichheit von privatem und öffentlichem Recht im einzelnen bei OFTINGER, SJZ 37, 225 ff. Über die Parallele zwischen Vertragsfreiheit und Handels- und Gewerbefreiheit erübrigen sich hier Ausführungen. Die individualistische Bedeutung der letzteren hebt hervor RAPPARD, L'individu et l'état (Zurich 1936) 367 ff.
[28] Sie ist also keineswegs bloß «une règle technique», wie RIPERT/BOULANGER (zit. N. 1) no 16 annehmen.

Die Vertragsfreiheit

A. *Juristische Schranken der Vertragsfreiheit*

Aus den früheren Darlegungen ergibt sich, daß diese Schranken zum *Normalbestand der Rechtsordnung* gehören. Wie jedes moderne Recht, so hat das schweizerische sie seit jeher in beachtlichem Umfang aufgewiesen: in den eidgenössischen und kantonalen Erlassen des *öffentlichen Rechts* (als Beispiel diene das Verbot des unkontrollierten Handels mit Betäubungsmitteln), vorweg aber in den privatrechtlichen *Kodifikationen* selber. Einige Belege genügen. Das Sachenrecht beschränkt die vertragliche Errichtung dinglicher Rechte auf den sog. Numerus clausus der gesetzlich vorgesehenen Typen (ZGB 958, 793 u. a.); das gleiche gilt im Familienrecht für die Bestimmung des Güterstandes (ZGB 179 II). [325] Das Obligationenrecht, zwar bekannt als das freieste Rechtsgebiet, enthält doch eine ansehnliche Reihe von Begrenzungen des Vertragsinhalts [29], wie das Wucherverbot (Art. 21), die Beschränkung der sog. Freizeichnungsklauseln (Art. 100—101), den Grundsatz des Schutzes von Vertrauensverhältnissen (so Art. 34, 404, 541). Zahlreiche Schranken sind von der Gerichtspraxis im Rahmen der Generalklausel der guten Sitten (Art. 19 II, 20) errichtet worden, besonders zum Schutz der Persönlichkeit (ZGB 27 II); man denke an die Verhütung übermäßiger Bindung der «wirtschaftlichen Persönlichkeit». Das Arbeitsrecht verfügt seit langem über einen wirksamen Bestand an zwingenden Vorschriften, zunächst im revOR, dann in mannigfachen *Spezialgesetzen,* von denen das Fabrikarbeitsgesetz von 1914 genannt sei. Unter den Spezialgesetzen anderer Gebiete ist das Versicherungsvertragsgesetz von 1908 eines der eindrücklichsten, besteht es doch zu drei Fünfteln aus zwingenden Vorschriften (Art. 97—98)[30]. Der Kontrahierungszwang zulasten von Monopolbetrieben (wie den Eisenbahnen) gilt als altes Requisit der Gesetzgebung, gehört indessen nach einer anderen Auffassung überhaupt nicht ins Privatrecht [31].

In den letzten Jahrzehnten zeigt sich die Tendenz zu einer *raschen Vermehrung* der Schranken der Vertragsfreiheit, zunächst in verschiedenen Teilen der *ordentlichen Gesetzgebung,* wie wiederum an Beispielen gezeigt werde. Voran steht das Arbeitsrecht; es ist an Erlasse zu erinnern wie das Berufsbildungsgesetz (1930), das Heimarbeitsgesetz (1940), das BG über das Anstellungsverhältnis der Handelsreisenden (1941) [32], vor allem an den BB über die Allgemeinverbindlicherklärung von Gesamtarbeitsverträgen (1943), überhaupt an das ungemein weit rei-

---

[29] Einzelheiten bei SCHAFFNER (zit. N. 10) 8, 10 ff.; WALINE (zit. N. 1) 179 ff.
[30] M. PICARD, L'affaiblissement contractuel du contrat d'assurance, Recueil *Lambert* V (zit. N. 1) 159 ff.
[31] Darüber OFTINGER, ZSR 57, 509a ff.
[32] Ein als Gegenstück zu diesem Gesetz gedachtes BG über den Agenturvertrag wird vorbereitet.

chende Institut des Gesamtarbeitsvertrags (OR 322—323): durch einen eigenartigen, mit den Mitteln des herkömmlichen Obligationenrechts gar nicht erfaßbaren Vorgang werden große Gruppen einzelner Verträge zwangsweise der individuellen Gestaltung entzogen. Auffallend sind ferner Vorgänge wie die neuerliche Betonung der Form beim Vertragsschluß (z. B. revOR 493, verschiedene Vorschriften des Arbeitsrechts[33]), die starken Eingriffe in die vertraglichen Gläubigerrechte durch die zahlreichen Erlasse über die [326] Nachlaßverfahren des sog. Sanierungsrechts[34] oder die Einführung einer Pfandbelastungsgrenze im BG über die Entschuldung landwirtschaftlicher Heimwesen (1940). Ein nach diesem Gesetz entschuldeter Bauer kann 25 Jahre lang sein Heimwesen nicht ohne behördliche Bewilligung veräußern (Art. 75). Neuerworbene landwirtschaftliche Grundstücke sind allgemein nicht vor sechs Jahren weiter veräußerlich; wo Ausnahmen gestattet werden, unterliegt der Preis amtlicher Kontrolle (revOR 218, 218bis).

Eine in drei Perioden einsetzende *außerordentliche Gesetzgebung* hat die Zurückbindung der Privatautonomie ungewöhnlich ausgedehnt. Der *Erste Weltkrieg* nötigt den Gesetzgeber zu zahlreichen Maßnahmen, die die Freiheit der Wirtschaft und damit des Vertrages einengen[35]. Die *Weltwirtschaftskrise* der dreißiger Jahre läßt den Staat verstärkt in das Tätigkeitsgebiet des Privaten — in allen Teilen der Wirtschaft — intervenieren. Das öffentliche Recht beeinträchtigt an vielen Stellen das Privatrecht, indem es alle Auswirkungen der Privatautonomie, namentlich aber die Vertragsfreiheit, beschneidet. Bloß zwei Stichworte seien erwähnt: die am 27. September 1936 eingerichtete allgemeine Preiskontrolle, welche die wichtigsten Verträge, vor allem den Kauf und die Miete, der freien Gestaltung entzieht; dann das Clearingrecht, das die Abwicklung eines sehr großen Teils der über die Landesgrenzen zu erfüllenden Verträge berührt[36]. Es läßt sich ein umfassendes System solcher «Eingriffe» aufstellen[37], deren Bilanz das Privatrecht zwar in seinem traditionellen Bestand äußerlich kaum verändert, aber in seiner Wirksamkeit einzelnen Betrachtern doch angetastet zeigt[38]. Das Krisenrecht steht in voller Geltung, als der *Zweite Weltkrieg* ausbricht und ein gewaltiges Kriegswirtschaftsrecht[39] entstehen läßt, das trotz fühlbarer Rückbildung noch heute in beträcht-

---

[33] So Berufsbildungsgesetz von 1930 Art. 6, Handelsreisendengesetz von 1941 Art. 3 I.
[34] Zum Beispiel Löschung von Pfandrechten, Erlaß und Herabsetzung von Zinsen, Erleichterungen für Bürgen, Umwandlung von Obligationen (d. h. Schuldverpflichtungen) in Aktien.
[35] BAER, Die schweizerischen Kriegsverordnungen I—IV (Zürich 1916/19); EGGER, Rechtsethik (zit. N. 1) 58; weitere Zitate ZSR 57, 540a N. 64.
[36] FRED RÜTTIMANN, Eingriffe des Clearingrechts in die Vertragsfreiheit (Diss. Bern 1944) 60 ff.
[37] COMMENT und OFTINGER (beide zit. N. 1).
[38] RIPERT, Régime; COMMENT 786a ff.; OFTINGER 680a ff. (alle zit. N. 1).
[39] Umfassend bearbeitet von LAUTNER, System des schweizerischen Kriegswirtschaftsrechts (Zürich 1942 ff.).

lichem Umfang gilt. Es verschärft zwangsläufig die Tendenzen des bisherigen Notrechts. Wenige Belege müssen ausreichen: Neben die in verschiedenen Spielarten durchgeführte Preisbindung treten die Kontingentierung und Rationierung aller wichtigen [327] Waren. Durch Anschluß an ein «kriegswirtschaftliches Syndikat» konnte ein Unternehmen als Ganzes einer «Indienststellung[40]» unterworfen werden. Eine Arbeitsdienstpflicht — als aufschlußreicher Fall des Kontrahierungszwanges — entzog den Betroffenen der gewöhnlichen dienstvertraglichen Rechtsstellung. Ein umfassendes Zwangsregime besteht für den Mietvertrag. Der gesamte landwirtschaftliche Boden ist der freien Vereinbarung unzugänglich, indem die Verträge namentlich auf Eigentumsübertragung und Errichtung von Pfandrechten bewilligungspflichtig sind.

Zu den durch die ordentliche und die außerordentliche Gesetzgebung eingeführten *direkten Beschränkungen* der Vertragsfreiheit kommen *indirekte*. Ein seit Jahrzehnten wachsender Etatismus, durch Krise und Krieg gefördert, entzieht zahlreiche wirtschaftliche Tätigkeiten dem privaten Bereich: staatliche (und sog. halbstaatliche, aber mit öffentlich-rechtlichen Kompetenzen und Monopolen ausgestattete) Organismen erzeugen, importieren, exportieren, verteilen Waren; nicht bloß — wie betont sei — im Rahmen der Kriegswirtschaft. Insoweit wird die Vertragsfreiheit gegenstandslos, oder es verschwindet zum mindesten *eine* private Partei. Muß z. B. eine Ware, statt wie bisher von einem Kaufmann, jetzt von einer staatlichen Importstelle bezogen werden, so ist die Vertragsfreiheit nicht nur (direkt) bezüglich der Wahl der Gegenpartei aufgehoben, sondern auch (indirekt) dadurch berührt, daß eben kein Privater mehr als Verkäufer auftreten kann. Das öffentliche Recht reglementiert nicht mehr bloß die Verträge der Privaten, wie im herkömmlichen Recht, sondern übernimmt selber in steigendem Umfang früher private Tätigkeiten.

B. Faktische Schranken der Vertragsfreiheit

Der Grundsatz der Vertragsfreiheit und deren Schranken sind Teile der Rechtsordnung. Sie umschreiben ein Verhältnis des Privaten zum *Staat*. Wird die Vertragsfreiheit als Postulat aufgefaßt, so bedeutet sie die an den Staat gerichtete Aufforderung, die rechtsgeschäftliche Betätigung möglichst frei zu lassen. Es soll nunmehr die Frage erörtert werden, was in der Wirklichkeit aus dem von der Rechtsordnung gewährten Bereich der Freiheit wird. Die Erfahrung zeigt, daß ihre Ausübung durch Umstände der verschiedensten Art *faktisch gehemmt* ist. Seit

---

[40] KARRER, SJZ 37, 39.

jeher hat sich — um *einen* Fall zu nennen — der ökonomisch Schwächere dem [328] Willen des Stärkeren anpassen müssen, war also in diesem Sinn unfrei. Die Existenz der Vertragsfreiheit als Rechtsgrundsatz sagt darüber nichts aus, wie die *Privaten im Verhältnis unter sich* diese Freiheit auswerten; sie bestimmt nichts über das Maß ihrer tatsächlichen Benützung. Vielmehr gewährt sie bloß die *Chance* des freien rechtsgeschäftlichen Verhaltens [41].

Ein Kennzeichen der heutigen Lage ist die auffällige Zunahme der faktischen Schranken, wofür einige Anhaltspunkte gegeben seien. Diese Entwicklung [42] läßt sich auf zwei Hauptursachen zurückführen, deren Wirkungen sich zum Teil überschneiden. Zunächst das Auftreten immer mächtiger *organisierter Gruppen von Vertragsparteien*: Gewerkschaften [43], Verbände von Produzenten und Händlern, besonders Kartelle. Sie nehmen durch die mannigfachsten Maßnahmen Einfluß auf den Inhalt der individuellen Verträge, die ihre Mitglieder mit Dritten abschließen. Namentlich die Angebotsmenge, die Qualität und der Preis der Ware werden durch die Anordnungen der Verbände einseitig der freien vertraglichen Diskussion entzogen. Das Mitglied hat sich im Verkehr mit den Kunden an die vom Verband festgelegten «Konditionen» zu halten, vor allem aber an die Verbandspreise. «Kundenschutzverträge» verhindern, daß der Abnehmer nach den Regeln des Wettbewerbs gewonnen wird. Kartelle «höherer Ordnung» zentralisieren den Absatz, so daß ihre Mitglieder gar nicht mehr in der Lage sind, mit den Kunden Verträge abzuschließen. Massive Sanktionen, wie Konventionalstrafen, bedrohen unerwünschte Selbständigkeitsgelüste. Eine interne Verbandsgerichtsbarkeit entzieht die Streitfälle der unabhängigen Jurisdiktion des staatlichen Richters [44]. Es ist ein Paradoxon des Rechtslebens, daß all dies im Rahmen der (juristischen) Vertragsfreiheit geschieht: der Vertrag als Institut wird mittels des Vertrags aufs schärfste beeinträchtigt, indem es Verträge sind [45], durch die sich die Mitglieder dem Verband unterwerfen. Die Verbände genießen auch den Schutz der Handels- [329] und Gewerbefreiheit, die sie in gleicher Weise aushöhlen können, weil dieser Grundsatz, wie derjenige der Vertragsfreiheit, bloß das Verhältnis des Privaten zum Staat betrifft. Es gilt als feststehend, daß dieser Sachverhalt in

---

[41] MAX WEBER (zit. N. 23) 453—454.

[42] Dazu JOSSERAND, Revue trimestrielle 1937, 8 ff.; derselbe, Recueil *Lambert* 144 ff.; RIPERT, Régime, nos 92 et s.; EGGER, Rechtsethik 28 ff.; OFTINGER, ZSR 57, 688a ff. (alle zit. N. 1); SCHNITZER (zit. N. 19) 420—421.

[43] Im Rahmen des Gesamtarbeitsvertrages; von ihm soll hier nicht weiter gesprochen werden.

[44] Vgl. etwa BGE 57 I 205; 67 I 214—216; 72 I 90. Angesichts der zahlreichen, in den BGE zu findenden Urteile, die die Schärfe der Verbandspolitik beleuchten (57 II 345: «Faustrecht»; 57 II 491—492), mutet das den Verbänden sehr viel Kredit einräumende Urteil 73 II 69—71 etwas panegyrisch an.

[45] Daneben besteht der Weg der Begründung solcher Pflichten in den Statuten juristischer Personen.

der Schweiz, als einem der an Kartellen relativ reichsten Länder, die freie Preisbildung und Konkurrenz erheblich ausgeschaltet hat; man spricht statt von einer freien von einer «verbandlich durchorganisierten Wirtschaft[46]». Bereits vor dem Zweiten Weltkrieg wurde angenommen, das Maß dieser Bindungen gehe über das sehr umfangreiche der staatlichen Interventionen in die Wirtschaft hinaus[47]. Seither dürfte sich die Tendenz unter dem Einfluß der Kriegswirtschaft verstärkt haben.

Die andere Hauptursache der jetzigen Entwicklung zu einer im faktischen Bereich stark gehemmten Vertragstätigkeit liegt in der *Standardisation der Verträge*. Zahlreiche größere Unternehmen, dann wiederum die Wirtschaftsverbände haben ihre Verträge (oder diejenigen ihrer Mitglieder mit Dritten) zum voraus inhaltlich bis in alle Einzelheiten festgelegt, gewöhnlich in Vertragsformularen und Allgemeinen Geschäftsbedingungen; das bekannteste Beispiel sind die Allgemeinen Versicherungsbedingungen. Ihr Inhalt ist — mit geringfügigen Ausnahmen — von der Gegenpartei wie er lautet anzunehmen. Die Vertragsfreiheit der inhaltlichen Gestaltung besteht hier faktisch nicht; man besitzt nur die Freiheit, den Vertrag als ein gegebenes Klischee einzugehen oder darauf zu verzichten, und diese Freiheit ist häufig aufgehoben, indem die Verhältnisse einen zum Vertragsschluß zwingen. Der Automobilist z. B. darf sein Fahrzeug nur verwenden, wenn er einen Haftpflichtversicherungsvertrag abgeschlossen hat; auf seinen Inhalt hat er keinen nennenswerten Einfluß, bei keiner Versicherungsgesellschaft, weil die das Haftpflichtgeschäft betreibenden Unternehmen des ganzen Landes sich auf einheitliche Bedingungen geeinigt haben. Wer den Vertrag diktieren kann, läßt sich ungern die Gelegenheit entgehen, die der Gegenpartei günstigen Bestimmungen des dispositiven Rechts auszuschließen[48]. Die Gefahr der Ausnützung von Machtpositionen läßt sich dort korrigieren, wo auf beiden Seiten starke Partner auftreten, etwa Verbände von Produzenten und von Abnehmern, die für ihre Mitglieder gemeinsam einen Rahmenvertrag schaffen. Ein anderer, [330] vereinzelt gebliebener Weg ist die staatliche Genehmigung der Allgemeinen Versicherungsbedingungen. Die Standardisation als solche wird dadurch nicht berührt. Seit langem sind, was ebenfalls hierher gehört, die Preise der meisten Waren im Einzelverkauf und die Entgelte für viele Arbeitsleistungen der Diskussion entzogen, indem sie als festes Angebot gedacht sind; die Preise werden der Packung aufgedruckt oder angeschrieben, es bestehen Tarife. Das Überhandnehmen der standardisierten Verträge hat

---

[46] MARBACH, im Handbuch der schweizerischen Volkswirtschaft II (Bern 1939) 20 ff.
[47] BBl. 1937 II 849.
[48] Wofür die Bankpraxis der Bürgschaftsverträge vor der Revision von 1941 ein Beispiel liefert; STAUFFER, ZSR 54, 511a—512a; GUHL, Vom Bürgen, Universität Bern, Dies Academicus 1939 (Bern 1939) 10.

mancherlei Ursachen. Es ist nicht nur der Wunsch maßgebend, sich durch die zum voraus erfolgende Festlegung des Vertragsinhalts Vorteile zu sichern; sondern die Bedürfnisse des modernen Massenbetriebs erheischen gebieterisch die Vereinheitlichung. Großunternehmen wie Versicherungsgesellschaften und Banken, die Tausende, ja viele Zehntausende von Verträgen über die gleichen Gegenstände abschließen, sind auf die Standardisation angewiesen. Sie vereinfacht nicht nur den Abschluß und die Handhabung der Verträge, sondern auch die Kalkulation. Dasselbe gilt für die einheitlichen Preise und Tarife. Ein weiteres Motiv ist das Bestreben, bewährte Vertragsinhalte immer wieder zu verwenden; es hat seit ältester Zeit der Kautelarjurisprudenz gerufen.

Die Wirklichkeit hat sich weit von der idealen Vorstellung der älteren Rechtswissenschaft entfernt, wonach der Vertrag das Erzeugnis des allmählich, durch Überlegungen und Verhandlungen, entstehenden Konsenses zweier sich gleichberechtigt gegenübertretender Parteien sei.

III. WÜRDIGUNG

Die Ergebnisse der bisherigen Darlegungen lassen sich wie folgt *zusammenfassen:*
1. Die im schweizerischen Recht verankerte, auf einer ideologischen Entscheidung beruhende, als Tatsache und als Postulat anzusehende Vertragsfreiheit steht unter dem Vorbehalt, daß ihr Umfang durch die Rechtsordnung in wechselndem Umfang beschränkt wird.
2. Die neuere Entwicklung zeigt eine erhebliche Einengung des Gebiets der Vertragsfreiheit, indem der moderne Staat der freien wirtschaftlichen Betätigung einen merklich verkleinerten Raum zubilligt.
3. Auf dem verbleibenden Gebiet ist die Vertragsfreiheit zudem faktisch stark vermindert, weil die heutige Organisation der Wirtschaft und ihre Geschäftspraktiken die individuelle Gestaltung des Vertragsinhalts auf weiten Strecken ausschließen.

[331] Die beiden letzten Ergebnisse rufen einer *Würdigung;* zunächst die dritte Feststellung. Der gleiche Staat, der die *Vertragsfreiheit* gewährt, läßt zu, daß sie *von den Beteiligten teilweise illusorisch gemacht* wird. Er müßte, so denkt man, darüber wachen, daß innerhalb des der privaten Betätigung überlassenen Raumes mehr als bisher der Schwache gegen den Starken, der Zurückhaltende gegen den Anmaßenden, der Anständige gegen den weniger Anständigen geschützt sei. Das würde, wirtschaftlich gesprochen, Verfälschungen des Konkurrenzverhältnisses vermindern und, juristisch ausgedrückt, die Vertragsfreiheit wieder sinnvoller gestalten. Die rechtlichen Mittel stehen bereit. Es sei auf öffentlich-rechtlichem

Boden einzig hingewiesen auf Maßnahmen gegen Auswüchse der Kartelle (revBV 31bis III d)[49], im privatrechtlichen Gebiet auf die Möglichkeiten einer verfeinerten Anwendung der Vorschriften über den Schutz der Persönlichkeit, über die Übervorteilung, Täuschung und Drohung, die guten Sitten[50]. Niemand erwartet von Interessentengruppen die Wahrung des Gemeinwohles. Um so bedrückender wirkt es, wenn der Staat ihnen unkontrollierte Macht in die Hände legt, sich schließlich zu ihrem Werkzeug verwenden und einzelne seiner Bereiche von ihnen okkupieren läßt, wofür die neuere Wirtschaftsgeschichte Beispiele kennt. Hier liegt Gefahr, die nicht verschwiegen werden darf. Eine «verbandlich durchorganisierte Wirtschaft» erleichtert die Aufgaben einer Kriegswirtschaft. Ebenso gewiß ist indessen, daß sie dem Staat, wenn er sich einmal unfreiheitlichen Zielen verschreiben sollte, den Weg ungemein verkürzte; das Beispiel anderer Länder sollte eine Warnung bilden[51].

Wie die Behandlung der gerade berührten Fragen, so müßte auch die eingehende Würdigung der von der *Rechtsordnung selber vorgekehrten Einengung der Vertragsfreiheit* auf sehr viel breiterem Plan erfolgen, als er dieser Studie zugrunde liegt. Doch dürfen einige Feststellungen angebracht werden. Die heutige Lage bietet ein Augenblicksbild im [332] säkularen Ringen um die Ausmarchung der Sphären des Individuums und der Gemeinschaft[52]. Das geltende Recht ist freiheitlich gedacht; wir kennen die Gründe. Es war aber nie doktrinär freiheitlich, sondern gab dem aus der Natur des Menschen und den Notwendigkeiten des gesellschaftlichen Lebens fließenden Bedürfnis nach Gebundenheit erheblichen Raum. Es ist nicht zu übersehen, daß sich an einigen Stellen der neueren Gesetzgebung

---

[49] Statt Angabe der reichen jüngsten Literatur *eine* Stimme aus einem früher sehr kartellfreudigen Gebiet, aus Deutschland; Böhm, Kartellauflösung und Konzernentflechtung, Süddeutsche Juristen-Zeitung 2 (1947) 496: «Die Frage (der Kartelle) wird von Völkern, die Wert auf Freiheit legen, die um diese Freiheit in inneren Kämpfen gerungen haben und infolgedessen von einem unbesiegbaren Mißtrauen gegen jede Art von unkontrollierter Macht erfüllt sind, als eine Verfassungsfrage empfunden, die jeden angeht.»

[50] Im Fall BGE 43 II 803 ist es den Gerichten nicht gelungen, einen Darlehensvertrag mit insgesamt 37$^{1}/_{2}$ % an offenem und verstecktem Zins für ungültig zu erklären.

[51] Böhm (zit. N. 49) 504 erwähnt, daß «die überaus starke Kartell- und Konzernentwicklung in der deutschen Wirtschaft es ... dem Nationalsozialismus ganz außerordentlich erleichtert haben, die gesamte deutsche Wirtschaft ... in die Gewalt zu bekommen ...»

[52] Decugis, Les étapes du droit II (2e éd. Paris 1946) 361 et s. Eugen Huber schreibt 1893: «Am Horizont steigen bereits Anzeichen auf, daß dieses selbe Individuum schwereren Fesseln unterworfen werden könnte, als es sie früher getragen» (System und Geschichte IV [zit. N. 19] 299).
Wie in N. 1 erwähnt, ist die *französische* Literatur zu diesen Fragen für uns aufschlußreich. Die Tragweite der Beschränkungen der Vertragsfreiheit wird nicht immer zugegeben; vgl. etwa H. Mazeaud, Recueil Dalloz, Chronique, 1946, 17; Flour 191 ff.; Josserand, Revue trimestrielle 1937, 30; derselbe, Recueil *Lambert* 143 et s.; Durand, Revue trimestrielle 1944, 97 (alle zit. N. 1); auch Szladits (ungarischer Autor), Les tendances modernes du droit des obligations, Bulletin de la Société de législation comparée 1937, 121. Ein so abgeklärter Schriftsteller wie Savatier bezeichnet die Vertragspartei heute als «citoyen chargé d'un service public»; Recueil *Dalloz*, Chro-

I. Grundfragen des Rechts und der Rechtspolitik

Gedankengänge verwirklicht haben, die mit dem freiheitlichen Grundzug unseres Rechts nicht im Einklang stehen. Hier ist Aufmerksamkeit angezeigt, weil die Unfreiheit vom wirtschaftlichen Gebiet leicht auf andere Bereiche übergreift; ein autoritärer Staat braucht gefügige Geister. Die Aufgabe unserer Generation ist es, die Gewichtsverteilung zwischen Freiheit und Zwang *im einzelnen* zu überprüfen, ohne den auf der Überzeugung der Besten beruhenden *Grundgedanken* in Frage zu stellen: «die Freiheit des Bürgers». Daraus ist die Richtschnur zu gewinnen für die Bewertung der freiheitsbeschränkenden Maßnahmen; sie sollen letztlich dem gleichen Ziel dienen wie die Freiheit der Person selber — der Entfaltung im Dienste ihrer sittlichen Bestimmung. Das gilt in der Überlegung, daß der Einzelne des Schutzes der Gemeinschaft bedarf und diese selber zu seinem eigenen Wohl erhalten werden muß. Insofern nur geht ihr Daseinsrecht demjenigen des Einzelnen vor. Das Privatrecht ist anpassungs- und wandlungsfähig. Jedoch unterstehen die Veränderungen an seiner Struktur, vor allem eben die Errichtung von Schranken der Privatautonomie, der geschilderten, den Staat bindenden Wertordnung. Ihre Bewahrung oder Zerstörung darf nicht als das völlig unbeeinflußbare Ergebnis des Schicksals betrachtet [333] werden, sondern unterliegt nicht zuletzt unserem Willen. Darin ruht eine Verpflichtung. Der heutige Betrachter hat Grund, sich der immer erneuerten Erfahrung zu erinnern, daß zu viel Macht in öffentlicher und privater Hand nur Unheil bringt. Der Mensch ist sehr von der libido dominandi beherrscht[53]. Es darf nicht unbeachtet bleiben, daß die moderne Entwicklung der juristischen und faktischen Vertragsschranken zu ungewöhnlicher Machtkonzentration führt. Hier heißt es wachsam sein, damit des Bürgers Freiheit nicht bedroht werde.

---

nique, 1946, 25; vgl. aber denselben, Du droit civil au droit public (zit. N. 1) 7, 9, und Travaux de l'Association Henri Capitant I 163, wo die Gefahren der heutigen Entwicklung unterstrichen werden.

Eindrucksvoll ist die starke Betonung des Persönlichkeitswertes in neuen Publikationen in *Deutschland*, hat man doch dort seine Erfahrungen mit einer unfreiheitlichen Ordnung gemacht. Vgl. etwa HALLSTEIN, Süddeutsche Juristen-Zeitung 1 (1946) 1; COING, dort 2 (1947) 641; SCHMID, Deutsche Rechts-Zeitschrift 1 (1946) 2; 2 (1947) 205.

Wichtig ferner EGGER, Rechtsethik (zit. N. 1), besonders 28 ff., 130 ff.; SCHNITZER (zit. N. 19) 283 ff.; STAMMLER, Lehrbuch der Rechtsphilosophie (2. A. Berlin/Leipzig 1923) 318.

[53] BERTRAND RUSSEL, Macht (Zürich 1947) 9: «Von den unendlichen Begierden des Menschen zielen die wesentlichen nach Macht und Herrlichkeit.»

ÜBERBLICK ÜBER DIE PROBLEMATIK UND EINIGE HAUPTPUNKTE DER INTERPRETATION*

[353] *Vorbemerkung.* — Diese Darlegungen sind der Beitrag des Juristen zu einer Ringvorlesung über das Thema «Verstehen und Verständigung», die im Wintersemester 1966/67 an der Universität Zürich für Zuhörer aus allen Fakultäten abgehalten wurde. Wiewohl die Ausführungen auf ein nichtfachmännisches Publikum zugeschnitten sind und auf manches eingehen müssen, das dem Kundigen bekannt ist, glaubt der Verfasser doch, sie an dieser Stelle veröffentlichen zu dürfen, weil sie einen vielleicht dem einen und andern Leser willkommenen Querschnitt durch ein zentrales Problem zu bieten und ihn zur eigenen Besinnung anzuregen versuchen. Der Text behält die Form eines Vortrags bei. Er ist einerseits gekürzt, anderseits durch Fußnoten erweitert. Diese wollen nicht die ganze Dokumentation, die immens ist, bringen, sondern, soweit sinnvoll, das belegen, was im Kontext ausgeführt ist.

I.

Der Jurist hat es auf Schritt und Tritt mit *sprachlichen Äußerungen* zu tun, namentlich mit Äußerungen des Gesetzgebers und privater Parteien. Deren in Worte gefaßten Äußerungen stehen schlüssige Gesten gleich (etwa Zustimmung durch Erheben der Hand) und gegebenenfalls das Schweigen; dieses mag Ablehnung oder Zustimmung bedeuten. Hier überall wird man zunächst *Verständlichkeit anstreben*, um sich zu *verständigen*. Wo dies nicht gelungen ist, stellt sich die Aufgabe der *Interpretation*: von Gesetzen, Verträgen, Testamenten usf. Es geht um deren richtiges *Verstehen:* um die Sinngebung. Dies ist nachher auszuführen.

Um die folgenden Darlegungen verständlich zu machen, muß ich einige *allgemeine Feststellungen* treffen.

1. *Das Recht hat eine soziale Funktion.* Sozial heißt: das Recht existiert und wirkt per definitionem — also nur — in der societas. Ubi ius, ibi societas. Interpretation ist somit «Sozialakt», wie ein bekannter Autor sich ausdrückt[1].

2. *Das Recht ist auf Handlung gerichtet,* nicht auf Erkenntnis. Es will zwischenmenschliche Beziehungen *ordnen* und dadurch *gestalten;* es ist in diesem Sinne *praktisch.* Wenn wir ein Gesetz oder einen Vertrag interpretieren, so verwirklichen wir diese Ordnungsfunktion. Ein Beispiel. Art. 91 des Straßenverkehrsgesetzes verbietet und bedroht mit Strafe das Führen eines Fahrzeugs in angetrunkenem Zustand. Wenn das zuständige staatliche Organ, etwa die Polizei oder ein

---

* *Schweizerische Juristen-Zeitung* 63 (1967), S. 353–361.

[1] ENNECCERUS/NIPPERDEY, Lehrbuch des Bürgerlichen Rechts I/2 (15. A. Tübingen 1960) § 164 II 3.

Strafgericht, diese Bestimmung dahin interpretiert, daß angetrunken ist, wer 0,8 ‰ Alkohol in seinem Blute hat[2], dann zielt jenes Organ auf eine präventive und eine repressive Wirkung — eine praktische Wirkung —: gewissenhafte Automobilisten enthalten sich dann des Alkohols, zahlreiche Unfälle werden deshalb vermieden, gewissenlose Automobilisten jedoch wandern ins Gefängnis. Wir erkennen, daß die Verantwortung des juristischen Interpreten groß ist.

3. *Das Recht ist normativ.* Es macht nicht unverbindliche (d. h.: nicht verpflichtende) Aussagen über Fakten und Einsichten, sondern es schreibt vor, und es erzwingt. Es ist eine Sollensordnung. Jene 0,8 ‰-Grenze beruht zwar auf wissenschaftlicher Erkenntnis[2a]; nimmt man diese aber — durch Interpretation — in eine Rechtsnorm auf, so besteht ein mit Zwang durchgesetztes Verbot des Automobilfahrens mit mehr als dem tolerierten Alkohol im Blute.

[354] 4. *Das Recht ist auf Werte ausgerichtet,* es realisiert Wertungen. Vorab sind es ethische Werte: Schutz des Menschenlebens und der Gesundheit, Schutz der Persönlichkeit und der Freiheit, dann Treue, Rücksichtnahme usw. Aber auch wirtschaftliche Werte sind von Belang, selbst etwa ästhetische Werte. Die Interpretation hat an dieser Ausrichtung auf Werte teil. Das Recht *realisiert* die Wertungen, so vernahmen wir eben; damit haben wir wieder unser Charakteristikum Nr. 2 vor uns, wonach das Recht Handlungen zum Ziel hat. Stets beruhen die Rechtsnormen auf einer *Hierarchie* der Werte. Art. 684 ZGB verbietet übermäßige Immissionen. Interpretieren wir diese Bestimmung dahin, daß der Betrieb von Schweinemästereien in nächster Nähe von Wohnvierteln untersagt sei[3], so haben wir den Wert des Schutzes der Persönlichkeit — ihrer Ungestörtheit nämlich — verwirklicht, und wir haben diesen Wert höher eingeschätzt als den wirtschaftlichen Nutzen der Mästerei.

5. *Das Recht verfolgt Zwecke,* es ist final, teleologisch[4]. Die Rechtsnormen wollen somit je Zwecke verwirklichen, und Zweck ist dann gegebenenfalls, was der Interpret als solchen bestimmt. Der allgemeine Zweck eines Gesetzes oder einer Norm dient als Richtlinie für das Verständnis einer besonderen Norm oder für die Lösung eines besonderen Problems. Das Abstellen auf die Zwecke, die teleologische Methode, ist im juristischen Bereich überhaupt das wichtigste Interpretationsverfahren. Zweck von Art. 91 Straßenverkehrsgesetz ist vorab die Unfallprävention; diesem Zweck dient es, wenn man — im Rahmen der Interpretation — die Promille-Grenze tief ansetzt.

---

[2] BGE 90 IV 159.
[2a] LÄUPPI/BERNHEIM/KIELHOLZ in SJZ 61, 149 ff.
[3] BGE 51 II 401 ff.; 58 II 116 ff.
[4] OBERMAYER in NJW 1966, 1892, unterstreicht mit Recht den normativen Charakter auch der (sc. dogmatischen) Rechts*wissenschaft*.

Überblick über die Problematik und einige Hauptpunkte der Interpretation

Diese fünf Charakteristika, die kumulativ gelten, *unterscheiden* die typische juristische Interpretation von der in anderen Disziplinen geübten. Ich erwähne, daß EMILIO BETTI (zunächst Theoretiker der juristischen Interpretation, der dann, auf breitestem Plane arbeitend, seine Untersuchungen auf die andern Geisteswissenschaften erstreckt hat)[5] — daß EMILIO BETTI also nicht weniger als neun Arten der Interpretation aufzählt, nämlich — neben der juristischen — u. a. (ich verkürze): die philologische, historische bezüglich der Quellen, historische bezüglich der Strukturanalyse, die dramatische, musikalische und theologische Interpretation.

Es ist zu präzisieren, daß unsere Charakteristika den *typischen* Vorgang juristischer Interpretation treffen, wie er bei der Auslegung *geltender* Gesetze und bei der Auslegung *jetzt aktueller* Verträge, Testamente usw. einsetzt. Solche Interpretation ist Aufgabe der *dogmatischen* Jurisprudenz. Der Rechts*historiker* dagegen betreibt historische Interpretation. Diese kommt indes auch als vorbereitendes Verfahren der Interpretation durch den Dogmatiker vor. Das gleiche gilt für die juristisch-*philologische* oder *grammatikalische* Interpretation; sie dient der Erkundung des Wortlauts.

Über diese beiden Hilfsverfahren kurz soviel. Man zieht, wie jeder Jurist weiß, z. B. Schlüsse aus der Entstehungsgeschichte eines Gesetzes — historische Interpretation —, oder man erhellt seinen Wortlaut anhand der Analyse des zur Entstehungszeit herrschenden Sprachgebrauchs — philologische Interpretation. In England stehen noch heute vereinzelte Rechtsquellen aus dem Mittelalter in Kraft. So die Magna Charta, bestätigt durch Parlamentsbeschluß 1225; sie figuriert stetsfort in der offiziellen Gesetzessammlung[6]. Ein Gericht in London zog im Jahre 1961 ein Strafgesetz von 1275 heran[7]. Man kann sich vorstellen, daß hier philologische Probleme bestehen. In der Schweiz gewinnen wir in Zweifelsfällen gelegentlich Klarheit, indem wir die Fassungen des gleichen Bundesgesetzes in den drei Amtssprachen vergleichen. Eine der Fassungen ist vielleicht besonders deutlich. Wo immer die historische oder die philologische Interpretation aktuell wird, sind dann aber ihre Ergebnisse unseren fünf Charakteristika unterworfen; insbe-

---

[5] Teoria generale della interpretazione, I—II (Milano 1955); zusammenfassende Darstellung: Zur Grundlegung einer allgemeinen Auslegungslehre, in Festschrift *Ernst Rabel* II (Tübingen 1954) 79—168; jetzt noch, als gekürzte Fassung des erstgenannten Werkes: Allgemeine Auslegungslehre als Methodik der Geisteswissenschaften (Tübingen 1967).

[6] RENÉ DAVID, Introduction à l'étude du droit privé de l'Angleterre (Paris 1948) 247.

[7] ROMBERG, Die Richter Ihrer Majestät (2. A. Stuttgart usw. 1966) 205. Weitere Beispiele SCHMITTHOFF in (deutsche) Juristenzeitung 1967, 3 f.

sondere schlagen die Ausrichtung des Rechts auf Handlung, seine Normativität und die Ausrichtung auf Werte und Zwecke durch[8].

[355] Wir haben vorhin erkannt: Interpretation durch den dogmatisch arbeitenden Juristen und Interpretation durch den *Historiker* sind verschieden. Dies gilt, wie für den Praktiker, so für den Wissenschaftler, der letzterem Argumente liefert. Anders als der Historiker, kann der Jurist, selbst in extremis, nie ein «non liquet» aussprechen, vielmehr *muß* er sich entscheiden. Der französische Code civil bestimmt drastisch (Art. 4): «Le juge qui refusera de juger, sous prétexte du silence, de l'obscurité ou de l'insuffisance de la loi, pourra être poursuivi comme coupable de déni de justice.» — Dies als kurze Amplifikationen zum Thema der Interpretation durch den juristischen Dogmatiker im Gegensatz zur Interpretation durch den Historiker[9].

II.

Nach diesen Präliminarien ist als Ausgangspunkt für die weiteren Betrachtungen eine scheinbar simplizistische Feststellung zu treffen: *Wort und Sinn können auseinandergehen*[10]. Dies gilt sowohl für Gesetze als auch für Rechtsgeschäfte. Zunächst ein bekanntes Beispiel. Das Marginale zu Art. 190 OR spricht von «Rücktritt» vom Vertrag wegen Verzuges des Verkäufers. Jedem Studenten der Rechte aber müssen wir einschärfen, daß der Wortlaut jener Gesetzesbestimmung irreführend und ihr Sinn ein davon verschiedener ist: eine der *anderen* Verzugsfolgen tritt ein.

So naheliegend es uns erscheint, daß der Sinn dem abweichenden Wortlaut vorgeht, so kräftig muß man unterstreichen, daß die Lösung vom Wort das Erzeugnis einer Evolution ist. Das *primitive*, das *archaische Recht* entscheidet anders. Wort und Sinn sind ihm identisch. JHERING, begabt mit einer bilderreichen Feder,

---

[8] BETTI (in Festschrift Rabel 133, zit. soeben N. 5) formuliert dies wie folgt: «Im Bereich eines geltenden Rechts erschöpft sich die dem Juristen obliegende Aufgabe der Auslegung nicht im bloßen Wiedererkennen der Bekundung eines Gedachten; sie geht vielmehr darüber hinaus, um die zu gewinnende Richtlinie des Verhaltens in das Leben der sozialen Beziehungen zwecks vorbestimmter Beilegung vorhersehbarer Interessenkonflikte einzufügen. Gleichwohl enthält die juristische Auslegung wie jede andere ein erkenntnismäßiges kognitives Moment, d. h. eines, das darauf abzielt, den Gedanken (des Gesetzes oder einer anderen Rechtsquelle) wiederzuerkennen, aber sie hat darüber hinaus eine praktische Ausrichtung und normative Funktion: die Funktion nämlich, daraus maßgebliche Maximen der Entscheidung und des praktischen (wenn auch nicht sofortigen) Verhaltens zu entnehmen, welche zu beobachten und anzuwenden sind; die Funktion also, daraus Richtlinien zu gewinnen und zu entwickeln, denen Stellungnahme und Handeln im sozialen Leben entsprechend der hier geltenden Rechtsordnung gemäß sein müssen.»

[9] Darüber eingehend BETTI in Festschrift Rabel 121 ff.

[10] BGE 82 I 153; 87 IV 118.

meint[11], «die Rechtsgeschichte könnte über ihr erstes Kapitel den Satz ,im Anfang war das Wort' als Motto schreiben.» «Ein Mann ein Wort» ist die lapidare Formel für diese Rechtsauffassung. ANDREAS VON TUHR hält fest[12]: «Wer sich versprach, hatte den Schaden.» Zur Erklärung diene dies: Das Wort ist Form, und deren Kraft zur Bindung kann man wohl auf die archaische Anschauung zurückführen, daß Rechtsformen magische Bedeutung haben[13]. Was mit übernatürlichen Mitteln, kraft eines übernatürlichen Kausalnexus, eine Rechtswirkung erzeugt, erträgt keine Abschwächung, Deutung oder Differenzierung.

Das Haften am Wort findet Ausdruck in zahlreichen alten Märchen und Geschichten. Man überlistet einen dummen Riesen oder den Teufel, indem man ihn beim Wort behaftet, das er nicht umsichtig genug gewählt hat[14]. Die Erzählung vom Bau der Teufelsbrücke — in heutiger Ausdrucksweise geht es um einen Werkvertrag zwischen den Talleuten von Uri als Bestellern und dem Teufel als Bauunternehmer — gehört hieher, und auch die Shylock-Geschichte vom verpfändeten Pfund Menschenfleisch: Aufs Wort und damit aufs Maß genau ein Pfund darf der Gläubiger Shylock herausschneiden, und keinen Tropfen Blutes darf er dabei vergießen, denn hievon steht nichts im Pfandschein.

Die bewußt vollzogene Abkehr von dieser Wort- oder Buchstabeninterpretation ist einer der Ruhmestitel der römischen Juristen. Die alte Auffassung wurde ihnen zur malitiosa iuris interpretatio. Zahlreiche ihrer im Corpus Iuris gesammelten Aussprüche stellen den Sinn vor das Wort. So CELSUS, ein Zeitgenosse Kaiser Hadrians, mit weltberühmter Formel: «Scire leges non hoc est verba earum tenere, sed vim ac potestatem[15]», und das heißt eben: für verbindlich zu erachten ist der Sinn, die Tragweite des Gesetzes. Oder PAPINIAN, Zeitgenosse von Septimius Severus und Caracalla: «Voluntatem potius quam verba considerari oportet[16].»

Der einfache *Laie* ist auch heute noch geneigt, sich ans Wort zu klammern. Was geschrieben steht, das allein erscheint ihm als verpflichtend. Er empfindet das Verfahren des Juristen, der aus einem Text weitreichende Bedeutungen ableitet, von denen dort nichts zu lesen steht[17], als ungehörig. Auch der moderne *englische*

---

[11] JHERING, Geist des römischen Rechts II/2 (Leipzig 1875) § 44 S. 441.
[12] ZSR 41, 267.
[13] JHERING, a.a.O. 441; MAX WEBER, Wirtschaft und Gesellschaft, in Grundriß der Sozialökonomik III (Tübingen 1921) 402; DECUGIS, Les étapes du droit I (2. A. Paris 1946) 139 ff., 163; KOSCHAKER, Europa und das römische Recht (2. A. München/Berlin 1953) 191; HENRI LÉVY-BRUHL, Aspects sociologiques du droit (Paris 1955) 86 ff.; BADER in ZSR 82 I 108 ff.
[14] ZSR 58, 183 f.
[15] D. 1, 3, 17.
[16] D. 35, 1, 101.
[17] Beispiel für die Ablehnung der Buchstabeninterpretation bezüglich eines Vertrages: BGE 42 II 357.

Jurist ist bei der Anwendung der Gesetze stark dem Wort verhaftet[18, 19]. Ein kontinentaler Kenner, RENÉ [356] DAVID, schreibt darüber[20]: «La loi doit être respectée dans sa lettre.» Anders als auf dem Kontinent größten Teils, gilt nämlich das Gebot der *restriktiven Interpretation*. Das heißt: Es ist unmöglich, sich auf den «Geist des Gesetzes» zu berufen, um dessen Gehalt — verglichen mit dem Wortlaut — zu erweitern. Das Gegenteil von dem gilt, was Art. 1 des schweizerischen ZGB in der besonders suggestiven französischen Fassung sagt: «La loi régit toutes les matières auxquelles se rapportent la lettre ou l'esprit de l'une de ses dispositions.» Folge dieser Einstellung sind die Pedanterie und Weitschweifigkeit englischer Gesetze. Es gibt eigene Interpretationsgesetze, die die als erforderlich betrachteten Präzisierungen bringen, z. B. daß ein im Masculinum gesetztes Wort auch als im Femininum stehend zu lesen sei und daß der Singular auch für den Plural gelte[21]. Nehmen wir an, ein Gesetz erlaube den streitenden Parteien, einen Schiedsrichter zu bestimmen. Ohne die obige Regel hätte der englische Jurist Zweifel, ob man auch mehrere oder einen weiblichen Schiedsrichter einsetzen dürfe[22].

Eine Präzisierung ist erforderlich. Diese uns seltsam anmutende und leicht zu befremdlichen Ergebnissen führende Rigidität in der Anwendung englischer Gesetze ist nicht ein archaisches Überbleibsel, nicht ein Relikt der vorher erwähnten Primitivität der Wortinterpretation. Sie ist vielmehr das Ergebnis der Struktur des englischen Rechts. Dem Engländer ist das Gesetz, das er geschriebenes Recht nennt (written law), exzeptionelles Recht, normales Recht ist das ungeschriebene (unwritten law), d. h. das nicht gesatzte Recht, nämlich das common law, das ist das auf der in Jahrhunderten gewachsenen Praxis der englischen Gerichte beruhende Recht[23]. Es tritt als case law auf (Fallrecht, judge made law). Dieses Recht jedoch hat verdientermaßen Weltruhm erlangt und größten Erfolg erzielt. Seine Denkweise und charakteristischen Züge sind in der ganzen angelsächsischen Welt, in zahlreichen gegenwärtigen und ehemaligen Dominien und Kolonien, auf allen Kontinenten verbreitet, vorab, neben England, in den Vereinigten Staaten.

---

[18] DAVID in dem N. 6 zit. Werk, 104 ff.; derselbe, Les grands systèmes de droit contemporains (2. A. Paris 1966) nos 345, 414; ROMBERG 206 ff., 215 ff.; GERMANN, Probleme und Methoden der Rechtsfindung (2. A. Bern 1967) 106.

[19] Dasselbe scheint insbesondere in der Praxis des täglichen Lebens auch für die Auslegung der Rechtsgeschäfte zu gelten. Demgegenüber faßt LÜDERITZ, Auslegung von Rechtsgeschäften — Vergleichende Untersuchung anglo-amerikanischen und deutschen Rechts (Karlsruhe 1966) seine Einsichten wie folgt zusammen (S. 456 f.): «Maßgeblich ist das Verständnis des ‚reasonable man' oder der Sinn, von dem der Erklärende vernünftigerweise erwarten kann, daß ihn der Empfänger versteht.»

[20] In dem N. 6 zit. Werk, 104.

[21] DAVID in dem N. 6 zit. Werk, 111. Dazu D. 50, 16, 195.

[22] Beispiel von DAVID, a.a.O. 111.

[23] DAVID, a.a.O. 108; derselbe, Les grands systèmes (zit. N. 18) nos 322, 345 f.

Etwa ein Drittel der Menschheit soll der Rechtsfamilie des common law angehören [24]. Dieses ist es, das die Engländer, den alten Römern gleich, als Rechtsvolk hohen Ranges erscheinen läßt.

Kommen wir zum *schweizerischen Recht*. Es ist, was die Methoden der Interpretation anlangt, repräsentativ für eine generelle Tendenz des Rechts der kontinental-europäischen Länder vor dem Eisernen Vorhang. Nach unserer Auffassung können Wort und Sinn weit auseinander gehen. Betrachten wir die Folgen zunächst für die *Gesetze*. Die Interpretation holt den im Wandel der Zeit je erforderlich erscheinenden Sinn aus dem Gesetz heraus, macht dieses also, wo nötig, erst, oder wieder, sinnvoll. Das Bundesgericht drückt sich 1954 so aus: «... für die Auslegung einer Gesetzesbestimmung ist nicht ausschließlich ihr Wortlaut maßgebend. Ihre Entstehungsgeschichte, ihr Grund und Zweck, der Zusammenhang mit andern Gesetzesbestimmungen ist ebenfalls zu berücksichtigen und kann eine einschränkende oder ausdehnende Auslegung rechtfertigen [25].»

Auslegung im genauen Verstand nennt man in einem neueren (wenn auch nicht unbestrittenen) Sprachgebrauch heute gerne allein das Feststellen der Gedanken, die, wenn auch verdeckt, im Gesetz enthalten sind. Weist das Gesetz aber keine passende Vorschrift auf oder ist eine solche zwar vorhanden, aber unvollständig, d. h. bietet sie auch auf dem Wege der Auslegung (diese, wie soeben, verstanden) keine Lösung, so stehen wir vor einer Lücke, und wir schreiten zur *Ergänzung* des Gesetzes [26]. Dies ist eine schlechthin schöpferische Tätigkeit. Die Abs. II und III des Art. 1 ZGB sehen sie bekanntlich vor. Ich will auf der Differenzierung zwischen Gesetzesauslegung in jenem engeren Sinn und Gesetzesergänzung nicht insistieren — für meine Zwecke ist dies nicht erforderlich — und weiter, einem international verbreiteten Sprachgebrauch folgend, allein den Ausdruck Interpretation verwenden. Ich lasse offen, wo die Auslegung allenfalls in die Ergänzung übergehen mag.

Jetzt einige *Beispiele*, mit denen gezeigt werden soll, wie weit Wort und Sinn des Gesetzes auseinandergehen können, und ferner: welchen Bereich das mittels Interpretation erreichte Verstehen von Gesetzen gegebenenfalls ausmessen muß; Verstehen immer als Ausgangspunkt für rechtskonformes Handeln begriffen. Im Streitfall bedeutet dies Entscheid durch den Richter.

1. In Art. 884 I ZGB lesen wir: «Fahrnis kann ... nur dadurch verpfändet werden, daß dem Pfandgläubiger der Besitz an der Pfandsache übertragen wird.»

---

[24] ROMBERG (zit. N. 7) 202, 221 f.
[25] BGE 80 II 316.
[26] GERMANN, Methodische Grundfragen (Basel 1946) 111 ff.; derselbe, Probleme und Methoden der Rechtsfindung (zit. N. 18) 108 f., 360; MEIER-HAYOZ, Berner Kommentar, Einleitungsband, Art. 1 N. 137 ff.

Was heißt hier, den «Besitz» «übertragen»? Die Regeln solcher Übertragung sind in Art. 922—925 festgelegt. Aber wieder steht man vor generell formulierten Bestimmungen. Jede von ihnen bedarf sorgfältiger Abklärung, vor allem unter teleologischem Gesichtspunkt. Dabei ist insbesondere zu prüfen, wie weit der Ausschluß [357] des Verpfänders von der Pfandsache gehen muß, um den Ansprüchen an den Pfandbesitz zu genügen. Schließlich wissen wir zum Beispiel, daß man Wein zu tauglichem Pfandbesitz dadurch übertragen kann, daß man dem Gläubiger die Schlüssel zum Gelaß übergibt, worin der Wein sicher verwahrt ist; das Gelaß darf sich in den Lokalen des Verpfänders befinden, der Wein wird also gar nicht eigentlich übergeben [27].

2. Art. 4 Satz 1 der Bundesverfassung besagt: «Alle Schweizer sind vor dem Gesetze gleich.» Dieser lapidare Satz enthält, wie wir wissen, das schlechthin allgemeine Prinzip der Rechtsgleichheit, ein Kernstück der Gerechtigkeit. Unter Berufung hierauf hat das Bundesgericht was folgt entschieden: Nach thurgauischem Prozeßgesetz hat die unterlegene Partei, die an das Obergericht appellieren will, die Appellationserklärung auf der Kanzlei der unteren Instanz, nämlich des Bezirksgerichts, abzugeben. Das Bezirksgericht Bischofszell hält seine Sitzungen in der Ortschaft Bischofszell ab, und dort wohnt sein Präsident. Die Gerichtskanzlei aber befindet sich in Weinfelden. Eine Partei nun adressierte ihre Appellationserklärung am letzten Tag der Frist «An das Bezirksgericht Bischofszell, Bischofszell». Das Obergericht bezeichnete dieses Vorgehen als gesetzwidrig und folglich die Appellationserklärung als wirkungslos, so daß es beim Urteil der unteren Instanz blieb. Hier der Grund: nach dem Wortlaut des Gesetzes hatte der Appellant die Appellationserklärung am falschen Ort eingereicht, nämlich in Bischofszell statt in Weinfelden. Das Bundesgericht indes stigmatisierte die These des Obergerichts als «überspitzten Formalismus», der einer Rechtsverweigerung gleichkomme; diese aber schaffe Rechtsungleichheit, verstoße folglich gegen Art. 4 BV [28]. Diese Deduktionen im Ohr, hören wir nochmals den Wortlaut der Verfassungsbestimmung: «Alle Schweizer sind vor dem Gesetze gleich.» Man wird einsehen, daß der dem Texte unterlegte Sinn weit über die Worte des Gesetzgebers hinausgeht.

3. Hier ein Beispiel für ein Urteilen *gegen* den klaren Wortlaut des Gesetzes. Art. 8 I der Verordnung von 1959 über Haftpflicht und Versicherungen im Straßenverkehr lautet: «Der Halter [eines Motorfahrzeugs], der die Versicherung ruhen lassen will, hat Fahrzeugausweis und Kontrollschilder bei der zuständigen Behörde zu hinterlegen.» *Beides* also, Ausweis und Schilder, soll man abgeben. Das

---

[27] OFTINGER, Kommentar Fahrnispfand (Zürich 1952) Art. 884 N. 234 ff.
[28] BGE 87 I 3 ff.

Überblick über die Problematik und einige Hauptpunkte der Interpretation

Bundesgericht hat indes mit überzeugender Begründung entschieden, daß es genügt, wenn die Schilder abgegeben werden. Es erklärt, bei der von ihm ins Licht gestellten Sachlage dürfe sich «der Richter nicht auf den Wortlaut des Gesetzes versteifen. Der Umstand, daß eine Bestimmung ihrem Wortlaut nach klar ist, enthebt ihn nicht der Pflicht, nach dem vernünftigen Sinn des Gesetzes zu forschen und notfalls einer zu allgemein gehaltenen Norm eine Einschränkung beizufügen, wenn der Grundgedanke der Regelung und der von ihr verfolgte Zweck es verlangen. Wo zwei Erfordernissen in tatsächlicher Hinsicht eine so unterschiedliche Bedeutung zukommt wie hier, ist auch rechtlich eine unterschiedliche Wertung am Platz[29]». Solche Abweichung vom Gesetzestext ist freilich eine ernste Angelegenheit und nur nach sorgfältigster Prüfung zulässig. In einem anderen Urteil schreibt denn auch das Bundesgericht: «Die Auslegung eines Rechtssatzes gegen den ihm vom Gesetzgeber verliehenen klaren Wortlaut ist der rechtsanwendenden Behörde grundsätzlich verwehrt. Sie darf ... vom klaren Wortlaut nur dann ... abweichen, wenn triftige Gründe dafür vorliegen, daß er nicht den wahren Sinn der Bestimmung wiedergibt. Solche Gründe können sich aus ihrer Entstehungsgeschichte, aus ihrem Grund und Zweck oder aus dem Zusammenhang mit andern Gesetzesbestimmungen ergeben[30].»

Zusammenfassend darf man sagen, daß der Wortlaut eines Gesetzes manchmal nur ganz rudimentäre Gedanken, Code-Zeichen gleich, enthält. Auf ihnen errichten Gerichtspraxis und Doktrin ein ganzes Gebäude von Regeln. Dies bedeutet weitgehend schöpferische Tätigkeit. Das extremste Beispiel bietet Art. 46 II der Bundesverfassung von 1874: «Die Bundesgesetzgebung wird ... gegen Doppelbesteuerung die erforderlichen Bestimmungen treffen.» Es wäre also ein Gesetz zu erlassen gewesen. Das geschah nie. Somit besteht nur der rohe Grundsatz, daß Doppelbesteuerung, d. h. kumulative Besteuerung durch mehrere Kantone, verboten sei. Die Praxis des Bundesgerichts hat im Verlaufe von Jahrzehnten ein riesiges Arsenal von Regeln über die Feinheiten der Vermeidung der Doppelbesteuerung errichtet. Ein 1946 herausgekommenes Buch über diese Materie umfaßt bereits 500 Seiten; seither sind weitere Bände erschienen[31].

Jetzt noch ein Beispiel dafür, wie Wort und Sinn bei *Rechtsgeschäften* auseinandergehen können, nämlich bei Verträgen. Eine geschäftlich unerfahrene Kellnerin, der die englische Sprache fremd ist, kauft, als Geldanlage, in der Schweiz, eine mechanische Kegelbahn. Im Vertrag, den sie unterzeichnet, steht mit Bezug auf den Kaufgegenstand beiläufig, inmitten des deutsch gefaßten Textes, die Wen-

---

[29] BGE 91 IV 28.
[30] BGE 87 I 16.
[31] SCHLUMPF, Bundesgerichtspraxis zum Doppelbesteuerungsverbot I–II (Bern 1946); LOCHER, Das interkantonale Doppelbesteuerungsrecht (Basel 1954, mit jährlichen Nachträgen).

dung «second hand». Dem Wortlaut [358] des Vertrags nach hat die Käuferin eine gebrauchte Kegelbahn erworben. Sie aber wollte, und glaubte, eine neue Kegelbahn zu erstehen. Aus Gründen, die ich später erläutere, dringt ihr Standpunkt vor Gericht durch: sie ist nicht an den von ihr unterschriebenen Vertrag gebunden. Somit zählt dessen Wortlaut nicht [32].

III.

Ich habe eben das *Phänomen* des Auseinandergehens von Wort und Sinn geschildert, und ich habe gezeigt, daß solches Auseinandergehen das Ergebnis der Interpretation ist.

Jetzt frägt sich, welches denn die *Methoden* der juristischen Interpretation seien. Statt von *juristischer Hermeneutik* spricht man gewöhnlich von Methoden der *Rechtsfindung,* sofern es um die Anwendung der *Gesetze* geht. Hievon soll weiter die Rede sein.

Die Juristen haben geeignete Verfahren über etwa zwei Jahrtausende hin erarbeitet und verfeinert. Irrwege sind beschritten und wieder verlassen worden. Die Methodologie der Rechtsfindung ist ein Kernstück der iuris prudentia, und sie erweist sich jeweils als *Funktion* der hic et nunc herrschenden *Rechtskonzeption.* Dafür einige Belege. Ich erinnere zunächst an den Zusammenhang der in England geübten restriktiven Interpretation mit der Grundstruktur des englischen Rechts, wonach nicht das Gesetzesrecht, sondern das Richterrecht, das common law, das normale Recht ist. Ein deutsches Gesetz von 1934 schrieb vor: «Die Steuergesetze sind nach der nationalsozialistischen Weltanschauung auszulegen [33].» Für die Interpretation der sowjetrussischen und der volksdemokratischen Gesetze ist der Marxismus-Leninismus verbindliche Direktive [34]. Umgekehrt richtet man in der Schweiz mit ihrem liberal konzipierten Recht gegebenen Orts die Auslegung auf den Grundsatz der praesumtio libertatis aus [35]. Die Rechtslehre des 19. Jahrhunderts war in verschiedenen Ländern Kontinental-Europas extremem begrifflichem Denken verhaftet. Sie gipfelte in der Begriffsjurisprudenz: das logische Operieren, die formale Richtigkeit prävalierte, oft auf Kosten der mate-

---

[32] BlZR 61 Nr. 50.

[33] HEDEMANN, Deutsches Wirtschaftsrecht (Berlin 1939) 69.

[34] DAVID, Les grands systèmes (zit. N. 18) nos 168, 250; MEDER, Grundzüge der sowjetischen Staats- und Rechtstheorie, in der Schriftenreihe der Juristischen Studiengesellschaft Karlsruhe, Nr. 55 (Karlsruhe 1963) erwähnt, daß die ersten sowjetrussischen Justizdekrete von 1917 und 1918 das «revolutionäre Rechtsbewußtsein» zur Richtschnur erklärt hätten. Auch nach der neuesten Rechtstheorie werde «das Recht als ein System von Verhaltensregeln» bezeichnet, «die zum Schutz der Interessen der herrschenden Klasse vom Staat als dem Machtapparat dieser Klasse entweder geschaffen oder zugelassen werden und deren Erfüllung durch die Zwangsgewalt des Staates gewährleistet wird» (24, 10).

[35] BGE 51 I 161; 82 I 27; GERMANN, Probleme und Methoden (zit. N. 18) 27.

riellen Richtigkeit. Heute dagegen trachten wir *diese* voranzustellen (manchmal freilich auf Kosten der Kalkulabilität des Rechts und damit der Rechtssicherheit). Wir suchen *Werte* zu verwirklichen, gehen «wertkritisch» (GERMANN) vor. Entscheidende Verbesserungen, größere Bewußtheit der Methoden, hat man in den letzten Jahrzehnten erzielt. Das ist, was die Schweiz anlangt, fast ausschließlich das Verdienst des Basler Methodentheoretikers OSKAR ADOLF GERMANN [36].

Wenige Fixpunkte nur können hier signalisiert werden. Die am häufigsten herangezogene Leitidee ist bekanntlich, insbesondere auch nach der Auffassung des Bundesgerichts, die *ratio legis:* das ist der vernünftige und gerechte Grund, der *Zweck* eines Gesetzes oder einer einzelnen Norm [37]. Man interpretiert so, daß das Ergebnis dem sorgfältig erhobenen Zweck konform ist — finale Betrachtung, teleologische Methode; wir erinnern uns an früher Gesagtes. Ein einfaches Beispiel: Art. 107 OR sieht vor, daß der Gläubiger dem im Verzug befindlichen Schuldner eine «angemessene Frist zur nachträglichen Erfüllung» ansetzt. Was heißt «angemessen»? Wie lang also soll die Frist sein? Dies ergibt sich aus dem Zweck der Fristansetzung. Dem Schuldner soll es gerade noch möglich sein, die Erfüllung zu bewerkstelligen. Die Zwecke und das mit der teleologischen Auslegung gewonnene Ergebnis unterliegen alsdann der von GERMANN so genannten wertkritischen Beurteilung: letztlich schlagen die einem Gesetz, der Verfassung oder der ganzen Rechtsordnung immanenten Werte durch. Sie sind zu verwirklichen [38].

Und zwar sind — wir haben es schon einmal bemerkt — die *heute* maßgeblichen Gesichtspunkte entscheidend, nicht die Vorstellungen, die der Gesetzgeber mit seinen Zeitgenossen damals, als das Gesetz entstand, hatte [39]. Was in der Gegenwart der objektive Sinn des Gesetzes ist, verpflichtet, nicht aber, was seine Urheber sich dachten. Somit kann das Resultat der Interpretation [359] durchaus von dem Willen des Gesetzgebers abweichen, d. h. eben von der subjektiven Meinung, die dieser nachweislich hatte. Solche seit langem herrschende Ansicht wird neuestens zum Teil angefochten [39a], doch zu Unrecht. Das Bundesgericht erklärte z. B. im Jahre 1961 zutreffenderweise: «Für die Rechtsanwendung ist ja keines-

---

[36] Ein überaus fruchtbares Lebenswerk zusammenfassend: Probleme und Methoden der Rechtsfindung (2. A. Bern 1967); vorher unter anderem: Methodische Grundfragen (Basel 1946); die Ausführungen zu Art. 1 in der 1. Lieferung des Kommentars zum Schweizerischen Strafgesetzbuch (Zürich 1953); Präjudizien als Rechtsquelle (Stockholm/Göteborg/Uppsala 1960); neuere Judikatur des Schweizerischen Bundesgerichtes zur Frage der Gesetzesauslegung nach den Vorarbeiten, ZSR 81 I 207 ff.
[37] Statt vieler BGE 80 II 316; 83 II 294; 84 II 170; 87 I 16; 87 II 327; 87 IV 1 ff.; 88 II 483; 89 II 367; 92 II 20.
[38] BGE 87 IV 118; GERMANN, Probleme und Methoden (zit. N. 36) 87 ff.
[39] Aus der neueren Praxis BGE 79 I 20; 81 I 282; 87 IV 118; 88 I 157; 88 II 482/83.
[39a] MEIER-HAYOZ (zit. N. 26), Art. 1 N. 151 ff.; DESCHENAUX in Schweizerisches Privatrecht II (Basel 1967) 83 ff. Dagegen auch GERMANN, Methoden und Probleme 75 f.

wegs einfach der Wille des historischen Gesetzgebers maßgebend, wie er sich aus Diskussionsvoten in vorbereitenden Kommissionen und in Vollsitzungen des Parlamentes ergibt. Vielmehr ist das Gesetz aus sich selbst auszulegen und ... ist zu beachten, daß ein gesetzgeberischer Erlaß nicht unbedingt in allen seinen Teilen eine starre, immer gleichbleibende Ordnung schaffen will. Eine einzelne Norm kann mit fortschreitender Zeit infolge veränderter technischer, wirtschaftlicher oder sonstiger Lebensverhältnisse eine andere Bedeutung gewinnen, als wie sie ihr am Anfang zugeschrieben wurde...[40].» Damit ist den viel berufenen *Gesetzesmaterialien* der Platz angewiesen [41]: sie sind nicht verbindlich, sondern stellen nur ein Auskunftsmittel dar. Als solches sind sie oft sehr dienlich. Die englischen Juristen dagegen lehnen ihren Beizug gänzlich ab, für sie zählt ja nur der Wortlaut des Gesetzes selber [42]. — Diese Lösungen zeigen nochmals, daß das Ziel der juristischen Interpretation nicht die historische Wahrheit ist.

Es ist diese Ausrichtung der Gesetzesinterpretation auf die *Gegenwart*, was ihr, und damit der Rechtsprechung durch die Gerichte, ihre für das Rechtsleben unabsehbar wichtige *evolutive Bedeutung* verleiht. Hören wir nochmals das Bundesgericht: «Ein starres Festhalten an den Vorstellungen zur Zeit des Erlasses eines Gesetzes würde dessen Anpassung an veränderte Tatsachen, Gegebenheiten und Anschauungen verhindern und zu einer raschen Überalterung der Gesetzgebung führen [43].» Ein klassisches Mittel zur Ausdehnung des Bereichs einer Norm ist seit jeher das Analogieverfahren. Doch gehört dies meist bereits zur Gesetzesergänzung (im heute oft gebrauchten Sinn), die hier nicht zu erörtern ist.

IV.

Ich komme zur *Interpretation der Rechtsgeschäfte*, des näheren von *Verträgen*, *Vollmachten* usw. In genauerer juristischer Formulierung bedeutet dies: Interpretation von *Willensäußerungen*. Hier ist der Gesichtspunkt ein ganz anderer als bei den Gesetzen. Diese sind generelle, abstrakte, normative Kundgebungen, deren objektiver Sinn, für alle Adressaten gleich, sich durchsetzen soll. Willensäußerungen dagegen, die zu Verträgen usw. führen, schaffen Beziehungen nur zwischen konkreten Parteien. Es frägt sich, ob diese Parteien überhaupt, und in betreff welchen Inhalts, gebunden seien. Hier setzt als Leitmaxime das *Vertrauensprinzip* ein: Die Äußerung einer Partei wirkt so, wie sie als Kundgebung in die Sphäre

---

[40] BGE 87 III 94. Ferner BGE 79 I 20; 88 I 157.
[41] BGE 79 I 20; 81 I 282. Zahlreiche Hinweise bei GERMANN, a.a.O. 66 ff., der selber die hier befürwortete Meinung vertritt.
[42] DAVID in dem N. 6 zit. Werk, 104; ROMBERG (zit. N. 7) 216.
[43] BGE 82 I 153.

des Adressaten trat, wie sie zu verstehen war. Der Adressat darf sich an den manifest gewordenen Sinn halten, darauf vertrauen. Somit ist nicht maßgebend, was der sich Äußernde *subjektiv* — also historisch, genetisch, betrachtet — *wollte*, aber ebensowenig ist entscheidend, was der Adressat, wiederum subjektiv, sich vorstellte. Sondern man bestimmt den Inhalt der Äußerung *objektiv:* als Inhalt gilt das, was man unter der Äußerung verstehen *durfte* oder *mußte*. Es ist das Verständnis vernünftiger und korrekter Leute, also supponierter Außenstehender, das man als Maßstab nimmt. Wie solche Leute eine konkrete Äußerung verstehen, das ist das Ergebnis der Interpretation; der Eindruck, den *sie* vom Reden, Schreiben und Verhalten des sich Äußernden gewinnen[44]. Interpretation ist erforderlich, wenn immer eine Äußerung, und damit z. B. ein Vertragsinhalt, unklar ist, wenn eine Partei die eigene oder die fremde Äußerung mißversteht, und auch, wenn schon fraglich ist, ob jemand überhaupt eine rechtlich beachtliche Äußerung getan hat.

Warum stellen wir nicht, was nahezuliegen scheint, auf das subjektiv Gewollte ab und nehmen statt dessen die geschilderte Objektivierung vor? Würde man sich an den subjektiven Willen des sich *Äußernden* halten, so opferte man das Interesse der Gegenpartei, und würde man auf *deren* subjektiven Willen abstellen, so schöbe man das ebenso legitime Interesse des anderen beiseite. Jeder wäre in seinem Vertrauen auf das, was er vernünftiger- und korrekterweise als Willensäußerung verstehen durfte, getäuscht.

Diese Lehre ist besonders in unserem Lande untermauert worden. Unsere führenden Gerichte befolgen sie mit guten Ergebnissen[44a]. In anderen Ländern hört sich die Theorie zum Teil ganz anders an, das Resultat aber ist oft dasselbe, besonders in Deutschland und Österreich[45]. [360] In Österreich steht man auch theoretisch unserer Auffassung sehr nahe. Die geschilderte Interpretationsmethode ist das Erzeugnis von Rechtslehre und Rechtspraxis. Die Gesetze sehen sie nicht explicite vor. Vielmehr legen sie den Akzent oft vorab auf die Ablehnung der Buchstabeninterpretation, womit wenig gewonnen ist. So der französische Code civil von 1804 (Art. 1156), das österreichische Allgemeine bürgerliche Gesetzbuch von 1811 (Art. 914), das schweizerische OR von 1881/1911 (Art. 18), das deutsche BGB von 1896 (§ 133), das griechische ZGB von 1940 (Art. 173), der italienische

---

[44] OFTINGER in ZSR 58, 178 ff. und in «Aequitas und Bona fides», Festgabe August Simonius (Basel 1955) 263 f.; STAUDINGER/COING, Kommentar zum BGB I, Allgemeiner Teil (11. A. Berlin 1957) N. 3e ff. vor § 116 (S. 583 ff.); LÜDERITZ (zit. N. 19).

[44a] BGE 64 II 11 f.; 72 II 79; 74 II 151 f.; 80 II 31/32; 87 II 95 f. u.v.a.m.

[45] STAUDINGER, a.a.O. 583 ff., 748 ff. (§ 133 N. 10 ff.); ESSER, Schuldrecht (2. A. Karlsruhe 1960) 20, 35; KLANG/GSCHNITZER, Kommentar zum Allgemeinen bürgerlichen Gesetzbuch (2. A. Wien, Lieferung 73) § 914.

Codice civile von 1942 (Art. 1362). Einzelne dieser Gesetze weisen einen dann aber doch an, die Verkehrssitte, das Prinzip von Treu und Glauben, den Gesichtspunkt des redlichen Verkehrs zu berücksichtigen (ABGB 914, CC it. 1366, BGB 157). Darin liegt bereits die unerläßliche Objektivierung. Am besten formuliert das abessinische Zivilgesetzbuch von 1960 (Art. 1732 ff.), dessen Verfasser der Franzose René David ist.

Es folgen drei *Beispiele,* die alle der schweizerischen Gerichtspraxis entnommen sind.

1. Im früher geschilderten Fall des Kaufs einer mechanischen Kegelbahn durch eine Kellnerin *mußte* der Verkäufer angesichts der Umstände erkennen, daß die unerfahrene Käuferin den Ausdruck «second-hand» nicht verstand, daß sie vielmehr eine neue Anlage erstehen wollte. Diese Erkenntnis ist der vorhin hervorgehobene Gesichtspunkt vernünftiger und korrekter Leute. Somit behaftete der Richter die Käuferin zu Recht nicht bei ihrer mit Unterschrift bekräftigten, auf *second-hand*-Kauf lautenden Erklärung. Ihr Wille, einen *neuen* Gegenstand zu kaufen, war ja vorher manifest geworden, und dies schlägt durch[46]. Wir sehen: Nach einer bekannten Sentenz sind zwar «leges vigilantibus scriptae» — was auch für die Verträge gilt —, hier aber kann der Ungewandte, Unvorsichtige, ja Unkluge Schutz erlangen.

2. Am 8. Oktober 1951 stürzten im Hafen von Southampton neun schwere Panzerfahrzeuge, sog. Staghounds, die für die schweizerische Armee bestimmt waren, vom Deck des Schiffes, auf das sie eben verbracht worden waren. Das Schiff war, bevor die Staghounds alle festgebunden waren — vor seiner Abfahrt also — vom Wellengang eines andern Schiffes erfaßt worden und war ins Schaukeln geraten. Die Haftung der Versicherungsgesellschaft für den Schaden hing laut Vertrag davon ab, ob der Sturz der Panzerfahrzeuge noch «während der Einladung» dieser Güter erfolgte, oder aber hernach. Jetzt müssen wir uns sagen lassen, daß der unproblematisch klingende Ausdruck «Einladung» die Crux des Falles darstellt. Er hat nämlich in der Marine und in der Seetransportversicherung einen spezifisch fachlich-technischen Sinn. Das Bundesgericht interpretierte den Ausdruck «Einladung» jedoch nicht gemäß der fachlich-technischen Bedeutung, sondern gemäß dem einheimischen schweizerischen, dem landläufigen Sprachgebrauch. Denn nach unserem Interpretationsverfahren *durfte* der schweizerische Versicherungskunde, der den Versicherungsvertrag in der Schweiz abgeschlossen hatte, auf den schweizerischen *landläufigen* Sinn vertrauen. Folglich haftete die Versicherungsgesellschaft dem Bund für den Schaden — ein für den helvetischen Steuerzahler erfreuliches Ergebnis. Als Appendix dies: um den landläufigen Sinn des Wortes

[46] BlZR 61 Nr. 50.

«Einladung» zu bestimmen, berief sich das Bundesgericht neben den schweizerischen Sprachgepflogenheiten auf das Wörterbuch der Brüder Grimm, auf das Idiotikon, auf Goethes «Hermann und Dorothea», auf Gotthelfs «Uli der Knecht»: doch etwas viel an linguistischem Aufwand [47].

3. Ein kaufmännischer Angestellter schloß für seinen Dienstherrn ein Geschäft ab, ohne dazu formell bevollmächtigt zu sein. Der Dienstherr bestritt denn auch, an das Geschäft gebunden zu sein. Zu Unrecht jedoch: er hatte es wiederholt geschehen lassen, daß sein Angestellter *wie* ein Bevollmächtigter auftrat. Dadurch hat der Dienstherr den *Schein* der Bevollmächtigung entstehen lassen; Außenstehende, so die Gegenpartei, *durften* deshalb auf eine Vollmacht schließen [48].

V.

Wir erkennen, daß das Ergebnis der Interpretation von Geschäften der besprochenen Art — von Willensäußerungen eigentlich — unabhängig sein kann vom wirklichen, vom historischen Willen der Parteien. Ja man hält sich gegebenenfalls an den Schein eines Willens; so im eben geschilderten Fall der Vollmacht. Man arbeitet mit einem hypothetischen Willen, man imputiert einen Willen, was in theoretischer und praktischer Hinsicht größte Bedeutung besitzt. Gleich wie bei der Gesetzesinterpretation lösen wir uns von der subjektiven Betrachtung und nehmen eine *Objektivierung* vor, und dies, obwohl die Rechtsordnung bei den Rechtsgeschäften generell dem menschlichen Willen Raum gibt — also einem subjektiven Agens —, will sie doch hier die Autonomie der konkreten Person sich entfalten lassen.

[361] Durchaus verschieden ist das Verfahren der Interpretation von *Testamenten*. Hier ist der *subjektive,* der *wirkliche,* der *historische,* letzte Wille des Testators maßgebend. Er muß mit aller Sorgfalt eruiert werden, ihn muß man realisieren. Das ist schlechthin die ratio der letztwilligen Verfügung. Sie steigert das Prinzip der eben erwähnten Willensautonomie des Menschen ad extremum [49]. Keine Rücksichtnahme auf eine Gegenpartei, deren Vertrauen zu schützen wäre, ist erforderlich, wie wir diese für die Verträge, Vollmachten usw. als richtig erkannt haben. Es besteht gar keine Gegenpartei. Doch ist auch beim Testament nicht der Buchstabe, sondern der *Sinn* entscheidend: der vom Testator *gewollte* Sinn. Dieser muß indes im Texte des Testamentes eine Grundlage haben, weil als letzter Wille nur zählt, was an der gesetzlich vorgeschriebenen Form teilhat, also in der Testamentsurkunde einen, wenn auch unvollkommenen, Ausdruck gefunden

---

[47] BGE 82 II 445 ff.
[48] BGE 74 II 151.
[49] VON TUHR in ZSR 41, 262.

hat[50]. Die Subjektivierung führt insbesondere zum Abstellen auf individuelle sprachliche Gepflogenheiten des Testators.

Ein einziges *Beispiel*. Ein Testator vermachte das — so schrieb er — «Geld in der Kasse». Was bedeutet das? Die Interpretation durch das Bundesgericht ergab, daß er nicht das im Hause befindliche Geld meinte, sondern das auf der Sparkasse deponierte. Dieses fiel an die Erben[51].

VI.

Wir wollen uns zum *Schluß* noch fragen, wie *letztlich* der Jurist zu den Ergebnissen seiner Interpretation gelangt. Zunächst wendet er fest gegründete rationale Verfahren an; ich habe sie zu skizzieren versucht. Sie sind erlernbar. Am entscheidenden Punkte, sei es in der Theorie, sei es bei deren Verwirklichung, tritt oft eine *Wertung* ein. Auch für diese bestehen rationale, der Objektivierung dienende, erlernbare Verfahren. Doch sind Werte ja nicht beweisbar; wohl aber sind sie einsehbar. Entscheidend hiefür ist das unerschütterliche Wissen um die Werte und um ihre Hierarchie. Unerschütterlich heißt: das Wissen muß Teil der Persönlichkeit geworden sein.

---

[50] BGE 47 II 29; 83 II 435.
[51] BGE 50 II 229.

EINIGE GRUNDSÄTZLICHE BETRACHTUNGEN ÜBER DIE AUSLEGUNG UND ERGÄNZUNG DER VERKEHRSGESCHÄFTE*

I. BEDEUTUNG UND WESEN DER AUSLEGUNG

[178] In John Galsworthys bekanntem Roman «The Forsyte Saga» spielt ein Streit zwischen einem Bauherrn und seinem Architekten eine gewisse Rolle. Der Architekt hat es abgelehnt, sich für die Inneneinrichtung eines Hauses eine genaue Kostengrenze vorschreiben zu lassen. Der Bauherr — übrigens ein Jurist — schreibt ihm darauf folgendes: «Ich wollte nicht sagen, daß es, wenn Sie die in meinem Brief genannte Summe um zehn oder zwanzig, ja selbst fünfzig Pfund überstiegen, zu irgendwelchen Schwierigkeiten zwischen uns kommen würde ... *Sie haben freie Hand unter den Bedingungen dieser Korrespondenz,* und ich hoffe, Sie werden einen Weg finden, die Einrichtung zu vollenden, wobei es, wie ich wohl weiß, schwer ist, absolut genau zu sein.» Der Architekt erklärte sich damit einverstanden. Es braucht kaum gesagt zu werden, daß es zum Prozeß kam zwischen dem Architekten und dem Bauherrn und daß dabei die Frage der Auslegung dieser Briefstelle entscheidend war. Galsworthy war von Haus aus Jurist, einer aus der langen Reihe derer, die zur Literatur abgeschwenkt sind; kein Wunder also, daß er um die Schwierigkeit der Auslegung von Rechtsgeschäften wußte. Dies eine Beispiel, das wohl jeder Leser dieses Aufsatzes vermehren könnte, beleuchtet [179] die *Wichtigkeit* der Auslegung von Rechtsgeschäften. Sie hat in der schweizerischen Literatur[1] gleichwohl keine sehr große Berücksichtigung gefunden; es mag deswegen angebracht sein, hier einige grundsätzliche Betrachtungen anzustellen,

---

* *Zeitschrift für Schweizerisches Recht,* NF 58 (1939), S. 178—209. Nach einem auf Einladung des Zürcherischen Juristenvereins am 17. November 1938 gehaltenen Vortrag.

[1] VON TUHR, Allgemeiner Teil des schweizerischen Obligationenrechts I, 240; die Kommentare OSER/SCHÖNENBERGER, BECKER und FICK zu OR Art. 18, der letztere auch N. 37 f. vor Art. 1; HAFNER zu aOR Art. 16; EGGER, N. 13 f. zu ZGB Art. 2; BURCKHARDT, Die Auslegung der Verträge, in ZBJV 71, 425; derselbe, Methode und System des Rechts (1936) 276.
Deutsche Literatur: DANZ, Die Auslegung der Rechtsgeschäfte, 3. A. (1911); MANIGK, Willenserklärung und Willensgeschäft (1907); derselbe, Irrtum und Auslegung (1918); derselbe, Artikel «Auslegung» im Handwörterbuch der Rechtswissenschaft von Stier-Somló und Elster (1926) I, 428; VON TUHR, Der Allgemeine Teil des Deutschen bürgerlichen Rechts (1914) II 1 § 64; ferner die Kommentare zu BGB §§ 133 und 157, so diejenigen von STAUDINGER/RIEZLER I 10. A. (1936) und SOERGEL I 6. A. (1937).
Französische Literatur: die bekannten Traité élémentaire de droit civil, 11. A. (1931) und Traité pratique de droit civil von PLANIOL und RIPERT; ferner BAUDRY/LACANTINERIE/BONNECASE, Traité théorique et pratique de droit civil, Supplément II (1925) Nr. 398 f.

denen der Umfang und der Rahmen der vorliegenden Arbeit immerhin Schranken auferlegen.

Die *Notwendigkeit* der Auslegung ergibt sich zunächst daraus, daß die Sprache an sich ein bloß unzulängliches Ausdrucksmittel für die Gedanken ist; dazu kommt, daß sehr zahlreiche Menschen nicht imstande sind, sich ihrer derart zu bedienen, daß eine auch nur annähernd zutreffende Wiedergabe ihrer Gedanken entsteht. Sind mehrere Personen an einem Rechtsgeschäft beteiligt, also vor allem an einem Vertrag, so kommt noch die Gefahr dazu, daß jeder unter den gleichen Worten etwas anderes begreift, und endlich besteht das Risiko, daß nachträglich dem gesprochenen oder geschriebenen Wort absichtlich oder unabsichtlich ein anderer Sinn beigelegt wird, als der ursprünglichen Meinung entsprechen würde. Die einzigen Gebiete, die diese Schwierigkeit nicht kennen, [180] sind die Mathematik und die Wissenschaften, die sich ihrer Ausdrucksweise bedienen, wie Physik, Chemie und Technik, weil sie über eindeutig definierbare und definierte Begriffe verfügen, die durch eindeutige Zeichen wiedergegeben werden.

In dem Gesagten ist auch schon das *Wesen* der Auslegung berührt worden: sie ist nichts anderes als die *Feststellung des Sinnes einer Willensäußerung*. Sie unterscheidet sich wesentlich von der philologischen oder der historischen Interpretation eines Textes, die allein ein historisches Ziel haben: den tatsächlichen Gedanken des Urhebers des Textes, die historische Wahrheit festzustellen. Anders die juristische Interpretation: sie erfolgt im Hinblick auf die rechtliche Bedeutung und Wirkung einer Willensäußerung; sie ist teleologisch gerichtet. Das Ergebnis kann deshalb u. U. erheblich von der historischen Wahrheit abweichen, wie noch näher zu belegen sein wird.

Die Auslegung als juristische Tätigkeit ist ferner abzugrenzen von der *Subsumtion* des Tatbestandes unter den Rechtssatz. Die Subsumtion kann erst erfolgen, wenn durch die Auslegung der Sinn der Willensäußerungen als Element des Tatbestandes feststeht. Die Subsumtion eines Tatbestandes unter OR Art. 184 z. B. und damit die Feststellung, daß der Käufer zur Bezahlung eines Kaufpreises verpflichtet ist, kann u. U. erst erfolgen, wenn auf dem Wege der Auslegung festgestellt worden ist, daß ein Vertrag überhaupt zustande gekommen und welches die Verpflichtung des Käufers ist. Es darf auch noch erwähnt werden, daß im Hinblick auf die Subsumtion die Bezeichnung, die die Parteien ihrem Geschäft gegeben haben, an und für sich keine entscheidende rechtliche Bedeutung hat; falsa demonstratio non nocet[2]. Sie ist [181] höchstens als Indiz zu werten, das aber um so größere Wichtigkeit hat, je geschäftsgewandter die Parteien sind[3].

---

[2] BGE 41 II 618; 50 II 531. Eine falsche Bezeichnung wird in der Regel unabsichtlich, gelegentlich aber auch aus Bequemlichkeit gewählt, so von Banken, um die Verwendung eines gebräuchlichen Formulars, eine bequeme Art der Buchung, die Abwicklung eines Geschäfts in den üblichen

Daß die Auslegung von Rechtsgeschäften sehr bedeutsam ist, hängt übrigens, rechtstheoretisch gesehen, mit dem *Aufbau unseres Rechtssystems* zusammen: es gibt der Privatautonomie Raum zur Gestaltung der menschlichen Beziehungen; das Mittel, dessen sich der Private zu diesem Zwecke bedient, ist das Rechtsgeschäft[4]. Für die Rechtsfolgen, die durch das Rechtsgeschäft erzeugt werden sollen, ist die Willensäußerung maßgebend; und deren Sinn festzustellen, ist, wie erwähnt, das Wesen der Auslegung. Die meisten Willensäußerungen sind sogenannte Willenserklärungen, bei denen man ausdrückliche und stillschweigende (oder konkludente) unterscheiden kann; häufiger sind die erstern, so daß die Auslegung sich meist auf Worte bezieht.

II. GENERELLE UND SPEZIELLE AUSLEGUNGSREGELN

Wie verschiedene andere Zivilgesetzbücher, enthält das OR eine Generalnorm, die sich mit der Auslegung beschäftigt, Art. 18: «Bei der Beurteilung eines Vertrags sowohl nach Form als nach Inhalt ist der *übereinstimmende wirkliche Wille* und nicht die unrichtige Bezeichnung oder Ausdrucksweise zu beachten» usw. Der hier ausgedrückte Gedanke geht auf PAPINIAN zurück: «In conventionibus contrahentium voluntatem potius quam verba spectari placuit[5].» Die Vorschrift von OR Art. 18 ist natürlich nicht bloß auf Verträge anwendbar, sondern auf alle Arten von Rechtsgeschäften, also auch einseitige und mehrseitige, wie Vollmacht, Kündigung, [182] Beschluß, Testament usw., gleichgültig, ob sie im OR oder im ZGB vorgesehen sind. So wenig eindeutig die Norm ist — auch sie bedarf, es klingt wie Ironie, der Auslegung —, so weist sie doch sofort auf das Hauptproblem der ganzen Lehre von der Auslegung: das Verhältnis von Wille und Äußerung. Mit welchem hat sich die Auslegung zu befassen?

Bevor hier angesetzt wird, noch eine Zwischenbemerkung: man pflegt die Gesetze, die wie das OR über die Auslegung nur eine Generalnorm aufweisen, den Gesetzen gegenüberzustellen, die wie z. B. der CC fr. (Art. 1156 f.), oder nach seinem Vorbild der CC it. (Art. 1131 f.), spezielle Auslegungsregeln enthalten, die konkrete Anweisungen über die Auslegung von Willensäußerungen geben. Diese Gegenüberstellung ist nur z. T. berechtigt; auch das schweizerische Recht kennt eine ganze Reihe spezieller Auslegungsregeln. Erwähnt seien nur OR Art. 76 f. für

---

Formen des Geschäftsverkehrs oder des in Betracht fallenden Geschäftszweigs zu erzielen, vgl. BGE 41 II 635.

[3] BGE 48 II 229.
[4] OFTINGER, Gesetzgeberische Eingriffe in das Zivilrecht, in ZSR 57, 496a.
[5] D. 50, 16, 219.

die Fristen, Art. 158 für das Angeld, Art. 159 für den Lohnabzug, VVG Art. 83 für die Begünstigungsklauseln in Versicherungsverträgen, OR Art. 992, 996, 1021 III und IV für den Inhalt von Wechselerklärungen. Die Auslegungsregeln des CC fr. — sie stammen übrigens, wie zahlreiche andere Vorschriften des CC, von Pothier, dem berühmten französischen Juristen des 18. Jahrhunderts[6] — werden heute von der Doktrin mit einer gewissen Geringschätzung behandelt. «Elles ne soulèvent aucune difficulté et ne sont que de peu d'usage dans la pratique», schreibt ein bekannter Autor[7]. Das gleiche wird vielfach von den Auslegungsregeln behauptet, die sich da und dort in den Lehrbüchern und Kommentaren zum schweizerischen und deutschen Recht zusammengestellt finden. Ich glaube nicht, daß diese Auffassung richtig ist; die Auslegungsregeln beruhen auf einem großen [183] Schatz von Erfahrung und lassen sich ausnahmslos auf höhere rechtliche Prinzipien zurückführen, so daß sie gute Dienste zu leisten vermögen und m. E. sogar durchaus notwendig sind.

III. BUCHSTABENINTERPRETATION

Was bedeutet nun das Abstellen auf den *wirklichen Willen,* von dem in OR Art. 18 die Rede ist? Zunächst, so pflegt die Antwort zumeist zu lauten, daß die sogenannte *Buchstabeninterpretation* ausgeschlossen sein solle. Man versteht darunter das Abstellen allein auf den Wortlaut eines Rechtsgeschäfts, unabhängig von einem allfällig abweichenden, manifest gewordenen Willen. «Uti lingua nuncupassit, ita ius esto», sagte bekanntlich das Zwölftafelgesetz. «Ein streng formales Recht — schreibt Andreas Heusler — kennt keinen Gegensatz zwischen Willen und Wort und keine Möglichkeit eines Widerspruchs zwischen beiden. Denn der Wille kann nur aus dem Worte, das ihm Ausdruck gegeben hat, erkannt werden, und so ist auch nur das Wort maßgebend für den Rechtsinhalt des Gewollten und wird das Recht nur nach dem Wort bemessen: man wird nicht strenger behaftet, als das Wort reicht, aber man wird auch unnachsichtig beim Worte genommen[8].» Die Buchstabeninterpretation entspricht einer primitiven Rechtsauffassung[9]; sie spielt denn auch in zahlreichen alten Märchen, Schwänken und sonstigen Geschichten eine große Rolle. Meist wird der Teufel oder ein als dumm dargestellter Riese überlistet, indem er beim engen Wortlaut eines Vertrags behaftet wird. Es

---

[6] PLANIOL et RIPERT, Traité élémentaire de droit civil, II Nr. 1181.
[7] PLANIOL et RIPERT, a.a.O.; gleicher Meinung STAUDINGER/RIEZLER, § 133 N. 17.
[8] HEUSLER, Institutionen des Deutschen Privatrechts (1885) I, 60.
[9] JHERING, Geist des Römischen Rechts (3. A.) 1875, II 2 § 44; HEUSLER, a.a.O.

sei nur an die bekannte Geschichte von der Erbauung der Teufelsbrücke[10] erinnert (sit venia exemplo!), wo dem [184] Teufel als «Baulohn» der erste Passant der Brücke versprochen war; statt daß ein Mensch als erster sie beschritt, jagte man einen Ziegenbock darüber, mit dem sich der Teufel begnügen mußte. Auch die uralte Shylock-Geschichte von dem verpfändeten Pfund Menschenfleisch[11] gehört u. a. hierher. Was auf dieser archaischen Stufe geübt wird, ist die malitiosa iuris interpretatio, wie sie Cicero nennt, die leicht als summum ius zur summa iniuria führt[12]. Der Betrug wurde legalisiert, meinte JHERING drastisch[13]. Auf der andern Seite darf nicht vergessen werden, daß dieser formalen Interpretation die hervorragend prägnante lateinische Rechtssprache zu verdanken ist, um die wir die Römer bei der Verschwommenheit der unsrigen beneiden können. In der Regel wurden denn auch Juristen zum Entwerfen der Vertragsurkunden beigezogen.

Kaum erwähnt zu werden braucht, daß der «wirkliche Wille» im Sinne des Art. 18 nicht etwa identisch ist mit dem sogenannten *innern Willen,* d. h. dem nicht manifest gewordenen Gedanken[14]; dieser spielt einzig bei der Berufung auf den Irrtum, soweit das Gesetz sie zuläßt, eine Rolle.

Mit der Ablehnung der Buchstabeninterpretation ist bloß eine negative Anweisung gewonnen; es ergibt sich [185] daraus noch nicht, wie positiv eine undeutliche Willensäußerung auszulegen sei.

IV. METHODE DER OBJEKTIVIERTEN AUSLEGUNG

Nach der in der Schweiz herrschenden Auffassung[15] hat sich die Auslegung nach verschiedenen Grundsätzen zu richten, je nachdem es sich um Verkehrsgeschäfte handelt oder nicht. Als Verkehrsgeschäfte — der Begriff ist eigentlich nur in diesem Zusammenhang von Bedeutung — sind zunächst die meisten Ver-

---

[10] Vgl. LIENERT, Schweizersagen und Heldengeschichten, 21. A., den Abschnitt «Der überlistete Teufel», S. 77—85, oder aus den Kinder- und Hausmärchen der Brüder Grimm die folgenden: «Das Mädchen ohne Hände», «Hans heiratet», «Die Nixe im Teich», Nr. 31, 84, 181 der Ausgabe von Max Hesses Verlag, Leipzig (1907).

[11] Über die Herkunft dieser Geschichte KOHLER, Shakespeare vor dem Forum der Jurisprudenz, 2. A. (1919) 3 f.; FEHR, Das Recht in der Dichtung, S. 303.

[12] Hierauf bezieht sich nämlich dieser zur Parömie gewordene Satz Ciceros, darüber JHERING, a.a.O. Parallel zur Buchstabeninterpretation der Rechtsgeschäfte ging übrigens die Buchstabeninterpretation der Gesetze, JHERING, a.a.O. 454; DERNBURG, Pandekten 6. A. (1900) I § 34.

[13] JHERING, a.a.O.

[14] BGE 28 II 276; 41 II 558; 64 II 290; ferner die in N. 34 aufgezählte Judikatur.

[15] Statt verschiedener EGGER, Kommentar ZGB Art. 2 N. 13; VON TUHR, OR I 241; TUOR, Kommentar ZGB, Vorbemerkung N. 15 vor Art. 481.

träge des OR[16] zu betrachten, ferner einseitige Rechtsgeschäfte, die sich an einen größeren Interessenkreis wenden, wie Auslobung, Errichtung eines Wertpapiers, einer von verschiedenen Personen zur Kenntnis zu nehmenden Vollmacht usw. Hier soll nur von den *Verkehrsgeschäften* die Rede sein, und zwar bloß von einigen *grundsätzlichen* Fragen.

Es hat sich die Überzeugung durchgesetzt, daß es für den Verkehr unhaltbare Zustände zeitigen würde, wollte man in jedem Fall auf den wirklichen Willen abstellen, d. h. unbegrenzt den Nachweis gestatten, was sich die Parteien beim Abschluß des Rechtsgeschäfts vorgestellt hatten. Würde man anders entscheiden, so wäre ein ordnungsgemäßer Handel und Wandel vielfach verunmöglicht; denn immer dort, wo die eine Partei ein Interesse hätte an einer von der Auffassung der Gegenpartei abweichenden Auslegung, stünden sich zwei angeblich widersprechende Meinungen gegenüber, von denen jede als die dem «wirklichen» Willen entsprechende angepriesen würde. Es drängt sich deshalb eine andere Lösung auf, die folgendermaßen formuliert werden mag: Das [186] konkrete Rechtsgeschäft ist *so auszulegen, wie vernünftige, korrekte Leute die Willensäußerung unter den vorliegenden Umständen verstanden haben würden*. Ich möchte dies die *Methode der objektivierten Auslegung* nennen. Das BGB kommt ihr näher als das OR; es hat wohl in § 133 eine unserm Art. 18 entsprechende Vorschrift, sagt aber in § 157: «Verträge sind so auszulegen, wie Treu und Glauben mit Rücksicht auf die Verkehrssitte es erfordern.»

Über die Methode der Auslegung ist in verschiedenen Ländern eine beträchtliche Literatur[17] entstanden. Der Willenstheorie steht die Erklärungstheorie bzw. die Vertrauenstheorie gegenüber, einer subjektivistischen eine objektivistische Theorie, einer unrealistischen eine realistische Auslegung, die von ihren Gegnern als Rückfall in die Buchstabeninterpretation alten Musters gerügt wird[18]. Es ist nicht möglich, und wohl auch nicht notwendig, hier auf die Unterschiede der Auffassungen im einzelnen einzugehen; sie scheinen auch in der Doktrin überspitzter zu bestehen als in der Praxis, aus deren Resultaten sich, soweit ich sehe, in den verschiedenen Ländern nichts anderes abstrahieren läßt als der soeben formulierte Grundsatz. Er bedeutet, genauer ausgeführt, soviel:

Die Frage der Auslegung ist eine rechtspolitische Frage. In thesi ist freilich der subjektive, wirkliche Wille der Partei als Moment, das für den Begriff des Rechts-

---

[16] Keine Verkehrsgeschäfte sind die nicht gewerbsmäßigen Gebrauchsleihe und Hinterlegung, ferner die meisten Rechtsgeschäfte des Personen-, Familien- und Erbrechts.
[17] Vgl. die in N. 1 zitierte Literatur und die dort angegebenen Werke; als Zusammenfassung vor allem MANIGK, Artikel «Auslegung» im Handwörterbuch der Rechtswissenschaft von *Stier-Somló* und *Elster* (1926) I 428; ferner BAUDRY/LACANTINERIE/BONNECASE in dem in N. 1 zit. Werk.
[18] So von MANIGK im Handwörterbuch, a.a.O.

geschäfts grundlegend ist, der Ausgangspunkt wie für die Eingehung, so auch für die Auslegung des Rechtsgeschäfts. Fraglich ist nur, wieweit sich dies verwirklichen läßt und wie sich demgemäß das positive Recht dazu einzustellen [187] hat. Da zeigt sich nun, daß jede Partei damit rechnen muß, daß ihre Äußerung anders verstanden wird, als sie gemeint war; daß sich in der Art, wie sie verstanden wird, eine andere Meinung als die wirklich gehegte reflektiert. *Die Partei muß damit rechnen, daß ihre Äußerung so und nicht anders verstanden wird, wie eben vernünftige und korrekte Leute eine solche Äußerung unter den gegebenen Umständen zu verstehen pflegen*[19]. Daß nun *hierauf* und nicht auf die wirkliche Meinung abgestellt wird, ist die Antwort auf die gestellte rechtspolitische Frage, ob und inwieweit der wirkliche Wille bei der Auslegung berücksichtigt werden könne; denn es ist, wie schon erwähnt, mit der Rechtssicherheit nicht vereinbar, unbegrenzt den subjektiven Gesichtspunkt der sich äußernden Partei heranzuziehen. Es kann auch der Gegenpartei, dem Empfänger der Äußerung, nicht zugemutet werden, in jedem Einzelfall die Umstände zu erforschen, die den Erklärenden veranlaßt haben könnten, eine Meinung zu hegen, die aus seiner Willensäußerung und den sie begleitenden Umständen nicht erkennbar ist[20].

Bei der Würdigung des geschilderten Auslegungsprinzips muß man scharf *zwischen Methode und Ergebnis der Auslegung* unterscheiden. Die *Methode* stellt nicht auf den wirklichen, sondern (man muß sich darüber durchaus klar sein) auf einen *hypothetischen* Willen ab, eben die Meinung, die sich im Verständnis vernünftiger und korrekter Leute unter den vorliegenden Umständen widerspiegelt[21]. Was diese als Sinn der Äußerung aufgefaßt haben würden, wird dem Urheber der Äußerung als Wille imputiert. Das *Ergebnis* dieser [188] Methode *kann* sich mit der Wirklichkeit, d. h. dem wirklichen Willen der sich äußernden Partei decken; das liegt im Wesen jeder Hypothese. Es kann aber auch vom wirklichen Willen abweichen, so daß sich u. U. eine Korrektur aufdrängt; sie wird in der Berufung auf einen Irrtum zu suchen sein, wovon noch zu sprechen sein wird. Die Unterscheidung zwischen Methode und Ergebnis der Auslegung hat ferner zur Folge, daß das Ergebnis, obwohl nach der objektivierten Methode gezeigt, doch *nicht* etwa *in jedem Fall* der Anschauungs- oder Ausdrucksweise vernünftiger und korrekter Leute entsprechen muß, also *objektiv vernünftig und korrekt* zu sein hat. Die Auslegung kann ein davon durchaus abweichendes Ergebnis hervorbringen, sofern nur der entsprechende Wille zum Ausdruck gelangt ist; d. h. er muß in erkennbarer

---

[19] In gleichem Sinne wohl EGGER, Art. 2 N. 13.
[20] EGGER, Art. 2 N. 13; BGE 41 II 558/559.
[21] Es handelt sich hier um eine Abstraktion, durchaus gleichwertig derjenigen, die mit dem Ausdruck des Verhaltens des bonus pater familias ausgedrückt wird (der immer wieder zu Ehren gezogen werden muß!).

Weise geäußert worden sein, so daß vernünftige und korrekte Leute die Meinung haben verstehen können. Ob er dann vom Normalen abweicht, ist gleichgültig. Wenn z. B. zwei Parteien den gleichen Kaufgegenstand jede mit einem andern Wort bezeichnen, von denen das eine falsch angewendet ist (die eine Partei spricht von Türkis statt von Smaragd), so ist anzunehmen, es habe Übereinstimmung der Meinungen geherrscht, sofern die Auslegung nach der objektiveren Methode zeigt, daß beide Parteien wußten oder zum mindesten wissen mußten, was die andere Partei meinte. Dies, obwohl die Auslegung zeigt, daß eine falsche Ausdrucksweise verwendet worden war, was nicht gerade vernünftig ist.

Sehr oft wird es aber nach der objektivierten Methode nicht möglich sein, den wirklichen Willen in der eben geschilderten Weise herauszuschälen, weil er nicht erkennbar geworden ist. Hier wird nun der Auslegende schon aus psychologischen Gründen einen vernünftigen und korrekten Sinn der Äußerung annehmen, weil etwas anderes eben überhaupt keinen Sinn ergibt. In diesem Fall gehen Methode und Ergebnis der Auslegung ineinander über. Das ist jedoch kein Widerspruch zur vorigen Feststellung, [189] sondern liegt in der Natur der Sache begründet. Mit der Unterscheidung in Methode und Ergebnis der Auslegung wollte nur gezeigt werden, daß die Methode der objektivierten Auslegung nicht die Konsequenz hat, daß in jedem Fall das Ergebnis der Auslegung den Grundsätzen der Vernünftigkeit und Korrektheit entsprechen müsse, gleichgültig, ob eine andere Meinung der sich äußernden Partei erkennbar war. Nur dort, wo diese Meinung nicht erkennbar war, führt die Methode notwendig dazu.

Es ist deshalb auf die Unterscheidung großer Nachdruck gelegt worden, weil die Kontroverse zwischen Willens- und Erklärungstheorie, soweit ich sehe, vielfach auf einer Verwechslung von Methode und Ergebnis der Auslegung beruht [22]. Die Willenstheoretiker sträuben sich dagegen, daß das Ergebnis der Auslegung immer den Ideen der Vernünftigkeit und Korrektheit oder, anders ausgedrückt, der Billigkeit bzw. Treu und Glauben usw. entsprechen müsse, gleichgültig, was in Wirklichkeit die Meinung war. Aber das ist eben gar nicht die Konsequenz der Methode der objektivierten Auslegung; vielmehr kann, wie gezeigt, das Ergebnis auch ein unvernünftiges und sogar unkorrektes sein [23], wenn auch natürlich eher selten. Denn maßgebend ist ja, was sich vernünftige und korrekte Leute unter einer konkreten Äußerung vorstellen, gestützt auf das, was ihnen *erkennbar* geworden ist. *Darin* besteht die Objektivierung der Auslegung.

---

[22] Vgl. etwa MANIGK im Handwörterbuch 439, der sagt, der Richter müsse den wirklichen Willen erforschen und als rechtserheblich anerkennen, auch wenn er nicht der Ansicht verständiger Menschen entspreche. Freilich muß er das, sofern der Wille eben für verständige (und korrekte) Menschen *erkennbar* war. Der objektivierende Gesichtspunkt greife nur ein, sagt MANIGK weiter, wenn der innere Wille nicht festgestellt werden könne. Dann ist er eben nicht erkennbar geworden!

[23] Das letztere freilich in den Schranken von OR Art. 19/20 bzw. ZGB Art. 2.

Über den Grundgedanken der Auslegung herrscht, [190] wie mir scheint, in der Schweiz weitgehend Übereinstimmung[24]. Insbesondere legt das Bundesgericht die Rechtsgeschäfte nach dieser Methode aus, ohne sie freilich in der vorhin geschehenen Weise zu kennzeichnen; das ist ja auch nicht seine Aufgabe. Immer dann, wenn die Gerichte sagen, eine Partei habe eine bestimmte Äußerung in der und der Weise verstehen *müssen*, *dürfen* oder *können*[25], ist bewußt oder unbewußt in der geschilderten Weise vorgegangen worden. Oft wird allerdings unterlassen, dem Ergebnis den richtigen Platz zuzuweisen; man spricht immer noch von einem «wirklichen» Willen[26], wo in Tat und Wahrheit ein hypothetischer geschaffen worden ist.

Es darf übrigens nicht übersehen werden, daß die Objektivierung der Auslegung schon durch die Lösung nahegelegt wird, die das OR der Frage der Voraussetzungen des Vertragsschlusses gegeben hat; nach OR Art. 1 braucht [191] es die Übereinstimmung der Willensäußerung und nicht der Willen. Das Abstellen auf einen «innern», d. h. nicht erkennbaren Willen ist dadurch kraft positiven Rechts mit guten Gründen abgeschnitten worden.

Die Objektivierung der Auslegung der Rechtsgeschäfte gehört in den *Zusammenhang eines allgemeinen,* dem Recht immanenten *Prozesses,* nämlich des unaufhörlichen Strebens nach einer Richtschnur, mittelst der sich Tatbestände beurteilen lassen. Wir finden diesen Prozeß immer und überall wieder: zunächst ruft die jeder Starrheit abholde Verfeinerung der heutigen juristischen Methoden der möglichst eingehenden Berücksichtigung der subjektiven Sonderheiten jedes Falles; das bewirkt jedoch sofort wieder eine Gegenströmung, indem die dem Recht innewohnende Notwendigkeit von allgemeinen Normen eine Objektivierung erheischt. So stoßen wir z. B. stets wieder auf die Neigung zur Objektivie-

---

[24] Vgl. statt vieler BGE 41 II 558/559 und die in N. 25 erwähnte Judikatur; ferner VON TUHR, OR I 241; OSER/SCHÖNENBERGER, Art. 18 N. 2. A.M. BURCKHARDT, a.a.O. in ZBJV 71, 434; für die deutsche Literatur vor allem MANIGK im Handwörterbuch 437; für die französische Literatur BAUDRY/LACANTINERIE/BONNECASE in dem in N. 1 zit. Werk.
Die hier vertretene Auffassung verleugnet, wie schon angedeutet, nicht, daß die Auslegung in ihrem theoretischen Ausgangspunkt eine historische Aufgabe ist, mit dem Ziel, den subjektiven, wirklichen, d. h. tatsächlichen Willen zu berücksichtigen. Davon verschieden ist aber die rechtspolitische Frage, inwiefern dies geschehen kann. Sie ist für die Verkehrsgeschäfte des schweizerischen Rechts in der soeben auseinandergesetzten Weise zu beantworten. Vgl. auch BURCKHARDT, a.a.O. in ZBJV 71, 425, Organisation 8, Methode und System des Rechts 276/277.

[25] Zum Beispiel BGE 32 II 286, 386; 34 II 528; 37 II 44; 50 II 18; 51 II 281; 62 I 20; 64 II 277; ZBJV 70, 197.

[26] Vgl. z. B. BGE 39 II 54. VON TUHR schreibt S. 241: «Bei Erklärungen an eine bestimmte Person muß als ‚wirklicher Wille' im Sinne von Art. 18 das gelten, was der Gegner nach den Umständen, die er bei Kenntnisnahme der Erklärung kannte oder kennen sollte, als den wirklichen Willen des Erklärenden auffassen mußte.» Bei diesem Satz hebt ein Teil den andern auf.

rung des Verschuldensbegriffs[27]. Oder die Praxis setzt dem vom Gesetz an zahlreichen Stellen dem Richter eingeräumten Ermessen Grenzen, arbeitet Grundsätze aus, nach denen sich das Ermessen mißt[28]; man denke an die Berechnung und Bemessung des Schadenersatzes, den Zuspruch von Genugtuungssummen, die Beurteilung der Sittlichkeit eines Rechtsgeschäfts, der Zerrüttung der Ehe usw. Ein primitives Recht ist geneigt, an die Tatsache der Schädigung die Schadenersatzpflicht zu knüpfen, ohne Rücksicht auf subjektive Momente; ein entwickelteres Recht wird aufs Verschulden abstellen, dann aber bei fortschreitender Gefährdung bestimmter Personen und Sachen und ständiger [192] Komplizierung der Tatbestände wieder vom Verschulden absehen; kaum geschehen, wird wieder versucht werden, durch den Ausbau von Entlastungseinreden, der Lehre vom Kausalzusammenhang oder der Bemessung des Schadenersatzes eine Korrektur zu schaffen. Immer stehen sich die gleichen Tendenzen gegenüber: diejenige nach Berücksichtigung der Sonderheiten jedes Tatbestandes, also eine Subjektivierung — und diejenige nach Objektivierung, die aus dem Bedürfnis nach Rechtssicherheit, nach Rechtsschutz, nach allgemeinen Regeln entsteht. Sie trägt jeweils den Sieg davon, weil sie mit dem normativen Charakter des Rechts zusammenhängt. Dasselbe wiederholt sich also hier bei der Auslegung: das Ergebnis ist die Methode der objektivierten Auslegung.

Aus ihrem Grundsatz lassen sich *einzelne Auslegungsregeln* gewinnen, die es erlauben, das allgemeine Prinzip im einzelnen anzuwenden; so kann je nach Umständen auf den objektiven Wortsinn, die Verkehrssitten, den Grundsatz von Treu und Glauben, die Vernünftigkeit im besondern abgestellt werden[29].

Es ist einleuchtend, daß die Methode der objektivierten Auslegung Ergebnisse zeitigen kann, die eine beträchtliche Diskrepanz zum wirklichen, d. h. tatsächlichen Willen einer Partei bedeuten. Die Rechtsordnung kann sich dabei nicht beruhigen. Vielmehr steht der belasteten Partei jetzt, wie schon angedeutet, der Nachweis offen, daß ein *Irrtum* vorliegt[30]; die Berufung auf einen Irrtum ist die notwendige Korrektur des Grundsatzes der objektivierten Auslegung. Hier kommt

---

[27] Vgl. dazu Oser/Schönenberger, Art. 41 N. 65; Homberger, Haftpflicht ohne Verschulden, ZSR 49, 20a; C. Chr. Burckhardt, Die Revision des schweizerischen Obligationenrechtes in Hinsicht auf das Schadenersatzrecht, ZSR 22, 521 f.; Strebel, Kommentar zum Bundesgesetz über den Motorfahrzeug- und Fahrradverkehr, Art. 37 N. 108; Rümelin, Schadenersatz ohne Verschulden (1910) 18, 53.

[28] Oftinger, Die Bedingungen hinsichtlich der Eheschließung des Bedachten in einer Verfügung von Todes wegen, ZBJV 71, 203 N. 1.

[29] Der Verfasser behält sich vor, die einzelnen Auslegungsregeln, die sich aus Praxis und Doktrin des schweizerischen Rechts abstrahieren lassen, und ihre Anwendung auf die verschiedenen Verkehrs- und Nichtverkehrsgeschäfte zu gegebener Zeit darzustellen.

[30] Vgl. BGE 39 II 55, ferner 34 II 327.

nun im Rahmen des Beweisbaren der wirkliche, sogar der innere Wille zur Geltung; bei Diskrepanz zwischen ihm und dem durch die [193] Auslegung festgestellten Sinn der Willensäußerung kann die Unverbindlichkeit des Rechtsgeschäfts bewirkt werden, sofern der Irrtum ein wesentlicher ist (OR Art. 23 f.). Damit wird ein Problem gelöst, das gelegentlich Schwierigkeit bereitet: das Verhältnis der Auslegung zur Geltendmachung eines Irrtums. Ist der Sinn von Willensäußerungen streitig, so hat *primär die Auslegung* zu erfolgen; *sekundär* erhebt sich die *Frage des Irrtums*. Durch die Auslegung wird der Sachverhalt abgeklärt, der Sinn der Willensäußerungen festgestellt; dadurch zeigt sich, ob eine Diskrepanz zwischen Wille und Äußerung vorliegt[31]. Es kommt naturgemäß vor allem ein Irrtum in Betracht, der auf einer latent vorhandenen Diskrepanz von Wille und Äußerung beruht; das sind die Tatbestände von OR Art. 24 Ziff. 1—3. Beruht dagegen der Irrtum auf einer fehlerhaften Willensbildung[32], wie beim Grundlagenirrtum (OR Art. 24 Ziff. 4), dann fehlt zumeist der Zusammenhang mit der Auslegung[33].

Hier mag auch das Verhältnis von OR Art. 18 zu Art. 1 besprochen werden, d. h. das *Verhältnis der Frage, ob ein Vertrag zustande gekommen sei, zur Auslegung*. Für das Zustandekommen des Vertrags verlangt das OR die Übereinstimmung der beiden *Willensäußerungen*, nicht etwa der beiden Willen; es ist schon darauf angespielt worden. Die Erklärungstheorie gilt also, in diesem Zusammenhang öfters auch als Vertrauenstheorie[34] [194] bezeichnet. Ob nun die Übereinstimmung der Äußerungen vorliegt, ist durch Auslegung festzustellen; auch wo dem Wortlaut nach eine Disharmonie besteht, kann u. U. auf dem Wege der Auslegung dargetan werden, daß in Wirklichkeit eine Harmonie der Äußerungen besteht, indem beiden Parteien der wahre Sachverhalt klar ist[35]. Wie beim Irrtum, so dient die Auslegung auch hier zur Abklärung des Tatbestandes, aus dem dann geschlossen werden kann, ob ein Vertrag zustande gekommen ist. Die Auslegung

---

[31] Die Auslegung kann auch dazu dienen, einen *offensichtlichen* Irrtum zu korrigieren, der der Gegenpartei bekannt war oder es sein mußte wie Versprechen oder Verschreiben; die Geltendmachung eines Irrtums gemäß OR Art. 23 f. ist dann gar nicht mehr nötig.

[32] Über den oft nicht genügend beachteten Unterschied dieser beiden Kategorien von Irrtum VON TUHR, OR I 250 f.

[33] Für die Parteien wird sich im Prozeß folgendes Vorgehen empfehlen: *prinzipiell* verlangt oder verweigert man die Leistung (bzw. beantragt oder widersetzt man sich der Feststellung oder Gestaltung), welche die Auslegung gemäß der eigenen Auffassung voraussetzt; *eventuell* macht man Irrtum geltend.

[34] BGE 32 II 286, 386; 36 I 601; 42 II 130; 52 II 220; 57 II 287/288; grundlegend 34 II 528.

[35] So in dem vorhin gegebenen Beispiel vom Türkis und Smaragd; vgl auch VON TUHR, OR I 167 N. 64. Umgekehrt kann die Auslegung zeigen, daß gar kein Vertrag zustande gekommen ist, weil kein Konsens der Willensäußerungen bestanden hat; so etwa, wenn ein Kaufmann bei einem

erschöpft sich aber allgemein nicht etwa hierin, sondern sie bezieht sich auch auf Punkte, deren Unklarheit das Zustandekommen des Vertrags nicht berührt, sondern sich auf den eigentlichen Inhalt der vertraglichen Abmachungen bezieht.

V. MITTEL DER AUSLEGUNG

Die Frage, welches die Mittel der Auslegung sind, kann durch Theorie und Praxis als abgeklärt gelten. Es sind alle Umstände eines Falles heranzuziehen[36]; erst dann kann beurteilt werden, worauf für die Auslegung im [195] einzelnen abzustellen ist. Solche Umstände sind z.B. der wirtschaftliche Zweck des Geschäfts[37], der vereinbarte Sprachgebrauch[38], lokale Sprachgebräuche[39], das soziale Milieu, Allgemeine Geschäftsbedingungen einer Partei[40], die bisherige Abwicklung des Geschäfts[41] usw. Keinen Unterschied bedeutet es, ob formelle oder formlose Geschäfte auszulegen seien[42]; bei den formellen darf nicht etwa bloß berücksichtigt werden, was der Form teilhaftig ist. Nachherige Erklärungen der Parteien sind mit Vorsicht zu behandeln[43]; die Versuchung, nachträglich in eine Erklärung etwas hineinzuinterpretieren, ist ja sehr groß und eine der Hauptursachen von Auslegungsstreitigkeiten. *Einigen* sich die Parteien nachträglich über eine streitige Auslegung, so entsteht ein neuer Vertrag, sofern nicht nachweisbar die ursprünglichen Willensäußerungen mit dem ursprünglichen Sinn wiederholt werden. Der neue Vertrag wirkt als solcher ex nunc und nicht ex tunc[44], was für die Wirkung gegenüber Dritten wichtig ist. Der Vorgang unterscheidet sich dadurch von der sogenannten authentischen Gesetzesinterpretation, die rückwirkend ist.

Fabrikanten 100 Zentner Papier bestellt, der Fabrikant eine Bestellung von 100 Tonnen bestätigt. Zeigt die Auslegung, daß kein Verschrieb vorliegt, so fehlt der Konsens. Dazu OSER/SCHÖNENBGER, Art. 18 N. 3, Art. 1 N. 25 f.

Die Auslegung kann auch den vorher verborgenen Umstand aufdecken, daß ein Ungültigkeitsgrund vorhanden ist, wie Unmöglichkeit, Widerrechtlichkeit, Unsittlichkeit; ein Eintreten auf die Frage des Willensmangels erübrigt sich dann. Vgl. auch BGE 57 II 284 f., wo Auslegung, die Frage des Zustandekommens des Vertrags (OR Art. 1), des Irrtums (OR Art. 23 f.) und der Gewährleistung (OR Art. 197 f.) zur Diskussion stehen.

[36] Vgl. etwa BGE 50 II 537; 52 II 68; 64 II 212.
[37] BGE 40 II 404; 41 I 94, 278; 62 I 20; CC fr. 1157/58.
[38] Zum Beispiel die Verwendung eines Telegraphencode.
[39] CC fr. 1159; vgl. ferner BGE 47 II 531; 50 II 110, 229 (diese Entscheide beziehen sich auf Testamente, doch ist das Prinzip allgemeingültig).
[40] BGE 63 II 409 f.
[41] BGE 35 II 74 f.; 40 II 393, 404, 416; vgl. auch JAGMETTI, Une question de change en matière d'assurance-vie en France, in SJZ 22, 97.
[42] BGE 31 II 92; 33 II 104.
[43] BGE 40 II 416.
[44] VON TUHR, Allgemeiner Teil des bürgerlichen Rechts II 1 § 64, S. 548.

Die Regel, es seien alle Umstände des Falles heranzuziehen, bedarf einer bedeutsamen *Einschränkung: nur die der Gegenpartei erkennbaren Umstände dürfen berücksichtigt werden.* Das ergibt [196] sich aus dem Prinzip der objektivierten Auslegung. Der Wille, der nicht in einer für die Gegenpartei erkennbaren Weise manifestiert worden ist, hat bloß die Bedeutung eines rechtlich irrelevanten Gedankens. Wenn z. B. ein Vertrag von einem Anwalt oder ein Vergleich von einem Richter redigiert worden ist, so ist unerheblich, was sich dieser gedacht hat, sofern es den Parteien nicht bekanntgegeben worden ist[44a]. Aus dem gleichen Grunde ist die Regel, daß alle Umstände heranzuziehen seien, nicht anwendbar auf Wertpapiere, namentlich Wechsel und Obligationen[45], für die allein der Wortlaut maßgebend ist; außerhalb des Wechsels liegende Umstände sind für diesen belanglos[46]. Eine dem Wortlaut nach unvollständige Wechselerklärung ist nur dann gültig, wenn jeder ernstliche Zweifel über den Inhalt ausgeschlossen ist[47]. Ähnlich verhält es sich bei Vollmacht[48], Prokura und Auslobung.

VI. GRENZEN DER AUSLEGUNG

Die Auslegung als juristische Tätigkeit vor allem des Richters hat ihre Grenzen. Sie sind folgendermaßen abzustecken:

1. Wie schon erwähnt, hat die Auslegung zu erfolgen, wo Zweifel über den Sinn von Willensäußerungen vorhanden sind. Ihre Aufgabe ist nicht etwa dahin aufzufassen, daß der Richter rechtsgeschäftliche Bestimmungen, über die kein Streit besteht, durch «Auslegung» abändern darf, weil sie ihm gegen den objektiven Wortsinn, die Verkehrssitte, Treu und Glauben oder die Vernunft zu verstoßen scheinen[49]. Die Frage der Abänderung [197] von Rechtsgeschäften durch den Richter hat in diesem Sinn mit der Auslegung nichts zu tun; hier sind besondere gesetzliche Bestimmungen maßgebend, wie OR Art. 163, 373 II, 417, bzw. die Frage, welches der Einfluß veränderter Verhältnisse auf bestehende Verträge sei[50].

[44a] Deshalb wohl unrichtig BGE 41 I 98.
[45] BGE 54 II 269; 57 II 73; BlZR 36 Nr. 173.
[46] BGE 62 II 38. Vgl. auch die deutsche Auffassung, besprochen in Giurisprudenza comparata di diritto commerciale, marittimo, aeronautico, industriale e d'autore, herausgegeben vom Istituto di studi legislativi, II (1938) 360 f.
[47] BGE 37 II 219; 41 II 747.
[48] BGE 58 II 160. Vgl. auch 49 II 208; 50 II 138.
[49] Anders wohl zu Unrecht BGE 22, 144.
[50] Hinten N. 63.

2. Ist es unmöglich, mit Hilfe aller bekannten Auslegungsregeln und unter Heranziehung der Mittel der Auslegung ein sicheres Resultat zu erzielen, dann ist die betreffende Willensäußerung wirkungslos, weil die vom Gesetz verlangte Manifestation des Willens fehlt.

VII. ERGÄNZUNG

Das Wesen der Auslegung ist bezeichnet worden als Feststellung des Sinnes der Rechtsgeschäfte. Es wird also festgestellt, welche Tragweite das Rechtsgeschäft von Anfang an gehabt hat. Darüber hinaus geht der Zweck der Ergänzung der Rechtsgeschäfte, von der jetzt zu sprechen ist. Ist ein Rechtsgeschäft lückenhaft, so fragt sich, wie die Lücke ausgefüllt werden soll. Das kann geschehen nach der Methode der objektivierten Auslegung. Man stellt die Frage: Wie würden vernünftige und korrekte Leute die fehlende Bestimmung getroffen haben? Für die Lösung sind dieselben Regeln und Mittel heranzuziehen wie für die Auslegung [51]. *Ergänzung ist nichts anderes als qualifizierte Auslegung.* Bei der Auslegung ist nachzuweisen versucht worden, daß bei Anwendung der Methode der objektivierten Auslegung gar nicht auf den wirklichen, d. h. tatsächlich vorhandenen Willen abgestellt wird, sondern auf einen hypothetischen, den Parteien imputierten. Für die Ergänzung der Rechtsgeschäfte wird, wie gesagt, nach der gleichen Methode verfahren; daß hier ein Abstellen auf einen wirklichen Willen eine leere Fiktion bedeuten würde, steht wohl außer Zweifel. Im übrigen ist die Grenzziehung zwischen [198] beiden von geringer Bedeutung, da bei ihnen die gleiche Methode anzuwenden ist; sie wäre auch praktisch oft gar nicht durchzuführen. Dafür ein Beispiel: In einem Vertrag ist der Verkauf einer Wirtschaft vereinbart worden. Die Parteien streiten darüber, ob der Käufer dem Verkäufer die Abonnementsbeiträge der aufgelegten Zeitungen ersetzen müsse. Auslegung ist es, wenn nachgewiesen werden kann, daß davon geredet worden ist oder daß es verkehrsüblich sei; andernfalls handelt es sich um Ergänzung.

Das Ziel der Ergänzung ist es also, die Lücken im Rechtsgeschäft nach der Methode der objektivierten Auslegung auszufüllen. Hier erhebt sich eine interessante Frage. Im Zivilrecht unterscheidet man unter den nicht zwingenden gesetzlichen Normen, dem ius dispositivum, zwei Gruppen, von denen die eine das sogenannte nachgiebige (lückenausfüllende) *ergänzende Recht* [52] darstellt. Die Rechtsordnung kennt nämlich das Postulat, daß die Privaten, *wenn* sie ein Rechtsgeschäft tätigen, darin alle überhaupt denkbaren Fragen ordnen sollten. Für den Fall, daß ein

---

[51] BGE 39 II 55; 57 II 319.
[52] BURCKHARDT, Methode und System des Rechts 173; derselbe, Die Organisation der Rechtsgemeinschaft 39; BGE 59 II 376/77.

Rechtsgeschäft entgegen diesem Postulat unvollständig ist, enthält das Gesetz nun eben die Normen des nachgiebigen ergänzenden Rechts, die der Aufgabe dienen, die Lücken im Rechtsgeschäft auszufüllen. Sie machen bekanntlich den größten Teil des OR aus. Ein Vertrag sollte sich z. B. über Ort und Zeit der Erfüllung aussprechen; tut er das nicht, so treten die Regeln von OR Art. 74 f. in die Lücke. Das Postulat der Lückenlosigkeit der Rechtsgeschäfte und die daraus fließende Funktion des ergänzenden Rechts hängen zusammen mit der Idee der Rechtsordnung als einer Friedensordnung.

Es drängt sich demgemäß der Schluß auf, daß das Ziel der Ergänzung der Rechtsgeschäfte und dasjenige der Anwendung ergänzender Gesetzesnormen dasselbe sein muß. Das führt zu folgender Konsequenz: Wo ein aus [199] einem lückenhaften Rechtsgeschäft bestehender Tatbestand sich ohne weiteres unter eine Norm ergänzenden Rechts subsumieren läßt, erübrigt sich eine Ergänzung des Rechtsgeschäfts[53]. *Wenn dagegen der Wortlaut des Rechtssatzes selber zu eng ist, dann kommt es auf dasselbe hinaus, ob man den Rechtssatz ergänzend auslegt oder das Rechtsgeschäft ergänzt*[54]. Ziel und Methode[55] beider Tätigkeiten sind ja identisch. Ein Anklang an diese Auffassung findet sich im BGB, wo in § 242 gesagt wird: «Der Schuldner ist verpflichtet, die Leistung so zu bewirken, wie Treu und Glauben mit Rücksicht auf die Verkehrssitte es erfordern[56].» Ein Beispiel: Durch einen Mietvertrag ist ein Mieter ausdrücklich berechtigt worden, Licht- und Telephonleitungen anzubringen; es wird streitig, ob er eine Radioantenne montieren darf[57]. Es kommt hier aufs gleiche hinaus, ob man vom Vertrag ausgeht und diesen ergänzt oder ob man vom Gesetz ausgeht und auf dem Boden des Mietrechts untersucht, ob unter den Begriff des «Gebrauchs» der Mietsache gemäß OR Art. 253 auch der erwähnte Tatbestand subsumiert werden kann. Das subjektive Moment des Parteiwillens ist in jedem Fall ausgeschaltet; maßgebend sind allein objektive Kriterien.

Die methodologische Gleichstellung von Auslegung bzw. Ergänzung des Gesetzes und Ergänzung des Rechtsgeschäfts zeigt sich besonders eindrücklich, *wo für einen konkreten Tatbestand überhaupt nicht an den Wortlaut eines positiven Rechtssatzes angeknüpft werden kann,* weil das Gesetz bei der [200] Ordnung eines Rechtsinstituts eine Lücke enthält oder eine gesamte Materie überhaupt übergeht. Auch hier kann man von den gleichen zwei Seiten wie vorhin an die Lösung

---

[53] Dazu BGE 38 II 154.
[54] Dazu BGE 57 II 320/21.
[55] Die Methode deshalb, weil auch bei der Ergänzung allein objektive Kriterien maßgebend sind.
[56] Dazu von Tuhr, Allgemeiner Teil des bürgerlichen Rechts II 1 § 64, S. 545.
[57] Über Radio und Mietrecht allgemein Buser, Radiorecht, in ZSR 51, 108a f.; Comment, Le sans-filiste en droit privé suisse, ZBJV 68, 555 f.

herantreten. Entweder sucht der Richter in Anwendung von ZGB Art. 1 unter Heranziehung von Gewohnheitsrecht, bewährter Lehre und Überlieferung eine Lösung, oder er operiert von der Seite des Rechtsgeschäfts aus mit einem hypothetischen Parteiwillen; Methode und Ergebnis sind identisch. Wenn nun aber die Lösung für eine größere Anzahl gleicher Tatbestände taugt, also der Verallgemeinerung fähig ist, so liegt zudem nichts anderes vor als die *Neuschöpfung eines Rechtssatzes* durch den Richter, gestützt auf die ihm dazu in ZGB Art. 1 verliehene Befugnis: der Richter entscheidet nach der Regel, die er als Gesetzgeber aufstellen würde. Das ist eine dogmatisch nicht unwichtige Feststellung, deren Hervorhebung im Interesse der Erkenntnis des Rechts und der Methode seiner Anwendung liegt.

Aus der uralten, auf die römischen Juristen zurückgehenden Tendenz heraus, möglichst an einen, wenn auch noch so hypothetischen Parteiwillen anzuknüpfen, lieben es die Gerichte und die juristischen Schriftsteller vielfach, wie bei der Auslegung, so auch bei der Ergänzung der Rechtsgeschäfte den Eindruck hervorzurufen, die Lösung fuße auf einem wirklichen Parteiwillen. Das kann aber nicht darüber hinwegtäuschen, daß da jeder Parteiwille zur leeren Fiktion geworden ist. Es sollte deshalb klar erkannt und die Erkenntnis nicht durch metaphorische Heranziehung des Parteiwillens verhüllt werden, daß der Richter ausschließlich nach objektiven Kriterien arbeitet und insbesondere, wo er eine allgemeingültige Lösung trifft, gestützt auf ZGB Art. 1 [58] die Neuschöpfung eines [201] Rechtssatzes vornimmt. Wenn auch zuzugeben ist, daß das Resultat der Konstruktion mit dem Parteiwillen richtig sein kann, so ist doch die Methode unrichtig. In der Regel geschieht die Anknüpfung an den Parteiwillen übrigens in Gestalt einer *Präsumtion*. Es wird vom «mutmaßlichen» oder «zu vermutenden» Parteiwillen gesprochen. Das ist schon deshalb nicht richtig, weil eine echte Vermutung, eine sogenannte praesumtio iuris, eine vom *Gesetz* getroffene *Vorwegnahme* eines *Beweises* ist, die durch einen Gegenbeweis entkräftet werden kann. Die Präsumtion wirkt sich durch die Umkehrung der Beweislast aus. Darum handelt es sich aber hier gar nicht. Sondern weil eine Lücke im Rechtsgeschäft besteht, weil nichts

---

[58] Es ist übrigens auffallend, *wie* selten sich die Praxis und auch die Doktrin auf ZGB Art. 1 berufen; viel eher wird versucht, eine näher oder weiter hergeholte Konstruktion aufzustellen, als daß eine Lücke im Gesetz festgestellt und ausgefüllt wird (vgl. z. B. als Gegensatz OFTINGER, Gesetzgeberische Eingriffe in das Zivilrecht, in ZSR 57, 568a f., und HUG, Die Preiskontrolle in der Schweiz, in Zeitschrift für schweizerische Statistik und Volkswirtschaft 74, 378 N. 1). Dies, obwohl seinerzeit die Formulierung von Art. 1 vielfach als eine bedeutende Tat Eugen Hubers gefeiert wurde. Sofern man nicht von dem Phantom der Lückenlosigkeit des Gesetzes ausgeht, muß man zur Überzeugung gelangen, daß die gestützt auf Art. 1 ausgeübte Tätigkeit des Richters sich aus der Gesetzesanwendung mit Zwangsläufigkeit ergibt; nur ist man sich eben im allgemeinen nicht bewußt, daß sie im geschilderten Rahmen identisch ist mit der von jeher geübten richterlichen Ergänzung der Rechtsgeschäfte.

Auslegung und Ergänzung der Verkehrsgeschäfte

bewiesen werden kann, wird vom Richter, nicht vom Gesetz, eine Hypothese aufgestellt, bei der ein Gegenbeweis begrifflich gar nicht möglich ist, die deshalb, wie schon mehrmals gesagt, die Bedeutung einer Fiktion hat[59].

Das soeben Gesagte soll an einigen *Beispielen* erläutert werden, um zu zeigen, daß nicht bloß ein Kampf gegen Windmühlen geführt wird.

[202] 1. Bei den *Innominatkontrakten*, d. h. bei Verträgen, die in einer Kodifikation nicht geordnet sind[60], ist der Richter zunächst ausschließlich auf den Wortlaut des Vertrags angewiesen. Weist er Lücken auf, so kann er nicht im Gesetz nachschlagen, sondern er muß eben selber die Norm schaffen, die hier die Vertragslücke ergänzen soll. Da bei solchen Verträgen naturgemäß unter den Parteien leicht Meinungsverschiedenheiten entstehen und die Gerichte verhältnismäßig häufig angerufen werden, haben sie vielfach Gelegenheit, sich über die häufigern Arten von Innominatkontrakten auszusprechen. Aus ihrer Praxis lassen sich dann mit der Zeit Regeln abstrahieren, die weitgehend die fehlende gesetzliche Normierung solcher Verträge ersetzen. Das scheint einleuchtend zu sein. Aber auch hier findet sich nicht selten das Abstellen auf einen angeblichen Parteiwillen. So ist z. B. einmal eine Fabrik abgebrannt, die durch einen Energielieferungsvertrag zum Bezug von Elektrizität bei einem Elektrizitätswerk verpflichtet war. Die Frage erhob sich, ob gleichwohl gestützt auf eine sogenannte Minimalgarantie die Pflicht bestand, ein Minimalquantum von Strom zu beziehen bzw. zu bezahlen. Das Bundesgericht nahm gemäß dem «zu vermutenden Parteiwillen» an, die Pflicht zum Bezug des Minimalquantums gelte nur, wenn und solange die Fabrik bestehe[61]. Daß hier im Ernst von einem Parteiwillen nicht die Rede sein kann, bedarf kaum des Beweises[62].

2. Bei der *Frage, welches der Einfluß veränderter Verhältnisse auf bestehende Verträge*[63] sei, wie sie sich z. B. nach Abwertungen oder bei [203] akuten Wirt-

---

[59] Wird durch eine Partei vor einer obern Instanz versucht, die Richtigkeit der Auslegung, die die untere Instanz einem Rechtsgeschäft gegeben hat, durch Anführung neuer Tatsachen zu bestreiten, so ist das nicht etwa ein Gegenbeweis in der Art, wie er gegen die gesetzlichen Vermutungen aus begrifflichen Gründen zulässig ist, sondern das ist die bisher versäumte Erfüllung der aus der Verhandlungsmaxime fließenden Obliegenheit, *positiv* eine bestimmte Willensäußerung *zu beweisen*.

[60] Zum Beispiel dem Trödelvertrag (darüber OFTINGER, Der Trödelvertrag 1937) oder dem Agenturvertrag (BGE 60 II 335; 54 II 377; 40 II 392) usw.

[61] BGE 48 II 373.

[62] Vgl. auch BGE 38 II 499 und über den Bierlieferungsvertrag 38 II 554; 39 II 554.

[63] Über dieses Problem allgemein SIEGWART, Der Einfluß veränderter Verhältnisse auf laufende Verträge, in Freiburger Festgabe für den Schweizerischen Juristenverein, 1924, 77 f.; HANS WEBER, Das richterliche Änderungsrecht bei Dauerverträgen, Diss. Zürich 1924; FICK, Die «Clausula» und die «Aufwertung» nach schweizerischem Recht, in ZSR 44, 153 f.; WIELAND, Zur Lehre von der Unmöglichkeit von Lieferungsverträgen, in ZSR 36, 456 f.; HANS MÜLLER, Die Einwirkung der Währung auf die privatrechtlichen Verhältnisse, ZSR 43, 109a f.; BARTH, De l'influence du change

schaftskrisen erhebt, wird öfters schlechthin auf einen Parteiwillen abgestellt [64], oder man argumentiert mit der Clausula rebus sic stantibus und stützt auch sie auf einen Parteiwillen [65], wie es schon die Glossatoren getan haben, von denen diese Lehre stammt [66]. In Wirklichkeit handelt es sich hier um die Herausarbeitung eines Rechtssatzes, der darüber Auskunft gibt, unter welchen Voraussetzungen die Veränderung der Verhältnisse auf die bestehenden Verträge Einfluß hat und welches die Konsequenz davon ist. Die neuere Rechtsprechung geht denn auch mit Recht bereits von dem Gedanken aus, daß es sich, genau besehen, nicht um eine Clausula, d. h. eine stillschweigende vertragliche Bestimmung handelt, sondern um die Anwendung des in ZGB Art. 2 formulierten Prinzips von Treu und Glauben [67].

[204] Sind die Voraussetzungen gegeben, unter denen die Veränderung der Verhältnisse nach der herrschenden Lehre und Praxis auf einen bestehenden Vertrag einen Einfluß ausübt, dann fragt sich, welches die Konsequenzen davon sind. Sie sind zweierlei: entweder erfolgt eine Aufhebung des Vertrags, sei es daß der Schuldner den Rücktritt erklärt hat und der Richter den Rücktritt nachträglich im Prozeß als zulässig bezeichnet, sei es daß der Richter auf Klage des Schuldners den Vertrag selber aufhebt. Oder aber der Richter ändert den bestehenden Vertrag ab und paßt ihn den veränderten Verhältnissen an. Wird dieser letztere — übrigens nicht unangefochten gebliebene [68] — Rechtsbehelf angewandt, so gilt laut Bundesgericht folgendes: «Diese ... Regelung ist daher aus dem Zweck und Inhalt des Erklärten im Sinne beider Vertragsteile so zu ergänzen, wie diese sie getroffen haben würden, wenn sie den eingetretenen Verlauf der Dinge in Betracht gezogen hätten [69].» Das heißt in Wirklichkeit soviel: der Richter paßt gemäß seinem Ermessen den Vertrag nach Billigkeit unter Anwendung des Prinzips von Treu und Glauben an [70]; auf einen wirklichen Willen der Parteien kann er nicht abstellen,

---

sur les rapports de droit privé, in ZSR 43, 194a f.; VON TUHR, OR II 565 f.; Exposé des Vororts des Schweizerischen Handels- und Industrievereins, in SJZ 11, 71 f.; HEDEMANN, Richterliche Umgestaltung laufender Verträge, in SJZ 17, 305 f.; STAMMLER, Änderung laufender Verträge, in ZBJV 58, 1 f.; OSER/SCHÖNENBERGER, Art. 119 N. 5 f.; THILO, Clausula rebus sic stantibus, in JdT 1937, 66 f.; HENGGELER, Die Abwertung des Schweizer Frankens und ihr Einfluß auf die zivilrechtlichen Verhältnisse, ZSR 56, 236a, 459a; GUISAN, La dévaluation du franc suisse et ses effets de droit civil, ZSR 56, 314a.

[64] BGE 43 II 178; 44 II 527; 47 II 317, 401; 48 II 252. Dazu SIEGWART, a.a.O. 132; MÜLLER, a.a.O. 124a; FICK, a.a.O. 174 f.

[65] BGE 45 II 355; 47 II 318.

[66] PLANIOL et RIPERT, Traité élémentaire, 11. A., II Nr. 1182bis.

[67] So das Bundesgericht in dem bekannten Entscheid aus dem Mietrecht i. S. Rogenmoser/Tiefengrund AG vom 10. Oktober 1933, BGE 59 II 377; dazu das Votum von SIMONIUS an den Verhandlungen des Schweizerischen Juristenvereins 1937, ZSR 56, 476a.

[68] HENGGELER, a.a.O. 248a f.

[69] BGE 47 II 318; in gleichem Sinn 59 II 376. Vgl. auch 48 II 252.

[70] So auch 59 II 376 am Ende.

da er bloß in hypothesi besteht; es ist deshalb ganz unnötig, ihn zur Begründung der Lösung herbeizuziehen. Der Richter muß die Ergänzung des Vertrags nach objektiven Kriterien vornehmen.

3. Im *internationalen Privatrecht* ist bei der Frage, welches Recht auf Verträge anzuwenden sei, zunächst die sogenannte Rechtskürung der Parteien maßgebend, d. h. dasjenige Recht anzuwenden, das die Parteien [205] selber als anwendbar erklärt haben. Fehlt sie, was meist zutrifft, dann muß der Vertrag in dieser Hinsicht ergänzt werden, und zwar ist gemäß der Rechtsprechung des Bundesgerichts [71] «auf dasjenige Recht abzustellen, welches die Parteien vernünftigerweise als anwendbar erklärt haben würden, wenn sie an die Regelung dieser Frage überhaupt gedacht hätten [72]». «Als Recht des mutmaßlichen Parteiwillens ist nun nach der Rechtsprechung des Bundesgerichts das Recht desjenigen Landes anzusehen, mit welchem das streitige Rechtsverhältnis den engsten räumlichen Zusammenhang aufweist; denn dieses ist sachlich das nächstliegende. Da unter den räumlichen Beziehungen eines Rechtsverhältnisses dem Erfüllungsort große Bedeutung zukommt, betrachtet das Bundesgericht in der Regel das Recht des Erfüllungsortes ... als das Recht des mutmaßlichen Parteiwillens ...[73].» Gelegentlich wurde auch gesagt, es sei von diesem Recht anzunehmen, «daß die Parteien es stillschweigend als das maßgebende betrachtet haben ...[74]».

Was heißt das in Wirklichkeit? Das Gericht unterschiebt den Parteien einen Parteiwillen. Wenn sie nicht an die Regelung der international-privatrechtlichen Frage [206] gedacht haben, so bedeutet das doch, daß sie eine solche auch nicht einmal dem Namen nach kennen; warum ihnen dann die Ehre erweisen, ihnen so luzide juristische Kenntnisse zuzuschreiben[75]? Es liegt einfach der Umstand vor, daß das Bundesgericht in konstanter Praxis, gestützt auf ZGB Art. 1, einen Rechtssatz geschaffen hat, wonach bei fehlender Rechtskürung das Recht des Erfül-

---

[71] Darüber SCHNITZER, Handbuch des internationalen Privatrechts (1937) 44 f., 278 f.; FRITZSCHE, Die örtliche Rechtsanwendung auf dem Gebiet des Obligationenrechts, in ZSR 44, 232a; BOERLIN, Die örtliche Rechtsanwendung bei Kaufverträgen nach der Rechtsprechung des Bundesgerichts, in ZSR 33, 199 f.; HOMBERGER, Die obligatorischen Verträge im internationalen Privatrecht nach der Praxis des schweizerischen Bundesgerichts (1925) 20; OSER/SCHÖNENBERGER, Allgemeine Einleitung, LXX; neuestens SCHNITZER, Die Privatautonomie im internen und im internationalen Privatrecht, in SJZ 35, 305 f., 323 f.
Über die ausländische Praxis FRANKENSTEIN, Internationales Privatrecht (1929) II 173 f.; NUSSBAUM, Deutsches internationales Privatrecht (1932) 214 f.
[72] BGE 63 II 43; ferner 63 II 307; 62 II 142.
[73] BGE 63 II 44.
[74] BGE 61 II 182.
[75] Man tut überhaupt gut, hinter den Absichten der Parteien nicht allzuviel zu suchen; meist denken sie nur an das Allernächste und an dieses mit sehr unklaren Vorstellungen. Was darüber hinausgeht, ist — wie mehrmals betont — eine Fiktion.

lungsortes gilt, sofern nicht mit dem Recht eines andern Landes engere räumliche Beziehungen bestehen [76].

4. Die Beispiele könnten vermehrt werden [77]; es sei noch folgendes erwähnt: das Bundesgericht hat zur Zeit der deutschen Inflation nach dem Weltkrieg *Markschulden* unter Berufung auf eine lex contractus *aufgewertet* [78], während es in Wirklichkeit die Vorschrift von OR Art. 84, welche den Inhalt von Geldschulden regelt, unter Berufung auf das Prinzip von Treu und Glauben ergänzt hat.

VIII. AUSLEGUNG BZW. ERGÄNZUNG VON RECHTSGESCHÄFTEN UND GESETZEN

[207] Es hat sich gezeigt, daß die Auslegung und Ergänzung von Rechtsgeschäften methodologisch in gleicher Weise vor sich zu gehen hat. Die Behandlung der Ergänzung der Rechtsgeschäfte insbesondere hat Beziehungen zur Auslegung der Gesetze aufgedeckt. Das ruft der *allgemeinen* Frage nach dem *Verhältnis von Auslegung bzw. Ergänzung von Rechtsgeschäften einerseits und Auslegung bzw. Ergänzung von Gesetzen anderseits* in methodologischer Hinsicht. Der Unterschied zwischen den Objekten der Auslegung, dem Gesetz auf der einen, dem Rechtsgeschäft auf der andern Seite, wirkt sich insofern aus, als die Auslegung eines Gesetzes immer einen allgemeingültigen Schluß darstellen muß, während die Auslegung von Rechtsgeschäften im Hinblick auf die einmaligen Beziehungen zwischen konkreten Privaten erfolgt, die für einen singulären Zweck ein Rechtsgeschäft eingegangen sind. Für die Ergänzung gilt das gleiche [79]. Ferner muß das Ergebnis der Gesetzesauslegung immer ein vernünftiges, an der Rechtsidee ausgerichtetes sein; das Ergebnis der Rechtsgeschäftsauslegung, wie wir gesehen haben, nicht notwendigerweise. Aber immer dort, wo das Ergebnis der Rechtsgeschäftsergänzung der Verallgemeinerung fähig ist, ist es identisch mit einem Rechtssatz; dieser könnte ebensogut auf dem Wege der Gesetzesergänzung gefunden worden

---

[76] Durchaus in der Linie dieser Auffassung liegt es, wenn es nicht als entscheidendes Moment, sondern höchstens als Indiz gewertet wird, wenn beide Parteien sich im Prozeß übereinstimmend auf ein bestimmtes Recht berufen, BGE 62 II 125; 63 II 44, 307.

[77] Vgl. etwa USTERI, Die Wirkungen des Eigentumsvorbehaltes in der Betreibung des Verkäufers gegen den Käufer für den Kaufpreis, in SJZ 35, wo S. 129 f. über die Frage referiert wird, ob gestützt auf eine solche Betreibung der Verzicht des Verkäufers auf den Eigentumsvorbehalt vermutet werden dürfe. Das hat mit dem Parteiwillen überhaupt nichts zu tun, sondern mit der Frage, ob eine derartige Betreibung mit dem Begriff des Eigentumsvorbehalts vereinbar sei. Wie hier STAEHELIN, Probleme aus dem Gebiete des Eigentumsvorbehalts (1937) 135 ff.

[78] BGE 51 II 308; ferner 53 II 80; 54 II 317; 57 II 370; 58 II 125.

[79] Wodurch aber nicht ausgeschlossen wird, daß das Ergebnis der Verallgemeinerung fähig ist.

sein. Das gleiche gilt für die Auslegung. In diesem Fall besteht folglich hinsichtlich der Methode Identität zwischen Auslegung bzw. Ergänzung von Rechtsgeschäften und Gesetzen, was soeben an einigen Beispielen erläutert worden ist. Das zeigt übrigens auch, daß die Regeln von OR Art. 18, d. h. das Auslegungsprinzip, wie wir es kennengelernt haben, eine *Generalnorm dispositiven* [208] *Rechts* ist, die neben die übrigen Sätze des dispositiven Rechts tritt. Nichts hindert die Parteien, vertraglich einen abweichenden Auslegungsmodus zu vereinbaren[80].

IX. FOLGERUNGEN

Aus den verschiedenen gemachten Feststellungen lassen sich einige Konsequenzen ziehen, von denen bloß auf die folgenden hingewiesen werden soll:

1. Es ist eine alte Streitfrage[81], woher die ergänzenden Rechtssätze ihre Geltung schöpfen; ob sie *präsumtives Vertragsrecht oder gesetzliches Recht* seien. Gilt das ergänzende Recht, weil zu vermuten ist, die Parteien hätten seinen Inhalt gewollt, da sie ja nichts Abweichendes kontrahiert haben, oder gilt es, weil das Gesetz dies vorschreibt? Im Lichte der vorhergehenden Betrachtungen löst sich diese Alternative auf. Ob man einen Vertrag mit Hilfe eines positiven Rechtssatzes ergänzt oder auf dem Wege der eigentlichen Ergänzung der Rechtsgeschäfte, es kommt aufs gleiche heraus. Ein erkennbarer wirklicher Wille besteht nicht, und eine Präsumtion des Willens wäre demnach eine leere Fiktion. Maßgebend ist letzten Endes die Notwendigkeit, daß die durch Rechtsgeschäft geschaffene Ordnung vollständig sei, damit keine Fragen offen bleiben. Das hat aber mit dem Willen der Parteien nichts zu tun.

2. Die rechtsgeschäftliche, namentlich vertragliche Ordnung, die die Parteien ihren Beziehungen geben, wird nicht durch rechtliche Grundsätze, wie Vernünftigkeit oder Billigkeit, gestaltet. Sondern sie ist das Produkt eines Spannungsverhältnisses zwischen den Parteien, das von andern Momenten beherrscht wird[82]. Weist diese [209] vertragliche Ordnung Lücken auf, so werden sie nach Grundsätzen ausgefüllt, die durchaus von einem rechtlichen, sachlichen Gesichtspunkt beherrscht sind, eben entweder mittelst des dispositiven, ergänzenden Gesetzesrechts oder gemäß der objektiven Anschauungsweise vernünftiger und korrekter

---

[80] Dahin gehören die schon erwähnten Telegraphencodes.
[81] BURCKHARDT, Methode und System des Rechts 174 f.; VON TUHR, Allgemeiner Teil des bürgerlichen Rechts II 1 § 64, S. 544; II 1 § 50 N. 129, S. 165; I S. 26.
[82] Zum Beispiel von dem Verhältnis der intellektuellen Fähigkeiten oder der wirtschaftlichen Kräfte der Parteien.

Leute. Das ist ein gewisser *logischer Widerspruch*[83]; es werden zwei heterogene Elemente zusammengefügt und zu einem Ganzen verschmolzen, eben dem ergänzten Vertrag. Dieser Widerspruch liegt in der Natur der Dinge und ist unvermeidbar; er hängt mit dem mehrmals erwähnten Postulat der Lückenlosigkeit der Rechtsgeschäfte zusammen. Anders wäre es bloß, wenn die Rechtsgeschäfte weder durch die dispositiven Normen des Gesetzes noch nach der objektivierten Auslegungsmethode ergänzt würden, sondern nach der psychologischen Wahrscheinlichkeit; das wäre an sich das vollkommenste, weil widerspruchslose System. Es ist aber technisch nicht anwendbar und deshalb von der geltenden Rechtsordnung bei richtiger Auffassung nicht vorgesehen, was — wie bereits erwähnt — die Antwort auf eine rechtspolitische Frage ist.

3. Es ist schon etwa postuliert worden, zur Entlastung des Bundesgerichts die *Berufung* im Hinblick auf die Auslegung der Rechtsgeschäfte[84] nicht mehr zuzulassen[85]. Das wäre insoweit ein unmögliches Beginnen, als hier auf den Gegensatz von Rechtsfrage und Tatfrage abgestellt würde, weil eine Ausscheidung zwischen Rechtsanwendung i. e. S. und Auslegung der Rechtsgeschäfte nicht getroffen werden kann[86].

---

[83] Vgl. auch BURCKHARDT, Die Organisation der Rechtsgemeinschaft 40 f.

[84] Die Auslegung wird als Rechtsfrage betrachtet, OG Art. 81 II. Statt vieler BGE 40 II 155; ZIEGLER, Soll die Organisation der Bundesrechtspflege revidiert werden? in ZSR 54, 301a f.

[85] ZIEGLER, a.a.O.

[86] Dazu auch PLANIOL et RIPERT, Traité élémentaire, II Nr. 1184; JOSSERAND, Cours de droit civil positif, 2. A. (1933) II Nr. 242.

HANDELSRECHT UND ZIVILRECHT*

Monismus oder Dualismus des Privatrechts und seiner Gesetzbücher?

§ 1 VORBEMERKUNGEN

[153] Die Schweiz besitzt bekanntlich kein besonderes Handelsgesetzbuch, sondern hat die Materien, die anderswo in einem solchen geregelt sind, im OR geordnet. Damit ist nicht nur eine formelle, sondern in einer bestimmten Richtung eine materielle Einheit geschaffen worden — wie näher zu zeigen sein wird. Diese bereits mit dem Erlaß des aOR vor rund siebzig Jahren erteilte Antwort auf eine der Grundfragen des Privatrechts — derjenigen nach dem Verhältnis des Handelsrechts zum Zivilrecht — ist damals ohne direktes Vorbild gewesen, wurde alsbald in andern Ländern stark beachtet, gelegentlich zur Nachahmung empfohlen[1], aber lange Zeit nirgends wiederholt: die uns umgebenden Staaten blieben mit vielen andern bei der traditionellen Zweiteilung in ein allgemeines, ziviles Gesetzbuch und ein Handelsgesetzbuch[1a]. Der bedeutende — oftmals zu starke — Einfluß,

---

* *Schweizerische Juristen-Zeitung 50 (1954), S. 153—163.*

Literatur. — Aus den überaus zahlreichen Schriften, die in manchen Ländern das Problem behandeln, seien hier lediglich einige für das schweizerische Recht wichtige angeführt. Sie enthalten zum Teil weitere Angaben.

GIOVANOLI, Das revOR («Handelsrecht») vom 18. Dezember 1936 im Hinblick auf das System der schweizerischen Gesetzgebung, ZSR 1942, 1 ff. — HAAB, in «Sieben Vorträge über das neue OR», veranstaltet von der Basler Handelskammer (Basel 1937) 10—12. — HIRSCH, Artikel «Handelsrecht», in *Schlegelberger*, Rechtsvergleichendes Handwörterbuch IV (Berlin 1932) 161 ff.; derselbe, Der Zentralbegriff des Handelsrechts, in Annuario di diritto comparato XIII (Roma 1938) 369 ff. — OSER, Art. «Handelsrecht», in *Reichesberg*, Handwörterbuch der schweizerischen Volkswirtschaft II (Bern 1903) 529 ff. — ROBERT PORTMANN, Der Geltungsbereich des Handelsprivatrechts (Diss. Basel 1941, Maschinenschrift). — BERNHARD RÜFENACHT, Die Begriffe «Kaufmann, Handelsverkehr und kaufmännischer Verkehr» (Diss. Bern 1926). — SECRÉTAN, L'unité interne du droit privé en Suisse, Bulletin trimestriel de la Société de Législation comparée, 70 (1947) 143 ff. — SIEGWART, Kommentar OR V 4 (Zürich 1939) 238—243. — WIELAND, Handelsrecht I (München/Leipzig 1921) § 6.

[1] Vor allem von CESARE VIVANTE, u. a. im Trattato di diritto commerciale I (1. A. 1893, 5. A. 1922) § 1: L'unità del diritto privato. Schon in seiner Antrittsvorlesung, 1888, war er «Per un codice unico delle obbligazioni» eingetreten (Archivo giuridico 39, 497 ff.); vom schweizerischen Gesetz erklärte er dort, «che segnerà un momento solenne nella storia delle legislazioni». Der große Kommerzialist ist am Ende seiner Laufbahn auf seine Meinung zurückgekommen und hat ein eigenes Handelsgesetzbuch befürwortet: Rivista del diritto commerciale 1925 I 572 ff. und andernorts.

[1a] Gemäß dem Vorbild der napoleonischen Gesetzgebung erließen im 19. Jahrhundert etwa vierzig Staaten ein Handelsgesetzbuch.

den namentlich die deutsche Handelsrechtswissenschaft auf die schweizerischen Autoren ausübte, hat einzelne von ihnen daran zweifeln lassen, ob der schweizerische Weg der richtige gewesen. Die neueste Entwicklung jedoch zeigt deutlich, daß in verschiedenen Ländern eine Abkehr vom hergebrachten Dualismus der Gesetzbücher und eine teilweise Vereinheitlichung der zivil- und handelsrechtlichen Ordnungen zu erwarten, wenn nicht bereits verwirklicht sind: die besonderen Handelsgesetzbücher und ein Teil ihres Inhalts erscheinen heute gefährdet. Davon soll in § 3 und § 4 dieses Aufsatzes die Rede sein. Sein Hauptziel ist jedoch, das schweizerische System der Beziehungen von Handels- und Zivilrecht mit tunlicher Präzision und Kürze darzulegen (§ 2).

Die Erfahrung zeigt, daß unsere Lösung nicht durchwegs deutlich gesehen wird, im Ausland nicht, aber auch nicht überall in unserem Lande selber. So schreiben etwa Oser/Schönenberger in ihrem Kommentar des OR[2], die Schweiz besäße «kein Handelsrecht». An allen unseren juristischen Fakultäten werden [154] jedoch Vorlesungen über Handelsrecht gehalten, und seit jeher blüht eine handelsrechtliche Literatur, die freilich noch immer der Zusammenfassung in einer systematischen Gesamtdarstellung entbehrt. Besteht also wirklich — darauf kommt die soeben angetönte Unstimmigkeit hinaus —, weil wir kein Handelsgesetzbuch haben, auch kein Handelsrecht? Und falls doch: wo und wie hat es denn der schweizerische Gesetzgeber geordnet? Das bedarf offenbar der Überlegung. Es mag somit zum mindesten für den juristischen Nachwuchs eine Hilfe bedeuten, wenn hier die schweizerische Konzeption des Handelsrechts entwickelt wird, selbst auf die Gefahr hin, manches von andern Gesagte wiederholen zu müssen. Der vorwiegend praktische Information erwartende Leser unseres Blattes wird es, so hoffen wir, billigen, wenn ein Beitrag einmal eine andere Zielsetzung verfolgt als die ihm gewohnte.

§ 2 DIE SCHWEIZERISCHE LÖSUNG

I. Grundlegung

Um in dem Problem der Beziehungen zwischen Handels- und Zivilrecht klar zu sehen, scheint es angezeigt, folgende *drei Fragen auseinanderzuhalten:*

1. Gibt es in einem bestimmten positiven Recht besondere, auf Kaufleute (oder kaufmännische Gewerbebetriebe) oder auf Handelsgeschäfte zugeschnittene gesetzliche Vorschriften?
2. Sind diese Vorschriften im wesentlichen in einem eigenen Gesetzbuche vereinigt?
3. Besteht ein Handelsrecht als Begriff und als wissenschaftliche Disziplin?

Es dient dem Verständnis, wenn die für die Schweiz gültigen *Antworten* vorweg summarisch erteilt werden: Wir besitzen zahlreiche Vorschriften der unter Ziff. 1

---

[2] V 1 (2. A. Zürich 1929) N. 11 der Allgemeinen Einleitung.

erwähnten Art, aber sie sind, wie jedermann bekannt, nicht in einem Handelsgesetzbuche vereinigt, sondern auf später näher zu erläuternde Weise mit den zivilrechtlichen Bestimmungen vermischt; die meisten sind im OR von 1911/1936 enthalten. Es herrscht insoweit das System des *Code unique,* des *Codice unico*[3], der sowohl Zivilrecht wie Handelsrecht umfaßt. Gleichwohl besteht der Begriff des Handelsrechts und existiert dieses als wissenschaftliche Disziplin.

Das *OR* ist somit der berühmt gewordene *Code unique,* gleichgültig, ob man ihn, wie legislatorisch seinerzeit vorgesehen, als 5. Teil des ZGB ansieht oder als in sich geschlossenes Gesetzbuch empfindet. Von den fünf Abteilungen des OR sind es die dritte, vierte und fünfte, welche die Hauptmasse der handelsrechtlichen Vorschriften enthalten: die Abteilung über die *Handelsgesellschaften* und die *Genossenschaft,* diejenige über das *Handelsregister,* die *Geschäftsfirmen* und die *kaufmännische Buchführung,* diejenige über die *Wertpapiere.* Man bezeichnet diese Gebiete in der juristischen Umgangssprache als den handelsrechtlichen Teil des OR. Die wissenschaftliche Betrachtungsweise scheidet je nach der individuellen Konzeption eines Autors einzelne Partien als nicht handelsrechtlich aus (etwa die Genossenschaft und die Wertpapiere)[4], betrachtet dann aber verschiedene Vorschriften des schuldrechtlichen Teils des OR (Abteilungen 1 und 2 des Gesetzes) als handelsrechtlich. Das hängt von der Umschreibung des Begriffes Handelsrecht ab. Hierüber alsbald Näheres.

Neben dem OR finden sich handelsrechtliche Bestimmungen in andern Gesetzen, zum Beispiel im ZGB (Art. 895 II über das kaufmännische Retentionsrecht) und vor allem in der dem OR beigegebenen, ergänzenden Gesetzgebung[5]. Der für die folgenden Betrachtungen wichtigste Erlaß ist die Handelsregisterverordnung vom 7. Juni 1937. Zur Vervollständigung sei an die Gesetze über das Immaterialgüterrecht erinnert, die man je nach der Abgrenzung des Handelsrechts einbezieht; ferner an die das Handelsrecht berührenden Bestimmungen des Prozeßrechts, vor allem des SchKG, das den Konkurs als den gewöhnlichen Weg der Zwangsvollstreckung gegen Kaufleute vorsieht, an einzelne Bestimmungen des Strafrechts (über Konkursdelikte u. a. m.), endlich an weite Partien des Verwaltungsrechts (aus dem traditionellen Bereich seien als Beispiel nur die polizeirechtlichen Bestimmungen für Banken und Versicherungsgesellschaften genannt).

Jede Erörterung des Verhältnisses zwischen Handels- und Zivilrecht — und damit schon die bisherigen Bemerkungen — setzt die *Definition des Handelsrechts* und damit das *Kriterium für seine Abgrenzung* voraus.

Es soll nicht meine Aufgabe sein, den zahlreichen Versuchen, eine befriedigende Umschreibung zu finden, einen weiteren anzufügen. Das Ziel, das sich dieser Ab-

---

[3] Um diesen international gebräuchlichen Terminus zu verwenden.
[4] Vgl. statt vieler EHRENBERG in seinem Handbuch des Handelsrechts I (Leipzig 1913) 3 ff.; GIOVANOLI passim; OSER bei *Reichesberg;* PORTMANN passim, bes. 12 ff.; WIELAND 57.
[5] Eine nicht vollständige und zum Teil bereits veraltete Liste bei SIEGWART 249 ff.

riß setzt, kann auch erreicht werden, wenn man sich an gewisse Leitgedanken hält, die in der Literatur der verschiedenen Länder (mit Abweichungen in den Einzelheiten) zutage getreten sind. Demgemäß darf man unter (privatem) Handelsrecht beziehungsweise den handelsrechtlichen Vorschriften verstehen: die vom (allgemeinen) Zivilrecht abweichenden, also speziell gefaßten Vorschriften für gewisse Tatbestände, die üblicherweise als «Handel» bezeichnet werden, und das bedeutet, daß sie (ganz oder auch) auf Kaufleute (oder ihre Gewerbebetriebe) beziehungsweise die Handelsgeschäfte zugeschnitten sind. Dieser besondere Zuschnitt wird von den spezifischen Bedürfnissen des Handels motiviert. Was Kaufleute (oder ihre Gewerbebetriebe) und was Handelsgeschäfte des näheren sind, und damit, welches überhaupt die Abgrenzung des Handelsrechts ist, kann nur anhand eines *positiven* Rechts festgestellt werden, [155] indem man von den soeben erwähnten, empirisch eruierten Bedürfnissen ausgeht. Die anhand des *schweizerischen Rechts* zu gebende Antwort findet sich in den anschließenden Ausführungen im wesentlichen erklärt. Ich gehe somit, auch für das schweizerische Recht, von einem *Dualismus* des Handelsrechts und des Zivilrechts aus, der aber nicht identisch ist mit dem Dualismus von zivilrechtlichem *Gesetzbuch* und Handels*gesetzbuch*, da ja die Schweiz nicht ein eigenes Handelsgesetzbuch, sondern den *Code unique* besitzt und insofern den *Monismus* vertritt. Monistisch ist die schweizerische Ordnung neben dieser *formellen* Vereinheitlichung aber auch insoweit, als sie zudem in *materieller* Hinsicht für den in andern Ländern als zivil- oder handelsrechtlich gesondert geordneten Bereich in zahlreichen Fällen eine *einheitliche Regelung* kennt: für die Rechtsgeschäfte, namentlich Verträge, wovon sogleich mehr.

II. Entstehung und Motivierung des schweizerischen Systems

Es dient dem Verständnis, die *Entwicklung* der schweizerischen Konzeption des Handelsrechts in den Hauptzügen zu lernen.

Um die Mitte des 19. Jahrhunderts ließ die Intensivierung des Wirtschaftslebens die Vereinheitlichung desjenigen Teils des (kantonal verschieden geregelten) Privatrechts als dringlich erscheinen, der für eben dieses Wirtschaftsleben im Vordergrund stand: des Handelsrechts. Im Jahre 1864 wurde ein von W. MUNZINGER (Professor in Bern) 1863 verfaßter *Entwurf* eines *Schweizerischen Handelsrechts* veröffentlicht[6]. Er enthielt unter anderem Vorschriften über den Handelsstand (der Kaufmann, seine Firma und Geschäftsbücher, das Handelsregister und

---

[6] 1865 erschienen in Bern bei Stämpfli MUNZINGERS Motive zu dem Entwurfe eines schweizerischen Handelsrechtes, auch französisch publiziert: Motifs du projet de Code de commerce suisse, übersetzt von DUFRAISSE (Zürich 1865). Das Buch ist noch immer lesenswert. Die zu Unrecht etwas vergessenen Verdienste MUNZINGERS um die Vorbereitung des aOR sind derart, daß es angezeigt ist, ihn in das Pantheon der überlegenen Gesetzgeber aufzunehmen, wo schon die BELLOT, BLUNTSCHLI, P. C. VON PLANTA, EUGEN HUBER und CARL STOOSS versammelt sind.

anderes mehr), über die Handelsgesellschaften und über eine Reihe von Verträgen. Die Regelung der letzteren sollte, obwohl der Entwurf sich als *Handelsrecht* bezeichnete, nicht allein für die Kaufleute gelten, sondern *allgemein*, also *nicht Handelsgeschäfte sensu technico* (actes de commerce) erfassen, sondern generelles Vertragsrecht enthalten (vgl. speziell Art. 204 des Entwurfes)[7].

Damit war *bereits hier einer der Grundgedanken des heutigen schweizerischen Rechts verwirklicht:* gewisse Rechtsinstitute, besonders Verträge, die anderswo als typisch handelsrechtlich empfunden und deshalb *speziell* geregelt werden, dem zivilrechtlichen Verkehr zugänglich zu machen, also zu *generalisieren*, und für die Kaufleute nur einzelne Ausnahmebestimmungen einzufügen.

In gleicher Weise waren — was einen wichtigen Sachverhalt darstellt — schon einzelne der neueren kantonalen Gesetzbücher vorgegangen, so das einflußreiche zürcherische von 1853 bis 1855. Der Entwurf von 1864 wurde nicht Gesetz, sondern man strebte jetzt die Vereinheitlichung des *ganzen* Obligationenrechts an, dem das Handelsrecht gemäß der Munzingerschen Konzeption eingefügt werden sollte. Nach mehreren Entwürfen kam *das OR vom 14. Juni 1881* zustande[8]. Es zeigt im wesentlichen bereits den Aufbau des geltenden OR und ganz dieselbe Ordnung des Verhältnisses von Zivil- und Handelsrecht. Dies ist der rasch berühmt gewordene *Code unique* des Zivil- und Handelsrechts, der erste in der neueren Rechtsentwicklung in Europa.

Der Erlaß des ZGB, am 10. Dezember 1907, machte die *Revision des OR von 1881* erforderlich. Sie erfolgte in zwei Etappen: mit BG vom 30. März 1911 wurden die Art. 1 bis 551 revidiert (das heißt die Abteilungen 1 und 2 des OR) und mit BG vom 18. Dezember 1936 der Rest (das heißt die «handelsrechtlichen» Abteilungen 3 bis 5, Art. 552 ff.). Während der Vorbereitung der Revision der soeben erwähnten handelsrechtlichen Abteilungen in den Jahren 1905 ff. hat man vorübergehend erwogen, einzelne Partien (namentlich die Regelung der Aktiengesellschaft, der Genossenschaft und des Wechsels) aus dem OR zu entfernen und spezialgesetzlich zu regeln[9]. Damit wäre der *Code unique* beeinträchtigt und ein — wenn auch sehr rudimentäres — Handelsgesetzbuch geschaffen worden. Der Gedanke des einheitlichen Gesetzbuches siegte jedoch wiederum[10]. Der Erlaß eines umfassenden Handelsgesetzbuches nach ausländischem Muster wurde damals von niemandem befürwortet.

---

[7] Motive 10, 11, 17, 189. — Der dieser Konzeption energisch zustimmende Zürcher Professor A. VON ORELLI bezeichnet in einer Würdigung des Entwurfs den Dualismus von Handels- und Zivilrecht als «séparation toute artificielle» (zit. hinten N. 10).

[8] Aufschlußreich ist die zugehörige Botschaft des Bundesrathes ... zu einem Gesetzesentwurfe, enthaltend «Schweizerisches Obligationen- und Handelsrecht», vom 27. November 1879, deutsch und französisch erschienen.

[9] Botschaft ... betreffend Anfügung des Obligationenrechtes ... vom 3. März 1905, 6 ff.

[10] Einzelheiten hierüber: GIOVANOLI 7—12; über die geschilderte Entwicklung überhaupt: WIELAND 36 ff.; über die Schaffung des alten OR: RICHARD EUGSTER, Die Entstehung des schweizerischen Obligationenrechts (Diss. Zürich 1926) sowie sehr genau die Botschaft vom 27. November 1879 und mit aufschlußreichen Mitteilungen A. VON ORELLI, Revue de Droit international et de législation comparée 5 (1873) 222 ff., 240; HUBER/MUTZNER, System und Geschichte des schweizerischen Privatrechts, I. Lieferung (2. A. Basel 1932) 113 ff.

Über die *Gründe des vom schweizerischen Gesetzgeber 1881 getroffenen Verzichts auf ein besonderes Handelsgesetzbuch* herrscht bei den Autoren keine Einigkeit [11].

Die Materialien geben nicht genügend Aufschluß. Die Botschaft [156] zum aOR, vom 27. November 1879, motiviert das Vorgehen namentlich mit der in den demokratischen Überzeugungen wurzelnden Abneigung des Schweizervolkes gegen ein Standesrecht der Kaufleute und mit der Auffassung, daß die geschäftliche Begabung der Bevölkerung dem kommerziellen Einschlag des Zivilrechts gewachsen sei. Wichtiger scheinen mir folgende Überlegungen: Schon der *Entwurf* MUNZINGER von 1864 generalisierte, wie erwähnt, handelsrechtliche Institute und regelte *einheitlich* gewisse handels- und zivilrechtliche Verhältnisse; der Verfasser berief sich auf kantonalrechtliche Vorbilder [12], mit denen man offenbar günstige Erfahrungen gemacht hatte, folgte also einer bereits bestehenden *Tradition,* und diese nahm der Gesetzgeber von 1881, der das Werk MUNZINGERS fortführen wollte, auf. Dazu kommt ein historisches Moment. Der Erlaß des alten OR setzte eine Vorschrift der Bundesverfassung voraus, welche die Eidgenossenschaft zur Schaffung des fraglichen Gesetzes ermächtigte. Die betreffende, 1874 angenommene Verfassungsbestimmung (Art. 64) sprach von einer Gesetzgebung «über alle auf den Handel und Mobiliarverkehr bezüglichen Rechtsverhältnisse (Obligationenrecht, mit Inbegriff des Handels- und Wechselrechts»)[13]. Es war deshalb ganz natürlich, wie Professor SECRÉTAN[14] zutreffend unterstreicht, daß man Handels- und Obligationenrecht in *einem* Gesetzbuch vereinigte, und die Botschaft von 1879 sprach denn auch in ihrem Titel von einem das Obligationen- *und* das Handelsrecht enthaltenden Gesetze. Als man anläßlich der Revision des aOR den Gedanken des Erlasses eines besonderen Handelsgesetzbuches oder wenigstens die Schaffung von Spezialgesetzen ablehnte, berief man sich vor allem auf die vom aOR begründete Tradition; auch habe der bisherige Zustand keine Übelstände gezeigt, sondern besitze den Vorzug der Einfachheit und sei geeignet, die Kontroversen über die Abgrenzung des Handelsrechts vom zivilen Obligationenrecht (mit andern Worten die Umschreibung der Handelsgeschäfte) zu vermeiden [15], was übrigens bereits MUNZINGER 1865 in seinen *Motiven*[16] hervorgehoben hatte.

Es waren somit nur zum Teil allgemeingültige Überlegungen, vielmehr im wesentlichen *historische, für die Schweiz typische Gründe,* welche 1881 zur Schaffung des *Code unique* führten und ihn 1911/1936 beibehalten ließen.

III. Erläuterung des schweizerischen Systems

Ungeachtet des Fehlens eines besonderen Handelsgesetzbuchs enthält das schweizerische Recht zahlreiche Vorschriften, die auf die besonderen Bedürfnisse des Handels Rücksicht nehmen, also auf die Kaufleute oder auf ihre Geschäfte zuge-

---

[11] Vgl. etwa WIELAND 40; HAAB 10/11; GIOVANOLI 6/7, 12; SECRÉTAN 145 ff.
[12] MUNZINGER, Motive 11.
[13] «... se rapportant au commerce et aux transactions mobilières (droit des obligations, y compris le droit commercial et le droit de change).»
[14] a.a.O. 147.
[15] Vgl. die in N. 9 zit. Botschaft 6/7.
[16] 8 ff., 189.

schnitten sind, und folglich in ihrer Gesamtheit das *Handelsrecht* darstellen (oben § 2 I). Sie finden sich, wie bereits gesagt, vornehmlich im OR. Jene Rücksichtnahme auf den Handel, und damit die *Abgrenzung des Handelsrechts*, erfolgt — das ist eine Eigenart des schweizerischen Rechts — ohne *durchgehendes formelles Merkmal*. Die einschlägigen Vorschriften sind auch nicht deutlich im Gesetze gruppiert, wenn schon die meisten in den Abteilungen 3 bis 5 des OR enthalten sind. Sie treten einem statt dessen erst entgegen, wenn man jedes Rechtsinstitut des schweizerischen Privatrechts individuell auf seinen handelsrechtlichen Inhalt analysiert. *Oberster Grundsatz* des schweizerischen Systems ist somit, daß der *handelsrechtliche Charakter einer Norm oder eines Rechtsinstituts von Fall zu Fall entschieden werden muß*, anhand des Wortlauts oder durch Auslegung[17]. Das *Kriterium* liegt, wie vorn Ziff. I angedeutet, in gewissen, empirisch eruierbaren Bedürfnissen, die der Gesetzgeber befriedigen will, und damit in der *ratio legis*. Deren Bestimmung ist bekanntlich, auf allgemeinem Plane gesehen, eine der geläufigsten juristischen Operationen. Aus der einzelnen Norm ergibt sich die *Rechtsfolge* ihres handelsrechtlichen Charakters.

Die Durchforschung des schweizerischen Privatrechts unter dem soeben erwähnten Gesichtspunkt zeigt, daß das Gesetz ungeachtet seiner individualisierenden Methode nicht beliebig viele, sondern nur *vier Wege* kennt, *um handelsrechtliche Ziele zu verfolgen*. Eine Reihe von Autoren[18] verwendet (allerdings nicht präzis) folgendes Schema[19]:

a) Die fragliche Vorschrift (oder das Rechtsinstitut) gilt nur für Kaufleute, wobei deren Kreis vom Gesetz genau abgegrenzt wird.

b) Die Vorschrift (oder das Rechtsinstitut) ist zwar nach den Bedürfnissen des Handels ausgestaltet, steht aber den Nichtkaufleuten gleich wie den Kaufleuten zur Verfügung.

c) Die Vorschrift (oder das Rechtsinstitut) ist grundsätzlich nach den allgemeinen Bedürfnissen des bürgerlichen Verkehrs ausgestaltet, aber ergänzt

1. durch spezielle handelsrechtliche Bestimmungen, oder
2. durch eine Verweisung auf kaufmännische Übungen und dergleichen.

Diese Wege sind näher zu betrachten.

Fall a)

Eine Reihe von Bestimmungen stellen darauf ab, daß jemand ein «Handels-, Fabrikations- oder ein anderes *nach kaufmännischer Art geführtes* [157] Gewerbe

---

[17] Gl. M. HIRSCH, Annuario 397.
[18] SIEGWART, a.a.O. 241; HAAB 11; PORTMANN 13.
[19] Es entstammt offenbar ursprünglich der in Bern jeweils gehaltenen Vorlesung EUGEN HUBERS über schweizerisches Obligationenrecht, II. Teil § 1.

betreibt»; so OR Art. 458 I/II (kaufmännische Prokura), 462 (Handlungsvollmacht), 552 (Kollektivgesellschaft), 594 (Kommanditgesellschaft), 772 (Gesellschaft mit beschränkter Haftung), 934 (und ZGB Art. 61, betreffend Handelsregister), 957 (Pflicht zur Buchführung). Man darf die natürlichen und juristischen Personen sowie die weiteren Gesellschaften, auf welche sich diese Vorschriften beziehen, als *Kaufleute sensu technico* bezeichnen, obwohl das Gesetz diesen Ausdruck vermeidet. Die aufgezählten *Vorschriften* erfassen somit lediglich Kaufleute (im gerade umschriebenen Sinn). Dagegen stehen einzelne der zugehörigen *Rechtsinstitute*, obwohl in erster Linie für Kaufleute bestimmt, unter gewissen Voraussetzungen *auch Nicht*kaufleuten zur Verfügung: es gibt eine nichtkaufmännische Prokura (OR Art. 458 III und Handelsregisterverordnung Art. 105/06), eine ebensolche Kollektiv- und Kommanditgesellschaft (OR Art. 553, 595), eine ebensolche Gesellschaft mit beschränkter Haftung (Art. 772 III). Insofern gehören sie unter Fall b), siehe nachstehend.

Näherer Betrachtung bedarf die Pflicht zur *Eintragung ins Handelsregister*. Sie trifft die Personen, die «ein *Handels-, Fabrikations- oder ein anderes, nach kaufmännischer Art geführtes Gewerbe*» betreiben (OR Art. 934 = Art. 865 des alten OR von 1881). Wie bereits vorweg angedeutet worden ist, darf man diese Personen abkürzend als *Kaufleute im engsten und präzisesten Sinne* des schweizerischen Handelsrechts bezeichnen, als Kaufleute *sensu technico*[20]. Der Formel des Art. 934 wird für die übrigen, vorhin aufgezählten Vorschriften, die sie alle direkt oder indirekt verwenden, der grundsätzlich gleiche Sinn beigemessen wie in Art. 934[21]; folglich ist dessen Bedeutung maßgebend für die Interpretation jener übrigen Vorschriften, woraus sich ergibt, daß die fraglichen Vorschriften dem Grundsatz nach nur für eintragungspflichtige Subjekte gelten (auf einzelne, zum Teil kontroverse Ausnahmen braucht hier nicht eingegangen zu werden[22]). Der Kreis der von Art. 934 generell umschriebenen Personen wird durch Art. 52 ff. der auf OR Art. 936 gestützten Handelsregisterverordnung vom 7. Juni 1937 spezifiziert. Demnach sind eintragungspflichtig (für Einzelheiten vgl. den Text):

A. *Handelsgewerbe*, deren wichtigste Arten exemplifikatorisch in der VO Art. 53 aufgezählt werden. So unter anderem Kauf und Verkauf; Bank- und Börsengeschäfte; Tätigkeit als Kommissionär, Agent, Makler; Transport und Lagerung; Versicherung; Verlag usw.

B. *Fabrikationsgewerbe*, das heißt «Gewerbe, die durch die Bearbeitung von Rohstoffen und andern Waren mit Hilfe von Maschinen oder andern technischen Hilfsmitteln neue oder veredelte Erzeugnisse herstellen».

---

[20] Dazu RÜFENACHT 12, 47; GIOVANOLI 15; PORTMANN 42.
[21] Einzelheiten in den zugehörigen Kommentaren.
[22] Vgl. OSER/SCHÖNENBERGER, Kommentar OR V 3 (2. A. Zürich 1945) Art. 458 N. 4, Art. 462 N. 4.

C. *Andere, nach kaufmännischer Art geführte Gewerbe,* das heißt diejenigen, die nicht unter die Rubriken A. und B. fallen, «jedoch nach Art und Umfang des Unternehmens einen kaufmännischen Betrieb und eine geordnete Buchführung erfordern».

«Gewerbe» (entreprise) bedeutet stets «eine selbständige, auf dauernden Erwerb gerichtete wirtschaftliche Tätigkeit» (Art. 52 III Handelsregisterverordnung).

Eine wesentliche Einschränkung der Eintragungspflicht liegt darin, daß die soeben aufgezählten Rubriken B. und C. sowie aus A. die Fälle Kauf und Verkauf, Transport und Lagerung sowie Verlag nur erfaßt werden, sofern die jährliche Roheinnahme nicht unter Fr. 25 000.— bleibt [23]. Handwerker fallen unter die Eintragungspflicht gemäß Rubik C., falls sie deren Voraussetzungen wirklich erfüllen und die soeben genannte Roheinnahme erreichen [24].

Wer nicht gemäß den geschilderten Vorschriften eintragungs*pflichtig* ist, der ist zur Eintragung *berechtigt,* sofern er «unter einer Firma ein Geschäft betreibt» (OR Art. 934 II), also zum Beispiel wenn er die Roheinnahmen von Fr. 25 000.— nicht erreicht. Das Gesetz verlangt diesfalls nur, daß ein «Geschäft» vorliege, nicht aber ein «nach kaufmännischer Art geführtes Gewerbe [25]». Das letztere Merkmal und die minimale Roheinnahme spielen ebenfalls nicht für die Eintragungspflicht der Aktiengesellschaft, Kommanditaktiengesellschaft, Gesellschaft mit beschränkter Haftung und Genossenschaft, weil für diese der Eintrag von vornherein konstitutiv ist (OR Art. 643, 764, 783, 838; vgl. auch Art. 620 III, 772 III, 828 I).

Zusammengefaßt läßt sich sagen, daß die geschilderten, die Eintragungspflicht statuierenden Vorschriften des OR (Art. 934) und der Handelsregisterverordnung für die Einzelkaufleute sowie für die kaufmännischen Kollektiv- und Kommanditgesellschaften [26] gelten (vgl. die bereits gestreiften Vorschriften OR Art. 552 und 594). Das Handelsregister erfaßt aber auch sämtliche Aktiengesellschaften, Kommanditaktiengesellschaften, Gesellschaften mit beschränkter Haftung und Genossenschaften, ferner die nichtkaufmännischen Kollektiv- und Kommanditgesellschaften (OR Art. 553, 595), dann Vereine (besonders, wenn sie ein nach kaufmännischer Art geführtes Gewerbe betreiben, ZGB Art. 61) und Stiftungen (ZGB Art. 52, 81). Unabhängig vom Gesagten ist es selbstverständlich, daß die meisten Aktiengesellschaften, [158] Kommanditaktiengesellschaften, Gesellschaften mit beschränkter Haftung, Kollektiv- und Kommanditgesellschaften *faktisch* nach kaufmännischer Art geführte Gewerbe betreiben, auch wenn das *Gesetz* dies *nicht* als Voraussetzung nennt. Das OR selber bezeichnet sie in der Überschrift seiner 3. Abteilung (vor Art. 552) als «Handelsgesellschaften». Die weite Fassung der zitierten Vorschriften, namentlich derjenigen, die die Pflicht und die Berechtigung zur Eintragung ins Handelsregister regeln, legitimieren einen zur Feststellung, daß

---

[23] Art. 54. — Zur Zeit wird die Frage geprüft, ob dieser angesichts der Geldentwertung zu gering gewordene Betrag nicht erhöht werden soll.
[24] BGE 75 I 74.
[25] His, Kommentar OR VII 4 (Bern 1940) Art. 934 N. 88 ff.
[26] Diese sind nur nach Maßgabe der Art. 53/54 Handelsregisterverordnung eintragungspflichtig: BGE 69 II 94; Siegwart, Art. 552/53 N. 16; W. Hartmann, Kommentar OR VII 1 (Bern 1943) Art. 552 N. 34, 35, Art. 554 N. 3; J. Hartmann in den eingangs zu Haab zit. Vorträgen 202.

I. Grundfragen des Rechts und der Rechtspolitik

dieses Register den weitaus bedeutenderen Teil der kommerziell betriebenen wirtschaftlichen Tätigkeit erfaßt.

Von den *Rechtsfolgen des Handelsregistereintrages* seien erwähnt [27]:

1. *Die Publizitätswirkung:* Die Einrede, daß jemand einen Eintrag nicht gekannt habe, ist grundsätzlich ausgeschlossen (OR Art. 933). Diese Regel hängt mit der eigentlichen Hauptaufgabe des Handelsregisters zusammen, nämlich seiner Publizitätsfunktion, das heißt dem Ziel, gewisse Tatsachen kundzumachen, die sich auf die Kaufleute und ihre Unternehmen beziehen und welche für die mit ihnen in Beziehung tretenden Dritten bedeutsam sind.
2. *Die konstitutive Wirkung:* Die Aktiengesellschaft, Kommanditaktiengesellschaft, Gesellschaft mit beschränkter Haftung, die Genossenschaft sowie die nichtkaufmännische Kollektiv- und Kommanditgesellschaft, die nichtkaufmännische Prokura und die Stiftung entstehen *durch* den Handelsregistereintrag (OR Art. 643, 764, 783, 830/38, 553, 595, 458 III, ZGB Art. 52). Soweit diese Aufzählung juristische Personen betrifft, ist es somit der Eintrag, der die juristische Persönlichkeit letztlich verschafft.
3. *Der Firmenschutz:* Wer im Handelsregister eingetragen ist, genießt das Recht auf ausschließlichen Gebrauch seiner Firma (OR Art. 946, 951, 955, 956).
4. *Die Pflicht zur Buchführung* (OR Art. 957; man beachte auch Art. 963) [28].
5. *Die Unterstellung unter den Konkurs* (SchKG Art. 39—42). Die Bedeutung dieser Rechtsfolge, der von vornherein alle im Handelsregister eingetragenen natürlichen und juristischen Personen und sämtliche sonstigen Handelsgesellschaften unterworfen sind, und zwar auch ohne formelle Einstellung der Zahlungen, braucht nicht unterstrichen zu werden. Die Unterstellung unter den Konkurs zieht auch die Herrschaft der speziellen, strengen Wechselbetreibung nach sich (SchKG Art. 177).
6. *Die Unterstellung unter die Handelsgerichtsbarkeit:* Die Kantone Zürich, Bern, St. Gallen und Aargau besitzen Handelsgerichte, die zuständig sind für Prozesse, bei denen mindestens die beklagte Partei im Handelsregister eingetragen ist [29].

Abschließend sei darauf hingewiesen, daß von den aufgezählten Rechtsfolgen die Nummern 1, 3, 5 und 6 nicht nur bei obligatorischer, sondern auch bei *freiwilliger Eintragung ins Handelsregister gelten* (OR Art. 934 II). Ferner:

Die Darlegungen, die soeben unter lit. a) gemacht worden sind, zeigen, daß man auch im schweizerischen Recht von einer *besonderen Rechtsstellung des Kaufmanns*, einem *état de commerçant* sprechen darf, soweit die im Handelsregister obligatorisch oder fakultativ eingetragenen Personen und die Rechtsfolgen des Eintrags in Frage stehen [30].

---

[27] Näheres bei GUHL, Das schweizerische Obligationenrecht (4. A. Zürich 1948) § 85 IV; ferner BGE 75 I 78.
[28] Dazu BGE 79 I 59.
[29] GULDENER, Das schweizerische Zivilprozeßrecht I (Zürich 1947) 17, 87 ff.
[30] Für das genauere Studium des Regimes des Handelsregisters sei auf folgende *Literatur* verwiesen: GUHL (zit. vorn N. 27) § 85; französische Ausgabe Zürich 1947; FUNK, Kommentar des Obligationenrechts II (Aarau 1951), ad Art. 927 ff.; WIELAND 43 und 442 ff. (alles kurze Darstellungen); HIS (zit. vorn N. 27), ad Art. 927 ff. (ausführlich); ferner MORELL, SJZ 30, 1.

Fall b)

Gemäß dem Schema, das eingangs der Ziff. III gegeben wurde, hat man hier Vorschriften oder Rechtsinstitute vor sich, die zwar *nach den besonderen Bedürfnissen des Handels* ausgestaltet sind, aber nicht nur Kaufleuten (im Sinne der Darlegungen zu Fall a) oder in irgendeinem anderen Sinne), sondern *auch Nichtkaufleuten* zur Verfügung stehen. Dazu gehören, wie am Anfang der Bemerkungen zu Fall a) angeführt, zunächst die Prokura, die Kollektiv- und die Kommanditgesellschaft sowie die Gesellschaft mit beschränkter Haftung, alle aber nur, soweit sie als *nicht*kaufmännische Institute auftreten. Die Aktiengesellschaft (und die Kommanditaktiengesellschaft), obwohl kraft Eintragung ins Handelsregister entstehend (siehe Fall a), kann auch für andere als wirtschaftliche Zwecke gegründet werden (OR Art. 620 III), was ohne ausdrückliche Vorschrift auch für die Kollektivgesellschaft, die Kommanditgesellschaft und die Gesellschaft mit beschränkter Haftung angenommen wird [31] (OR Art. 553, 595, 772 III). Der Wechsel und der Check stehen entsprechend der modernen Auffassung beliebigen Rechtssubjekten offen (OR Art. 990, 1143 Ziff. 1; eine Einschränkung in Art. 1102). Das gleiche gilt für die übrigen Wertpapiere (Art. 965 ff.), vor allem auch für die Warenpapiere (Art. 1153 ff.).

Für die schweizerische Konzeption ist typisch, daß in der vorliegenden Gruppe (lit. b) gewisse *Verträge* auftreten, die in andern Ländern in den Handelsgesetzbüchern figurieren oder doch mehr oder weniger stark als *handelsrechtlich* empfunden werden [32]: Verlagsvertrag (OR Art. 380), Kreditbrief [159] (407), Kreditauftrag (408), Mäklervertrag (472), Agenturvertrag (418a), Kommission (425), Spedition (439), Frachtvertrag (440), Anweisung (466), Lagergeschäft (482). Diese Verträge (oder ein Teil von ihnen) stellen im schweizerischen Recht zwar *faktisch*, aber *nicht rechtlich Handelsgeschäfte (actes de commerce)* dar. Der in zahlreichen ausländischen Rechtsordnungen zentrale Bedeutung besitzende und zu vielen theoretischen und praktischen Schwierigkeiten führende Begriff der Handelsgeschäfte — das sind die nach bestimmten, dem positiven Recht zu entnehmenden Merkmalen abgegrenzten, für den Handel typischen Rechtshandlungen — ist somit vom schweizerischen Recht vermieden worden, was eine ausgezeichnete Lösung und das Verdienst MUNZINGERS darstellt [33]. Das geschilderte Vorgehen des OR beruht auf der eine Tradition unserer Gesetzgebung bedeutenden *Generalisierung handels-*

---

[31] Für die GmbH bestritten: JANGGEN/BECKER, Kommentar OR VII 3 (Bern 1939) Art. 772 N. 27; wie hier jedoch VON STEIGER, Kommentar OR V 5c (Zürich 19..) N. 56 vor Art. 772.

[32] Für *welche* der nachstehenden Geschäfte dies jeweils zutrifft, hängt vom Handelsrechtsbegriff des einzelnen Autors ab.

[33] WIELAND 41, 59 ff.; ESCARRA, Cours de droit commercial (nouvelle éd. Paris 1952) nos 80 s.; MUNZINGER, Motive (zit. N. 6) 5 ff.; Botschaft aOR (zit. N. 8) 9, 11, 18. — Frz. CCom. Art. 1, 632 ff.; dtsch. HGB § 1, 343 ff.

rechtlicher Institute (vorn Ziff. II) oder, in der modernen Terminologie: der *Kommerzialisierung des Zivilrechts*.

Das schweizerische Recht kennt nicht nur ganze Rechts*institute* handelsrechtlichen Ursprungs oder Gehalts, die dem Zivilrecht eingegliedert worden sind (und von denen soeben die Rede war), sondern auch *einzelne Vorschriften* dieser Art. Als Beispiel diene Art. 201 OR: Jeder Käufer, ob Kaufmann oder nicht, ist zu *rascher* Prüfung der empfangenen Ware und zu *sofortiger* Erhebung der Mängelrüge verpflichtet — eine Vorschrift, die auf handelsrechtliche Gepflogenheiten zurückgeht. Andere Fälle: Art. 79, 212 I [34].

Fall c)

Soeben ist dargelegt worden (zu Fall b), wie das schweizerische Recht den Begriff der Handelsgeschäfte (actes de commerce) als eines rechtlich abgegrenzten Reservates der Kaufleute ausgeschaltet hat. Diese Sachlage hat den Gesetzgeber dazu geführt, in manchen Fällen ein Institut (zum Beispiel den Kauf) zwar für das Zivilrecht und das Handelsrecht einheitlich zu regeln, wobei er im wesentlichen von den Bedürfnissen des *nichtkaufmännischen* Verkehrs ausgeht, dann aber in einzelnen Bestimmungen *ergänzend* ausdrücklich auf die besonderen Bedürfnisse der *Kaufleute* Rücksicht zu nehmen. Dafür sind zwei Wege beschritten worden:

1. Vorschriften, die eine spezielle Regelung für den *Verkehr «unter Kaufleuten»* (OR Art. 104, ZGB Art. 895) oder für den *«kaufmännischen Verkehr»* aufstellen oder entsprechende Wendungen gebrauchen (OR Art. 124, 190, 191, 215, 313). Doktrin und Praxis [35] haben diese Begriffe abgeklärt. Man nimmt zum Beispiel im Falle des kaufmännischen Retentionsrechts (ZGB Art. 895 II) an, daß beide Parteien der Pflicht zur Eintragung in das Handelsregister unterstehen müssen [36], während die speziellen Bestimmungen für den Kauf im kaufmännischen Verkehr (OR Art. 190/91, 215) dieses subjektive Erfordernis nicht voraussetzen und statt dessen ein objektives Kriterium gilt: daß ein Kauf auf Wiederverkauf vorliegt [37]. Die Lösungen werden somit individualisierend getroffen, auf Grund der jeweiligen ratio legis. Zweifel bestehen heute kaum noch.

Zwei Beispiele für das geschilderte System: Gemäß OR Art. 313 I ist das Darlehen ohne abweichende Vereinbarung unverzinslich, im «kaufmännischen Verkehr» jedoch verzinslich (Art.

---

[34] Überblicke über weitere Tatbestände bei SECRÉTAN 156 und (unter anderem Gesichtspunkt) HIRSCH, Annuario 398 ff., 418/19.

[35] Vgl. die zugehörige Dokumentation.

[36] OFTINGER, Kommentar ZGB IV 2c (2. A. Zürich 1952) Art. 895 N. 116.

[37] BGE 65 II 173; BECKER, Kommentar OR VI 2 (Bern 1934) Art. 190 N. 3; OSER/SCHÖNENBERGER, Kommentar OR V 2 (2. A. Zürich 1936) Art. 190 N. 7—9; SIEGWART 241 N. 12; MORELL, SJZ 30, 4; SECRÉTAN 157; RÜFENACHT 76 ff.; abweichend WIELAND 43 N. 20.

313 II). — Art. 107 sieht für den synallagmatischen Vertrag (also namentlich für den Kauf) vor, daß der Gläubiger dem im Verzug befindlichen Schuldner eine Frist zur nachträglichen Erfüllung ansetzt; nach erfolglosem Ablauf der Frist muß der Gläubiger wählen, ob er immer noch Erfüllung will oder aber auf diese verzichtet und Schadenersatz verlangt. Für den «kaufmännischen Verkehr» kennt Art. 190 demgegenüber ein wesentlich einfacheres Verfahren, falls für die Leistung des Verkäufers ein bestimmter Lieferungstermin verabredet worden ist: es gilt die Vermutung, daß der Käufer auf die verspätete Lieferung verzichte und Schadenersatz wegen Nichterfüllung beanspruche.

2. Vorschriften, die auf *kaufmännische Übungen* und dergleichen verweisen (OR Art. 124, 212, 429, 430) oder solche zulassen (Art. 73, 188, 201, 314 und andere mehr). Auch hier haben Doktrin und Praxis Klarheit geschaffen: Man hat branchenmäßig gefärbte Gepflogenheiten vor sich, die zunächst faktischer Natur sind, denen aber die gesetzliche Verweisung normative Wirkung verleiht, so daß sie zu objektivem Recht werden[38].

Ebenfalls zwei Beispiele: Art. 212 II OR sieht vor, daß der Kaufpreis vom Nettogewicht der Ware berechnet wird, wobei man die Gegenstände effektiv wägt; statt dessen gilt, wo bestehend, die kaufmännische Übung, daß unter anderem ein pauschaler Abzug für die Tara gemacht wird (Al. III Art. 212). — Gemäß Art. 201 soll der Käufer die empfangene Ware daraufhin prüfen, ob sie Mängel aufweist, und zwar sobald dies nach dem «üblichen Geschäftsgange» tunlich ist; die Vorschrift ist [160] dahin zu verstehen, daß für die Bemessung der zur Verfügung stehenden Frist auf die Übungen der jeweiligen Branche abgestellt wird, zum Beispiel werden im Weinhandel etwa acht Tage nach Abschluß des Transportes zugestanden[39].

IV. *Wissenschaftliche Klassierung und Würdigung des schweizerischen Systems*

Es sollen aus den vorangegangenen Darlegungen einige Schlußfolgerungen gezogen, einzelne Präzisierungen angebracht und hernach ein Urteil über die schweizerische Lösung vorgeschlagen werden.

1. Es steht außer Zweifel, daß die Schweiz, ungeachtet des Fehlens eines besonderen Handelsgesetzbuches, ein *Handelsrecht* besitzt[40], nämlich speziell gefaßte Vorschriften für den Handel (das heißt die unter diesem Ausdruck zusammengefaßten Zweige wirtschaftlicher Tätigkeit). Das Gesetz braucht den *handelsrechtlichen Bereich* nicht a priori und expressis verbis scharf abzugrenzen, weil der handelsrechtliche Charakter einer Norm oder eines Rechtsinstituts von Fall zu Fall zu entscheiden ist[41]. Das zentrale Gebiet des Handelsrechts ruht auf dem sogenannten *subjektiven System:* das sind die Vorschriften, die ein «Handels-, Fabrikations-

---

[38] EGGER, Kommentar ZGB I (2. A. Zürich 1930) Art. 5 N. 17.
[39] BGE 26 II 794; ZBJV 83, 129/30; OSER/SCHÖNENBERGER, a.a.O. Art. 201 N. 22, 41.
[40] Anders nur, wenn man das Handelsrecht völlig abweichend von der vorn Ziff. I getroffenen Umschreibung definiert.
[41] Eine Analyse zahlreicher solcher Vorschriften gibt HIRSCH, Annuario 414 ff., 398 ff.

oder ein anderes, nach kaufmännischer Art geführtes Gewerbe» voraussetzen (OR Art. 934 u. a. m.). Andere Vorschriften jedoch stellen auf ein *objektives* Kriterium ab, zum Beispiel Art. 190 (siehe vorn Ziff. III, lit. c). — Zur Frage des Wertes und Unwertes der Klassierung des Handelsrechts nach einem objektiven, subjektiven und gemischten System soll hier im übrigen nicht Stellung genommen werden [42].

2. Das schweizerische Recht kennt keine geschlossene Gruppe von *Handelsgeschäften (actes de commerce)*, die nur Kaufleuten (in einem engeren oder weiteren Sinne) zugänglich sind [43], wohl aber Vorschriften, die im Rahmen einer generell — also zivilrechtlich — getroffenen Regelung handelsrechtliche Ergänzungen anfügen.

3. Der *beherrschende Zug* des schweizerischen Systems ist die Überzeugung, daß das Privatrecht soweit wie möglich *generell* gefaßt und das (zivilrechtliche) Obligationenrecht in der Lage sein soll, die Ansprüche des Handels zu befriedigen. Das verschafft dem Privatrecht nicht nur einen *einheitlichen und monumentalen Charakter,* sondern entspricht dem Postulat der *Gesetzesökonomie* und der *Einfachheit.* Diese Tendenzen, die auch andere Teile des schweizerischen Rechts beherrschen, sind durch die Tradition gefestigt. Unser Recht will so sehr ein generelles Recht sein, daß es nirgends expressis verbis den «Kaufmann» definiert, sondern nur indirekte Umschreibungen vornimmt (OR Art. 934 I, 190 u. a. m.).

4. Die erwähnte *Einheitlichkeit* wird ermöglicht durch einen erheblichen Grad der *Kommerzialisierung des Zivilrechts.* Einzelne Autoren glauben, man sei darin zu weit gegangen, während in andern Fällen gegenteils getadelt wird, die kaufmännischen Bedürfnisse seien zuwenig berücksichtigt [44]. Das Gesetz versucht, einen Mittelweg zu begehen. — Die Einheitlichkeit wird in einer wichtigen Einzelfrage wesentlich erleichtert: Das schweizerische Recht kennt in prozeßrechtlicher Hinsicht kein Erfordernis besonderer Formen allein um des *Beweises* willen (ZGB Art. 10); die Verträge sind grundsätzlich formfrei (OR Art. 11). Gegenbeispiel: CC fr. Art. 1341 ff., CCom fr. Art. 109, CC fr. Art. 1325 ff [45].

---

[42] Über diese Systeme statt vieler: ESCARRA (zit. N. 33) nos 80—85; WIELAND 49 ff.; HIRSCH bei *Schlegelberger* 172 und im Annuario 385 ff. — *Subjektiv* nennt man das System, wenn das positive Recht den Anwendungsbereich des Handelsrechts von bestimmten Eigenschaften der *Personen,* für die das letztere gelten soll, abhängig macht, mit andern Worten, wenn es auf die *Kaufmannseigenschaft* abstellt. *Objektiv* heißt das System, wenn das Kriterium in der Eigenart der vom Handelsrecht erfaßten rechtlichen *Vorgänge,* nämlich der Rechtsgeschäfte und andern Handlungen, liegt, mit andern Worten, wenn es die *Handelsgeschäfte* als Anknüpfungspunkt wählt. Das *gemischte* System verwendet *beide* Kriterien. Einzelheiten finden sich bei den angeführten Autoren.

[43] BGE 79 II 85: «So bedienen sich in der schweizerischen Geschäftspraxis von jeher Kaufleute ebensogut der gewöhnlichen (zivilrechtlichen) Bürgschaft als Nichtkaufleute des (,handelsrechtlichen') Avals.»

[44] OSER/SCHÖNENBERGER (zit. vorn N. 2); GIOVANOLI 24 ff.; SECRÉTAN 155—156.

[45] Dazu ESCARRA (zit. vorn N. 33 nos 101, 998 et s.; HARTENSTEIN, Art. «Kaufmann» in *Schlegelberger,* Rechtsvergleichendes Handwörterbuch IV (Berlin 1932) 722 ff.

5. Wie sich zeigt, enthält das schweizerische Recht trotz seines Strebens nach Einheit zahlreiche typisch handelsrechtliche Institute und Vorschriften. *Insoweit* darf man mit Professor JEAN ESCARRA [46] und andern Autoren sagen, die Einheit sei eine formelle und nicht eine materielle (substantielle). Mit allem Nachdruck ist aber zu betonen, daß die Ausschaltung des im Ausland traditionellen Begriffs der Handelsgeschäfte (actes de commerce) — also die dem OR eigene Regelung der Rechtsgeschäfte gemeinsam für Kaufleute und Nichtkaufleute — eine *materielle Vereinheitlichung* bedeutet; sie tilgt jene Doppelspurigkeit aus dem Privatrecht, die sich in jeder Rechtsordnung [161] findet, welche mit dem Begriff des Handelsgeschäfts arbeitet [47, 48].

6. Die *Berücksichtigung der besonderen Bedürfnisse des Handels* erfolgt im schweizerischen Recht einerseits durch das *Gesetz* selber (davon war des näheren die Rede), anderseits durch die *Auslegung:* man ist darüber einig [49], es sei gegebenenfalls dem Umstande Rechnung zu tragen, daß eine Partei Kaufmann (in einem engeren oder weiteren Sinne) ist oder nicht. Zum Beispiel wird man die Pflicht zur raschen Prüfung und Bemängelung der gekauften Ware (gemäß der mehrmals herangezogenen Vorschrift OR Art. 201) gegenüber einem Kaufmann strenger beurteilen als gegenüber einem Nichtkaufmann.

7. Das *Urteil* der schweizerischen *Autoren* über den *Wert unseres Systems* ist nicht einheitlich. Es fehlt nicht an Stimmen angesehener Juristen, die, wie sie mehr oder weniger deutlich zu verstehen geben, ein besonderes Handelsgesetzbuch vorziehen würden [50]. Auffallenderweise sind es vor allem Spezialisten des Handelsrechts; vielleicht hat sie der größere formale Glanz, die technisch eleganter wirkende Behandlung des Handelsrechts in den Ländern, die ein Handelsgesetzbuch besitzen, beeindruckt. Das schweizerische Handelsrecht wirkt demgegenüber zum Teil etwas hausbacken. Der *Gesetzgeber* hat sich wiederholt, zuletzt 1936, anläßlich der Revision des handelsrechtlichen Teils des OR, für den *Code unique* ausge-

---

[46] In dem vorn N. 33 zit. Werk, N. 50. Ähnlich SECRÉTAN 144; LIMPENS (zit. hinten N. 56) 353, vgl. aber auch 355.

[47] Deswegen kann die Bemerkung des bedeutendsten schweizerischen Autors des Handelsrechts, CARL WIELANDS (S. 40), nicht zutreffend sein, das schweizerische Recht gehe in der Vereinheitlichung nicht weiter als das französische Recht.

[48] Die Meinung ERNST HIRSCHS (Annuario 48), der Unterschied zwischen den Gesetzgebungen mit und ohne besonderes Handelsgesetzbuch sei lediglich ein Problem der Gesetzestechnik, ist an sich richtig. Nur ist beizufügen, daß die Schaffung eines *Code unique* nur dann einen Sinn hat, wenn man in irgendeiner Richtung eine materielle Vereinheitlichung vornimmt, wie dies insbesondere die Schweiz und Italien getan haben und weitere Länder zu tun gedenken (nachstehend § 3).

[49] OSER/SCHÖNENBERGER (zit. vorn N. 2); VON TUHR/SIEGWART, Allgemeiner Teil des schweizerischen Obligationenrechts I (2. A. Zürich 1942) 4; GUHL (zit. vorn N. 27) 24; SECRÉTAN 157/58.

[50] WIELAND 40/41; HAAB 11/12; GIOVANOLI 12 ff.; GMÜR, Über Gegenwart und Zukunft des schweizerischen Zivil- und Handelsrechts (Bern 1913) 34.

sprochen, und nichts deutet darauf hin, daß er heute anders entschiede. In der *Praxis* hat sich das schweizerische System in den siebzig Jahren seines Bestehens bewährt. Prozesse über den Anwendungsbereich handelsrechtlicher Vorschriften sind selten[51]. Mir selber scheint, daß die bestehende Ordnung für die Schweiz die passende sei; sie besitzt erhebliche Vorteile, ihre Nachteile sind keineswegs beunruhigend, und sie hat das gewichtige Argument der Tradition für sich.

§ 3 LAGE UND TENDENZEN IN EINZELNEN ANDERN LÄNDERN

In Frankreich wird seit dem Jahre 1945 eine Totalrevision der privatrechtlichen Kodifikationen vorbereitet. Sofort mußte sich die Frage stellen, ob man den Dualismus des *Code civil* und des *Code de commerce* beibehalten oder zu einem *Code unique* übergehen solle. Zur Diskussion dieses Problems berief das französische *Centre National de la Recherche Scientifique*[52] anfangs Oktober 1953 in Paris ein rechtsvergleichendes *Colloque* ein, an dem fünf ausländische[53] und fünf französische[54] Juristen Berichte über die Lage in ihren Rechtsordnungen vorlegten und unter Teilnahme weiterer französischer Gelehrter besprachen[55]. Die zutage geförderten Einsichten seien hier zusammengefaßt.

In *Deutschland* — dessen HGB und zugehörige Literatur jahrzehntelang den größten Einfluß in zahlreichen Ländern, nicht zuletzt in der Schweiz, ausgeübt hat — spricht eine beachtliche Strömung auf Grund der neueren Rechtsentwicklung einem gesonderten handelsrechtlichen Gesetzbuch das Daseinsrecht ab. Die Ausbreitung kaufmännischer Gepflogenheiten im bürgerlichen Bereich und ihr folgend die Kommerzialisierung des Zivilrechts scheinen so weit gediehen zu sein,

---

[51] So auch SECRÉTAN 148 und selbst WIELAND 41. Unzutreffend folglich die Bemerkung HECKS, das OR verschiebe das Problem der Abgrenzung des Bereichs des Handelsrechts vom Gesetzgeber zum Richter: Archiv für die civilistische Praxis 1902, 463. — Ein Gegenbeispiel: gemäß Angabe von LIMPENS (zit. hinten N. 56) finden sich in den Judikatursammlungen Belgiens, das nach französischem Vorbild Handels- und Zivilrecht scheidet, von 1814 bis heute über 2000 Urteile publiziert, die sich mit der Abgrenzung der beiden Domänen befassen.

[52] Eine der Funktion nach einigermaßen dem schweizerischen Nationalfonds zur Förderung der wissenschaftlichen Forschung vergleichbare Organisation.

[53] Die Professoren TULLIO ASCARELLI (Rom), E. M. MEIJERS (Leiden), HANS MÖLLER (Hamburg), HESSEL E. YNTEMA (Michigan/USA), OFTINGER (Zürich). — Die vorstehenden Darlegungen über das schweizerische Recht stützen sich auf das Referat des zuletzt Genannten.

[54] Die Professoren A. AMIAUD, RENÉ DAVID, LÉON MAZEAUD, GASTON LAGARDE (alle in Paris), ROGER HOUIN (Rennes), ANDRÉ TUNC (Grenoble).

[55] Die Referate werden mit Auszügen aus der Diskussion und den abschließend gezogenen Konklusionen im Druck erscheinen und dem Leser genaueren Einblick verschaffen, unter anderem auch in die Lösung im *amerikanischen Recht*, das ich, wie das *englische*, übergehen muß.

daß das Handelsrecht als Sondermaterie seine Substanz verliert, während das Zivilrecht sich immer mehr den wirtschaftlichen Bedürfnissen anpassen muß. Die formale Trennung des Handels- und des Zivilrechts, wie sie dem geltenden Recht entspricht, wird dadurch gegenstandslos.

[162] *Italien* — das nach dem Urteil CARL WIELANDS von allen Ländern dem Handelsrecht die regste Pflege zuteil werden ließ — besaß bis 1942 nach französischem Vorbild neben dem *Codice civile* einen *Codice di commercio*. Der neue *Codice civile* ersetzt beide Gesetzbücher, stellt somit das Einheitsgesetz des Zivil- und Handelsrechts dar. Ungeachtet dessen wird die Autonomie des Handelsrechts als Sachgebiet und wissenschaftliche Disziplin von zahlreichen Autoren stark unterstrichen. Kristallisationspunkt der zuletzt genannten Tendenzen ist der Begriff des Unternehmens (*impresa*, Art. 2082).

Nach französischem Vorbild besaßen die *Niederlande* seit 1811 ein Zivil- und ein Handelsgesetzbuch, die beide 1838 erneuert wurden. Seit dem Ausgang des 19. Jahrhunderts wurde die scharfe Trennung zwischen Zivil- und Handelsrecht Schritt für Schritt abgebaut, so daß heute, wenn nicht formell, so doch materiell eine weitgehend einheitliche Ordnung besteht. Es herrscht die Absicht, im Rahmen der im Wurf befindlichen Revision der privatrechtlichen Gesetzgebung einen *Code unique* zu schaffen.

In *Frankreich* steht die Frage der Abschaffung des *Code de commerce* zugunsten eines *Code unique* mitten in der Diskussion. Zahlreiche Stimmen treten für diese Lösung ein. Auch wenn das letzte Wort durchaus noch nicht gesprochen ist[55a], so scheint doch im allgemeinen die Überzeugung zu herrschen, daß eine Reihe der im geltenden Recht enthaltenen Differenzierungen zwischen den Rechtsgeschäften des Handelsrechts und des Zivilrechts überlebt sind, etwa Unterschiede in der Beweisfrage, der Verjährung, der Inverzugsetzung, den Verzugszinsen, der Ordnung des Mobiliarpfandes usw., und zwar wird sich die handelsrechtliche Regelung durchsetzen, gemäß dem überall feststellbaren Schema der Kommerzialisierung des Zivilrechts. Desungeachtet wird das französische Recht einen wichtigen Teil des Handelsrechts bisheriger Konzeption — das stark ausgebaute Recht der *entreprise* — als ein Sonderrecht beibehalten.

Für *Belgien*, das nach französischem Modus die Zweiheit von *Code civil* und *Code de commerce* kennt und das Handelsrecht sowohl als Domäne der *commerçants* wie auch der *actes de commerce* umschreibt, vertritt Professor LIMPENS (Brüssel und Gent) in eindringlichen Ausführungen[56] die Auffassung: «Le vieux

---

[55a] VAN RYN, Professor in Brüssel: Autonomie nécessaire et permanence du droit commercial, Revue trimestrielle de droit commercial (Paris 1953) 565.
[56] In einem wohl dokumentierten, namentlich auch rechtsvergleichend aufschlußreichen Artikel des Journal des Tribunaux (Bruxelles) 68 (1953) 353 ff.

droit commercial a terminé sa course.» Er betrachtet, nicht nur für sein Land, den *Code unique* als die Formel der Zukunft und den Begriff der *actes de commerce* als gegenstandslos. Schon liegt ein Gesetzesentwurf vor, der die Regeln über das kommerzielle und das bürgerliche Mobiliarpfand vereinheitlichen soll.

§ 4 FOLGERUNGEN

Der Überblick über die Bestrebungen in einigen Ländern zeigt, so summarisch er auch ausfallen mußte, deutlich, daß heute eine verbreitete Tendenz nach dem Zusammenschluß der Gebiete des Handels- und des Zivilrechts besteht: Einmal in *formeller Hinsicht* (Streben nach Schaffung eines *Code unique*), dann nach der *materiellen Seite* insofern, als das vielfach übertrieben differenzierte Regime der Handelsgeschäfte und der bürgerlichen Geschäfte der Vereinheitlichung ruft, wobei die neue — unifizierte — Fassung sich die fortgeschritteneren Lösungen des Handelsrechts zunutze machen wird. Beides liegt genau in der Linie, die das schweizerische Recht mit dem aOR eingeschlagen hat [57]. Über unsern Stand der Vereinheitlichung hinaus gehen die mancherorts hervortretenden Absichten, auch den Unterschied zwischen den Kaufleuten und den Nichtkaufleuten [58] — also das subjektive Kriterium der Abgrenzung des Handelsrechts — im wesentlichen abzubauen, so daß zum Beispiel der Konkurs der normale Vollstreckungsweg auch im bürgerlichen Bereich würde.

Mit diesen unifizierenden Bestrebungen kreuzt sich überall eine *gegenläufige Tendenz,* die auf anderer Ebene wiederum die *Aufsplitterung der Rechtsordnung fördert.* Sie entstammt im wesentlichen drei Bereichen:

1. dem Hang nach *Spezialgesetzgebung.* Er beruht auf dem Glauben, daß mit immer stärkerer Differenzierung eine richtigere Ordnung erzielt werden könne, ungeachtet der dadurch unweigerlich eintretenden Opferung des universalen Charakters der Rechtsordnung und der akuten Gefahr der Bevorzugung von Sonderinteressen.

2. der Schaffung von *Standesrechten* (droit professionnel). Das Arbeitsrecht und das Agrarrecht sind in der Schweiz die auffälligsten Beispiele [59]. Statt des einen

---

[57] Es ist bewunderungswürdig, daß MUNZINGER neunzig Jahre vor der heute sich verbreitenden Auffassung, daß Handels- und Zivilrecht eine Einheit bilden, diesen Gedanken konzipiert und verwirklicht hat, ungeachtet der gegenteiligen Suggestion durch den Code de commerce und das damals bereits geschaffene Allgemeine Deutsche HGB — und daß er Gefolgschaft gefunden hat. Völlig klar sah auch der vorn N. 10 zitierte VON ORELLI.

[58] Für die Schweiz vgl. vorstehend § 2 Ziff. III lit. a.

[59] Auch die Schutzordnungen für die Uhrenindustrie, die Hotellerie und andere mehr gehören hierher.

Standesrechts der Kaufleute, als welches das traditionelle Handelsrecht ausländischer Prägung auftrat, [163] erhebt sich eine Vielheit von Standesrechten. — Die partielle Übertragung klassischer Prärogativen des Staates in Gesetzgebung, Justiz und Verwaltung an die Wirtschaftsverbände gehört ebenfalls hierher.

3. der immer massiver und breiter werdenden Beteiligung des *Verwaltungsrechts* an der rechtlichen Gestaltung der wirtschaftlichen Vorgänge; eine Erscheinung, die jedermann so sehr gegenwärtig ist, daß weitere Worte nicht erforderlich sind.

Es ist hier nicht der Ort, sich näher über diese Tendenzen auszulassen. Für heute darf der Hinweis auf sie genügen.

II.
ZIVILRECHT
(OHNE HAFTPFLICHTRECHT)

DIE KRISENBEDINGTE VERÄNDERUNG DER GRUNDLAGEN BESTEHENDER VERTRÄGE*

(Von der sog. Clausula rebus sic stantibus)
Ein Überblick auf Grund bundesgerichtlicher Judikatur
und inländischer Literatur

I. DAS PROBLEM

[229] Zum viertenmal in einem Vierteljahrhundert tritt die Schweiz in eine Periode wirtschaftlicher Erschütterungen und Umwälzungen ein, die von größter Bedeutung sind für das Vertragsrecht. Der *Weltkrieg* von 1914 bis 1918 und die Nachkriegsjahre zeitigten außerordentliche Verhältnisse. Die Stellung der Schweiz als eines kriegsumbrandeten Binnenlandes brachte sehr große Schwierigkeiten für die Beschaffung der Importwaren mit sich. Beschlagnahme durch Export- oder Tran-

---

* *Schweizerische Juristen-Zeitung 36 (1939/40), S. 229—236, 245—249.*

Literatur: SIEGWART, Der Einfluß veränderter Verhältnisse auf laufende Verträge nach der Praxis der schweizerischen Gerichte seit dem Kriege, in Freiburger Festgabe für den Schweizerischen Juristenverein 1924, 77 f.; HANS WEBER, Das richterliche Änderungsrecht bei Dauerverträgen, Diss. Zürich 1924; WELTI, La guerre et la responsabilité contractuelle, Diss. Genf 1918; HUNGERBÜHLER, Die Erhöhung der Strompreise bei langfristigen Verträgen durch die Elektrizitätswerke, ZBl. 22, 1 f.; FICK, Die «Clausula» und die «Aufwertung» nach schweizerischem Recht in ZSR 44, 153 ff.; WIELAND, Zur Lehre von der Unmöglichkeit der Erfüllung von Lieferungsverträgen. Kriegsklauseln, ZSR 36, 456 ff.; HANS MÜLLER, Die Einwirkung der Währung auf die privatrechtlichen Verhältnisse, ZSR 43, 109a ff.; BARTH, De l'influence du change sur les rapports de droit privé, ZSR 43, 194a ff.; PICOT, Les cours du change et le droit, ZSR 40, 328 ff.; OSER/SCHÖNENBERGER, Kommentar zum OR, Art. 119 N. 5 f.; VON TUHR, Allgemeiner Teil des schweizerischen Obligationenrechts II, 565 f.; GUHL, Das schweizerische Obligationenrecht I (Zürich 1936) S. 140; ROSSEL, Manuel du Droit fédéral des obligations I (Lausanne 1920) no 690; Exposé des Vororts des Schweizerischen Handels- und Industrievereins (Die Rechtslage der Arbeits- und Lieferungsverträge infolge der Kriegswirren), SJZ 11, 71 f.; HEDEMANN, Richterliche Umgestaltung laufender Verträge, SJZ 17, 305 ff.; STAMMLER, Änderung laufender Verträge, ZBJV 58, 1 ff.; THILO, Clausula rebus sic stantibus, JdT 1937, 66 ff.; HENGGELER, Die Abwertung des Schweizer Frankens und ihr Einfluß auf die zivilrechtlichen Verhältnisse, ZSR 56, 236a, 459a; GUISAN, La dévaluation du franc suisse et ses effets de droit civil, ZSR 56, 314a ff.; BÜRGI, Ursprung und Bedeutung der Begriffe «Treu und Glauben» und «Billigkeit» im schweizerischen Zivilrecht (Bern 1939) 136 ff.

Über die sehr umfangreiche deutsche Judikatur und Literatur orientieren unter andern ENNECCERUS/LEHMANN, Lehrbuch des bürgerlichen Rechts II (Marburg 1932) §§ 11a, 41; STAUDINGER/WERNER, Kommentar zum BGB, § 242 N. V 1b. Fürs französische Recht PLANIOL/RIPERT/ESMEIN, Traité pratique de Droit civil français VI (Paris 1930) nos 391 et s.; RIPERT, Le régime démocratique et le Droit civil moderne (Paris 1936) nos 154 et s. Zur Rechtsvergleichung ferner SCHMITZ, bei *Schlegelberger*, Rechtsvergleichendes Handwörterbuch II (Berlin 1927), Artikel «Clausula rebus sic stantibus», 634 ff.

sitländer, Ausfuhrverbote, Mangel an Transportmitteln, Verschwinden bestimmter Waren vom Markt gestalteten die Einhaltung von Verträgen, die direkt oder indirekt von der Belieferung durchs Ausland abhingen, prekär. Eine sehr fühlbare Teuerung mußte sich verderblich auswirken für denjenigen, der eine sukzessive oder spät fällig werdende Leistung auf Grund tiefer Beschaffungskosten versprochen hatte und sie bei stark erhöhten Beschaffungskosten erfüllen mußte. Zahlreich sind die Gerichtsurteile, die durch solche Verhältnisse hervorgerufen worden sind[1]. Die sog. *Weltwirtschaftskrise* mit ihren katastrophalen Umsatzrückgängen in verschiedenen Branchen mußte wiederum beträchtliche Erschütterungen der Grundlagen langdauernder Verträge mit sich bringen; man denke etwa an Miet- und Pachtverträge im Hotel- und Gastwirtschaftsgewerbe[2]. [230] Die *Abwertung*[3] des Schweizer Frankens vom 27. September 1936 brachte insofern ein neues Moment in den Krisenverlauf, als sie eine Steigerung der Beschaffungskosten für Importwaren erwarten ließ, was — wie schon zur Kriegszeit — die Grundlage bestehender Verträge, die sich direkt oder indirekt darauf bezogen, erschüttern konnte. Die damaligen Befürchtungen gibt eine dem Bundesrat am 6. Oktober 1936 eingereichte «Kleine Anfrage» von Nationalrat Bossi (Chur) wieder, die der Landesregierung folgendes zu bedenken gab:

«Zahlreiche Geschäftsleute in der Schweiz haben vor der Abwertung Warenbestellungen im Auslande auf Grund der englischen oder amerikanischen Währung gemacht bzw. machen müssen und sind vielfach vor der Bezahlung, d. h. vor Ende der Zahlungsfrist, von der Abwertung des Schweizer Frankens überrascht worden. Die Folge davon ist für die davon Betroffenen ein großer Schaden, der die Differenz zwischen der früheren und der jetzigen schweizerischen Währung beträgt.

Ist der Bundesrat nicht der Ansicht, daß für solche Fälle ein billiger Ausgleich durch angemessene Bundesbeiträge oder in irgendeiner anderen Weise getroffen werden soll, womit auch drückende Preiserhöhungen leichter vermieden werden könnten?»

Der Bundesrat erteilte am 17. November diese Antwort:

«Der Bundesrat hat sich mit der Lage schweizerischer Importeure befaßt, die vor der Währungsänderung im Auslande Waren in ausländischer Valuta oder unter Goldklausel gekauft und bereits im Inland in Schweizer Franken fest verkauft haben. Falls diese Importeure unterließen, sich rechtzeitig in der entsprechenden Valuta einzudecken, erwächst ihnen je nach der Währung, in der sie verpflichtet sind, aus der Abwertung ein Kursverlust.

In erster Linie muß es der gütlichen Verständigung zwischen dem Importeur, seinen Lieferanten und Abnehmern vorbehalten bleiben, zu versuchen, solche Verluste unter sich zu verteilen. Dem Bunde ist es nicht möglich, eine finanzielle Hilfe zu gewähren oder durch Erlaß recht-

---

[1] Vgl. insbesondere die eingehende Verarbeitung der Judikatur bei SIEGWART.
[2] Vgl. z. B. BGE 59 II 372 ff.
[3] «Die Einwirkung der Abwertung auf langfristige Verträge» war der Gegenstand einer (nicht veröffentlichten) Antrittsvorlesung, die der Verfasser am 12. Dezember 1936 vor der Rechts- und staatswissenschaftlichen Fakultät der Universität Zürich gehalten hat; aus ihr konnte der vorliegende Aufsatz einiges schöpfen.

Die krisenbedingte Veränderung der Grundlagen bestehender Verträge

licher Maßnahmen in bestehende Privatverträge einzugreifen. Der Bund muß es denn auch grundsätzlich ablehnen, für die aus der Änderung der Währung den Einzelnen entstandenen Nachteile aufzukommen, nachdem ihm diese Maßnahme durch die Ereignisse aufgezwungen wurde.
Soweit die betroffenen Kaufleute glauben, in der Tatsache der Abwertung einen Grund erblicken zu können, der sie von den eingegangenen Verträgen entbindet oder der eine Anpassung der Verträge an die neuen Verhältnisse rechtfertigt, hätten sie, falls die angeratene gütliche Einigung abgelehnt wird, ihren Standpunkt vor den Gerichten zu verfechten.»

Entgegen den auch in der Öffentlichkeit von verschiedenen Seiten geäußerten und in der Presse diskutierten Befürchtungen sind erhebliche Schwierigkeiten ausgeblieben; den Importeuren scheint es meist gelungen zu sein, über die kritische Periode hinwegzukommen[4]. Dank einer energischen Preiskontrolle blieb die Teuerung im Inland in verhältnismäßig bescheidenen Grenzen. Gerichtliche Streitigkeiten scheinen selten gewesen zu sein.

Der im *September 1939 ausgebrochene Krieg* wird neuerdings ähnliche Probleme wie der letzte stellen; das mag es rechtfertigen, im folgenden kurz die *wesentlichen Gesichtspunkte* hervorzuheben.

Die *Frage* läßt sich wie folgt charakterisieren: Jeder Vertrag beruht auf bestimmten tatsächlichen Verhältnissen, die seine Grundlage bilden. Sie können bloß Motive sein oder in irgendeiner Weise zum Bestandteil des Vertrages erhoben werden. Ändert sich diese Grundlage, so frägt sich, ob man gleichwohl an den Vertrag gebunden bleibe. Es ist üblich, diese Frage als eine solche nach der Anwendbarkeit und Tragweite der sog. Clausula rebus sic stantibus zu betrachten; inwieweit das richtig ist, wird noch zu besprechen sein. Vom Gesichtspunkt gerichtlichen Vorgehens aus gesehen geht die Frage dahin, ob der Richter wegen Änderung der Vertragsgrundlage in einen bestehenden Vertrag eingreifen könne; bejaht man dies, so frägt sich, welcher Art der Eingriff sein könne. Verhältnismäßig einfach ist das Problem dann, wenn der Gläubiger eines in Schwierigkeiten geratenen Schuldners vom Vertrag zurücktritt oder sonst auf die Leistung verzichtet (OR 107 II) und Schadenersatz verlangt (OR 107 II, 109). Der Richter hat hier alle Freiheit, bei der Bemessung des Schadenersatzes (OR 99 III in Verbindung mit OR 43/44) den besondern Umständen des Falles und der Kleinheit des Verschuldens Rechnung zu tragen[5].

Auszugehen ist von der Feststellung, daß das Privatrecht grundsätzlich auf dem Boden der *Vertragsfreiheit* steht. Das Korrelat dazu ist der Grundsatz der *Vertragstreue;* sind Verträge einmal innerhalb der Gültigkeitsschranken der Rechtsordnung gesetzmäßig zustande gekommen, so sind sie, wie sie lauten, zu halten.

---

[4] Vgl. auch HENGGELER, 239a, 240a, 253a.
[5] BGE 43 II 170 ff., 225 ff., 352 ff., 784 ff.; 44 II 510 ff.; 46 II 145 ff.; 47 II 391 ff.

Folglich ist der normale Erlöschungsgrund der Obligation die Erfüllung; kann sie nicht verwirklicht werden, so muß der dafür verantwortliche Vertragsteil die Konsequenzen tragen (OR 97 ff.), es sei denn, er könne sich exkulpieren oder [231] die Unmöglichkeit der Erfüllung sei unverschuldet (OR 119). Unterstellt man die Richtigkeit der Hypothese, daß die Vertragsparteien bei Veränderung der Vertragsgrundlagen unter bestimmten Voraussetzungen nicht mehr an den Vertrag gebunden seien, so anerkennt man damit einen neuen, in allgemeiner Form im Gesetz nicht vorgesehenen *Erlöschungsgrund der Obligation*. Das ist die dogmatische Seite des Problems.

Die Frage der Bedeutung veränderter Verhältnisse für bestehende Verpflichtungen *reicht über das Vertragsrecht hinaus*. So beruht die Möglichkeit der Ehescheidung zum Teil darauf. Insbesondere gehören hierher die Vorschriften von ZGB 153 I/II (Aufhebung oder Herabsetzung einer als Scheidungsnebenfolge zugesprochenen Rente)[6], 156/7 (Anpassung der Gestaltung der Elternrechte usw. nach einer Scheidung), 170 III (Anpassung ehelicher Unterhaltsbeiträge), 320 (Revision der Alimentenpflicht eines außerehelichen Vaters), 329 I (Anpassung der Verwandtenunterhaltsbeiträge) usw. Auch die Frage der Modifikation von Renten, die im Anschluß an eine Körperverletzung oder eine Tötung zugesprochen worden sind, gehört dem Grundsatz nach in diesen Zusammenhang.

II. GESETZLICH NORMIERTE LÖSUNGEN

Es wäre theoretisch denkbar, daß in einer konkreten Rechtsordnung ein *allgemeiner Rechtssatz* ausgesprochen wäre, wonach Verträge nur so lange unverändert gelten, als die Verhältnisse gleichbleiben. Das war im Codex Maximilianeus Bavaricus Civilis von 1756 (IV 15 § 12) der Fall, wo in der umständlichen Rechtssprache der Zeit folgendes bestimmt war:

«... und da alle Verbindungen die clausulam rebus sic stantibus stillschweigend in sich halten, so werden solche auch durch die Veränderung der in obligationem gebrachten Sache, jedoch andersgestalt nicht, als unter folgenden drei requisitis aufgehoben, wenn nämlich erstens sothane Veränderung weder mora noch culpa aut facto debitoris veranlaßt worden, selbe auch zweitens nicht leicht vorauszusehen gewesen und endlich drittens von solcher Beschaffenheit ist, daß, wenn debitor solche vorausgewußt hätte, er sich nach unparteilichem und redlichem Gutdünken verständiger Leute nimmermehr darauf eingelassen haben würde...»

---

[6] Über die Frage der Erhöhung einer solchen Rente wegen gesunkener Kaufkraft der Landeswährung BGE 51 II 15.

Auch das 1794 erlassene preußische Landrecht enthielt (I 5 §§ 377 ff.) eine ähnliche Norm; von neuern Gesetzgebungen wäre auf das polnische Obligationenrecht von 1933 hinzuweisen[7]. In den modernen Rechten fehlen solche Vorschriften sonst zumeist; so auch im schweizerischen Obligationenrecht.

Dagegen kennt dieses eine ganze Reihe *besonderer Bestimmungen,* in denen auf dem Gebiet des Vertragsrechts eine Änderung der Verhältnisse eine Aufhebung oder gar richterliche Anpassung des Vertrags erlaubt. Dahin gehören namentlich die Rücktritte aus wichtigen Gründen, die sofortigen Kündigungen und sonstigen einseitigen Aufhebungen von Verträgen und Gesellschaftsverhältnissen wie im Fall von OR 82 (exceptio non adimpleti contractus), 83 (einseitige Zahlungsunfähigkeit), 250 (Schenkung), 269 (Miete), 291 (Pacht), 309 II (Gebrauchsleihe), 352 (Dienstvertrag), 476 (Hinterlegung), 527 (Verpfründung), 545 II (einfache Gesellschaft), 574 I (Kollektivgesellschaft), 619 I (Kommanditgesellschaft), 736 Ziff. 4 (Aktiengesellschaft), 770 II/777 I (Kommanditaktiengesellschaft), 820 Ziff. 4 (Gesellschaft mit beschränkter Haftung), 843 II (Genossenschaft)[8]. Für Preiskartellverträge muß ebenfalls eine Auflösung aus wichtigen Gründen angenommen werden[9], was für den Agenturvertrag die allgemeine Ansicht ist[10]. Eine Anpassung des Vertrages an die veränderten Verhältnisse ist vorgesehen in OR 287 (Pacht) und 373 II (Werkvertrag). In den Fällen von OR 163 III (Konventionalstrafe) und 417 (Mäklervertrag) können die fraglichen Geldleistungen schlechthin vom Richter herabgesetzt werden[11].

Die Beispiele zeigen, daß das schweizerische Recht durchaus nicht ein starres Prinzip der Vertragstreue vertritt, sondern Abweichungen vorsieht, wo in einzelnen Fällen besondere Verhältnisse dies zu rechtfertigen scheinen. Fraglich ist nun, unter welchen Voraussetzungen der darin enthaltene Gedanke verallgemeinert werden darf. Daß hier mit äußerster Vorsicht und großer Zurückhaltung vorgegangen werden muß, wird sofort offenbar, wenn man sich das Gegenteil der Vertragstreue vorstellt; eine absolute Vertragsuntreue hätte unweigerlich Anarchie zur Folge und raubte dem gesellschaftlichen Leben jede Grundlage, führte sich somit selber ad absurdum.

Das in der Überschrift enthaltene Problem würde sich dann gar nicht stellen, wenn *krisenbedingte gesetzliche Erlasse* generell oder speziell unter zu umschrei-

---

[7] THILO 66 N. 2.
[8] Vgl. auch BGE 61 II 193.
[9] Dazu BGE 62 II 36.
[10] BGE 60 II 336; BlZR 4 Nr. 74; 10 Nr. 15; SJZ 7, 104; OSER/SCHÖNENBERGER, Art. 319 N. 36; BECKER, Art. 319 N. 27; 394 N. 8.
[11] OR 119 gehört dagegen nicht hierher, sondern ist eine Konsequenz des selbstverständlichen Satzes «impossibilium nulla est obligatio».

II. Zivilrecht (ohne Haftpflichtrecht)

benden Voraussetzungen die Aufhebung oder Abänderung von bestimmten Verträgen, oder auch nur von gewissen Vertragsbestimmungen, erlauben würden. So wurden in Deutschland während des Weltkrieges [232] zahlreiche laufende Verträge abgeändert[12]; ein Reichsgesetz über die Hypothekenzinsen vom 2. Juli 1936 hat die Herabsetzung der Hypothekarzinsen ermöglicht, und eine «Vertragshilfeverordnung des Generalbevollmächtigten für die Reichsverwaltung vom 30. November 1939» sieht auf breiter Basis die Aufhebung und Anpassung laufender Verträge vor. Im französischen Recht ist eine Loi Failliot vom 21. Januar 1918 bedeutsam geworden, welche die Auflösung von Vorkriegs-Handelsverträgen gestattete; zahlreich sind die krisenbedingten[13] Eingriffe in laufende Verträge in den letzten Jahren geworden. Durch Dekrete vom 1./26. September und 30. November 1939, denen ein solches vom 1. Juli 1939 vorangegangen ist, wird bereits die Aufhebung und Anpassung von Mietverträgen geordnet. Auch andere Länder hatte die vergangene Kriegszeit zu entsprechenden Maßnahmen gezwungen[14]. Im Zusammenhang mit den zahlreichen Währungsabwertungen der letzten Jahre[15] wurden in verschiedenen Ländern die Goldklauseln für ungültig erklärt, was einen krisenbedingten Eingriff in bestehende Verträge darstellt. Was die *Schweiz* betrifft, so ist an folgendes zu erinnern: Durch eine Motion Rais (Neuenburg) wurde der Bundesrat in der Nationalratssitzung vom 22. Dezember 1937

> «eingeladen, entsprechend den Vorkehren anderer Abwertungsländer einen Beschlußentwurf vorzulegen, durch den jede vertragliche Bestimmung als nichtig erklärt wird, die zur Berechnung einer in der gesetzlichen Währung zu entrichtenden Summe den durch die Abwertung des Schweizer Frankens bedingten Kursunterschied berücksichtigt».

Damit sollten insbesondere die Goldklauseln getroffen werden. Die Motion wurde abgelehnt; denn — so wurde von bundesrätlicher Seite erklärt — «die Aufhebung der Goldklausel würde mindestens soviel Ungerechtigkeiten und Nachteile bringen wie deren Anwendung seit der Abwertung». Ein schweizerisches Beispiel für einen gesetzgeberischen Eingriff in laufende Verträge bot in der Weltkriegszeit ein BRB betr. die Elektrizitätsversorgung des Landes vom 7. August 1918[16], der in Art. 2 lit. d / Art. 5 dem Volkswirtschaftsdepartement die Kompetenz einräumte, auf Elektrizitätslieferung bezügliche reglementarische Vorschriften, Konzessions-

---

[12] Dazu neben der deutschen Literatur HEDEMANN 306. Die nachstehenden Angaben erheben nicht Anspruch auf Vollständigkeit.

[13] Sie werden von RIPERT, Le régime démocratique et le droit civil moderne, no 159, lebhaft kritisiert.

[14] Vgl. SIEGWART 78 ff.; WYLER in SJZ 18, 46; SCHMITZ in Rechtsvergleichendes Handwörterbuch II 634 ff.

[15] Von 1931 bis 1936 wurden 21 europäische Währungen abgewertet.

[16] AS 34, 824.

bestimmungen und Verträge in ihrer Wirksamkeit einzustellen. Als Sanktion gegen die Übertretung von Preisvorschriften und von Bestimmungen über die Regelung der Milchproduktion ist verschiedentlich die behördliche Aufhebung oder Abänderung von Verträgen vorgesehen worden [17], was aber nicht in diesen Zusammenhang gehört, sondern in denjenigen der Konsequenzen der Rechtswidrigkeit des Vertragsinhalts.

In der Fülle der Erlasse, die seit dem Ausbruch des gegenwärtigen *Krieges* herausgekommen sind, findet sich m. W. keine wesentliche Norm, die im fraglichen Sinne Eingriffe in laufende Verträge zum Zweck der Berücksichtigung der Veränderung der Vertragsgrundlagen ermöglichte. Soweit die Herabsetzung, Annullierung oder Umwandlung von Kapital- und Zinszahlungsverpflichtungen notwendig erscheinen, muß dies auf dem Wege des Nachlaßvertragsverfahrens angestrebt werden; die verschiedenen außerordentlichen Verfahren sehen dafür eine Reihe von Möglichkeiten vor. Indirekt hat die Kriegsgesetzgebung unseren Problemkreis insofern berührt, als ein generelles Verbot der Preiserhöhungen besteht [18]; infolgedessen sind wenigstens zur Zeit allzugroße Preisschwankungen im Inland ausgeschlossen [19], so daß im Rahmen der Binnenwirtschaft die Veränderungen der Vertragsgrundlagen, welche richterlichen Eingriffen rufen könnten, weitgehend ausgeschaltet werden. Für Preisschwankungen, die von ausländischen Faktoren beeinflußt werden, trifft dies natürlich nicht zu.

Soweit also nicht gesetzliche Normen die Berücksichtigung der Veränderung der Grundlagen laufender Verträge ausdrücklich gestatten, müssen die folgenden Überlegungen Platz greifen, die darüber Aufschluß geben sollen, wann und wie der Richter zu einem Eingriff befugt sei. Daß die Parteien nicht zur Anrufung des Richters verpflichtet sind, sondern jederzeit die Möglichkeit besitzen, auf dem Wege freier Vereinbarung einen Vertrag aufzuheben oder abzuändern, bedarf wohl keiner Erörterung.

---

[17] OFTINGER, Gesetzgeberische Eingriffe in das Zivilrecht, ZSR 57, 631a/632a; auch die seit dem Kriegsausbruch geltenden Preisvorschriften sehen solche Sanktionen vor, vgl. BRB betr. die Kosten der Lebenshaltung und den Schutz der regulären Marktversorgung, vom 1. September 1939, Art. 3 I lit. b (AS 55, 817).

[18] Grunderlasse: BRB betr. die Kosten der Lebenshaltung und den Schutz der regulären Marktversorgung, vom 1. September 1939; zugehörige Verfügung I des Eidgenössischen Volkswirtschaftsdepartements, vom 2. September 1939 (AS 55, 817 und 820).

[19] Der Landesindex der Kosten der Lebenshaltung ist von Ende August bis Ende Dezember 1939 um bloß 3,5 % gestiegen; vgl. Die Volkswirtschaft, 13. Jg. (1940), S. 5.

III. VORAUSSETZUNGEN EINES RICHTERLICHEN EINGRIFFS

A. Negative Voraussetzungen

[233] Liegt eine der folgenden negativen Voraussetzungen vor, so kommt normalerweise ein richterlicher Eingriff nicht in Betracht:

1. Es ist denkbar, daß eine Partei ausdrücklich durch eine entsprechende *Klausel*[20] das *Risiko* der Veränderung der Verhältnisse *übernommen* hat, indem sie z.B. die Vertragserfüllung auch für den Fall eines Kriegsausbruchs zusichert oder indem abgemacht wird, daß Preisschwankungen auf die Vertragserfüllung keinen Einfluß haben sollen. Hierher gehören auch die Gold- und anderen Valutaklauseln, auf die hier nicht weiter eingetreten werden soll[21]. Ist eine solche Klausel stipuliert worden, so ist der Vertrag zu halten, wie er abgeschlossen worden ist[22], es sei denn, die Erschwerung wäre für den Schuldner so groß geworden, daß im Sinn der spätern Ausführungen der Zwang zur Vertragserfüllung eine ausgesprochene Ausbeutung darstellen würde. Dabei ist aber ein wesentlich strengerer Maßstab anzulegen, als wenn keine Klausel vorhanden ist.

2. Häufiger sind gegenteilige Klauseln, wonach für den Fall außerordentlicher Lieferungserschwerungen die *Verantwortlichkeit abgelehnt* oder *beschränkt* wird, die *Lieferpflicht entfällt* oder *erleichtert* oder ein *Rücktrittsrecht* eingeräumt wird, und was dergleichen Vorsichtsmaßnahmen mehr sind[23]. Auch eine *Anpassung* an die neuen Verhältnisse, speziell eine Preiserhöhung, kann stipuliert sein[24]. Die Tragweite der Klauseln zu bestimmen ist häufig eine Frage der Auslegung[25]. Die Existenz auch solcher Klauseln erübrigt in der Regel einen besondern richterlichen Eingriff in den Vertrag.

3. Statt aus einer (ausdrücklichen) Klausel können sich die in Ziff. 1 und 2 erwähnten Vertragsinhalte auch *konkludent* aus dem Vertrag und den Umständen ergeben[26].

---

[20] BGE 43 II 352; 46 II 162 ff.; Siegwart 98 ff.; Wieland 462 ff.; Weber 18 ff., 40 ff.

[21] Dazu die bei Henggeler, Artikel «Goldklausel», im Handbuch der schweizerischen Volkswirtschaft I (Bern 1939) 544/45 zusammengestellte Literatur.

[22] BGE 46 II 162/3.

[23] BGE 41 II 679; 42 II 220, 228, 240; 43 II 84/85, 166; 44 II 520; 45 II 40, 52, 193, 636 ff.; 46 II 263; 48 II 222, 245. Darüber eingehend Siegwart 99 ff. Solche, die Haftung ablehnenden oder einschränkenden Bestimmungen nennt man *Freizeichnungsklauseln*. Auf den Krieg bezügliche Abmachungen werden als *Kriegsklauseln* bezeichnet; vgl. BGE 45 II 37 ff., 192 ff.; Siegwart 99 ff.; Weber 18 ff.; Wieland 462 ff.

[24] BGE 48 II 444/45.

[25] Vgl. z.B. BGE 44 II 416; 45 II 195 ff., 637; 47 II 400; 48 II 246.

[26] BGE 43 II 84, 174, 217, 220, 501; 45 II 42, 197.

4. Der Schuldner darf sich nicht auf die Veränderung der Verhältnisse berufen, wenn ihn daran ein *Verschulden* trifft[27]; das ergibt sich aus einem allgemeinen Rechtsgrundsatz. Ein solches Verschulden kann z. B. im Versäumen der rechtzeitigen Eindeckung mit Waren liegen[28]. Verschulden liegt auch vor, wenn der Schuldner im Moment der kritischen Grundlagenänderung, z. B. eines Kriegsausbruchs, sich im Verzug befand[29]; denn hier ist nicht der Kriegsausbruch für die Erschwerung der Verhältnisse kausal, sondern die Tatsache, daß nicht rechtzeitig erfüllt worden ist. Anders freilich ist es, wenn der Schuldner durch einen Exkulpationsbeweis die Verzugsfolgen von sich abwenden kann[30].

5. Ist die objektive *Voraussehbarkeit* der kritischen Ereignisse wie eines Kriegsausbruchs, eines Ausfuhrverbotes, einer Beschlagnahme anzunehmen, so kann der Schuldner aus den Ereignissen für sich nichts ableiten[31]. Denn hat er sie tatsächlich vorausgesehen, so ist anzunehmen, er habe das Risiko bewußt auf sich genommen[32]; dann muß er es konsequenterweise auch tragen. Hat der Schuldner die Ereignisse nicht vorausgesehen, obwohl sie objektiv voraussehbar waren, so ist ihm dies zum Verschulden anzurechnen. Ein solches Verschulden wäre z. B. unzweifelhaft gegeben, wenn jemand *nach* Kriegsausbruch einen langfristigen Lieferungsvertrag zu Vorkriegsbedingungen abgeschlossen hätte, obwohl er annehmen mußte, daß ihn die zu machende Leistung bald sehr viel höher zu stehen kommen würde. Dagegen ist z. B. die Abwertung des Schweizer Frankens vom 27. September 1936 als nicht voraussehbar zu betrachten. Im Eidgenössischen Volkswirtschaftsdepartement scheint zwar gelegentlich die Auffassung geherrscht zu haben, es sei ein Verschulden der Importeure gewesen, wenn sie sich nach dem Abschluß eines Vertrags mit dem Auslande nicht rechtzeitig mit den entsprechenden Devisen eingedeckt hätten. Demgegenüber ist einzuwenden, daß es gewöhnlichen Bürgern nicht nur fern lag, an eine Abwertung zu denken, sondern daß dies geradezu als Vergehen gebrandmarkt war. Am 19. Juni 1936 war bekanntlich [234] noch ein Bundesratsbeschluß über den Schutz der Landeswährung[33] erlassen worden, der zu laute Propaganda für die Abwertung und gewisse Termingeschäfte unter Strafe stellte. Die Stellungnahme der maßgebenden Behörden zur Frage der Abwertung bis zum letzten Moment ist zu bekannt, als daß man darauf hinzuweisen brauchte.

---

[27] BGE 59 II 379/80; SIEGWART 113 ff.; WEBER 60 ff.; THILO 76.
[28] BGE 44 II 514; 45 II 42. Weitere Tatbestände bei SIEGWART 116 ff.
[29] Dazu BGE 44 II 71; vgl. auch den vorhin zitierten Passus aus dem Codex Maximilianeus.
[30] BGE 44 II 71.
[31] BGE 45 II 356, 398; 47 II 315, 399/41, 457; 48 II 125, 247, 252, 451; 59 II 374/5, 380. Vgl. auch OR 373 II.
[32] BGE 48 II 126, 220, 239, 247.
[33] AS 52, 485.

II. Zivilrecht (ohne Haftpflichtrecht)

Freilich gibt es Leute, die immer alles zum voraus gewußt haben; Maßstab sind aber nicht diese. Immerhin sind die Routine und die Informationsmöglichkeit zu berücksichtigen, die in bestimmten Geschäftszweigen, namentlich des Großhandels, vorausgesetzt werden können. Bei spekulativen Verträgen [34] ist es mit der Voraussehbarkeit strenger zu nehmen, weil in solchen Geschäften eo ipso die Möglichkeit von Rückschlägen liegt. Bei längerer Vertragsdauer ist die Voraussicht schwieriger als bei kurzer [35, 36].

B. Positive Voraussetzungen

Damit ein Eingriff vorgenommen werden kann, müssen die folgenden drei Voraussetzungen *kumulativ* vorhanden sein:

a) *Objektive Außerordentlichkeit der Umstände.* Damit vom Grundsatz der Vertragstreue abgewichen werden kann, müssen außerordentliche Umstände vorliegen, wie sie durch *Krieg*, allgemeine *Teuerungen*, außerordentliche *Erschwerungen der Lieferungen, Krisenhaftigkeit der allgemeinen Wirtschaftslage* und dergleichen hervorgerufen werden können. An diese Außerordentlichkeit müssen strenge Anforderungen gestellt werden. Eine generelle Berufung z. B. auf einen Kriegsausbruch genügt aber nicht [37], sondern ein solches Ereignis muß sich beim betroffenen Schuldner im einzelnen, hinsichtlich der für den fraglichen Vertrag relevanten Faktoren, außerordentlich ausgewirkt haben.

Einige *Zahlen* aus der Gerichtspraxis der Weltkriegszeit mögen den Begriff der Außerordentlichkeit der Umstände konkreter veranschaulichen: Gegenüber dem Dollar, der damaligen Goldstandardwährung, sank der Schweizer Franken zeitweise bis zu 20% [38], und entsprechend war die allgemeine Teuerung; der im September 1936 bestimmte Abwertungssatz betrug bloß ca. 10% mehr, während die Kosten der Lebenshaltung seit der Abwertung bis zum Dezember 1938 nur um 4,9% stiegen [39]. Die Kohlenpreise gingen in der Schweiz zwischen 1915 und 1918 von Fr. 600.— pro Tonne auf Fr. 3100.— [40], stiegen also um mehr als 400%, was für einen Vermieter, der die Heizung von Geschäftsräumen als im Mietzins inbegrif-

---

[34] BGE 59 II 380.
[35] BGE 48 II 247.
[36] Eine Kasuistik dessen, was die schweizerische Praxis als voraussehbar ansah, bei SIEGWART 111/12.
[37] Wie im Publikum nicht selten geglaubt wird; so konnte man z. B. bei Arbeitgebern und -nehmern auf die Meinung stoßen, durch den Kriegsausbruch seien Dienstverträge schlechthin aufgehoben worden.
[38] BGE 51 II 307/08.
[39] Die Volkswirtschaft 12. Jg. (1939) 9.
[40] BlZR 21 Nr. 5.

fen übernommen hatte, eine außerordentliche Belastung bedeuten mußte, machte doch der Anteil der Heizungskosten am Mietzins bei Vertragsschluß 1/14 aus, im Zeitpunkt der größten Kohlenteuerung aber mehr als 1/4 und gegen 1/3 [41]. In einem andern Prozeß spielte eine Preissteigerung bei Voilestoff von Fr. 9.— auf Fr. 27.— eine Rolle [42]. Aus dem Tatbestand eines weitern, vom Bundesgericht beurteilten Prozesses, bei dem sich der Pächter eines Dampfschiff-Restaurationsbetriebes auf die veränderten Verhältnisse berief, geht hervor, daß die für den Vertrag grundlegende Personenfrequenz der Schiffe um rund 44 % und infolgedessen die Einnahmen des Pächters um rund 52 % zurückgegangen waren [43]. In einem andern Fall wurde eine Erhöhung der Gestehungskosten um 16 bis 18 % nicht als wesentlich betrachtet [44].

b) *Übermäßiges Mißverhältnis zwischen Leistung und Gegenleistung oder Leistung und Rückleistung.* Nur bei *zweiseitigen* Verträgen steht eine Gegenleistung der Leistung gegenüber. Richterliche Eingriffe in Verträge kommen denn auch fast ausschließlich bei solchen vor. Eine Rückleistung käme insbesondere beim Darlehen in Betracht; indessen stellt sich hier wegen der herrschenden Nennwerttheorie [45] die Frage eines richterlichen Eingriffs nicht, es sei denn, daß eine derartige Geldentwertung eingetreten sei, daß der Richter eine Aufwertung der Darlehensschuld vornimmt, weil ein übermäßiges Mißverhältnis von Leistung und Rückleistung eingetreten ist [46]. Der Begriff des Mißverhältnisses geht von dem Gedanken aus, daß beim Vertragsschluß ein gewisses Gleichgewicht, eine Proportionalität oder sog. [235] *Äquivalenz* zwischen den beiden auszutauschenden Leistungen oder der Leistung und der vereinbarten Rückleistung bestehe [47]. Nun kann diese Äquivalenz durch außerordentliche Ereignisse dermaßen gestört werden, daß die eine Partei sehr stark belastet oder die andere unverhältnismäßig entlastet wird, so daß der Vertrag im Grunde genommen ein anderer wird, weil der Schuldner, wirtschaftlich gesehen, eine andere Leistung zu erbringen hat [48].

[41] BGE 47 II 317.
[42] BGE 47 II 398.
[43] BGE 48 II 252.
[44] BGE 47 II 458.
[45] Vgl. BGE 46 II 408; 47 II 301/02; 49 II 17; 51 II 20, 307; 53 II 81; 54 II 271, 317; 57 II 370, 599; dazu Henggeler 180a; Guisan 268a, 287a ff.; Müller 99a ff.; Barth 185a; Ulrich, Die Goldklausel (Diss. Zürich 1933) 3; Borsari, Zur Behandlung der Währungsentwertung und der Aufwertung in der schweizerischen Rechtsprechung (Diss. Zürich 1933) 21; Thormann, Die Geldschuld im schweizerischen Privatrecht, ZSR 56, 27; von Tuhr, Obligationenrecht I 53; Guhl, Obligationenrecht I 51; Schnitzer, Handbuch des internationalen Privatrechts (Zürich 1937) 312; usw.
[46] BGE 51 II 311; 53 II 78 ff.; 54 II 317; 57 II 370 ff., 599; 58 II 125.
[47] Man spricht daher in diesem Zusammenhang von Äquivalenztheorie. Dazu Siegwart 145 ff.; Weber 39 ff.; Müller 121a; Fick 178.
[48] BGE 44 II 527; 47 II 317, 399; 48 II 252; 59 II 304; Siegwart 120; Thilo 76.

II. Zivilrecht (ohne Haftpflichtrecht)

Mit dem Erfordernis der gestörten Äquivalenz ist es nicht leicht zu nehmen; das Mißverhältnis muß vielmehr *übermäßig* sein; d. h. es muß ein großes, auffallendes, augenscheinliches Mißverhältnis zwischen Leistung und Gegenleistung bzw. Rückleistung eingetreten sein [49]. Die Verschiebung von Wert und Gegenwert muß folglich als beträchtlich erscheinen. Maßgebend ist dabei der objektive Wert der Leistungen, wie er sich nach einer Schätzung zur Zeit ergibt, da der Richter darüber urteilt [50]. Geringfügige Änderungen sind unbeachtlich; das Mißverhältnis muß sich vielmehr geradezu aufdrängen. Wann das der Fall ist, kann natürlich nicht in allgemein eindeutiger Weise gesagt werden, sondern ist Sache der richterlichen Abwägung. Folgende *Anhaltspunkte* mögen dabei herangezogen werden:

1. Das Mißverhältnis wird vor allem bei *langfristigen Verträgen* in Betracht fallen. Die Berücksichtigung von kurzfristigen ist nicht geradezu ausgeschlossen, aber jedenfalls weniger häufig [51]; denn bei kurzer Vertragsdauer treten in der Regel keine allzugroßen Wertschwankungen auf. Auch sind die Verhältnisse eher voraussehbar. Als langfristige Verträge kommen am ehesten in Betracht der Kauf [52], namentlich der Sukzessivlieferungskauf, wo sich die Erfüllung über Monate und Jahre erstrecken kann, ferner der Kauf auf Abruf und der Spezifikationskauf. Weiters ist zu denken an Miet- und Pachtverträge [53], Werkverträge [54], Dienstverträge [55], Lizenzverträge u. a. m.

2. Bei langfristigen Verträgen sind *gute und schlechte Jahre ineinander zu rechnen* [56].

3. Ferner ist zu prüfen, ob in der betreffenden Branche nicht in jüngerer Zeit *durch eine entgegengesetzte Konjunktur* erhebliche *Gewinne* erzielt worden sind, an denen die jetzt begünstigte Partei keinen Anteil hatte [57].

4. Die *üblichen konjunkturmäßigen Schwankungen*, mit denen insbesondere bei längerer Vertragsdauer immer zu rechnen ist [58], fallen außer Betracht. Sie erreichen

---

[49] BGE 59 II 378.
[50] BGE 59 II 378.
[51] Dazu BGE 48 II 247; 62 II 45. Die Bedeutung der Langfristigkeit wird auch betont in einem Urteil des Bundesgerichts vom 28. November 1939 i. S. Sozialdemokratische Preßunion Basel / Schweizer Annoncen AG, vgl. Neue Zürcher Zeitung Nr. 2064 vom 6. Dezember 1939. Siehe auch SIEGWART 82; WEBER 11; MÜLLER 99a; THILO 76 N. 4; HENGGELER 241a ff.
[52] Die weitaus meisten in dieser Darstellung zitierten Verträge aus der Kriegs- und Nachkriegszeit beziehen sich auf Käufe.
[53] BGE 47 II 314; 48 II 249; 56 II 194; 59 II 372.
[54] BGE 48 II 119.
[55] BGE 44 II 412.
[56] BGE 47 II 459.
[57] BGE 50 II 265. Darauf hat hinsichtlich des Getreidehandels nach der Abwertung ein Einsender im Abendblatt der Neuen Zürcher Zeitung vom 8. Oktober hingewiesen.
[58] 59 II 380.

in verschiedenen, der Spekulation und andern variablen Einflüssen ausgesetzten Branchen außerordentliche Latitüden, die weit über das hinausgehen, was z. B. die Abwertung des Schweizer Frankens an Preisänderungen mit sich gebracht hat. Der Großhandel besteht ja zum Teil in der Auswertung solcher mehr oder weniger periodisch eintretender Konjunkturschwankungen.

5. Aus diesen Erwägungen sind Verträge des *Großhandels* und der *Großfinanz* strenger zu behandeln als Verträge des Kleinhandels oder Gelegenheitsverträge, weil dort naturgemäß ein größeres Risiko mit übernommen wird [59].

6. Solche Verträge haben leicht einen spekulativen Einschlag. Das *spekulative Moment* spricht allgemein gegen die Berücksichtigung eines Vertrags. Dies trifft aber nicht nur für Handels- und Finanzgeschäfte, speziell Kaufverträge zu, sondern u. U. ebensogut für Mietverträge [60] und sonstige langfristige Verträge, die immer ein erhebliches Risiko mit sich bringen [61], das getragen werden muß.

7. Die Parteien haben nie ein *Anrecht* darauf, daß ein Vertrag für sie *lukrativ* sei und daß er aufgehoben oder abgeändert werde, wenn er gegen ihre Erwartung Verluste bringt [62]; ein gewisses Risiko wird bei jedem Vertrag übernommen (vgl. z. B. OR 373 I). Sie haben in diesem Sinne auch kein Anrecht auf aktive Rechnungsabschlüsse [63].

[236] 8. *Einmalige Leistungen* sind in der Regel zumutbar [64].

9. Im übrigen sind *alle* sonstigen *Umstände* eines Falles heranzuziehen, übrige von der fraglichen Partei abgeschlossene Verträge, eingehende Daten über die Entwicklung der Wirtschaftslage und dergleichen; nur eine umfassende tatbeständliche Kenntnis der Situation erlaubt ein Urteil darüber, ob ein übermäßiges Mißverhältnis zwischen Leistung und Gegenleistung bzw. Rückleistung vorhanden sei.

Es zeigt sich, daß alle diese Anhaltspunkte *objektive* Kriterien sind. Demgegenüber stellte die Praxis des Bundesgerichts früher [65] nach dem Vorgang des Reichsgerichts insofern auf ein subjektives Kriterium ab, als ein richterliches Eingreifen erst dann als geboten erachtet wurde, wenn die belastete Partei sonst dem Ruin anheimfallen würde. Diese sog. Ruintheorie [66] lieferte nicht nur deshalb unbefriedigende Resultate, weil sie allein auf die subjektiven Verhältnisse abstellte, son-

---

[59] Dazu BGE 54 II 277.
[60] BGE 59 II 380.
[61] BGE 45 II 398/99; 47 II 457.
[62] BGE 47 II 457; 59 II 304.
[63] Vgl. auch BGE 47 II 459.
[64] BGE 48 II 247; 62 II 45.
[65] BGE 45 II 398; 46 II 162; 48 II 247, 452; 50 II 264; 59 II 304.
[66] STAMMLER 53.

dern weil sie in ihren Anforderungen ganz einfach zu weit ging. Sie ist vom Bundesgericht denn auch ausdrücklich aufgegeben worden [67].

c) *Ausbeutung der Zwangslage des Schuldners.* Nach der neuern Praxis [68] wird verlangt, daß das Beharren auf dem Vertrag geradezu eine Ausbeutung der Zwangslage des Schuldners darstellen müsse. Darin liegt ein Anklang an den *Wucherbegriff:* es muß eine wucherische Ausbeutung des Schuldners bzw. seiner durch die veränderten Umstände entstandenen Lage vorliegen. Die Vorschrift von OR 21 ist indessen nicht direkt anwendbar, weil sie sich auf eine Ausbeutung durch den *Abschluß* eines onerösen Vertrages bezieht, unser Problem dagegen auf die mißbräuchliche Ausnützung *nachher* eingetretener Verhältnisse.

Aus dieser Voraussetzung läßt sich auch ableiten, daß der Eingriff dem Gläubiger zumutbar sein muß [69]. Die Frage des richterlichen Eingriffs ist also vom Gesichtspunkt beider Parteien aus zu untersuchen [70]; es hätte wenig Sinn, der einen zu helfen und dadurch der andern den gleichen Schaden zuzufügen, den man der erstern ersparen will.

Diese Zusammenstellung bestätigt mit aller Deutlichkeit, daß es mit den Voraussetzungen [71] eines Eingriffs in bestehende Verträge streng zu nehmen ist; sonst käme man zu einer Prämierung des Leichtsinns zum Nachteil des Vertragsgegners [72]. Man tut gut, sich stets vor Augen zu halten, daß es sich hier um ein ungewöhnliches Vorgehen handelt, um einen schwerwiegenden Eingriff in eines der Fundamentalprinzipien der Rechtsordnungen, den Grundsatz der Vertragstreue.

---

[67] BGE 59 II 377/78. Dagegen kann es nicht gleichgültig sein, wenn die belastete Partei 50, 100 oder mehr gleiche Verträge abgeschlossen hat, die sie alle zu erfüllen bzw. wofür sie vollen Schadenersatz zu leisten hätte, wenn man bei einem der Verträge die vertragsgemäße Erfüllungspflicht bejahen würde (gl. M. SIEGWART 155); denn hier vervielfacht sich die Wirkung automatisch. Vgl. auch BGE 47 II 458.

[68] BGE 59 II 378; 62 II 45.

[69] BGE 59 II 378.

[70] BGE 45 II 355; 47 II 401.

[71] Als weitere Voraussetzung ist die Berücksichtigung des *Volkswohls* genannt worden (SIEGWART 167; FICK 179), also der allgemeinen Interessen. Das scheint ein etwas unbestimmtes Kriterium zu sein, das zudem ein vertragsfremdes Moment in die Materie hineinträgt.

[72] BGE 59 II 380.

IV. BEGRÜNDUNG DES RICHTERLICHEN EINGRIFFS

A. Lösungsversuche

[245] Aus der bundesgerichtlichen Praxis lassen sich die Voraussetzungen eines richterlichen Eingriffs in bestehende Verträge mit einer gewissen Evidenz ableiten. Zur Begründung solcher Eingriffe sind, namentlich in der deutschen Literatur [73], verschiedene Theorien aufgestellt worden, die auch in der Schweiz Widerhall gefunden haben. Es mögen hier einige davon genannt werden, da sie gelegentlich, einzeln oder zu mehreren, herangezogen zu werden pflegen. In Frankreich ist eine zuerst vom Conseil d'Etat entwickelte Doktrin «de l'imprévision» bedeutsam geworden [74].

1. Am nächsten liegend scheint die *Analogie*, insbesondere zur werkvertraglichen Vorschrift von OR 373 II [75]. Dort wird bestimmt, daß im Falle außerordentlicher Umstände, die nicht vorausgesehen werden konnten oder die nach den von beiden Beteiligten angenommenen Voraussetzungen ausgeschlossen waren und welche die Fertigstellung des Werkes hindern oder übermäßig erschweren, der Richter nach seinem Ermessen die Auflösung des Vertrages oder eine Erhöhung des Preises bewilligen könne. Die Frage nach der analogen Anwendung dieser Vorschrift ist identisch mit der Frage, ob ihr ein allgemeiner Gedanke zugrunde liege, der auch auf andere Fälle veränderter Vertragsgrundlagen anwendbar sei. Das aber ist das allgemeine Problem.

2. Nicht selten ist im fraglichen Tatbestand eine völlige oder teilweise unverschuldete *Unmöglichkeit* der Vertragserfüllung gesehen worden [76]. Eine Forderung erlischt nach OR 119, wenn ihre Erfüllung nachträglich ohne Verschulden des Schuldners unmöglich geworden ist. Gemeint ist eine in äußern Umständen liegende Unmöglichkeit. Man ist aber dazu übergegangen, auch eine subjektive, wirtschaftliche, sog. relative Unmöglichkeit als genügend anzusehen [77]. Das bedeutet eine Verwässerung des in OR 119 enthaltenen Unmöglichkeitsbegriffs; denn in Fällen wie den hier zu diskutierenden liegt meist nicht eine Unmöglichkeit, sondern bloß eine mehr oder weniger bedeutende Erschwerung der Erfüllung vor [78].

---

[73] Resümiert bei WEBER 65 ff.
[74] Vgl. die vorne zitierten Werke von PLANIOL/RIPERT/ESMEIN und von RIPERT.
[75] BGE 45 II 397; 47 II 318; 48 II 247; 51 II 21; 59 II 376/78; VON TUHR II 566; ROSSEL I no 690; HEDEMANN 306 N. 2; SIEGWART 84 ff. Dagegen WEBER 78.
[76] BGE 43 II 176; 44 II 518, 526; 45 II 398; 46 II 433 ff.; 47 II 400/01; 48 II 247; 59 II 378; SIEGWART 121 ff.; HEDEMANN 307; FICK 172; WIELAND 458 ff.; WEBER 66 ff.; Exposé des Vororts des Schweizerischen Handels- und Industrievereins, SJZ 11, 71 f.; THILO 76.
[77] OSER/SCHÖNENBERGER, Art. 119 N. 6.
[78] Gl. M. HENGGELER 258a.

3. Mit der *Irrtumslehre* ist ebenfalls operiert worden [79]. Man hat gesagt, die durch den Vertrag beschwerte Partei habe sich über den Verlauf oder die Grundlagen des Geschäftes geirrt. Diese Konstruktion ist nicht begrüßenswert, da der Irrtum bei korrekter dogmatischer Betrachtung die unrichtige Voraussetzung von Tatsachen ist, die im Augenblick des Vertragsabschlusses schon vorhanden, aber dem Irrenden entweder nicht bekannt waren oder aber von ihm unrichtig eingeschätzt wurden [80].

4. Mit der Windscheidschen «Lehre von der Voraussetzung», die in OR 24 Ziff. 4 einen wichtigen Platz gefunden hat, ist verwandt [81] die von OERTMANN begründete Theorie von der *Geschäftsgrundlage* [82]. [246] Sie will soviel besagen: Geschäftsgrundlage sei die Gesamtheit der Vorstellungen der Parteien, die beim Vertragsschluß zutage getreten seien und die Grundlage des Vertrags gebildet hätten. Verschöbe sich diese Grundlage nachträglich, so sei man nicht mehr an den Vertrag als solchen gebunden. Die Theorie umreißt die hier zu beantwortende Frage.

5. Ähnlich ist die Auffassung, die Parteien hätten mit ihrem Vertrag einen bestimmten *Zweck* verfolgt, der nun vereitelt worden sei [83].

6. Mit dem Begriff der *Unsittlichkeit* ist in dem Sinne gefochten worden, daß man annahm, ein Festhalten am Vertrag trotz veränderter Umstände verstoße gegen die guten Sitten [84].

7. Auch der Begriff der *Bereicherung* hat eine Rolle gespielt [85]; die eine Partei dürfe nicht durch die wesentlich veränderten Umstände unverhältnismäßig bereichert werden. Soweit man auf den dogmatischen Begriff der Bereicherung abstellen wollte, wäre einzuwenden, daß dieser eine schon vollzogene Übertragung von Werten voraussetzt, die nachträglich korrigiert werden soll, was aber beim hier fraglichen Problem gerade verhütet werden will.

8. Sehr beliebt ist in Literatur und Judikatur die Lösung, es sei der *Parteiwille* zu ermitteln und darauf ein allfälliger Eingriff zu stützen [86]. Sie ist sehr unzu-

---

[79] BGE 59 II 377; SIEGWART 141 ff.; FICK 166; HENGGELER 256a.

[80] Diese Ansicht, deren Evidenz sich aus der Gegenüberstellung der typischen Irrtumssituation mit der typischen, hier fraglichen Situation der nachträglichen Veränderung der Vertragsgrundlagen ergeben sollte, ist nicht allgemein anerkannt; vgl. z. B. HENGGELER 257a.

[81] FICK 155 ff.

[82] OERTMANN, Die Geschäftsgrundlage (Leipzig 1921); ENNECCERUS/LEHMANN § 41; FICK 159 ff., 163; WEBER 26/27; MÜLLER 121a; SIEGWART 133/34.

[83] BGE 47 II 317; SIEGWART 134 ff.

[84] STAMMLER 55; HEDEMANN 307; FICK 166/67; WEBER 66.

[85] BGE 45 II 355; 54 II 276; SIEGWART 158; FICK 194 ff.; MÜLLER 131a.

[86] BGE 43 II 178; 44 II 527; 45 II 356; 47 II 317, 401; 48 II 252, 372/73; dazu SIEGWART 132, 137 ff.; FICK 168 ff.; MÜLLER 124a.

treffend[87]. Ist wirklich ein ausdrücklicher Parteiwille vorhanden, so ist die Frage ja zum vornherein obsolet; es sei auf das über die Vertragsklauseln Gesagte verwiesen (vorne III A 1/2/3). Fehlt aber ein ausdrücklicher Parteiwille, so kann er auch nicht die Begründung eines Eingriffs abgeben; man müßte schon vorher einen solchen Willen hypothetischer Weise supponieren, dann ist es aber kein Wille mehr.

9. Die Unzulässigkeit des Abstellens auf einen gar nicht vorhandenen Parteiwillen gilt in noch vermehrtem Maße für die Theorie von der sog. *Clausula rebus sic stantibus*, die am häufigsten herangezogen zu werden pflegt. Man versteht darunter den Vorbehalt, daß ganz allgemein Verträge nur so lange gelten, als die Verhältnisse, die beim Abschluß bestanden, sich nicht wesentlich ändern. Die Annahme einer solch allgemeinen Klausel — die bekanntlich im Völkerrecht eine verhängnisvolle Rolle spielt — ist vom Bundesgericht von jeher abgelehnt worden[88]; wohl aber hat es sie in einzelnen Fällen zur Begründung seiner Eingriffe herangezogen[89]. Sofern man diese Klausel auf einen Parteiwillen gründen und ihr Vorhandensein als eine Auslegungsfrage ansehen will[90], so ist dagegen das gleiche einzuwenden, was soeben wider derartige Suppositionen eines hypothetischen Willens gesagt worden ist. Versteht man dagegen unter der Frage nach den Voraussetzungen der Anwendung der Clausula allgemein das Problem nach den Voraussetzungen richterlicher Eingriffe in Verträge, so bedeutet dies nur eine besondere Formulierung des Problems, dem dieser Aufsatz gewidmet ist; es ist dann unschädlich, von der Clausula rebus sic stantibus zu sprechen — was ja ein sehr eingebürgerter Gebrauch ist —, sofern man sich nur darüber völlig im klaren ist, daß die Frage gar nichts zu tun hat mit einer solchen der Auslegung eines Parteiwillens.

10. Eine ad hoc vorgeschlagene Lösung[91] will in Ereignissen wie Krieg, Hungersnot, Epidemie eine «*force majeure qualifiée*» sehen.

B. Synthese

Da es im schweizerischen Recht keinen geschriebenen Satz gibt, der die hier zu besprechende Frage generell beantwortet, muß es sich um ein Problem der

---

[87] Darüber OFTINGER, Einige grundsätzliche Betrachtungen über die Auslegung und Ergänzung der Verkehrsgeschäfte, ZSR 58, 202/03.
[88] BGE 45 II 397; 48 II 246; 59 II 374.
[89] BGE 45 II 355, 397; 46 II 162; 47 II 446, 450; 48 II 246, 451; 50 II 264/65; 54 II 276/77; 59 II 304, 374; 62 II 45. Eine Übersicht gibt THILO in der vorne angegebenen Schrift. Dazu ferner STAMMLER 5; WEBER 69 ff.; MÜLLER 120a; BARTH 195a; HENGGELER 236a; GUISAN 314a; SIEGWART 133; FICK 159; VON TUHR II 565 ff.; OSER/SCHÖNENBERGER, Art. 119 N. 6; GUHL 140; ROSSEL I no 690; BÜRGI 138; WELTI 53.
[90] So BGE 45 II 355; 47 II 318; vgl. auch 59 II 374.
[91] WELTI 65 ff.

Lückenausfüllung handeln (ZGB 1). Wenn man sich die aufgezählten Voraussetzungen des Eingriffs vergegenwärtigt, so kann nicht übersehen werden, daß es um die Anwendung des in ZGB 2 formulierten Prinzips des *Handelns nach Treu und Glauben* geht:

> «Jedermann hat in der Ausübung seiner Rechte und in der Erfüllung seiner Pflichten nach Treu und Glauben zu handeln.
> Der offenbare Mißbrauch eines Rechts findet keinen Rechtsschutz.»

Maßgebend ist also zunächst der Grundsatz der Vertragstreue. Er hat aber zu weichen, wenn [247] durch ein Beharren auf dem Vertrag der höhere Grundsatz des Handelns nach Treu und Glauben verletzt würde. Die Vertragserfüllung darf dann und unter der Voraussetzung dem Schuldner nicht zugemutet werden, wenn dies gegen Treu und Glauben verstoßen würde, wenn darin m.a.W. ein *Rechtsmißbrauch* läge[92]. Das Prinzip von ZGB 2 stellt nicht nur die *Synthese* der diskutierbaren Versuche zur *Begründung* des Eingriffs dar, sondern zugleich die *Synthese der Voraussetzungen* des Eingriffs. Die Allgemeinheit dieses Prinzip hat es erforderlich gemacht, eine Reihe von konkreten Voraussetzungen und Anhaltspunkten namhaft zu machen; sie alle unterstehen aber dem erwähnten beherrschenden Prinzip; nicht jene, sondern dieses ist letzten Endes maßgebend, unter umfassender Berücksichtigung aller Umstände des Falles, so daß sogar dann u.U. ein Eingriff zu verantworten oder umgekehrt zu verweigern sein mag, wo sich bei schematischer Anwendung der aufgezählten Momente ein anderes Resultat ergeben müßte. Wie überall, wo auf so allgemeine Gedanken wie denjenigen von Treu und Glauben, der Unsittlichkeit, Rechtswidrigkeit und dergleichen abzustellen ist, ist die Aufgabe des Richters keine leichte, muß doch seinem *Ermessen* ein weiter Spielraum gelassen werden. Unsere Gerichte waren ihr während der letzten Kriegszeit in hohem Maße gewachsen; sie werden es auch in Zeiten anderer wirtschaftlicher Erschütterungen sein, die uns möglicherweise nicht völlig erspart bleiben werden.

Auf eines ist noch hinzuweisen. Nicht alle Vertragsabwicklungen, in die außerordentliche Ereignisse wie Kriegsausbruch, plötzliche Teuerungen, Abwertungen und dergleichen einen Konfliktstoff hineintragen, beschäftigen den Richter. Kluge Parteien machen rechtzeitig Konzessionen; vielleicht ist derjenige, der heute nachgibt, morgen froh, das gleiche Entgegenkommen von seinem heutigen Widerpart erwarten zu können. Selbst im Prozeß ist es dafür nicht zu spät; die Instruktions-

---

[92] So vor allem die neuere Judikatur des Bundesgerichts, BGE 59 II 377; vgl. ferner 44 II 527; 45 II 355, 398; 46 II 162; 47 II 399, 401; 48 II 247, 252; 50 II 265; das Votum Simonius, Verhandlungen des Schweizerischen Juristenvereins, ZSR 56, 476a; Siegwart 119; Weber 70, 78 ff.; Fick 178; Müller 126a; Hedemann 306; Henggeler 241a; Guisan 321a; Bürgi 143; Thilo 75, 79; von Tuhr II 565; Enneccerus/Lehmann § 41.

richter haben da eine dankbare Aufgabe vor sich[93]. Es ist auch nicht ausgeschlossen, daß früher oder später der Gedanke der kollektiven Risikotragung sich hier Bahn brechen wird; gewisse Anzeichen sind dafür vorhanden.

V. ART DES RICHTERLICHEN EINGRIFFS

Sind die Voraussetzungen eines Eingriffs in einen bestehenden Vertrag gegeben, so frägt sich noch, wie geartet er sein könne. Es sind zwei Möglichkeiten denkbar: Aufhebung und Abänderung des Vertrags. Vorauszuschicken ist, daß sich der Eingriff nur auf *unerledigte Verpflichtungen* beziehen kann[94]; denn mit dem Vollzug der Erfüllung hat der Schuldner bewiesen, daß die Leistung für ihn tragbar war.

A. Aufhebung des Vertrags

Die normale Reaktion auf die Feststellung, daß die Erfüllung eines Vertrags nicht mehr verlangt werden kann, ist seine Aufhebung. Kann seine vorgesehene Abwicklung der belasteten Partei nicht mehr zugemutet werden, so soll er dahinfallen. Dafür sind drei *Möglichkeiten* denkbar:

1. Der Schuldner erklärt den *Rücktritt* oder *verweigert* einfach *die Leistung*. Wenn der Gläubiger sich damit nicht abfinden will und auf Erfüllung klagt oder gestützt auf einen der in OR 107 ff. vorgesehenen Rechtsbehelfe Schadenersatz verlangt, so muß der Richter prüfen, ob die Voraussetzungen für den Rücktritt bzw. die Leistungsverweigerung vorhanden waren. Der Schuldner braucht also nicht — er darf es aber (Ziff. 2 und 3) — vorgängig den Richter anzurufen[95], sondern kann von sich aus die Konsequenzen ziehen, wenn er die Voraussetzungen als erfüllt betrachtet.

2. Der Schuldner kann der Leistungsklage durch eine Feststellungsklage, mittelst der er die Anerkennung der Richtigkeit seines Standpunktes verlangt, zuvorkommen[96].

3. Der *Richter hebt den Vertrag* durch ein Gestaltungsurteil auf Klage des Schuldners *auf*.

---

[93] Zur Zeit der Abwertung wurden die Geschäftskreise, die sich geschädigt fühlten, von seiten des Bundesrates und des Eidgenössischen Volkswirtschaftsdepartements wiederholt auf den Verhandlungsweg gewiesen; anscheinend nicht ohne Erfolg. Weniger sympathisch war der damalige Versuch, durch Anzapfung der Subventionsquelle sich schadlos zu halten.
[94] Dazu BGE 48 II 253; 59 II 375; Fick 198; Weber 14; Stammler 49; Thilo 76; Siegwart 82/83; vgl. auch BGE 47 II 450.
[95] So auch die Auffassung bezüglich OR 373 II; BGE 48 II 125; Oser/Schönenberger, Art. 373 N. 16; Becker, Art. 373 N. 10; Guhl I 200; Siegwart 168.
[96] BGE 59 II 373.

Welcher von diesen Rechtsbehelfen am Platz ist, hängt von der prozessualen Situation ab und den Umständen des Einzelfalls.

Ob und inwieweit die Partei, in deren Interesse die Vertragsaufhebung gelegen hat, *Schadenersatz* leisten soll, muß im Rahmen [248] einer Interessenabwägung entschieden werden. Daß ihr kein voller Schadenersatz im Sinne von OR 97 ff. bzw. 107 ff. aufgebürdet werden kann, ist offensichtlich; denn da hätte die richterlich anerkannte oder vorgenommene Vertragsaufhebung keinen Sinn. Umgekehrt wird es häufig auch nicht billig sein, gar keinen Schadenersatz zuzusprechen [97]. Vielmehr würde es die Zubilligung eines reduzierten Schadenersatzes, dessen nähere Festsetzung unter Würdigung der Umstände des Falles nach richterlichem Ermessen zu geschehen hätte, ermöglichen, die beidseitigen Interessen auszugleichen; die Judikatur weist in der Tat Entscheide auf, in denen dies mit Erfolg geschehen ist [98]. Besonders wenn der *Gläubiger*, nachdem der Schuldner die Leistung verweigert hat, gestützt auf einen Verzicht auf die Realerfüllung oder einen Rücktritt Schadenersatz verlangt (OR 107 ff., 190, 214), muß und kann der Richter, wie schon erwähnt [99], in aller Freiheit den Schadenersatz bemessen; das Gesetz gibt ihm ausdrücklich die Kompetenz zur umfassenden Berücksichtigung aller Umstände (OR 99 III in Verbindung mit 43/44). So wurde z. B. in einem Fall hinsichtlich eines Schadens, der vom Experten auf Fr. 34 399.— beziffert worden war, Ersatz bloß im Betrag von Fr. 4000.— zugesprochen [100].

B. *Abänderung des Vertrags*

Außerordentlicherweise sieht die bundesgerichtliche Praxis die Möglichkeit vor, daß der Richter den Vertrag den veränderten Verhältnissen anpaßt [101]. *Voraussetzung* ist zunächst, daß beide Parteien die Aufrechterhaltung des Vertrags zu wünschen scheinen [102]. Ferner sollte die Anpassung nur mit äußerster Zurückhaltung vorgenommen werden [103], und zwar nur dann, wenn sie eine bessere Lösung bietet als die Aufhebung des Vertrags, eventuell verbunden mit einem Interessenausgleich auf dem Wege der Schadenersatzbemessung; sonst mutet man dem Richter eine Aufgabe zu, für die er eigentlich nicht da ist, anstelle der Parteien den

---

[97] Wie z. B. im Falle von BGE 45 II 355.
[98] Zum Beispiel BGE 43 II 177, 235, 356/57, 796 ff.; 44 II 518; 46 II 150, 172; 47 II 401. Ferner Siegwart 169 ff., speziell die Zitate 187 N. 1—6 und bei Henggeler 258a.
[99] Vorne bei N. 5.
[100] SJZ 16, 309 ff.
[101] BGE 47 II 318; 48 II 252; eingehend 59 II 375 ff.; im letztern Fall wurde die Anpassung allerdings verweigert. Im Falle eines Bierlieferungsvertrags, wo sie nicht so abwegig gewesen wäre, hat das Bundesgericht auf die Anpassung verzichtet, BGE 45 II 355.
[102] BGE 47 II 319; 48 II 252; Siegwart 174; abschwächend 59 II 376. Vgl. auch 45 II 355.
[103] Sie wird überhaupt abgelehnt von Stammler 56 ff. und Henggeler 248a ff., 460a ff.

Die krisenbedingte Veränderung der Grundlagen bestehender Verträge

Vertrag zu revidieren. Die Abänderung des Vertrages wird schon von den Parteien in der Regel nur bei langfristigen, wirtschaftlich bedeutenden Verträgen gewünscht werden, wo sie ein größeres Interesse haben, den Vertrag aufrechtzuhalten statt ihn zu lösen. Mit der Feststellung, daß die hier wirksamen Bestrebungen auf sozialem Eudämonismus beruhten[104], ist die Frage nicht erledigt; sondern sie geht dahin, ob die Vertragsanpassung in wirtschaftlich schwierigen und unruhigen Zeiten ein geeignetes Mittel sei, den entstehenden Unbilligkeiten und Unzuträglichkeiten in einer auch juristisch tragbaren Weise zu steuern, und ob der Richter über die erforderlichen sachlichen Grundlagen verfügt. Die erstere Frage mag unter Berücksichtigung der engen Voraussetzungen, unter denen eine Vertragsanpassung ohnehin nur in Betracht fällt, zu bejahen sein; die zweite ist dahin zu beantworten, daß die Aufgabe für den Richter, wenn schon, nicht schwieriger sein sollte als diejenige der Auslegung und Ergänzung unvollständiger, komplizierter Verträge, die ihm normalerweise stets obliegen.

Als *Beispiel* für eine vom Bundesgericht vorgenommene Vertragsanpassung möge der zum Schulfall gewordene Entscheid aus dem Mietrecht vom 14. Juli 1921 i. S. Hüni & Cie. / Baugenossenschaft Stampfenbach[105] erwähnt werden: Der Eigentümer des Kaspar-Escher-Hauses in Zürich hatte im Rahmen eines auf 9 Jahre abgeschlossenen Mietvertrages gewisse Räumlichkeiten vermietet und zugleich die Pflicht übernommen, die Räume zu heizen. Der Zins betrug für die ersten vier Jahre Fr. 22 000.—, für die restlichen fünf Jahre Fr. 24 000.—. Wie schon früher erwähnt, trat in der Kriegs- und Nachkriegszeit eine außerordentliche Kohlenteuerung ein, so daß der Aufwand für die Heizung, der ursprünglich ungefähr $1/14$ des Mietzinses ausmachte, schließlich $1/4$ bis $1/3$ des Zinses beanspruchte. Das Bundesgericht sah dieses Mißverhältnis als außerordentlich und die wortgetreue Fortsetzung dem Vermieter nicht als zumutbar an und erhöhte den Zins um jährlich Fr. 4000.—, da die Parteien durch die Fortsetzung des Vertrages den Willen kundgegeben hatten, eine Auflösung zu vermeiden, und die Aufrechterhaltung des Vertrages nach Auffassung des Gerichts durchaus in ihrem Interesse lag.

Zur *Begründung* der Vertragsanpassung sind dieselben Prinzipien heranzuziehen, die überhaupt den richterlichen Eingriff in bestehende Verträge rechtfertigen. Die Analogie zur Vorschrift von OR 373 II[106] ist nur so weit behelflich, [249] als darin ein allgemeiner Gedanke verkörpert ist, eine Frage, die bereits generell besprochen worden ist.

---

[104] STAMMLER 58.
[105] BGE 47 II 314. Das kantonale Urteil ist wiedergegeben in BlZR 21 Nr. 5. Vgl. die Kritik bei HENGGELER 250a ff.; auch SIEGWART 175 ff.; siehe ferner BGE 47 II 462; 56 II 194.
[106] Die herangezogen wird in BGE 47 II 318; 59 II 375/76; a. M. WEBER 78.

Für die Frage, in *welcher Weise die Vertragsanpassung* zu geschehen habe, stellt die Praxis auf den mutmaßlichen Parteiwillen ab [107]. Das ist dogmatisch ebenso unrichtig [108], wie wenn man zur Begründung eines richterlichen Eingriffs auf einen vermeintlichen — in Wirklichkeit eben fehlenden — Parteiwillen zurückgehen will, was nur auf eine Fiktion hinauskommt. Der Richter muß vielmehr den Vertrag nach den Erfordernissen der Billigkeit unter Anwendung des Prinzips von Treu und Glauben anpassen [109], also nach objektiven Kriterien, während das Operieren mit dem Parteiwillen, falls es überhaupt möglich wäre, auf ein subjektives Kriterium abstellen würde. Als Anpassungs*maßnahmen* kommen in Betracht: eine Erhöhung oder Herabsetzung der fraglichen Leistung, d. h. z. B. je nachdem eine Steigerung oder Minderung entweder einer Sachleistung oder der den Gegenwert darstellenden Geldleistung. Was hier am Platz ist, kommt auf die Umstände, insbesondere auch die Parteirollenverteilung im Prozeß an. Wird die Geldleistung erhöht, so wird — anders ausgedrückt — die Sachleistung aufgewertet. Statt daß das Quantum der zu leistenden Sachen reduziert wird, können u. U. auch Erleichterungen bezüglich Erfüllungszeit [110] und Erfüllungsort am Platz sein, oder es empfiehlt sich eine Zubilligung von Teilleistungen und was dergleichen Maßnahmen mehr sind.

---

[107] BGE 46 II 435; 47 II 318; 59 II 376.
[108] Vgl. Oftinger, a.a.O. in ZSR 58, 204.
[109] So auch BGE 48 II 252; 59 II 376 am Ende.
[110] BGE 44 II 526; 46 II 434 ff.

DIE UNGELESEN UNTERZEICHNETE URKUNDE UND VERWANDTE TATBESTÄNDE*

I. VORBEMERKUNGEN

[263] «*Dem Vertrauensprinzip wird von Doktrin und Praxis gegenwärtig wohl nirgend deutlicher eine beherrschende Stellung zugewiesen als in der Schweiz. Man darf deshalb mit gutem Gewissen das Vertrauensprinzip als den eigentlichen Exponenten unserer modernen Vertragslehre bezeichnen.*» So die Feststellung von AUGUST SIMONIUS[1], der selber an der ethischen Rechtfertigung, der dogmatischen Festigung und der Weiterentwicklung des Vertrauensprinzips auf das hervorragendste Anteil hat[2]. Das *Vertrauensprinzip* geht, wie kurz in Erinnerung gerufen sei, von der dem Phänomen Vertrag (oder sonstigen Rechtsgeschäft) immanenten Möglichkeit aus, daß bei der Abgabe einer Willensäußerung diese und der eigentliche (sog. innere) Wille sich nicht decken, der Wille unvollständig oder unzutreffend gebildet, oder daß die Äußerung unklar ist oder vom Erklärenden oder der Gegenpartei falsch verstanden wird — und das Vertrauensprinzip entscheidet die Frage, was diesfalls im Rahmen des Vertrags zählt: es ist — so lautet die Antwort — die *Willensäußerung* und nicht der eigentliche Wille, worauf man abstellt, und die Äußerung soll *so wirken, wie sie von der Gegenpartei nach Treu und* [264] *Glauben* verstanden werden *durfte* oder *mußte*[3]. Das Vertrauensprinzip wirkt zugunsten beider Parteien, denn es schützt die Gegenpartei in ihrem Vertrauen auf das richtige Verständnis der Willensäußerung und den Erklärenden in seinem Vertrauen auf die richtige Wirkung seiner Äußerung. Als Ergebnis tritt

---

* *Aequitas und Bona Fides. Festgabe zum 70. Geburtstag von August Simonius* (Basel 1955), S. 263—272.

[1] Über die Bedeutung des Vertrauensprinzips in der Vertragslehre, Festgabe der Basler Juristenfakultät zum Schweizerischen Juristentag (Basel 1942), 235/36.

[2] Vgl. unter seinen Schriften neben der soeben in N. 1 zit. Studie vor allem: Wandlungen der Irrtumslehre in Theorie und Praxis, in Festgabe für *Fritz Goetzinger* (Basel 1935) 240 ff.; Du Principe de la Confiance et des dérogations qu'il subit dans le droit suisse, in Sem. jud. 1949, 505 ff.

Zwei sorgfältige und reich dokumentierte Monographien aus jüngerer Zeit behandeln das Vertrauensprinzip auf breitem Plan: ARTHUR MEIER-HAYOZ, Das Vertrauensprinzip beim Vertragsabschluß (Diss. Zürich 1948), und ROBERT PATRY, Le principe de la confiance (Diss. Genf 1953). — Beide Arbeiten werden im folgenden jeweils lediglich mit dem Verfassernamen zitiert.

[3] Vgl. die hiermit sinngemäß übereinstimmenden Formulierungen von SIMONIUS in der in N. 1 zit. Festgabe, 235, und in Sem. jud. 1949, 505/06; MEIER-HAYOZ 25, 110/11; PATRY 169; WIEACKER, Das Sozialmodell der klassischen Privatrechtsgesetzbücher und die Entwicklung der modernen Gesellschaft (Karlsruhe 1953) 18.

eine *Objektivierung* des Sinns der Willensäußerung ein. Nicht darauf kommt es an, was subjektiv betrachtet die Willensäußerung bedeuten soll, sondern was sie vom Gesichtspunkt vernünftiger und korrekter Leute aus — beurteilt nach Treu und Glauben — unter den obwaltenden Umständen besagt. Die Verankerung des Vertrauensprinzips in dem Grundsatz von *Treu und Glauben* ist heute Gemeingut[4]; es sind ja die Postulate der Loyalität, der Korrektheit und vor allem des Schutzes legitimen Vertrauens in offenbar gewordene Sachverhalte, alles typische Kennzeichen der *bona fides,* die hier verwirklicht werden sollen. Es geht um die Forderung richtigen Verhaltens im Sinne des Art. 2 ZGB und darum, den dort verpönten Mißbrauch eines Rechts zu verhüten.

Unbestrittenermaßen beherrscht das Vertrauensprinzip den *Vertragsabschluß* gemäß Art. 1 OR und die *Auslegung.* Hier hat ihm die Rechtsprechung seit Jahrzehnten breitesten Raum gewährt. Schwieriger ist seine Durchsetzung im Bereich des *Irrtums.* Zwar hat es sich mit dem Grundlagenirrtum (OR Art. 24 Ziff. 4) eine geräumige Domäne erobert; ihm auch das Gebiet des Erklärungsirrtums (Art. 24 Ziff. 1—3) zu erschließen, hat die Praxis des Bundesgerichts durchwegs abgelehnt[5, 6]. Nicht von diesen allgemeinen Fragen jedoch wird in der heutigen Studie die Rede sein. Vielmehr soll anhand eines begrenzten, aber für die moderne Vertragspraxis kennzeichnenden Tatbestandes nachgeprüft werden, *wie das Vertrauensprinzip wirkt,* insbesondere beim Vertragsabschluß. Es wird sich auch hier erweisen, daß seine nüancierte Anwendung der *aequitas* gemäße Ergebnisse zu zeitigen vermag. Weniger um neue Erkenntnisse geht [265] es als um die Bekräftigung bereits anerkannter Einsichten. Das hiezu verarbeitete Material mag der Praxis nicht unwillkommen sein.

II. DER TATBESTAND

Urkunden zu unterzeichnen, ohne sie vorher ruhig und vollständig zu lesen, um sich über ihre Tragweite klarzuwerden, das entspricht ganz und gar nicht dem Bild des *diligens pater familias* und dem Ideal der *kaufmännischen Vigilanz.* «Un

---

[4] Statt vieler BGE 69 II 322; 72 II 79; EGGER, Kommentar Personenrecht (2. A.) Art. 2 N. 13; MEIER-HAYOZ 84. — Anders neuerdings PATRY 163 ff., 273.

[5] Statt vieler sei der verhältnismäßig neue Entscheid BGE 64 II 13 angeführt. SPIRO, Über den Gerichtsgebrauch zum allgemeinen Teil des revidierten Obligationenrechts (Basel 1948) 53, erkennt immerhin im Umstand, daß in der Praxis die Ziff. 4 des Art. 24 OR gegenüber den Ziff. 1—3 stark überwiegt, eine gegenteilige Tendenz.

[6] Hier setzten die Bemühungen A. SIMONIUS' nachdrücklich ein, vgl. die N. 1 und 2 zit. Schriften: Nur der für die Gegenpartei *erkennbare* Irrtum dürfe nach dem Vertrauensprinzip beachtet werden. Die Ziff. 1—3 des Art. 24 OR würden diesfalls wohl praktisch gegenstandslos und Ziff. 4 die alleinige Irrtumsregel. — Der neue italienische Codice civile, Art. 1428, verlangt die Erkennbarkeit des Irrtums von Gesetzes wegen: SPIRO, in Festgabe *Ruck* (Basel 1952) 159.

acte ne doit être signé qu'à bon escient», mahnt das PLANIOLsche Lehrbuch. Eine erstaunlich große Zahl von Urteilen beweist, wie oft gegen dieses elementarste Vorsichtsgebot des Vertragslebens verstoßen wird. Angesichts der Fülle der vorgedruckten Bestellscheine, der Allgemeinen Geschäftsbedingungen[7] und sonstigen Formulare glaubt man sich leicht der Mühe enthoben, zur Unterschrift vorgelegte Urkunden zu überprüfen. Der Unterzeichner verläßt sich darauf, daß ihr Inhalt den mündlichen Mitteilungen der Gegenpartei oder schlechthin der eigenen Erwartung entspreche; er betrachtet die Unterschrift als Formsache oder resigniert, den von der Gegenpartei festgelegten Inhalt doch nicht ändern zu können. Es ist keineswegs die Hausfrau, die, durch einen hartnäckigen Akquisiteur von der Arbeit abgehalten, den hingestreckten Bestellzettel unterschreibt, ohne ihn anzusehen, oder die Köchin, welche «in der Aufregung» die ihre Lohnforderung liquidierende Saldoquittung ungelesen signiert[8], was die Gerichte vornehmlich beschäftigt. Vielmehr finden sich in der Judikatur Tatbestände der Unterzeichnung ungelesener Urkunden mit auffallender Größenordnung: Kauf eines Automobils[9]; Saldoquittung über Versicherungsleistungen im Gesamtbetrag von ursprünglich rund 40 000 Franken[10]; Solidarbürgschaft für einen Baukredit von 330 000 Franken[11]. Gerichtsstandsklauseln und Schiedsklauseln werden übersehen, weil man die Allgemeinen Geschäftsbedingungen, in denen sie enthalten sind, nicht liest[12] oder einer [266] Verweisung auf sie nicht nachgeht[13]. Eine reich vertretene Gruppe stellen die ungelesen gebliebenen Allgemeinen Versicherungsbedingungen dar[14]. Man darf wohl annehmen, daß so gut wie kein Versicherungsnehmer diese oft umfangreichen, stets klein gedruckten und meist schwer verständlichen Drucksachen ganz liest. Dies ungeachtet der wohlmeinenden Vorschrift des Art. 3 VVG, die

---

[7] Über die Bindung an den Inhalt allgemeiner Geschäftsbedingungen, die vom Kunden nicht oder unvollständig zur Kenntnis genommen worden sind, überaus eingehend: WALTER NAEGELI, Allgemeine Geschäftsbedingungen (Diss. Zürich 1951), bes. 130 ff. (mit weiteren Angaben); in Kürze auch: ROBERT SCHÜRCH, Geschäftsbedingungen im Handel mit Motorfahrzeugen in der Schweiz (Diss. Freiburg 1954) 14 ff.; grundlegend RAISER, Das Recht der allgemeinen Geschäftsbedingungen (Hamburg 1935) 246 ff.; ferner STAUDINGER, Kommentar BGB (10. A.) N. 24 vor § 145.
[8] SJZ 36, 333/34. — Näheres über Saldoquittungen hinten N. 30.
[9] SJZ 29, 332.
[10] BGE 41 II 446.
[11] BGE 49 II 167. — Bankbürgschaft auch in 69 II 234. — 64 II 355: Depotreglement einer Bank. — 51 II 280: Kontokorrentvertrag mit einer Bank.
[12] BGE 36 I 599 («gewiegte Geschäftsleute»); 45 I 43. — 54 I 71: Kauf von 70 Wagenladungen Ware; die fragliche Schiedsklausel stand in den vom Beklagten unterschriebenen «Schlußbriefen». — BlZR 17 Nr. 136.
[13] BGE 76 I 338, 350: Export- und Importfirma, Geschäft über 2085 Tonnen Ware zu je 97.10 £; vgl. auch 77 II 156; ZBJV 69, 228.
[14] Nachstehend N. 40.

den Versicherer nötigt, sie ihm rechtzeitig zur Verfügung zu stellen; ungeachtet auch der strengen Zensuren, die das Bundesgericht für den Unterzeichner ungelesener Urkunden bereithält, brandmarkt es ihn doch als «nachlässig» und sein Verhalten als «nicht zu entschuldigen [15]».

Grundsätzlich gleich zu behandeln wie ungelesene Urkunden sind *Willensäußerungen, deren Bedeutung der Erklärende nicht verstanden hat,* seien es die eigenen Erklärungen (namentlich unterschriebene), seien es diejenigen der Gegenpartei, welchen man formell zugestimmt hat, ohne sie materiell zu erfassen [16]. Ähnlichen Problemen ruft die *Blanko-Erklärung (Blanketturkunde):* die Unterzeichnung einer unvollständigen Urkunde, deren Ausfüllung der Unterschreibende der Gegenpartei oder einem Dritten überläßt. Die Gültigkeit des Vorganges steht außer Zweifel, zumal er im Wechselrecht ausdrücklich anerkannt ist [17]. Die nachstehend (Ziff. III—V) zu entwickelnden Regeln gelten sinngemäß auch hier [18].

III. DIE WIRKSAMKEIT DER ERKLÄRUNG, NAMENTLICH DER ABSCHLUSS DES VERTRAGS

A. *Regel.* — Aus den sich über Jahrzehnte erstreckenden Urteilen sowohl des Bundesgerichts als auch kantonaler Gerichte läßt sich folgende *Regel* ableiten: Wer eine *Urkunde ungelesen unterzeichnet, unterzieht sich deren Inhalt* und anerkennt [267] den Text so, wie er lautet. Er gibt, anders gesagt, eine dem Wortlaut der Urkunde entsprechende *Willenserklärung* ab [19]. Des näheren hindert, wie

---

[15] BGE 69 II 238/39.
[16] Aufschlußreich BGE 34 II 523: Unterzeichnung einer französisch redigierten Urkunde durch eine Partei, die diese Sprache nicht versteht und sich auf — unzutreffende — mündliche Aufklärungen verläßt. — Ferner: SJZ 32, 233 Nr. 160.
[17] OR Art. 1000, 1002 III, 1003 II, 1004 II, 1006 I.
[18] Für weitere Einzelheiten sei auf die *Literatur* verwiesen: VON TUHR/SIEGWART, Allgemeiner Teil des schweizerischen Obligationenrechts (2. A.) 152, 228/29; OSER/SCHÖNENBERGER, Kommentar OR (2. A.) Art. 13 N. 9; BECKER, Kommentar OR (2. A.) Art. 1 N. 5, 21; Art. 13/15 N. 5; PLANIOL/RIPERT/BOULANGER, Traité élémentaire de droit civil II nos 53, 406, 421; STAUDINGER, Kommentar BGB (10. A.) § 126 N. 4, § 142 N. 8e. — Verschiedenen dieser Autoren ist entgegenzuhalten, daß die erwartungswidrig erfolgende Ausfüllung des Blanketts nicht in erster Linie der Anfechtung wegen Irrtums ruft, sondern, entsprechend den Ausführungen nachstehend Ziff. III/B, der Frage des mangelnden Konsenses.
Über *Bürgschaften* mit blanko gelassener Person des Gläubigers: OSER/SCHÖNENBERGER, Art. 492 N. 28, 82; BECK, Das neue Bürgschaftsrecht (Zürich 1942) Art. 492 N. 38, beide mit Judikaturzitaten.
[19] Eine Reihe von Urteilen setzt diese Feststellung voraus und erörtert lediglich ihre Folgerungen; so insbesondere BGE 34 II 528; 36 I 601; 51 II 280/81; 54 I 74/75; SJZ 36, 333/34; VAargR 1944, 11. Ausdrücklich, wenn auch mit andern Worten, niedergelegt findet sich die Regel in BGE 41 II 456; 45 I 47; 64 II 357; 76 I 350: «*Wer ein Schriftstück unterschreibt und damit einem*

kaum beizufügen erforderlich, das Nichtlesen einer Urkunde durch einen Kontrahenten das *Zustandekommen des Vertrags,* auf den sich die Urkunde bezieht, nicht, sobald nur durch das Zusammenspiel von Offerte und Akzept der Konsens erzielt wird. Der *Schriftform* ist Genüge getan (Art. 13 I OR).

Man braucht die Regel heute nicht mehr als Ausdruck einer Verkehrssitte zu betrachten, was sie zunächst gewiß war[20]; vielmehr ist sie zu einem Satz des *Gewohnheitsrechts* geworden. Die Begründung läßt sich unmittelbar aus dem *Vertrauensprinzip* ableiten. Wer eine Urkunde unterzeichnet, ohne sie zu lesen, gibt damit der Gegenpartei sein Einverständnis mit deren Inhalt kund; die Gegenpartei darf die Sachlage dahin verstehen, daß die Kenntnis der Einzelheiten des Rechtsgeschäfts für den Entschluß, sich vertraglich zu binden, belanglos ist. Das Vertrauen der Gegenpartei darauf, daß der Erklärende gewillt sei, sich gemäß dem Text der Urkunde zu verpflichten, wird geschützt[21]. Das Bewußtsein des Inhalts der Erklärung ist, wie das Bundesgericht immer wieder unterstreicht, zu deren Wirksamwerden gar nicht erforderlich[22]; denn es ist ja nicht (wie die Willenstheorie fordert) der *Willens*inhalt, der zählt, sondern jenes, das in den Augen des Erklärungsempfängers als *Willensäußerung erscheint* und erscheinen darf[23]. Das Vertrauensprinzip bewirkt eben, [268] daß ein äußerliches Verhalten auch ohne zugehörigen Willen Rechtsfolgen zu erzeugen vermag[24]; der Schein eines Willens genügt. Demgemäß wird der in Art. 1 OR geregelte Mechanismus des Vertragsschlusses seit jeher dahin gehandhabt, daß die (äußerliche) *Manifestation des Konsenses* ausreicht[25], woraus sich sofort der bereits anderweitig gewonnene Schluß

---

andern eine Erklärung abgibt, muß diese, auch wenn er sich um deren Inhalt nicht gekümmert hat, gegen sich gelten lassen...»; ferner SJZ 29, 332 = ZBJV 69, 35; 69, 229; BlZR 17 Nr. 136. — Zustimmend: VON TUHR/SIEGWART 151/52; BECKER, Art. 1 N. 16. — Gleiche Auffassung in Frankreich und Deutschland: PLANIOL/RIPERT/BOULANGER II no 373; STAUDINGER (10. A.) § 119 N. 48 und N. 24 lit. a vor § 145. — Über ungelesene Allgemeine Versicherungsbedingungen nachstehend N. 40.

[20] So anscheinend VON TUHR/SIEWGART 151.
[21] BGE 64 II 357. — Die glücklichste Formulierung findet sich bereits im Urteil BGE 34 II 528: «*Der entscheidende Standpunkt ist eben ... der des Empfängers der Erklärung. Maßgebend ist ..., was er als vom Erklärenden ausgehenden Erklärungsinhalt annehmen durfte ...»*
[22] BGE 34 II 528; 41 II 456; 45 I 47; 76 I 350. Beachtenswert die im zuerst zit. Urteil gezogene Folgerung: «*Der Erklärende kann ... blindlings Nichtverstandenes unterzeichnen, ohne daß deshalb die Existenz der Erklärung bezweifelt werden könnte.»* — Auch SJZ 16, 10.
[23] In BGE 41 II 456 wird betont, daß dem Unterzeichner der ungelesenen Urkunde das Bewußtsein nicht gefehlt habe, mittels der Unterschrift «etwas» zu genehmigen. Hierin steckt das bereits in BGE 34 II 528/29 unterstrichene Erfordernis des sog. *Erklärungswillens:* VON TUHR/ SIEWGART, § 21 bei N. 10; OSER/SCHÖNENBERGER, Art. 1 N. 8 ff.; BECKER, Art. 1 N. 5 und 16; ZBJV 69, 35/36. Nach dem Vertrauensprinzip ist jedoch eine solche Urkunde auch ohne das erwähnte «Bewußtsein» wirksam: MEIER-HAYOZ 134; PATRY 174 ff., 185/86, 187/88, 194.
[24] MEIER-HAYOZ 25.
[25] BGE 32 II 286; 36 I 601; 39 II 579; 64 II 11; 72 II 79 und viele andere mehr.

ableitet, daß die Kenntnisnahme und das Verständnis der zugehörigen Willensäußerung seitens des Erklärenden nicht zum relevanten Tatbestand gehören.

B. *Ausnahmen.* — Die soeben festgehaltene *Wirksamkeit der ungelesen unterzeichneten Urkunde ist keine vorbehaltslose,* vielmehr bezeugt sich das *Vertrauensprinzip* weiterhin aufs schönste in der unausweichlichen *Einschränkung:* sofern die Gegenpartei erkannte oder erkennen mußte, daß der Inhalt der Urkunde nicht gewollt sei, ist der Erklärende hieran *nicht gebunden*[26]. Er hat *keine dem Wortlaut der Urkunde entsprechende Willenserklärung abgegeben.* Vielmehr ist der eigentliche Wille des Erklärenden in *Erscheinung getreten,* hat sich zu einer Willensäußerung verdichtet, und es ergibt sich nach Treu und Glauben von selbst, daß *diese* Äußerung zählt und nicht die scheinbare, welche die verfehltermaßen unterzeichnete Urkunde kundzutun lediglich vorgibt. Die im Wesen des Vertrauensprinzips liegende (eingangs Ziff. I hervorgehobene) *Objektivierung* bewährt sich auch hier, indem die Gerichte mit Fug den vom Inhalt der Urkunde abweichenden Willen nicht nur dort für beachtlich erklären, wo die Gegenpartei die Meinung des Erklärenden wirklich erkannt *hat*[27], sondern auch dort, wo sie diese Meinung lediglich erkennen *mußte,* will sagen: hätte erkennen sollen[28]. Hier wird das Vertrauen des Erklärenden darin geschützt, daß seine — objektiv betrachtet verständliche — Äußerung so wirken wird, wie sie ein vernünftiger und korrekter Partner aufzunehmen pflegt.

Die Judikatur bietet anschauliche *Beispiele.* Man verhandelt über den Kauf eines Automobils, einigt sich aber noch nicht, und der Mittelsmann des Verkäufers wünscht lediglich eine schriftliche Bestätigung dafür, daß er dem Interessenten das Fahrzeug angeboten habe: die ungelesen unterzeichnete Urkunde bescheinigt statt dessen den Kauf[29]. Eine in mancherlei Bedrängnis befindliche Witwe unterzeichnet in Eile und Aufregung eine Quittung über [269] Versicherungsleistungen per Saldo; sie glaubt aber, den Empfang nur eines Teilbetrags ihres Guthabens zu bestätigen, was der vorsätzlich die nötigen Klarstellungen unterlassenden Gegenpartei nach der ganzen Sachlage «bekannt war oder sein mußte», hat sie doch durch ihr Verhalten die Unterzeichnerin «in ihrer Auffassung geradezu bestärkt[30]».

---

[26] BGE 34 II 529; 45 I 47; 64 II 357; 76 I 350; SJZ 29, 332 = ZBJV 69, 36; 69, 229. — Ausführliche Formulierung der These in BGE 41 II 456.

[27] Am deutlichsten zeigt sich diese Erkenntnis, wenn die Gegenpartei selber dem Erklärenden Aufschlüsse erteilt hat, die vom Inhalt der Urkunde abweichen.

[28] Siehe die soeben N. 26 zit. Urteile.

[29] SJZ 29, 332 = ZBJV 69, 35.

[30] BGE 41 II 458, entgegen ZBJV 52, 91. — Die ungelesene oder unverstandene *Saldoquittung,* ein praktisch wichtiger Fall, folgt der allgemeinen Regel. Sie bindet den Unterzeichner, es sei denn, daß die Gegenpartei erkannte oder erkennen mußte, der Unterzeichner habe nicht per Saldo (also

Einzelne der Gerichtsfälle erforderten eine *nüancierte Würdigung* der Vorgänge[31], während andere ein so unlauteres Gebahren des Gegenkontrahenten kundtun, daß der Bereich des kriminellen *Betrugs* gestreift oder erreicht wird[32].

Man kann in der Bestimmung der *Rechtsfolge* der eingangs lit. B formulierten Lösung nicht fehlgehen. War der vom Inhalt der ungelesenen Urkunde abweichende Wille des Erklärenden nach der geschilderten Maßgabe erkennbar, so hat man *nicht Konsens* im Sinne des Art. 1 OR vor sich[33], sondern *offenen Dissens*. Der Vertragsschluß ist gescheitert, der Vertrag inexistent[34]. Die Berufung auf Willensmangel, besonders auf Irrtum, erübrigt sich, weil er einen zunächst gemäß Art. 1 zustande gekommenen Vertrag voraussetzt[35, 36].

[270] C. *Einzelfragen.* — In kasuistischer Folge seien einige ergänzende Bemerkungen angefügt.

1. Die Frage, *wieweit die Gegenpartei des Unterzeichners diesen auf einzelne Punkte im Text der ungelesenen Urkunde aufmerksam zu machen hat*, beurteilt sich nach *Treu und Glauben*. Für die Regel besteht weder hier noch sonst im Vertragsleben eine Offenbarungspflicht der Kontrahenten[37]. Anders jedoch, sobald

---

unter Verzicht auf weitere Ansprüche) quittieren wollen. Dazu neben BGE 41 II 456 ff.: BlZR 11 Nr. 73 S. 114; 43 Nr. 2d S. 7; SJZ 11, 132 Nr. 95; 12, 31; 36, 333/34. Über die Saldoquittung im allgemeinen und besonders in der Versicherung: BERGER, SVZ 15, 193 ff.; über ihre Behandlung im Dienstvertragsrecht: SCHWEINGRUBER, SJZ 46, 212 (den dortigen Bemerkungen ist beizufügen, daß die unverstandene Saldoquittung zunächst der Frage des Konsenses ruft und erst sekundär derjenigen der Willensmängel; vgl. die weiteren Ausführungen im Kontext und nachstehend Ziff. V).

[31] Wie das Vertrauensprinzip ja öfters vom Richter *«ein feines Unterscheidungsvermögen und die Fähigkeit zu psychologischen Erwägungen»* verlangt: SIMONIUS in der vorn N. 1 zit. Festgabe, 241. — Aufschlußreich BGE 45 I 48; viel zu nachsichtig mit der Gegenpartei ZBJV 69, 229.

[32] Etwa BGE 34 II 526; VAS V Nr. 38b S. 61; VAargR 1944, 10; aber auch schon die in N. 29 und 30 erwähnten Fälle SJZ 29, 332 und BGE 41 II 451 ff.

[33] BGE 41 II 458/59; SJZ 29, 332 = ZBJV 69, 36.

[34] Über diese Rechtslage Einzelheiten bei BECKER, Art. 1 N. 22; OSER/SCHÖNENBERGER, Art. 1 N. 72 ff.; PATRY 225 ff.; HALUK TANDOGAN, La nullité, l'annulation et la résiliation partielles des contrats (Diss. Genf 1952) 22 ff.

[35] Demgegenüber scheinen die deutsche Doktrin und Praxis die Bindung an eine ungelesen unterzeichnete Urkunde einzig unter dem Gesichtspunkt des *Irrtums* zu prüfen: STAUDINGER (10. A.) § 119 N. 48 und N. 24 lit. a vor § 145; DÜRINGER/HACHENBURG, Kommentar HGB (3. A.) IV Allgemeine Einleitung N. 51 S. 43/44. Einzelheiten bei NAEGELI (zit. vorn N. 7) 130 ff.
Auch SJZ 11, 132 Nr. 95, VAS V Nr. 38b und c, VAS VI Nr. 13b und andere schweizerische Urteile operieren mit Willensmängeln, statt vorweg das Fehlen des Konsenses zu untersuchen.

[36] Anders ist die Lösung selbstverständlich, wenn die Gegenpartei den vom Inhalt der Urkunde abweichenden Willen des Erklärenden kannte und ihn als maßgebend *anerkennt:* dann ist der Vertrag in *diesem* Sinne geschlossen. Darüber PATRY 221 und dort zit. Autoren.

[37] Hierfür ist Art. 200 II OR typisch. Das Bundesgericht verneint in BGE 64 II 356/57 die Offenbarungspflicht denn auch für die im ungelesen gebliebenen Depotreglement einer Bank enthaltene Ordnung der Legitimationsprüfung; gleich BGE 51 II 280/81 für die Pfandklausel eines Kontokorrentvertrags und BlZR 17 Nr. 136 S. 245 für eine Gerichtsstandsklausel. — Zur Frage

die Gegenpartei der Sachlage sicher entnehmen kann, daß die fragliche Vertragsbestimmung für den Unterzeichner wesentlich ist, aber seinen Erwartungen widerspricht; so etwa, wenn die Urkunde Klauseln enthält, die vom Verkehrsüblichen deutlich abweichen. Die Entscheidung erfolgt mittels nüancierter Prüfung der Umstände des Einzelfalles [38]. Wo die Offenbarungspflicht zu bejahen ist, erwächst aus ihrer Mißachtung für den Unterzeichner eine *Einrede* aus Art. 2 ZGB, welche die Bindung an den Inhalt der Urkunde ausschließt (entsprechend der Rechtslage vorn lit. B).

2. *Einzelne Klauseln* des Vertrags sind dann *nicht bindend*, wenn sich eine abweichende mündliche Vereinbarung oder Zusicherung der Gegenpartei beweisen läßt. Das gleiche gilt für die in der französischen Rechtssprache sog. *clauses de style:* das sind Vertragsbestimmungen, die lediglich traditionellerweise aufgeführt werden, in Wirklichkeit aber gar keinen Willen der Parteien wiedergeben [39].

3. Die bereits besprochenen und die noch zu behandelnden Grundsätze gelten auch im *Versicherungsrecht* (VVG 100) [40].

IV. AUSLEGUNG

[271] Bereits die unter Ziff. III besprochene Frage, wieweit der Unterzeichner einer ungelesenen Urkunde sich deren Inhalt unterziehe, beantwortet sich nach den Methoden der Auslegung. Wie diese, so ist auch die den Vertrags*inhalt* betreffende Interpretation vom *Vertrauensprinzip* beherrscht [41]. Für die ungelesene Urkunde

---

allgemein: EGGER, Kommentar Personenrecht (2. A.) Art. 2 N. 22; YUNG, in Droit et vérité (Genf 1946) 23 ff.; SCHÖNENBERGER, Art. 492 N. 88; STAUDINGER (10. A.) § 242 N. 274 ff. — Hinsichtlich der *culpa in contrahendo* vgl. BGE 77 II 136.

[38] Offenbarungspflicht bejaht in BGE 45 I 48/49 («*Einschmuggelung einer Klausel*»); 49 II 185/86: versteckte Aufnahme einer Bürgschaftsverpflichtung in einen Baukreditvertrag, ohne daß von ihr vorher je die Rede war oder die Unterzeichner auch nur die Gelegenheit hatten, die Urkunde richtig zu lesen. Einzelheiten mögen dem Urteil entnommen werden.

[39] PLANIOL/RIPERT/BOULANGER II no 374 mit Einzelheiten. In der Ausschaltung solcher Klauseln ist Zurückhaltung am Platz, auch in der Verwendung des eine *clause de style* betreffenden Präjudizes: BGE 60 II 444.

[40] Eine lange Reihe von Urteilen bekräftigt die Bindung an die dem Versicherungsnehmer gemäß Art. 3 VVG übergebenen, von ihm aber nicht gelesenen *Allgemeinen Versicherungsbedingungen:* bes. VAS I Nr. 24—30; III Nr. 8; IV Nr. 28a; VI Nr. 13a; ferner VAS II Nr. 43, 44a, 140b; IV Nr. 6b, 7a; V Nr. 38a; VIII Nr. 27. — Zustimmend die Doktrin: ROELLI/JAEGER, Kommentar VVG III Art. 100 N. 6 und IV S. 87 N. 30; KOENIG, Schweizerisches Privatversicherungsrecht (Bern 1951) 57/58; HANS NAEF, Über die Auslegung des Versicherungsvertrages (Diss. Zürich 1950) 20.

[41] Aus der neueren Literatur: GUHL, in der Jubiläumsgabe der ZSR 1952, 141 ff.; OFTINGER, ZSR 58, 178 ff.; NAEGELI (zit. vorn N. 7) 27 ff.; PATRY 195 ff.; MEIER-HAYOZ 127 ff.; dort N. 11 und in dem soeben zit. Aufsatz ZSR 58, 178 ff. N. 24 und 25 Angabe zahlreicher bundesgerichtlicher Urteile, aus neuerer Zeit BGE 64 II 11; 74 II 151/52; 77 II 174.

ergeben sich keine Besonderheiten. Keinesfalls rechtfertigt das Nichtlesen eine der fraglichen Partei ungünstige Tendenz der Auslegung, indem der von der Gegenpartei befürwortete Sinn des Vertragsinhalts als der richtige unterstellt würde [42]. Allgemeine Geschäfts- und im besonderen Versicherungsbedingungen folgen ihren eigenen, aber ebenfalls das Vertrauensprinzip verwirklichenden Auslegungsregeln, die wiederum unabhängig sind vom Lesen oder Nichtlesen der Urkunde [43].

V. WILLENSMÄNGEL, BESONDERS IRRTUM

Simulation, Täuschung und *Drohung* rufen keinen besonderen Erörterungen [44]. Der unleugbare Umstand, daß die auf das Lesen der Urkunde verzichtende Partei der Gegenseite den Betrug erleichtert, führt nicht dazu, die Berufung auf Täuschung (Art. 28, 31 OR) an erschwerte Voraussetzungen zu knüpfen [45].

Was den *Irrtum* anlangt (Art. 23—26 und 31 OR), so ist bereits eingangs bemerkt worden [46], daß die Gerichte davon absehen, das Vertrauensprinzip auch auf den Erklärungsirrtum anzuwenden, was bedeuten würde, daß — wie A. Simonius als Konsequenz des Vertrauensprinzips postuliert — nur der *erkennbare* Irrtum beachtlich wäre. Von dieser Stellungnahme scheinen die auf ungelesene Urkunden bezüglichen Urteile zunächst keine Ausnahme machen zu wollen. Das Bundesgericht lehnt vielmehr ausdrücklich die Auffassung ab, nur der erkennbare Irrtum sei relevant [47]. Eine bedeutsame, sogleich angefügte Einschränkung dieser Regel zeigt dann aber eine beachtliche *Annäherung an das erwähnte Postulat des Vertrauensprinzips*. Die *Berufung auf Irrtum* soll nämlich [272] *ausgeschlossen* sein, wenn der «*Erklärende*» «*sich im Bewußtsein der Unkenntnis des Inhalts, in Unterwerfung unter alles, was der Gegner will, erklärt...*» von Tuhr faßt die Tragweite dieses Satzes [48] dahin zusammen, man könne die ungelesen unterzeichnete Urkunde «*nur unter besonderen Umständen wegen Irrtums über den Inhalt anfechten* [49]». Die Maxime des Bundesgerichts kann einzig so verstanden werden, daß der Unterzeichner der ungelesenen Urkunde in der Gegenpartei den Eindruck erweckt, er sei vorbehaltlos mit dem Inhalt der Urkunde einverstanden, ohne sich

---

[42] Wie hier BGE 41 II 456.
[43] Dazu Naegeli und Naef in ihren vorn N. 7 und N. 40 zit. Arbeiten.
[44] Über ihre allgemeine Behandlung unter dem Gesichtspunkt des Vertrauensprinzips: Meier-Hayoz 149 ff., 157 ff.; Patry 240 ff., 253 ff.
[45] Das Urteil VAS V Nr. 38b ist auf Täuschung gestützt.
[46] Bei N. 5.
[47] BGE 34 II 531/32; 49 II 182.
[48] den er in § 37 bei N. 2 bespricht.
[49] § 21 N. 27. — Sinngemäß gleich das Urteil BlZR 17 Nr. 136 S. 245.

um deren Einzelheiten kümmern zu wollen, und daß infolgedessen das derart begründete Vertrauen der Gegenpartei nicht enttäuscht werden dürfe[50], die Berufung auf Irrtum vielmehr gegen Treu und Glauben verstieße (Art. 25 I OR). Das ist genau der Standpunkt des Vertrauensprinzips.

Man darf die Auswirkung dieser Konzession an das Vertrauensprinzip freilich nicht überschätzen. Denn die besprochene Praxis läßt durchaus noch die Geltendmachung des Irrtums in Fällen zu, wo die strenge Handhabung des Vertrauensprinzips sie ausschlösse[51]. Ein Blick auf die Judikatur zeigt indessen, daß in den beurteilten Fällen von Erklärungsirrtum die von der Anfechtung des Vertrags betroffene oder bedrohte *Gegenpartei nie Schutz verdiente,* weil im Grunde genommen ihr Verhalten bereits den Konsens verhinderte: sie durfte jeweils schon gar nicht annehmen, der Unterzeichner sei mit dem Inhalt der ungelesenen Urkunde einverstanden[52].

---

[50] So denn auch in aller Kürze BGE 64 II 357. Vgl. ferner BGE 45 I 47, aber auch die abweichende Erklärung bei MEIER-HAYOZ 175 und STAUDINGER (10. A.) § 119 N. 47; ZBJV 50, 551 = SJZ 11, 189 Nr. 144.

[51] Das erweist deutlich die Stelle bei VON TUHR/SIEGWART, § 37 vor N. 2 und in VON TUHRS Allgemeinem Teil des bürgerlichen Rechts II¹ 571.

[52] So besonders BGE 49 II 180—87. In den Entscheiden BGE 41 II 459 und ZBJV 69, 36 wurde denn auch principaliter der Konsens verneint und nur eventualiter die Irrtumsfrage beantwortet. — Der Sachverhalt BGE 34 II 528 ff. liegt tatbeständlich auf der Grenze. Auch hier wäre die Verneinung des Konsenses nicht ausgeschlossen gewesen; nachdem er zwar bejaht, hernach aber die Anfechtung wegen Irrtums gutgeheißen, ist doch wohl ein billigenswertes Ergebnis erreicht worden, es sei denn, man betrachte die Gegenpartei des Unterzeichners als wirklich gutgläubig und fordere diesfalls die Anwendung des Vertrauensprinzips mit der vorn N. 6 erwähnten Konsequenz. — Im Urteil BGE 69 II 234 ff. hat man nicht Erklärungs-, sondern Grundlagenirrtum vor sich, aber auch hier verdient die Gegenpartei keinen Schutz. Das Bundesgericht läßt zunächst die Berufung auf Irrtum gemäß Art. 24 Ziff. 4 OR zu, nimmt dann eine Schadenersatzpflicht des Irrenden in Aussicht, um diese schließlich zu verneinen, weil die Gegenpartei den Irrtum «kannte oder hätte kennen sollen» (Art. 26 I). — Endlich VAargR 1944, 17 ff.: Grundlagenirrtum bejaht als Korrektur unlauterer Geschäftspraktiken der Gegenpartei.

BETRACHTUNGEN ÜBER DIE LAESIO IM SCHWEIZERISCHEN RECHT *

Die Bestimmung über die Übervorteilung, insbesondere im Lichte neuerer Entwicklungen und Tendenzen

I. GRUNDLAGEN

[535] Das schweizerische OR von 1911 enthält unter dem Marginale «Übervorteilung» als Art. 21 die folgende Bestimmung:

«Wird ein offenbares Mißverhältnis zwischen der Leistung und der Gegenleistung durch einen Vertrag begründet, dessen Abschluß von dem einen Teil durch Ausbeutung der Notlage, der Unerfahrenheit oder des Leichtsinns des andern herbeigeführt worden ist, so kann der Verletzte innerhalb Jahresfrist erklären, daß er den Vertrag nicht halte, und das schon Geleistete zurückverlangen.

Die Jahresfrist beginnt mit dem Abschluß des Vertrages.»

Dies ist die sedes materiae der schweizerischen Regelung der laesio [1]. [536] Das vom geltenden Gesetz abgelöste alte OR von 1881 enthielt keine solche Vorschrift. Art. 21 wird durch straf- und polizeirechtliche Normen vervollständigt: Art. 157 des Strafgesetzbuches betreffend den Wucher und die durch Art. 73 II OR und 795 II ZGB den Kantonen anheimgestellten Erlasse gegen den Zinswucher, z. B. das Interkantonale Konkordat [2] über Maßnahmen zur Bekämpfung von Mißbräuchen im Zinswesen vom 8. Oktober 1957 [3] oder § 213/13a des Zürcher Einführungsgesetzes zum ZGB. An beiden Stellen ist als Grenze ein Satz von jährlich 18 % vorgesehen, Nebenposten wie Kommissionen, Auslagen usw. eingeschlossen.

---

* Xenion. Festschrift für Pan. J. Zepos anläßlich seines 65. Geburtstages am 1. Dezember 1973. Hrsg. von Ernst von Caemmerer, Joseph H. Kaiser, Gerhard Kegel u. a. unter Mitarbeit von Th. J. Panagopoulos. Bd. II (Athen, Freiburg i. Br. u. a. 1973), S. 535—553.

[1] Literatur: neben den Lehrbüchern wie VON TUHR/SIEGWART, Allgemeiner Teil des schweizerischen Obligationenrechts I (2. A. 1942) § 40; GUHL/MERZ/KUMMER, Das schweizerische Obligationenrecht (6. A. 1972) § 7 III; VON BÜREN, Schweizerisches Obligationenrecht, Allgemeiner Teil (1964) 226 ff.; ROSSEL, Manuel du droit fédéral des obligations I (4. A. 1920) Nrn. 67 f., und den Kommentaren die Monographien von THILO, Note sur la lésion, Journal des Tribunaux 1946, 354 ff.; PAUL OSSIPOW, De la lésion, Étude de droit positif et de droit comparé (1940). — Diese Schriften werden im folgenden nur mit Verfassernamen zitiert.

[2] Das ist ein Abkommen unter schweizerischen Kantonen mit Gesetzeskraft.

[3] Sammlung der eidgenössischen Gesetze 1958, 374.

Dieser Satz gilt nach der Rechtsprechung auch im Bereich des Zivilrechts grundsätzlich als Maßstab[4].

Ein Blick auf einige *ausländische Rechte* ergibt folgendes Bild[5]: Das deutsche BGB, § 138 II, erfaßt die laesio (gewöhnlich als Wucher bezeichnet) als Sonderfall des unsittlichen Rechtsgeschäfts. Die Voraussetzungen sind wörtlich oder der Sache nach gleich umschrieben wie im OR. Die deutsche Vorschrift hat der schweizerischen als Vorbild gedient. Auf Unterschiede sei später hingewiesen. Rechtsfolge ist die Nichtigkeit des Geschäfts. Beliebige Rechtsgeschäfte sind erfaßt. Art. 179 des griechischen ZGB hat die deutsche Regelung übernommen. Das bemerkenswerte ZGB von Äthiopien von 1960, geschaffen vom französischen Komparatisten René David, besagt gemäß der im Jahr 1962 in Paris veröffentlichten Fassung in Art. 1710: «(1) Le contrat ne peut être annullé pour la seule raison qu'il est beaucoup plus avantageux pour une partie que pour l'autre. — (2) Il peut toutefois être annullé en ce cas, si la morale l'exige, lorsque le consentement de la partie lésée a été obtenu en exploitant sa gêne, sa simplicité d'esprit, sa sénilité ou son inexpérience manifeste dans les affaires.» Im österreichischen ABGB, § 934/35, findet sich einmal die Anfechtung «wegen Verkürzung über die Hälfte», also das alte Prinzip der laesio enormis, dann die nachträglich eingefügte Bestimmung § 879 Ziff. 4, die an das BGB und das OR angelehnt ist[6]. Der CC fr. verzichtet ausdrücklich auf eine [537] allgemeine Regelung der lésion (Art. 1118) und enthält statt dessen nur je eine spezielle Regelung für den Grundstückskauf, für den Erbteilungsvertrag (partage) und zum Schutz der Minderjährigen (Art. 1674 ff., 887 II, 1305 ff.); er schließt die Berufung auf die lésion aus für den Tausch und den Vergleich (transaction; Art. 1706, 2052 II)[7]. Im CC it. ist allein die Notlage Grund für die Auflösung des Vertrags (Art. 1448). Lesione liegt nur vor, wenn das Mißverhältnis die Hälfte übersteigt. Aleatorische Verträge und im besonderen der Vergleich (transazione, Art. 1970) sind ausgeschlossen. Vorbehalten ist eine Sonderregelung für die Erbteilung.

Ziel der folgenden Darlegungen ist es nicht, eine durchgehende Analyse der schweizerischen Vorschrift zu bieten, zumal diese in manchen Punkten der Regelung des BGB und der andern verwandten Gesetze entspricht. Vielmehr sei, soweit

---

[4] BGE 80 II 328/29 (1954); 84 II 111 (1958); 93 II 191/92 (1967).

[5] Eingehend (ausgenommen für seither erlassene Gesetze) OSSIPOW, a.a.O.; dann LOCHER bei *Schlegelberger*, Rechtsvergleichendes Handwörterbuch VI (1938) 781 ff.; ARMINJON/NOLDE/WOLFF, Traité de droit comparé II (1950) Nr. 361 u. a. m.; ZWEIGERT/KÖTZ, Einführung in die Rechtsvergleichung II (1969) 68 ff.

[6] GSCHNITZER, Schuldrecht, Allgemeiner Teil (1965) 90 ff.; GSCHNITZER bei *Klang,* Kommentar ABGB (2. A.) § 879.

[7] Bei PLANIOL/RIPERT/BOULANGER, Traité élémentaire de droit civil II (1947) Nrn. 260 ff., eine eindrückliche Schilderung des Problems der laesio im allgemeinen.

in Kürze möglich, gezeigt, was die Rechtsprechung aus der Vorschrift gemacht hat und wie man ihren Wert beurteilt; vor allem ist auf einige Besonderheiten und auf neuere Entwicklungen und Perspektiven hinzuweisen. Der Verfasser hofft, damit auch Anregungen für die Auslegung ausländischer Vorschriften ähnlichen Inhalts zu geben.

Art. 21 OR wird *ergänzt* durch die Art. 163 III und 417 OR, wo der Richter durch Blankettvorschriften ermächtigt ist, auf Begehren des Verletzten «übermäßig hohe Konventionalstrafen» oder einen «unverhältnismäßig hohen Mäklerlohn» herabzusetzen. Subjektive Voraussetzungen bestehen hier nicht, und es kommt nicht auf den Willen der Gegenpartei, den Vertrag auch so zu halten, an. Dann sei auf die Ausführungen unter Ziff. VII hingewiesen. Eine entferntere Beziehung zur laesio besitzen u. a. die folgenden Art. des OR: 226a ff. (einschneidende Regelung des Abzahlungsvertrags), 340a in der Fassung vom 25. Juni 1971 (Regelung des Konkurrenzverbotes im Arbeitsvertrag mit Ermächtigung des Richters, ein übermäßiges Verbot einzuschränken), 356b II in der Fassung vom 25. Juni 1971 (Bedingungen des Anschlusses außenstehender Arbeitgeber und Arbeitnehmer an einen Gesamtarbeitsvertrag und richterlicher Eingriff zur Nichtigerklärung oder Beschränkung solcher Bedingungen)[8].

II. EINIGE MERKMALE SOWIE DIE VERWIRKLICHUNG UND DIE BEURTEILUNG DER SCHWEIZERISCHEN VORSCHRIFT

[538] Es seien vorab einige Merkmale und Besonderheiten hervorgehoben. Wie andere moderne Gesetze und schon das ABGB erfaßt Art. 21 OR *beliebige wucherische Geschäfte*[9], auch aleatorische Verträge[10], darunter den Vergleich[11] (den das französische und italienische Recht ausschließen) — wenn auch die Aussichten auf Erfolg hier angesichts der Sachlage gering sind —, und den Erbteilungsvertrag (ZGB Art. 638)[12]. Das Gesetz macht keinen Unterschied zwischen bürgerlichen und kaufmännischen Geschäften; dem Kaufmann mag es indes schwerer fallen, seine Unerfahrenheit zu beweisen. Die *objektive Voraussetzung* (das Mißverhältnis zwischen Leistung und Gegenleistung) sei anhand einiger Beispiele aus der Judikatur veranschaulicht.

---

[8] Zum Gesamtproblem richterlicher Eingriffe GIGER, ZBJV 1969, 309 ff.
[9] Einen Überblick gibt THILO 357 ff.
[10] THILO 357 ff.; OSSIPOW 378 f.
[11] Hinten Ziff. VII; OFTINGER, Schweizerisches Haftpflichtrecht I (2. und 3. A. 1958, 1969) 424; BGE 54 II 190 (1928).
[12] OSSIPOW 280/81.

Eine laesio wurde in folgenden Fällen bejaht:

— Darlehen mit Zins und allfälligen Nebenleistungen des Schuldners bis zu 38,8 %, bei einem Kredit in Gestalt eines Wechsels (BGE 84 II 111/12 [1958]), oder zu 29 % (SJZ 1956, 332). — Es sei an die unter Ziff. I erwähnte Grenze von 18 % erinnert.
— Kauf mit Leistung des Verkäufers im Wert von Fr. 40 000.—; vom Käufer bezahlt Fr. 30 000.— (Repertorio di Giurisprudenza patria 1948, 175).
— Kauf einer Liegenschaft mit der Gastwirtschaft «Alpenrose», die einen Assekuranzwert von Fr. 32 800.— aufwies und den das Gericht als höchstens anzunehmenden objektiven Wert betrachtet, zum Preis von Fr. 65 000.— (BGE 61 II 34/35 [1935]).
— Verkauf eines auf Fr. 1000.— lautenden Verlustscheins, den das Gericht für vollwertig im Nominalbetrag ansieht, für Fr. 100.— (SJZ 1968, 380).
— «Betriebswirtschaftliche Beratung» eines kleinen Unternehmers durch eine «Management»-Firma, deren Leistung das Bundesgericht zum Teil als «abstrusen Humbug» bezeichnet, zu einem Stundenhonorar von Fr. 100.—, folglich einem Taglohn von Fr. 800.—; der Kläger bezahlte insgesamt Fr. 12 066.— (BGE 92 II 168 [1966]).

Gegenbeispiele, in denen die laesio verneint wurde:

— Kauf eines Occasions-Autos, dessen Wert der gerichtliche Experte auf Fr. 5500.— schätzte, zu Fr. 7500.— (BGE 46 II 60/61 [1920]).
— Kauf einer vom gerichtlichen Experten auf Fr. 46 000.— geschätzten Liegenschaft zum Preis von Fr. 50 000.— (ZBJV 1941, 285).
— Verkauf (Abtretung) einer Forderung zu einem Preis, der berechnet war zum [539] (niedrigen) amtlichen Wechselkurs von Fr. 1.— = 1 ungarischer pengö, statt zum (höheren) freien Kurs von Fr. 1.— = 6,5 pengö, was die sich auf Art. 21 berufende Partei als den angemessenen Kurs bezeichnete; deshalb habe ein zu niedriger Preis resultiert. Das Gericht hält indes fest, daß durchaus ungewiß gewesen sei, ob der Verkäufer ein zum freien Kurs begründetes Guthaben in der Schweiz je hätte einlösen können, weshalb das offenbare Mißverhältnis im Sinne des Art. 21 fehle (BGE 95 II 112 [1969]).

Nach einer Formel des Bundesgerichts muß das Mißverhältnis «jedermann in die Augen fallend» sein[13], somit kraß, und zwar beurteilt im Zeitpunkt des Vertragsschlusses[14]. Zu weit geht von Büren[15], der eine «schlechthin unerträgliche» Disproportion verlangt. Die wiedergegebenen Beispiele bieten uns Anhaltspunkte für die Beurteilung. Bei den Darlehen ist die Lösung angesichts der Grenze von 18 % meist klar. Das Verhältnis von Fr. 40 000.— zu Fr. 30 000.— bei einem Liegenschaftenkauf (siehe das zweite Beispiel) genügt, richtig beurteilt, sicher nicht angesichts des Falles BGE 61 II 34/35, wo das Bundesgericht den Art. 21 auf eine Übermarchung des Preises um 100 % angewandt hat. Alle anderen wiedergegebenen Urteile sind schlüssig.

Auf seiten des *Übervorteilenden* muß Ausbeutung vorliegen durch bewußtes Ausnützen der Notlage, der Unerfahrenheit oder des Leichtsinns des Übervorteil-

---

[13] BGE 53 II 488 (1927).
[14] BGE 53 II 488 (1927); 92 II 170/71 (1966).
[15] S. 227.

ten[16]. Von den *subjektiven Voraussetzungen auf seiten des Übervorteilten* sei nachher die Unerfahrenheit eigens besprochen (Ziff. III). Für die andern Voraussetzungen mögen einzelne Zitate aus der Rechtsprechung genügen:

— Notlage: Illiquidität einer Aktiengesellschaft, die sich genötigt sah, die Rechnungen ihrer Lieferanten jetzt zu begleichen, um bei diesen ihren Kredit nicht zu verlieren und die deshalb Geld zu ganz übermäßigem Zins aufnam (BGE 84 II 110 [1958]).
— Leichtsinn: Ein älterer Mann, der sich von einer aggressiv vorgehenden heiratslustigen Frau umgarnen ließ: das Gericht spricht von «weiblicher Bestrickungskunst», die die «blinde Leidenschaft» des Mannes «bis zur Tollheit» geschürt habe; er überzahlte ihr, wie früher geschildert, die Gastwirtschaft «Alpenrose» um das Doppelte (BGE 61 II 36 f. [1935]).

Was ist der *Tenor* der schweizerischen Vorschrift und ihrer Anwendung? Welches die *Tendenz*? Da die Regelung des Art. 21 eine Ausnahme darstellt vom Prinzip der Privatautonomie und damit der Vertragsfreiheit, aus dem sich ergibt, daß die Parteien selber ihre Interessen [540] wahren sollen, ist der gesetzliche Text zurückhaltend und ist auch die Rechtsprechung oft, im Einklang mit der überwiegenden Meinung der Autoren (soweit sie sich darüber aussprechen[17]), restriktiv[18]. Schon der Gesetzgeber zielte mit seinen Motiven auf eine geringe Tragweite der Vorschrift[19]. Doch ist dem entgegenzuhalten: es gilt die «justice du cas donné». So erklärt das Bundesgericht denn auch[20]: «Der Auffassung, daß dieser Artikel nicht ausdehnend ausgelegt werden dürfe, vielmehr bei der Interpretation ein strenger Maßstab anzulegen sei, kann wenigstens für den vorliegenden Fall nicht beigepflichtet werden.» Das Gericht spricht von einer «weitherzigen Auslegung des Art. 21 OR». Die in der Literatur verschiedentlich vertretene Ansicht der besonderen Rigorosität ist somit nicht schlechthin zutreffend und hinsichtlich der künftigen Entwicklung fragwürdig. Der Verfasser hat bei der Durchsicht der publizierten Judikatur des Bundesgerichts den Eindruck gewonnen, daß zwar, insgesamt betrachtet, die Berufung des Übervorteilten auf Art. 21 meist zurückgewiesen wurde, doch war sie oft angesichts des Gesetzestextes von vornherein hoffnungslos, oder die Kläger haben einfach neben andern Argumenten auch dieses noch versucht. In neuerer Zeit scheinen die Chancen gestiegen zu sein[21]. Welche

---

[16] BGE 53 II 488/89 (1927); 54 II 190 (1928).
[17] Siehe etwa Ossipow 297 ff.: L'art. 21 «n'est qu'un remède in extremis»; «conditions extrêmement difficiles à réaliser». THILO 356: «interpréter en principe strictement»; VON BÜHREN 227: «ganz außergewöhnliches, schlechthin unerträglich scheinendes Mißverhältnis».
[18] BGE 61 II 36/37 (1935): «strenger Maßstab» bezüglich des Leichtsinns.
[19] Ossipow 219/20.
[20] BGE 44 II 186 (1918).
[21] Vgl. die vorstehende Übersicht von Beispielen. Vom Bundesgericht abgewiesen in BGE 41 II 579 (1915); 42 II 146 f. (1916); 53 II 488 f. (1927); 54 II 190 (1928); 82 II 76 f. (1956); 85 II 412 f. (1959); 95 II 112 (1969). Die Entscheidungen dürften auch nach einer nicht allzu rigorosen Auffassung richtig sein. Näherer Prüfung bedürfte allenfalls die zweitletzte.

Perspektiven das subjektive Element der Unerfahrenheit des Übervorteilten eröffnet, ist unter Ziff. III zu zeigen. Das Gewissen ist, was die Abwehr stoßender Vertragsinhalte anlangt, allgemein feiner geworden. Mit dem steht im Einklang, daß heute eher als früher der Weg offensteht, sich bei einem objektiven Übervorteilungstatbestand auf Art. 20 OR zu berufen: auf Unsittlichkeit des Vertrags (nachstehend Ziff. V), wodurch die subjektiven Voraussetzungen des Art. 21 wegfallen und die Erfolgsaussichten sich vergrößern.

Die *Rechtsfolge* der erfolgreichen Berufung auf Art. 21 ist nicht die [541] (absolut wirkende) Nichtigkeit des Geschäfts[22], wie z. B. nach § 138 BGB und wie fälschlicherweise in älteren schweizerischen Urteilen und von einzelnen Autoren formuliert — offenbar infolge ungenauer Terminologie —, sondern eine besondere Art von Ungültigkeit: die sog. einseitige Unverbindlichkeit (résiliation unilatérale), die auch (und allein noch) für die Willensmängel gilt (Art. 23, 28 I, 29 I, 31 I OR) und die man in der juristischen Umgangssprache als Anfechtung (invalidation, annulabilité) bezeichnet. Dies ist auch kein Rücktritt, wie zu Unrecht in der Literatur ebenfalls gelegentlich behauptet. Entscheidend ist bei der einseitigen Unverbindlichkeit, daß es allein vom Übervorteilten abhängt, ob er die Ungültigkeit herbeiführen will. Diese ist keinesfalls von Amtes wegen zu relevieren. Wird die Anfechtung gutgeheißen, so fällt der Vertrag ex tunc dahin; dies gleich wie bei der Nichtigkeit. Die Auseinandersetzung der Parteien erfolgt, sofern sie schon geleistet haben, mittels Vindikation oder Kondiktion[23].

Der Abklärung bedarf die Frage, ob an die Stelle der vom Gesetzestext vorgesehenen Totalunverbindlichkeit des Vertrags eine *Teilunverbindlichkeit* treten könne: Ziff. VIII.

Wie ist der *Wert der Vorschrift* einzuschätzen? Die Absicht, eine Vorschrift über die laesio in das Gesetz aufzunehmen, stieß im legislatorischen Verfahren auf lebhaften Widerstand. Die Formel zu finden bereitete Mühe; man hat mehr als 20 Textvarianten beraten[24]. Der Verfasser der wichtigsten Monographie, eines Buches von 413 Seiten, PAUL OSSIPOW, behauptet «l'inutilité de la disposition[25]», wobei er sich auf die bis damals offenkundige Kargheit der Gerichtspraxis stützt und die Tatsache hervorhebt, daß das Bundesgericht bis dahin in einem einzigen Fall[26] die Klage des Übervorteilten gutgeheißen habe. Dem stehen jetzt aber neuere, günstige Urteile gegenüber — siehe unsere Übersicht —, und es sind viel-

---

[22] BGE 95 II 112 (1969).
[23] OFTINGER, Bundesgerichtspraxis zum Allgemeinen Teil des schweizerischen Obligationenrechts (1969) Nr. 38 (Erläuterung) und 41 (Einführung).
[24] Ausführlich OSSIPOW 216 ff.
[25] S. 298.
[26] BGE 61 II 31 ff. (1935).

versprechende Perspektiven zu erkennen, wie noch zu zeigen. Was die Häufigkeit anlangt, so referiert die mit dem Jahr 1938 beginnende Kartothek zum schweizerischen Obligationenrecht von USTERI/REIMANN in den Jahren 1938 bis 1969 auf 22 Karten über ebenso viele Urteile, die sich mit Art. 21 befassen. Die in den BGE abgedruckte Judikatur des Bundesgerichts umfaßt 1912 bis 1970 20 Urteile, wovon ein [542] Teil die Bestimmung mehr beiläufig heranzieht. Die Ernte ist nicht reich. Doch keinesfalls stimmt die Bemerkung eines Mitgliedes der französischen Commission de Réforme du Code civil aus dem Jahre 1945, das behauptete, die Vorschrift sei ein einziges Mal angewendet worden, und daraus auf ihre Nutzlosigkeit schließt[27]. Der Verfasser ist gegenteils vom Nutzen des Art. 21 überzeugt, namentlich im Hinblick auf die neuere Judikatur und die daraus ableitbaren Folgerungen. Dann darf man nicht die — freilich nicht quantitativ faßbare — präventive Wirkung einer solchen Bestimmung außer acht lassen.

III. DIE UNERFAHRENHEIT DES ÜBERVORTEILTEN IM BESONDEREN

Das frühe Urteil BGE 41 II 579 (1915) — das Gesetz mit dem Art. 21 trat am 1. Januar 1912 in Kraft — meint der Sache nach, die Unerfahrenheit des Übervorteilten müsse *nicht* seine Fähigkeit, die *konkreten* Verhältnisse des Vertrags zu würdigen, betreffen, sondern die «Unfähigkeit zur Beurteilung solcher Verhältnisse *im allgemeinen*» (Auszeichnungen hier und in den folgenden Entscheidungen vom Verfasser). BGE 44 II 186 (1918) betrifft einen besonders gelagerten Fall, wo der Geisteszustand des Übervorteilten sich möglicherweise gerade oberhalb der Grenze der Urteilsunfähigkeit (Geschäftsunfähigkeit) befunden hat. Das Urteil hat keine allgemeine Bedeutung. BGE 85 II 413 (1959) bemerkt, der sich als übervorteilt Bezeichnende sei Polizeisoldat und an einen solchen würden bei der Aufnahmeprüfung für den Polizeidienst ziemlich hohe Anforderungen in geistiger Hinsicht gestellt; der Betreffende müsse «daher mindestens von durchschnittlicher Intelligenz sein», die Voraussetzung der Unerfahrenheit sei somit nicht erfüllt. In allen drei Fällen stellt das Gericht somit auf die *generelle* Einsicht und Erfahrung ab. Ganz anders der vorn Ziff. II kurz geschilderte Fall der Wirtschaft «Alpenrose», BGE 61 II 36 (1935). Hier liest man zunächst (und stimmt dem *im Ergebnis* bei), Unerfahrenheit sei vorhanden, wenn «ganz allgemein Nichtvertrautsein mit den Verhältnissen vorliegt, wie bei Jugendlichen», dann aber auch: «wenn *im Einzelfall* dem einen Vertragskontrahenten die Sachkenntnis fehlt, die zur Beurteilung

---

[27] Travaux de la Commission de Réforme du Code civil, Année 1945—1946 (1947).

von Verhältnissen *der in Frage stehenden Art* im allgemeinen erforderlich ist». Darin findet sich m. E. der Durchbruch zu einem neuen Kriterium: dem der Erfahrenheit oder Unerfahrenheit *in concreto* (dies ungeachtet der diesem Schluß bei richtigem Verständnis nicht widersprechenden zweimaligen Verwendung [543] des Wortes «allgemein»). Wenn das Gericht sich hiebei auf das Urteil BGE 41 II 579 (1915) beruft, so ist dies unzutreffend. Den eingeschlagenen Weg geht das Gericht weiter in dem überaus wichtigen Entscheid BGE 92 II 175 ff. (1966; siehe die Schilderung des eine «betriebswirtschaftliche Beratung» betreffenden Sachverhaltes vorn Ziff. II). Damit Unerfahrenheit anzunehmen sei, komme es, so wiederholt das Gericht seine Maxime von 1935, auch darauf an, daß der betreffenden Partei «die Sachkenntnis fehlt, die zur Beurteilung von Verhältnissen *der in Frage stehenden Art* im allgemeinen erforderlich ist». Es bedürfe

> «somit nicht einer *allgemeinen*[28] Unfähigkeit der Vertragspartei, ein bestimmtes Geschäft richtig zu würdigen; es genügt, wenn sie auf dem in Frage stehenden Gebiet zwar nicht völlig geschäftsunerfahren ist, aber doch die Tragweite eines ihr vorgeschlagenen Geschäftes nicht zu erfassen vermag. Diese weitgefaßte Umschreibung des Begriffs der Unerfahrenheit drängt sich um so mehr auf, wenn man in Betracht zieht, daß mit der fortschreitenden Entwicklung die technischen Probleme selbst im täglichen Leben immer vielgestaltiger und komplizierter werden, mit der Folge, daß der Einzelne in immer zunehmendem Maße genötigt ist, sich auf Spezialisten zu verlassen, ohne sich vom wahren Wert ihres Angebotes ein richtiges Bild machen zu können. Mit dieser Entwicklung hat der Schutz des Vertragschließenden Schritt zu halten».

Dies ist entscheidend. Wenn das Gericht dann fortfährt:

> «Diese Betrachtungsweise bedeutet keineswegs eine Erweiterung des von der bisherigen Rechtsprechung aufgestellten Begriffes der Unerfahrenheit. Sie ist lediglich die logische Folge der Feststellung, daß das Gebiet der allgemeinen Erfahrenheit des Einzelnen mit der fortschreitenden Entwicklung mehr und mehr eingeengt wird»

so hat dies mehr die rhetorische Bedeutung, die Kontinuität der Rechtsprechung zu beteuern.

In Wirklichkeit hat sich eine *Evolution* vollzogen. Ihr Kern liegt im folgenden: Es kommt nicht mehr — was im wesentlichen der Sinn der älteren Auffassung des Bundesgerichts war — auf die *allgemeine* Unerfahrenheit einer Person an, d. h. auf ihre generelle Geschäftsunkenntnis, allenfalls ihre bescheidene Intelligenz, ihre konstitutionelle Naivität oder Unfähigkeit, suggestiv argumentierenden oder willensstärkeren Gegenkontrahenten Widerstand zu leisten. Diese Momente sind nur mehr argumenta a fortiori. Vielmehr ist jetzt deutlicher gemacht und ausführlicher begründet als im Urteil BGE 61 II 36, daß die *Unerfahrenheit in concreto* entscheidet. *Es kommt jetzt auf die Unerfahrenheit in einem bestimmten Gebiet, in*

---

[28] Das Wort «allgemein» ist vom Gericht selber hervorgehoben.

einem bestimmten Lebensbereich an[29]. Man [544] kann nach der neuen Ansicht unerfahren sein im Sinne des Art. 21, auch wenn man ein Erfahrener ist in vielen andern Hinsichten, ja ein besonders Kundiger und Vielgewandter. Die Dinge dieser Welt sind so kompliziert geworden, die Methoden vieler Geschäftsleute so raffiniert und suggestiv, oft auch rücksichtslos (ohne daß dies in die Augen zu springen braucht), das Angebot an Waren und zum Teil auch Dienstleistungen so unüberschaubar, ihr Wert für den Außenstehenden so schwer oder überhaupt nicht zu schätzen[30], daß jeder von uns auf ungezählten Gebieten Laie ist: ein Unerfahrener im Sinne des Art. 21 OR und der entsprechenden ausländischen Bestimmungen.

Die heutigen ökonomischen Verhältnisse sind in manchen Bereichen so stark von einem Ungleichgewicht der Kräfte und Möglichkeiten der Kontrahenten beherrscht (man denke nicht allein an die Allgemeinen Geschäftsbedingungen, anschließend Ziff. IV), daß sich eine verfeinerte Anwendung aller jener, einer dementsprechenden Interpretation zugänglichen Gesetzesbestimmungen aufdrängt, die den in concreto Schutzbedürftigen, den Benachteiligten, den von den Umständen Überforderten zu schützen vermögen. Das sind Bestimmungen und Prinzipien wie jene über Konsens und Dissens, die Auslegung, Treu und Glauben (Art. 2 ZGB), Täuschung und Drohung[31] (Art. 28—30 OR), den Schutz der Persönlichkeit (Art. 27/28 ZGB, 19 II/20 OR), die Unsittlichkeit (Art. 20 OR) und die Übervorteilung (Art. 21). In gewissen Gebieten steht der Gesetzgeber kräftig zu dieser Sache; man denke an das Arbeitsrecht[32]. Dem Schutz der Schwächeren dienen auf anderem Boden — dies als Parallelen — die Sozialversicherung, das in der Schweiz stark durch Spezialgesetze ausgebaute und verfeinerte Haftpflichtrecht[33], die Agrargesetzgebung. Die hier befürwortete Interpretation des Art. 21 OR liegt in dieser Linie. Sie will nichts in das Urteil BGE 92 II 175 ff. hineinlegen, was nicht der Sache nach darin enthalten ist, und sie will weder die Privatautonomie negieren[34], noch tendenziell abschwächen und damit [545] das Privatrecht aufweichen. Daß solches dem Verfasser fernliegt, hat er längst bewiesen[35]. Nach wie vor ist jeder

---

[29] Den erwähnten bundesgerichtlichen Urteilen stimmt das kantonale Urteil zu. Revue valaisanne de jurisprudence 1969, 334. SJZ 1972, 94 erwähnt das Dominieren der einen Partei durch die andere durch «wirtschaftliches» oder «intellektuelles Übergewicht».

[30] Siehe die wiedergegebene Stelle aus BGE 92 II 176.

[31] Als psychologisch subtil würdigend ist das Urteil ZBJV 1958, 394 beachtlich.

[32] Schweizerisches Arbeitsgesetz vom 13. März 1964 (öffentlich-rechtlich); die revidierten Bestimmungen über den Arbeitsvertrag, Art. 319 ff. OR, in der Fassung vom 25. Juni 1971 — u.a.m.

[33] Siehe die Sammlung von OFTINGER, Schweizerische Haftpflichtgesetze (1967); derselbe, Schweizerisches Haftpflichtrecht I, II/1, II/2 (2. und 3. A. 1958 ff., 1969 ff.).

[34] Indes: «Eine rein formal verstandene und verabsolutierte Privatautonomie gewährt nur ungenügenden Schutz», erklärt MERZ in der N. 44 an letzter Stelle zitierten Schrift, 161.

[35] OFTINGER, Gesetzgeberische Eingriffe in das Zivilrecht, ZSR 1938, 481a ff., besonders § 18: «Apologie des Privatrechts».

für sich selbst verantwortlich und hat grundsätzlich die Folgen seines rechtsgeschäftlichen Handelns zu tragen. Aber hiefür bestehen Grenzen, und diese sind gemäß den angestellten Überlegungen um etwas vorzurücken. Nach wie vor darf der rechtsgeschäftliche Verkehr die tunliche Vigilanz, eine angemessene Einsicht und kritischen Sinn der Parteien voraussetzen. Aber die Verhältnisse können so beschaffen sein, daß diese generell vorhandenen Eigenschaften in concreto nicht ausreichen[36]. Dann soll mit dem Art. 21 OR Hilfe geboten werden. Es ist zu bedenken, daß diese Bestimmung als eine Auswirkung des moralischen Fundaments des Privatrechts vor uns steht[37].

Ein anschauliches Beispiel für die hier verfochtene allgemeine Tendenz zum vermehrten Schutz des Schwachen mit den Mitteln des Privatrechts bietet das Urteil Neue Juristische Wochenschrift 1972, 160: Eine geschäftstüchtige Firma veranstaltete zu einem Preis, dessen Geringfügigkeit ihn zum Lockvogel stempelt, Autocarfahrten mit Verpflegung und Besuch eines Zoos; in der damit gelockerten Stimmung akquirierte sie Kaufabschlüsse. Das von einem Käufer angerufene Gericht bezeichnete solche Verträge als nichtig weil sittenwidrig gemäß § 138 I BGB. «Es ist Aufgabe der Rechtsordnung, besonders schutzbedürftige Gruppen vor den Folgen einer Eigengefährdung zu bewahren» (ein Dictum, das freilich in Grenzen zu sehen ist, aber grundsätzlich zutrifft). Das Urteil rückt den Sachverhalt schließlich — und damit springt der Zusammenhang mit unserem Thema in die Augen — in die Nähe des Wuchertatbestandes von § 138 II BGB.

Die Entscheidung BGE 92 II 175 ff. macht einen großen Teil der zu restriktiven Ansichten hinfällig, die sich in Äußerungen im Gesetzgebungsverfahren und in der Literatur finden. So sprach Eugen Huber, der Schöpfer des ZGB, als Referent in der parlamentarischen Debatte über Art. 21 vom «armen Teufel», der sich auf diese Bestimmung berufen [546] werde[38]; demgemäß dachten verschiedene Autoren vorab an den wirtschaftlich Schwachen[39]. Auch geht es keineswegs besonders oder allein um jugendliche Unerfahrene und gar um den Grenzbereich der Urteilsunfähigkeit[40]. Vor allem aber sind die Meinungen überholt, die mehr oder

---

[36] BGE 92 II 177: «... fehlte ... der kritische Sinn, um die wahre Tragweite des Vertrags und den wirklichen Wert der von der Beklagten versprochenen Leistung von vornherein zu erfassen. Er war daher auch nicht im Stande, der Beeinflussung ... durch die Angestellten der Beklagten entgegenzuwirken ...»

[37] Ripert, La règle morale (4. A. 1949) Nrn. 61 ff.

[38] Stenographisches Bulletin der Bundesversammlung 1909, Nationalrat, 474.

[39] Neben andern Guhl (5. A.) § 7 III a. A.; Ossipow 226; Schweingruber (zit. N. 70) 144 ff., 163.

[40] Dies stellen von Tuhr/Siegwart I § 40 bei N. 10 und Coing bei *Staudinger*, Kommentar BGB (11. A. 1957) § 138 N. 35 in den Vordergrund.

weniger betont auf einen *allgemeinen* Mangel an Erfahrung abstellen[41]. Andere Verfasser haben freilich den Kreis schon vor geraumer Zeit weiter gespannt und sich zum Teil der hier befürworteten Ansicht genähert[42].

Daß das Problem der richtig aufgefaßten Unerfahrenheit sich berührt mit dem auf anderem Boden — jenem des Prinzips von Treu und Glauben[43] — beheimateten Problem der *Pflicht zur Aufklärung des Gegenkontrahenten,* sei hier nur angemerkt.

IV. ÜBERVORTEILUNG DURCH ALLGEMEINE GESCHÄFTSBEDINGUNGEN

Die Allgemeinen Geschäftsbedingungen, deren Übernahme in einen konkreten Vertrag diesen zum sog. Standardvertrag werden läßt, haben auch in der Schweiz dahin Aufmerksamkeit gefunden, daß man nach den Mitteln zur Abwehr von Mißbräuchen frägt[44]. Man denkt insbesondere [547] an das Konsensproblem[45], an einschränkende Auslegung (in dubio contra stipulatorem)[46], an die Berufung auf Treu und Glauben bzw. den Rechtsmißbrauch (Art. 2 ZGB), an die Verletzung der Persönlichkeit (Art. 27 ZGB, 19 II/20 OR)[47], an die Unsittlichkeit des

---

[41] Oser/Schönenberger, Kommentar OR (2. A. 1929) Art. 21 N. 11; Coing, a.a.O.: «Der bloße Mangel in der Kenntnis geschäftlicher Dinge in einer bestimmten Angelegenheit genügt nicht zur Annahme der § 138 Abs. 2 vorausgesetzten ‚Unerfahrenheit', es muß sich vielmehr um einen Mangel an Lebenserfahrung und an Kenntnis geschäftlicher Dinge *überhaupt* handeln»; Larenz, Allgemeiner Teil des deutschen bürgerlichen Rechts (1967) § 28 IIId: «Mangelnde Erfahrung gerade in Geschäften der fraglichen Art genügt nicht»; Hefermehl bei *Soergel/Siebert* (10. A. 1967) § 138 N. 50.

[42] Ossipow 227, 254 ff. (besonders 255), einschränkend dann aber 297: L'art. 21 «n'est qu'un remède in extremis»; von Büren 228 lit. c (restriktiv dagegen 227 lit. b); vor allem Gschnitzer bei *Klang,* Kommentar ABGB IV (2. A.) § 879: Es genüge «Unkenntnis im betreffenden Geschäftszweig»; gleich Palandt, Kommentar BGB (29. A. 1970) § 138 N. 4a.

[43] BGE 49 II 186 (1923); Schönenberger/Jäggi, Kommentar OR (3. A.) Art. 1 N. 576.

[44] Zum Problem im gesamten Eugen Auer, Die richterliche Korrektur von Standardverträgen (Diss. Bern 1964); Conrad C. Stockar, Zur Frage der richterlichen Korrektur von Standardverträgen nach schweizerischem Recht (Basel 1971); Merz, Kommentar ZGB (1962) Art. 2 N. 169 ff.; derselbe, Massenvertrag und Allgemeine Geschäftsbedingungen, in Festgabe *Schönenberger* (1968) 137 ff.

[45] Neben den erwähnten Schriften: Schönenberger/Jäggi, a.a.O. N. 498 ff.; Oftinger, Die ungelesen unterzeichnete Urkunde, in Festgabe *Simonius* (1955) 263 ff. — Ein anschauliches Beispiel: BlZR 1962 Nr. 50.

[46] BGE 82 II 452 (1956); 92 II 348 (1966) mit zahlreichen weiteren Zitaten. — Ausdrücklich CC it. Art. 1370.

[47] BGE 51 II 281/82 (1925); dazu Oftinger, Kommentar ZGB, Das Fahrnispfand (1952) Art. 884 N. 128 ff.

Vertragsinhalts (Art. 19 II/20 OR)[48]. In der schweizerischen Rechtsprechung spielen diese Wege, ausgenommen das Konsensproblem und die einschränkende Auslegung, keine oder eine geringe Rolle. Der Schutz gegen zu onerose Allgemeine Geschäftsbedingungen ist ungenügend[49].

Da drängt sich auf, die vorstehend dargestellte neue Konzeption der Übervorteilungsnorm Art. 21 OR heranzuziehen. Diesen Schritt hat, inspiriert vom Entscheid BGE 92 II 175 ff., Hans Merz getan[50], und der Verfasser des vorliegenden Aufsatzes stimmt ihm bei. Ansatzpunkt ist auf der einen Seite die Unerfahrenheit der Gegenpartei des Stipulanten der Allgemeinen Geschäftsbedingungen — Unerfahrenheit so verstanden, wie unter Ziff. III geschildert: ihre konkrete Unfähigkeit, die oft eminent komplexen, schwierigen, nicht ohne weiteres durchschaubaren, häufig unter Zeitdruck, manchmal in psychologisch ungünstiger Lage zu akzeptierenden Allgemeinen Geschäftsbedingungen in ihrer vollen Tragweite zu erfassen. Ansatzpunkt auf der andern Seite ist die sachliche, organisatorische, vielleicht auch psychologische und intellektuelle Überlegenheit des Stipulanten, der den Inhalt der Allgemeinen Geschäftsbedingungen lange im voraus mit aller Überlegung, in Ruhe, sich oft auf breite Erfahrung (sei es seiner selbst, sei es eines großen [548] Berufsverbandes)[51], auf die Sachkunde von Spezialisten stützend, vorbereitet, sie vielleicht sukzessive mit Raffinement verbessert hat. Es ist zu beachten, daß eine geschäftsunerfahrene Gegenpartei die Existenz der Allgemeinen Geschäftsbedingungen oft nicht einmal richtig erfaßt, sie allenfalls nicht oder nicht genau liest; vielleicht hat man ihr dazu gar nicht die Zeit gelassen oder erlaubte die Situation dies nicht[52].

Der vorn wiedergegebene Satz aus dem Judikat BGE 92 II 176 besitzt allgemeine Tragweite, trifft hier aber besonders zu: «Mit dieser Entwicklung hat der Schutz des Vertragschließenden Schritt zu halten.» Weiter gilt im Bereich der Allgemeinen Geschäftsbedingungen die Aussage des Bundesgerichts potenziert:

---

[48] Die obigen Judikaturzitate sind als Beispiele zu verstehen. — Aus der unübersehbaren deutschen Literatur aus neuerer Zeit: Weber bei *Staudinger* II/1a (11. A. 1967) 190 ff.; Hefermehl bei *Soergel/Siebert* (10. A. 1967) § 138 N. 71, 72; Joachim Schmidt-Salzer, Allgemeine Geschäftsbedingungen (1971).

[49] Statt vieler Stimmen diese: Yung in seinen Études et articles (1971) 244: «En droit suisse, à défaut de toute disposition légale, un contrôle sévère de la part des tribunaux s'impose à l'égard des clauses par lesquelles le client renonce aux droits que la loi lui accorde ou qui confèrent des droits exorbitants à l'entreprise. Celle-ci ne peut pas édicter unilatéralement la loi de la profession.»

[50] In dem N. 44 zitierten Festgabenbeitrag, 155/56, 159.

[51] Schneeberger, SJZ 1969, 217 ff.; Marti, SJZ 1970, 161 ff.; Gautschi in Festgabe *Oftinger* (1969) 17, 46 ff., 53 ff.

[52] BGE 49 II 172, 185/86 (1923): Neun Bürgen verbürgen einen Baukredit von Fr. 330 000.— (heute wäre dies etwa eine Million), *am Bankschalter stehend*, wo «reger Verkehr war», eine Urkunde unterzeichnend, die sie vorher nie gesehen hatten. — Zu diesem Thema die Schilderungen in des Verfassers vorstehend N. 45 zitierten Abhandlung 265 f.

«Diese Betrachtungsweise ... ist lediglich die logische Folge der Feststellung, daß das Gebiet der allgemeinen Erfahrenheit des Einzelnen mit der fortschreitenden Entwicklung mehr und mehr eingeengt wird.» Ebenso ist beizupflichten der Sentenz von GAUTSCHI[53]: Es sei «Aufgabe von Lehre und Rechtsprechung, die benachteiligte Vertragspartei mit den Mitteln des bestehenden Privatrechts vor Unbilligkeiten zu schützen».

Eine Schwierigkeit bei der Anwendung des Art. 21 auf Allgemeine Geschäftsbedingungen kann sich daraus ergeben, daß die Bestimmung vor allem auf die Hauptleistungen eines Vertrags zielt, die Allgemeinen Geschäftsbedingungen dagegen namentlich auf Einzelheiten des Vertrags. Man hat den Wert aller Leistungen, Rechte und Pflichten auf beiden Seiten gegeneinander abzuwägen; z. B. sind die Wegbedingungen der Haftung (Freizeichnungen) in Rechnung zu stellen (Art. 100/01 OR).

V. ÜBERVORTEILUNG ALS UNSITTLICHER VERTRAGSINHALT

Das schweizerische OR bezeichnet in Art. 20 mit *allgemeiner* Tragweite als nichtig u. a. einen Vertrag, der «gegen die guten Sitten verstößt». Art. 21 erfaßt als *eigenen* Tatbestand mit anderer Rechtsfolge (s. Ziff. II hievor) die Übervorteilung — die laesio —, die somit, der positiv-rechtlichen Regelung nach, nicht einen Anwendungsfall der allgemeinen Norm des Art. 20, also der Unsittlichkeit, darstellt, wie dies in § 138 BGB [549] und den diese Vorschrift übernehmenden weiteren ausländischen Regelungen zutrifft. Vielmehr tritt Art. 21 als Spezialnorm auf. Daraus leitete die ältere Rechtsprechung ab, daß ein Vertrag, der zwar auf ein offenbares Mißverhältnis von Leistung und Gegenleistung hinauskam, also insoweit wucherisch war, bei dem es aber an einer der subjektiven Voraussetzungen des Art. 21 fehlte, nicht unter Art. 20 gezogen werden dürfe[54]. Art. 21 wurde insoweit, als lex specialis, für exklusiv geltend gehalten. Dies führte z. B. dazu, daß das Bundesgericht einen Darlehensvertrag, welcher offen und versteckt insgesamt $42^{1}/_{2}$ % Zins vorsah, nicht als gemäß Art. 20 nichtig, somit als gültig bezeichnete[55]; ein wohl peinliches Ergebnis. Ein neueres Urteil dagegen, BGE 93 II 189 (1967), hat einen Darlehensvertrag mit 26 % Zins als «gegen die guten Sitten

---

[53] a.a.O. 55; die Stelle ist allgemein gemeint.
[54] BGE 43 II 806 (1917); 51 II 169 (1925); 56 II 194 (1930); SJZ 1953, 243. Zweifel an der Richtigkeit bereits in des Verfassers Bemerkungen SJZ 1942/43, 527. — Zum Problem allgemein: ENRICO MAZZOLA, Verhältnis und Abgrenzung von Art. 20 und 21 OR (Diss. Basel 1970, Maschinenschrift).
[55] BGE 43 II 803 ff. (1917).

verstoßend» bezeichnet[56]. Damit ist ein wichtiger Schritt getan: allein auf Grund des objektiven Tatbestandes des Wuchers, ohne Berücksichtigung der subjektiven Momente des Art. 21, kann ein Vertrag für ungültig erklärt werden, und die Nichtigkeit ist ipso facto von Amtes wegen festzustellen. Es ist noch möglich, den Art. 20 anzurufen, wenn die Anfechtungsfrist des Art. 21 verstrichen ist. Das Ergebnis ist dasselbe, das sich gegebenenfalls durch die Anwendung von § 138 BGB und der entsprechenden Bestimmungen anderer Rechte erzielen läßt. Auch die konkurrierende Anwendung der Art. 20 und 21 OR fällt in Betracht, sofern beider Voraussetzungen erfüllt sind[57].

Das Urteil BGE 93 II 189 begnügt sich, um die Unsittlichkeit gemäß Art. 20 zu bejahen und den Art. 21 auszuschalten, mit der Feststellung der Außergewöhnlichkeit und Kraßheit der Überforderung des Bewucherten. Man darf dem in casu zustimmen. Doch ist auf *allgemeinem* Plane beizufügen, daß das offenbare Mißverhältnis von Leistung und Gegenleistung (d. h. das objektive Moment des Art. 21) an sich *allein* nicht genügen darf, um die Anwendung des Art. 20 zu rechtfertigen. Sonst hebt man den Art. 21 aus den Angeln. Es bedarf zusätzlicher Tatsachen: eben einer so krassen Übermarchung, daß es allein schon deswegen unerträglich erscheint, den Vertrag als gültig zu behandeln (so im Fall BGE 93 II 189), oder dann z. B. des Mißbrauchs eines [550] Monopols oder einer Machtstellung, einer Handlung, die auf scharf unlauteren Wettbewerb, auf einen schlimmen Verstoß gegen das Berufsethos oder auf eine Verletzung der Persönlichkeit, insbesondere eine Knebelung, hinauskommt (Art. 27 ZGB, 19 II/20 OR). Oder es bedarf der stoßenden Ausnützung einer besonderen Konstellation (z. B. einer schwierigen Lage der Gegenseite), der Verwerflichkeit der Gesinnung oder Handlungsweise des Wucherers[58]. Die Praxis wird sich auf dem mit BGE 93 II 189 eingeschlagenen Weg vorantasten müssen.

Das eben erwähnte Urteil (S. 192) setzt den übertriebenen Zins auf das erlaubt scheinende Maß herab, das auf 18 % anzusetzen sei, solange nicht besondere Umstände dargetan sind, die ein Mehr zu rechtfertigen vermögen. Das Gericht wendet Art. 20 II OR über die Teilnichtigkeit an, sieht aber faktisch von der dort vorgesehenen subjektiven Voraussetzung ab, es müsse anzunehmen sein, die Parteien hätten den Vertrag auch ohne den nichtigen Teil — also hier in Höhe des zugebilligten Zinssatzes — abgeschlossen. In Wirklichkeit ist dieses (als solches

---

[56] Andeutungsweise gleiche Auffassung schon BGE 80 II 332 (1954).
[57] BGE 43 II 806/07.
[58] So im Ergebnis COING bei *Staudinger* I (11. A. 1957) § 138 N. 42; HEFERMEHL bei *Soergel/Siebert* (10. A. 1967) § 138 N. 42, 70; PALANDT (29. A. 1970) § 138 N. 2a; LARENZ, Allgemeiner Teil des deutschen bürgerlichen Rechts (1967) § 28 IIIb/3; wohl auch VON BÜREN 229 f. — Siehe auch GSCHNITZER bei *Klang* (2. A.) § 879 S. 203 Ziff. 2, a.A.

billigenswerte) Ergebnis eine richterliche Rechtsschöpfung gemäß Art. 1 II ZGB [59]. Das Problem ist ein allgemeines und kann hier nicht weiter verfolgt werden. Siehe im übrigen hinten Ziff. VIII.

VI. ÜBERVORTEILUNG ALS WIDERRECHTLICHER VERTRAGSINHALT

Der gleiche Art. 20 OR, der den unsittlichen Vertrag erfaßt, erklärt auch einen Vertrag mit widerrechtlichem Inhalt für nichtig. Widerrechtlichkeit setzt den Verstoß gegen eine den Vertragsinhalt stigmatisierende formulierte Norm voraus (wogegen die Unsittlichkeit auf eine Generalklausel hinauskommt). Erfüllt ein wucherischer Vertrag diese Voraussetzung, so fällt er, allein oder konkurrierend mit Art. 21, als widerrechtlich unter Art. 20 [60]. Dies trifft insbesondere zu, wo durch kantonales Recht ein Zinsmaximum für Darlehen vorgeschrieben ist (vorstehend Ziff. I) [61]. Auch hier stellt sich das Problem der Herabsetzung auf das [551] erlaubte Maß [62]; hinten Ziff. VIII. Durch Bundesbeschluß über Maßnahmen gegen Mißbräuche im Mietwesen vom 30. Juni 1972 ist neuerdings vorgesehen, daß der Richter Mietzinse, soweit sie mißbräuchlich (das ist wucherisch) sind, nichtig erklärt [63].

VII. ÜBERVORTEILUNG IM HAFTPFLICHTRECHT UND BEI AUSSEREHELICHER KINDSCHAFT

Art. 17 Eisenbahnhaftpflichtgesetz von 1905, Art. 87 II Straßenverkehrsgesetz von 1958 und Art. 16 II Atomgesetz von 1959 erklären einen *Vergleich*, in welchem *in einer Haftpflichtsache* eine «offenbar» oder «offensichtlich» «unzulängliche Entschädigung» festgesetzt worden ist, für anfechtbar. Hier genügt das objektive Moment der evidenten Unzulänglichkeit der Leistung; keinerlei subjektive Voraussetzungen wie gemäß Art. 21 OR sind erforderlich, und ebensowenig

---

[59] OFTINGER, Bundesgerichtspraxis zum Allgemeinen Teil des schweizerischen Obligationenrechts (1969) Nr. 23d (Erläuterungen). Das gleiche Ergebnis wie in BGE 93 II 192 findet sich in BGE 47 II 464 (1921) und 93 II 106 (1967) sowie tendenziell wohl auch SJZ 1963, 141.
[60] BGE 43 II 807 (1917).
[61] BGE 80 II 332 f. (1954).
[62] Vorgenommen BGE 80 II 333 ff.; volle Nichtigkeit statt dessen BlZR 1948 Nr. 101 S. 230 f.; die Anwendung von Art. 66 OR (in pari turpitudine melior est causa possidentis) wird dagegen angesichts des stoßenden Ergebnisses abgelehnt.
[63] Sammlung der eidgenössischen Gesetze 1972, 1502.

Irrtum, Täuschung oder Drohung (Art. 23 ff. OR). Ein Vergleich ist auch in der Saldoquittung enthalten, die zu verlangen in der Versicherungspraxis nach Auszahlung einer Abgeltung üblich ist[64]. Man erkennt die praktische Bedeutung jener Vorschriften anhand einiger Zahlen: In der Schweiz sollen mehr als 999 Promille aller Motorfahrzeug-Haftpflichtfälle durch außergerichtlichen Vergleich erledigt werden[65]; und im Jahr 1971 ereigneten sich 75 946 Straßenverkehrsunfälle mit 36 800 Körperverletzungen und 1771 Tötungen; ein sehr großer Teil wird zu Haftpflichtforderungen Anlaß gegeben haben.

Wo nicht die erwähnten Spezialgesetze gelten, ist der Geschädigte, der eine unzulängliche Entschädigung erhalten hat, auf andere Wege verwiesen: u. a. darauf, Grundlagenirrtum oder Übervorteilung geltend zu machen (Art. 24 Ziff. 4, 21 OR), oder vor allem stellt sich das Konsensproblem: ob der Geschädigte, wie er einen Vergleich (einschließlich einer Saldoquittung) unterzeichnet hat, wirklich auch damals noch unbekannte, künftig erst zutage getretene Schäden abgegolten haben wollte. Dies mag gegebenenfalls nicht zutreffen, und dann hat man offenen Dissens vor sich[66].

[552] Eine den erwähnten spezialgesetzlichen Bestimmungen des Haftpflichtrechts der Zielsetzung nach ähnliche Vorschrift enthält Art. 319 III ZGB für das Unterhaltsgeld, das der *außereheliche Vater* schuldet, wenn die Mutter einen untunlichen Vergleich abgeschlossen oder einen Verzicht ausgesprochen hat.

VIII.
TEILUNVERBINDLICHKEIT ALS FOLGE DER ÜBERVORTEILUNG: HERABSETZUNG DER ÜBERMÄSSIGEN LEISTUNG

Unter Ziff. V war zu zeigen, das Bundesgericht habe dort, wo die Übervorteilung als Unsittlichkeit unter Art. 20 OR fällt, die wucherische Leistung auf das erlaubte Maß herabgesetzt. In dem auf Art. 21 gestützten Urteil BGE 84 II 112 f. (1958)[67] lehnt das Gericht die gleiche (hier unter dem Gesichtspunkt des Art. 20 II OR[68] erörterte) Lösung ab. Die Begründung, die Rechtsfolge des Art. 21 — die

---

[64] Einzelheiten OFTINGER, Schweizerisches Haftpflichtrecht I (2. und 3. A. 1958, 1969) § 12 III A.

[65] SJZ 1962, 384; 1969, 22.

[66] Näheres OFTINGER, a.a.O. § 12 III B.

[67] Gleich BGE 92 II 179 (1966). Gegenteilige Argumente dagegen BGE 64 I 47 f. (1938). — Ob die Herabsetzung der übermäßigen Leistung dann zulässig wäre, wenn der Übervorteilte sie beantragte, ist in BGE 84 II 113 (1958) offengelassen; die negative Antwort liegt wohl in der Tendenz des Urteils.

[68] Der Text lautet: «Betrifft aber der Mangel bloß einzelne Teile des Vertrages, so sind nur diese nichtig, sobald nicht anzunehmen ist, daß er ohne den nichtigen Teil überhaupt nicht geschlossen worden wäre.»

einseitige Unverbindlichkeit des Vertrags (siehe vorne Ziff. II) — schließe die Heranziehung des Art. 20 II OR aus, weil es da um Nichtigkeit bzw. Teilnichtigkeit gehe, hält nicht Stich. Denn in andern Urteilen hat das Bundesgericht für die Willensmängel, wo ebenfalls nicht Nichtigkeit, sondern einseitige Unverbindlichkeit die Rechtsfolge darstellt, den Art. 20 II OR für analog anwendbar erklärt [69]. Die Frage ist als offen einzuschätzen. Mit andern neueren Autoren [70] hält der Verfasser dafür, daß die Herabsetzung durch den Richter zugelassen werden sollte [71], und zwar auch gegen den Willen der Gegenpartei des Übervorteilten; letzteres im [553] Gegensatz zu verschiedenen der sonst zustimmenden Autoren. Es sei an Art. 163 III und 417 OR erinnert: an die Herabsetzung einer übermäßigen Konventionalstrafe und eines übersetzten Mäklerlohnes. Die Tendenz scheint in dieser Richtung zu weisen. Die Lösung ist auf Art. 1 II ZGB zu stützen. Das Problem läßt sich hier nicht weiter verfolgen, zumal es ein allgemeines ist, das über den Rahmen der Übervorteilung hinausreicht. Es stellt sich insbesondere auch bei der Überschreitung von gesetzlich bestimmten Höchstpreisen und Mietzinsen [72]. Entscheidend dürfte die Überlegung sein, ob «Sinn und Zweck» der übertretenen Norm, d. h. die «Bedeutung des zu bekämpfenden Erfolges», die Herabsetzung als die gebotene Folge erscheinen lassen [73].

---

[69] BGE 78 II 217/18 (1952); 96 II 106 f. (1970).

[70] Besonders SPIRO, ZBJV 1952, 513 ff. mit sorgsamen Differenzierungen, auf die verwiesen sei; dann EDWIN SCHWEINGRUBER, Die wirtschaftlich schwächere Vertragspartei (Diss. Bern 1930) 177 ff.; TANDOGAN, La nullité, l'annulation et la résiliation partielles des contrats (Diss. Genf 1952) 270 ff.; MAZZOLA (zit. N. 54) 94 ff.; GUHL/MERZ/KUMMER § 7 III; wohl auch MERZ in dem N. 44 zitierten Festgabenbeitrag 159; im Grundsatz gleich STAEHELIN ZSR 1959, 502 ff.; VON BÜREN 228/29.

[71] Ablehnend neben älteren Autoren wie OSER/SCHÖNENBERGER, Kommentar OR (2. A. 1929) Art. 21 N. 16; BECKER, Kommentar OR (2. A. 1941) Art. 21 N. 14; VON TUHR/SIEGWART I § 40 N. 13a; OSSIPOW 267 ff.; der N. 54 zit. STOCKAR 101/02.

[72] Zum allgemeinen Problem einläßlich der eben angeführte SPIRO 449 ff. und zahlreiche dort zitierte; LAUTNER, Die kriegswirtschaftliche Preiskontrolle in der Schweiz (1950) 72 ff.; besonders 91 f. Der Verfasser darf auch an seine Ausführungen ZSR 1938, 568a ff. erinnern.

[73] Siehe das BGE 81 II 619 und in vielen früheren Entscheidungen für die Beantwortung der Frage, ob überhaupt Nichtigkeit einzutreten habe, allgemein formulierte Prinzip.

DIE HAFTUNG DES BÜRGEN FÜR DIE GESETZLICHEN FOLGEN EINES VERSCHULDENS ODER VERZUGS DES HAUPTSCHULDNERS*

[175] Das Bürgschaftsrecht hat in der Schweiz von jeher alle Aufmerksamkeit gefunden, sowohl von seiten der Judikatur wie der Doktrin und vor allem, de lege lata und de lege ferenda, beim Gesetzgeber. Besonders im Hinblick auf eine im Wurf befindliche *Revision* des zwanzigsten Titels des Obligationenrechts ist die Diskussion mächtig angeregt worden[1]. In diesem Zusammenhang will die vorliegende kurze Studie verstanden sein.

I. GRUNDLEGUNG

OR Art. 499 ordnet den Umfang der Haftung des Bürgen. Zunächst wird als Grundsatz festgelegt, daß der Bürge für den jeweiligen Betrag der Hauptschuld haftet. Dann wird ihm die Haftung für die sogenannten Nebenfolgen auferlegt, nämlich: 1. für die gesetzlichen Folgen eines Verschuldens oder Verzugs des Hauptschuldners (OR Art. 499 I); 2. für die Kosten der Ausklagung des Hauptschuldners insofern, als dem Bürgen rechtzeitig Gelegenheit [176] gegeben war, sie durch Befriedigung des Gläubigers zu vermeiden (Art. 499 II); 3. für die vertragsmäßigen Zinsen bis zum Betrag des laufenden und eines verfallenen Jahreszinses (Art. 499 III).

Die Regelung, daß sich im Grundsatz die Haftung des Bürgen nach dem jeweiligen Betrag der Hauptschuld richtet, ist die notwendige Folgerung aus dem Prinzip der *Akzessorietät*, welches für das Wesen der Bürgschaft durchaus maßgebend ist[2], ja diese sogar von andern mit ihr vergleichbaren Verträgen unterscheidet, wie dem Garantievertrag[3] und der Schuldmitübernahme[4, 5].

---

* *Festgabe Fritz Fleiner zum siebzigsten Geburtstag am 24. Januar 1937, dargebracht von der Rechts- und staatswissenschaftlichen Fakultät der Universität Zürich (Zürich 1937), S. 175—202.*

[1] Vgl. aus den Verhandlungen des Schweizerischen Juristenvereins 1935, STAUFFER, Die Revision des Bürgschaftsrechts, ZSR 54, 4a f. und passim, speziell 17a f.; HENRY, La révision en matière du cautionnement, 145a und passim, speziell 147a, ferner die genannten Verhandlungen 499a f.

[2] Statt vieler BGE 60 II 304; 56 II 381; 48 II 267; ZBJV 72, 223; BECKER, Komentar Art. 492 N. 22; TOBLER, Der Schutz des Bürgen gegenüber dem Gläubiger nach schweizerischem Obligationenrecht, Berner Diss. 1926, 13 f.; LERCH/TUASON, Die Bürgschaft im schweizerischen Recht, 9 f.

[3] BGE 56 II 379; 46 II 157; ZBJV 72, 233; 67, 430; RAAFLAUB, Die Solidarbürgschaft im Bankverkehr, Berner Diss. 1932, 32; BECKER, Art. 492 N. 19; STAUFFER, a.a.O. 10a und dortige Zitate.

Die akzessorische Haftung für den jeweiligen Betrag der Hauptschuld ergibt sich übrigens schon aus der Legaldefinition von Art. 492. Haftet der Bürge für den jeweiligen Betrag der Hauptschuld, so ergibt sich daraus zwangsläufig, daß er prinzipiell auch einzustehen hat, wenn sie sich durch eine fehlerhafte Erfüllung seitens des Hauptschuldners zum Nachteil des Gläubigers [177] verändert[6], sei es in ihrem Inhalt, sei es in ihrem Umfang oder beidem. Diese Gedankengänge faßt das Gesetz eben in der Regel zusammen, daß sich die Haftung des Bürgen auf die gesetzlichen Folgen eines Verschuldens oder Verzugs des Hauptschuldners erstrecke. Die Haftung für diese Nebenfolgen ist der Gegenstand der vorliegenden Betrachtung. Was die beiden übrigen Nebenfolgen betrifft, die Haftung für die Kosten der Ausklagung und diejenige für Zinsen, so geben sie zu wenig Diskussion Anlaß. Es sei hier nur erwähnt, daß sie sich nicht aus dem Prinzip der Akzessorietät ableiten lassen, sondern eine aus Gründen der Billigkeit dem Bürgen aufgeladene Vermehrung seiner Haftung bedeuten[7].

Die vorliegende Erörterung hat sich zunächst mit der Frage zu befassen, was unter den gesetzlichen Folgen eines Verschuldens des Hauptschuldners an sich zu verstehen sei (Ziff. II der Abhandlung) und was unter denjenigen seines Verzugs an sich (Ziff. III). Steht dies einmal fest, so drängt sich eine höchst bedeutsame Frage sofort auf: Wie verhält sich diese den jeweiligen Betrag der Hauptschuld meist erweiternde Haftung zum Erfordernis der Angabe eines bestimmten Be-

---

[4] BGE 42 II 260; ZBJV 72, 233; BECKER, Art. 492 N. 22; RAAFLAUB, a.a.O. 31; THALMANN, Das Wesen der Bürgschaft des schweizerischen Obligationenrechts, Berner Diss. 1921, 34 f.; STAUFFER, a.a.O. 9a; GUHL, Das schweizerische Obligationenrecht 2. A. § 57; LERCH/TUASON, a.a.O. 22.

[5] Daß das Prinzip der Akzessorietät von verschiedenen Ausnahmen durchbrochen ist, spricht nicht gegen die soeben geäußerte Behauptung. Solche Ausnahmen sind z. B.: Bei Konkurs des Hauptschuldners wird die Hauptschuld fällig (SchKG Art. 208), nicht aber die Bürgschaft (OR Art. 500 I); trotz Nachlaßvertrags des Hauptschuldners haftet der Bürge u. U. für den ganzen Betrag (SchKG Art. 303); unabhängig von der Höhe der Hauptschuld haftet der Bürge nur für den von ihm angegebenen Betrag (OR Art. 493); Zulässigkeit der Limitbürgschaft usw. Demgegenüber hat das Prinzip der Akzessorietät folgende Konsequenzen: Die Bürgschaft setzt eine gültige Hauptschuld voraus (OR Art. 494); die Fälligkeit der Bürgschaft tritt nie vor derjenigen der Hauptschuld ein (Art. 500 I); durch Erlöschen der Hauptschuld erlischt die Bürgschaft (Art. 501, 114 I); dem Bürgen stehen die gleichen Einreden zu wie dem Hauptschuldner (Art. 506 I); bei Zession der Forderung des Gläubigers folgt die Bürgschaft nach (Art. 170); der Umfang der Haftung des Bürgen richtet sich im Sinne der anzustellenden Untersuchungen nach dem Umfang der Hauptschuld (Art. 499 I) usw.

[6] VON TUHR, Bemerkungen zum Bürgschaftsrecht, SJZ 19, 227; STAUDINGER, Kommentar § 767 N. 2; BECKER, Kommentar Art. 493 N. 3; SCHULTHESS, Die Verpflichtung des Bürgen nach schweizerischem Recht, ZSR 44, 104; VON TUHR, Allgemeiner Teil des schweizerischen Obligationenrechts II 502.

[7] Ähnliche Bestimmungen enthalten BGB § 767, CC fr. Art. 2016, CC it. Art. 1900; ABGB § 1353. Vgl. ferner unten 198/9, 202.

trages der Haftung des Bürgen im Sinn von Art. 493? Schließlich ist zu prüfen, ob an den Befund der Untersuchungen Folgerungen de lege ferenda zu knüpfen sind (Ziff. IV).

II. DIE HAFTUNG FÜR DIE GESETZLICHEN FOLGEN EINES VERSCHULDENS (AN SICH)

Die Bürgschaft setzt eine gültige Hauptschuld voraus (OR Art. 494 I). Die Gültigkeit ist das einzige im Gesetz erwähnte Requisit der Hauptschuld; sie mag im übrigen beschaffen sein, wie sie will, kann aus Vertrag (Art. 1 f.), unerlaubter Handlung (Art. 41 f.) oder ungerechtfertigter Bereicherung (Art. 62 f.) herrühren[8]. Für diese verschiedenen Kategorien ist zu prüfen, ob und inwiefern daraus gesetzliche Folgen eines Verschuldens des Hauptschuldners [178] erwachsen können, für die der Bürge gemäß Art. 499 I einzustehen hat. Insbesondere ist auch das Ausmaß dieser gesetzlichen Folgen des Verschuldens zu vergegenwärtigen.

A. Obligationen aus Vertrag

a) Positive Umschreibung

Die vertragliche Obligation des Hauptschuldners kann auf eine Sachleistung, ein Tun[9] oder ein Unterlassen gehen. Bei jedem dieser Tatbestände ist eine fehlerhafte Erfüllung denkbar, die gesetzliche Folgen des Verschuldens nach sich zieht. Diese sind die Folgen der sogenannten nachträglichen subjektiven Unmöglichkeit, die in Art. 97 f. genannt sind. Dort wird bestimmt, daß der Schuldner *Schadenersatz* zu leisten hat, wenn er die Erfüllung nicht oder nicht gehörig bewirkt. Beruht diese Pflicht zu Schadenersatz auf Verschulden, so ist sie eine gesetzliche Folge im Sinn des Art. 499 I, für die der Bürge gemäß dieser Vorschrift haftet. Dies gilt allgemein für jede Art von vertraglicher Obligation. Bei einer solchen auf Tun hat der Gläubiger überdies das Recht, wenn die entsprechenden Voraussetzungen gegeben sind, die Leistung auf Kosten des Schuldners vornehmen zu lassen, unbeschadet seiner Ansprüche auf Schadenersatz (Art. 98 I). Auch diese Kosten[10] fallen, wenn ein Verschulden vorliegt, unter Art. 499 I. Gleich verhält es sich bei einer Obligation auf Unterlassung: der Gläubiger kann auf Kosten des

---

[8] ROSSEL, Manuel du Droit fédéral des obligations I no 870; GUHL, a.a.O. § 57; LERCH/TUASON, a.a.O. 9.
[9] BGE 48 II 267.
[10] Über ihre Natur vgl. VON TUHR, OR II 491 N. 50.

Schuldners den rechtswidrigen Zustand beseitigen lassen (Art. 98 III), abgesehen von seinem Anspruch auf Schadenersatz (Art. 98 II). Bei Verschulden fallen diese Kosten und der Schadenersatz [11] ebenfalls unter Art. 499 I.

Die *Art des Schadenersatzes* ist meist dahin bestimmt, daß eine Geldleistung zu erbringen ist, obzwar auch andere Möglichkeiten bestehen (Art. 99 III in Verbindung mit Art. 43)[12]; im Hinblick auf die Bürgschaft haben wir allein jene im Auge.

Der *Umfang des Schadenersatzes* hängt von einer Reihe von Faktoren ab. Zunächst davon, zu welchem Maß von Sorgfalt der Schuldner überhaupt verpflichtet ist (Art. 99, 100); dem richterlichen Ermessen ist hier ein gewisser Spielraum gewährt [179] Art. 99 II, 100 II, 42, 43, 44). Dann hängt er ab von der Natur des Geschäfts (Art. 99 II), von der Frage, ob die Haftung beschränkt war (Art. 100 I) und wenn ja, ob in zulässiger Weise (Art. 100 II); weiters von der Frage, ob Hilfspersonen überhaupt verwendet wurden und, wenn es der Fall ist, ob in befugter Weise[13], usw. Mit dieser an sich bekannten Aufzählung wollte nur gezeigt werden, daß es schon für die Parteien selber schwer ist, zu beurteilen, was der Umfang einer allfälligen Schadenersatzpflicht sein würde, sollte einmal prinzipiell eine Pflicht zur Leistung von Schadenersatz bestehen, ganz abgesehen davon, daß sie daran kaum je denken. Um wieviel schwieriger ist das für einen am Vertrag zwischen Gläubiger und Schuldner nicht beteiligten Dritten, wie z. B. den Bürgen, der nach gesetzlicher Vorschrift für diesen Schadenersatz aufzukommen hat (Art. 499 I)[14].

Der Schadenersatz in der bis jetzt besprochenen Bedeutung ist das Äquivalent für das *positive oder Erfüllungsinteresse* und umfaßt nach alter Meinung das sogenannte damnum emergens und das lucrum cessans[15]. Hier ist nur soviel hervorzuheben, daß auch die nach allgemeiner Übung zur Berechnung des Erfüllungsinteresses herangezogenen Kriterien es nicht immer erlauben, zum voraus sein Maß zu ermitteln, besonders, da nicht nur für den unmittelbaren[16], sondern auch für den mittelbaren Schaden gehaftet wird.

Wie bereits hervorgehoben worden ist, ist die Voraussetzung davon, daß eine Folge fehlerhafter Erfüllung vorliegt, für welche der Bürge einzustehen hat, das *Verschulden* des Hauptschuldners[17]; dieses setzt seinerseits die *Zurechnungsfähigkeit* voraus[18].

---

[11] VON TUHR, OR II 492 N. 56, 512.
[12] VON TUHR, OR I 95.
[13] Unten 183, 191.
[14] Darüber weiter unten 199 f.
[15] Näheres bei VON TUHR, OR I 68 f., II 498 f.
[16] Wie in alt OR Art. 116.
[17] Unten 191 f.
[18] VON TUHR, OR II 514.

II. Zivilrecht (ohne Haftpflichtrecht)

Die bis jetzt besprochenen gesetzlichen Folgen eines Verschuldens, also vor allem die Pflicht zur Leistung von Schadenersatz und daneben u. U. zur Tragung von Kosten, werden im allgemeinen Teil des OR für alle Arten von Verträgen vorgesehen. Daneben kennen aber gewisse einzelne Verträge im Gesetz besonders erwähnte Folgen eines Verschuldens, die ebenfalls unter Art. 499 I fallen. Die Frage, welche von den bei den einzelnen Verträgen speziell vorgesehenen Folgen einer fehlerhaften Erfüllung unter Art. 499 I fallen, könnte am kürzesten durch die negative Umschreibung beantwortet [180] werden: daß es alle diejenigen sind, die nicht gemäß den unter lit. b zu entwickelnden Regeln wegfallen. Der Übersichtlichkeit und gewisser Schwierigkeiten halber folgt hier gleichwohl eine kurze Kasuistik der positiv unter Art. 499 I einzuordnenden Folgen; sie erhält ihre Erläuterung dann durch die negative Umschreibung (lit. b).

1. *Miete.* Der Mieter kann untergeordnete Mängel, welche er nicht selbst zu beheben hat (Art. 263 II) und denen der Vermieter trotz Fristansetzung nicht abhilft, auf dessen Kosten beseitigen lassen (Art. 256 II)[19]. In der Regel wird der Mieter sich durch Verrechnung mit dem Mietzins bezahlt machen; ist das nicht der Fall, so haftet ein allfälliger Bürge für diese Kosten. Es handelt sich um einen Anwendungsfall von Art. 98 I. Umgekehrt wird der Mieter aus Verschulden schadenersatzpflichtig, wenn er die in Art. 261 III vorgesehene Anzeigepflicht verletzt. Wenn ein Kauf die Miete gebrochen hat, so schuldet der Vermieter Schadenersatz, der die Erfüllung des Vertrags ersetzen soll (Art. 259 I). Nach Art. 269 kann aus wichtigen Gründen eine auf bestimmte Zeit abgeschlossene Miete gekündigt werden, sofern dem andern Teil voller Ersatz angeboten wird. In beiden Fällen haftet der Bürge. Auch bei dem Ersatz gemäß Art. 269 handelt es sich ums positive Interesse[20]. Denn in Wirklichkeit liegt nicht ein Rücktritt vor, wie das Marginale angibt[21], sondern eine vorzeitige Kündigung[22], bei der ein Schadenersatzanspruch anstelle der Realerfüllung des Vertrags geschuldet ist. Hierfür haftet der Bürge, während er, läge wirklich ein Rücktritt vor, von jeder Haftung befreit wäre[23]. Aus Art. 271 II ergibt sich per argumentum e contrario, daß der Mieter für eine Abnützung oder Veränderung haftet, die aus vertrags-

---

[19] VON TUHR, OR II 493.
[20] BGE 61 II 261; OSER/SCHÖNENBERGER, Kommentar Art. 269 N. 12.
[21] BGE 60 II 210.
[22] BGE 60 II 210; 61 II 259.
[23] Unten 186 f. Daß nicht ein Rücktritt entsprechend Art. 107/09 vorliegt, ergibt sich auch aus dieser Überlegung: Beim Rücktritt schuldet der Partner desjenigen, der vom Vertrag loskommt, den Schadenersatz (weil er den Rücktritt veranlaßt hat); beim Tatbestand von Art. 269 schuldet derjenige selber den Schadenersatz, der vom Vertrag loskommen will.

widriger Benützung des Mietgegenstandes entsteht[24]. Auch dies ist eine Folge des Verschuldens[25].

[181] 2. *Pacht*[26]. Gleiche Lösungen wie bei der Miete ergeben sich bei den untergeordneten Mängeln der Pachtsache (Art. 277 in Verbindung mit 256 II), bei Veräußerung des Pachtgegenstandes (281 I), bei vorzeitiger Kündigung, d. h. dem sogenannten Rücktritt aus wichtigen Gründen (Art. 291), und bei Verschlechterung und Veränderung des Pachtgegenstandes (Art. 283, 298 II). Eine Verschuldenshaftung liegt ferner vor hinsichtlich der Verantwortung für das eingestellte Vieh bei Viehpacht und Viehverstellung (Art. 303 I)[27].

3. *Gebrauchsleihe*. Der Entlehner darf von der geliehenen Sache nur einen vertragsmäßigen oder sich aus ihrer Beschaffenheit oder Zweckbestimmung ergebenden Gebrauch machen (Art. 306 I) und sie nicht einem Dritten zum Gebrauch überlassen (Art. 306 II). Sonst wird er schadenersatzpflichtig, und zwar haftet er auch für Zufall, wenn er nicht beweist, daß dieser die Sache auch sonst getroffen hätte (Art. 306 III). Obwohl Art. 499 I ausdrücklich davon spricht, daß dem Bürgen die Folgen des hauptschuldnerischen *Verschuldens* aufgebürdet werden, erstreckt sich die Haftung eines allfälligen Bürgen des Entlehners auch auf diese Haftung für den Zufall. Denn diese ist ihrerseits eine Folge des Verschuldens des Hauptschuldners[28,29].

4. *Dienstvertrag*. Die *Schadenersatzpflicht* des Dienstpflichtigen (Art. 328) gibt zu keinen Bemerkungen Anlaß; die Bestimmung ist ein Anwendungsfall von Art. 99. Eine Bürgschaft zur Sicherung der Pflichten des Dienstpflichtigen, bei welcher der Bürge bei allfälliger Zufügung von Schaden gestützt auf Art. 499 I zu haften hat, wird praktisch kaum je vorkommen. Die Schadenersatzansprüche des Dienstherrn gegenüber dem Dienstpflichtigen können zum vornherein durch ein spezielles Institut gesichert werden: die Dienstbürgschaft (Art. 504, 509 II).

Der Dienstpflichtige, welcher im Akkord oder auf Stücklohn arbeitet, hat ein Recht auf Zuweisung von Arbeit (Art. 331 I); wird [182] es verletzt, so schuldet ihm der Dienstherr Schadenersatz, wenn er sich nicht exkulpieren kann (Art. 331 II). Eine Schadenersatzpflicht des Dienstherrn entsteht auch, wenn er die Pflicht, für Schutzmaßregeln zu sorgen und Instruktionen zu erteilen (Art. 339), verletzt.

---

[24] BGE 48 II 384; 41 II 235.
[25] Für eine spezielle Haftung des Mieters unten 191.
[26] Fälle von Bürgschaft für die Verpflichtungen des Pächters in BGE 62 II 118; ZBJV 72, 574.
[27] BECKER, Art. 303 N. 1. Der Wortlaut ist aber nicht eindeutig.
[28] Nämlich, daß er Art. 306 I und II zuwidergehandelt hat.
[29] Eine entsprechend Art. 306 erweiterte Haftung ergibt sich auch nach Art. 376 III und 474, ferner aus Gründen der Analogie bei vertragswidriger Benützung der Sache durch den Mieter (SJZ 18, 387), bei unbefugter Zuziehung eines Gehilfen oder Substituten (SJZ 17, 229). Vgl. VON TUHR, OR I 74; II 513, ferner unten 183, 191.

Verschulden liegt hier stets vor; eine Unterlassung ohne Verschulden ist in diesem Zusammenhang nicht denkbar. Denn läge kein Verschulden vor, so hieße das, daß der Dienstherr eben nicht zu Schutzmaßregeln verpflichtet war [30]. Die Vertragsauflösung, welche jede Partei gemäß Art. 352 vornehmen kann, ist im Gegensatz zum Marginale kein Rücktritt, sondern eine außerordentliche Kündigung [31]; der vertragswidrige Teil hat vollen Schadenersatz zu leisten (Art. 353 I), wobei aber dem freien richterlichen Ermessen Raum gelassen ist (Art. 353 II in Verbindung mit 99 III und 43 I). Diese Schadenersatzpflicht ist in der Regel eine Folge des Verschuldens nach Art. 499 I.

5. *Werkvertrag*. Die Haftung des Unternehmers entspricht im allgemeinen derjenigen des Dienstpflichtigen (Art. 364 in Verbindung mit 328) [32]. Dem Unternehmer kann speziell eine Pflicht zu Schadenersatz erwachsen, wenn er den vom Besteller gelieferten Stoff unsorgfältig behandelt (Art. 365 II) oder die Anzeigepflicht nach Art. 365 III verletzt [33]; dies gilt auch für den nicht unter Aufsicht des Dienstherrn auf Stücklohn oder im Akkord arbeitenden Dienstpflichtigen (Art. 329). Unter den in Art. 366 II genannten Voraussetzungen kann der Besteller die Verbesserung oder die Fortführung des Werkes auf Kosten des Unternehmers einem Dritten übertragen. Diese Vorschrift ist ein Anwendungsfall des in Art. 98 I niedergelegten Prinzips; entsprechend dem dort Gefundenen gehören diese Kosten zu den Folgen des Verschuldens. Liegen Mängel des Werks im Sinn von Art. 368 II vor, so hat der Unternehmer bei Verschulden Schadenersatz zu bezahlen, der unter Art. 499 I fällt. Eine Pflicht des Bestellers zur Leistung von Schadenersatz besteht beim Tatbestand von Art. 376 III (in Verbindung [183] mit Art. 365 III und 378 II); es ist das positive Interesse geschuldet [34], weil, analog dem Tatbestand von Art. 306 III, nicht der Zufall, sondern das Verschulden maßgebend ist.

6. *Auftrag*. Art. 398 ordnet unter Verweisung auf die Haftung des Dienstpflichtigen das Maß der Sorgfalt des Mandatars im allgemeinen, Art. 399 hinsichtlich der Mandatarsubstitution. Bei befugter Mandatarsubstitution ist nicht zweifelhaft, daß nur Verschuldenshaftung vorliegt (Art. 399 II). Das letztere gilt aber auch bei unbefugter Mandatarsubstitution (Art. 399 I). Das Verschulden liegt hier darin, daß die unzulässige Substitution vorgekehrt wird [35]. Eine als Folge des Verschul-

---

[30] Das Gesetz spricht zwar nicht davon, die Schadenersatzpflicht ist aber praktisch wichtig, OSER/SCHÖNENBERGER, Art. 339 N. 17 f.; BECKER, Art. 339 N. 9 f.; VON TUHR, OR I 31 N. 13; BGE 62 II 156; 56 II 282; 57 II 167; 48 II 109; 46 II 466; 45 II 432.
[31] BGE 60 II 210; OSER/SCHÖNENBERGER, Art. 352 N. 2; BECKER, Art. 352 N. 2.
[32] Er haftet in einem konkreten Fall zwar meist für jedes Verschulden, OSER/SCHÖNENBERGER, Art. 364 N. 1; BECKER, Art. 364 N. 2; GUHL, a.a.O. § 47.
[33] Hierüber OSER/SCHÖNENBERGER, Art. 365 N. 5 f.
[34] OSER/SCHÖNENBERGER, Art. 376 N. 13; BECKER, Art. 376 N. 6.
[35] OSER/SCHÖNENBERGER, Art. 399 N. 8; VON TUHR, OR II 521.

dens entstehende Schadenersatzpflicht zu Lasten des Mandanten stellt Art. 402 II auf [36].

7. *Kommission.* Die Verletzung bestimmter Verpflichtungen des Kommissionärs ist im Gesetz durch eine ausdrückliche Schadenersatzpflicht als Folge des Verschuldens geahndet: so die Pflicht zur Wahrung der Rechte gegen den Frachtführer (Art. 427 II), die Bindung an die Preisvorschriften des Kommittenten (Art. 428 I, II) [37].

8. *Frachtvertrag.* Eine Verschuldenshaftung des Frachtführers besteht dann (Art. 446), wenn er die besondern Pflichten zur Behandlung des Frachtgutes bei Ablieferungshindernissen (Art. 444, 445) verletzt.

9. *Hinterlegungsvertrag.* Gebraucht der Aufbewahrer die hinterlegte Sache unbefugterweise, so haftet er für den Zufall (Art. 474 II). Gemäß dem bei Behandlung der Gebrauchsleihe (Art. 306 III) Gesagten fällt auch diese Haftung unter Art. 499 I [38].

10. *Prokura und Handlungsvollmacht.* Für den Prokuristen und den Handlungsbevollmächtigten besteht ein gesetzliches Konkurrenzverbot (Art. 464 I) [39], bei dessen Übertretung Schadenersatz geschuldet wird (Art. 464 II), der eine Folge des Verschuldens [184] darstellt [40]. Durch den Umstand, daß dieses Konkurrenzverbot für die Dauer des der Prokura oder der Handlungsvollmacht zugrunde liegenden Verhältnisses gilt, unterscheidet es sich vom Konkurrenzverbot beim Dienstvertrag (Art. 356), das für die Zeit *nach* Beendigung des Verhältnisses gilt [41].

Die soeben beendeten Ausführungen enthalten unter lit. a) eine Kasuistik darüber, was positiv die gesetzlichen Folgen eines Verschuldens im Sinn von Art. 499 I sind, soweit sie sich aus Vertrag ergeben. Die Kasuistik ist natürlich nicht abschließend; es sind nur mit einer gewissen Vollständigkeit die im Gesetz *ausdrücklich* vorgesehenen Schadenersatzklagen aufgezählt worden. Warum das geschah, dafür sind nicht zuletzt heuristische Gründe maßgebend, die sich unter Ziff. IV der Arbeit herausstellen werden. Neben den im Gesetz ausdrücklich normierten Schadenersatzklagen sind solche gestützt auf jede Verletzung vertraglicher Pflich-

---

[36] Vgl. aber die Auslegung, die das Bundesgericht dem Exkulpationsbeweis gegeben hat (BGE 61 II 95; 51 II 188; 48 II 491 f.; Urteil i. S. B. gegen G., NZZ Nr. 1798 vom 19. Oktober 1936), die praktisch die Kausalhaftung statuiert. Vgl. auch OSER/SCHÖNENBERGER, Art. 402 N. 10 f., ferner unten 191.
[37] Auch die Vergütung des Preisunterschieds (Art. 428 I) ist eigentlich ein Schadenersatz und fällt bei Verschulden, das praktisch kaum je fehlen wird, unter Art. 499 I.
[38] Oben 181.
[39] Gleich wie für die einfachen Gesellschafter unter sich, Art. 536.
[40] BECKER, Art. 464 N. 6.
[41] Unten 185.

II. Zivilrecht (ohne Haftpflichtrecht)

ten möglich; sie haben sich auf die allgemeinen Grundsätze von Art. 97 f. zu stützen, die wir in unserm Zusammenhang erörtert haben [42].

b) Negative Umschreibung

Im vorliegenden Abschnitt soll grundsätzlich und kasuistisch abgegrenzt werden, was *nicht* zu den gesetzlichen Folgen des Verschuldens im Sinn von Art. 499 I gehört. Vorauszuschicken ist, daß es natürlich in erster Linie vom Willen der Parteien abhängt, ob der Bürge für die Nebenverpflichtungen des Hauptschuldners *überhaupt* einzustehen hat. Das ist dann der Fall, wenn er sich schlechthin für die Verpflichtungen des Hauptschuldners [185] verbürgt [43]; es ist dann nicht der Fall (und die Haftung bei Verletzung der oben aufgezählten Nebenverpflichtungen, z. B. eine Anzeige zu machen oder ein Inventar nicht zu beschädigen, scheidet aus), wenn der Bürge nur die aus der Definition eines bestimmten Vertrages sich ergebenden Hauptverpflichtungen übernommen hat. Welcher Tatbestand vorliegt, kann nicht allgemein gesagt werden; es hängt vom Einzelfall ab.

Im übrigen sind vier Gruppen zu unterscheiden:

α) Hauptschuld

Der Bürge hat in erster Linie einzustehen für die Erfüllung der Hauptschuld, in zweiter Linie für die gesetzlichen Folgen eines Verschuldens oder Verzugs. Daher ist (scheinbar banalerweise) keine gesetzliche Folge des Verschuldens, was im Rahmen der Bürgschaft die Hauptschuld selber ist. Es mag aber nicht überflüssig sein, folgende Verpflichtungen aufzuzählen:

1. Im Rahmen eines *Dienstvertrags* kann ein Konkurrenzverbot vereinbart werden, das dem Dienstpflichtigen eine Unterlassungspflicht für die Zeit nach Beendigung des Verhältnisses auferlegt (Art. 356 I). Bei Übertretung entsteht eine Schadenersatzpflicht (Art. 359). Besteht eine Bürgschaft zur Sicherung der Verpflichtungen des Dienstpflichtigen, so haftet der Bürge nicht gemäß Art. 499 I für den Schadenersatz wegen Verletzung des Konkurrenzverbotes. Denn diese setzt ja

---

[42] Eine Schadenersatzpflicht kann sich z. B. ergeben bei Tatbeständen, die man als sog. positive Vertragsverletzung bezeichnen kann (vgl. von Tuhr, OR II 504 f., 486 N. 5). Denn jede Vertragsverletzung, nicht nur die im OR speziell hervorgehobenen einer schuldhaften Unmöglichkeit der Leistung und eines Verzugs, kann eine Schadenersatzpflicht nach sich ziehen.

Ferner sei noch erwähnt, daß bei schuldhafter Nichterfüllung nicht nur auf Schadenersatz geklagt werden kann, sondern in erster Linie gegen den Hauptschuldner auf Erfüllung (Art. 107 II, von Tuhr, OR II 486 f.). Auch dies ist an sich eine «Folge des Verschuldens». Für die Haftung des Bürgen nach Art. 499 I fällt es aber außer Betracht; dagegen hat der Bürge u. U. einzustehen für den Schadenersatz wegen Verspätung (Art. 107 II) und, nach Art. 499 II, für die Prozeßkosten.

[43] Vgl. ZBJV 72, 575.

die Beendigung des Dienstverhältnisses voraus, wodurch die Haftung des Bürgen erlischt (Art. 356 I in Verbindung mit 501). Das Konkurrenzverbot ist eine besondere vertragliche Verpflichtung, eine selbständige Hauptschuld, und zwar eine Unterlassungspflicht, für welche eine eigene Bürgschaft bestellt werden muß.

2. Die Haftung für Schadenersatzpflichten gestützt auf eine *Dienstbürgschaft* ist nicht eine Folge des Verschuldens im Sinne von Art. 499 I, sondern per definitionem der prinzipale Inhalt einer Bürgschaft.

3. Das gleiche gilt, wenn für die Folgen eines Verschuldens zum vornherein ein fester Betrag im Sinne einer *Konventionalstrafe* festgesetzt (Art. 160 I) und diese verbürgt worden ist [44]. [186] Denn dieser Schadenersatz ist nicht eine gesetzliche Folge des Verschuldens, sondern eine vertraglich vorgesehene. Dagegen kann u. U. eine Haftung nach Art. 499 I eintreten, wenn gemäß Art. 161 II ein den Betrag der Konventionalstrafe übersteigender Schaden darüber hinaus geltend gemacht werden kann.

4. Im Rahmen eines *Werkvertrags* kann der Besteller nach Art. 377 gegen volle Schadloshaltung des Unternehmers jederzeit vom Vertrag zurücktreten. Es handelt sich hier nicht um eine *Folge* des Verschuldens, das sich an den Rücktritt knüpft, sondern um des letztern *Voraussetzung*. Der Bürge des Bestellers haftet aber gleichwohl, nur nicht aus dem Titel seiner Haftung für die Folgen fehlerhafter Erfüllung, sondern aus dem Titel seiner Haftung für die Hauptschuld, d. h. der Pflicht zur Bezahlung der Vergütung [45].

β) Die gesetzlichen Folgen einer Aufhebung des Vertrags

Keine gesetzliche Folge des Verschuldens des Hauptschuldners, für die der Bürge einzustehen hat, ist jede Verpflichtung, die aus einer Aufhebung des Vertrags (zwischen Hauptschuldner und Gläubiger) herrührt. Das ist vom Bundesgericht für den Fall des Rücktritts vom Vertrag gemäß Art. 107/09 bereits festgestellt worden [46]; der Grundsatz ist aber gültig für den Tatbestand der Aufhebung des Vertrags im allgemeinen, von dem der Rücktritt nach Art. 107/09 ein Unterfall ist. Denn wird der Vertrag aufgehoben, so fällt auch die Bürgschaft als akzessorischer Vertrag dahin; folglich besteht keine Pflicht des Bürgen, für die Folgen einer solchen Vertragsaufhebung einzustehen. Nach Art. 492 haftet der Bürge für die *Erfüllung* der Hauptschuld; die Aufhebung des Vertrags ist aber die Negation der Erfüllung. Wäre dem bei einem konkreten Rechtsverhältnis anders, so läge nicht

---

[44] SCHULTHESS, Die Verpflichtung des Bürgen, ZSR 44, 104; FICK, Art. 499 N. 28.
[45] Dazu BECKER, Art. 377 N. 6 f.
[46] BGE 49 II 379; 48 II 268; 26 II 54. Gl. M. BECKER, Art. 492 N. 21; STAUFFER, a.a.O. 79a; LERCH/TUASON, a.a.O. 49; TOBLER, a.a.O. 54; fürs deutsche Recht STAUDINGER, § 767 N. 2; A. M. FICK, Art. 499 N. 23.

Bürgschaft, sondern Garantievertrag vor[47]. Der als gesetzliche Folge einer Aufhebung des Vertrags [187] geschuldete Schadenersatz ist stets das negative Interesse[48]. Dahin gehören:

1. *Miete und Pacht.* Sind die Voraussetzungen von Art. 255 I bzw. 261 II gegeben, so kann der Mieter bzw. der Vermieter vom Vertrag zurücktreten[49], woraus eine Schadenersatzforderung des Zurücktretenden resultiert (Art. 255 II, 261 II). Das gleiche gilt für die Pacht (Art. 277 II).

2. *Werkvertrag.* Dem gleichen Grundsatz untersteht der Rücktritt des Bestellers nach Art. 366 I. Ein Rücktritt liegt auch vor, wenn das Werk so erhebliche Mängel aufweist, daß der Besteller die Annahme verweigern kann (Art. 368 I); das ergibt sich aus den Überlegungen, daß die Verpflichtung, einen noch nicht geleisteten Lohn zu bezahlen, dahinfällt und daß ein bereits gezahlter Lohn zurückgefordert werden kann und dazu die Schadenersatzforderung kommt; also eine Rechtslage, die identisch ist mit derjenigen von Art. 109[50].

3. *Verlagsvertrag.* Der Verlaggeber hat ein Rücktrittsrecht, wenn der Verleger es vertragswidrig unterläßt, eine neue Auflage zu veranstalten (Art. 383 III)[51].

4. *Verpfründung.* Sowohl der Pfründer wie der Pfrundgeber kann die Verpfründung einseitig aufheben (Art. 527 I), schuldet aber bei Verschulden dem schuldlosen Teil Schadenersatz (Art. 527 II).

γ) Schadenersatzpflicht wegen eines Verhaltens des Hauptschuldners vor oder bei Vertragsschluß

Eine Folge des hauptschuldnerischen Verschuldens, für die der Bürge gemäß Art. 499 I zu haften hätte, liegt auch dann nicht vor, wenn die Schadenersatzpflicht ihren Grund hat in einem Verhalten vor oder während des Vertragsschlusses. Denn der Bürge hat bloß einzustehen für die Erfüllung der Hauptschuld seitens des Hauptschuldners (Art. 492) und die daran sich knüpfenden Nebenfolgen (Art. 499). Es fallen folglich weg:

---

[47] Das wesentliche Unterscheidungsmerkmal zwischen Bürgschaft und Garantievertrag ist gerade die Akzessorietät, oben 176. Deshalb ist auch eine Verpflichtung im Sinn von Art. 494 III nicht eigentlich Bürgschaft, sondern Garantievertrag, BGE 56 II 381 f.; STAUFFER, a.a.O. 74a; GUHL, a.a.O. § 57; LERCH/TUASON, a.a.O. 20; VON TUHR, in SJZ 19, 226.

[48] Der Satz kann aber nicht umgedreht werden; nicht jedes negative Interesse knüpft an eine Vertragsaufhebung an.

[49] Im Fall von Art. 261 II spricht das Gesetz zwar davon, der Vermieter könne die sofortige Auflösung des Vertrags *verlangen*; gemeint ist jedoch Rücktritt, OSER/SCHÖNENBERGER, Art. 261 N. 13; BECKER, Art. 261 N. 17.

[50] OSER/SCHÖNENBERGER, Art. 368 N. 13.

[51] BECKER, Art. 383 N. 5.

[188] 1. *Culpa in contrahendo*[52] *im allgemeinen*, d. h. jedes Verschulden, das sich daraus ergibt, daß die den Parteien hinsichtlich der Vorbereitung und des Abschlusses eines Vertrages obliegenden aus Treu und Glauben fließenden Pflichten verletzt werden; es handelt sich hier um ein quasikontraktliches Verschulden[53]. Daraus läßt sich soviel ableiten:

Das Gesetz kennt einige bestimmte Fälle, wo an das Verhalten vor oder bei Vertragsschluß eine Schadenersatzpflicht geknüpft ist, und zwar ist es meist das negative Interesse. Man kann mit VON TUHR jene als Anwendungsfälle im besondern der Culpa in contrahendo betrachten[54]; es wird aber auch angenommen, die in Frage stehenden Schadenersatzforderungen beruhten auf Deliktsrecht[55]. Die Streitfrage kann an dieser Stelle nicht erörtert werden. Für die unsern Gegenstand bildenden Fragen ist sie überdies nicht entscheidend. Es kommt einzig darauf an, ob der Schaden aus der Nichterfüllung bzw. der fehlerhaften Erfüllung des Vertrags seitens des Hauptschuldners entstanden sei oder nicht. Das ist hier zu verneinen, ob man nun den Schaden auf Culpa in contrahendo oder Delikt zurückführt. Hierher gehören:

2. *Irrtum*. Liegt beim Irrenden, der sich auf die einseitige Unverbindlichkeit beruft, eine Fahrlässigkeit vor, so schuldet er [189] Schadenersatz (Art. 26)[56]. Auch beim Tatbestand von Art. 27 kann sich eine Schadenersatzpflicht ergeben[57].

3. *Absichtliche Täuschung und Furchterregung*. Bei Vorliegen dieser beiden Willensmängel kann derjenige, auf dessen Seite der Willensmangel vorhanden ist, einen Schadenersatzanspruch geltend machen (Art. 31 III)[58].

---

[52] Gl. M. ohne nähere Begründung SCHULTHESS, ZSR 44, 104/5; STAUFFER, a.a.O. 79a.
[53] Darüber allgemein VON TUHR, OR I 169 f. und dortige Literatur. Hierher gehören z. B. folgende Tatbestände: daß bei der Gebrauchsleihe der Leiher die gefährliche Beschaffenheit der Ware wissentlich verschweigt; daß beim Werkvertrag der Besteller schuldhaft einen Stoff liefert, durch dessen Beschaffenheit der Unternehmer Schaden erleidet; daß eine Erklärung zweideutig abgefaßt wird. Vgl. VON TUHR, OR I 170, speziell N. 85, 87 und dortige Zitate.
[54] VON TUHR, OR I 169 f., 263, 277, 302, 322.
[55] So OSER/SCHÖNENBERGER, Art. 39 N. 7 und dortige Literatur; BGE 61 II 234; KAUFMANN, Kommentar Art. 411 N. 9, ferner die Zitate VON TUHR, OR I 170 N. 88.
Auf die Kontroversen betreffend die Natur des negativen Interesses und die Frage, ob es bei allen hier aufgeführten Tatbeständen vorliegt, kann nicht eingetreten werden. Vgl. die Literatur bei OSER/SCHÖNENBERGER, Art. 39 N. 7, ferner die unten zu den einzelnen Tatbeständen angegebenen Zitate. Wegen dieser Kontroversen kann aber jedenfalls für die Frage, ob der Bürge für eine konkrete Verschuldensfolge einzustehen habe, nicht auf das Kriterium abgestellt werden, ob es sich ums positive oder negative Interesse handle, wie z. B. TOBLER, Der Schutz des Bürgen gegenüber dem Gläubiger, Berner Diss. 1926, 54 und LERCH/TUASON, a.a.O. 49 dies anscheinend tun.
[56] VON TUHR, OR I 170, 263, 324 N. 3; OSER/SCHÖNENBERGER, Art. 26 N. 10; BECKER, Art. 26 N. 4 f.
[57] VON TUHR, OR I 262.
[58] Während der Irrende diesen Anspruch nie hat, argumentum e contrario aus Art. 31. Vgl. VON TUHR, OR I 277 N. 41, 277 f.; OSER/SCHÖNENBERGER, Art. 31 N. 31, 33; BECKER, Art. 31

4. *Fehlende Ermächtigung bei Stellvertretung.* Der Vollmachtgeber oder sein Rechtsnachfolger, welcher nach Erlöschen der Vollmacht es unterläßt, die Vollmachtsurkunde zurückzufordern oder ihre gerichtliche Hinterlegung zu verlangen (Art. 36 I), hat dem gutgläubigen Dritten den daraus erwachsenden Schaden zu ersetzen (Art. 36 II)[59]. Der Vertreter, der ohne Ermächtigung handelt, schuldet Schadenersatz, wenn der zu Unrecht Vertretene den Vertrag nicht genehmigt (Art. 39 I, II)[60].

5. *Handlungsunfähigkeit.* Ein Handlungsunfähiger, welcher seinen Vertragspartner zu der irrtümlichen Annahme verleitet hat, er sei handlungsfähig, schuldet diesem Ersatz des Schadens (ZGB Art. 411 II), der dadurch entsteht, daß der gesetzliche Vertreter den Vertrag nicht genehmigt (ZGB Art. 411 I, 280, 19)[61].

6. *Entwehrung, Wandelung und Minderung.* Bei vollständiger (Art. 195 I Ziff. 4 und Abs. II)[62] und bei teilweiser Entwehrung (Art. 196 I)[63] im Rahmen eines Kaufvertrags[64] wird [190] Schadenersatz geschuldet. Das gleiche tritt bei Wandelung ein (Art. 205 I, 208 III)[65].

Diese Regeln gelten zugleich für den Werkvertrag bei Mängeln des vom Unternehmer gelieferten Stoffes (Art. 365 I); dorthin verweist das Gesetz beim Dienstvertrag, wenn der Dienstpflichtige auf Stücklohn oder im Akkord und nicht unter Aufsicht des Dienstherrn arbeitet (Art. 329 in Verbindung mit 365). Auch die Minderung bei Kauf (Art. 205 I, 219, 234)[66] gehört hierher.

Für den Schadenersatzanspruch wegen Entwehrung bei Miete und Pacht (Art. 258, 280) gilt das gleiche[67].

7. *Verantwortlichkeit des Schenkers.* Nach Art. 248 I haftet der Schenker dem Beschenkten für den Schaden, der diesem aus der Schenkung erwächst; allerdings

---

N. 10 f.; BGE 61 II 234. Auch der Bedrohte ist unter Umständen zu Schadenersatz verpflichtet (Art. 29 II). Culpa in contrahendo liegt aber nicht vor, VON TUHR, OR I 271, sondern eine spezielle Begründung der Ersatzpflicht, OSER/SCHÖNENBERGER, Art. 29 N. 5; BECKER, Art. 29 N. 7.

[59] VON TUHR, OR I 302; OSER/SCHÖNENBERGER, Art. 36 N. 7; BECKER, Art. 36 N. 6.

[60] VON TUHR, OR I 322 und N. 33, 34; BECKER, Art. 39 N. 4; OSER/SCHÖNENBERGER, Art. 39 N. 4 f.

[61] VON TUHR, OR I 170, 189, 71 N. 21; KAUFMANN, Kommentar Art. 411 N. 9, 13.

[62] VON TUHR, OR I 170, II 564; OSER/SCHÖNENBERGER, Art. 195 N. 7 f.; BECKER, Art. 195 N. 6.

[63] OSER/SCHÖNENBERGER, Art. 195 N. 2; BECKER, Art. 196 N. 2.

[64] Nicht nur der Kaufpreis (BGE 50 II 518; 47 II 302), sondern auch die Verpflichtungen des Käufers werden in praxi verbürgt (BGE 48 II 263).

[65] VON TUHR, OR I 170, II 564; OSER/SCHÖNENBERGER, Art. 208 N. 6 und dortige Zitate; BECKER, Art. 208 N. 5, 6.

[66] OSER/SCHÖNENBERGER, Art. 205 N. 16.

[67] OSER/SCHÖNENBERGER, Art. 258 N. 6; BECKER, Art. 258 N. 3. Die hier hinsichtlich des Irrtums, der absichtlichen Täuschung und Furchterregung, der Handlungsunfähigkeit und Wandelung behandelte Frage ist nicht zu verwechseln mit derjenigen, ob dem Bürgen eine allfällige Einwendung bzw. Einrede zusteht. Bei der Frage der Haftung für Schadenersatz handelt es sich um die Konsequenzen *nach* erfolgreicher Geltendmachung der Einwendung bzw. Einrede.

nur bei dolus oder grober Fahrlässigkeit[68]. Der Bürge haftet dafür nicht. Auch die Verpflichtungen des Schenkers können nämlich verbürgt werden; daran knüpft sich sogar eine sehr diskutierte Streitfrage[69].

8. *Verantwortlichkeit des Hinterlegers.* Der Hinterleger schuldet dem Aufbewahrer Schadenersatz, wenn diesem durch die Hinterlegung Schaden entsteht (Art. 473 II), es sei denn, er könne sich exkulpieren[70, 71].

δ) Unverschuldete gesetzliche Folgen einer Vertragsverletzung

[191] Art. 499 I spricht nur von den gesetzlichen Folgen des *Verschuldens;* es fällt also jede Folge einer Vertragsverletzung weg, die nicht auf Verschulden beruht. Das entspricht dem System der Folgen der Nichterfüllung insofern, als Art. 97 grundsätzlich aufs Verschulden des Schuldners abstellt[72]. Übernimmt daher der Hauptschuldner vertraglich eine über das Verschulden hinausgehende Haftung, so hat der Bürge dafür nicht einzustehen.

Die oben unter lit. a positiv als Folge des Verschuldens aufgezählten Verpflichtungen fallen nur unter Art. 499 I, wenn im Einzelfall ein Verschulden vorliegt. Stellt eine Gesetzesbestimmung für die Frage der Haftung überhaupt nicht aufs Verschulden ab, so fällt die darauf begründete, prinzipielle Schadenersatzpflicht nicht unter Art. 499 I, gleichgültig, ob im Einzelfall wirklich eine Exkulpation möglich wäre oder nicht. Entscheidend ist allein, ob die Folge einer fehlerhaften Erfüllung von Gesetzes wegen ans Verschulden geknüpft ist. Dahin gehören:

1. *Haftung für Hilfspersonen.* Der Schuldner wird u. U. die Erfüllung seiner Schuldpflicht durch eine Hilfsperson vornehmen lassen. Ist er dazu nicht befugt, so haftet er, wenn Schaden entsteht, gemäß Art. 97 f. aus Verschulden; dieses besteht darin, daß er pflichtwidrig eine Hilfsperson verwendet[73]. Die Haftung fällt unter Art. 499 I. Wenn dagegen die Verwendung der Hilfsperson befugterweise geschieht, so haftet der Schuldner für den von dieser angerichteten Schaden auch,

---

[68] VON TUHR, OR I 170; OSER/SCHÖNENBERGER, Art. 248 N. 3; BECKER, Art. 248 N. 4.
[69] Nämlich die Frage des sog. beneficium competentiae, d. h. das Problem, ob der Bürge die Einrede erheben könne, der Hauptschuldner (d. h. der Schenker) sei berechtigt, die Erfüllung des Schenkungsversprechens gestützt auf Art. 250 Ziff. 2 und 3 zu verweigern. Darüber STAUFFER, a.a.O. 103a; TOBLER, a.a.O. 67; VON TUHR, SJZ 19, 228; LERCH/TUASON, a.a.O. 56; BECKER, Art. 506 N. 5.
[70] VON TUHR, OR I 170.
[71] Eine Schadenersatzpflicht wegen eines Verhaltens vor Vertragsschluß wäre auch die in Art. 8 II vorgesehene: Tritt derjenige, der eine *Auslobung* veranstaltet hat, zurück, so ist u. U. Ersatz für Aufwendungen zu leisten, OSER/SCHÖNENBERGER, Art. 8 N. 30 f.; BECKER, Art. 8 N. 8; VON TUHR, OR I 69 N. 10, 160 N. 6, II 564.
[72] Zum Unterschied von der subjektiven Unmöglichkeit ohne Verschulden des Schuldners, die in Art. 119 geordnet ist; zum Unterschied auch vom Verzug, unten 194 f.
[73] SJZ 17, 229.

II. Zivilrecht (ohne Haftpflichtrecht)

aber nicht aus Verschulden (Art. 101). Es besteht hier vielmehr eine über das Verschuldensprinzip hinausgehende Haftung[74], für die der Bürge folglich nicht einzustehen hat. Gleich zu behandeln ist der Fall, wo ein Organ einer juristischen Person eine fehlerhafte Vertragserfüllung vornimmt (ZGB Art. 55 II)[75]. Ein Anwendungsfall von Art. 101 ist die Haftung des Mieters für den Schaden, den der Untermieter (Art. 264 II) oder Unterpächter (Art. 289 III) anstellt[76].

[192] 2. *Kauf- und Werkvertrag.* Die Schadenersatzpflichten beim Kauf wegen Entwehrung (Art. 195/6) und Wandelung (Art. 208) haben wir bereits ausgeschieden, weil sie auf ein Verhalten des Hauptschuldners vor Vertragsabschluß zurückgehen. Der Bürge haftet aber auch deshalb nicht, weil sie kein Verschulden voraussetzen[77]. Das gleiche gilt für die Minderung (Art. 205 I, 219, 234)[78], ferner für die Gewährleistung beim Werkvertrag bezüglich des vom Unternehmer gelieferten Stoffes (Art. 265 I) und der Minderung (Art. 368 II).

3. *Miete und Pacht.* Gleich wie beim Kauf verhält es sich hier für die Schadenersatzansprüche wegen Entwehrung (Art. 258, 280)[79]. Ebensowenig beruht auf Verschulden die spezielle Schadenersatzforderung von Art. 301 I, wo vorgesehen ist, daß der abziehende Pächter, der weniger Vorräte an Stroh, Streue, Dürrfutter und Dünger hinterläßt, als er selbst angetreten hat, für Ersatz zu sorgen oder den Minderwert zu ersetzen hat. Keine Verschuldenshaftung ist auch diejenige des Pächters nach Art. 299 für das unter Schätzung übernommene Inventar[80].

Allgemein gilt, daß der Ersatz von *Verwendungen* nicht unter die Verpflichtungen gehört, für die der Bürge einzustehen hat; denn sie beruhen letzten Endes auf ungerechtfertigter Bereicherung. Solcher Verwendungsersatz ist vorgesehen in Art. 301 II und 303 II[81]. Die Haftung nach Art. 264 II und 289 III ist vorhin unter Ziff. 1 a. E. behandelt worden.

4. *Frachtvertrag.* Die Natur der Haftung des Frachtführers (Art. 447, 448) ist umstritten[82]; sicher ist aber, daß die Haftung über die Verschuldungshaftung nach

---

[74] VON TUHR, OR II 518 N. 52, 520 f.
[75] VON TUHR, OR II 524, ferner EGGER, Kommentar Art. 54/55 N. 2.
[76] VON TUHR, OR II 525; OSER/SCHÖNENBERGER, Art. 264 N. 14. Über den vom Mandatarsubstituten zu unterscheidenden Gehilfen, der nach Art. 101 haftet, vgl. OSER/SCHÖNENBERGER, Art. 398 N. 7, 399 N. 2; BECKER, Art. 399 N. 3.
[77] VON TUHR, OR II 518.
[78] OSER/SCHÖNENBERGER, Art. 205 N. 16; BECKER, Art. 205 N. 1 f.
[79] OSER/SCHÖNENBERGER, Art. 258 N. 3; BECKER, Art. 258 N. 3; VON TUHR, OR II 518.
[80] VON TUHR, OR II 518.
[81] Ferner in Art. 307 II bei der Gebrauchsleihe, OSER/SCHÖNENBERGER, Art. 307 N. 3; OR Art. 422, 62 f.
[82] OSER/SCHÖNENBERGER, Art. 447 N. 11; BECKER, Art. 447 N. 2; VON TUHR, OR II 515 N. 27; WEHRLI, Die Haftung des Frachtführers, Berner Diss. 1920, 65, 102; GIOVANOLI, Force majeure et cas fortuit, Genfer Diss. 1933, 243 f.

Art. 97 f. hinausgeht: das ist [193] noch deutlicher bei der Haftung für den Unterfrachtführer (Art. 449)[83].

5. *Hinterlegungsvertrag.* Das gleiche gilt für die Haftung des Gast- und Stallwirts (Art. 487—490)[84, 85].

B. *Obligationen aus unerlaubter Handlung*

Die bisherigen Ausführungen unter lit. A haben die gesetzlichen Folgen des Verschuldens, die aus einer Kontraktobligation entstehen können, zum Gegenstand gehabt. Eine Bürgschaft kann sich indessen auch auf eine Obligation aus unerlaubter Handlung beziehen. Dies ist in zwiefacher Hinsicht denkbar. Einmal, daß die Verpflichtung des Hauptschuldners im Augenblick, da die Bürgschaft bestellt wird, bereits auf den in Zahlen festgestellten Schadenersatz geht. Wird hier nicht richtig erfüllt, so kommen allein die Verzugsfolgen in Betracht, die wir unter Ziff. III behandeln. Entsprechend gestaltet sich die Haftung des Bürgen. Ferner ist denkbar, daß sich die Bürgschaft auf eine bloß künftige (Art. 494 II), nicht gewollte Schadenersatzforderung bezieht; dann liegt eine besondere Art von [194] Bürgschaft vor, die Amts- und Dienstbürgschaft (Art. 504, 509 II). Mit dieser hat die Frage der gesetzlichen Folgen des Verschuldens nach Art. 499 I nichts zu tun[86].

---

[83] VON TUHR, OR II 522.

[84] BECKER, Art. 487 N. 11; GUHL, a.a.O. § 55; BGE 62 II 154; 46 II 119.

[85] Der Vollständigkeit halber sei noch erwähnt, daß die in OR Art. 111 vorgesehene Schadenersatzpflicht nicht hierher gehört. Sie macht das Wesen eines gesonderten, von der Bürgschaft streng zu trennenden Vertrags aus, des *Garantievertrags*. Ein Anwendungsfall davon ist die eventuelle Schadenersatzpflicht des Zedenten nach Art. 171 f., vgl. OSER/SCHÖNENBERGER, Art. 171 N. 3, 14, ferner BECKER, Art. 492 N. 17. Es ist indessen denkbar, daß die Gewährleistung des Zedenten zur Bürgschaft ausgebaut wird, OSER/SCHÖNENBERGER, Art. 171 N. 14 f. Betreffend Art. 180 vgl. VON TUHR, OR II 777 f.; OSER/SCHÖNENBERGER, Art. 180 N. 4, 6. Eine aus *Geschäftsführung ohne Auftrag* abgeleitete Haftung kann nicht unter die gesetzlichen Folgen des Verschuldens nach Art. 499 I fallen. Entweder fällt ein solcher Schaden unter die Haftung aus Amts- und Dienstbürgschaft, oder er fällt mit dem Schaden, den der Stellvertreter ohne Ermächtigung anrichtet, zusammen; oder er wird als ein Schaden sui generis behandelt; dann ist er a fortiori keine gesetzliche Folge eines kontraktlichen Verschuldens.

Es soll auch hier nicht die Meinung aufkommen, als ob soeben alle Fälle von negativem Interesse aufgezählt worden seien. Es wurden nur die im Gesetz erwähnten als die praktisch wichtigsten behandelt. Für weitere Fälle vgl. ZGB Art. 92 und Literatur dazu, VON TUHR, OR I 71 N. 25, 26; OR II 564 f. (Clausula rebus sic stantibus, BGE 59 II 372 und dortige Zitate); OSER/SCHÖNENBERGER, Art. 39 N. 7.

[86] Es ist auch denkbar, daß sowohl unerlaubte Handlung wie Vertragsverletzung vorliegt. Auf diese Frage der sog. Klagekonkurrenz braucht hier nicht eingetreten zu werden, da der Bürge stets aus dem Titel seiner Haftung für die Folgen der Vertragsverletzung belangt werden kann und wird.

II. Zivilrecht (ohne Haftpflichtrecht)

C. Obligationen aus ungerechtfertigter Bereicherung

Auch eine solche Obligation kann verbürgt werden. Die Verpflichtung des Hauptschuldners geht entweder auf Rückerstattung einer Sache in natura oder auf eine Zahlung. In beiden Fällen kommen nur die Verzugsfolgen in Betracht.

III. DIE HAFTUNG FÜR DIE GESETZLICHEN FOLGEN EINES VERZUGS (AN SICH)

Der Bürge hat nicht nur für die gesetzlichen Folgen eines Verschuldens des Hauptschuldners einzustehen, sondern auch für diejenigen eines Verzugs (Art. 499 I). Der größern Deutlichkeit halber wird hier auch in einer positiven und negativen Kasuistik ausgeführt, was dazu gehört und was nicht.

a) Positive Umschreibung

α) Schuldnerverzug

Die Verzugsfolgen treten von Gesetzes wegen ein. Sie bestehen zunächst darin, daß Schadenersatz zu leisten ist wegen verspäteter Erfüllung (Art. 103 I). Ferner wird das Maß der Haftung ausgedehnt auf die Haftung für Zufall (Art. 103 I, II). Entsprechend gestaltet sich die Haftung des Bürgen. Speziell bei Geldschulden bestehen die Verzugsfolgen in der Pflicht zur Bezahlung von Verzugszinsen; aber auch hier kann noch eine Schadenersatzpflicht dazukommen (Art. 104—106). Für zweiseitige Verträge besteht die Möglichkeit, daß der Gläubiger auf Erfüllung nebst Schadenersatz klagt (Art. 107 II); eine kongruente Haftung des Bürgen wird praktisch selten sein; er müßte schon die Erfüllung in natura vornehmen[87]. Dagegen wird eher vorkommen, daß der Hauptschuldner [195] selber die Erfüllung vornimmt und der Bürge für den Schadenersatz in Anspruch genommen wird. Wichtiger ist der Fall, wo der Gläubiger auf die nachträgliche Leistung verzichtet und den Ersatz des aus der Nichterfüllung entstandenen Schadens verlangt, d. h. das positive Vertragsinteresse. Hiefür haftet der Bürge selbstverständlich ohne weiteres.

Für die Verzugszinsen und die Anwendbarkeit der Rechte aus Art. 107 ist das Verschulden unerheblich[88], während der Schadenersatz an sich vom Verschulden bedingt ist (Art. 103, 106 I). Für die Haftung des Bürgen ist das Verschulden indessen grundsätzlich irrelevant[89]; er haftet in jedem Fall für die gesetzlichen Verzugsfolgen.

---

[87] Was prinzipiell zulässig ist, BECKER, Art. 492 N. 21.
[88] VON TUHR, OR II 538, 542 f.
[89] Zum Unterschied von den Fällen unter II oben.

β) Gläubigerverzug

Nicht nur bei Schuldnerverzug treten gesetzliche Verzugsfolgen ein, für die der Bürge einzustehen hat, sondern auch bei Gläubigerverzug. Ist dieser eingetreten, so ist der Schuldner berechtigt, die geschuldete Sache auf Gefahr und Kosten des Gläubigers zu hinterlegen. Diese Kostenpflicht ist eine Verzugsfolge im Sinne von Art. 499 I.

b) Negative Umschreibung

Die dritte der in Art. 107 II dem Gläubiger offenstehenden Alternativen beruht darin, daß der Rücktritt vom Vertrag erfolgt. Der zurückgetretene Gläubiger kann Ersatz des aus dem Dahinfallen des Vertrags erwachsenen Schadens fordern (Art. 109 II). Hierfür haftet der Bürge nicht. Denn, wie schon oben bei der Behandlung der gesetzlichen Folgen des Verschuldens gezeigt worden ist, fällt die Bürgschaft als akzessorische Verpflichtung dahin, wenn der Hauptvertrag aufgehoben wird (Art. 501); folglich kann der Bürge nicht haften für die Folgen, die gerade aus dem Dahinfallen des Vertrags entstehen[90]. Das gilt allgemein für jede Aufhebung des Vertrags; der Rücktritt nach Art. 107/09 ist ein Anwendungsfall davon. Was hier für den Schadenersatz gesagt wurde, gilt a fortiori für die [196] Rückforderung des Geleisteten (Art. 109)[91], die der Zurücktretende geltend machen kann[92]. Eine gleiche Lösung wie für Art. 107/09 ergibt sich eo ipso für die Anwendungsfälle dieser Bestimmung beim Kauf (Art. 190/91, 214)[93]. Die Bestimmung über den Rücktritt gilt auch beim Gläubigerverzug im Sinne von Art. 95.

Es kann nicht übersehen werden, daß die für die Folgen des Verschuldens und diejenigen des Verzugs vorgenommene negative Abgrenzung die Haftung des Bürgen ganz wesentlich einschränkt. Eine Analyse der verschiedenen Folgen fehlerhafter Erfüllung hat indessen ergeben, daß nur die oben positiv aufgezählten Folgen unter Art. 499 I fallen. Das Ergebnis könnte zum Teil als störend empfunden werden. Der Bürge haftet z. B. bei Miete für den Schaden, der aus einer Beschädigung des Mietgegenstandes erwächst; für den aus Entwehrung entstandenen

---

[90] So auch die Praxis des Bundesgerichts: BGE 49 II 379; 48 II 268; 26 II 54; gl. M. BECKER, Art. 492 N. 21, 499 N. 3; STAUFFER, a.a.O. 79a; LERCH/TUASON, a.a.O. 49; TOBLER, a.a.O. 54; STAUDINGER, Kommentar § 767 N. 2; a. M. FICK, Art. 499 N. 23.
[91] Die eigentlich eine condictio ob causam finitam ist (Art. 62 II), VON TUHR, OR II 551.
[92] BGE 48 II 269.
[93] Der Rücktritt vom Vertrag ist auch zulässig beim Sukzessivlieferungsvertrag hinsichtlich des ganzen Vertrags, BGE 52 II 137; 45 II 61; BlZR 4 Nr. 71; VON TUHR, OR II 554, 564; ENNECCERUS/LEHMANN, Lehrbuch, 12. Bearbeitung § 53 V; OERTMANN bei *Ehrenberg* IV 2, 453; STAUDINGER, § 325 Ic β.

Schaden aber nicht. Beim Werkvertrag hat er für den Schaden einzustehen, wenn der Unternehmer den Stoff unsorgfältig behandelt; dagegen nicht, wenn der Besteller nach Art. 366 I zurücktritt. Der Bürge des Frachtführers haftet, wenn dieser bei Ablieferungshindernissen nicht nach Gesetz verfährt; bei Verlust des Gutes wird er frei. Das sind gewisse Widersprüche, die sich aber zwangsläufig aus der heute herrschenden Konzeption der Bürgschaft ergeben; auch mit den Unklarheiten hinsichtlich des Begriffs des negativen Interesses hängt das zusammen. Wollte man zu einem andern Resultat kommen, so müßte man den Bürgen unabhängig vom Verschulden haften lassen für jeden aus fehlerhafter Erfüllung und aus dem Verhalten des Hauptschuldners bei und vor Vertragsschluß entstandenen Schaden. Das läßt aber der Wortlaut von Art. 499 I nicht zu. Es würde auch eine neue Fassung des Begriffs der Akzessorietät bedeuten, indem darunter nicht mehr bloß die Abhängigkeit der Bürgenhaftung von der Hauptschuld begriffen würde, sondern die Haftung des Bürgen für alle dem Hauptschuldner *überhaupt* erwachsenden Verpflichtungen.

[197] Die heute gültige Lösung stimmt indessen überein mit der herrschenden rechtspolitischen Tendenz einer Begünstigung des Bürgen[94], die sich mit dem einseitig onerosen Charakter seiner Verpflichtung rechtfertigen läßt. Zudem ist der dem Bürgschaftsrecht eigene Gedanke maßgebend (Art. 512, insbesondere Ziff. 3), daß der Bürge entlastet werden sollte, wenn sich sein Risiko unverhältnismäßig vergrößert. Das ist aber bei jedem oben ausgeschiedenen, eine Schadenersatzpflicht begründenden Verhalten des Hauptschuldners der Fall. Schließlich hat der Gläubiger die Möglichkeit, den Bürgen für allen ihm erwachsenden Schaden haften zu lassen, indem er zum voraus eine *Konventionalstrafe* vereinbart und diese verbürgen läßt.

IV. VERHÄLTNIS DER VORSCHRIFT ÜBER DIE HAFTUNG DES BÜRGEN FÜR DIE GESETZLICHEN FOLGEN EINES VERSCHULDENS ODER VERZUGS DES HAUPTSCHULDNERS ZUM ERFORDERNIS DER ANGABE EINES BESTIMMTEN BETRAGES DER HAFTUNG

A. Fragestellung

Bis jetzt ist kasuistisch dargestellt worden, auf was alles sich die im Gesetz abstrakt geordnete Haftung des Bürgen für die gesetzlichen Folgen eines Verschuldens oder Verzugs des Hauptschuldners (von jetzt an kurz «Folgen» genannt) eigentlich erstrecke. Nun enthält das Gesetz in Art. 493 die Vorschrift, es sei zur

---

[94] BGE 62 II 122.

Gültigkeit der Bürgschaft erforderlich, daß in der schriftlichen Erklärung des Bürgen ein bestimmter Betrag seiner Haftung angegeben ist. Mit andern Worten: Der Bürge haftet nur insofern und insoweit, als seine Haftung bestimmt umschrieben ist[95]. Demgegenüber ist die Haftung für die Folgen des Verschuldens und des Verzugs offenbar eine etwas variable Größe. Es erhebt sich die Frage, wie beide Prinzipien sich zueinander verhalten, oder anders ausgedrückt: bezieht sich das Erfordernis des Art. 493 nur auf den Kapitalbetrag der Bürgschaftssumme und kann darüber hinaus unbeschränkt eine Haftung für die Nebenfolgen nach Art. 499 I eintreten? Die gleiche [198] Frage stellt sich übrigens hinsichtlich der Haftung des Bürgen für die Kosten der Ausklagung des Hauptschuldners (Art. 499 II) und für Zinsen (Art. 499 III).

Das Problem ist kontrovers. Die einen sind der Ansicht, das Bürgschaftsmaximum beziehe sich nur auf den Kapitalbetrag[96]; andere vertreten die Meinung, der angegebene Haftungsbetrag dürfe durch die Nebenfolgen nicht erweitert werden[97]; nach einer dritten Meinung[98] soll auf den Parteiwillen abgestellt werden. Dieser ist aber gerade fraglich.

Bevor auf die Frage eingegangen wird, ist soviel zu bemerken: der Grund zur Kontroverse liegt darin, daß hier zwei eminent heterogene Elemente des geltenden Bürgschaftsrechts in Konflikt geraten. Die Haftung des Bürgen für die gesetzlichen Folgen eines Verschuldens oder Verzugs des Hauptschuldners war schon im alten OR Art. 499 I in Übereinstimmung mit dem gemeinen Recht[99] in dem genau gleichen Wortlaut vorgesehen. Demgegenüber ist das Erfordernis der Angabe eines maximalen Haftungsbetrags im Sinne eines Gültigkeitsrequisits der Bürgschaft bei der 1912 in Kraft getretenen Revision des OR neu hinzugekommen. Es ist einleuchtend, daß diese beiden Regeln des Bürgschaftsrechts miteinander in Konflikt kommen müssen. Das bedeutet beileibe keine Kritik an der Neufassung des Art. 493, ganz im Gegenteil: das Erfordernis der Angabe des Höchstbetrages der Bürgenhaftung ist eine glänzende Tat der schweizerischen Jurisprudenz[100].

---

[95] Über die Anforderungen an die Bestimmtheit der Angabe vgl. BGE 61 II 99; 57 II 518; 50 II 289; 49 II 373; 47 II 306; 43 II 514; 42 II 153.
[96] FICK, Art. 493 N. 52, 53, Art. 499 N. 23, 26; RAAFLAUB, Die Solidarbürgschaft im Bankverkehr, Berner Diss. 1932, 62; REICHEL, Zum Bürgschaftsrecht SJZ 20, 173 f.; STAUDINGER, § 767 N. 2; EUGEN HUBER in Sten.Bull. NR 19, 718; ROSSEL, Manuel du droit fédéral des obligations I no 891.
[97] THALMANN, Das Wesen der Bürgschaft, Berner Diss. 1921, 53; weitere Zitate unten 201 N. 108, 109.
[98] TOBLER, a.a.O. 51 f.
[99] WINDSCHEID/KIPP, Pandekten § 477 N. 26.
[100] Der Antrag geht auf den verstorbenen Bundesrichter Hugo Oser zurück, der in der Expertenkommission die Angabe des Höchstbetrages für die Amts- und Dienstbürgschaft anregte; die Kommission erweiterte den Gedanken auf die Bürgschaft überhaupt.

Mit diesem Requisit steht die Schweiz noch allein; gewisse ausländische Rechte kennen nicht einmal das Erfordernis der Schriftlichkeit[101]. Daraus ergibt sich auch, daß zur Lösung des Konflikts zwischen Art. 499 und 493 eine Rechtsvergleichung nichts beiträgt. [199] Die Antwort muß allein auf Grund des OR durch Analyse und Interessenabwägung im Sinn von ZGB Art. 1 II, III gesucht werden. Die Frage kann nicht einheitlich gelöst werden. Zunächst ist sie von derjenigen der Haftung für die Kosten der Ausklagung und für die Zinse zu trennen[102]. Dann sind bezüglich der uns beschäftigenden Haftung für die gesetzlichen Folgen eines Verschuldens oder Verzugs fünf Tatbestände zu unterscheiden:

1. Der Maximalbetrag im Sinne von Art. 493 ist größer als der Kapitalbetrag der Hauptschuld plus der Totalbetrag der Folgen des Verschuldens und des Verzugs, wie sie sich gemäß unserer Aufstellung ergeben: der Bürge haftet für alle Folgen.

2. Der Maximalbetrag ist kleiner als der Kapitalbetrag der Hauptschuld (sog. Limitbürgschaft): Der Bürge haftet schon fürs Kapital nur bis zur Limite, folglich a fortiori nicht darüber hinaus für die Folgen.

3. Der Maximalbetrag ist identisch mit dem Kapitalbetrag der Hauptschuld, und der Bürge hat unter allen Titeln eindeutig und ausdrücklich seine Haftung darauf beschränkt: zweifelsohne hat er damit eine Haftung für die Folgen abgelehnt und haftet deshalb auch nicht.

4. Der Bürge will ausdrücklich nur für die Folgen einstehen, nicht aber für den Kapitalbetrag: der Maximalbetrag der Haftung muß angegeben sein, dann haftet der Bürge entsprechend seiner Verpflichtung[103].

5. Es ist nur eine Verbürgung schlechthin erfolgt; oder der Maximalbetrag ist kleiner als der Kapitalbetrag der Hauptschuld, der Totalbetrag der Folgen übersteigt aber den Maximalbetrag: hier stellt sich erst die eigentliche Frage (beim letztern Tatbestand insoweit, als die Folgen den Maximalbetrag übersteigen).

B. *Antwort de lege lata*

Der heuristische Grund, warum die Kasuistik hinsichtlich der Folgen so eingehend bearbeitet wurde, liegt darin, diese praktisch u. E. sehr wichtige Antwort vorzubereiten. Aus der Kasuistik ergibt sich mit aller Deutlichkeit, wie weitgehend die Folgen eines Verschuldens oder Verzugs sein können. Es ist schon post factum nicht [200] immer leicht zu bestimmen, ob ein konkreter Schadenersatz überhaupt unter Art. 499 I fällt; wie sollten die Parteien selber in der Lage sein, dies zum

---

[101] So die Rechte Italiens, Hollands und Belgiens, STAUFFER, a.a.O. 46a.
[102] So auch BECKER, Art. 493 N. 10; anders LERCH/TUASON, a.a.O. 51.
[103] REICHEL, Zum Bürgschaftsrecht, SJZ 20, 173 f.

voraus zu tun? Der Zweck der Vorschrift von Art. 493 ist aber gerade der, dem Bürgen zu ermöglichen, sich vom Umfang seiner Verpflichtung vor deren Eingehung Rechenschaft zu geben. Eugen Huber erklärte im Nationalrat: «Das ist eine außerordentlich wichtige Änderung, daß künftig eine Bürgschaft nur gültig sein soll, wenn nicht nur die Unterschrift vorliegt, sondern auch gesagt ist, für welchen Betrag der Bürge haften soll. Dieser soll dadurch zu der richtigen Diligenz angehalten werden, daß er sich vorstellt, für was er haften muß, und nur mit der Haftungssumme vor Augen sich entschließt, ob er eine Bürgschaft eingehen wolle oder nicht [104].» Die Verpflichtung des Hauptschuldners zu Schadenersatz hängt oft von Umständen ab, die überhaupt nicht zum voraus in Rechnung gesetzt werden können, und oft ist es unmöglich, ihren Umfang bei Abschluß der Bürgschaft abzusehen [105]; man denke an das unter Ziff. II lit. A Gesagte [106].

Es ist schon gezeigt worden, daß die Vorschriften von Art. 499 I und 493 zwei heterogene Elemente des Bürgschaftsrechtes sind. Will man schon den Bürgen dadurch schützen, daß man ihn zwingt, sich vor seiner Unterschrift vom Umfang seiner Haftung Rechenschaft zu geben, und ihn nur haften läßt, soweit er es selber umschrieben hat, so muß man konsequent sein und ihm nicht auf dem Umweg über Art. 499 I eine Haftung aufbürden, von der er nichts gewußt hat und die seine Haftung für den Kapitalbetrag u. U. ganz erheblich vergrößert. *Der Ausschluß einer Haftung des Bürgen für die gesetzlichen Folgen eines Verschuldens oder Verzugs des Hauptschuldners, soweit diese den Maximalbetrag übersteigen, ist die einzige richtige Folgerung aus Art. 493.*

[201] Das Bundesgericht steht bis zu einem gewissen Grade auf diesem Boden, ist aber nicht unangefochten geblieben [107]. In einem ersten Entscheid [108] ist die Frage noch offengelassen worden, ob der Bürge fürs positive Interesse haftet. In einem weitern Urteil [109] ist das dann insofern verneint worden, als dessen Betrag nicht gemäß Art. 493 angegeben worden ist und er sich in dem beurteilten Fall nicht zum voraus bestimmen ließ. In beiden Entscheiden ist in Übereinstimmung mit unsern frühern Ausführungen die Haftung fürs negative Interesse abgelehnt

---

[104] Sten.Bull. NR 1909, 717.
[105] Bei Kauf erinnert das Bundesgericht daran, daß das positive Interesse leicht den Kaufpreis übersteigen kann, BGE 48 II 367; vgl. auch ZBJV 72, 575, wo das gleiche bei der Pacht festgestellt wird.
[106] In diesem Zusammenhang sei daran erinnert, daß der Hauptschuldner und folglich der Bürge nicht nur für den mittelbaren, sondern auch für den unmittelbaren Schaden haftet (oben 179) und namentlich auch für Folgen, die der Hauptschuldner nicht voraussehen konnte. Vgl. alt OR Art. 116 im Gegensatz zu OR Art. 99, ferner von Tuhr, OR I 74, II 498, 512/13; Becker, Art. 97 N. 14.
[107] Vgl. die Zitate oben 198 N. 96.
[108] BGE 48 II 268.
[109] BGE 49 II 376, daran anschließend Becker, Art. 493 N. 10.

worden[110]. Die vom Bundesgericht vertretenen Gedankengänge sind auf die vorhin gegebene Formulierung zu erweitern. Das ist nicht die Folge einer sentimentalen Bevorzugung des Bürgen, die nicht aufkommen darf, soll nicht das Institut der Bürgschaft zum Widerspruch in sich selber werden, sondern ist die logische Konsequenz aus dem Bestehen der Vorschrift von Art. 493.

Es darf nicht entgegengehalten werden, diese Lösung verstoße gegen den Grundsatz der Akzessorietät. Abgesehen davon, daß dieser Grundsatz im schweizerischen Recht nicht rein durchgeführt worden ist[111], ist der Einwand deshalb nicht stichhaltig, weil die Beschränkung der Bürgenhaftung auf den gemäß Art. 493 angegebenen Maximalbetrag an sich schon der Akzessorietät zuwiderläuft, deren genaue Durchführung zur Folge hätte, daß die Verpflichtung des Hauptschuldners und die Haftung des Bürgen immer identisch wären. Es ist auch kein Einwurf, die meisten Bürgschaften bezögen sich auf eine Darlehensschuld, und hier seien die Verzugsfolgen leicht zu überblicken. Das stimmt schon an sich nicht unbedingt[112]; zudem dienen die Regeln des Bürgschaftsrechtes der [202] Sicherung jeder Art von Vertrag (Art. 494 I). Die Lösung der uns beschäftigenden Fragen muß deshalb auch einheitlich richtig sein.

Die Lösung des Problems, ob die Haftung für die Kosten der Ausklagung und diejenige für die vertraglichen Zinsen (Art. 499 II, III) den Maximalbetrag übersteigen dürfen, steht mit der unsern nur in losem Zusammenhang[113]. Für die Kosten der Ausklagung haftet der Bürge nur, wenn er es unterlassen hat, sie durch Befriedigung des Gläubigers zu vermeiden. Und für die vertragsmäßigen Zinsen haftet er nur in beschränktem und genau umschriebenem Umfang, der zum voraus kalkulierbar und folglich der ratio legis von Art. 493 nicht zuwider ist. Es wird denn auch nirgends gefordert, daß die Kosten der Ausklagung und die Zinsen den Maximalbetrag nicht übersteigen dürfen[114].

---

[110] Oben 195/6.

[111] Vgl. die Ausnahmen oben 176 N. 5.

[112] Man denke z. B. an die Folgen einer *Abwertung der Schweizer Währung*, wie sie am 26. September 1936 erfolgt ist. Befand sich der Hauptschuldner vor diesem Datum im Verzug, so schuldet er Ersatz des Schadens, der dem Gläubiger aus der Abwertung erwächst. Dieser kann u. U. sehr hoch sein; je nach Umständen, z. B. wenn der Gläubiger im Ausland wohnt und eine Frankenforderung hat, kann der Schaden entsprechend dem Abwertungssatz 30 % des Kapitalbetrags ausmachen. Dieses Beispiel dürfte instruktiv sein für den unberechenbaren Umfang der Folgen eines Verzugs.

[113] Darüber ZBJV 52, 134 = SJZ 13, 13; 4, 157; BGE 15, 304; VON TUHR in SJZ 19, 225 N. 3; REICHEL in SJZ 20, 173 f.; BECKER, Art. 493 N. 5, Art. 499 N. 4 f.; BGE 40 II 251; SCHULTHESS in ZSR 44, 106.

[114] STAUFFER, a.a.O. 80a f.

C. Antwort de lege ferenda

Aus den bisherigen Erörterungen ergibt sich die Wünschbarkeit, daß die fürs geltende Recht vertretene Auffassung bei einer Revision des Bürgschaftsrechts im Interesse des Bürgen und der Rechtssicherheit gesetzlich verankert wird, insbesondere, da sie nicht unbestritten ist und eine alle Fälle beschlagende Gerichtspraxis fehlt. Abs. I von Art. 499 wäre demnach in zwei Absätze mit folgendem Wortlaut aufzulösen:

«Der Bürge haftet für den jeweiligen Betrag der Hauptschuld.

Für die gesetzlichen Folgen eines Verschuldens oder Verzuges des Hauptschuldners haftet er nur, insoweit diese den angegebenen Betrag seiner Haftung nicht überschreiten.»

LE RÉGIME MATRIMONIAL LÉGAL DANS LES LÉGISLATIONS CONTEMPORAINES: SUISSE*

I.

[3] Le Code civil suisse prévoit que les époux, s'ils n'ont pas conclu de contrat de mariage, sont placés sous le régime de l'union des biens. Par conséquent, l'union des biens est le régime matrimonial légal en droit suisse (art. 178)[1]. On estime qu'environ 97 à 98 % des mariages sont soumis à ce régime.

II.

a) La modification du régime légal, au cours du mariage, par une convention des époux est admise (art. 179, al. 1). Le contrat exige l'approbation de l'autorité tutélaire; il n'est opposable aux tiers que s'il est inscrit dans un registre public particulier et, en plus, publié (art. 181, al. 2, 3; art. 248).

b) La modification du régime légal par une décision de justice (séparation de biens judiciaire) peut être demandée (art. 183 à 185).

1. *Par la femme:* si le mari ne remplit pas ses obligations d'entretien envers elle et ses enfants; s'il ne fournit pas les sûretés requises pour les apports de la femme; s'il a des dettes excessives.

2. *Par le créancier de l'un des époux,* qui a subi une perte dans la saisie faite contre l'un des époux; cette hypothèse est rare.

Sous certaines conditions, le mari peut également demander la séparation des biens, mais en fait cela n'arrive presque jamais.

A côté de la séparation de biens judiciaire, le droit suisse connaît aussi la séparation de biens légale (art. 182) qui survient en cas de faillite de l'un des époux.

III. ET IV. LE RÉGIME LÉGAL: L'UNION DES BIENS

Le régime légal — l'union des biens — étend ses effets à tous les biens des époux à l'exception de leurs biens réservés. Sur ce dernier point il y a indépendance complète des époux, car les biens réservés sont soumis aux règles de la séparation de

---

* *Travaux et Recherches de l'Institut de Droit Comparé de l'Université de Paris XIII (Paris 1957), S. 3—12.*

[1] Sauf indication contraire, les articles cités sont ceux du Code civil suisse de 1907.

biens (art. 192). Par conséquent, les biens réservés de la femme ne sont pas [4] soumis à l'administration et à la jouissance du mari (art. 194, al. 2). Il en résulte que l'union des biens se trouve *ex lege* accompagnée d'une séparation partielle des biens. Par contrat de mariage, les époux peuvent faire de n'importe quel bien de la femme un bien réservé (art. 190, al. 1). Sur la demande du mari, la femme peut être obligée à contribuer aux charges du ménage (art. 192, al. 1, 246).

Abstraction faite des biens séparés, les actifs des deux époux constituent une sorte de masse commune qui est dénommée par la loi *biens matrimoniaux* (art. 194, al. 1). Voici les règles essentielles relatives à ces biens.

1. *La propriété reste séparée* (art. 195, al. 1, 2).

Chacun des époux reste propriétaire de ses biens. Les biens matrimoniaux ne se fondent pas dans un patrimoine unique; ils ne constituent qu'une sorte d'unité économique, c'est-à-dire ils ne sont liés qu'aux fins de la communauté matrimoniale. C'est en ce sens restreint seulement qu'on peut parler d'une masse commune. Les fruits du patrimoine de la femme qui fait partie des biens matrimoniaux deviennent la propriété du mari (art. 195, al. 3). Une exception importante à la règle que la femme reste propriétaire de ses biens existe pour l'argent liquide, les autres choses fongibles et les titres au porteur; ceux-ci deviennent propriété du mari s'ils se confondent avec les biens de ce dernier (art. 201, al. 3).

2. *L'administration et la jouissance des biens matrimoniaux et partant des biens de la femme appartiennent au mari* (art. 200, al. 1, 201, al. 1). Ces pouvoirs du mari ne sont pas, cependant, considérés comme un avantage qui lui serait accordé dans son intérêt personnel; les biens matrimoniaux doivent servir aux intérêts de la communauté matrimoniale dont le mari supporte les charges (art. 160, al. 2, 162, al. 2, 163, al. 2).

V.

a) Composition de la masse commune

Les biens matrimoniaux (la masse commune au sens de notre questionnaire) ne comprennent que des actifs. Les passifs des deux époux restent séparés (art. 206, 207, 208). Les actifs se composent de la manière suivante (art. 194):

1. *Les apports de la femme.* Ceux-ci comprennent les biens que la femme possède lors de la conclusion du mariage et les actifs qu'elle acquiert ultérieurement à titre gratuit (héritage, donation, art. 195, al. 1). Les acquisitions faites en remploi prennent la place des apports primitifs (art. 196, al. 2). Il en est de même pour le prix des biens aliénés.

2. *Les apports du mari.* Leur composition est la même que celle des apports de la femme (art. 195, al. 2).

3. *Les acquêts.* Ce sont les acquisitions faites durant le mariage à titre onéreux; il est indifférent qu'elles résultent du travail des époux ou des revenus des biens matrimoniaux, y compris les revenus des apports de la femme (art. 195, al. 2, 3, art. 201, al. 1).

[5] En ce qui concerne le droit de propriété, nous l'avons déjà dit, le mari est propriétaire de ses apports et des acquêts et la femme reste propriétaire de ses apports.

b) *Administration de la masse commune*

La femme n'a que les pouvoirs restreints dont il sera traité infra, VII. Abstraction faite de ces pouvoirs de la femme, le droit du mari comprend l'administration, la jouissance et la disposition des biens.

1. *Administration* (art. 200, al. 1, 2). Elle s'étend à tous les biens matrimoniaux, donc également aux apports de la femme. Elle comprend toutes les mesures nécessaires pour l'exploitation et la conservation des biens matrimoniaux. Elle constitue à la fois un droit et un devoir du mari. Le mari ne peut pas faire de dettes obligeant sa femme; seule la femme peut le faire (art. 207, 208), à moins d'avoir donné pleins pouvoirs à son mari.

2. *Jouissance* (art. 201, al. 1, 2). Elle a pour effet, nous l'avons vu, que les revenus des apports de la femme deviennent la propriété du mari (art. 195, al. 3). Le droit du mari à la jouissance ne peut être ni cédé ni mis en gage. La substance des biens de la femme doit être conservée. Dans le cas contraire, de même qu'en cas de diminution de la valeur des biens, la responsabilité du mari peut être engagée.

3. *Disposition* (art. 202). Sous ce titre il s'agit des mesures qui dépassent l'administration normale, par exemple la vente d'un immeuble, une nouvelle affectation importante du patrimoine mobilier, la mise en gage des meubles et des immeubles, etc. Le droit de disposer appartient au mari. Cependant, pour la disposition des biens qui font partie des apports de la femme, le mari a besoin du consentement de celle-ci, sauf s'il s'agit des biens (argent liquide, titres au porteur, etc.) qui, en vertu de l'article 201, al. 3, sont devenus la propriété du mari. La portée de la règle que le mari a besoin du consentement de sa femme pour disposer des apports, se trouve limitée par une autre règle en vertu de laquelle les tiers de bonne foi peuvent présumer l'existence du consentement de la femme (art. 202, al. 2). Le tiers n'est pas tenu de vérifier si son co-contractant est marié et s'il dispose peut-être des biens de sa femme. Dans la pratique des banques, en cas de doute, on exige la signature de la femme. Le consentement de la femme n'est pas nécessaire lorsque le mari dispose de ses biens à lui.

De même que le mari peut agir avec le consentement de la femme, la femme peut disposer avec le consentement du mari.

c) Effets des engagements du mari ou de la femme sur la masse commune et sur leurs biens propres respectifs

[6] Le droit suisse est fondé sur le principe de la responsabilité séparée: chaque époux répond de ses dettes sur son propre patrimoine, il ne répond pas des dettes de l'autre époux (art. 206 à 208). Le fait que les apports des époux constituent des biens matrimoniaux — une masse commune au sens précisé plus haut — ne modifie en rien ce principe. Le mari ne peut pas contracter des dettes engageant sa femme, sauf si elle lui a donné mandat à cet effet; de même, le mari ne répond pas des dettes personnelles de sa femme. Sur ce point, deux questions sont à signaler:

1. *Situation précise de la femme en pratique.*

D'après le principe ci-dessus cité, la femme ne répond pas avec ses biens (apports, biens réservés) des dettes de son mari. En pratique, cependant, l'effet de cette règle est atténué par une présomption générale selon laquelle le patrimoine existant appartient au mari (art. 196, al. 1).

La règle en vertu de laquelle les apports de la femme répondent des dettes de celle-ci a pour effet que les créanciers de la femme sont prioritaires par rapport au droit du mari à l'administration et à la jouissance des apports (art. 207 in initio). Cependant, le consentement du mari est nécessaire pour que les apports de la femme répondent d'une dette de celle-ci; à défaut de consentement, seuls les biens réservés de la femme répondent *ipso jure* de ses dettes (art. 207, no 2, 208, no 2). Si la femme veut exercer une profession ou un métier séparé, elle a besoin du consentement du mari (art. 167); le consentement du mari a pour effet que les apports de la femme répondent des dettes résultant de l'exercice de la profession ou du métier en question (art. 207, no 3). Pour certaines dettes, la femme ne répond qu'avec ses biens réservés; il en est ainsi, notamment, lorsque le consentement du mari fait défaut (*supra*, art. 208).

2. *Dettes résultant de la gestion du ménage.*

Le mari répond de ces dettes, même si c'est la femme qui les a contractées dans les limites de ses pouvoirs (art. 160, al. 2, 163, al. 2, 206, no 3, *cf. infra,* VII). La femme répond de ces dettes à titre exceptionnel, et subsidiairement, lorsque le mari est insolvable (art. 207 in fine).

VI. REPRÉSENTATION CONVENTIONNELLE, JUDICIAIRE OU LÉGALE D'UN DES ÉPOUX PAR L'AUTRE

Chacun des époux peut autoriser l'autre, conformément aux règles de droit commun, à agir en son nom. Il n'y a pas de règle particulière à notre matière. Le mari peut, par exemple, autoriser sa femme à signer par procuration dans son entreprise.

Dans un procès, avec des tiers, concernant les apports, le mari représente la femme de plein droit (art. 168, al. 2).

Abstraction faite de cette hypothèse, la femme a la capacité [7] d'ester en justice (art. 168, al. 1), de même que la capacité générale de contracter. En fait, le principe de la capacité de la femme se trouve, dans une certaine mesure, privé d'efficacité: pour certains actes, elle a besoin de l'autorisation de l'autorité tutélaire (art. 177), pour d'autres si elle veut obliger ses apports (*supra* V, c, 1), elle a besoin du consentement de son mari.

Il existe une représentation légale en matière de *dettes* résultant de la gestion du ménage; il en sera traité *infra*, VII.

VII. POUVOIRS DES ÉPOUX POUR LES BESOINS DU MÉNAGE

C'est en premier lieu le mari qui représente la communauté conjugale: à côté de lui, font partie de cette communauté la femme et les enfants (art. 162, al. 1). Les dettes qui résultent de la gestion de cette communauté sont à la charge personnelle du mari et il en répond avec tous ses biens (sans les apports de la femme ou les biens réservés de celle-ci, art. 162, al. 2, 206, no 2).

La femme représente la communauté conjugale dans le cadre des «besoins courants du ménage». Ses pouvoirs sont plus ou moins grands, selon le train de vie de la famille. Les dettes contractées par la femme dans ce cadre sont des dettes du mari, et il en répond avec son patrimoine à l'exclusion du patrimoine de la femme (art. 163, 206, no 3). Au contraire, lorsque la femme dépasse les limites de son pouvoir, elle répond au lieu du mari, mais seulement avec ses biens réservés (art. 208, no 3). Si la femme abuse de son pouvoir, le mari peut lui retirer son «mandat» (art. 164). D'autre part, le mari peut expressément ou tacitement accorder à sa femme un pouvoir plus étendu que celui qui lui revient normalement (art. 166). Dans ce cas, le mari répond des dettes contractées par la femme dans les limites de son pouvoir. La femme ne répond des dettes contractées par le mari ou par elle-même pour le ménage commun que subsidiairement, lorsque le mari est devenu insolvable (art. 207, in fine, *cf. supra*, V, c, 1).

Nous avons dit (*supra*, V, b) que le mari administre les biens matrimoniaux et en dispose. Il y a lieu d'ajouter que la femme a le droit d'administrer les biens matrimoniaux et en disposer dans la mesure où, en vertu des dispositions ci-dessus citées (art. 163, 166), elle représente la communauté matrimoniale (art. 200, al. 3, 203).

VIII. STATUT DES BIENS QUE LA FEMME ACQUIERT PAR L'EXERCICE D'UNE PROFESSION SÉPARÉE

D'après l'article 191, le produit du travail de la femme en dehors de son activité domestique appartient aux biens réservés par l'effet de la loi. Le mari n'a aucun droit d'administration, de jouissance ou de disposition sur ces biens. Sont appliquées les mêmes règles que pour les autres biens réservés de la femme, c'est-à-dire les règles concernant la séparation des biens (art. 192, al. 1, 194, al. 2, 242, al. 1). [8] A côté de celles-ci, il existe néanmoins la règle que, dans la mesure où cela est nécessaire, les revenus du travail de la femme doivent être employés pour les besoins du ménage (art. 192, al. 2).

IX. PREUVE DE LA CONSISTANCE DES BIENS DES ÉPOUX LORS DE LA LIQUIDATION DU RÉGIME

En droit suisse, la question de la preuve est résolue au moyen des présomptions légales. Il existe d'abord la présomption que tel objet ou telle valeur appartient aux biens matrimoniaux et non pas aux biens réservés (art. 193). Cette règle s'applique également aux deux époux. Dans le cadre des biens matrimoniaux — la masse commune au sens ci-dessus précisé — il existe une autre présomption en vertu de laquelle les biens ou les valeurs appartiennent au mari; la charge de la preuve incombe à celui qui affirme le contraire (art. 196, al. 1). La présomption de droit commun en vertu de laquelle le possesseur d'une chose en est le propriétaire (art. 930), est donc écartée. La situation de la femme se trouve améliorée par la disposition en vertu de laquelle les biens destinés à remplacer les biens de la femme sont présumés faire partie du patrimoine de cette dernière (art. 196, al. 2); dans ce domaine on applique donc le principe de la subrogation réelle. La preuve exigée par ces règles est facilitée si les époux font établir un inventaire par acte authentique; dans ce cas, le contenu de l'inventaire est présumé exact (art. 197). Lorsque les biens énumérés dans l'inventaire sont estimés, cette estimation détermine, lors de la liquidation du régime, le montant de la réparation due pour les biens manquants (art. 198). La pratique de l'inventaire est peu répandue.

X. PARTAGE DE LA MASSE COMMUNE

Le partage est effectué de manière différente en cas de décès de l'un des époux et en cas de divorce.

a) *Décès de l'un des époux.* Les articles 212 à 214 et 209 de la loi comprennent une réglementation qui a été complétée par la pratique. La liquidation se compose des opérations suivantes:

1. Les biens réservés des époux restent séparés et ceux de l'époux décédé font partie de sa succession.

2. Les apports de la femme sont séparés dans la mesure où ils existent en nature. En ce qui concerne la preuve, les règles exposées (*supra*, IX) s'appliquent.

3. Le mari est tenu de remplacer les biens ayant fait partie des apports de la femme qui n'existent plus en nature. De même il doit récompense au patrimoine de la femme lorsque, au cours du mariage, ses dettes ont été acquittées avec les biens de la femme. La femme doit récompense lorsque ses dettes, dont elle répond avec ses biens, ont été acquittées avec les biens du mari. Le paiement des dettes [9] contractées au cours du mariage par l'un des époux vis-à-vis d'un tiers, se fait avec les biens qui en répondent d'après les règles indiquées (*supra*, V, c), à savoir le patrimoine du mari ou le patrimoine de la femme (les apports et les biens réservés de cette dernière ensemble ou seulement ses biens réservés) (art. 206 à 208).

4. Le partage du bénéfice. Est bénéfice le solde actif qui reste après l'attribution des biens réservés et des apports des deux époux, le règlement des récompenses (*supra*, 3) et la déduction des dettes.

Quant aux règles du partage du bénéfice, il faut distinguer les cas suivants:

aa) Dans le cas du décès du mari, la veuve obtient un tiers du bénéfice. Les deux tiers font partie de la succession du mari, à laquelle la femme participe selon les règles du droit successoral.

bb) Dans le cas du décès de la femme, s'il y a des descendants, le veuf obtient deux tiers. Le tiers restant fait partie de la succession à laquelle le mari participe selon les règles du droit successoral.

cc) Lorsque la femme est morte sans laisser de descendants, tout le bénéfice échoit au mari.

dd) Par contrat de mariage, les époux peuvent arrêter autrement les règles du partage du bénéfice; ils peuvent, par exemple, attribuer tout le bénéfice à l'époux survivant. Une telle disposition est valable même si elle met en péril la réserve de l'un des héritiers.

Lorsque, au lieu de bénéfice, il existe un déficit, celui-ci est à la seule charge du mari (ou de ses héritiers), sauf s'il est prouvé que le déficit a été causé par la femme.

L'importance de la participation de la femme au bénéfice est considérable. Elle neutralise partiellement les effets du droit de jouissance du mari sur le patrimoine de la femme et assure à la femme une part dans les gains réalisés au cours du mariage. Ces règles sont efficaces, notamment, dans les cas très nombreux où les époux commencent leur vie conjugale sans posséder des biens et en acquièrent au cours du mariage; un tiers de ce patrimoine reviendra à la femme de plein droit. Cette réglementation est une caractéristique frappante du régime matrimonial légal en Suisse et elle présente un avantage certain par rapport à la séparation des biens. Il convient de souligner également la double participation de l'époux survivant aux biens matrimoniaux: d'abord il acquiert une part du bénéfice selon les règles du régime matrimonial, ensuite il hérite une part du bénéfice qui est tombé dans la succession de l'époux décédé.

[10] On démontrera le fonctionnement des règles relatives au partage par l'exemple suivant:

Biens matrimoniaux bruts				232.000
Dettes de ménage				2.000
Biens matrimoniaux nets				230.000
Apports du mari:				
valeur mobilière		20.000		
immeubles	80.000			
hypothèque	20.000	60.000		
		80.000	80.000	
Apports de la femme:				
trousseau		10.000		
valeur mobilière		30.000		
héritages dévolus durant le mariage		20.000		
		60.000	60.000	
			140.000	140.000
Bénéfice				90.000
Distribution du bénéfice				
— part du mari 2/3		60.000		
— part de la femme 1/3		30.000		
Résumé				
Le mari obtient:				
apports		80.000		
part du bénéfice		60.000		
		140.000		140.000

La femme obtient:
```
  apports . . . . . . . . . . . . .      60.000
  part du bénéfice . . . . . . . . .     30.000
                                          90.000          90.000
Biens matrimoniaux nets . . . . . . . . . . . . .        230.000
```

b) *Divorce*. La liquidation du régime matrimonial ne s'effectue pas tout à fait de la même façon qu'en cas de décès de l'un des époux. Les opérations suivantes ont lieu (art. 154):

1. Les biens réservés des époux sont séparés du reste des patrimoines.

2. Les apports respectifs des époux leur sont attribués. Les biens qui n'existent plus en nature sont remplacés par le droit d'exiger une récompense.

[11] 3. On procède au règlement des récompenses (*cf. supra*, no 2 et art. 209) et à la répartition des passifs suivant les règles concernant la responsabilité des époux pour leurs dettes (art. 206 à 208, *supra*, V, c).

4. Le bénéfice, c'est-à-dire le surplus qui reste après ces opérations, est réparti de la façon suivante: deux tiers sont attribués au mari, un tiers à la femme. Le déficit est liquidé de la même manière qu'en cas de mort de l'un des époux.

5. La liquidation est exécutée par le juge du divorce à moins que — ce qui arrive fréquemment — les parties ne règlent cette question par une convention.

XI. MESURES DE PROTECTION DE LA FEMME

Il existe en droit suisse des mesures spéciales de protection de la femme. Elles appartiennent en partie au droit civil et en partie à la matière des voies d'exécution.

a) Droit civil

1. Pour les contrats des époux concernant les apports de la femme, de même que pour les engagements (*Interzessionen*) de la femme en faveur du mari, le consentement de l'autorité tutélaire est exigé (art. 177, al. 2, 3). La disposition relative aux cautionnements a une importance pratique considérable.

2. Si le mari ne remplit pas ses obligations vis-à-vis de sa femme et de ses enfants, le juge peut ordonner des mesures appropriées (art. 169 à 172). Il peut, par exemple, décider la suspension du ménage commun et ordonner à l'employeur du mari de verser le salaire de ce dernier, entièrement ou en partie, à la femme; cela arrive fréquemment.

3. La séparation de biens judiciaire ou légale (art. 182 à 187; *supra*, II, b).

4. L'établissement d'un inventaire des apports sous forme d'acte authentique (art. 196, 198); l'inventaire a une force probante accrue (*cf. supra*, IX).

5. A tout moment, le mari est obligé de donner à sa femme des renseignements sur l'état des apports de celle-ci (art. 205, al. 1).

6. La femme peut exiger à tout moment que son mari fournisse des sûretés pour garantir ses apports (art. 205, al. 2); cette mesure est très peu répandue.

7. S'il y a lieu de mettre le mari sous tutelle, il est, en principe, possible que la femme soit nommée son tuteur.

b) *Voies d'exécution*

Les mesures suivantes sont appliquées presque toujours lors d'une saisie-exécution pratiquée par un créancier du mari contre ce dernier:

[12] 1. La femme revendique les choses qui lui appartiennent (art. 210, al. 3). Les règles de preuve, en partie, défavorables pour la femme (*supra*, IX), sont appliquées.

2. La revendication est exclue lorsque les objets appartenant à la femme ne subsistent plus en nature. Elle est remplacée par le droit de la femme à des récompenses (art. 201, al. 3; art. 210, al. 1, 2). Le droit à une récompense existe également lorsque des dettes du mari ont été payées avec les apports de la femme (art. 209). La loi facilite la mise en œuvre de ces droits dès que des tiers créanciers procèdent contre le mari (participation à une saisie sans poursuite préalable, art. 174 Code civil, art. 111 de la loi sur la poursuite et la faillite). D'autre part (en cas de saisie et de faillite), lors de la répartition de l'actif, la femme est privilégiée jusqu'à concurrence de la moitié de ses créances (art. 211 Code civil, art. 146 et 219 de la loi sur la poursuite et la faillite).

XII. FONCTIONNEMENT DU RÉGIME

En ce qui concerne la question de savoir si le régime matrimonial légal suisse fonctionne en fait comme il est prévu en droit, il est difficile de répondre; en effet, à notre connaissance, cette question n'a pas été examinée jusqu'ici. Cependant, en nous fondant sur des observations personnelles, nous pouvons formuler les remarques suivantes:

1. De nombreux mariages sont conclus sans apports de la femme (abstraction faite du trousseau). Dans ces cas, les règles concernant l'administration, la jouissance et la disposition par le mari ne jouent donc pas.

2. Lorsque la femme a des revenus propres, si la vie du ménage est simple, elle les emploie aux dépenses du ménage; si la condition des époux est plus élevée, elle les gardera, en partie, pour elle-même. Cela est conforme à la loi; mais en fait il existe ici une séparation au lieu d'une union des biens.

3. Souvent le mari laisse à la femme l'administration, la jouissance et la disposition de ses apports. Dans ces cas, suivant les conditions économiques des époux, elle contribue aux frais du ménage.

4. Il est peu probable que les dispositions légales soient strictement observées dans les cas où, après la mort d'un des époux, aucun juriste ou aucune autorité ne participe à la liquidation des biens. En fait, l'époux survivant et les enfants laissent le patrimoine indivis, bien que la loi ne connaisse pas la continuation de l'union des biens. Les non-juristes ne connaissent ni la répartition du bénéfice, ni la double liquidation sur le plan matrimonial et successoral.

5. Parmi les mesures destinées à la protection de la femme, quelques-unes seulement ont une importance pratique réelle (*cf. supra,* XI).

DIE RECHTLICHE ZULÄSSIGKEIT DER PUBLIKATION VON KRANKENGESCHICHTEN ZU PSYCHIATRISCH-WISSENSCHAFTLICHEM ZWECK *

GRUNDLAGE [1]

[227] Es stellt sich die *Frage,* ob ein Psychiater durch die Publikation der Krankengeschichte eines seiner Patienten *straf- oder zivilrechtlich haftbar* werden könne. Die zivilrechtliche Haftbarkeit würde insbesondere die Pflicht zu Schadenersatz- oder Genugtuungsleistung bedeuten. Zur Diskussion steht eine Veröffentlichung rein *wissenschaftlicher* Art. Als Maximalfall sei angenommen, daß die Publikation die ganze Lebensgeschichte des Kranken und die gesamte Familienanamnese umfassen würde.

Für die folgenden Überlegungen wird als *unerläßlich* vorausgesetzt, daß in der Publikation ein *Maximum an Unkenntlichmachung* des Kranken und seiner Familie vorgenommen wird. Zu denken ist etwa an eine Veränderung oder besser Auslassung des Namens (der wirkliche Name darf, wie vorweggenommen sei, nie genannt werden), an die Verlegung der Lebensgeschichte an einen ganz andern Ort, an zeitliche Verschiebungen; andere Maßnahmen mögen im Einzelfall denkbar sein. Es hat immer die Meinung, daß mit den Auslassungen und Veränderungen gerade so weit gegangen wird, als wissenschaftlich verantwortet werden kann. Würde es sich um einen Patienten handeln, dessen Lebensumstände einem weiten unbeteiligten Kreis geläufig sind (Staatsmann, Monarch, sehr bekannter Künstler u. a. m.), so würde sich ein mehreres an Verschleierung oder in Extremfällen der Verzicht auf die Publikation aufdrängen. Für den Normaltatbestand dürften die obigen Andeutungen das Richtige treffen.

Ob der *Patient* noch *lebt* oder nicht, ist im Prinzip nicht erheblich, da sich im Fall seines Todes die Familie benachteiligt fühlen könnte und das Problem sich somit in gleicher Weise erhebt.

Die Frage der Zulässigkeit der Veröffentlichung stellt sich für eine *Zeitschriftenabhandlung* und für ein *Buch* gleich, so daß diese Möglichkeiten nicht weiter zu unterscheiden sind. *Faktisch* kann freilich ein Unterschied [228] bestehen, indem

---

* *Schweizer Archiv für Neurologie und Psychiatrie LIV (1944), S. 227—230.*

[1] Das Problem hat sich in einem konkreten Fall gestellt. Es ist im Sinn der nachstehenden Ausführungen behandelt worden. Da diese für weitere Kreise ein Interesse zu besitzen scheinen, sei hiermit der Wunsch, sie möchten allgemein zugänglich gemacht werden, erfüllt.

vielleicht die Zeitschrift einem Beteiligten eher in die Hände gerät als ein sich streng an Fachkreise wendendes Buch.

Es seien im übrigen auseinandergehalten:

1. PUBLIKATION OHNE ZUSTIMMUNG DER BETEILIGTEN

A. Strafrechtliche Seite

Fraglich ist, ob eine Verletzung des ärztlichen *Berufsgeheimnisses* begangen würde. Die einschlägige Gesetzesvorschrift (Art. 321 StGB) will im Interesse des Patienten und weiterer Beteiligter, wie vor allem seiner Familie, verhüten, daß rein persönliche Dinge, deren Kenntnis der Arzt bei seiner Berufsausübung erlangt, Außenstehenden bekanntgegeben werden. Zweifellos wäre demnach die Veröffentlichung einer unveränderten Krankengeschichte *mit* Namensnennung unerlaubt. Das gleiche müßte gelten, wenn der Name zwar weggelassen, die Umstände aber derart getreu geschildert wären, daß Außenstehende *mühelos* auf die Person des Patienten schließen könnten. Die Frage spitzt sich im konkreten Fall demnach darauf zu, ob die Identifikation des Patienten so leicht gelingen würde, daß die Weglassung des Namens und die sonstigen Verschleierungen praktisch belanglos wären. Das kann selbstverständlich nicht nach einem eindeutigen, ein für allemal gültigen Kriterium beurteilt werden. Doch ist anzunehmen, daß die eingangs genannten *Vorsichtsmaßnahmen genügen*. Sie gehen über das hinaus, was z. B. im klinischen Betrieb, in der Gerichtsmedizin und dergleichen geschieht.

Alle Verschleierungen werden meist nicht verhüten können, daß die Beteiligten *selber* merken, um wen es sich handelt. Doch ist dies belanglos; der Geheimnisschutz will erreichen, daß *Un*beteiligten keine privaten Angelegenheiten anderer bekannt werden. Freilich ist denkbar, daß ein Familienmitglied über das andere vertrauliche Einzelheiten erfahren könnte, die es bis jetzt nicht wußte. Dann wäre die Unkenntlichmachung mißlungen und *an und für sich* eine Geheimnisverletzung eingetreten. Doch darf das als ignorabel betrachtet werden, weil die Zulässigkeit der Publikation *generell* beurteilt werden muß, und für den generellen Fall darf sie (unter den aufgezählten Vorsichtsmaßnahmen) bejaht werden.

Zudem ist noch dieses zu erwägen: Es besteht ein wissenschaftliches und damit praktisches *Interesse* an Publikationen dieser Art. Man darf dieses Interesse höher werten als das im konkreten Fall angesichts der Vorsichtsmaßnahmen nur mehr sehr geringe Interesse an der absoluten Diskretion. Soweit ich sehe, käme die Psychiatrie ohne Bekanntgabe und wissenschaftliche Bearbeitung von Krankengeschichten gar nicht aus. Es [229] handelt sich offenbar um ein allgemein übliches Verfahren; auch die gerichtlich-medizinische und kriminalistische Literatur enthält — als Analogon — zahlreiche Schilderungen wirklicher Tatbestände. Beides bestätigt den vorhin gezogenen Schluß.

Er wird noch erhärtet durch die *Praxis der Gerichte* in *ihren* Fällen. Wie jedermann leicht feststellen kann, veröffentlichen zahlreiche Tribunale, voran das Bundesgericht, Urteile in Prozessen auch der intimsten Art (Ehescheidungen, Vaterschaftssachen u. a. m.) *samt* Namensnennung! Ich halte das für untunlich; aber die Tatsache besteht. Und dort, wo die Namen weggelassen werden, wird in der Regel der Tatbestand sehr genau wiedergegeben, was jedem Außenstehenden, der die Verhältnisse annähernd kennt, die Identifikation erlaubt. Mir scheint, die Psychiater brauchten hier nicht päpstlicher zu sein als der Papst. Denn es ist gewiß, daß ihr Verfahren bedeutend diskreter ist als das der Gerichte. Die Motivierung für das Vorgehen der letzteren ist dieselbe wie oben gegeben: das große Interesse von Wissenschaft und Praxis an der Bekanntgabe konkreter Tatbestände.

Ich halte auf Grund dieser Überlegungen dafür, daß das *Strafrecht die unter den besprochenen Vorsichtsmaßnahmen erfolgende Publikation nicht ausschließt.* Käme es je zu einem Strafantrag, so dürfte eine Verurteilung des eingeklagten Wissenschafters nicht erfolgen, selbst wenn das Gericht die Veröffentlichung *an sich* (entgegen meiner Auffassung) als unzulässig ansähe. Denn es fehlt einem Mediziner, der sich auf die vorliegenden Überlegungen stützt, das Bewußtsein der Widerrechtlichkeit; ganz im Gegenteil wird er von der Rechtmäßigkeit seines Vorgehens überzeugt sein. Das schließt in jedem Fall die Strafbarkeit aus (Art. 18, 20 StGB).

B. Zivilrechtliche Seite

Hält man, wie vorhin erörtert, das Vorgehen vom strafrechtlichen Standpunkt aus für rechtmäßig, dann besteht auch *keine zivilrechtliche Haftbarkeit*. Käme demgegenüber ein Gericht zum Schluß, das Vorgehen sei nicht rechtmäßig, so könnte deswegen noch *keine Verurteilung zu Schadenersatz oder Genugtuung* erfolgen, weil der gute Glaube des publizierenden Psychiaters ein Verschulden ausschließt. Als einzige praktische Sanktion könnte ich mir in diesem Fall die gerichtliche *Einziehung* der noch vorhandenen Exemplare der Publikation vorstellen, und zwar wegen Verletzung des sog. Persönlichkeitsrechts (Art. 28 ZGB). Aber wie gesagt: dies nur, sofern man entgegen meiner Ansicht die Veröffentlichung als unrechtmäßig ansähe.

II. Zivilrecht (ohne Haftpflichtrecht)

2. PUBLIKATION MIT ZUSTIMMUNG DER BETEILIGTEN

[230] Geben die Beteiligten ihre Zustimmung zur Publikation, so ist schlechtweg *jede Unrechtmäßigkeit ausgeschlossen,* sowohl straf- wie zivilrechtlich (Art. 321 Ziff. 2 StGB). Praktisch hat dies nur Bedeutung, wenn man im Zweifel darüber ist, ob der unter Ziff. 1 vertretene Standpunkt richtig ist; ist er es, dann bedarf es der Zustimmung nicht. Die Einholung wäre also *juristisch* das Mittel, um jede Schwierigkeit zu vermeiden. *Faktisch* hat sie freilich den Nachteil, daß die Beteiligten darauf aufmerksam werden und im Fall einer Weigerung und gleichwohl erfolgender Publikation rechtliche Schritte ergreifen könnten. Auch wenn diese erfolglos sind, so vermeidet man sie naturgemäß gerne. Wenn nicht einige Wahrscheinlichkeit besteht, die Zustimmung zu erlangen, so scheint es besser, darauf zu verzichten.

Wird die Zustimmung eingeholt, so ist noch folgendes zu bedenken: Bekanntlich braucht ein geisteskranker Patient, z. B. ein Schizophrener, nicht *absolut* urteilsunfähig zu sein. So kann seine Einsicht in die Tragweite eines Aktes wie eben dieser Zustimmung durchaus vorhanden sein. Dann müßte er *selber* um seine Zustimmung ersucht werden. Wäre er dagegen in dieser Hinsicht nicht urteilsfähig, so müßte sein Vormund befragt werden. Daneben wären *alle* seine *Familienangehörigen* anzugehen, die sich durch die Publikation beeinträchtigt fühlen könnten.

DÜRFEN REDAKTIONEN IHNEN ÜBERGEBENE BEITRÄGE VERÄNDERN?*

Presserechtliche Studie mit einer Nutzanwendung auf das Radio

I. SACHVERHALT

[17] Vier Episoden mögen illustrieren, um was es geht.

Hier die erste: Ein Verfasser überließ einem Blatt, das im In- und Ausland von breiten Schichten, darunter von zahlreichen Akademikern, gelesen wird, einen von ihm mit vollem Namen gezeichneten Artikel über ein Thema, für das er anerkanntermaßen zuständig war. Wie der Artikel erschien — ohne daß die Redaktion noch mit dem Autor Fühlung genommen hätte —, zeigte sich, daß der Titel anders lautete als vom Verfasser formuliert; er war jetzt ungenau. Man hatte überdies größere Partien des Textes gestrichen, vorab solche, in denen der Urheber sich bemüht hatte, sein aktuelles Thema in einen allgemeinen kulturellen und zeitgeschichtlichen Rahmen zu stellen — gerade das war eines seiner Hauptanliegen. Gestrichen hatte die Redaktion auch eine Stelle, die klarmachte, daß gewisse Angaben aus der Schrift eines Gewährsmannes übernommen waren. Diese Streichung war ohne Rücksicht auf Aufbau und Sinnzusammenhang der Sätze vorgenommen worden und hatte zur Wirkung, daß jene Angaben jetzt von einem Dritten zu stammen schienen, auf den sich der Verfasser im nächsten Satz auch noch berufen hatte. Folge war, daß der erstere Gewährsmann beim Artikelverfasser protestierte. Hier hat die Redaktion, in objektiver Hinsicht, eine Fälschung begangen. Dem einen nahm sie sein Gedankengut und schob es einem andern zu. Der Autor des Artikels aber stand als Dilettant da.

Das zweite Beispiel: Da übergab jemand einer Tageszeitung eine mit vollem Bedacht pointiert gehaltene Einsendung und ersuchte um Aufnahme als Leserbrief. Er unterzeichnete den Beitrag mit seinen Initialen; seine Identität ging aus dem Begleitbrief hervor. Der Inhalt war weder ehrenrührig noch sonst bedenklich, die Ausführungen in korrekter Form gehalten, der Umfang bescheiden. Auch diese Einsendung erschien — ohne vorherige Fühlungnahme der Redaktion mit dem Verfasser — nach kräftigen Streichungen, deren zensurierende Bedeutung unver-

---

* *Schweizerische Juristen-Zeitung 64 (1968), S. 17—24.*

Weniger bekannte Abkürzungen:
BGHZ = Entscheidungen des Bundesgerichtshofs in Zivilsachen
GRUR = Gewerblicher Rechtsschutz und Urheberrecht
RGZ = Entscheidungen des Reichsgerichts in Zivilsachen
ZAuslR = Zeitschrift für ausländisches und internationales Privatrecht

kennbar war. Die Pointen hatte man ausgemerzt. Der Leserbrief war jetzt zu einem erheblichen Teil ein Erzeugnis nicht mehr des Einsenders, sondern der Redaktion. Diese hatte zu allem hin einen Halbsatz kurzerhand mit dem Erfolg getilgt, daß der belassene Rest grammatikalisch ganz falsch erschien; dadurch gab man den Einsender der Lächerlichkeit preis. Er protestierte. Ein jüngerer Redaktionsangestellter bekannte sich zu der «Bearbeitung» des Manuskripts, und seine Rechtfertigungsversuche bewiesen, daß er keine Kenntnisse der Angelegenheit besaß, die der sachverständige Einsender behandelt hatte. Das hinderte den Zeitungsmann nicht daran, einige seiner Eingriffe mit vermeintlichem Besserwissen zu begründen.

Das dritte Beispiel: Die Redaktion einer Zeitschrift ersuchte einen Wissenschaftler, über ein von ihr formuliertes Thema einen Beitrag zu verfassen. Der Autor [18] sandte den (von ihm voll gezeichneten) Artikel mit einem Begleitbrief ein, in welchem er erklärte, weshalb er den Titel anders gefaßt habe als die Redaktion in ihrer Anfrage. Dies hielt die Redaktion nicht davon ab, von sich aus wieder den alten Titel einzusetzen. Der Verfasser hatte auch im Text seiner Arbeit die Wahl des von ihm formulierten Titels begründet — die Redaktion ließ diese Stelle durchgehen, obwohl sie, da der Titel jetzt nicht mehr stimmt, sinnlos geworden war.

Das vierte Beispiel: Ein Geschehnis hatte in der Öffentlichkeit stark Aufsehen erregt. Eines unserer Radiostudios bat einen Fachmann, sich für ein Interview zur Verfügung zu stellen. Er begab sich ins Studiogebäude, wo er auf die Fragen, die man ihm dort stellte, antwortete; seine Äußerungen wurden auf Tonband aufgenommen. Niemand anderer war zugegen, und es war auch nicht davon die Rede, daß noch weitere Personen interviewt würden. Als unser Gewährsmann am folgenden Abend die Sendung zu Hause vernahm, hörte er sich zu seinem Erstaunen mit einem ihm unbekannten Dritten reden: man hatte noch jemand andern befragt und dann die Äußerungen der beiden Auskunftspersonen so zurechtgestutzt und die Tonbänder so zusammengefügt, daß der Eindruck entstand, sie hätten, gleichzeitig anwesend, miteinander gesprochen. Überdies waren starke und befremdliche Kürzungen erfolgt.

Was namentlich die Zeitungen anlangt, so sind die Beispiele stellvertretend für eine ständig geübte Praxis. Sie besteht ähnlich auch in andern Bereichen. «Regisseure ändern eigenmächtig durch Streichung, Kürzung und Hinzufügung die ihnen ... anvertrauten Bühnenwerke; ... Verlagslektoren, Redakteure von Zeitungen und Zeitschriften betrachten das ihnen eingereichte Urheberrechtsgut als Rohmaterial, das sie nach Belieben verändern dürfen[1].» Ist ein solches Vorgehen

---

[1] FROMM/NORDEMANN, Urheberrecht, Kommentar zum Urheberrechtsgesetz und zum Wahrnehmungsgesetz mit den internationalen Abkommen und dem sowjetzonalen Gesetz über das Urheberrecht (Stuttgart usw. 1966) § 39 N. 1.

erlaubt? Um die Antwort vorwegzunehmen: keineswegs. Die Häufigkeit des Geschehens ändert daran nichts. Der Usus ist ein Abusus. Die folgenden Überlegungen sind anzustellen — zunächst für die Beiträge an Zeitungen und Zeitschriften:

II. RECHTSVERHÄLTNIS ZWISCHEN BEITRÄGER UND REDAKTION

Als Vertragstyp scheint sich der *Verlagsvertrag* anzubieten (OR 380 ff.), zumal das Gesetz selber die Zeitungsartikel und Zeitschriftenbeiträge in seine Regelung dieses Kontraktes einbezieht (OR 382 II, III). Indes betonen die Spezialisten des Gebietes durchwegs, daß man hier gewöhnlich nicht schlechthin einen Verlagsvertrag vor sich habe, namentlich bei nicht zum voraus vereinbarten oder bestellten Beiträgen. Diese Lösung begründe sich insbesondere damit, daß der Verfasser dem Zeitungsverleger (faktisch der für ihn handelnden Redaktion) seinen Beitrag regelmäßig nicht zur ausschließlichen Veröffentlichung übergebe; vielmehr sei die Meinung meist die, daß er den Abdruck auch durch andere Blätter anstrebe oder sich doch das Recht dazu gewahrt wissen wolle. Es gehe in solchen Fällen, statt um einen Verlagsvertrag, um die vertragliche Einräumung einer Lizenz, einer «Veröffentlichungslizenz»[2]. Es erübrigt sich, darauf näher einzugehen. Denn auch wo kein Verlagsvertrag vorliegt, sind doch die für diesen geltenden Regeln *entsprechend* heranzuziehen[3]. Dies ergibt sich vorab aus dem bereits hervorgehobenen Umstande, daß das OR die Zeitungs- und Zeitschriftenbeiträge in seine Regelung des Verlagsvertrags einbezieht. Parallel dazu hat das deutsche Gesetz über das Verlagsrecht vom 19. Juni 1901 die Beiträge an Zeitungen und Zeitschriften (letztere sind hier als «periodische Sammelwerke» bezeichnet) mit erfaßt: § 41

---

[2] Ohne daß auf Differenzierungen eingegangen wird, seien angeführt ADOLF ISENSCHMID, Das Verlagsrecht an Werken der bildenden Kunst und der Verlagsvertrag, systematisch dargestellt mit besonderer Berücksichtigung der deutschen und schweizerischen Urheber- und Verlagsgesetzgebung (Diss. Bern 1912) 202; JAKOB STÄMPFLI, Die Beziehungen zwischen Urheber und Verleger eines Schriftwerkes (Diss. Bern 1947) 66; TROLLER, Immaterialgüterrecht II (2. A. Basel/Stuttgart 1962) 775/76; der Sache nach offenbar gleich OSER/SCHÖNENBERGER, Kommentar OR Art. 382 N. 6. Das Reichsgericht spricht von «einer Art Verlagsvertrag» (RGZ 119 [1928] 402/03), das neue deutsche Urheberrechtsgesetz vom 9. September 1965, § 38 (3) von einem «einfachen Nutzungsrecht». BAPPERT/MAUNZ, Verlagsrecht, Kommentar zum Gesetz über das Verlagsrecht vom 19. Juni 1901 (München/Berlin 1952) § 41 N. 1, § 42 N. 1 reden einerseits von Übertragung eines Verlagsrechts an den Verleger, anderseits von einem Werknutzungsvertrag besonderer Art; ein Verlagsvertrag liege nicht vor. Ausführlich vom Standpunkt des schweizerischen Rechts aus MARTIN HUBER, Die urheberrechtliche und verlagsrechtliche Stellung des Redaktors und seiner Mitarbeiter im Pressewesen (Diss. Freiburg 1936) 101 ff.; kurz BADER und FUNK in SJZ 25, 225 ff., 263 f.

[3] TROLLER, a.a.O. II 793.

dieses Gesetzes erklärt ausdrücklich die Bestimmungen über den Verlagsvertrag für anwendbar auf solche Beiträge, soweit die §§ 42 bis 46 (wo ihnen vereinzelte besondere Bestimmungen gewidmet sind) nichts anderes anordnen.

Aus diesen Feststellungen fließt, daß insbesondere die nach Verlagsrecht geltenden Vorschriften über die allfällige Berechtigung oder Nichtberechtigung des Verlegers, am Werk Änderungen vorzunehmen (OR 384 I, deutsches Verlagsgesetz § 13), auch auf die Beiträge an Zeitungen und Zeitschriften anzuwenden sind [4], soweit nicht Sonderregeln bestehen (wie nach § 44 des deutschen Gesetzes). Davon wird näher die Rede sein.

Der Beiträger, der einer Redaktion unaufgefordert [19] ein Manuskript einsendet, ist gewöhnlich der Offerent, und zwar stellt er eine Realofferte, welche die Redaktion stillschweigend annimmt (OR 1), indem sie den Beitrag abdruckt [5]. Auch sonst gelten die *allgemeinen Grundsätze des Vertragsrechts*. Beim Vertragsschluß handelt der Redaktor als Stellvertreter des Verlegers (OR 32).

III. DAS SOGENANNTE ÄNDERUNGSVERBOT

A. Nach Verlagsrecht

Wie ausgeführt, sind die aus dem Verlagsrecht abzuleitenden Regeln darüber, ob der Verleger ein von ihm zur Veröffentlichung übernommenes Werk verändern darf, anwendbar auf die Beiträge an Zeitungen und Zeitschriften. Zunächst ist Art. 384 I OR heranzuziehen:

> Der Verleger ist verpflichtet, das Werk ohne Kürzungen, ohne Zusätze und ohne Abänderungen in angemessener Ausstattung zu vervielfältigen ...

Das bedeutet mit andern Worten, daß dem Verleger — faktisch dem ihn vertretenden Redaktor — ein Änderungsverbot auferlegt ist, das durch die wiedergegebene Vorschrift in keiner Weise eingeschränkt wird. Das deutsche Gesetz über das Verlagsrecht vom 19. Juni 1901 (im folgenden als Verlagsgesetz bezeichnet) spezifiziert und differenziert. Für nicht anonym publizierte Werke (was dies besagt, soll erläutert werden), gleichgültig, ob Zeitungs- und Zeitschriftenbeiträge oder Werke von der Art unter anderem der Bücher, bestimmt § 13:

> Der Verleger darf an dem Werke selbst, an dessen Titel und an der Bezeichnung des Urhebers Zusätze, Kürzungen oder sonstige Änderungen nicht vornehmen.
> Zulässig sind Änderungen, für die der Verfasser seine Einwilligung nach Treu und Glauben nicht versagen kann.

---

[4] MARTIN HUBER, a.a.O. 105/06.
[5] OSER/SCHÖNENBERGER, Art. 380 N. 10 und dort Erwähnte; MARTIN HUBER, a.a.O. 101 ff.

Dürfen Redaktionen ihnen übergebene Beiträge verändern?

Für anonyme Zeitungs- und Zeitschriftenbeiträge gilt § 44:

> Soll der Beitrag ohne den Namen des Verfassers erscheinen, so ist der Verleger befugt, an der Fassung solche Änderungen vorzunehmen, welche bei Sammelwerken[6] derselben Art üblich sind.

Das deutsche Gesetz betr. das Urheberrecht an Werken der Literatur und der Tonkunst vom 19. Juni 1901 enthielt als § 9 eine dem § 13 des Verlagsgesetzes entsprechende Vorschrift. Das neue deutsche Gesetz über Urheberrecht und verwandte Schutzrechte (Urheberrechtsgesetz) vom 9. September 1965 hat den § 13 Verlagsgesetz aufgehoben (§ 141 Ziff. 4) und durch folgende Bestimmung, § 39, ersetzt:

> Der Inhaber eines Nutzungsrechts darf das Werk, dessen Titel oder Urheberbezeichnung (§ 10 Abs. 1) nicht ändern, wenn nichts anderes vereinbart ist.
> Änderungen des Werkes und seines Titels, zu denen der Urheber seine Einwilligung nach Treu und Glauben nicht versagen kann, sind zulässig.

§ 39 gilt gemäss § 62 grundsätzlich auch für die vom Gesetz freigestellte Wiedergabe einerseits geschützter Werke in Schulbüchern und dergleichen, anderseits öffentlicher Reden, Zeitungsmitteilungen usw.

Angesichts des knappen Wortlauts von Art. 384 I OR drängt sich die Untersuchung der eingehenderen Texte der deutschen Gesetze auf. Die dort gefundenen Lösungen sind alsdann an die Regelung des schweizerischen Rechts zu halten. Obwohl § 13 des deutschen Verlagsgesetzes seit dem 1. Januar 1966 aufgehoben ist, soll für das folgende gleichwohl auch diese Vorschrift herangezogen werden: sie ist expliziter als die ihr entsprechende neue Vorschrift des § 39 Urheberrechtsgesetz von 1965 und ist überdies unmittelbar auf das Verlagswesen zugeschnitten, fügt sich also in die hier zu besprechende Frage der näheren Tragweite des Art. 384 OR besser ein. Es geht ja nicht um die *Anwendung* dieser fremden Bestimmungen, sondern darum, aus ihnen *Anregungen* für die Interpretation oder Ergänzung der schweizerischen Vorschriften zu gewinnen.

1. Fest steht einmal, daß § 13 I Verlagsgesetz und § 39 I Urheberrechtsgesetz von 1965 mit Art. 384 I OR übereinstimmen, indem sie das *Änderungsverbot* statuieren. Beide deutschen Vorschriften erklären ausdrücklich, daß das Verbot auch für den Titel des Werkes (also auch eines Zeitungs- oder Zeitschriftenbeitrages) und für die Bezeichnung des Verfassers gilt. Die Redaktion darf also den Namen des Verfassers nicht unterdrücken, wenn dieser ihn beigesetzt hat, und sie darf den Namen nicht beisetzen, wenn der Verfasser nicht genannt

---

[6] Das sind, wie bemerkt, u. a. Zeitungen und Zeitschriften, § 41 des Gesetzes.

sein will[7]. Das gilt alles auch für das schweizerische Recht; es ist in der Formulierung von OR 384 I enthalten.

2. Der Vorbehalt gemäß § 13 II Verlagsgesetz und § 39 II Urheberrechtsgesetz, wonach sich aus dem Prinzip von *Treu und Glauben* die *Befugnis zu Änderungen* ergeben kann, leitet sich für das schweizerische Recht aus ZGB 2 ab[8]. [20] Um was es geht, läßt sich aus den faktischen Gegebenheiten ableiten; *wirkliche* Sprachfehler, *offenkundige* Versehen[9], rein *formelle* Eingriffe, wie etwa die Anweisung, ein Alinea vorzusehen, die bessere Präsentation durch Auszeichnungen usw. — alles dies jedoch nur, wenn es *sachlich* ganz gewiß gerechtfertigt ist. Solches legitimiert sich durch das Erfordernis der Qualität der Publikation. *Wirkliche* Sprachfehler nur dürfen verbessert werden, wogegen man dem Autor nicht sprachliche Modernismen aufdrängen darf. Jede nicht sehr restriktive Begrenzung des Änderungsverbotes — das allein ja in Art. 384 I OR ausdrücklich formuliert ist — macht dieses illusorisch[10]. BAPPERT/MAUNZ, die zu den führenden deutschen Autoren gehören, betonen[11], daß «lediglich durch Raummangel veranlaßte Kürzungen oder nur durch die politische oder weltanschauliche Tendenz der Zeitung erwünschte Änderungen nicht zulässig sind».

Mit diesen Feststellungen ist in zwei von den eingangs (Ziff. I) geschilderten Beispielen, nämlich im ersten und dritten Fall, über die sämtlichen Eingriffe der Redaktionen bereits der Stab gebrochen. Sie waren alle unerlaubt und damit widerrechtlich.

3. Der § 13 des deutschen Verlagsgesetzes galt — und an seiner Stelle gilt jetzt der § 39 des Urheberrechtsgesetzes —, wo immer nicht die Spezialvorschrift des § 44 anwendbar war oder ist. Diese Bestimmung erfaßt u. a. die *anonymen Beiträge* zu Periodika. Hier ist den Redaktionen die Vornahme gewisser Änderungen gestattet. «Das Gesetz kommt mit dieser Regelung den Bedürfnissen der Praxis entgegen, da der Verleger oder Herausgeber eines Beitrages, dessen Urheber nach

---

[7] BAPPERT/MAUNZ, a.a.O. § 13 N. 9.

[8] JOSEF MÜLLER, Der Verlagsvertrag nach schweizerischem Recht (Diss. Bern 1905) 78; HEINRICH STUDER, Der Verlagsvertrag nach dem revidierten schweizerischen Obligationenrecht, unter besonderer Berücksichtigung des deutschen Verlagsrechts auf Grund der neuzeitlichen Urhebergesetze und des Bundesgesetzes betr. das Urheberrecht an Werken der Literatur und Kunst (Diss. Leipzig 1912) 94; MARTIN HUBER, a.a.O. 74 f., der aber in der Billigung von Änderungen zu weitherzig ist; BECKER in World Copyright, hg. von *Pinner*, III (Leyden 1957) 1456.

[9] Dazu RUNGE, Urheber- und Verlagsrecht (Bonn 1948/53) 492/93; BAPPERT/MAUNZ, a.a.O. § 13 N. 11; FROMM/NORDEMANN, a.a.O. § 39 N. 2; ferner ältere Autoren wie SCHÄFER in GRUR 11 (1906) 354 und STUDER, a.a.O. 94. Besonders sei hingewiesen auf RGZ 125 (1929) 177/78; 151 (1936) 55. — BAPPERT/MAUNZ, die immer auch das schweizerische Recht berühren, schreiben, § 13 N. 16, OR 384 I entspreche § 13 Verlagsgesetz und dessen Absatz II gelte ebenfalls.

[10] FROMM/NORDEMANN, a.a.O. § 39 N. 4: § 39 II deutsches Urheberrechtsgesetz von 1965 sei als Ausnahmebestimmung *eng* auszulegen.

[11] § 13 N. 11.

außen nicht genannt wird, für Inhalt und Form dieses Beitrages verantwortlich wird und deshalb darauf auch eine Einflußmöglichkeit haben muß [12].» Anonymität liegt auch vor, wenn der Verfasser mit Initialen zeichnet, es sei denn, daß diese ihn für das Publikum erkennbar machen [13]. Wo immer die so verstandene Anonymität fehlt, tritt die strengere Ordnung im Sinne unserer vorherigen Ziff. 1 und 2 in Wirksamkeit. Die *Befugnis, Änderungen* vorzunehmen, ist aber auch bei anonymen Beiträgen keineswegs ins Belieben der Redaktion gestellt [14]. Es geht vor allem um die Verbesserung der Form, um die Vermeidung beleidigender Ausdrücke, um bescheidenere Kürzungen ohne Änderung des Sinnes. Für Zeitungsbeiträge befürworten die deutschen Autoren [15] eine weitherzigere Auffassung als für andere dem § 44 unterstehende Periodika; indes begründen sie diese vorab mit der allenfalls bestehenden Dringlichkeit des Abdrucks, die eine Rückfrage beim Verfasser ausschließen mag. Fehlt diese Dringlichkeit, so fehlt — dies sei unterstrichen — jede Berechtigung zu substantiellen Eingriffen. Vielmehr hat der Redaktor den Verfasser anzufragen. — Halten wir nochmals fest: solche eventuell gegebene Änderungsbefugnis betrifft *nur* anonyme Beiträge. Selbst bei ihnen hat aber die Redaktion keineswegs das Recht, so ungehemmt zu verfügen, wie sehr oft geschieht [16].

Auch diese Regeln sind zur Lückenausfüllung auf das schweizerische Recht übertragbar. Sie dienen zur differenzierenden (einschränkenden) Ergänzung des Art. 384 I OR [17]. Es gibt keinen Grund dafür, weniger streng zu urteilen, zumal — wir wiederholen — das Gesetz nur das *absolut* gehaltene Änderungsverbot formuliert.

4. *Leserbriefe* werden in unserem Lande gewöhnlich mit Initialen gezeichnet. Für sie gilt alsdann die eben unter Ziff. 3 geschilderte Ordnung. Ihr Zweck ist gerade der, der persönlichen Auffassung des Verfassers Raum zu geben — und nicht jener der Redaktion. Diese ist nicht zur Zensur befugt. Paßt ihr eine Einsendung nicht, so kann sie die Aufnahme ablehnen. Es gibt ja keinen Kontrahierungszwang. Von den eingangs unter Ziff. I gegebenen Beispielen gehört das zweite hierher. Die dort geschilderten, von der Redaktion vorgenommenen Änderungen waren samt und sonders widerrechtlich.

---

[12] BAPPERT/MAUNZ, a.a.O. § 44 N. 2, deren autoritativen Ausführungen wir gerne weiter folgen. Weitere Stimmen unten N. 15.
[13] RUNGE, a.a.O. 493.
[14] Unzutreffend BADER in SJZ 25, 226.
[15] VOIGTLÄNDER/ELSTER, Gesetz über das Verlagsrecht (3. A. Berlin 1939) § 13 N. 2; RUNGE, a.a.O. 493/94; BAPPERT/MAUNZ, a.a.O. § 44 N. 4 ff. und dort Zitierte.
[16] Zur Behutsamkeit mahnt auch RUNGE 493.
[17] Gleich im Ergebnis GALLUS CHRIST, Der Verlagsvertrag nach dem schweizerischen Obligationenrecht, unter Mitberücksichtigung des deutschen Rechts und mit Vorschlägen zur Revision des XIII. Titels des schweizerischen Obligationenrechts (Diss. Zürich 1904) 72/73; eingehend MARTIN HUBER, a.a.O. 71 ff., 105/06 mit weiteren Zitaten; BAPPERT/MAUNZ, a.a.O. § 44 N. 12.

II. Zivilrecht (ohne Haftpflichtrecht)

Im Einklang mit der eben entwickelten Auffassung steht jene von ERICH SCHWINGE, der dem Leserbrief eine [21] aufschlußreiche Studie gewidmet hat[18]. Er faßt seine Einsichten dahin zusammen, daß ohne vorherige Fühlungnahme mit dem Einsender keine Eingriffe in die Substanz der Äußerung und in den sie tragenden Gedankengang zulässig seien. Erlaubt seien in der Regel stilistische Änderungen oder Streichungen, welche die gerade umschriebene Grenze nicht verletzen[19]. «Die Vermutung spricht für Unzulässigkeit des Eingriffs.» Aus dem Grundrecht der Menschenwürde — mit dem die deutsche Gerichtspraxis den Schutz des Persönlichkeitsrechts begründet — leitet er dann zutreffend ab, es könne «einem Dritten nicht erlaubt sein, aus einem schriftlich fixierten Gedankengang Teile herauszustreichen und den Rest so zusammenzufügen, wie er persönlich es für richtig hält.» Während auf dem europäischen Kontinent diese Grundsätze alles andere als für die Praxis der Redaktionen generell wegleitend sind, hält SCHWINGE fest[20], daß die «seriösen Organe der angelsächsischen Presse» keine Änderungen ohne Zustimmung des Einsenders vornehmen. (Die «Letters to the Editor» sind eine englische Schöpfung, nämlich des Thomas Barnes, seit 1817 Herausgeber der «Times»).

5. Gehobenere *Zeitschriftenartikel* erscheinen gewöhnlich nicht anonym. Somit gilt für sie das strenge Regime, das sich vorstehend unter Ziff. 1 und 2 geschildert findet. Soweit der Verfasser einen Korrekturabzug zugestellt bekommt, erhält er rechtzeitig Kenntnis von allfälligen Verbesserungen, die der Redaktor vorgenommen hat. Unterläßt der Verfasser, zu widersprechen, so hat er zugestimmt. Gelegentlich wird er dankbar sein, daß man ihm ein Versehen ausgemerzt hat. Solche Bereinigungen anzubahnen, ist eine der Pflichten einer sorgsamen Redaktion.

Bei anonymen Zeitschriftenbeiträgen gilt die unter Ziff. 3 erörterte, den Redaktionen mehr Freiheit gewährende Regelung nur sehr beschränkt, weil das Motiv der Zeitnot fehlt. Der Redaktor soll sich mit dem Verfasser ins Benehmen setzen[21].

6. Selbstverständlich darf der Redaktor *Änderungen* vornehmen, die der *Verfasser gestattet* hat. Art. 378 I aOR — dies ist die dem jetzigen Art. 384 I entsprechende Bestimmung — sah das noch ausdrücklich vor. Wer die Erlaubnis des Verfassers behauptet, muß sie beweisen. Stillschweigende Zustimmung darf, hier wie überall, nur mit größter Zurückhaltung angenommen werden[22]; sonst unter-

---

[18] Der Leserbrief und seine rechtliche Beurteilung, in Festschrift für Fritz v. Hippel (Tübingen 1967) 479 ff. Er stützt seine Überlegungen auf das Persönlichkeitsrecht des Einsenders.
[19] S. 487.
[20] S. 483 ff.
[21] RUNGE, a.a.O. 493/94; BAPPERT/MAUNZ, a.a.O. § 44 N. 8.
[22] Gleich im Ergebnis, sehr nachdrücklich, FROMM/NORDEMANN, a.a.O. § 39 N. 2. Sie schreiben u. a.: «Dort, wo Vereinbarungen bestehen, sind diese wegen des Ausnahmecharakters des Abs. 1 letzter Halbsatz (von § 39 deutsches URG) *eng auszulegen.*»

schiebt man eine Fiktion als vermeintliche Tatsache, was ein bekannter Kunstgriff ist, um ein erhofftes Ergebnis zu erschleichen. Im übrigen vergleiche man die späteren vertragsrechtlichen Ausführungen unter Ziff. II lit. C und vor allem jene über das Persönlichkeitsrecht (Ziff. II lit. B).

7. Die Herausgabe einer *Festschrift, Festgabe* und dergleichen steht, wie als Anhang beigefügt sei, der Herausgabe einer Zeitschrift nahe. Hier sind nur ganz geringfügige äußerliche Eingriffe in die von den Beiträgen gelieferten Arbeiten erlaubt, z. B. allenfalls etwa die einheitliche Durchführung von wissenschaftlichen Abkürzungen. Mittels des Korrekturabzugs werden die Verfasser der Beiträge davon unterrichtet, und sie können sich alsdann, wo nötig, wehren.

B. *Nach Urheberrecht und Persönlichkeitsrecht*

Falls ein Zeitungs- oder Zeitschriftenbeitrag irgendwelcher Art, Leserbriefe und dergleichen eingeschlossen, ein *Werk im Sinne des Urheberrechts* darstellt, ist seine Veränderung durch einen Unberechtigten auch unter urheberrechtlichem Gesichtspunkt grundsätzlich unerlaubt. Dies ergibt sich aus dem Wesen des urheberrechtlichen Schutzes an sich und aus dem Recht des Urhebers, allein über die Wiedergabe seines Werkes und über deren Modus zu bestimmen (schweizerisches URG von 1922/1955 Art. 9 II, 12, 13 — Art. 12 in der Fassung von 1955)[23, 24]. Soweit nach den Darlegungen unter lit. A die Redaktion zu Änderungen befugt ist, liegt keine Verletzung des Urheberrechts vor, denn die Änderungen sind durch das objektive Recht — OR 384 I und die erforderlichen Ergänzungen dieser Vorschrift — [22] gedeckt. Dagegen ist das Urheberrecht verletzt, sobald die Redaktion die Grenze überschreitet[25].

Wenn man, mangels Originalität[26], oder allenfalls unter dem Gesichtspunkt des Art. 25 V URG[27], *kein urheberrechtlich geschütztes Werk* vor sich hat, kann der *Schutz des Persönlichkeitsrechts* aktuell werden (ZGB 28, OR 49). Dies setzt

---

[23] TROLLER, a.a.O. II 675; WILFRIED MEYER, Der Schutz gegen Änderung und Entstellung von Werken der bildenden Kunst (Diss. Zürich 1937) 61/62; RICHARD ALLEMANN, Begründung und Übertragung von Werken der Literatur und Kunst (Diss. Zürich 1954) 30 ff.

[24] Das deutsche Gesetz betreffend das Urheberrecht an Werken der Literatur und der Tonkunst vom 19. Juni 1901 enthielt als § 9 eine dem § 13 des Verlagsgesetzes von 1901 entsprechende Bestimmung. Gerichte und Autoren hoben deshalb immer wieder besonders hervor, daß die Verletzung des verlagsrechtlichen Änderungsverbotes gleichzeitig eine Verletzung des Urheberrechtes (und des Urheberpersönlichkeitsrechtes) darstelle; so u. a. RGZ 102 (1921) 141; Bundesgerichtshof in GRUR 56 (1954) 80; VOIGTLÄNDER/ELSTER, a.a.O. § 13 N. 1; RUNGE, a.a.O. 492, 495.

[25] MARTIN LUTZ, Die Schranken des Urheberrechts nach schweizerischem Recht (Diss. Zürich 1964) 179, bemerkt, der Urheber könne «jede über das rein Sprachlich-Handwerkliche hinausgehende Korrektur eines Zeitungsartikels nach URG verhindern». «Ganz geringfügige Änderungen» hält er für zulässig gestützt auf ZGB 2.

[26] TROLLER, a.a.O. I 395, 404 f.; BGE 88 IV 126; BGHZ 13 (1954) 337 ff.

[27] Fassung von 1955; die Bestimmung betrifft einfache Zeitungsmitteilungen.

voraus, daß die am Beitrag vorgenommenen Änderungen (immer einschließlich Streichungen) insbesondere dem Ansehen oder der Ehre der Person abträglich sind oder diese sonst in einer Art tangieren, die nach heute gültiger Anschauung als Verletzung der Persönlichkeit aufzufassen ist [27a]. Letzeres im einzelnen auszuführen, ist hier nicht der Ort.

Auch wo ein Beitrag urheberrechtlich geschützt ist, tritt neben die Hilfen gemäß den Vorschriften des URG der Schutz des Persönlichkeitsrechts des Verfassers: des *«droit moral de l'auteur»*, und schützt diesen gegen unbefugte Änderungen des Werkes [28]. Es geht hier um das Werk als Ausdruck der Persönlichkeit des Urhebers, um dessen Beziehung zu seinem Werk [27a].

C. *Nach allgemeinem Vertragsrecht*

Zu den gleichen Ergebnissen wie unter lit. A kommen wir — von den besonderen verlagsrechtlichen, urheberrechtlichen und persönlichkeitsrechtlichen Elementen des Problems abstrahierend — schon auf dem Boden des allgemeinen Vertragsrechts: indem wir vom Abschluß eines zwischen Verfasser und Verleger (für den die Redaktion handelt) zustande kommenden *Vertrags* und insbesondere von dessen *Interpretation* ausgehen. Bei Unklarheit über den Sinn, über die Tragweite eines Vertrags ist nach anerkannten Regeln [29] von der Frage auszugehen, wie die Kundgebung einer Partei (hier des Verfassers eines Beitrags) bei *objektiver* Beurteilung zu verstehen war. Somit frägt sich, ob der Verfasser damit rechnen *mußte*, daß die Redaktion seinen Beitrag — allenfalls weitgehend — ändert; oder gleichbedeutend ist zu fragen, ob die Redaktion annehmen *durfte*, daß solche Änderung dem Willen des Verfassers wirklich entspreche. Dies trifft in den weitaus meisten Fällen (für die die Beispiele unter Ziff. I repräsentativ sind) keinesfalls zu. Der als Auslegungsmaxime maßgebende Gesichtspunkt außenstehender (dritter) Beurteiler des Sachverhaltes, und das ist der Gesichtspunkt vernünftiger und korrekter Leute — letztlich ist dies das Vertrauensprinzip —, führt vielmehr zum Schluß, daß im Grundsatz, und damit im Zweifel, Inhalt des Vertrags die Publikation des Manuskripts ist, so wie der Verfasser es eingereicht hat, eben unverändert. Die Redaktion ist frei, die Veröffentlichung abzulehnen; nimmt sie das Manuskript, ausdrücklich oder konkludent, an, dann ist sie verpflichtet, es so zu

---

[27a] Man vgl. hiezu den Auszug aus dem Urteil BGHZ 13 (1954) 338/39, der nachstehend unter lit. D, am Ende, wiedergegeben ist.

[28] BGE 58 II 306 ff.; 69 II 57 ff.; 84 II 573: «Daß der Schöpfer eines Werkes ... unabhängig von den Bestimmungen des Urheberrechtsgesetzes den Schutz der Persönlichkeit genießt, ergibt sich aus Art. 28 ZGB, der durch Art. 44 Satz 2 URG vorbehalten wird» (folgen Belege).

[29] OFTINGER, Einige grundsätzliche Betrachtungen über die Auslegung und Ergänzung der Verkehrsgeschäfte, ZSR 58 (1939) 178 ff.; derselbe in «Aequitas und Bona Fides», Festgabe für August Simonius (Basel 1955) 263 f.

bringen wie es lautet, unter Vorbehalt nur der — überwiegend formellen — verhältnismäßig geringfügigen Änderungen der früher geschilderten Art.

Abweichendes gölte dann, wenn eine entsprechende *Usance* bestünde und wenn sie zudem Inhalt des Vertrags geworden, was beides vom Verleger zu beweisen wäre. Soweit die Kenntnisse des Autors dieser Abhandlung, der sich auf einige Erfahrung berufen darf, gehen, bestehen solche Usancen nicht. Bestünden sie aber, so müßten sie (was eben von dem Verleger zu beweisen wäre) jeweils den konkreten Einsendern bekannt und überdies von ihnen als Bestandteil des Vertrags akzeptiert worden sein [30]. Davon kann im Ernst nicht die Rede sein [31].

D. *Folgerungen und Blick auf die Gerichtspraxis*

Diese Darlegungen zeigen, daß die Redaktionen unter allen Gesichtspunkten, die wir unter Ziff. III lit. A, B und C erörtert haben, einem grundsätzlichen und sehr weitgehend wirksamen Änderungsverbot unterstehen [32]. Dies ist auch der Gesamteindruck, den die [23] Analyse einer größeren Anzahl von fremden Rechtsordnungen verschafft [33]. Wollen die Redaktionen entgegen den geschilderten Regeln Änderungen vornehmen, so müssen sie die Zustimmung der Verfasser einholen. Aber selbst wo ein Verfasser die Zustimmung *generell* erteilt hat, ist die Redaktion nicht zu beliebigen Änderungen befugt, vielmehr ist die Schranke der Respektierung des Persönlichkeitsrechts wirksam [34].

Eine schweizerische *Gerichtspraxis*, die genau unserem Problem gewidmet ist,

---

[30] BGE 37 II 410; 91 II 360. Im Ergebnis wie hier, mit starkem Akzent, FROMM/NORDEMANN, a.a.O. § 39 N. 2, § 13 N. 2.

[31] Diesen Gesichtspunkt übersieht ELSTER in ZAuslR 10 (1936) 728 und bei VOIGTLÄNDER/ELSTER, a.a.O. § 13 S. 88, wenn er meint, der Mitarbeiter eines Sammelwerkes (damit einer Zeitung oder Zeitschrift) unterwerfe sich stillschweigend bis zu einem gewissen Grade der Art und dem Zwecke dieses Werkes und dadurch weite sich die Befugnis zu Änderungen aus. Demgegenüber betont das Oberlandesgericht Hamburg in seinem Urteil vom 20. März 1952 (GRUR 54 [1952] 588): «Von einer stillschweigenden Unterwerfung eines jeden Zeitungsmitarbeiters unter ein Änderungsrecht kann jedoch nicht die Rede sein.»

[32] RUNGE, a.a.O. 394 faßt so zusammen: «... daß der Verleger nicht berechtigt ist, ohne Zustimmung des Verfassers Änderungen an dem gedanklichen Inhalt sowie dessen Ablauf (innere Form) und der äußeren Form des Werkes ... vorzunehmen.» Bereits so frühe Autoren wie RÖTHLISBERGER in GRUR 9 (1904) 276 ff. und SCHÄFER daselbst 11 (1906) 354 ff. haben den Verlegern (und damit den Redaktoren) Zurückhaltung empfohlen. Dagegen erweisen sich dem Verlagsgewerbe nahestehende Autoren als weniger zurückhaltend in der Billigung von Änderungen: ELSTER in ZAuslR 10 (1936) 724 ff. und in VOIGTLÄNDER/ELSTER, a.a.O., N^{en} zu § 13 und § 44. Abwegig FRANK LÜDIN, Das Erlöschen des Verlagsrechtes (Liestal 1950) 94 N. 3: «... bei Zeitungsartikeln steht es der Redaktion (strenggenommen kraft stillschweigender Ermächtigung hiezu durch den Zeitungsverlag) jederzeit frei, Kürzungen oder Kommentierungen vorzunehmen.»

[33] KEGEL in ZAuslR 11 (1937) 94 ff.

[34] BGE 69 II 57 ff.; FROMM/NORDEMANN, a.a.O. Vorbemerkung vor § 12, § 14 N. 1 ff., § 39 N. 3.

ist nicht bekannt. Dagegen haben in Deutschland die obersten Gerichte die Prinzipien des Änderungsverbotes wiederholt im Sinne der vorstehenden Darlegungen bekräftigt. Erwähnt seien:

— RGZ 69 (1909) 244; dort liest man: § 9 des Urheberrechtsgesetzes von 1901 setze «die ausschließliche Befugnis des Urhebers, über den Bestand und die Form des Werkes zu verfügen, als selbstverständlich voraus».
— RGZ 102 (1921) 141 ff.: gleich strenge Auffassung.
— RGZ 119 (1928) 401 ff.; das Gericht hält fest, maßgebend sei die «in Wissenschaft und Rechtsprechung herrschende Überzeugung: daß ein Erzeugnis geistiger Arbeit ohne des Verfassers (oder sonst Berechtigten) Zustimmung in keiner andern Gestalt als der vom Schöpfer ihm verliehenen in die Öffentlichkeit gebracht werden soll» (404). Es sei dem Herausgeber eines Blattes nicht gestattet, einen Beitrag nach seinem Belieben zu kürzen (403). Würden Ausdrücke verändert und Streichungen vorgenommen, so sei dies nicht ein Abdruck, sondern eine (nicht statthafte) Bearbeitung (404). Der Herausgeber habe nicht die Befugnis, über Wichtigkeit und Unwichtigkeit der Ausführungen des Verfassers zu entscheiden (405).
— RGZ 125 (1929) 174 ff.
— RGZ 151 (1936) 50 ff.: auch inhaltliche Verbesserungen seien unzulässig (55).
— Urteil des Bundesgerichtshofs vom 20. Oktober 1953, in GRUR 56 (1954) 80 ff.: § 13 des Verlagsgesetzes wolle zur Wahrung des Urheberpersönlichkeitsrechts des Verfassers sicherstellen, «daß sein Werk nur in der von ihm gebilligten Fassung der Allgemeinheit zugänglich gemacht wird» (80). — Hier ging es vor allem um Streichungen von Stellen einer in einer Tageszeitung veröffentlichten Abhandlung, in denen der Verfasser bestimmte theoretische Grundlagen seiner Ausführungen entwickelt hat.
— BGHZ 13 (1954) 338/39 (die Redaktion einer Zeitung hat eine Zuschrift, mit welcher deren Absender eine Berichtigung verlangt hat, von sich aus als Leserbrief veröffentlicht): «Jede sprachliche Festlegung eines bestimmten Gedankeninhalts ist, und zwar auch dann, wenn der Festlegungsform eine Urheberschutzfähigkeit nicht zugebilligt werden kann, Ausfluß der Persönlichkeit des Verfassers. Daraus folgt, daß grundsätzlich dem Verfasser allein die Befugnis zusteht, darüber zu entscheiden, ob und in welcher Form seine Aufzeichnungen der Öffentlichkeit zugänglich gemacht werden; denn jeder unter Namensnennung erfolgenden Veröffentlichung von Aufzeichnungen eines noch lebenden Menschen wird von der Allgemeinheit mit Recht eine entsprechende Willensrichtung des Verfassers entnommen. Die Fassung der Aufzeichnungen und die Art ihrer Bekanntgabe unterliegt der Kritik und Wertung der öffentlichen Meinung, die aus diesen Umständen Rückschlüsse auf die Persönlichkeit des Verfassers zieht.»
— Diese Konzeption wurde vom gleichen Gericht bestätigt in BGHZ 34 (1960) 314/15: «... unterliegt es grundsätzlich der Entscheidungsgewalt jedes Menschen, ob und in welcher Form von ihm verfaßte Schriftstücke veröffentlicht werden dürfen.»

IV. NUTZANWENDUNG AUF DAS RADIO

Was unter dem Gesichtspunkt des Urheberrechts, des Persönlichkeitsrechts (einschließlich des «droit moral de l'auteur») und des allgemeinen Vertragsrechts für die Zeitungs- und Zeitschriftenbeiträge ausgeführt wurde, gilt sinngemäß auch für Darbietungen im Radio. Auch hier ergibt sich insbesondere schon aus dem Vertrag, der zwischen einem Verfasser oder einem Interviewten (hier hat man einen Auftrag vor sich) und dem Radiostudio zustande kommt, daß solche Veränderungen von Aussagen, wie eingangs unter Ziff. I, viertes Beispiel, beschrieben, unstatthaft sind (vorstehend Ziff. III lit. C). Im übrigen sei auf die Darlegungen unter Ziff. III lit. A verwiesen, die ebenfalls, soweit passend, sinngemäß verwendbar sind.

Das Zusammenschneiden und Zusammenfügen («Collages») von Interviews durch das Schweizer Radio hat auf politischer Ebene zu Beanstandungen geführt[35]. Ein Mitglied des Bundesrates hat im Verlauf der Debatte im Nationalrat erwähnt, die Genfer Cour de Justice habe auf Klage eines derart behandelten Interviewten festgestellt[36]:

«Der Interviewte darf nicht der Willkür ausgesetzt sein. Seine Grundgedanken dürfen durch die Kürzung nicht verfälscht werden. Es ist zwar unvermeidbar, daß jede Kürzung einer [24] Erklärung eine Modifikation der Gedankengänge darstellt. Dennoch ist festzuhalten, daß eine Aussage nicht sinnwidrig dargestellt werden und nicht zu einer andern Auslegung Anlaß geben darf als jener, die der Autor eindeutig beabsichtigt. Der Verantwortliche darf wohl die Form des Interviews, nicht aber die Grundgedanken der interviewten Person ändern.»

Wir kennen das Original dieses Urteils nicht. Angenommen, das (übersetzte) Zitat sei schlüssig, so ist dazu zu bemerken, daß hier den Eingriffen der Radioredaktoren zu viel Spielraum eingeräumt wird. Kürzungen stellt das Gericht — der Sache nach — zu Unrecht als grundsätzlich erlaubt hin, und auch die «Form des Interviews» steht nicht einfach im Belieben der Leute vom Radio. Es genügt nicht, «die Grundgedanken der interviewten Person» nicht zu ändern. Sondern grundsätzlich ist *überhaupt* keine Änderung und keine Kürzung erlaubt, es sei denn, der Betroffene habe zugestimmt[37] oder das Prinzip von Treu und Glauben legitimiere wirklich den Eingriff.

V. SANKTIONEN

Bei Änderungen, deren Unerlaubtheit sich unter dem Gesichtspunkt des Art. 384 I OR (samt ergänzenden Regeln) und des allgemeinen Vertragsrechts ergibt (vorn Ziff. III lit. A und C), werden die gewöhnlichen vertragsrechtlichen Sanktionen aktuell: Schadenersatz nach OR 97, eventuell Genugtuung nach Art. 99 III/49. Hat man eine Urheberrechtsverletzung vor sich (vorn Ziff. III lit. B), so fällt der

---

[35] März-Session der Bundesversamlung, StenBull. NR 1967, bes. 113, 116.
[36] a.a.O. 116.
[37] RINTELEN, Urheberrecht und Urhebervertragsrecht nach österreichischem, deutschem und schweizerischem Recht (Wien 1958) 472 betont, der Urheber könne sich, selbst wenn er in nicht näher bezeichnete Änderungen *eingewilligt* hat, gegen Entstellungen, Verstümmelungen und andere Änderungen des Werkes wehren, die seine geistigen Interessen am Werk schwer beeinträchtigen.

Rechtsschutz nach URG 42 ff. in Betracht[38], besonders auch nach Art. 44 (Verweisung auf OR 41 ff. und ZGB 28/OR 49)[39], Art. 52 (vorsorgliche Verfügung) und Art. 54 (Einziehung). Darnach kann der Urheber z. B. die Beschlagnahme von Zeitungsexemplaren erwirken, in denen sein verstümmelter Beitrag abgedruckt ist. Verletzung des Persönlichkeitsrechts für sich (vorn Ziff. III lit. B) zieht die Rechtsfolgen der Art. 28 ZGB und 49 OR nach sich.

Der betroffene Autor wird sich freilich selten zur Wehr setzen. Hoffen wir, daß unsere Zeitungsredaktionen sich indes nicht darauf verlassen, sondern sich der rechtlichen Lage bewußt werden: ihre Gepflogenheit, ihnen angebotene Beiträge weit über das erlaubte Maß hinaus zu verändern — sie nennen dies euphemistisch «redigieren» — ist rechtswidrig. Sie führt zu massenhaft verübtem Unrecht. Gerade die Zeitungen, als Wächter der Sauberkeit in öffentlichen Dingen, müßten hier aufmerken.

Als *präventive* Maßnahme empfiehlt es sich, seinem Manuskript einen Zusatz anzufügen, wonach der Verfasser jede Änderung, einschließlich Kürzung, untersagt. Freilich nützt nicht einmal das immer, wie die Erfahrung zeigt.

VI. SCHLUSSBEMERKUNGEN

Unsere Folgerungen werden bei den Zeitungsleuten keine Freude erwecken. Manche unter ihnen haben die Neigung, die ihnen von der Rechtsordnung gewährten Freiheiten extensiv zu verstehen, und sie werden sich auf betriebliche Erfordernisse, technische Notwendigkeiten und dergleichen mehr berufen, namentlich auf das Arbeitstempo der Redaktionen, das Rückfragen beim Autor als unzumutbar erscheinen lasse. Dies alles hilft nicht. *Eine* Konzession nur ist zu machen. Es gibt gelegentliche Zeitungsmitarbeiter, die ihre Beiträge zum Zwecke des Erwerbs einsenden, manchmal in Serien. Ihnen mag es (abgesehen von der eventuellen Mindereinnahme) unter Umständen bis zu einem gewissen Grade gleichgültig sein, mit welchen Kürzungen oder sonstigen Änderungen ihr Artikel erscheint, wenn er nur angenommen wird. Hier hat die Redaktion mehr Freiheit, aber keineswegs eine unbegrenzte. Wo die Schranke zu ziehen ist, dürfte sich anhand unserer Überlegungen ausmachen lassen.

---

[38] Art. 42 in der Fassung von 1955.
[39] BGE 84 II 573.

III.
HAFTPFLICHTRECHT

HAFTPFLICHTRECHT UND PERSÖNLICHKEITSRECHT VOR DER NEUEREN TECHNISCHEN ENTWICKLUNG *

[120] Seit dem Aufkommen der modernen Technik haben deren Auswirkungen das Recht aufs stärkste beschäftigt. Stichworte wie die Gefährdungshaftung, die sich mit ihr verbindende Haftpflichtversicherung, die staatliche Unfallversicherung, dann das Patentrecht[1] und das Urheberrecht, das immer wieder den neu auftretenden technischen Praktiken der Wiedergabe von Werken nachgehen muß[2], beleuchten einige der zahlreichen Perspektiven. In diesem Aufsatz soll, in unvermeidlicher Gedrängtheit, auf zwei Aspekte hingewiesen werden, die für die heutige Lage, sowohl der technischen Entwicklung wie auch ihrer rechtlichen Erfassung, kennzeichnend sind: einmal das derzeitige Schädigungspotential, und dann die Rolle, die eine verstärkte Berücksichtigung des Persönlichkeitsrechts bei der Würdigung der von der Technik bewirkten Gefahren und Eingriffe zu spielen vermag.

I. DAS HEUTIGE SCHÄDIGUNGSPOTENTIAL UND SEINE BEWÄLTIGUNG DURCH DAS HAFTPFLICHTRECHT

Die durch Wissenschaft und Technik immer weiter getriebene Erschließung der Naturkräfte und die ins Ungemessene gestiegene Verbreitung technischer Mittel, die sich vor allem im Verkehr und im Berufsleben (neben Industrie und Gewerbe jetzt auch in der Landwirtschaft) zeigen, haben gleichzeitig zu einer *Vergrößerung der Gefahren*[3] und zu einer *Ubiquität* derselben geführt, die beide in der Ge-

---

* *Festschrift für Friedrich List (Baden-Baden 1957), S. 120—128.*

[1] Die Schweiz hat am 25. Juni 1954 ein neues Patentgesetz erlassen.
[2] So die in Brüssel am 26. Juni 1948 revidierte Berner Übereinkunft zum Schutz von Werken der Literatur und Kunst sowie die am 24. Juni 1955 vorgenommene Anpassung des schweizerischen Urheberrechtsgesetzes vom 7. Dezember 1922.
[3] Es sei vorweg festgehalten, daß *Gefahr* zweierlei bedeutet: einmal eine relativ ausgeprägte Neigung zur Herbeiführung von Schäden, dann die Wahrscheinlichkeit, daß eine Anomalie in quantitativer oder qualitativer Hinsicht schwerwiegende Folgen zeitigt; vgl. des Verfassers Schweizerisches Haftpflichtrecht I (Zürich 1940) 14.

schichte der Menschheit schlechthin ein Novum darstellen[4]. Beide Erscheinungen lassen sich mit dem Ausdruck *Schädigungspotential* erfassen; seine heutige Größe dürfte eines der bedeutsamsten [121] Kennzeichen unserer Zeitspanne darstellen. Neben die der *Technik* im ursprünglichen Sinne zuzuordnenden Gefahren treten diejenigen *chemischer*[5] und *biologischer*[6] Herkunft.

A. — Wer an die *Größe der Gefahren* denkt, dem tritt unausweichlich die bevorstehende und in einzelnen Ländern bereits im Gang befindliche industrielle Ausnützung der *Atomenergie* vor Augen. Die Wahrscheinlichkeit, daß die erzeugten Gefahren sich verwirklichen, mag, wie die Sachverständigen versichern[7], gering sein. Das ändert nichts daran, daß das Schädigungspotential gewaltig ist. Die Rechtsordnung versucht, vorab die traditionellen Mittel einzusetzen: in Ländern, denen dieses Institut vertraut ist, die Gefährdungshaftung — so ein deutscher Entwurf[8] und ein in Entstehung begriffener schweizerischer Vorentwurf[9] zu einem Atomgesetz — verbunden mit geeigneten Formen der Sicherstellung künftiger Schadenersatzforderungen. Die Sicherstellung wird zweckmäßigerweise obligatorisch sein (so wiederum der deutsche Entwurf und der schweizerische Vorentwurf) und sich vor allem der Versicherung bedienen. Die Ausgestaltung der Versicherung ist zur Zeit Gegenstand eingehender Studien seitens der OECE *(Organisation Européenne de Coopération Economique, Sous-Comité des Assurances du Comité Mixte des Echanges et des Paiements Intra-Européens* und seitens eines *Centre d'Etudes de la Commission permanente du Risque Atomique,* geschaffen vom *Comité Européen des Assurances*[10]). Die Gefahr ist indessen so bedeutend, daß die Assekuranz sie sogar mit Hilfe der ausgebauten Systeme der Mitversicherung und Rückversicherung nicht gänzlich zu tragen vermag. Der unter anderem in der Schweiz, in Deutschland und in den Vereinigten Staaten erörterte Ausweg liegt nahe: eine Staatshaftung. Ihre nach den überlieferten Ansichten nicht selbstverständliche Begründung steht hier nicht zur Untersuchung. Gleichgültig, nach wel-

---

[4] Aufschlußreiche Übersicht von A. IMHOF, Schweizerische Technische Zeitschrift 1956 Nr. 48/49 S. 977 ff.

[5] Hierüber unter II.

[6] Als dramatischer Beleg für den letzteren Sachverhalt diene der bekannte Fall der Kaninchenseuche (Myxomatose): ein französischer Bakteriologe, der sich auf seinem Landsitz von wilden Kaninchen behelligt fühlte, impfte im Jahre 1952 einigen von ihnen einen Virus ein. Die ausbrechende Seuche verursachte das Eingehen eines großen Teils der wilden und zahmen Kaninchen und der Hasen ganz Frankreichs, sie griff auf benachbarte Länder über und führte schließlich zu einem Tiersterben in weiten Teilen Europas.

[7] So HOUTERMANS in der neu erscheinenden Zeitschrift «Atomenergie», Mitteilungsblatt des schweizerischen Delegierten für Fragen der Atomenergie, Nr. 1, 1. Jg., vom Mai 1957, 25 ff.

[8] Statt weiterer Belege SEYDEL und SALGER, NJW 1956, 1537 ff.

[9] Darüber erst kurz BBl. 1957 I, 1153.

[10] Das Studienzentrum befindet sich in Zürich am Sitz der *Schweizerischen Rückversicherungs-Gesellschaft.* Es hat umfangreiches Material zusammengetragen.

cher Maßgabe sie eintritt — im Falle großer Katastrophen dürfte sie, auch wenn sie in den Atomgesetzen nicht zum voraus angeordnet ist, in Gestalt staatlicher Hilfeleistung unausweichlich sein —, so läßt sie deutlich eines [122] der auffälligsten Merkmale der neueren Entwicklung des Haftpflichtrechtes erkennen: den *Übergang von der Individualhaftung zur Kollektivhaftung.* Hierauf sei des näheren hingewiesen.

Das klassische Schema der Haftung läßt einen *individualisierten Haftpflichtigen,* gewöhnlich kraft seines Verschuldens, haftbar werden[11]; ausnahmsweise trifft die Haftung einen Schuldlosen, etwa im Rahmen der Haftung des Unzurechnungsfähigen (BGB 829, OR 54 Abs. I) oder des Werkeigentümers und Sachhalters in der Konzeption des schweizerischen und französischen Rechts (OR 58, CC 1384). Die moderne Ausprägung der Haftung ohne Verschulden führt statt dessen in zahlreichen und typischen Fällen zu einer *Kollektivhaftung.* So vertritt der nach der Ordnung sowohl des deutschen wie des schweizerischen[12] Rechts haftpflichtige Unternehmer eines Eisenbahnbetriebes die ganze Gruppe der an dem schädigenden Vorgang beteiligten Personen, bei einer Entgleisung etwa den Bahnhofvorstand, den Weichenwärter und das Zugpersonal, gegebenenfalls auch die Ersteller beweglicher und unbeweglicher Einrichtungen. Der gemäß OR 58 oder ZGB 679 verantwortliche Sacheigentümer vertritt die Ersteller, die Betreuer, die Mieter oder anderen Besitzer einer unbeweglichen Sache, die zu einem unfallmäßig oder mittels Immissionen bewirkten Schaden Anlaß gegeben hat. Auf einem anderen, betrieblich-ökonomischen, Boden führt die *Versicherung,* insbesondere die Haftpflichtversicherung, zu einer Kollektivierung der Haftung[13]. Statt des für den Schädigungstatbestand Verantwortlichen trägt die vom Versicherer zusammengeschlossene Gefahrengemeinschaft den Schaden[14]. Die auf weltweiter Grundlage betriebene Rückversicherung und die Mitversicherung verbreitern die schadentragende Kollektivität ins Unabsehbare. Die moderne Entwicklung räumt der Versicherung eine immer bedeutendere Rolle im Bereich der Schadenstragung ein und verstärkt damit den Zug zu deren Kollektivisierung. Dafür sind vier Tendenzen charakteristisch:

---

[11] Verschuldensprinzip; BGB 823, OR 41, ABGB 1295/96, CC fr. 1382, CC it. 2043, griechisches ZGB von 1940, Art. 914.

[12] Eisenbahnhaftpflichtgesetz vom 28. März 1905.

[13] Dies wird eindringlich hervorgehoben in den Schriften von SAVATIER, Traité de la responsabilité civile I (2. A. Paris 1951) Nr. 2ter; Du droit civil au droit public (2. A. Paris 1950) 99 ff.; Les métamorphoses économiques et sociales du droit civil d'aujourd'hui (2. A. Paris 1952) Nr. 275 ff.; und in: Revue internationale de droit comparé 1954, 649.

[14] Die Haftpflichtversicherung beraubt den von den französischen Juristen besonders stark betonten Gedanken der Verantwortung — der *responsabilité* civile — seines Gehaltes, weshalb diese Versicherungsart bei ihnen noch heute auf Vorbehalte stößt; statt vieler SAVATIER in der eben angeführten Schrift «Du droit civil au droit public» 162 ff.

III. Haftpflichtrecht

1. Die in zahlreichen Ländern feststellbare Ausdehnung des Obligatoriums [123] der Haftpflichtversicherung, vor allem für Motorfahrzeuge[15].
2. Die dem Recht einer Reihe von Ländern bekannte unmittelbare Klage des Geschädigten gegen den Haftpflichtversicherer[16].
3. Die im Bereiche der Betriebsunfälle der Arbeitnehmer manchenorts seit langem vollzogene Ablösung der Haftpflicht durch die soziale Unfallversicherung[17].
4. Die gelegentlich wahrnehmbare Neigung, auch außerhalb dieses hergebrachten Gebietes die Haftpflicht durch eine kollektive Unfallversicherung zu ersetzen. Dieser Tendenz leistet die Verbindung der obligatorischen Haftpflichtversicherung mit der unmittelbaren Klage gegen den Versicherer, wie sie das schweizerische Recht kennt, Vorschub, indem man sich hier, in materieller Hinsicht, einer Versicherung des Geschädigten stark nähert. Man ist deshalb nicht überrascht, auf den Vorschlag zu stoßen, die Haftpflicht der Halter von Motorfahrzeugen sei durch eine generelle Unfallversicherung der Verkehrsopfer zu ersetzen[18].

Das schweizerische Motorfahrzeuggesetz von 1932 hat die Kollektivhaftung für Schäden in einem Sonderfall weiter getrieben: wenn ein Schwarzfahrer anstelle des Fahrzeughalters haftbar wird (Art. 37 Abs. V), so übernimmt eine eigene Versicherung, deren Kosten der Staat trägt, die Schadensdeckung (Art. 55). Der zur Zeit dem eidgenössischen Parlament zur Beratung vorliegende Entwurf zu einem Straßenverkehrsgesetz[19] läßt anstelle dieser mittelbaren *Staatshaftung* eine unmittelbare treten, die auf das Vorschieben einer Versicherung verzichtet. Bei Schwarzfahrten deckt die Eidgenossenschaft selbst die Haftpflichtansprüche für Personenschäden (Art. 71 Abs. III); das gleiche gilt, wenn der Schädiger, sei es ein

---

[15] Deutschland: Gesetz vom 7. November 1939; Schweiz: Motorfahrzeuggesetz vom 15. März 1932, Art. 48 (das Obligatorium besteht seit 1914). Über den neuesten Stand dieser Entwicklung PRÖLSS, International-rechtliche Aspekte der Kraftfahr-Haftpflichtversicherung, Schriftenreihe der Juristischen Studiengesellschaft Karlsruhe, Nr. 28/29 (Karlsruhe 1957), 8; für Deutschland des näheren PRÖLSS, Versicherungsvertragsgesetz (10. A. München/Berlin 1957) Vorbemerkung IV, 1; für die Schweiz OFTINGER, Schweizerisches Haftpflichtrecht I (Zürich 1940) 333 ff.

[16] Schweizerisches Motorfahrzeuggesetz Art. 49; Frankreich: VVG Art. 53; auch Belgien und England kennen dieses Institut. Über den durch Obligatorium und unmittelbare Klage verstärkten Bedeutungswandel der Haftpflichtversicherung, Schweizerisches Haftpflichtrecht II (Zürich 1942) 792 ff.; SJZ 39 (1943/44) 563 ff. Näheres über die schweizerische und die französische Regelung der unmittelbaren Klage bei CARRY und PICARD, Travaux de l'Association Henri Capitant II (Paris 1947) 339 ff., 363 ff.; Schweizerisches Haftpflichtrecht II 1002 ff. — Das deutsche Recht sieht die unmittelbare Klage nicht vor: VVG 158c Abs. V.

[17] Schweiz: Kranken- und Unfallversicherungsgesetz vom 13. Juni 1911 Art. 60 ff.; Seeschiffahrtsgesetz vom 23. September 1953 Art. 84/85; Landwirtschaftsgesetz vom 3. Oktober 1951 Art. 98/99 samt VO vom 9. März 1954, u.a.m.

[18] MÉAN, Journal des Tribunaux (Lausanne) 1949 I, 226 ff.; BUSSY, ZSR 1949, 115a ff.; EHRENZWEIG, «Full aid» Insurance for the Traffic Victim (Berkeley/Los Angeles 1954); USSING, Revue internationale de droit comparé 1955, 485 ff.

[19] Vom 24. Juni 1955, BBl. 1955 II, 1 ff.

Motorfahrzeugführer oder Radfahrer, unbekannt bleibt oder nicht [124] im Genuß der ihm vorgeschriebenen Haftpflichtversicherung steht (Art. 72). Es ergibt sich von selber, daß die Staatshaftung für Atomschäden, von der diese Betrachtung ausgegangen ist, hier ihre Parallele findet, und die Schlußfolgerung liegt nahe: daß das Haftpflichtrecht mit seiner bei der Haftung ohne Verschulden beginnenden, zur Zwangsversicherung breiter Schichten und sogar zur unmittelbaren Staatshaftung für Schäden, die von Dritten verursacht werden, gelangenden Entwicklung in die *öffentliche Fürsorge* einmündet [20].

B. — Die *Ubiquität* der Gefahren wird am eindrücklichsten durch die erschreckende Häufigkeit der Straßenverkehrsunfälle deutlich gemacht. Es sei gestattet, einige Zahlen, die, wie zu befürchten, bald überholt sein werden, festzuhalten. Im Jahre 1956 betrug in der Bundesrepublik Deutschland die Anzahl der Todesopfer über 13 000, in der Schweiz, mit ihren 5 Millionen Einwohnern, 1028, zu denen 28 005 Verletzte kamen; von diesen wurden mehr als 10 000 schwer verletzt und sind großenteils zu dauernder Invalidität verurteilt. Im Dezember 1951 wurde in den Vereinigten Staaten der millionste Mensch durch einen Automobilunfall getötet. Während einer bestimmten Zeitspanne des Jahres 1952 kamen 21mal mehr Amerikaner auf der Straße ums Leben als in derselben Zeit im Koreanischen Krieg. Wie sich das Factum Ubiquität mit dem Factum der Größe der Gefahr kreuzt, zeigt folgender Beleg: Am 16. April 1947 explodierte im Hafen der Stadt Texas ein mit Salpeter beladenes Schiff. Zwei weitere Schiffe sanken. Die entstandene Erschütterung der Luft setzte in einer chemischen Fabrik die Regulierungsapparate außer Funktion, worauf sie in die Luft flog. In fünf Kilometer Umkreis wurden so gut wie sämtliche Gebäude beschädigt. Ein Flugzeug stürzte ab, und tausendfünfhundert Automobile wurden beschädigt oder zerstört [21].

Das *Haftpflichtrecht* setzt auch angesichts der Ubiquität der Gefahren die bereits geschilderten Mittel ein: Ausdehnung der Haftung ohne Verschulden und der Versicherung. Besonders die immer häufiger erfolgende Einschaltung der letzteren dürfte hierher zu zählen sein.

C. — Beides, Größe und Ubiquität der heute herrschenden Gefahren, zeigt deutlich, wie die vom Haftpflichtrecht und der Versicherung ermöglichte Wiedergutmachung der Schäden als Ziel der Rechtsordnung niemals ausreicht. Vielmehr muß die Reparation ergänzt werden durch eine immer nachhaltiger betriebene *Gefahrenprävention*. Es steht fest, daß das hergebrachte Haftpflichtrecht immer auch den Zweck verfolgt hat, durch die Drohung mit der Schadenersatzpflicht, und bei

---

[20] RIPERT, Le régime démocratique et le droit civil moderne (2. A. Paris 1948) Nr. 167 ff., bes. Nr. 180, 197; SAVATIER in den vorstehend N. 13 zit. Schriften.
[21] Bericht des Eidgenössischen Versicherungsamtes, 61. Jg. (1948) 6*.

der Verschuldenshaftung auch durch den Appell an das Gewissen, von Schädigungen abzuschrecken und [125] zur Sorgfalt zu ermahnen [22]. Die Wirkung ist so bescheiden, daß auch hier der Weg in den *publizistischen* Bereich einmünden muß. Neben den verdienstvollen, auf privater Grundlage vollzogenen Anstrengungen zur Gefahrenverhütung [23] und dem Einschreiten des *Strafrichters* ist das *Polizeirecht* zu tatkräftigem Einsatz berufen [24].

II. DIE ROLLE DES PERSÖNLICHKEITSRECHTS

Das *allgemeine Persönlichkeitsrecht* ist in der Schweiz nach französischem Vorbild seit dem Erlaß der ersten Fassung des OR am 14. Juni 1881 anerkannt, zunächst mittelbar und zurückhaltend [25], seit der Schaffung des ZGB am 10. Dezember 1907, umfassend [26]. Seine Gewährleistung als verfassungsmäßiges Grundrecht in Art. 1 und 2 des Grundgesetzes der Bundesrepublik Deutschland stellt in den Augen des ausländischen Juristen ein Ereignis von europäischer Bedeutung dar, und die Durchsetzung in der Gerichtspraxis, insbesondere seit dem Urteil des Bun-

---

[22] Dazu eingehend HENRI COCHAND, Der Wertschutz durch Gefahrenprävention im Haftpflicht- und Versicherungsrecht (Diss. Zürich 1950); ferner RIPERT, La règle morale dans les obligations civiles (4. A. Paris 1949) Nr. 112 ff.

[23] So in der Schweiz die u. a. von der Assekuranz getragene Aufklärung über Unfallverhütung.

[24] Zum Tatbestand der herrschenden Rücksichtslosigkeit, namentlich im technischen Bereich, schon der hochverdiente HEINRICH ZANGGER, Medizin und Recht (Zürich 1920) 318, 322; ferner F. G. JÜNGER, Die Perfektion der Technik (4. A. Frankfurt a. M. 1953) 78.

Aus der schweizerischen Literatur über Gefahrenprophylaxe: COCHAND, a.a.O.; MAURER, Recht und Praxis der schweizerischen obligatorischen Unfallversicherung (Bern/Stuttgart 1954) 311 ff. mit weiteren Angaben; HELFENSTEIN und JOHO in der Festgabe *Arnold Bohren*, «Schweizerische Unfallversicherungsanstalt, Rückblick und Ausblick» (Bern 1942) 45 ff., 263 ff.; Aufsätze von JOHO, ROHRER, NICOLET, SYZ und anderen in der Schweizerischen Versicherungs-Zeitschrift 14, 129; 3, 65; 23, 193 ff.; eindringlich ZANGGER, a.a.O. 291 ff.; derselbe, Aufgaben der kausalen Forschung (Basel 1936).

[25] Art. 55: Klage auf Genugtuung im Falle der Verletzung; Näheres EGGER, Personenrecht, Kommentar (2. A. Zürich 1930) Art. 28, N. 4, 5.

[26] Art. 27/28 ZGB und 49 OR; dazu die Kommentare von EGGER, a.a.O.; OSER/SCHÖNENBERGER, Obligationenrecht, 1. Halbband (2. A. Zürich 1929); BECKER, Obligationenrecht, Allgemeine Bestimmungen (2. A. Bern 1941); das Lehrbuch von VON TUHR/SIEGWART, Allgemeiner Teil des schweizerischen Obligationenrechts I (2. A. Zürich 1942) § 16.

[27] Statt eigener Zitate: SIEGERT, NJW 1957, 689/90. — Der Vorentwurf von 1955 für die Revision des CC fr., Art. 164/65, sieht die Statuierung und den Schutz des allgemeinen Persönlichkeitsrechts vor (GROSSEN, ZSR 1957, 30 ff.), das griechische ZGB von 1940, Art. 57, hat ihn verwirklicht.

desgerichtshofes vom 25. Mai 1954, eröffnet weite Horizonte [27]. Der Zusammenhang des Persönlichkeitsschutzes mit dem unter Ziff. I besprochenen *Schädigungspotential* liegt auf der Hand, will doch das Persönlichkeitsrecht vorab die Unversehrtheit der menschlichen Person gewährleisten. Neben die Gefährdung und Beeinträchtigung durch *Unfälle*, mit deren Ahndung sich das Haftpflichtrecht überwiegend befaßt, treten die Gefährdung und Beeinträchtigung durch *Krankheiten*; zu den Strahlungen radioaktiver Stoffe, deren Verhütung die Atomgesetze anstreben, kommen die schleichenden Gefahren der Einwirkung von Abgasen (sei es der [126] Industriebetriebe, sei es der Motorfahrzeuge [28]), von schädlichem Staub oder von Giften; es sei an die überaus häufigen toxischen Zusätze zu den Nahrungsmitteln [29] und an die in größtem Umfange verwendeten Insektizide und andern Mittel zur Bekämpfung von Schädlingen erinnert [30].

Zu der Setzung akuter und latenter Gefahren der geschilderten Art treten *die Störungen durch Immissionen* und ähnliche Einwirkungen hinzu, die häufig nicht die Stufe nachweisbarer Gesundheitsschädigung erreichen, sondern lediglich lästig, aber deshalb für das Recht nicht weniger beachtlich sind. Wie unser technisches — und chemisches — Zeitalter ein unabsehbares Schädigungspotential erzeugt hat, so hat es ein gewaltiges *Störungspotential* gebracht. Im Vordergrund steht der allgegenwärtige Lärm [31], dann die Einwirkungen von Gerüchen, Rauch, Ruß, Erschütterungen [32] und Licht [33]. Die traditionellen Wege der Abwehr und Ahndung von Störungen, auf dem Boden des Zivilrechts und vor allem des Polizeirechts, bedürfen an dieser Stelle keines Nachweises. Mit Nachdruck sei statt dessen der

---

[28] Bereits geben auch die Abgase der Düsenflugzeuge, die in die Umgebung der Flugplätze strömen, zu Befürchtungen Anlaß.

[29] Darüber eingehend das beunruhigende Buch von EICHHOLTZ, Die toxische Gesamtsituation auf dem Gebiet der menschlichen Ernährung. Umrisse einer unbekannten Wissenschaft (Berlin/Göttingen/Heidelberg 1956).

[30] Angaben bei SCHWARZ, ZStR 1957, 143 ff. — Das Ausmaß und die Aktualität der Gefährdung durch die Beigabe von Chemikalien zu Lebensmitteln und durch die Schädlingsbekämpfung sind nach fachmännischer Auskunft umstritten, werden aber vielfach als ernst beurteilt.

[31] Die juristische Seite seiner Abwehr erfährt wachsende Beachtung. Für Deutschland: neuestens LASSALLY, Deutsches Lärmbekämpfungsrecht (Alfeld/Leine 1955); FRIEDRICH LIST, Der Lärm im Recht, in der Zeitschrift «Lärmbekämpfung» 1 (1956/57) 17 ff.; für die Schweiz: OFTINGER, Lärmbekämpfung als Aufgabe des Rechts (Zürich 1956); ferner derselbe in der erwähnten Zeitschrift «Lärmbekämpfung» 1 (1956/57) 45 ff.

[32] Die modernen Baumaschinen und Baumethoden bewirken unter Umständen nachteilige Erschütterungen der benachbarten Gebäude. Man kennt den befremdlichen Fall eines Zahnarztes, der seine Praxis nicht mehr auszuüben vermochte, weil sich die Erschütterungen auf seinen Operationsstuhl übertrugen.

[33] Ein aufschlußreiches Urteil SJZ 1953, 229: störende Einwirkung einer Reklamebeleuchtung.

auch hier bestehende Zusammenhang mit dem allgemeinen Persönlichkeitsrecht[34] unterstrichen. Dieses erstreckt sich auf den Schutz vor solchen Störungen; sie alle — am sinnenfälligsten der Lärm[35] — bedeuten Einbrüche in die vom Persönlichkeitsrecht umhegte Privatsphäre. Der Mensch soll, das ergibt sich aus dem [127] Persönlichkeitsschutz, einen Bereich des Unbehelligtseins vor Angriffen einer störenden Umwelt besitzen, sein Denken und Fühlen, seine Arbeit und Ruhe, die Gestaltung der Freizeit, sollen geschützt sein; er hat Anspruch auf Lebensfreude. Nicht um die rechtstechnische Durchführung solcher Postulate geht es an dieser Stelle, sondern um die ideelle Verankerung der den geschilderten Tatbeständen gewidmeten einzelnen Gesetzesvorschriften im Persönlichkeitsrecht[36].

Daraus lassen sich konkrete *Folgerungen* ableiten.

1. Von den bestehenden gesetzlichen *Vorschriften nicht erfaßte*, auch durch neue technische Entwicklungen allenfalls bewirkte Störungen können im Bereich des Zivilrechts auf Grund des Schutzes der Persönlichkeit geahndet werden, und zwar neben dem Ersatzanspruch grundsätzlich durch eine Klage auf Abwehr. Im Gebiete des Polizeirechts ist der Gedanke des Persönlichkeitsschutzes geeignet, eine weiterzigere Handhabung der generellen Polizeiklausel zu legitimieren.

2. Die Besinnung auf das Persönlichkeitsrecht, aus dem sich ein virtuell garantiertes Recht auf relative Ungestörtheit (und damit insbesondere auf Ruhe) und das Gebot der Rücksichtnahme ableiten lassen, vermag den *Maßstab* zu liefern, nach dem sich der erlaubte Umfang der Störungen beurteilen läßt. Dies kann hier nicht in den Einzelheiten entwickelt, sondern nur im Leitgedanken festgehalten werden. Schon die Untersuchung des Tenors zahlreicher auf Immissionen und andere Einwirkungen bezüglicher Gesetzesbestimmungen vermag nicht selten zu zeigen, daß zu große Duldsamkeit dem Geist, und manchen Orts selbst dem Buch-

---

[34] Das Persönlichkeitsrecht erfährt zur Zeit auf verschiedenen Fronten des mit technischen Mitteln vorangetragenen Angriffs auf die menschliche Würde und die Unverletzlichkeit der persönlichen Sphäre eine Aktualisierung und Vertiefung; vgl. etwa über die Tonbandaufnahmen KOHLHAAS, NJW 1957, 81; HENKEL, JZ 1957, 148; SIEGERT, NJW 1957, 689 (bei diesen Verfassern frühere Schriften zitiert); über Mißbräuche der Bildreportagen und ähnlichen Formen der heutigen Publizität: WILFRIED LANDWEHR, Das Recht am eigenen Bild (Diss. Zürich 1955). In anderer, nicht minder wichtiger Richtung zielt EUGEN BUCHER, Die Ausübung der Persönlichkeitsrechte, insbesondere die Persönlichkeitsrechte des Patienten als Schranken der ärztlichen Tätigkeit (Diss. Zürich 1956).

[35] Über das Ergriffenwerden des differenzierten Menschen als psycho-physische Einheit — als Person — durch den Lärm: E. SPRANGER und R. GUARDINI, Vom stilleren Leben (Würzburg 1956); WALTHER-BÜEL, Zeitschrift für Präventivmedizin (Zürich) 1957, 73 ff.; CERLETTI in der Zeitschrift «Audiotecnica» (Turin) 1956, 45; BODAMER, Gesundheit und technische Welt (Stuttgart 1955) 22 f., 26 ff., 64 f., 72.

[36] Dazu das bei LASSALLY, a.a.O. 92, wiedergegebene Hamburger Urteil vom 16. November 1953.

staben, der Vorschriften zuwiderläuft. Um so mehr ergibt sich dies auf Grund der Berücksichtigung des Persönlichkeitsschutzes. Ein zu milder Maßstab in der Beurteilung der Störungen hat die heutigen Zustände, die oft genug auf eine universale Belästigung hinauslaufen [37], entstehen lassen. Recht und Rechtspraxis haben sich von der Technik, die, ohne Hemmung durch andere Rücksichten, das Ziel größtmöglicher Leistung zu verwirklichen trachtet, deren Denkweise aufdrängen lassen, statt die eigenen Ideale zu verwirklichen, für welche der Schutz der Persönlichkeit ein zentrales Anliegen bedeutet [38]. Freilich steht der Kompromißcharakter des Rechts fest. Der Ausgleich zwischen dem technisch-wirtschaftlichen Streben und der vom Persönlichkeitsrecht verkörperten Humanität ist aber, wie das Ausmaß der heute herrschenden Gefährdungen, Schädigungen und Störungen lehrt, zum Nachteil der Persönlichkeit ausgefallen. Der Jurist ist berufen, als Beschützer [128] der hergebrachten, in einem Kulturstaat unabdingbaren Werte aufzutreten. Er hat eine Hierarchie der Werte zu vertreten, nach welcher es z. B. schwerer wiegt, wenn die einer Baustelle benachbarten Ärzte wegen des Lärms zum Schaden ihrer Patienten nicht mehr zu auskultieren vermögen [39], als wenn man den Unternehmern zumutet, die störenden Maschinen mit Schalldämpfern zu versehen. Daß die vom Recht verkörperte Wertordnung mit so leichter Hand beiseite geschoben werden konnte — das immer wieder anzuführende Schädigungspotential und der Umfang der schädigenden und belästigenden Störungen beweist dies — bedeutet eine Entartungserscheinung [40].

3. Eine ins Gewicht fallende Besserung läßt sich erst erreichen, wenn durchwegs die *Ziele der Technik sich nach der Erlaubtheit der Mittel richten* und nicht umgekehrt die Beurteilung der Erlaubtheit der Mittel nach den von vornherein für

---

[37] Vgl. statt ungezählter Belege die N. 35 angegebenen Schriften. — Schon FRITZ FLEINER rügt die Duldsamkeit der Polizeibehörden: Institutionen des Deutschen Verwaltungsrechts (8. A. Nachdruck Zürich 1939) § 24 II 3.

[38] Der Verfasser spricht diese Gedanken hier nicht zum erstenmal aus. Er glaubt, daß sie immer wieder der Formulierung und Präsentierung bedürfen.

[39] Belege für die Beeinträchtigung der ärztlichen Tätigkeiten durch den Lärm: eine Umfrage bei deutschen Krankenanstalten, über die VON TISCHENDORF berichtet, Schriftenreihe des Deutschen Arbeitsringes für Lärmbekämpfung, Nr. 4 (Alfeld/Leine 1956) 57 ff.; Medizinische Klinik 1957 Nr. 3 S. 111.

[40] Falls es weiterer Belege bedarf, sei auf solche Fehlleistungen der Behördenpraxis hingewiesen wie die Duldung gewisser Modelle von Kühlerfiguren für Automobile, die, wie jedem mit Verkehrsunfällen vertrauten Gerichtsmediziner bekannt ist, wahre Totschlaginstrumente darstellen; oder es sei an einzelne Rundstreckenrennen für Automobile erinnert, die Jahr für Jahr zu Tötungen von Zuschauern und Fahrern führen, deren Zahl in die Dutzende gehen kann. In einer Rektoratsrede sprach der Zürcher Pharmakologe und Medizinhistoriker HANS FISCHER im weiteren Zusammenhang von der «Entwertung des Menschen, von der entsetzlichen Verrohung der Sitten» (Jahresbericht der Universität Zürich 1956/57, 3 ff.). Wer derlei ausspricht, wird den Vorwurf des Kulturpessimismus zu ertragen wissen. Er wiegt neben den nicht zu bestreitenden Tatsachen leicht.

indiskutabel erachteten technischen Zielen. Das letztere aber ist nur zu oft der Fall. Anders lassen sich das derzeitige Schädigungspotential und Störungspotential nicht erklären; als Belege seien lediglich die Zahl der Verkehrsopfer und das Gewährenlassen einer ganz übermäßigen Geräuscherzeugung durch die meisten Großflugzeuge angeführt [41]. Der Techniker müßte die ihm vom Juristen umschriebenen Werte als ebenso real in seine Planungen einsetzen wie die rechnerischen Daten [42].

---

[41] Hierzu der Hygieniker ALTVATER, Einflüsse moderner Düsenverkehrsflugzeuge auf den Menschen, in der Zeitschrift «Städtehygiene» I/1957. — Nach verläßlicher Aussage arbeiten auf Prüfständen Flugzeugmotoren, die das Tausendfache des gewöhnlichen — schon sehr lauten — Straßenlärms erzeugen.

[42] Sinngemäß gleich äußert sich einer der hervorragendsten Fachmänner der technischen Lärmabwehr, W. ZELLER, in der von ihm herausgegebenen Zeitschrift «Lärmbekämpfung» 1 (1956/57) 9: «Lärm empfinden wir heute mehr und mehr als eine der Grenzen, an denen die Weiterentwicklung der Technik sich zwingend orientieren muß, wenn unser technisches Schaffen und unser Wirtschaften mit technischen Erzeugnissen seinen eigentlichen Sinn nicht verfehlen soll.»

DER SOZIALE GEDANKE IM SCHADENERSATZRECHT UND IN DER HAFTPFLICHTVERSICHERUNG *

I.

[545] In den achtziger Jahren des vergangenen Jahrhunderts hat in der juristischen Literatur eine lebhafte Diskussion eingesetzt, ob das Schadenersatzrecht in der Gestalt, wie es die damalige Rechtsauffassung und Gesetzgebung geprägt hatten, dem sozialen Gedanken genügend Rechnung trage. Juristen und Ökonomen beteiligten sich gleichermaßen an der Erörterung; gerade die letzteren lieferten bemerkenswerte Beiträge. So untersuchte 1888 der Wiener Privatdozent für politische Ökonomie VICTOR MATAJA in einem heute noch lesenswerten Buch «Das Recht des Schadenersatzes vom Standpunkte der Nationalökonomie»; GUSTAV SCHMOLLER verlangte in einem schönen Aufsatz «Die Gerechtigkeit in der Volkswirtschaft» (1881)[1], dabei unter den von ARISTOTELES übernommenen Begriff der distributiven Gerechtigkeit[2] auch die Verteilung der negativen Güter, also der Schäden, fassend[3]. Besonderen Auftrieb gaben der Diskussion die Entwürfe zum deutschen BGB, die gerade hinsichtlich des Schadenersatzrechts eine vernichtende Kritik erfuhren; als wichtigste Stimmen seien erwähnt: der Germanist OTTO GIERKE in zwei Schriften, deren eine sich mit der «Sozialen Aufgabe des Privatrechts» (1889) beschäftigte, die andere den ganzen Gesetzesentwurf beleuchtete[4], und der Sozialpolitiker ANTON MENGER, ebenfalls in zwei Darstellungen, «Über die sozialen Aufgaben der Rechtswissenschaft» (1895 und 1905)

---

* Nach einer am 26. Juni 1943 in der Aula der Universität Zürich gehaltenen Antrittsvorlesung. Schweizerische Juristen-Zeitung 39 (1943), S. 545—551, 561—565.

[1] In Schmollers Jahrbüchern für Gesetzgebung und Verwaltung 5, 19 ff. Daran hat kürzlich ESSER in der unten in N. 6 a. A. zitierten Schrift erinnert.

[2] Nikomachische Ethik 5. Buch, 5. Kapitel. Dazu statt vieler DEL VECCHIO, Die Gerechtigkeit (1940) 29 ff.; derselbe, Lezioni di Filosofia del Diritto (1932) 33/34; NEF, Gleichheit und Gerechtigkeit (1941) 89; DU PASQUIER, Introduction à la théorie générale et à la philosophie du Droit (1942) 240, 329, 357; PETRASCHEK, System der Rechtsphilosophie (1932) 85.

[3] a.a.O. bes. 22/23, 34/35.

[4] O. GIERKE, Der Entwurf eines bürgerlichen Gesetzbuches und das deutsche Recht (1889), «veränderte und vermehrte Ausgabe der in Schmollers Jahrbüchern usw. erschienenen Abhandlung», bes. 23 ff., 105, 259 ff.

III. Haftpflichtrecht

und «Das bürgerliche Recht und die besitzlosen Volksklassen» (1889 erstmals veröffentlicht)[5].

Die Kritik, die mit Nuancen jeder der angeführten und mancher andere Autor am herrschenden Schadenersatzrecht anbrachte, ist bis heute nicht verstummt[6], obwohl gerade seit der Zeit der ersten der erwähnten Schriften der soziale Gedanke [546] allgemein im Recht in außerordentlichem Maße an Raum gewonnen, ja weite Teile der modernen Gesetzgebung überhaupt ins Leben gerufen hat und anderen das Gepräge gibt. *Welche Bedeutung der soziale Gedanke für die Entstehung des Schadenersatzrechtes besaß und welchen Platz er heute einnimmt,* soll in dieser Stunde untersucht werden.

Als *Schadenersatzrecht* bezeichnet der Jurist — das sei weiter einleitend erläutert — die Vorschriften über die Pflicht zur völligen oder teilweisen wirtschaftlichen Wiedergutmachung eines jemand anderem zugefügten Nachteils[7], insbesondere wenn es sich nicht um Schaden durch Vertragsverletzung handelt, nach Art derjenigen, wie sie etwa der säumige Verkäufer gegenüber dem Käufer begeht. Ein typischer Tatbestand des Schadenersatzrechts wäre also die Schädigung eines Fußgängers durch einen Automobilisten. Das unserer Betrachtung vorangestellte Stichwort des *sozialen Gedankens* weist auf die ökonomische Ungleichheit der Menschen und Verbände hin und führt, wie bereits angedeutet, in unserem Bereich zur Frage, ob und wie dieser Sachverhalt für die Entstehung und Regelung von Schadenersatzforderungen Bedeutung besitze.

Daß dies überhaupt diskutabel sei, ist keineswegs selbstverständlich, vielmehr

---

[5] Dieses noch jetzt viel zitierte Buch Mengers erlebte verschiedene Auflagen; im folgenden wird die vierte (1908) zitiert; bes. 147 ff., 197 ff.

[6] Neuestens Esser, Grundlagen und Entwicklung der Gefährdungshaftung (1941; *diese* Schrift des Autors wird im folgenden mit dem Verfassernamen zitiert. Sie ist ausführlich besprochen von Reinhart, Beiträge zum Neubau des Schadenersatzrechts, Archiv für die civilistische Praxis 148, 147 ff., und von Süss, Außerdeliktische Haftungen, Deutsche Rechtswissenschaft 7, 185 ff.); Staudinger/Weber, Einleitung (zum Recht der Schuldverhältnisse, 10. A.) II¹ Lieferung 1, 171 ff. und dortige Zitate; Nipperdey und andere, Grundfragen der Reform des Schadenersatzrechts, Arbeitsberichte der Akademie für Deutsches Recht Nr. 14 (1940); eine Kritik der letztern Arbeit: Esser, Archiv für die civilistische Praxis 148, 121 ff. Die mangelnde Berücksichtigung des Sozialen im BGB ist überhaupt ein ständiges Thema der heutigen deutschen Reformliteratur (Überblick bei Staudinger/Brändl, Einleitung zu Bd. I des Kommentars, 10. A., 1936, 9 ff.). In einen allgemeineren Zusammenhang rückte die Frage schon früh Max Gutzwiller, Gegenwart und Zukunft der Privatrechtswissenschaft (1927) 6 ff. Bei diesen und älteren Bearbeitern hat unser einheimisches Recht jeweils eine günstige Beurteilung gefunden, ja wurde als Vorbild genannt. Vgl. etwa Gierke, Der Entwurf 267 ff.; Menger, Das bürgerliche Recht und die besitzlosen Volksklassen S. VI; aus der neueren Literatur Esser, und Wilburg, Die Elemente des Schadensrechts (1941; über letzteres Buch die N. 6 zit. Abhandlung von Reinhart).

[7] Vgl. die genauere Definition des Schadenersatzes bei Oftinger, Schweizerisches Haftpflichtrecht I (1940) 35. Im folgenden wird gelegentlich auf dieses Buch verwiesen, um die Dokumentation knapper halten zu können; es wird mit dem Titel zitiert.

bedurfte es einer bestimmten *gesellschaftlichen*, vornehmlich wirtschaftlichen, und *rechtlichen Konstellation*, damit die Frage sich stellte. Diese Lage zu schildern ist zunächst die Aufgabe.

II.

Vorerst die *gesellschaftliche* Seite, vom Juristen aus gesehen also der *Tatbestand*. Das ausgehende 18. und vornehmlich das 19. Jahrhundert brachte, wie jedermann weiß, die gewaltige *Industrialisierung,* die als ungeheure Hypothek die soziale Frage im modernen Sinn erzeugt hat. Um die Mitte des 19. Jahrhunderts setzte dazu in großem Maße der *Eisenbahnbau* ein, was den raschen und den massenhaften Transport von Menschen und Gütern ermöglichte, der den mechanisierten modernen Verkehr kennzeichnet. Beides brachte eine vorher nie erlebte *Intensivierung und Häufung von Gefahren,* die auf die Güter und namentlich die Menschen lauerten. Dazu kam, daß der Streubereich der einzelnen Gefahr deshalb vergrößert wurde, weil die Zusammenballung der Betroffenen z. B. in Fabriken und Eisenbahnen die *Wirkung* des einzelnen Unfalls *vervielfachte*. Während früher eine Explosion in der Werkstatt des Handwerkers den Meister und sein halbes Dutzend Gesellen traf, schädigte jetzt die Explosion in der Fabrikhalle vielleicht hundert Personen; der entgleisende Bahnzug gefährdet 600 Reisende, die umstürzende Postkutsche ihrer 12. Jeder sieht auch ein, wie bei der modernen Sachlage die einzelne Schädigung die größere Tendenz als früher besitzt, verhängnisvoll zu sein: der mit 80 km fahrende Zug richtet qualitativ schlimmere Schäden an als das im Trab daherkommende Fuhrwerk. Die neuen Verhältnisse ließen ein Gefahrvolumen alltäglich werden, das vorher nur im Krieg als einer außergewöhnlichen Verumständung erzeugt wurde.

Fast wichtiger als diese zunächst liegenden Verhältnisse ist das folgende: während im nicht mechanisierten Zeitalter meist der Mensch, allenfalls noch das Tier die Schädigung bewirkte, trat nunmehr als verursachendes Agens die *Maschine* oder doch ein mechanischer (vielleicht auch chemischer) Vorgang in den Vordergrund; in der juristischen Terminologie also *nicht* mehr ein *menschliches Verhalten,* sondern ein *Zufall*. Es wird nachher zu zeigen sein, welch große rechtliche Tragweite dieser Umstand besaß. Als letztes Merkmal sei schließlich bemerkt, daß dort, wo ein Mensch an der Schadensverursachung beteiligt war — was die Mechanisierung keineswegs ausschließt —, die *Individualisierung des Schuldigen* erschwert, wenn nicht ausgeschlossen wurde. Denn während es meist gelingen mag, unter den paar Leuten einer Werkstatt denjenigen herauszufinden, der eine Fehldisposition getroffen hat, wird das gleiche im Großbetrieb namentlich für den Außenstehenden nur zu oft unmöglich sein, weil sich der Platz des Einzelnen in der verhängnisvollen Ursachenkette nicht lokalisieren läßt.

III.

Auf welche *juristische Situation* traf die geschilderte Sachlage? Es ist zu skizzieren, was für eine Regelung der Schadenersatzfrage die damalige Rechtsordnung den Geschädigten zur Verfügung stellte. Das neuere Pandektenrecht, dieser systematisch glänzende, aber stark doktrinär gefärbte Sproß der historischen Rechtsschule, stand in Deutschland in voller Blüte. Die das Privatrecht beherrschenden Regeln waren somit diejenigen des mehr als fünfzehnhundertjährigen römischen Rechts, das auf dem Grund antiker Gesellschaftsverhältnisse gewachsen war, unter denen sowohl die mechanisierte wie die Lohnarbeit einen sehr bescheidenen Platz einnahmen. Obwohl die Schweiz nicht wie Deutschland kraft Rezeption dem Pandektenrecht unterworfen war, dominierte es ideell auf dem Gebiet des Obligationenrechts [547] auch bei uns. Für das Schadenersatzrecht insbesondere waren pandektenrechtlich zwei miteinander verwandte Grundsätze maßgebend, die für unser Problem die entscheidende Rolle spielen:

Einmal das damals sogenannte *Culpaprinzip*, heute *Verschuldensprinzip* geheißen. Es drückt zweierlei Gedanken aus, die (zum Schaden der Analyse) gewöhnlich nicht auseinandergehalten werden: zunächst, daß die Schuldhaftigkeit menschlichen Verhaltens, das zur Schadensursache geworden ist — vor allem also die Begehung einer schuldhaften Tat —, ein *Grund* sei für die Schadenersatzpflicht. Nichts scheint einleuchtender als dieses[8]. Die Rechtsordnung ist eine Wertordnung; als solche enthält sie Vorschriften, die eine doppelte Wertung menschlichen Verhaltens vorsehen, prospektiv im Sinn der Aufstellung von Imperativen und retrospektiv zur nachträglichen Beurteilung. Führt die retrospektive Wertung zu einer negativen Einschätzung menschlichen Verhaltens, so kann sich das Recht nicht mit der bloßen *Feststellung* begnügen, daß seiner Forderung zuwider gehandelt worden sei. Sondern es läßt vielmehr eine Reaktion eintreten, die nichts anderes als eine *Sanktion* darstellt. Der Grund liegt darin, daß das Recht sich nicht wie die Moral mit einem Appell an das Gewissen begnügt, sondern sich an den Gehorsam wendet und eine Zwangsordnung ist. Seine Zwangsmittel sind eben die Sanktionen; eine der wichtigsten solchen ist die Schadenersatzpflicht. Wogegen das Recht in der geschilderten Weise reagiert, das ist die Offenbarung seiner Negation, das *Unrecht*. Verschulden bedeutet in seinem ursprünglichen Gehalt den Vorwurf einer vermeidbaren Begehung von Unrecht oder — wie der Jurist meist sagt — einer Widerrechtlichkeit. Es erweist sich demnach als durchaus verständlich, ja mehr: als notwendig, im Verschulden einen Grund zur Schadenersatzpflicht zu sehen.

---

[8] A. M. neben andern BIENENFELD, Die Haftungen ohne Verschulden (1933) 52.

Der soziale Gedanke im Schadenersatzrecht

Weniger einleuchtend, sogar unzulässig, ist der Schluß, den die in der fraglichen Periode maßgebende pandektenrechtliche Lehre daraus gezogen hat: daß *nur* bei persönlichem Verschulden eine Schadenersatzpflicht entstehe. (Das ist der andere der angedeuteten, als Culpaprinzip zusammengefaßten Gedanken.) Man machte aus dem Verschulden, das zunächst ein *Grund* der Schadenersatzpflicht gewesen, eine *Voraussetzung* der Schadenersatzpflicht, und zwar — das ist das Entscheidende — im Sinn eines absoluten Erfordernisses: nulla indemnitas sine culpa, wäre man versucht zu sagen, keine Schadenersatzpflicht ohne Verschulden. Es ist hier nicht zu zeigen, wie es sich dabei um ein der sachlichen Rechtfertigung entbehrendes Dogma handelte, das auch in dieser Schroffheit historisch keineswegs begründet war; denn nicht zuletzt kannte das römische Recht Schadenersatzpflichten ohne Verschulden[9]. Es sei nur in Parenthese der Vermutung Ausdruck verliehen, man habe einen Erfahrungsgrundsatz, der als solcher nur eine Wahrscheinlichkeit begründen konnte, zu einem kategorischen ethischen Werturteil erhoben. Worauf es an dieser Stelle ankommt, ist der Umstand, *daß* die geschilderte Auffassung damals die herrschende war[10]. Sie galt als die einzig denkbare, als weiter nicht zu motivierende «raison écrite[11]»; eine abweichende Ordnung wäre Gefahr gelaufen, als barbarisch bezeichnet zu werden[12].

Von den zwei Grundsätzen, von denen vorhin erklärt worden ist, sie hätten um die Mitte des 19. Jahrhunderts das Schadenersatzrecht beherrscht, ist der erste

---

[9] Statt vieler BIENENFELD 13/14, 45; ESSER 47 ff.

[10] An Stelle zahlreicher Belege sei hingewiesen auf das zur Dokumentation der schadenersatzrechtlichen Dogmengeschichte unentbehrliche Buch von BIENENFELD, 23 ff., 52; vgl. ferner MATAJA 11 ff.; GIERKE, Der Entwurf 259 ff. Als typisch wird häufig der Satz JHERINGS (Das Schuldmoment im römischen Privatrecht, 1867, 40) zitiert: «Nicht der Schaden verpflichtet zum Schadenersatz, sondern die Schuld — ein einfacher Satz, ebenso einfach wie derjenige des Chemikers, daß nicht das Licht brennt, sondern der Sauerstoff der Luft.» Bei BRINZ, Lehrbuch der Pandekten II¹ (1879) 157 N. 35 findet sich (worauf Bienenfeld hinweist) folgende Formel: «Ein ,nichtschuldbares' Civilunrecht gibt es nicht.» Zahlreiche Belege bei HEDEMANN, Die Fortschritte des Zivilrechts im XIX. Jahrhundert I (1910) 84 ff.
Das *Privatrecht* und seine Wissenschaft muß sich, wie schon bemerkt, allgemein den Vorwurf gefallen lassen, vom Aufkommen der *Großindustrie* mit ihren *sozialen Problemen* jahrzehntelang keine Notiz genommen zu haben; vgl. statt vieler die eingangs zitierten Schriften von MENGER, Über die sozialen Aufgaben, bes. 15; GIERKE, Die soziale Aufgabe 15/16. Gegen den vorhin zitierten Satz Jherings empfand immerhin schon früh ein Dogmatiker wie THON (Rechtsnorm und subjektives Recht, 1877) Bedenken: «... ich möchte bezweifeln, ob der Satz unserem heutigen Gerechtigkeitsgefühl in der Tat völlig entspricht» (106).

[11] MATAJA 13.

[12] Illustrativ für den *Dogmen*charakter des herrschenden Culpaprinzips ist eine von ZEERLEDER, Die schweizerische Haftpflichtgesetzgebung (1888) zitierte Äußerung von FÖRSTER, Preußisches Privatrecht II (1873) 461: Das die Kausalhaftung einführende Reichshaftpflichtgesetz von 1871 widerspreche in seiner *prinzipiellen* Grundlage der *Theorie* von Zufall und Verschulden, die es geradezu in *Verwirrung* stürze, und passe zu keinem der in Deutschland geltenden privatrechtlichen *Systeme*. Vgl. ferner hinten bei N. 25 ff.

besprochen, das Culpaprinzip. Der zweite steht damit in engem Zusammenhang. Er wurde in dem Rechtssprichwort formuliert: *casum sentit dominus*. Das bedeutet: [548] der nicht schuldhaft zugefügte Schaden wird als *zufällig* aufgefaßt, und Zufall ist *von dem Betroffenen* zu tragen. Wo der einzige als annehmbar betrachtete Grund für die Schadenersatzpflicht des Schädigers, das Verschulden, fehlte, ging der Geschädigte demnach leer aus und mußte den Schaden endgültig erdulden. Er galt als Schicksal, für das die Rechtsordnung keine Korrektur wußte.

IV.

Es liegt auf der Hand, welche *Konsequenzen* diese juristische Situation angesichts der früher geschilderten tatbeständlichen Lage (wie sie vor allem durch Industrialisierung und mechanisierten Verkehr entstanden war) erzeugen mußte. In der großen Mehrzahl der Fälle konnte es dem Opfer eines Fabrik- oder Verkehrsunfalls *nicht gelingen,* auf seiten des Unternehmers ein *Verschulden zu beweisen*. Entweder beruhte der Schaden überhaupt allein auf *Zufall* — es wurde in den achtziger Jahren festgestellt, dies treffe für 60 bis 90 % der Fabrikunfälle zu [13] —, oder wo ein menschliches Verhalten maßgeblichen Einfluß auf die Schadensverursachung ausgeübt hatte, war es, wie früher bemerkt, häufig nicht möglich, den *Schuldigen* mit der Eindeutigkeit *zu bezeichnen,* die seine Verurteilung erlaubt hätte. Das damalige Schadenersatzrecht mußte deshalb auf Grund des Culpaprinzips und der Maxime von der Selbsttragung des Zufallsschadens dazu gelangen, in der großen Mehrheit der Fälle den verunfallten Arbeitern, Bahnreisenden und weiteren Geschädigten die *Entschädigung* zu versagen. Erinnert man sich jetzt noch, daß die moderne Industrialisierung und der mechanisierte Verkehr eine gewaltige Intensivierung und Häufung von Gefahren bewirkten, so mußte der *Rechtszustand* aufgeschlossenen Betrachtern als *völlig unhaltbar* erscheinen, namentlich was die gefährdeten Arbeitnehmer anging. Das um so mehr, als die hauptsächlich Betroffenen — eben die Arbeiter — wirtschaftlich zu schwach sind, um aus eigenen Reserven heraus einen Schaden zu verwinden; es ist das eine selbstverständliche Feststellung. Ein leichter Unfall bedeutete somit eine ernstliche Einbuße und ein schwerer Unfall eine Katastrophe für den Verunglückten und seine Familie.

Es lag nahe, die unerläßliche *Abhilfe* auf dem juristischen Plan zu suchen und dort einzusetzen, wo man den Grund des Versagens des Schadenersatzrechts sah:

---

[13] BBl. 1881 I 489 ff. Vgl. auch SCHMOLLER in seinen Jahrbüchern 5, 302; MANES, Versicherungswesen (1932) III 301/02. Zu beachten ist freilich, daß mancher Vorgang, der einer summarischen Untersuchung als Zufall erscheint, sich genauerer Analyse als vermeidbare, *schuldhafte* Gefährdung darstellen müßte; ZANGGER, Medizin und Recht (1920) 327.

im Culpaprinzip. Die Lösung scheint dogmatisch außerordentlich einfach: man verzichtete in hier interessierenden Fällen auf das Verschulden als Voraussetzung der Schadenersatzpflicht und bewirkte so, daß z. B. ein Fabrikunternehmer oder eine Bahngesellschaft auch für *unverschuldeten,* namentlich für *zufälligen* Schaden haftbar erklärt werden konnte. Die moderne *Schadenersatzpflicht ohne Verschulden* oder *Kausalhaftpflicht* war damit eingeführt. Sie bedeutete einen als äußerst schwerwiegend empfundenen Schritt; «ungeheuerlich» nannte eine schweizerische ständerätliche Gesetzgebungskommission die neue Schadenersatzpflichtform [14]. Man gab also für bestimmte Gebiete das Verschuldensprinzip auf, und zwar — das ist für uns das Wesentliche — aus *sozialen* Gründen; um einen als sozial unhaltbar empfundenen Zustand zu korrigieren [15]. Der soziale Gedanke ist zweifellos das *Motiv* dieser juristischen Wandlung; ob er auch schon ihre rechtliche *Begründung* liefern kann, ist später noch zu prüfen.

Die *Entwicklung* war in der *Schweiz* die folgende [16]: als erstes Kausalhaftpflichtgesetz wurde das für die Eisenbahnen am 1. Juli 1875 erlassen (EHG); es führte eine von jedem Verschulden absehende Schadenersatzpflicht für Betriebsunfälle ein, die in gleicher Weise den verunfallten Arbeitern wie den Reisenden helfen sollte; im Jahre 1905 wurde es revidiert. Es besaß sein Vorbild im deutschen Reichshaftpflichtgesetz von [549] 1871 [17]. Das erste Fabrikgesetz von 1877, das die Sozialpolitik des Bundes [18] auf größerem Plane einleitete (vgl. BV von 1874,

---

[14] Es war die Mehrheit der ständerätlichen Kommission für das Fabrikhaftpflichtgesetz (FHG), die die «Zufallshaft» ein «ganz ungeheuerliches Prinzip» nannte (BBl. 1881 I 481). Dagegen hatte der Bundesrat in seiner Botschaft zum gleichen Gesetz die neue Regelung «als einen der glücklichsten Fortschritte der Jurisprudenz in neuerer Zeit» bezeichnet (BBl. 1880 IV 542). Vielfach sah man in der verschärften Schadenersatzpflicht eine unerwünschte Hemmung der freien Entfaltung der Persönlichkeit, vgl. etwa MARTIN, ZSR N.F. 8 (1889) 3; darüber HEDEMANN, Die Fortschritte I 83 ff.; ESSER 55 ff.

[15] Die große Tragweite des Schadenersatzproblems wurde seinerzeit klar erkannt; so erklärte ein Redner im Nationalrat, der bekannte Bündner Politiker und Gelehrte C. DECURTINS, am 25. März 1885 bei der Diskussion einer Ausdehnung des FHG: «Jedes Zeitalter hat seine große Frage, an deren Lösung sich die Lebenskraft und Existenzberechtigung der Völker erprobt, im 16. und 17. Jahrhundert war es die religiöse, im 18. die diplomatische, und heute ist es die soziale» (Separatabdruck aus dem Basler Volksblatt 15).

[16] Die Materialien der nachstehend zitierten Gesetze sowie des KUVG sind vollständig angegeben in dem Werk Volkswirtschaft, Arbeitsrecht und Sozialversicherung der Schweiz, hg. vom Eidgenössischen Volkswirtschaftsdepartement (1925) I 631 N. 2, 634 N. 1. Dort 625 ff. eine Skizze der Entwicklung.

[17] Botschaft BBl. 1874 I 890; FICK, Motive, Beilageheft zur Zeitschrift für das gesamte Handelsrecht 19, 146 ff.

[18] Über ihre Entwicklung orientiert knapp EICHHOLZER, Artikel «Arbeiterschutz», Handbuch der schweizerischen Volkswirtschaft (1939) I 46 ff. Den Zusammenhang zwischen allgemeiner Sozialgesetzgebung und Haftpflichtgesetzen betont EGGER, Über die Rechtsethik des schweizerischen Zivilgesetzbuches (1939) 49. Vgl. aus der älteren Literatur MOUSSON, Haftpflicht und Versicherung (Diss. Zürich 1891).

Art. 34 I), sah in Art. 5 den Erlaß eines besonderen Gesetzes über die Schadenersatzpflicht aus Fabrikbetrieb vor und ordnete für die Zwischenzeit eigens eine Kausalhaftpflicht an. Das Fabrikhaftpflichtgesetz selber (FHG) folgte am 25. Juni 1881; durch eine Novelle von 1887 wurde sein Geltungsbereich erweitert (sog. Ausdehnungsgesetz vom 26. April). Mit diesen Erlassen stand die Schweiz weit voran. Ein Gesetz vom 24. Juni 1902 führte dann die Kausalhaftpflicht der elektrischen Unternehmungen ein. Von den späteren Vorschriften sei lediglich das Motorfahrzeuggesetz von 1932 genannt (MFG).

Daß der Übergang zur Kausalhaftpflicht ohne *Widerstand* erfolgte, wird niemand annehmen[19]. Selbstverständlich setzten sich die betroffenen *Unternehmerkreise* mehr oder weniger geschlossen zur Wehr; gegen jedes der angeführten Gesetze wurde mit dem Argument Sturm gelaufen, es bedrohe ihre wirtschaftliche Existenz[20]. Wie ein Zeitgenosse berichtet, erhoben z. B. die Eisenbahn- und Dampfschiffunternehmungen «kräftigste Einwendungen gegen die ihnen zugedachte Zufallshaft, die sie als eine Verletzung ihrer konzessionsmäßigen Rechte erklärten und mit einem Faustschlag in das Antlitz der Göttin der Gerechtigkeit verglichen[21]». Wie so oft, wenn ein wirtschaftlich belastendes Gesetz geschaffen wird, wurde hinsichtlich des FHG erklärt, es verletze den Grundsatz der Rechtsgleichheit[22]; der Vorwurf tönt doppelt unschön bei einem Erlaß, der gerade die ökonomische Ungleichheit korrigieren sollte. Wichtiger als diese interessenbedingte Opposition waren die *juristisch-technischen* und *ethischen* Gegengründe, und von diesen wiegen die letzteren am schwersten. Die Mehrheit der ständerätlichen Kommission für die Vorlage über das FHG erklärte es am 21. Februar 1881 für völlig unzulässig, jemandem zuzumuten, für Ereignisse einzustehen, die außerhalb seiner Macht lägen und an denen weder er selbst noch das Verhalten anderer von ihm zu vertretender Personen Anteil hätten[23]. «Der christliche Staat — so wurde weiter ausgeführt — soll als Gesamtheit alles tun, um den Druck zu mildern und zu erleichtern, der auf den unbemittelten Volksklassen lastet, aber er darf es nicht tun auf Unkosten des einen Standes zugunsten des andern. Indem wir in *einem* Falle uns von diesem Prinzip entfernen, betreten wir die schiefe

---

[19] Besonders lehrreich sind die Kontroversen der parlamentarischen Kommissionen zum FHG, BBl. 1881 I 472, 483; 1881 II 724; 1881 III 333.

[20] BBl. 1881 I 494; 1881 II 732, 736 (zum FHG); 1889 IV 871, 874/75, 1057/58 (zum FHG und EHG). Weitere Belege: Schweizerisches Haftpflichtrecht II 769 bei N. 66; 798 bei N. 52, 53, 54; ZEERLEDER 11. Was besonders das FHG angeht, so scheinen die Fabrikanten doch in der Mehrzahl für die neue Ordnung Verständnis gefunden zu haben, BBl. 1881 I 483 ff.; 1881 III 336.

[21] Denkschrift FORRER zum KUVG, BBl. 1889 IV 874; vgl. auch FICK (zit. N. 17) 224.

[22] FORRER, BBl. 1889 IV 875; SOLDAN, La responsabilité des fabricants (1903) 11/12; dieser Autor verwahrt sich übrigens gegen den Einwand der Rechtsungleichheit.

[23] BBl. 1881 I 473.

Ebene, auf welcher es keinen Stillstand mehr gibt[24].» Das von der sozialen Seite her dringlich gewordene Problem wurde erkannt, nur hielt man den Weg einer Belastung des Unternehmers mit der Schadenersatzpflicht nicht für richtig. Daß die Überlegung Beachtung verdient, wird noch zu zeigen sein. Eine große Rolle spielte auch die dogmatische Erwägung, daß das Rechts*system* eine Schadenersatzpflicht ohne Verschulden nicht vorsehe[25]. In einer Denkschrift des Juristen und späteren Bundesrates Forrer liest man: «Noch deutlich erinnern wir uns ... wie sich dort ein anerkannt tüchtiger *Rechtsgelehrter* erhob, um gegen die neue Lehre zu *protestieren*, welche ihm absolut *un*verständlich sei und von der ganzen gebildeten Welt als eine Ungeheuerlichkeit verworfen werde[26].» Das *römische Recht* lieferte ein immer wieder zitiertes Argument. Hiegegen verwahrte sich die nationalrätliche Kommission zum bereits angeführten FHG (am 4. Juni 1881) mit dem Bemerken, Rom habe eben die großen Industrien mit ihren Maschinen nicht gekannt, sonst wären im Corpus iuris vielleicht Ausnahmebestimmungen zu finden[27]! Beide zuletzt erwähnten [550] Gedankenkreise, der systematische und der historische, beleuchten sehr hübsch die Hauptmerkmale der damals herrschenden wissenschaftlichen Richtung: das *konstruktive* Denken, das eine Lösung allein schon deshalb als richtig oder unrichtig beurteilte, je nachdem sie mit einer vorgefaßten Konstruktion harmonierte; und das historische Moment, das einer Lösung nur dann die Zustimmung gab, wenn sie mit den römischen Quellen unterbaut werden konnte. Die Beseitigung der Verschuldenshaftung erfolgte denn auch selbst dort, wo man sich zu der Neuerung durchgerungen hatte, bloß zurückhaltend: so wurde z. B. im FHG bei reinem Zufallsschaden «in billiger Weise» — wie das Gesetz euphemistisch erklärte — eine Reduktion des Schadenersatzes vorgenommen (Art. 5a); im selben Gesetz war (anscheinend nach englischem Vorbild[28]) ein absolutes Schadenersatzmaximum von 6000 Franken vorgesehen; im EHG von 1875 (Art. 1) waren Bahn*bau*unfälle von vornherein von der Kausalhaftung aus-

---

[24] BBl. 1881 I 479/80.
[25] Vgl. etwa den erwähnten Bericht der ständerätlichen Kommissionsmehrheit, BBl. 1889 I 475: «... Bestimmungen, welche gegen die *allgemeinen Prinzipien* des Rechts verstoßen ...»; ferner die N. 12 zitierte Äußerung.
[26] BBl. 1889 IV 875.
[27] BBl. 1881 III 335. Die Minderheit der ständerätlichen Kommission wirft der vorstehend wiederholt herangezogenen Mehrheit ohne Umschweife Doktrinarismus vor, BBl. 1881 I 491/92; nach dem «gepriesenen gemeinen Rechte» kämen nur wenige Prozente der verunfallten Arbeiter zu ihrem Rechte. Das dogmatische Gewicht des Culpaprinzips wird schlaglichtartig erhellt durch das viel zitierte Urteil des Bayrischen Oberappellationsgerichts vom 16. April 1861 (Seufferts Archiv für Entscheidungen Oberster Gerichte 14, 208): der Betrieb einer Eisenbahn stelle an und für sich ein Verschulden dar. Man ging damit zwar materiell vom Verschuldensprinzip ab, glaubte es aber formell durch diese Fiktion zu retten.
[28] SOLDAN 10/11.

genommen. Das letztere ließ den Verfasser einer vom Grütliverein herausgegebenen Broschüre schreiben: «Die Folge war, daß von den tausend und tausend Opfern der Arbeit, welche Erstellung und Ausbau des schweizerischen Eisenbahnnetzes gefordert hat — Menschenopfer, welche allein ganze Friedhöfe zu füllen vermöchten —, nur die allerwenigsten irgendeinen Ersatz für sich oder die Hinterlassenen zu erwirken vermochten[29].»

Unter den angeführten Gegenstimmen wider die neue Rechtsauffassung findet sich der Einwand, es sei *ungerecht*, einen Unternehmer ohne eigenes Verschulden mit einer Schadenersatzpflicht zu beschweren, also ohne daß ihm ein ethischer Vorwurf gemacht werden könnte. Dieses Argument wiegt am schwersten. Die sozial motivierte Überlegung, noch ungerechter sei es, den Arbeiter ohne Schadenersatz zu belassen, genügt in der Tat nicht zur *Begründung der Schadenersatzpflicht des Schuldlosen*. Denn einem Geschädigten einzig deswegen Schadenersatz zuzusprechen, weil er arm ist, und die Gegenseite bloß darum zu verurteilen, weil sie reich ist, widerspricht dem Wesen des Rechts als einer für *alle* Beteiligten gerecht sein wollenden Ordnung. Recht und Kommiseration sind nicht schlechthin identisch. Daraus erklärt sich die auf den ersten Blick nicht ohne weiteres verständliche Erscheinung, daß zwar der soziale Gedanke das *Motiv* für die besprochenen Kausalhaftpflichten war, daß gleichwohl sofort eine bis heute nicht abgeschlossene Suche nach ihrer *Rechtfertigung* anhub. Sie füllt ungezählte Abhandlungen. Es gehört nicht zu meiner Aufgabe, darauf genauer einzugehen. Soviel muß indessen bemerkt werden: Wäre der soziale Gedanke eine zureichende Begründung für die Ersatzpflicht, so dürfte man nie dem reichen Geschädigten zulasten des armen Ersatzpflichtigen Schadenersatz zusprechen; jedermann weiß aber, daß dies der Fall sein und als richtig empfunden werden kann. Und ferner: Ein völlig befriedigender Ausgleich zwischen den beiden Standpunkten, dem des bedürftigen Geschädigten, der Ersatz fordert, und dem des Ersatzpflichtigen, der sich auf seine Schuldlosigkeit beruft, läßt sich im Rahmen dieser Antithese überhaupt nicht finden. Sondern sie muß auf einem *über* den beiden Parteien liegenden Plan gesucht werden: indem man Schäden der hier behandelten Art gar *nicht* als *individuell* verursacht ansieht, sondern als *kollektiv*, will sagen: durch die moderne Gesellschafts- und Wirtschaftsform bewirkt, wofür die Technik ein Mittel ist. Die Folgerung ist, daß dafür *nicht* eine *individuelle*, sondern eine *kollektive*

---

[29] SCHERRER, Die schweizerische Haftpflichtgesetzgebung (1889) 5. Ob die in dem Zitat enthaltene Behauptung *wörtlich* stimmt, ist unwesentlich.

[30] Der Gedanke taucht bereits in den FICKschen Motiven (zit. N. 17) 68/69 und in der Botschaft zum alten EHG auf, BBl. 1874 I 890: die Bahnen «vermitteln» unter sämtlichen Interessenten, ohne daß es denselben zum Bewußtsein kommt, eine gegenseitige Assekuranzgesellschaft. Den Anfang mit der eigentlichen Sozialversicherung machte Deutschland; das Hauptverdienst kann Bismarck beanspruchen. Sein Projekt wurde in der Schweiz sofort stark beachtet und spielte schon

Haftung eingesetzt wird. Ihre Ausprägung stellt die *Versicherung* dar[30], insbesondere die Sozialversicherung. Sie ist der viel beschrittene Weg, um das *soziale* Problem der Vergütung vom Schaden zu lösen; es wird davon in anderem Zusammenhang noch zu sprechen sein. Zur Begründung der Versicherungshaftung genügt der soziale Gedanke.

Aber auch wo es bei der Schadenersatzregelung auf dem ursprünglichen Boden eben des *Schadenersatzrechts* geblieben ist, eröffnet der vorhin geäußerte Gedanke Ausblicke: die *Frage nach Schuld oder Schuldlosigkeit wird zu einer sekundären* (zu lange stand sie im Vordergrund der Diskussion); *primär* ist die Feststellung, daß zahllose Schädigungen [551] in Betrieben, durch Verkehrsmittel, auf öffentlichen Wegen usw. nur zugefügt worden sind, weil die moderne *Gesellschaft* in einer Form *organisiert* ist, *die zu Schädigungen Anlaß* geben muß. Und da erhebt sich sofort das Postulat nach der Abwälzung des Schadens, der den Einzelnen kraft seiner Teilnahme am Dasein der modernen Gesellschaft betroffen hat. Abwälzung auf wen: auf denjenigen, der die Betriebe innehat, die Verkehrsmittel betreibt, die öffentlichen Wege besorgt. Nicht weil er einen ethischen Vorwurf verdiente, sondern weil er einen Anteil an der Gesamtorganisation der Gesellschaft verwaltet, der unvermeidbar die Schädigungsmöglichkeit in sich schließt. Im einzelnen wird die Rechtsordnung dabei noch weitere Zurechnungsgründe berücksichtigen, wie vor allem die Gefahrsetzung, aber auch die ökonomische Tragfähigkeit, also den sozialen Gedanken. Sie wird ferner für den Beizug einer möglichst großen Kollektivität sorgen müssen, auf die der zunächst Ersatzpflichtige den Schaden weiter abwälzen kann; das führt notwendig wieder zur Versicherung, besonders zur Haftpflichtversicherung, der freiwilligen wie namentlich der obligatorischen. Letzten Endes behält dann das Schadenersatzrecht nur mehr die Bedeutung eines juristisch-technischen Mittels zur Bestimmung des Versicherungsanspruchs, der als solcher im Ergebnis zulasten der Kollektivität geht. Der *dogmatische* Unterschied gegenüber der älteren Auffassung besteht darin, daß im zufälligen Betroffenwerden durch einen Schaden nicht zum vornherein eine schicksalhafte Zuordnung gesehen wird — casum sentit dominus —, sondern ein völlig unpräjudiziertes Problem: wie der auf Grund der modernen gesellschaftlichen Zustände eingetretene Schaden im Sinn der endgültigen Tragung zuzuteilen sei[31].

---

in den Diskussionen über das FHG eine Rolle, BBl. 1881 I 491, 495 ff.; 1881 III 337 ff.; dann BBl. 1886 III 153; 1889 IV 827, 859 ff.; 1906 VI 229 ff.; LANG, ZSR N.F. 20 (1901) 503. Die deutsche staatliche Unfallversicherung wurde 1874 eingeführt. Ein erster Entwurf zu einem schweizerischen KUVG scheiterte bekanntlich 1900 in der Volksabstimmung. Das heutige Gesetz kam erst 1911 zustande. Während die Schweiz mit ihrer Haftpflichtgesetzgebung führend gewesen war, geriet sie mit der sozialen Unfall-Versicherungsgesetzgebung zunächst ins Hintertreffen.

[31] Gl. M. in der Hauptsache ESSER 69/70; REINHART, Beiträge zum Neubau des Schadenersatzrechts, Archiv für die civilistische Praxis 148, 181.

Das ist die große Aufgabe des Schadenersatzrechts, die heute nur zum Teil gelöst ist. Man wird keineswegs die Regelung *einem* sogenannten Haftpflichtprinzip unterordnen, sondern der Vielfalt der bisherigen Prinzipien Raum geben; auch das Verschulden wird seine wichtige, ethisch fundierte Funktion weiter besitzen. Anders ist bloß die grundsätzliche Einstellung zum Problem[32].

V.

[561] Es ist bis jetzt die Bedeutung des sozialen Gedankens als einer, nicht der einzigen, der großen Ideen an der *Basis* des Schadenersatzrechts gezeigt worden. Die weitere Aufgabe wäre die, ihr *Wirken in der Einzelgestaltung des Schadenersatzrechts* zu schildern. Das soll anhand weniger ausgewählter Fälle geschehen.

1. Vorangestellt sei eine Bestimmung, die den *sozialen Gedanken zugunsten des Ersatzpflichtigen* wirken läßt: Art. 44 II OR. Darnach kann die Schadenersatzpflicht, die nicht durch Absicht oder grobe Fahrlässigkeit begründet worden ist, vom Richter ermäßigt werden, sofern sonst der Ersatzpflichtige «in eine Notlage versetzt» würde. Die originelle Vorschrift[33], die im Ausland eine gewisse Beachtung gefunden hat[34], will verhüten, daß der Ersatzpflichtige wegen seiner Vergütungspflicht verarmt. Wo höchstens leichte Fahrlässigkeit den Schaden herbeigeführt hat, «soll nicht — wie in der Bundesversammlung dazu erklärt wurde — ein Unglück durch ein anderes Unglück geheilt werden[35]». Darin liegt eine *allgemeine Überlegung,* die in der bisherigen Darstellung nur gestreift wurde. Dem Ziel der Rechtsordnung ist nicht Genüge getan, wenn die ökonomischen Interessen bloß der einen am Schadenersatzverhältnis beteiligten Partei berücksichtigt werden, nämlich des Geschädigten. Das führt zur Forderung, die Last, welche dem Ersatzpflichtigen überbunden werden soll, müsse für ihn tragbar sein; denn auf einem weiteren Plan gesehen, kann namentlich bei der Schadenersatzpflicht von Unternehmen das Zusammenbrechen eines Ersatzpflichtigen bedenklicher scheinen als die Verkürzung der Schadenersatzansprüche des Geschädigten[36]. Aber: um eine Verkürzung des Geschädigten handelt es sich; und das erscheint wieder

---

[32] Wie sehr der heutige Mensch sich schon abgewöhnt hat, Schäden als Schicksal aufzufassen, und vielmehr stets einen Ersatzpflichtigen sucht, zeigen anschaulich H. et L. MAZEAUD, Traité théorique et pratique de la Responsabilité civile I (1939) no 14. Diese Entwicklung hat, wie dort hervorgehoben wird, ihre Schattenseiten, indem sie leicht zur Begehrlichkeit führt; daß die gleiche Gefahr im Versicherungswesen liegt, ist bekannt.

[33] Sie wurde vom Schweizerischen Bauernverband vorgeschlagen; HEDEMANN, Die Fortschritte des Zivilrechts im XIX. Jahrhundert I 111 N. 24; OSER/SCHÖNENBERGER, Art. 44 N. 13.

[34] STAUDINGER/BRÄNDL, I 12 N. 22; STAUDINGER/WEBER 11¹, 174/75; REINHART bei NIPPERDEY, Grundfragen der Reform 88 N. 2; HEDEMANN, a.a.O.

[35] HOFFMANN, StenBull. StR 1910, 165.

[36] Stark betont in der Botschaft zum FHG, BBl. 1880 IV 543.

fragwürdig, sobald man sich an die Motive erinnert, die zur verschärften Haftpflicht der Fabriken, Bahnen usw. geführt haben. Der Konflikt ist nicht lösbar, wenn man nur die beiden Alternativen «Schutz des Geschädigten» oder «Schutz des Ersatzpflichtigen» einander gegenüberstellt. Sondern die widerstrebenden Interessen können erst versöhnt werden, falls zum früher herangezogenen *Versicherungsgedanken* Zuflucht genommen wird: ein Außenstehender, die durch die Versicherung zusammengeschlossene Gefahrengemeinschaft, trägt den Schaden, also eine leistungsfähige Kollektivität. Diese Abhilfe wird denn auch heute im weitesten Umfang gesucht durch freiwillige und zwangsweise, private und öffentliche Versicherung. Diese findet darin neben der früher erwähnten eine weitere Motivierung. Es sei zunächst an die *Haftpflichtversicherung* erinnert; sie befaßt sich mit der Deckung von Schadenersatzforderungen in der Weise, daß sie an Stelle des Versicherten, z. B. eines schadenersatzpflichtigen Radfahrers, die an *diesen* gerichteten Ansprüche befriedigt. Gerade durch die Einführung der Kausalhaftpflicht ist sie in den 70er Jahren des letzten Jahrhunderts entwickelt worden [37]. Eindrucksvoller noch ist die beidseitige Lösung des sozialen Problems im Schadenersatzrecht durch die *obligatorische öffentliche Unfallversicherung der Arbeitnehmer*, die in vielen Spielarten in zahlreichen Ländern eingeführt wurde, in der Schweiz gemäß KUVG vom 13. Juni 1911; dieses Gesetz ist denn auch für das [562] Verhältnis zwischen Arbeitgeber und -nehmer an die Stelle wichtiger Teile des bisherigen Schadenersatzrechts getreten. Die obligatorische Unfallversicherung entlastet nicht nur den Unternehmer von der Ersatzpflicht, wovon vorhin ausgegangen wurde, sondern gewährt dem Geschädigten auch dort Leistungen, wo das Schadenersatzrecht ihm keine geben könnte. Der wichtigste Fall ist die Verursachung des Schadens durch den Geschädigten: wenn dieser durch sein *eigenes Verhalten*, namentlich durch Selbstverschulden, einen Schaden herbeiführt oder vergrößert, so nimmt ihm das Schadenersatzrecht ganz oder teilweise die Anspruchsberechtigung. Der Schadenersatz wird verweigert oder herabgesetzt; denn niemand kann einen andern für Umstände verantwortlich machen, die ihm selbst zur Last fallen. Ganz anders die obligatorische Unfallversicherung. Für sie ist die Tatsache maßgebend, daß ein Angehöriger einer als sozial schutzbedürftig angesehenen Schicht durch versicherten Unfall geschädigt worden ist; die Ursachen und näheren Umstände berühren sie nicht oder höchstens in Extremfällen [38].

---

[37] Vgl. die Zitate N. 45.
[38] KUVG 98 III: Reduktion der Versicherungsleistungen (ausgenommen die Bestattungsentschädigung) wegen *grober* Fahrlässigkeit. Für Betriebsunfälle, die hier einzig interessieren, hat sich übrigens bemerkenswerterweise bei der SUVAL die Überzeugung durchgesetzt, daß «nur selten von einem groben Verschulden von seiten des Arbeiters gesprochen werden kann», HELFENSTEIN, in Rückblick und Ausblick, herausgegeben von der Schweizerischen Unfallversicherungsanstalt (1942) 60. Nach DÜRR, Kommentar zum KUVG (1943) 160, läßt die SUVAL zudem «beim 1. Mal

Die obligatorische Unfallversicherung geht damit weit über alles hinaus, was das Schadenersatzrecht je bieten kann; sie ist eben *Sozial*versicherung. Dieser Hinweis muß genügen, da mit den letzten Ausführungen unser Gebiet, das Schadenersatzrecht, bereits verlassen wurde[39].

2. Ähnlichen Überlegungen wie der besprochene Art. 44 II OR entspringt eine andere hier zu erwähnende Vorschrift, die sich in zwei Spezialgesetzen findet (EHG 4 und MFG 41 III): im Fall von Körperverletzung und Tötung kann eine Schadenersatzreduktion eintreten, sofern der *Verletzte oder Getötete* ein *ungewöhnlich hohes Einkommen erzielte;* dieses ist nämlich Grundlage für die Ermittlung des Schadens.

In diesem Fall wie in demjenigen des Art. 44 II OR übt der soziale Gedanke Einfluß aus auf die Festsetzung der *Höhe* des Schadenersatzes nach bereits bejahter Ersatzpflicht. Demgegenüber erlauben einzelne Gesetzesbestimmungen seine Berücksichtigung schon für die Frage,

3. *ob überhaupt eine Haftbarmachung zu erfolgen habe.* Das trifft namentlich dort zu, wo die Schadenersatzpflicht davon abhängt, welche *Vorkehren zur Schädigungsverhütung* man vom Ersatzpflichtigen verlangt. So wird dem Werkeigentümer, besonders dem Straßeneigentümer, zugute gehalten, daß Maßnahmen, deren Ergreifung dem Schaden vorgebeugt hätte, finanziell unzumutbar gewesen seien; die Gerichte lassen z. B. die Einwendung gelten, es wäre ausgeschlossen, das gesamte Straßennetz eines Kantons in kurzer Zeit in erstklassige Automobilstraßen umzubauen[40]. Oder die Mutter eines Kindes, das Schaden angerichtet hat, wird entschuldigt, wenn die Aufsicht deshalb nicht lückenlos war, weil sie ihrer Erwerbstätigkeit nachzugehen hatte[41].

4. Eine theoretisch wichtigere Rolle[42], als der praktischen Bedeutung entspricht,

---

eine gewisse Milde walten». Wie die obligatorische Unfallversicherung, so schützt auch die private Versicherung gegen die *eigene Unvorsichtigkeit* (VVG 14), besonders im Fall leichten Selbstverschuldens (VVG 14 IV).

[39] Über die weiteren Vorteile der obligatorischen Unfallversicherung gegenüber dem Schadenersatzrecht und zugleich die Gründe für ihre Einführung BBl. 1889 IV 829 f., 876 ff. (Denkschrift FORRER), 1906 VI 313 (Botschaft); Volkswirtschaft, Arbeitsrecht und Sozialversicherung der Schweiz (zit. N. 16) I 633/34; MATAJA 106 ff.; SCHMOLLER, Haftpflicht und Unfallversicherung, in seinen Jahrbüchern 5, 294 ff., 305/06; ESSER 126 ff.; Schweizerisches Haftpflichtrecht I 315 und dortige Zitate.

[40] Belege: Schweizerisches Haftpflichtrecht II 428 Ziff. 8, 429 Ziff. 9, 453, 464. Demgegenüber hat die Rechtsprechung in Deutschland zulasten der Gemeinwesen eine außerordentlich scharfe Praxis entwickelt, ESSER 27 ff., 34 ff.

[41] Schweizerisches Haftpflichtrecht II 633, 641 Ziff. 6 (zu ZGB 333); vgl. ferner 589 Ziff. 6 (zu OR 56), 779/80 (zur ElG-Haftung), I 112 Ziff. 6 (Verschuldensfrage). In diesen Zusammenhang gehört auch z. B. BGB § 833, wo für den Halter eines Nutztieres eine mildere Haftpflicht vorgesehen ist als für den Halter eines Luxustieres.

[42] Die Diskussion der Kausalhaftung hat sich lange Zeit hierauf beschränkt, BIENENFELD 35.

spielt die bekannte Vorschrift des OR (Art. 54 I), wonach der Richter entgegen der allgemeinen Regel (ZGB 18) aus Billigkeit einen *Urteilsunfähigen* zu Schadenersatz verurteilen kann. Ein Billigkeitsgrund wird vor allem darin gesehen, daß der urteilsunfähige Schädiger ökonomisch gut gestellt ist, der Geschädigte schlecht[43].

Mit diesem Anwendungsfall sind wir zu den im Interesse des *Geschädigten* wirkenden, auf sozialen Erwägungen beruhenden Gesetzesvorschriften [563] zurückgekehrt. Die Beispiele ließen sich vermehren[44].

5. Statt dessen soll ein Gebiet besprochen werden, das besonders bezeichnende, aber überraschende Abwandlungen des sozialen Themas aufweist: die schon zweimal aufgerufene *Haftpflichtversicherung*.

Mit dem Aufkommen verschärfter Schadenersatzpflichten, in der Schweiz namentlich auf Grund des EHG und FHG, stellte sich ein bis heute ständig gestiegenes Bedürfnis der durch eventuelle Schadenersatzforderungen bedrohten Personen ein, das *Risiko der Ersatzpflicht zu versichern*. Das Mittel ist die Haftpflichtversicherung[45]. Sie *diente somit eindeutig den Zwecken des Versicherten*[46]:

---

[43] BGE 26 II 327; 43 II 209; BLUNTSCHLI, Das zürcherische Obligationenrecht (1855) 648 zu § 1835; BECKER, Kommentar 2. A. 54 N. 6; OSER/SCHÖNENBERGER, Art. 54 N. 6; VON TUHR, Allgemeiner Teil des schweizerischen Obligationenrechts 2. A. 370; HOMBERGER, ZSR N.F. 49 (1930) 36a; GIERKE, Der Entwurf 260; HEDEMANN, Die Fortschritte I 107; zögernd stimmt bei C. CHR. BURCKHARDT, ZSR N.F. 22 (1903) 528.

[44] Vgl. etwa noch die dem Schutze des Geschädigten vor Benachteiligung dienenden Vorschriften über die (beschränkte oder ausgeschlossene) *Wegbedingung der Haftung* (OR 100/01, EHG 16, ElG 39, MFG 43 I, ETrG 4 II, Warschauer Abkommen über die Beförderung im internationalen Luftverkehr vom 12. Oktober 1929 Art. 23) oder die *Anfechtbarkeit von unzulänglichen Vergleichen* über die Schadenersatzforderung (EHG 17, MFG 43 II); ferner OR 339 über die *Schutzpflicht des Dienstherrn*; die sozial interessanten Regelungen über den besonderen *Ersatz der «Nachteile der Erschwerung des wirtschaftlichen Fortkommens»* (OR 46 I, EHG 3), wodurch der durch Unfallfolgen im wirtschaftlichen Konkurrenzkampf Gehemmte einen Ausgleich erhalten soll; und über den *Versorger*, der den ersatzberechtigten Angehörigen die Aufrechterhaltung des bisherigen Lebensstandards ermöglichen soll (Einzelheiten KONRAD FEHR, Der Versorgerschaden (1942) 81; HANS MARTI, Der Versorgerschaden (1942) 25, 35; Schweizerisches Haftpflichtrecht I 161, 180).

[45] Über ihre *Geschichte* und *Entwicklung* MANES, Die Haftpflichtversicherung (1902) 5 ff.; derselbe, Versicherungswesen II (1931) 230 ff.; derselbe, Versicherungslexikon (1930) 714 ff.; J. GIERKE, Zeitschrift für das gesamte Handelsrecht 60, 3 ff.; HIESTAND, Grundzüge der privaten Unfallversicherung (1900) 124 ff.; ZECH, Die Entwicklung der Haftpflichtversicherung in Deutschland (Diss. Göttingen 1913). Weiter zurück als in der Schweiz und in Deutschland reicht die Haftpflichtversicherung in Frankreich und England, vgl. neben der soeben zitierten Literatur MAZEAUD, III no 2649.

[46] Wie hier JAEGER, Kommentar zum VVG II (1932) Art. 60 N. 1; JANNOTT, Der soziale Gedanke in der Haftpflichtversicherung (1941) 4, 5; derselbe, Das Versicherungsarchiv 13, 511 ff.; SCHULTZ, Die Stellung des geschädigten Dritten in der Haftpflichtversicherung (1941) 2; SCHÜLLER, Zeitschrift für die gesamte Versicherungswissenschaft 1935, 358; MÖLLER, Juristische Wochenschrift 1934 II 1077; ESSER 129; bes. ZECH 19. Unzutreffend KESSLER, Jherings Jahrbücher 88, 294, 297; gegen ihn SCHULTZ 2. Vgl. auch Denkschrift FORRER, BBl. 1889 IV 894.

daß dieser *sich* im Fall der Inanspruchnahme durch Schadenersatzforderungen geschützt wissen wollte, gleich wie der Versicherte bei der Unfallversicherung den *ihm* erwachsenden Nachteil decken oder wie er bei der Rentenversicherung sich eine künftige Leistung verschaffen will. In einer eigenartigen und höchst bemerkenswerten Entwicklung ist dieser Ausgangspunkt verlassen und die Zwecksetzung der Haftpflichtversicherung durch die Gesetzgebung so stark umgeschaffen worden, daß sie heute nicht mehr vorwiegend den Interessen des Versicherten dient, sondern eines am Vertrag völlig Unbeteiligten, nämlich des *Geschädigten*. Ein außerordentlicher Vorgang, der maßgeblich — freilich nicht allein — auf soziale Erwägungen zurückgeht. Er ist genauer darzutun.

Die *ursprüngliche Situation* ist die, daß der Geschädigte seine Ersatzforderung an den Ersatzpflichtigen richtet und sie von ihm bezahlt erhält, worauf dieser seinerseits vom Versicherer gedeckt wird. Dieses Vorgehen erreicht sein Ziel so lange, als man es mit einem zahlungskräftigen Ersatzpflichtigen zu tun hat. Ist das nicht der Fall, so läuft der Geschädigte Gefahr, sich als einer von vielleicht zahlreichen Gläubigern auf die Zwangsvollstreckung verwiesen zu sehen und auf gleicher Basis wie seine Mitgläubiger mit einer Dividende abgefunden zu werden oder sogar ganz leer auszugehen. Dies, obgleich eine Versicherungsleistung da ist, die ihrem indirekten wirtschaftlichen Zweck nach eigentlich für den Schadenersatz bestimmt war. In der gegebenen Lage muß sie aber in den Konkurs oder die Pfändung einbezogen werden; die Mitgläubiger des Geschädigten werden dadurch — das ist die zweite unerfreuliche Wirkung — zu Nutznießern der dem Geschädigten widerrechtlich zugefügten Schädigung. Gesetzgebung und Gerichtspraxis suchten angesichts dieses stoßenden Resultats nach Mitteln, um die Versicherungsleistung aus der Haftpflichtversicherung *dem Geschädigten vorzubehalten*. Es sind in den europäischen Ländern verschiedene Lösungen entwickelt worden [47]. Diejenige des schweizerischen VVG von 1908 [48] beruht darin, daß dem Geschädigten ein *gesetzliches Pfandrecht* an der Versicherungsleistung eingeräumt

---

[47] Einen knappen Überblick gibt Jaeger, Art. 60 N. 2 ff. Vgl. auch: Unification internationale en matière de responsabilité civile et d'assurance obligatoire des automobilistes, hg. vom Institut international pour l'unification du droit privé (1940) 50/51.

[48] Schon vorher suchte die Praxis das gleiche Ziel zu erreichen, BGE 35 II 682.

[49] Viel weniger weit ging das deutsche VVG von 1908, das sich in § 157 auf ein wenig wirkungsvolles sogenanntes Absonderungsrecht im Konkurs beschränkte. Eine Novelle vom 7. November 1939 hat die Lösung nun im materiellen Recht gesucht und die Stellung des Geschädigten merklich verbessert, vgl. jetzt § 156; so günstig wie die schweizerische ist auch diese Regelung nicht (was nicht hindert, daß die Vernachlässigung der Interessen des Geschädigten durch die ältere deutsche Haftpflichtversicherung wie so vieles dem «liberalistischen Denken» zugeschoben wird, Jannott 4/5; Schultz 3). Gegenteils findet das gesetzliche Pfandrecht noch heute Ablehnung, Kessler 399; Hüschelrath 13/14; um so mehr das nachstehend zu erwähnende unmittelbare Forderungsrecht, statt vieler Kessler 299, 323; Jannott 10; Hüschelrath 13.

wird: sie wird dadurch zwangsläufig für ihn mit Beschlag belegt[49]. Das für die [564] hergebrachte Auffassung des Versicherungsverhältnisses als eines gewöhnlichen obligatorischen Verhältnisses Revolutionäre liegt darin, daß hier für einen am Vertrag in keiner Weise Beteiligten Rechte entstehen und er zu einer der Vertragsparteien, dem Versicherer, in Beziehung gesetzt wird[50]. Doch das Pfandrecht, so zweckmäßig es auch ist, schien auf die Dauer nicht zu genügen. Zunächst versuchten gelegentlich einzelne Gerichte und Autoren, nach französischem Vorbild[51] dem Geschädigten das Recht zuzusprechen, sich unmittelbar an den Haftpflichtversicherer zu wenden und von ihm Leistung an sich zu verlangen. Das setzte indessen eine gesetzlich geschaffene, entsprechende Rechtsbeziehung zwischen Geschädigtem und Versicherer voraus; ihre legale Grundlage fehlte. Sie wurde später für die heute wichtigste Art der Haftpflichtversicherung, diejenige des Motorfahrzeughalters, durch besondere Vorschrift geschaffen (MFG 49). Diese gibt dem Geschädigten die Befugnis, ohne weiteres seinen Schaden gegenüber dem Versicherer geltend zu machen und ihn nötigenfalls vor Gericht einzuklagen, wie wenn *er* den Schaden verursacht hätte. Das ist das viel diskutierte *unmittelbare Forderungs- und Klagerecht des Geschädigten gegen den Haftpflichtversicherer*[52].

Mit der Sicherstellung des Geschädigten schon durch das Pfandrecht und namentlich durch das unmittelbare Forderungsrecht war die Bahn geöffnet für eine weitere Maßnahme zugunsten des Geschädigten. Die geschilderten Hilfen wirken bloß dann, wenn eine Haftpflichtversicherung besteht, was zunächst vom freien Entschluß des Ersatzpflichtigen abhängt. Deshalb ging man schon bald dazu über, *Obligatorien der Haftpflichtversicherung* vorzusehen, z. B. zulasten der Jäger, der Eigentümer von Luftfahrzeugen, der Radfahrer und namentlich der Motorfahrzeughalter. Im Bereich der letzteren haben wir heute das Optimum, das auf dem Boden des Schadenersatzrechts erzielt werden kann: Kausalhaftung, unmittelbares Forderungsrecht gegen den Versicherer, Versicherungsobligatorium.

Die geschilderte Entwicklung hat die *Haftpflichtversicherung zu etwas völlig Neuem gestaltet*[53]. Statt den Interessen des Versicherten — der wohlverstanden noch heute ihre Kosten trägt — dient sie jetzt ausgesprochen den Interessen des Geschädigten. Mit einer kleinen Verzeichnung, die jedes in Rechtsdingen verwen-

---

[50] Das findet in Deutschland auch jetzt noch Widerspruch, KESSLER 297, 299; HÜSCHELRATH 10, 13.
[51] Einzelheiten Schweizerisches Haftpflichtrecht I 336 ff., II 1003 ff.
[52] Es wird ergänzt und erst voll wirksam gemacht durch die in MFG 50 vorgesehene Einredebeschränkung.
[53] Dadurch wird der alte Einwand gegen die Haftpflichtversicherung, sie sei *unsittlich,* weil sie den (offenbar als rein pönal vorausgesetzten) Zweck der Schadenersatzpflicht vereitle und zur Sorglosigkeit verleite, auf ganz anderem Boden entkräftet. Über diesen Einwand als solchen vgl. statt vieler MANES, Haftpflichtversicherung 51 ff.; RIPERT, Le régime démocratique et le droit

dete Bild enthält, darf man von einer Sozialisierung der Haftpflichtversicherung sprechen; denn man denkt in erster Linie daran, daß die Versicherungsleistung dem Geschädigten deshalb vorbehalten werden soll, weil er wirtschaftlich darauf angewiesen ist. Daß die Haftpflichtversicherung geeignet ist, den *Ersatzpflichtigen* vor *ruinösen Verpflichtungen* zu *schützen*, liegt auf der Hand; wie auch hierin ein soziales Moment liegt, ist früher betont worden. Fast überall in der bisherigen Betrachtung hat sich gezeigt, daß der soziale Gedanke nicht der *einzige* Grund für eine Regelung ist; das gilt auch hier. Denn schon das Streben nach bloßer Folgerichtigkeit müßte dazu führen, Garantien zu suchen, damit ein von der Rechtsordnung zugestandener Schadenersatzanspruch wirklich gedeckt wird.

Die gezeigte Ausgestaltung der Haftpflichtversicherung hat es im Bereich des Schadenersatzes erlaubt, soziale Ziele auf dem Boden des Privatrechts, der Privatversicherung und des Zivilprozesses in einem Ausmaß zu erreichen, wie sonst nur durch *reine* Sozialversicherung möglich ist, [565] will sagen: durch öffentliche Versicherung, auf verwaltungsrechtlichem Weg [54].

VI.

Der Rundgang durch das Schadenersatzrecht, der an einigen Beispielen die Verwirklichung des sozialen Gedankens zeigen wollte, ist beendet. Ein Rückblick auf das Gefundene legt einige *Schlußbemerkungen* nahe: Der soziale Gedanke hat, wie sich zeigte, im modernen Schadenersatzrecht eine gewaltige Stoßkraft entwickelt. Zahlreiche Vorschriften und Einrichtungen dienen ihm; das wird besonders ein-

---

civil moderne (1936) 379 ff.; MAZEAUD, III 837 ff., 1050 ff. und I S. XXVII ff. (Vorwort von CAPITANT) I 15 ff.; J. GIERKE, Zeitschrift für das gesamte Handelsrecht 60, 47 ff.

Wie sehr die im Kontext besprochene Entwicklung der Haftpflichtversicherung nicht nur institutionell, sondern auch ideenmäßig neu ist, zeigt, daß J. GIERKE, a.a.O. 66, im Jahr 1907 schreiben konnte, es sei Zeit, daß man es *nicht unmoralisch* finde, wenn erwartet werde, daß die Haftpflichtversicherung «zum Segen des Verletzten» gereiche! Heute würde man es als unmoralisch empfinden, wenn sie ihm *nicht* zum Vorteil ausschlüge. Indessen liest man noch 1932: «L'assurance resp. civ. est destinée exclusivement à la protection de l'intérêt économique du preneur d'assurance. Son rôle n'est pas la protection du tiers lésé» (BROQUET, Essai sur l'intérêt économique dans le contrat d'assurance, Diss. Lausanne, 163).

[54] Der Schritt ist getan durch die sogenannte Strolchen- oder Schwarzfahrerversicherung gemäß MFG 55.

Daß im übrigen die Haftpflichtversicherung den Übergang zur Kausalhaftung stark zu erleichtern pflegt, ist bekannt; stark betonen dies SAVATIER, Traité de la responsabilité civile en droit français (1939) I 2, II 341; ferner MAZEAUD, III 837. Die Haftpflichtversicherung ist überhaupt bedeutsam für die richterliche Anwendung des Schadenersatzrechts, wobei zu berücksichtigen ist, daß ihre Verbreitung eine gewaltige ist. In Frankreich ist schon behauptet worden, dank ihr gebe es sozusagen keine Geschädigten mehr, die nicht ihren Schaden gedeckt erhielten, MAZEAUD, III 1046/47.

drücklich, wenn man die aus dem Schadenersatzrecht herausgewachsenen Versicherungen einbezieht. Gleichwohl darf darin nicht die alleinige Idee, sogar nicht die beherrschende gesehen werden [55]. Denn einmal käme man dadurch mit der Struktur der geltenden Privatrechtsordnung in Konflikt, die die sozialen, will sagen: ökonomischen Unterschiede der Menschen im Grunde als gegeben nimmt; nur dann könnte man das Soziale als maßgebenden Haftungsgrund betrachten, wenn man den Schaden als Störung der vorher vorhandenen sozialen Harmonie ansähe. Ferner: das Ziel der Rechtsordnung — es muß hier das Wort Gerechtigkeit eingeführt werden — geht viel weiter, als daß es bloß die Korrektur ökonomischer Verhältnisse umfaßte. Man denke in unserem Bereich nur an den *Schutz der Würde des Menschen* [56] und, allgemeiner, an die *Wahrung rechtlicher Imperative* nach Art des neminem laedere als solcher; deren Negation ist das *Unrecht*, das rechtlich Böse, und damit hängt die trotz aller Wandlungen so mächtige Idee des Verschuldens im Schadenersatzrecht zusammen [57].

Und schließlich sei noch eines erwähnt: das Schadenersatzrecht ist nur die eine Seite des Problems, das Unrecht und Schaden der Rechtsordnung stellen; vor der Therapie sollte die Prophylaxe kommen, die *Schadensverhütung*, eine bedeutende und passionierende Aufgabe, der Anstrengung der Besten auf den verschiedensten Gebieten [58] wert; vom einzelnen Verkehrsunfall bis zur säkularen Katastrophe eines Weltkriegs.

---

[55] Eine viel stärkere *Berücksichtigung der Vermögensverhältnisse* von Schädiger und Geschädigtem wird im Rahmen der deutschen Rechtsreform gefordert, NIPPERDEY, Grundfragen der Reform des Schadenersatzrechts 15 und REINHART, daselbst 76 ff. Sie ist sehr wohl denkbar und begründbar, ohne daß darin das *leitende* Prinzip des Schadenersatzrechts gesehen würde. Über Grenzen der Berücksichtigung de lege lata vgl. Schweizerisches Haftpflichtrecht I 211 Ziff. 3, 370/71. Allgemeine Bedenken äußerten RÜMELIN, Schadensersatz ohne Verschulden (1910) 69/70; C. CHR. BURCKHARDT, ZSR N.F. 22 (1903) 528/29; MARTIN, ZSR N.F. 8 (1889) 15; HIESTAND, SJZ 4, 352; RIPERT, La règle morale dans les obligations civiles (1925) 204; derselbe, Le régime démocratique 372.

[56] «Als die wichtigste Voraussetzung der abendländischen Kultur», als Quelle «aller sittlichen Rechtsordnung» neuestens aufs stärkste betont von EMIL BRUNNER, Rektoratsrede über «Glaube und Forschung» (Zürich 1943) 11.

[57] Als weiteres Stichwort möge erwähnt sein: selbst ein ökonomisch vollständiger Schadenersatz stellt bei *bleibendem Personenschaden keine volle Reparation* dar (RIPERT, Le régime démocratique 371), denn der dauernde Verlust der körperlichen Integrität oder der Tod eines Angehörigen läßt sich wirtschaftlich nicht ausgleichen.

[58] Im innerstaatlichen juristischen Bereich: Privatrecht, Strafrecht, Polizeirecht (insbesondere auch die moderne Gewerbepolizei). Diese Aufgabe hat aufs eindringlichste, unter weitesten Perspektiven, seit jeher H. ZANGGER betont; vgl. namentlich: Medizin und Recht (1920); Aufgaben der kausalen Forschung in Medizin, Technik und Recht (1936).

DIE HAFTUNG OHNE VERSCHULDEN IM SCHWEIZERISCHEN RECHT *

I. BEGRIFF DER HAFTUNG OHNE VERSCHULDEN

[51] Zunächst sind Abgrenzungen und Präzisierungen erforderlich.

Die Haftungen aus dem Gebiete des *öffentlichen Rechts* bleiben außerhalb der folgenden Darlegungen. Es bestehen deren einige, die dem Staat eine Ersatzpflicht überbinden, ohne daß einem seiner Organe ein Verschulden zu beweisen ist. Als Beispiel diene das Gesetz über die Militärorganisation der Schweizerischen Eidgenossenschaft von 1907, dessen Art. 27 ff. die Schädigung von Zivilpersonen durch militärische Übungen erfassen; die Regelung ist den Haftungen privaten Rechts nachgebildet. Auch die *vertraglichen* Haftungen, die vom Verschulden absehen, bleiben außer Ansatz. Das schweizerische Recht kennt mehrere traditionelle Fälle, wie die Haftung des Schuldners für seine Hilfspersonen (Art. 101 OR), die Haftung des Hoteliers (Art. 490 OR) oder des Frachtführers (Art. 447 OR), dann die besonderen Haftungen im Gebiet der Eisenbahntransporte u. a. m. Gegenstand dieses Berichts sind somit die *außervertraglichen Haftungen privaten Rechts*. Es ist indes beizufügen, daß fast alle schweizerischen Spezialgesetze, die eine Haftung ohne Verschulden vorsehen, diese einheitlich und abschließend regeln, gleichgültig, ob der Geschädigte ein *Vertrags*partner des Haftpflichtigen oder ein *Dritter* sei: das Gesetz über die Haftpflicht der Eisenbahnen z. B. gilt ohne Unterschied und exklusiv für Reisende und Nichtreisende; dasselbe trifft für das Gesetz zu, das die Haftung der Automobilisten regelt, nicht aber für die Haftung nach [52] Luft-

---

* *Schweizerische Beiträge zum fünften internationalen Kongreß für Rechtsvergleichung (Zürich 1958), S. 51—62.*

Bibliographie

Die hier entwickelten Überlegungen finden sich zum Teil in andern Schriften des Verfassers weiter ausgeführt und belegt. Er gestattet sich, darauf zu verweisen:
— Schweizerisches Haftpflichtrecht, I (2. A. Zürich 1958), II (1. A. 1942).
— Der soziale Gedanke im Schadenersatzrecht, in: SJZ 39 (1943) 545 ff.
Der Übergang zur kollektiven Haftung wird hervorgehoben in den Schriften von RENÉ SAVATIER:
— Traité de la responsabilité civile I (2. A. Paris 1951) no 2ter.
— Du droit civil au droit public (2. A. Paris 1950) 99 ff.
— Les métamorphoses économiques et sociales du droit civil d'aujourd'hui (2. A. Paris 1952) no 275 ff.
Über die direkte Klage gegen den Haftpflichtversicherer:
— CARRY, in: Travaux de l'Association Henri Capitant II (Paris 1947) 339 ff.

recht (Art. 75 LFG im Gegensatz zu Art. 64 ff.); hier ist für Reisende eine andere Ordnung wirksam als für Dritte. Alsdann ist zu beachten, daß nach schweizerischer Auffassung der Schädiger unter bestimmten Voraussetzungen *konkurrierend* nach den Regeln der *vertraglichen und* der *außervertraglichen* Haftung belangt werden kann. Der Arzt z. B., der oder dessen Hilfsperson einem Patienten durch fehlerhafte Behandlung Schaden zugefügt hat, kann sowohl wegen Vertragsverletzung (Art. 97, 101, 398 OR) wie auch — außervertraglich — wegen unerlaubter Handlung (Art. 41, 55 OR) haftbar gemacht werden.

Unter (außervertraglicher) *Haftung ohne Verschulden* — hierfür ist der Ausdruck *Kausalhaftung* (responsabilité causale) gebräuchlich — versteht der schweizerische Jurist eine Haftung, zu deren Voraussetzungen ein *persönliches Verschulden* des Haftpflichtigen nicht gehört. Kausalhaftung liegt also z. B. auch dann vor, wenn eine Hilfsperson schuldhaft Schaden bewirkt hat, ihr Geschäftsherr jedoch hierfür haftbar gemacht wird, ohne daß *ihn selber* ein Verschulden trifft (so Art. 55 OR; Art. 37 Abs. 6, 42 MFG; Art. 1 Abs. 2, 8 EHG u.a.m.). Für den Leser aus dem Gebiet eines romanischen Rechts muß beigefügt werden, daß das schweizerische Recht scharf zwischen Verschulden und *Widerrechtlichkeit* unterscheidet (Art. 41 Abs. 1 OR, im Gegensatz zum französischen Code civil, Art. 1382/83). Widerrechtlichkeit ist der objektive Verstoß gegen eine Rechtsnorm, die generell oder speziell Schädigungen verbietet. Verschulden enthält den Vorwurf der Vermeidbarkeit oder, wenn Vorsatz vorliegt, der Absicht der Herbeiführung des Schadens. Falls man vom Vorsatz absieht, setzt Verschulden nach der subjektiven Seite die Urteilsfähigkeit voraus, nach der objektiven Seite einen bestimmten Grad der Unsorgfalt. Haftung ohne Verschulden bedeutet im schweizerischen Recht somit nicht Haftung ohne Widerrechtlichkeit, sondern eine Haftung, bei der das Verschulden — dieses so verstanden wie soeben erläutert — nicht zum Beweisthema des Klägers gehört.

Mit diesen Bemerkungen ist die Haftung ohne Verschulden in *negativer Hinsicht* definiert worden. Eine *positive* Kennzeichnung ergibt sich aus drei Merkmalen:

1. Wenn die Ursache des Schadens im *Verhalten des Haftpflichtigen* selber liegt, so braucht dieses *nicht schuldhaft* zu sein. Demnach tritt Ersatzpflicht auch ein, wenn der Schädiger nicht urteilsfähig ist (Art. 16, 18 ZGB). Das gilt für jede Haftung ohne Verschulden, nicht nur im traditionellen Falle des Art. 54 OR, der eine besondere Ersatzpflicht des Urteilsunfähigen vorsieht. Ferner genügt für die Haftbarmachung ein geringerer Grad von Unsorgfalt, als er von der Fahrlässigkeit vorausgesetzt wird.

[53] 2. Fast alle Haftungen ohne Verschulden schließen eine *Haftung für fremdes Verhalten* ein, namentlich von Hilfspersonen, ohne daß den Haftpflich-

tigen selber ein Verschulden trifft; letzteres vor allem im Sinne der culpa in eligendo, in instruendo vel in custodiendo. Dieses Element ist von unvergleichlich größerer Tragweite als das erste (soeben Ziff. 1). Die Arbeitsteilung der modernen Wirtschaft führt zur Beschäftigung ganzer Heere von Hilfspersonen; für sie alle haftet der Unternehmer, wenn — und das ist heute in weitem Umfange der Fall — eine konkrete Schädigung von einer Haftung ohne Verschulden erfaßt wird: man denke an die Eisenbahnen, die Unternehmer der Straßentransporte und des Luftverkehrs, der Elektrizitätswirtschaft usf. Das gleiche gilt aber auch für die weniger drastischen Verhältnisse der Werkeigentümer (Art. 58 OR), der Grundeigentümer (Art. 679 ZGB), der Geschäftsherren (Art. 55 OR), der Tierhalter (Art. 56 OR), der Familienhäupter (Art. 333 ZGB). Die Haftung der Unternehmer *gegenüber* dem Personal ist auch in der Schweiz großenteils durch eine obligatorische Versicherung ersetzt worden (infra III).

3. Haftung ohne Verschulden wirkt sich endlich aus als *Haftung für Zufall*; Zufall bedeutet hier eine Schadensursache, die nicht in einem menschlichen Verhalten besteht. Haftung für Zufall tritt z. B. ein, wenn ein Automobil wegen Vereisung der Straße einen Unfall bewirkt. Hier hat bekanntlich die Entwicklung der modernen Haftung ohne Verschulden vornehmlich eingesetzt; heute steht demgegenüber fest, daß Unfälle sehr viel häufiger auf ein menschliches Versagen (soeben Ziff. 2) als auf Zufälle zurückgehen.

Zur *näheren Charakteristik* der Haftung ohne Verschulden dienen folgende Merkmale:

1. Wie in allen modernen Rechten, so stellt auch im schweizerischen Recht die Haftung aus Verschulden die Regel dar (Art. 41 OR), die Haftung ohne Verschulden die *Ausnahme*. Deren Fälle sind jedoch, wie sich zeigen wird, verhältnismäßig zahlreich und erfassen weite Bereiche der möglichen Schädigungen.

2. Die Haftung ohne Verschulden stützt sich auf abgegrenzte einzelne Tatbestände, die von den Gesetzen *speziell umschrieben* sind. Demgegenüber ist die Verschuldenshaftung universell gefaßt: wo immer widerrechtlich und schuldhaft Schaden zugefügt worden ist, tritt eine Ersatzpflicht ein (Art. 41 OR, entsprechend Art. 1382 CC fr.), ohne daß weitere Voraussetzungen erfüllt sein müssen (wie nach BGB § 823).

[54] 3. Es besteht nicht nur *keine allgemeine Norm* für die Haftung ohne Verschulden, sondern ihre Tatbestände sind zu einem erheblichen Teil in umfangreichen *Spezialgesetzen* niedergelegt. Zahl und Bedeutung derselben machen ein Spezifikum des schweizerischen Rechts aus. Sie sind nicht nach einem vorgefaßten Plan entstanden, sondern jeweils erlassen worden, wenn sich das Bedürfnis nach dem Schutz einer neuen Kategorie von Geschädigten gezeigt hat. Es sind insbesondere die Gefahren, welche von neuen Fortbewegungsmitteln erzeugt werden,

und diejenigen, die von neuen industriell ausgenützten Kräften stammen, die den Anlaß zu dieser Gesetzgebung boten: Eisenbahnen, Schiffe, Motorfahrzeuge, Luftfahrzeuge u. a. m., dann die Elektrizität und jetzt die Atomenergie.

4. Im Gegensatz zu den Spezialgesetzen sind die im ZGB und OR enthaltenen Tatbestände der Haftung ohne Verschulden zum Teil ein Werk nicht des Gesetzgebers, sondern der *Rechtsprechung;* das gilt etwa für die unter II B aufgeführten Fälle von Art. 55, 56 OR und 333 ZGB. Hier hat erst die Judikatur mit der Zeit, entgegen der ursprünglichen Auffassung, die Meinung festgelegt, man habe Haftungen ohne Verschulden vor sich.

5. Die *Motive* für die Einführung der Haftungen ohne Verschulden sind uneinheitlich. Sie lassen sich teilweise anhand der Gliederung, die unter II gegeben wird, erkennen.

6. Das Auftreten einer Haftung ohne Verschulden ist nicht allein im Zusammenhang der primären Frage bedeutsam, ob und unter welchen (erleichterten) Voraussetzungen der Schädiger überhaupt ersatzpflichtig werde. Vielmehr zeitigen die Haftungen ohne Verschulden verschiedentlich auch *sekundäre Folgen.* So beachtet der schweizerische Richter z. B. ihr Vorhandensein insoweit, als ein (zusätzliches) Verschulden des Haftpflichtigen hier schwerer ins Gewicht fällt, als wenn lediglich Verschuldenshaftung vorläge. Bei letzterer wirkt sich das Selbstverschulden des Geschädigten fast immer dahin aus, daß die Haftung erleichtert, also der Schadenersatz reduziert wird (Art. 44 Abs. 1 OR). Trifft demgegenüber den ohne Verschulden Haftpflichtigen auch noch ein Verschulden, dann vermag dieses den Reduktionsgrund des Selbstverschuldens ganz oder zum Teil zu neutralisieren, so daß gar keine oder eine geringere Herabsetzung des Schadenersatzes erfolgt (so z. B. BGE 53 II 316; 69 II 333/34). Das gleiche gilt für andere Gründe der Schadenersatzreduktion, wie z. B. den konkurrierenden Zufall. Weitere Besonderheiten ergeben sich beim Auftreten von Haftungen ohne Verschulden im Zusammenhang des Rückgriffs unter mehreren Schädigern, die extern solidarisch für denselben Schaden haften: das Gesetz gibt dem [55] ohne Verschulden Haftenden den Regreß sowohl auf denjenigen, der aus Verschulden haftet, wie denjenigen, der lediglich aus Vertrag haftet (das ist insbesondere der Versicherer), während diese beiden nicht auf den ohne Verschulden Haftenden regressieren können (Art. 51 OR, Art. 72 VVG). Das Auftreten von Haftungen ohne Verschulden führt ferner zu besonderen Lösungen in den Fällen der gegenseitigen Schädigung und anderer Tatbestände der Kollision von Haftungen (nachstehend II A, am Ende; dort weitere sekundäre Folgen).

II. DIE FÄLLE DER HAFTUNG OHNE VERSCHULDEN IM EINZELNEN UND IHRE GLIEDERUNG

Die Beschäftigung mit den Haftungen ohne Verschulden und mit ihrer gesamten Ordnung hat dem Verfasser seinerzeit gezeigt, daß sich eine Gliederung aufdrängt in Gefährdungshaftungen und gewöhnliche Haftungen ohne Verschulden («gewöhnliche Kausalhaftungen»; Schweizerisches Haftpflichtrecht I § 1). Diese Einteilung ist von manchen Autoren und Gerichten ausdrücklich oder der Sache nach übernommen worden.

A. Gefährdungshaftungen

Hier knüpft man an die Gefährdung der Umwelt an, welche von gewissen Vorrichtungen oder Tätigkeiten ausgeht. Sie erzeugen eine Gefahr, die offenbar erheblich größer ist als die Gefahr von andern Vorrichtungen oder Tätigkeiten, die sich zum Vergleich eignen. Gefahr bedeutet einerseits die relativ ausgeprägte Tendenz zur Herbeiführung von Schäden und anderseits die Wahrscheinlichkeit, daß eine Anomalie der fraglichen Vorrichtung oder Tätigkeit in quantitativer oder qualitativer Hinsicht schwere Folgen zeitigt. Es ist ein Merkmal unserer Epoche, daß sie die Gefahren ins Extrem gesteigert hat, und dies in doppelter Hinsicht: einmal hat es nie größere, vom Menschen gesetzte Gefahren gegeben als heute (quantitatives Moment des Schädigungspotentials), und noch nie bestand eine solche Ubiquität der Gefahren, wie sie insbesondere die Mechanisierung aller Lebensbereiche und der Verkehr mit sich gebracht haben. Die Belege liegen auf der Hand. Für den Gesichtspunkt der Ubiquität der Gefahren bietet sie am eindringlichsten der Straßenverkehr mit seinen Hekatomben an Opfern, den Gesichtspunkt der quantitativen Bedeutung des Schädigungspotentials illustriert am einprägsamsten die von der industriellen Ausnützung der Atomenergie ausgehende Gefahr (einen Maßstab bietet der amerikanische, den Fragen des Atomenergierechts gewidmete sogenannte Anderson Act, der über die vorgeschriebene, schon bedeutende Versicherungsdeckung hinaus staatliche [56] Schadenersatzleistungen bis zu 500 Millionen Dollar vorsieht; KAUFMANN in: SJZ 1957, 301, und BELSER in: Mitteilungsblatt des [schweizerischen] Delegierten für Fragen der Atomenergie, Nr. 2 vom August 1957, 16 ff.).

Gemäß dem heutigen Stand der Gesetzgebung sind von den privaten Haftungen ohne Verschulden zu den Gefährdungshaftungen zu zählen: diejenigen nach dem
1. Gesetz über die Eisenbahnhaftpflicht, von 1905 (EHG). Es trat anstelle eines Gesetzes von 1875 und gilt neben den Eisenbahnen aller Art, auch den Straßen-

bahnen, noch für Luftseilbahnen (téléfériques), Sessellifte (télésièges), konzessionierte Schiffahrtslinien und gewisse nichtmotorisierte Beförderungsarten der Post.

2. Gesetz über die Seeschiffahrt unter der Schweizer Flagge, von 1953, Art. 48, 126: Haftung des Reeders von Meerschiffen und von Binnenschiffen, soweit letztere auf dem Rhein und auf anderen, die Schweiz mit der See verbindenden Gewässern verkehren.

3. Gesetz über die Luftfahrt, von 1948 (LFG), Art. 64 ff.: Haftpflicht gegenüber Drittpersonen.

4. Motorfahrzeuggesetz, von 1932 (MFG), Art. 37 ff. Es erfaßt (mit geringfügigen Ausnahmen) jede Art von Motorfahrzeugen. Zur Zeit steht der Entwurf (von 1955) für ein neues Gesetz, das Straßenverkehrsgesetz, zur Beratung; es wird am System der Haftung voraussichtlich nichts Entscheidendes ändern. Das MFG ist laut besonderer Gesetze auch anwendbar auf Trolleybus- und Gyrobusunternehmungen; geht der Schaden jedoch auf die elektrische Einrichtung zurück, so gilt das anschließend erwähnte ElG.

5. Gesetz über die elektrischen Schwach- und Starkstromanlagen, von 1902 (ElG), Art. 27 ff.

6. Gesetz über Jagd und Vogelschutz, von 1925, Art. 13: Haftung des Jägers für Schäden, die durch die Ausübung der Jagd bewirkt werden.

7. Atomgesetz: der Entwurf eines Gesetzes über die friedliche Verwendung der Atomenergie steht in Vorbereitung. Auch wenn in den Einzelheiten Unsicherheit herrscht, so ist doch die Einführung einer Gefährdungshaftung gewiß.

Alle diese Gesetze, ausgenommen das an vorletzter Stelle erwähnte Jagdgesetz, knüpfen an die Verursachung des Schadens durch einen *Betrieb* [57] an, sei es eines Fahrzeuges, sei es einer industriellen oder ähnlichen Anlage. Jeder dieser Betriebe weist bestimmte Gefahren auf, die, rechtspolitisch gesehen, den Anlaß zur Einführung der Gefährdungshaftung geboten haben. Deshalb sollte das Gesetz jeweils auch nur dort anwendbar sein, wo sich die fragliche Gefahr in concreto verwirklicht hat; doch folgt die Praxis nicht durchwegs dieser Überlegung. Die Gesetze über die Haftpflicht für Eisenbahnen, Seeschiffe, Motorfahrzeuge und elektrische Anlagen enthalten ein identisches *Schema der Haftung:* diese tritt ein, sobald bewiesen ist, daß der entstandene Schaden durch den fraglichen Betrieb verursacht worden ist, es sei denn, der Haftpflichtige könne sich durch den Beweis entlasten, daß der Schaden in Wirklichkeit durch höhere Gewalt, Selbstverschulden des Geschädigten oder Drittverschulden verursacht sei. Diesfalls muß diese andere Ursache — höhere Gewalt, Selbst- oder Drittverschulden — so sehr im Vordergrunde stehen, daß die primäre Ursache, eben der Betrieb, nicht mehr als adäquat erscheint und deshalb unbeachtlich wird. Dann wird der Beklagte befreit. Die schweizerische Praxis faßt somit diese Frage als eine Angelegenheit der Beurteilung der Adäquanz des Kausalzusammenhanges auf (vgl. statt vieler BGE 75 II 73; 81 II 163). Das gleiche muß, da die Überlegung eine allgemeingültige ist, für das Jagdgesetz gelten, wie übrigens für die unter B zu nennenden «gewöhnlichen» Haftungen ohne Verschulden, und endlich auch für die Verschuldenshaftung.

Die Einreihung einer Haftung ohne Verschulden unter die Gefährdungshaftungen hat verschiedene wichtige *Konsequenzen,* von denen hier die folgenden erwähnt seien: Je größer die Gefahr, auf die sich eine Gefährdungshaftung stützt, desto intensiver müssen die drei sekundären Ursachen des Schadens — höhere Gewalt, Selbst- und Drittverschulden — beschaffen sein, um zur Befreiung des Haftpflichtigen zu führen (BGE 81 II 163). Wenn Gefährdungshaftungen miteinander oder mit anderen Haftungen kollidieren, z. B. beim Zusammenstoß eines Motorfahrzeugs mit einer Eisenbahn, so verteilt sich der Schaden nach einem Schlüssel, für den insbesondere die Beurteilung der Größe der beteiligten Betriebsgefahren maßgebend ist (BGE 67 II 183 ff.; 68 II 121; 76 II 324 f.; 78 II 464). Das gleiche gilt für die interne Aufteilung des Schadens unter mehrere Ersatzpflichtige, die extern solidarisch gehaftet haben (BGE 69 II 159; OFTINGER, Schweizerisches Haftpflichtrecht, I § 9, § 10 III B). Einzelne der Spezialgesetze enthalten einschneidende Schutzbestimmungen zugunsten der Geschädigten: die vom Gesetz umschriebene Haftung darf in keiner Weise zum voraus vertraglich abgeschwächt oder wegbedungen werden; ein Vergleich, durch den eine offenbar unzulängliche Entschädigung vorgesehen wird, kann angefochten werden, ohne daß man sich auf einen Willensmangel oder auf Übervorteilung zu berufen braucht (so Art. 16, 17 EHG, Art. 39 ElG, Art. 43 MFG, im Gegensatz zu Art. 100 und 101 OR).

B. *Gewöhnliche Haftungen ohne Verschulden*

[58] Hierher gehören (die Aufzählung ist nicht vollständig) die Haftungen
1. des *Geschäftsherrn* für seine Hilfspersonen (Art. 55 OR), des *Tierhalters* für seine Tiere (Art. 56 OR) und des *Familienhauptes* für seine unmündigen oder entmündigten, geistesschwachen oder geisteskranken Hausgenossen (Art. 333 ZGB). Diese drei Haftungsarten, die sich sinngemäß, aber nicht durchwegs als Haftungen ohne Verschulden auch in den Rechten anderer Länder finden, sind alle nach dem gleichen Schema aufgebaut: die Haftung wird als gegeben vorausgesetzt, jedoch kann ihr der Haftpflichtige entgehen, wenn er den Beweis erbringt, daß er das genügende Maß an Sorgfalt angewendet hat. Dem Worlaut der Gesetze nach ist man geneigt, an eine Verschuldenspräsumtion zu denken und im erwähnten Beweis eine Exkulpation zu sehen. Dies ist jedoch unzutreffend. Nach der heute

maßgebenden Auffassung muß der Beweis eines *objektiv* umschriebenen Maßes von Sorgfalt erbracht werden; die Abwesenheit von Verschulden genügt nicht. Also wird z. B. der Tierhalter haftbar, wenn ihm der Beweis genügender Sorgfalt mißlingt, auch wenn er urteilsunfähig ist, oder wenn seine Unsorgfalt einen geringeren Grad erreicht, als für ein Verschulden erforderlich ist, oder falls die in der ungenügenden Überwachung des Tieres bestehende Unsorgfalt einer Hilfsperson zur Last fällt, ohne daß den Tierhalter selber ein Vorwurf trifft. So ist ferner entschieden worden, daß der Geschäftsherr nicht befreit wird, wenn militärische Inanspruchnahme ihn an der Ausübung der gebotenen Sorgfalt gehindert hat (BGE 46 II 126 f.). Der Unterschied zwischen einer Verschuldenshaftung mit Exkulpationsbeweis und dem geschilderten schweizerischen System ist indessen theoretisch größer als in der praktischen Auswirkung.

2. des *Werkeigentümers*, dem Mängel der Anlage oder Herstellung oder im Unterhalt seines Werkes bewiesen werden (Art. 58 OR). Der Begriff des Werkes ist von der Praxis immer umfassender gebildet worden. Man versteht heute darunter stabile, mit der Erde direkt oder indirekt verbundene, künstlich hergestellte oder angeordnete Gegenstände. Dazu gehören nicht nur Gebäude und Teile von solchen (wie schlecht beleuchtete Treppen), sondern neben vielen andern Sachen auch eingebaute Maschinen (deren Explosion z. B. von Art. 58 OR erfaßt wird), dann Sportanlagen, Kanäle, Telephonstangen und Straßen. Es ist eine Besonderheit des schweizerischen Rechts, öffentliche Sachen dieser privatrechtlichen Haftung zu unterstellen. Man hat nach der heutigen Auffassung eine umfassende und scharf wirkende Haftung für Sachen vor sich, von der jedoch die Mobilien ausgeschlossen sind. Die praktische Bedeutung des Art. 58 OR ist sehr groß. Wer von Bienen gestochen wird, kann die Vorschrift heranziehen, wenn er zu beweisen vermag, [59] daß das Bienenhaus zu nahe an einer Straße steht; Werke sind die ungeschützten Transmissionen von Maschinen ebensogut wie ein Jauchetrog, ein Flugplatz oder die eingestürzte Tribüne für ein Velorennen; auf Art. 58 OR beruft sich der Automobilist, der wegen zu enger Anlage einer Kurve aus der Fahrbahn getragen worden ist. Das Absehen vom Verschulden wirkt sich insbesondere dahin aus, daß die Ersatzpflicht des Eigentümers auch besteht, wenn ein Zufall (z. B. atmosphärische Einflüsse) oder das Verhalten eines Dritten die Ursache des Werkmangels gesetzt hat. Die Haftung nach Art. 58 OR berührt sich mit derjenigen gemäß Art. 679 ZGB, die ebenfalls kein Verschulden voraussetzt: der Grundeigentümer haftet für die Folgen von Überschreitungen seines Eigentumsrechts, gleichgültig, ob diese auf Zufall oder auf das Verhalten Dritter zurückgehen; hierher gehören insbesondere die Immissionen durch Rauch, Ruß, Dünste, Lärm oder Erschütterung (Art. 684 ZGB).

3. des *Urteilsunfähigen* (Art. 54 OR). Aus Gründen der Billigkeit kann der Richter die Haftung für den angerichteten Schaden ganz oder teilweise bejahen.

4. Das Gesetz über den *unlauteren Wettbewerb* von 1943 kennt eine Reihe von Fällen der Haftung ohne Verschulden (Art. 2, 3, 4); so setzen z. B. die Klage auf Feststellung der Widerrechtlichkeit einer als unlauteren Wettbewerb zu qualifizierenden Handlung und die Klage auf Unterlassung, auf Beseitigung des rechtswidrigen Zustandes oder auf Richtigstellung kein Verschulden voraus.

Während die Gefährdungshaftungen einen einheitlichen *Typ der Haftung* ohne Verschulden darstellen, trifft das gleiche für die «gewöhnlichen» Haftungen ohne Verschulden keinesfalls zu. Es würde zu weit führen, sie sämtliche zu analysieren. Wenn auch zuzugeben ist, daß in einzelnen Fällen, etwa der Haftung gemäß Art. 56 oder 58 OR, sich die Verwirklichung einer Gefahr zeigen kann, so darf man doch nicht generell von Gefährdungshaftungen sprechen; die unter lit. A gegebene Kennzeichnung des Begriffs Gefahr, wie er der Konzeption der dort aufgeführten Gefährdungshaftungen zugrunde liegt, spricht dagegen.

III. DER ÜBERGANG ZUR KOLLEKTIVHAFTUNG UND ZUR FÜRSORGE

Die starke Betonung der Haftung ohne Verschulden läßt immer deutlicher ein auffallendes Merkmal des gegenwärtigen Haftpflichtrechts wahrnehmbar werden: den Übergang zur *Kollektivhaftung*. Statt daß ein Einzelner, z. B. und vor allem der Schuldige, ersatzpflichtig wird, trifft die [60] Haftung eine, häufig anonyme, Kollektivität, oder der Haftende repräsentiert eine solche Kollektivität, ohne daß der eigentliche Schädiger eruiert zu werden braucht. So vertritt der Eisenbahnunternehmer, wenn sich ein Unfall ereignet hat, die große Schar seiner Betriebsangehörigen; die Beteiligung des Einzelnen an der Verursachung ist von sekundärer Bedeutung. Vor allem führt die Versicherung zur Abwälzung des Schadens auf eine Kollektivität, sei es, daß insbesondere eine Unfall-, Kranken- oder Sachversicherung oder namentlich eine Haftpflichtversicherung besteht, sei es, daß die Haftpflicht überhaupt durch eine (obligatorische) Unfallversicherung abgelöst worden ist. Wie in zahlreichen andern Ländern, so ist der letztere Vorgang in der Schweiz in weiten Bereichen der Industrie, der Transporte, des Gewerbes und in der Landwirtschaft eingetreten (Kranken- und Unfallversicherungsgesetz von 1911, Art. 60 ff.; Landwirtschaftsgesetz von 1951, Art. 98 f.; Seeschiffahrtsgesetz von 1953, Art. 84 f.; die Ausdehnung auf andere Gebiete ist beabsichtigt: BERENSTEIN, Les tendances actuelles dans la réparation des accidents du travail, in: Recueil de travaux suisses, présenté au IVe Congrès international de droit comparé, Genève 1954). Es sind keine in diesem Zusammenhang interessierenden Besonderheiten festzuhalten.

Statt dessen verdient die *Haftpflichtversicherung* eine nähere Würdigung. Das schweizerische Recht kennt deren Obligatorium seit dem Jahre 1914 für die Motorfahrzeuge; diese Zwangsversicherung ist zur Zeit im MFG eingehend geregelt (Art. 48 ff.) und ist auf die Fahrräder ausgedehnt worden. Man kennt die Versicherungspflicht auch zu Lasten der Jäger und der Halter von Luftfahrzeugen (supra II A), allerdings mit der Maßgabe, daß für beide daneben andere Arten der Sicherstellung der Haftpflichtforderungen zulässig sind. Ferner werden gelegentlich behördliche Bewilligungen und Konzessionen vom Abschluß einer Haftpflichtversicherung abhängig gemacht. Das schweizerische Recht verstärkt die Stellung des geschädigten Dritten durch die Schaffung eines gesetzlichen Pfandrechts an der Forderung des Versicherten gegen den Versicherer (Art. 60 VVG). Für die Versicherung des Motorfahrzeughalters ist anstelle dieses Pfandrechts die sogenannte unmittelbare Klage des Geschädigten gegen den Haftpflichtversicherer getreten (action directe, Art. 49 MFG), ein Institut, das auch dem Recht verschiedener anderer Länder bekannt ist. Alle drei Besonderheiten — Obligatorium der Haftpflichtversicherung, gesetzliches Pfandrecht und direkte Klage — haben das Wesen der Haftpflichtversicherung verwandelt; von einem zunächst lediglich im Interesse des versicherten Haftpflichtigen liegenden Vertrag ist sie zu einem ganz überwiegend dem Interesse des Geschädigten dienenden Instrument geworden. Man darf so weit gehen zu erklären, der Wirkung nach erscheine das Haftpflichtrecht diesfalls nur mehr als der juristisch-technische Weg zur Bestimmung des Anspruchs gegen den Versicherer, wobei der Anspruch indessen nicht dem Versicherungsnehmer, [61] sondern einem Dritten, dem Geschädigten, zusteht. Ferner ist nicht zu übersehen, daß die Haftpflichtversicherung dem Gesetzgeber und dem Richter die Verschärfung der Haftung, insbesondere den Übergang zur Haftung ohne Verschulden, erleichtert.

Die geschilderte Rolle der Haftpflichtversicherung läßt deutlich die Tendenz zur *Fürsorge* erkennen, die ein wichtiges Motiv der modernen Ausgestaltung des Haftpflichtrechts ist. Diese Tendenz tritt schon in der Schaffung der modernen Haftungen ohne Verschulden zutage und zeigt sich verstärkt, wo es der Staat selber ist, der anstelle des Haftpflichtigen die Deckung des Schadens übernimmt. Das trifft bereits bei der obligatorischen, staatlichen Unfallversicherung zu. Daneben kennt das schweizerische Recht charakteristische Institute (die gleichzeitig Belege für den geschilderten Übergang zur Kollektivhaftung darstellen): wenn ein Schwarzfahrer anstelle eines Motorfahrzeughalters ersatzpflichtig ist, der Halter somit von der Haftung befreit wird, tritt eine eigene Versicherung, deren Kosten der Staat bestreitet, in Wirksamkeit (Art. 37 Abs. 5, 55 MFG). Nach dem Entwurf für ein Straßenverkehrsgesetz von 1955, welches das MFG ersetzen soll, wird ohne den Umweg über die Versicherung vorweg eine unmittelbare Staatshaftung eingesetzt. Das gleiche gilt, wenn der Schädiger — Radfahrer oder Motorfahrzeugführer — unerkannt bleibt oder wenn die vorgeschriebene Haftpflichtversicherung nicht wirksam ist (Art. 71, 72). Der zur Zeit in Vorbereitung stehende Entwurf für ein Atomgesetz sieht ein Obligatorium der Haftpflichtversicherung vor; für den hierdurch ungedeckt bleibenden Schaden, der bei Katastrophen Ausmaße erreichen kann, welche die private Versicherung nicht zu übernehmen vermag, wird eine noch näher zu bestimmende Form der direkten Staatshaftung diskutiert. Andere Länder erwägen den gleichen Weg oder haben ihn schon beschritten. Es braucht nicht unterstrichen zu werden, wie hier potenziert die Ideen der Kollektivhaftung und der öffentlichen Fürsorge Gestalt erlangt haben.

IV. SCHLUSSFOLGERUNG

Diese Darlegungen führen unabweislich zum Ergebnis, daß das moderne Haftpflichtrecht den *Gedanken der Schadensdeckung vor den Gedanken der Verantwortlichkeit* gestellt hat. Es erstrebt nicht, wie die Verschuldenshaftung in ihrer ursprünglichen Ausprägung, in erster Linie Ahndung eines tadelnswerten Verhaltens, sondern *Schutz des Geschädigten*.

RAPPORT SUR L'ÉVOLUTION RÉCENTE DE LA RESPONSABILITÉ SANS FAUTE EN DROIT SUISSE *

I. GENÈSE DE LA LÉGISLATION MODERNE SUR LA RESPONSABILITÉ CIVILE

[263] L'éminent juriste français dont l'Association que nous avons le plaisir, ce soir, de saluer parmi nous, porte le nom: HENRI CAPITANT, a écrit quelque part: «L'évolution de la théorie de la responsabilité sous l'influence combinée de la doctrine et de la jurisprudence est un des phénomènes les plus instructifs de notre droit moderne[1].» Cette vérité s'applique à la Suisse aussi bien qu'à la France; à une différence près toutefois: dans notre droit, *la législation* a pris une part plus considérable à l'évolution de la responsabilité civile. En effet: envisagé au point de vue historique, le fait le plus saillant, c'est l'apparition d'une vaste *législation spéciale* à côté du Code des obligations. L'élément matériel le plus important, c'est l'introduction de la *responsabilité civile* indépendante de toute faute. Cela vaut pour la Suisse tout comme pour la France. Dans la première partie de mon exposé, je me propose de donner un aperçu de ce développement.

Mais tout d'abord une constatation du point de vue de la *terminologie* semble nécessaire. C'est la question de la responsabilité sans qu'il y ait faute qui joue le plus grand rôle dans la doctrine et la jurisprudence, en droit suisse et en droit français. En Suisse, nous parlons de «responsabilité causale». Pour saisir la portée de cette expression, il importe de déterminer ce que l'on entend par «faute». Le droit suisse connaît deux éléments différents comme condition préalable à la responsabilité civile (à part le dommage et le lien de causalité): l'illicéité et la faute. Le texte déterminant dans le cas particulier, c'est l'article 41 [264], alinéa 1er du Code des obligations, ainsi conçu: «Celui qui cause, d'une manière illicite, un dommage à autrui, soit intentionnellement, soit par négligence ou imprudence, est tenu de le réparer.» Les notions «intentionnellement» et «négligence ou imprudence» sont réunies par l'opinion déterminante dans la définition «faute»; la notion de faute apparaît donc *à côté* de «l'illicéité». L'illicéité est l'infraction objective à une norme juridique. Contrairement à ce qui est le cas du Code des obligations, le Code civil français, article 1382, ne parle que de «faute». Pour autant que j'aie pu me

---

* *Travaux de l'Association Henri Capitant II (1946), S. 263—277.*
[1] H. CAPITANT, Préface au Traité de MM. H. et LÉON MAZEAUD, t. Ier p. XXIX (Paris 1938).

rendre compte, cette notion est d'une manière générale interprétée en ce sens qu'elle englobe tout à la fois ce que nous entendons par «illicéité» et «faute». C'est ainsi que, dans son intéressant ouvrage sur la responsabilité civile, SAVATIER déclare: «La faute comporte deux éléments, l'un surtout objectif, le devoir violé, l'autre plutôt subjectif, l'imputabilité à l'agent[2]». Lorsque, en droit suisse, il est question de responsabilité causale, c'est-à-dire de la responsabilité civile sans faute, l'on ne fait abstraction que de l'élément subjectif, mais non pas de l'élément objectif, soit de l'illicéité.

Cette manière de préciser[3], à laquelle on ne porte pas toujours l'attention nécessaire, est indispensable afin d'éviter des malentendus, elle est d'autant plus utile que, par ailleurs, l'article 41 de notre Code des obligations a été calqué par les rédacteurs sur le Code civil français, article 1382 et 1383[4]. Le droit pénal suisse fait la même différence entre illicéité et faute.

Au sens du Code des obligations, la *faute* peut être sommairement définie comme suit: manque de diligence qui aurait pu être évité et qui a conduit à des dommages, et qui, dans les cas extrêmes, est d'un caractère intentionnel; elle peut donc apparaître comme intention dolosive (que nous appelons «dol» même en matière de délit civil) et comme faute non intentionnelle, aussi bien sous forme d'imprudence que de négligence, elle peut être une faute par commission ou par omission. Ainsi qu'on l'a constaté, *la responsabilité causale est définie* [265] *négativement:* comme responsabilité faisant abstraction de la faute, «Haftpflicht ohne Verschulden» dans notre langage.

L'énumération des effets de la responsabilité permet d'obtenir une caractéristique *positive*. Ces effets sont de trois genres:

1. Lorsque *des agissements humains* entrent en considération comme cause du dommage, *il n'est pas nécessaire qu'ils soient «fautifs»;* cela veut dire: *l'incapabilité* de discernement ne joue aucun rôle; une *négligence moins grave que pour la faute* suffit.

2. La responsabilité causale peut signifier responsabilité pour les *agissements d'autrui* formant la cause du dommage, sans que le responsable y ait contribué lui-même.

---

[2] SAVATIER, Traité de la responsabilité civile, t. I no 4; je le cite comme représentant d'un certain nombre d'auteurs.

[3] V. RICHARD, Remarques sur les mots «d'une manière illicite» de l'article 41 du Code des obligations dans le Recueil de travaux, publié à l'occasion de l'assemblée de la Société suisse des juristes par la Faculté de droit de l'Université de Genève, p. 301 et s., spécialement p. 304, 312; FRENER, Die Sachhalterhaftpflicht des französischen Rechtes, p. 20 (thèse Zurich 1931); OFTINGER, Schweizerisches Haftpflichtrecht, t. I p. 99, note 21 (Zurich 1940). Un exemple: il est évident que ROSSEL, Manuel du droit fédéral des obligations, t. I no 103 (Lausanne-Genève 1920), confond l'illicité et la faute.

[4] Cf. RICHARD p. 304.

3. La responsabilité causale peut signifier responsabilité pour des causes de dommage ne consistant pas en agissements humains; nous parlons alors de *«cas fortuits»*.

J'en arrive maintenant au *développement de la législation spéciale*.

Tout comme dans d'autres pays, le développement du trafic ferroviaire et l'industrialisation progressive ont marqué, au XIXe siècle, le début de l'ère de la responsabilité civile moderne en Suisse. En 1875, une loi fut promulguée sur la responsabilité des chemins de fer en cas de mort et de lésions corporelles. Cette loi a formellement introduit une responsabilité *sans* faute, ce qui, à l'époque, fut considéré par les juristes comme un acte révolutionnaire; en effet, le droit civil suisse, comme partout en Europe, se plaçait sur le terrain de la faute[5]. Déjà en 1877, une loi fut promulguée à l'intention des fabricants, avec responsabilité causale en faveur des ouvriers accidentés; en 1881 et en 1887, la matière a été réglée en détail dans une autre loi, avec force dérogatoire. En 1902, a paru une loi sur les installations électriques, avec responsabilité causale en faveur de toute personne subissant un dommage. La loi revisée en 1905 sur la responsabilité des chemins de fer et la loi spéciale édictée en 1932 pour les automobiles — deux actes législatifs des plus importants — avaient également pour but de sauvegarder les intérêts tout à la fois des tiers lésés et du personnel du sujet responsable. Je mentionne à part cela, sans épuiser la liste, une ordonnance sur le trafic aérien (1920), une loi sur la chasse (1925) et la concurrence déloyale (1944), toutes avec responsabilité causale[6].

[266] En 1881, fut publié le Code des obligations qui unifiait les anciennes lois cantonales; il fut revisé en 1911. A son article 41, déjà mentionné, le Code des obligations définit la norme générale de la responsabilité civile; à part cela, tout comme le Code civil français, il mentionne quelques cas spéciaux, avant tout la responsabilité de l'employeur (art. 55), celle-ci complétée par la responsabilité du chef de famille (Code civil, art. 333), du détenteur d'animaux (Code des obligations, art. 56), du propriétaire d'un ouvrage (art. 58). Sans avoir de fondement législatif direct, la jurisprudence du Tribunal fédéral commença déjà au XIXe siècle à interpréter progressivement toutes ces dispositions selon le système de la responsabilité causale, tout d'abord de la façon la plus accentuée en ce qui concerne l'article 58 dont l'alinéa 1er a la teneur suivante: «Le propriétaire d'un bâtiment ou de tout autre ouvrage répond du dommage causé par des vices de construction ou par le défaut d'entretien.» C'est là notre responsabilité «du fait des choses»; mais elle ressemble fortement à la responsabilité fondée sur la faute, parce

---

[5] Cf. notre article, Der soziale Gedanke im Schadenersatzrecht und in der Haftpflichtversicherung, Revue Suisse de Jurisprudence, no 39 p. 549.

[6] La loi sur la concurrence déloyale est placée sur le terrain de la faute et sur celui de la responsabilité causale.

qu'elle suppose la preuve que le dommage est attribuable à un «vice de l'ouvrage». Le plus souvent, il y a là une négligence, considérée à vrai dire comme objective, mais qui représente *effectivement* souvent une faute. Comparé au système français tel qu'il découle de l'article 1384, alinéa 1er, notre article 58 se différencie avant tout sur deux points:

1. Le cercle des choses est limité: un ouvrage est un objet stable, avant tout une chose immobile, par exemple une maison, un mur, une machine fixe, un ascenseur, un poteau télégraphique, une route.

2. Il faut la négligence objective dont il vient d'être fait mention, et c'est au lésé d'en faire la preuve.

J'insiste sur le fait que l'article 58 du Code des obligations doit être comparé aujourd'hui à l'article 1384, alinéa 1er, Code civil et non pas à l'article 1386 (ruine d'un bâtiment), avec lequel il n'a que des rapports historiques: les deux ont été inspirés par la *cautio damni injecti* du droit romain.

La responsabilité au sens des articles 55 et 56 du Code des obligations (employeurs, détenteurs d'animaux) est, aux termes du droit suisse, également moins sévère qu'en droit français, parce que le droit suisse admet expressément la preuve contraire de soins suffisants, celle-ci n'étant pas admise par la pratique française; les soins sont considérés au point de vue objectif. En revanche, le droit français interprète la responsabilité du chef de famille (art. 1384, alinéas 4, 6 et 7) comme responsabilité [267] fondée sur la faute, avec présomption de faute, tandis qu'en Suisse l'opinion dominante admet la responsabilité causale. Toutefois, la différence pratique est de peu d'importance.

II. BASES RÉELLES ET SOCIOLOGIQUES DE LA RESPONSABILITÉ

Dans la seconde partie de mon exposé, je désirerais formuler quelques remarques sur les bases réelles et sociologiques de la responsabilité.

Ainsi que je l'ai démontré, nous possédons maintenant un grand nombre d'états de fait en matière de responsabilité causale; dans bien des cas il existe des lois spéciales. Où faut-il rechercher les causes de cette évolution frappante?

Ces causes ne sont pas typiquement suisses, elles ont un caractère universel. L'on pourrait citer la convoitise accrue, le fait que la société est davantage disposée à manifester de la pitié, à côté d'autres faits d'ordre psychique, ou enfin la politique. En fait, ce qui est véritablement déterminant, c'est l'énorme *multiplicité et l'intensification des possibilités de dommage* au milieu de l'existence moderne. Les causes de cet état de choses sont bien connues: technique, mécanisation, dans l'industrie tout comme dans les arts et métiers, trafic, sport, grosses agglomérations humaines dans les centres urbains, mesures de combat de l'économie. En Suisse, l'on n'a pas tardé à reconnaître que beaucoup de dommages dus à ces causes ne pourraient être réparés si l'on maintenait la faute comme condition; en effet, dans de nombreux cas, il n'est pas possible de faire la preuve de la faute. L'on a estimé qu'il y avait là une injustice, surtout lorsque les personnes lésées sont économiquement faibles, ce qui est avant tout le cas des ouvriers. Ainsi, *l'idée sociale* a fourni les premiers motifs pour l'introduction de la responsabilité causale dans les lois spéciales suisses[7]. Par là, je ne voudrais pas affirmer que cet ordre de motifs soit suffisant pour justifier la responsabilité causale, ou bien qu'il s'agisse là du seul motif invoqué; je me borne, en effet, à exposer l'évolution historique, à savoir les raisons qui ont conduit dès 1875 aux lois spéciales. Après qu'elle eût été introduite sur une vaste échelle, la responsabilité causale s'est développée rapidement et s'est étendue toujours davantage; je rappelle la longue liste des dispositions actuelles. Quant à la question de savoir si, au cours de ces soixante-dix dernières années, cette [268] nouvelle manière de concevoir la responsabilité civile s'est ancrée partout dans le sentiment juridique, l'on peut avoir certains doutes.

III. ETAT ACTUEL DE LA RESPONSABILITÉ CIVILE

Dans la troisième partie de mon exposé, je ferai un *examen analytique* de la *lex lata* suisse.

A cet effet, j'examinerai le problème de la responsabilité en le décomposant en quatre antithèses:

1. Responsabilité fondée sur la faute, en opposition à la responsabilité causale;
2. Norme générale, en opposition à la norme spéciale;
3. Responsabilité individuelle, en opposition à la responsabilité collective;
4. Responsabilité, en opposition à l'assurance.

1. La responsabilité civile moderne est dominée par *l'opposition existant entre la responsabilité fondée sur la faute et la responsabilité causale;* on le sait.

A l'exemple d'autres codifications, le Code des obligations considère la *responsabilité fondée sur la faute comme le cas normal;* nous parlons de «l'idée de faute», *Verschuldensprinzip.* Et cela entraîne les conséquences suivantes:

a) *La responsabilité fondée sur la faute est la règle, la responsabilité causale est l'exception.* Cela est un point de vue dogmatique et non pas quantitatif. Les exceptions devraient être expressément prévues, soit par contrat, soit par la loi avant

---

[7] V. mon article dans Revue Suisse de Jurisprudence, t. XXXIX p. 545 et s., spécialement p. 548—551.

tout, cette dernière étant éventuellement interprétée dans cet esprit par la jurisprudence;

b) L'existence de cette exception fait que *l'idée de faute n'a pas le sens d'un postulat absolu:* à savoir que la responsabilité ne serait admissible *que* s'il y avait faute. Ce postulat, jugé comme un dogme représente une *petitio principii.* Il a, dans notre pays tout comme à l'étranger, entravé pendant longtemps l'esprit de compréhension à l'égard de la responsabilité causale.

D'après la conception que nous en avons en Suisse, le postulat est juste en droit pénal, mais non pas en droit civil.

2. Je considère la deuxième antithèse, à savoir: *la norme générale en opposition à la norme spéciale.* Cette antithèse est basée sur la constatation que le droit suisse, comme le droit français, accorde à *la responsabilité* [269] *fondée sur la faute* le plus vaste domaine d'application: quiconque, par sa faute (et d'une manière illicite), occasionne un dommage est tenu de le réparer. Point n'est besoin d'une violation de droits subjectifs typiques ni de normes spéciales comme en droit allemand, pas plus que d'*actiones* selon le modèle romain. J'appelle cela *le principe de l'universalité.* Ainsi, l'idée de faute est non seulement *plus* générale que la responsabilité causale, elle est *générale* tout court. Une fois encore, cela n'est pas un point de vue quantitatif, mais dogmatique.

Comparons-y maintenant la *responsabilité causale:* en droit suisse positif, elle est appliquée à des états de cause sévèrement délimités: dommage causé par un ouvrage, un animal, par un auxiliaire, une auto, un avion, etc., le tout réglementé par des conditions exactes et parfois étroites[8]. Les cas ne sont pas choisis selon un plan préconçu, ils sont la résultante de l'évolution historique. De là, l'absence évidente de système, le choix apparaissant souvent comme arbitraire, les divergences existant entre les législations des divers pays, en dépit du fait que, dans l'essentiel, les bases réelles et sociologiques sont les mêmes.

3. *Responsabilité individuelle en opposition à la responsabilité collective.* D'après le schéma classique de la *responsabilité fondée sur la faute,* il n'y a responsabilité que lorsqu'un *individu,* ou un petit nombre d'individus, peuvent être exactement identifiés comme ayant causé le dommage. La faute est un reproche, à l'origine moral, qui n'a de sens que s'il s'adresse à des individus; cette observation s'applique au droit civil tout comme au droit pénal. Le caractère particulier de la responsabilité fondée sur la faute a été précisément l'un des principaux motifs de l'introduction en Suisse de la responsabilité causale au sens moderne: l'on avait constaté que dans l'industrie et le trafic, il se produisait fréquemment des accidents dont les causes ne pouvaient pas être nettement déterminées; surtout la faute indi-

---

[8] Art. 58, 56, 55 Code des obligations, loi de 1932; Ordonnance de 1920.

viduelle ne peut être prouvée[9]. Un exemple: dans l'exploitation moderne d'une fabrique, la répartition du travail et la hiérarchie des chefs ont pour conséquence qu'un grand nombre de personnes participent directement ou indirectement à un dommage, de sorte que la part de responsabilité de chacun ne peut être déterminée. Il en va notamment ainsi lorsque le demandeur n'est pas familiarisé avec tous les détails de l'entreprise. Or, dans la responsabilité causale, on a trouvé une issue. Mais la technique [270] du droit connaît encore un autre moyen: la présomption de faute. Cependant celle-ci représente trop souvent une fiction camouflée, peu sympathique; elle constitue la voie moins équitable. Car, en cas d'impossibilité de faire la preuve libératrice, le reproche de la faute s'attache à la personne du défendeur, même lorsque ce dernier n'est pas coupable.

Dans ces conditions, la *responsabilité causale* conduit à la responsabilité collective, en ce sens que le sujet de la responsabilité peut représenter une *collectivité* anonyme. Trois exemples: le détenteur d'une automobile représente le chauffeur, les passagers qui troublent ce dernier pendant qu'il roule, les constructeurs et les hommes chargés de la réparation de la voiture (en cas de défectuosité), etc. En cas de dommage dû à une défectuosité, le propriétaire d'une maison en tant que propriétaire d'un ouvrage, représente l'architecte, l'entrepreneur, les artisans et les ouvriers, le concierge chargé de l'entretien de l'immeuble. En cas d'accident, l'entreprise de chemin de fer représente le personnel des deux trains qui sont entrés en collision, les aiguilleurs, le chef de gare, les constructeurs de tout le matériel fixe et mobile et ceux qui ont pour tâche de l'entretenir.

4. *Antithèse: Responsabilité civile et assurance.* — *La responsabilité* a pour conséquence que le dommage est transféré de la personne directement atteinte à celle qui est responsable. C'est à cette dernière de supporter les conséquences économiques du dommage; auprès du sujet de la responsabilité, le dommage est localisé individuellement. Dans *l'assurance*, nous le verrons, l'idée de la responsabilité collective a une toute autre forme que celle dont nous avons déjà parlé: On sait que l'assurance réalise l'idée fort simple de faire supporter à une collectivité le dommage subi par un individu. Le dommage passe de l'individu à la collectivité. Il s'agit donc d'une *répartition économique collective du dommage*[10]. Celle-ci est extraordinairement renforcée par le système, en général multiple, de la réassurance. L'évolution moderne a fait fructifier dans deux directions, en faveur de la responsabilité, l'idée en question:

[9] V. notre étude, Revue Suisse de Jurisprudence, t. XXXIX p. 546.
[10] V. SAVATIER, Traité, t. I p. 2; mon traité Schweizerisches Haftpflichtrecht, t. I p. 23—24. Ce n'est pas sans intérêt que les compagnies d'assurance allemandes s'occupant de l'assurance responsabilité obligatoire des automobilistes ont été forcées à s'organiser dans un *pool* (ordonnance de 1940). V. HÜSCHELRATH, Betrachtungen zum neuen Bedingungsrecht der Kraftfahrt-Haftpflichtversicherung, p. 21 (Berlin 1941).

III. Haftpflichtrecht

a) Le sujet éventuel de la responsabilité contracte *une assurance contre la responsabilité,* comme par exemple l'automobiliste. De la sorte, sa responsabilité personnelle est économiquement répartie.

[271] b) L'autre voie consiste en ceci: *l'assurance prend sans autre la place de la responsabilité.* Il en est notamment ainsi dans l'assurance contre les accidents: le dommage causé par un accident n'est pas réparé par voie de responsabilité, mais par la prestation accomplie par l'assurance. Cette prestation est indépendante de la question de savoir si oui ou non un fait passible de la responsabilité est cause de l'accident. Dans bien des pays, ce système a pris forme dans l'assurance obligatoire des ouvriers contre les accidents, souvent régie par l'Etat. En Suisse, le remplacement de la responsabilité civile par l'assurance est particulièrement caractéristique: par les lois de 1881 et 1887 déjà mentionnées, une responsabilité causale a été introduite spécialement à l'intention des ouvriers, surtout pour ceux des fabriques. La loi de 1911 a créé une assurance obligatoire en particulier pour les ouvriers de fabriques et d'entreprises de transport; cette loi a abrogé les lois de 1881 et 1887, de même celles de 1905 sur la responsabilité des chemins de fer et de 1902 sur les installations électriques, mais seulement en tant qu'il s'agissait de la responsabilité civile de l'employeur vis-à-vis du salarié.

En Suisse, on peut noter encore un spécimen curieux et touchant à l'extrême de cette substitution de l'assurance à la responsabilité: lorsqu'une automobile est usurpée ou volée et qu'un tiers a subi un dommage, c'est d'abord l'auteur (le voleur par exemple) qui répond, théoriquement. Mais le plus souvent il sera sans moyens financiers. Pour venir en aide au lésé, une assurance créée *ad hoc* entre en fonction; l'Etat est seul à supporter les charges financières qui en résultent, c'est-à-dire que c'est la collectivité au sens le plus typique (Loi fédérale sur la circulation des véhicules automobiles de 1932, art. 37, al. 5, et art. 55). Cette solution est assurément originale, mais quelque peu discutable.

J'en reviens à *l'assurance de responsabilité civile.* En Suisse, comme dans d'autres pays, elle est particulièrement fréquente dans le domaine de la responsabilité causale. Au point de vue du transfert de la responsabilité civile à la collectivité, sa signification est encore augmentée par deux institutions accessoires:

a) *caractère obligatoire de l'assurance,* introduit en Suisse dans de nombreux cas, notamment pour les automobilistes et les cyclistes [11];

[272] b) *action directe de la victime d'un dommage contre l'assureur,* en pratique introduite seulement pour l'assurance contre la responsabilité de l'automobiliste; le droit français en a fortement préparé l'introduction [12].

---

[11] V. notre Traité, t. 1 p. 333 et s.; pour la France: SAVATIER, Traité, t. II p. 342, note 2.
[12] V. notre Traité, t. II p. 1003.

Ces deux éléments, caractère obligatoire et action directe, ont presque fait de l'assurance contre la responsabilité matériellement[13] — j'insiste sur ce terme de matériellement — une assurance non plus de la personne portant la responsabilité, mais du lésé. Le procès en responsabilité a pour mission de décider sur la prétention du lésé d'être couvert par l'assureur. De la sorte, le caractère économique collectif conféré à la responsabilité s'est trouvé considérablement augmenté[14].

IV. QUELQUES PARTICULARITÉS DE LA RESPONSABILITÉ CIVILE

Dans la quatrième partie de mon exposé, je voudrais insister sur quelques particularités de la responsabilité. Je serai obligé d'être bref, d'où le caractère un peu aphoristique et casuistique des considérations qui vont suivre. Je me propose de mentionner cinq particularités différentes.

1. Tout d'abord, il convient d'insister sur *le rôle modeste du texte légal, dès que l'on compare à la doctrine et à la jurisprudence.* Comme chacun sait, c'est le principe de codification qui règne sur le continent européen. Ce principe est basé sur la considération selon laquelle le droit positif doit être fixé clairement dans des textes légaux, être facilement accessible et compréhensible pour le citoyen. Or, tout connaisseur de la responsabilité sait qu'une petite partie seulement de la *lex lata* trouve aujourd'hui son expression dans la loi. En France, il existe cinq articles du Code. En Suisse, les textes sont plus nombreux; il n'en reste pas moins que la jurisprudence domine fortement. Dans les deux pays, elle a non seulement complété les textes existants, mais encore elle les a modifiés matériellement.

Du point de vue de la technique législative, il s'agit là d'un phénomène digne d'attention: l'idée de codification est largement abandonné au profit du droit coutumier. En somme, il ne s'agit pas d'autre chose que du système de *common law* manifesté sous forme de *case law*. D'où l'élasticité de la réglementation, mais en même temps les difficultés [273] que rencontrent les non initiés dès qu'il s'agit de se familiariser avec la matière.

Dans ce domaine, la *doctrine* a une tâche extrêmement féconde, mais dont on ne s'est rendu compte que depuis peu de temps: elle doit, en effet, exercer une activité créatrice, tout en cultivant et en systématisant le jardin luxuriant de la jurisprudence. C'est un cas typique du rôle de la doctrine prévu à l'article 1er du Code civil suisse: d'assumer la fonction d'une source de droit subsidiaire.

---

[13] Op. cit., t. II p. 795.
[14] Cf. notre étude précitée, Revue Suisse de Jurisprudence, vol. 39 p. 563 et s., et notre Traité, t. II p. 792 et s.

III. Haftpflichtrecht

2. En matière de responsabilité, le juge a un *pouvoir d'appréciation* d'une étendue rare[15]. Cela est tout à la fois un avantage et un désavantage: il est, en effet, possible de trouver des solutions s'adaptant aux cas particuliers, mais en même temps la «calculabilité» du droit — qu'on me permette ce néologisme — se trouve diminuée. Dans la conception suisse, les avantages priment de beaucoup les désavantages. Mais la tâche du juriste y est lourde: la faculté d'user de son pouvoir d'appréciation l'oblige à apprécier lui-même parce que le législateur y a renoncé à un jugement de valeur indispensable. En d'autres termes: il lui appartient de compléter la norme inachevée. Il s'agit de l'attitude «la plus juridique» qui existe, mais en même temps la plus difficile. Elle est plus typique et plus délicate que le syllogisme formel, en quoi trop de juristes voient l'étalage de tout leur art[16]. Lorsqu'il s'agit de faire usage du pouvoir d'appréciation, le juge applique «les règles du droit et de l'équité», ainsi que s'en exprime l'article 4 du Code civil. Aux termes d'une formule heureuse de l'auteur italien VITTORIO SCIALOJA, et qui nous fut récemment rappelée, l'équité, c'est la justice du cas donné. Cela ne se manifeste nulle part davantage que dans la responsabilité civile.

[274] 3. La rareté des textes et le rôle joué par le pouvoir d'appréciation ont pour conséquence une réconfortante *absence de formalisme*. En Suisse, elle est encore accentuée par le principe qui domine dans le droit de procédure: à savoir la *libre appréciation des preuves*. On considère cette maxime comme un élément garantissant une juste application du droit[17].

4. En rapport avec la rareté des textes et le rôle important incombant à la jurisprudence, il y a le fait que tout *ce domaine continue à être ouvert;* par la création de nouveaux états de cause en matière de responsabilité causale, le livre de la responsabilité civile peut être en tout temps complété par d'autres chapitres. Il s'agit d'un parallélisme avec le droit contractuel moderne, la jurisprudence ayant la faculté de reconnaître continuellement de nouveaux types de contrat, tandis que, par exemple, le droit réel et le droit de succession sont enfermés dans un cadre beaucoup plus rigide.

---

[15] Détails dans notre Traité, t. I p. 369 et s.

[16] Déjà en 1893, EUGÈNE HUBER, le rédacteur du Code civil suisse, s'est exprimé ainsi: «Keine Wissenschaft und keine Technik vermögen nämlich einen für alle Fälle klar erkennbaren Gesetzesbestand zu schaffen, und wenn nun die Praxis unter der Herrschaft des modernen Gesetzesrechts auf solche Fragen stößt, so pflegt sie dieselben nicht auf Grund eines tiefer gefaßten Rechtsbewußtseins, sondern durch Interpretation der Texte zu beantworten, und die Wissenschaft selbst leistet dieser Strömung Vorschub, wenn sie zur bloßen Registratur der Präjudizien und inhaltsleeren Auslegung der Gesetzesworte herabsinkt. An die Stelle lebendigen Wachstums tritt alsdann ein versteinertes Gebilde, und das Recht verfällt in den Zustand leerer Formeln, die einer tiefern Auslegung und Weiterbildung weder fähig sind, noch auch nur bedürftig erscheinen (System und Geschichte des Schweizerischen Privatrechtes, t. IV p. 184—85, Bâle 1893).

[17] Détails dans notre Traité, t. I p. 373 et s.

5. *Le manque d'unité existant dans ce domaine* est typiquement suisse; la plupart des lois spéciales sont séparées par des espaces de temps considérables; malheureusement, on a négligé — dans la mesure où la matière le permettait — d'unifier et d'adapter au Code des obligations. C'est pourquoi ces lois accusent des divergences regrettables dans bien des questions, auxquelles il eût été possible de répondre de la même manière; c'est notamment le cas des délais de prescription.

V. TENDANCES ET TACHES FUTURES DE LA RESPONSABILITÉ CIVILE

Dans la dernière partie de cet exposé, je voudrais essayer de diagnostiquer *les tendances* de la responsabilité civile moderne et tâcher de définir quelques-uns de ses *devoirs*. Mais cela *suppose un examen critique*. Je résumerai ma manière de voir en l'exprimant sous forme de quelques thèses.

Il y a peu de temps encore, l'on avait plutôt l'impression que la responsabilité causale manifestait une tendance à l'extension bien plus qu'à la limitation. Aujourd'hui, en revanche, une certaine *saturation* semble se montrer. Il n'est pas possible d'en tirer des conclusions à longue portée, parce que dans le passé, l'évolution fut lente et devrait le rester à l'avenir.

[275] Au demeurant, le passage de la responsabilité fondée sur la faute à la responsabilité causale est-elle justifiée? De la réponse dépend l'attitude à prendre en présence de la tendance de la responsabilité. Son histoire, telle qu'elle s'est développée en Suisse, démontre d'une façon péremptoire que la responsabilité fondée sur la faute n'est plus en mesure de donner des résultats équitables *à elle seule*. On sait que la *justification* de la responsabilité sans faute est discutée depuis deux générations sans que l'on soit parvenu à une unité de doctrine. Le problème ne peut être traité à fond que sur un vaste plan. Je me bornerai donc à présenter quelques observations.

Ce qui me paraît décisif, c'est que beaucoup des dommages dont la responsabilité civile s'occupe *n'ont pas été occasionnés individuellement, mais collectivement*. L'organisation moderne de la vie rend les dommages inévitables. Cela étant, le principe de la responsabilité individuelle — la faute — est inadéquat. Pour ces cas, la responsabilité individuelle doit être remplacée par une responsabilité collective. La manière de régler cette dernière n'a alors qu'une portée secondaire. A l'heure actuelle, deux voies figurent au premier plan, et j'en ai déjà parlé, à commencer par la responsabilité causale. Je rappelle mes considérations de tout à l'heure et l'un des exemples cités: l'entreprise ferroviaire représente, comme sujet de la responsabilité, une collectivité d'auxiliaires. L'on en était arrivé à cette constatation par une analyse dogmatique; maintenant, l'on voit qu'elle se justifie par un fait. La seconde voie est celle de l'assurance. C'est notamment par: *a)* la combinaison de la responsabilité causale et de l'assurance, et par *b)* le fait que l'assurance est substituée à la responsabilité civile, que le droit moderne a trouvé une solution au problème posé par le dommage causé collectivement sans faute. Je ne vois pas là l'anéantissement de l'idée de faute, tel que le craignent des auteurs français connus [18], mais plutôt le complément nécessaire de cette idée.

Il se peut que l'évolution future permette de définir d'une manière plus nette les cas où il convient de s'en tenir à l'idée de faute et ceux où celle-ci est de prime abord sans objet. J'estime par exemple que la responsabilité causale du chef de famille (Code civil, art. 333), voire [276] toute cette norme spéciale, est superflue, de même peut-être la responsabilité du détenteur d'animaux (Code des obligations, art. 56). J'insiste encore sur le fait qu'envisagée à ce point de vue, l'assurance, surtout l'assurance contre la responsabilité, est le complément indispensable de la responsabilité causale. Mais il ne faut pas oublier que la responsabilité civile, ainsi que je l'ai écrit ailleurs, se trouve ramenée à la fonction «d'un instrument juridique et technique pour la détermination de la prétention à l'assurance, cette prétention tombant en fin de compte à la charge de la collectivité. Par rapport à l'ancienne conception, la différence dogmatique consiste en ceci: le fait d'être atteint au hasard par un dommage ne doit pas être considéré dès l'abord comme un décret du destin — *casum sentit dominus* — mais comme un problème qui n'est en aucune manière préjudicié: à savoir de quelle manière le dommage causé par les conditions sociales modernes doit être réparti définitivement [19]».

Je résume ces considérations dans une:

Thèse 1. — *La responsabilité causale subsiste avec les mêmes droits à côté de la responsabilité fondée sur la faute.* On a fait observer que la justification de la première a encore besoin d'être développée.

Thèse 2. — Il serait recommandable de tenter la création d'une *norme aussi générale que possible,* au lieu des normes hétérogènes actuelles de la *responsabilité causale,* et ce comme contre-partie de la norme de la faute selon l'article 41 du Code des obligations (art. 1382 CC fr.). Cette norme devrait être suffisamment générale pour rendre superflues les normes spéciales, ou du moins pour en réduire le nombre très fortement. Il s'agit évidemment là d'une tâche de longue haleine;

---

[18] SAVATIER, quoi qu'il ne soit point hostile à l'idée de risque, parle de «décadence morale» (Traité, t. II no 741). PLANIOL, RIPERT et ESMEIN, Traité pratique, t. VI no 480: «C'est faire disparaître ce principe moral» (sc. qui explique le principe de la responsabilité). Point de vue contraire: mon article, Revue Suisse de Jurisprudence, vol. 39 p. 547, 550—51, 564, note 53. V. aussi BATTAGLIA, Le problème du contrat (Archives de Philosophie du droit, vol. 10 p. 183—84) qui considère le trouble de l'ordre social comme fondement de la responsabilité sans faute.

[19] Loc. cit., p. 550.

au demeurant, il se peut que nous manquions encore de la clarté indispensable. A noter que dans cet ordre d'idées, le Code des obligations polonais de 1934, article 152, a apporté une solution intéressante. Ma thèse est basée sur la constatation critique que la réglementation actuelle de la responsabilité civile porte encore trop de traces d'une évolution casuistique, elle manque d'unité, raison pour laquelle elle éveille en partie d'arbitraire et manque d'une idée directrice pour la responsabilité causale. Etant donnée la nouveauté du domaine dont il s'agit, ce sont là des conséquences inévitables.

Thèse 3. — Comme conséquence de la première thèse, le *développement du caractère obligatoire de l'assurance de responsabilité* s'impose, [277] en Suisse, par exemple, dans les métiers non assujettis à l'obligatorium de l'assurance contre les accidents (peut-être aussi dans l'agriculture), de même en ce qui concerne les moyens de transport. A ce propos, il y aurait lieu d'examiner si l'action directe contre l'assureur ne devrait pas être jointe à la nouvelle assurance obligatoire.

Thèse 4. — Le droit devrait attacher une attention beaucoup plus grande à la *prévention des dommages*[20]. Cette tâche relève moins du droit privé que du droit public. Les conséquences pour la responsabilité civile sautent aux yeux. Quant aux motifs, ils se montrent d'eux-mêmes: le droit n'a pas exclusivement des tâches de répression, il faut encore qu'il exerce une action prophylactique. En droit pénal, on l'a compris depuis longtemps; suivons donc l'exemple des criminalistes!

Il n'y aura plus alors de place pour une responsabilité sans faute, parce qu'il n'y aura même plus de responsabilité du tout de la part de l'auteur apparent du dommage. C'est la société ou ce sont certaines Caisses sociales qui auront la charge de réparer le dommage né de certaines activités. C'est évidemment vers ce stade que tend le droit, mais l'on ne doit s'en réjouir qu'à la condition que le secteur, où l'obligation sociale remplacera l'antique responsabilité, soit limité, et qu'il n'évince pas ce qui doit, en principe, demeurer la règle, c'est-à-dire la responsabilité avec faute, comme véritable base sociale désirable du droit.

---

[20] Cf. par exemple HANS ROHRER, Unfallverhütung und Brandschadenbekämpfung in der Schweiz, mit Vergleichen zu Frankreich, Italien und Deutschland (Lucerne 1946); HELFENSTEIN et JOHE, dans Unfallversicherungsanstalt, Rückblick und Ausblick, p. 45 et s., p. 263 et s. (Berne 1942).

L'ÉVOLUTION DE LA RESPONSABILITÉ CIVILE ET DE SON ASSURANCE DANS LA LÉGISLATION SUISSE LA PLUS RÉCENTE *

I. CONSIDÉRATIONS GÉNÉRALES

[723] J'ai déjà donné un aperçu du droit suisse de la responsabilité civile aux pages 263 à 277 du tome II, année 1946, des Travaux de l'Association Henri Capitant. Depuis lors, la législation s'est à nouveau développée. Il me paraît donc opportun de continuer ce travail, et ceci pour deux *motifs:* tout d'abord, parce que ce thème est en relation avec une part importante de l'œuvre de RENÉ SAVATIER, auquel ce recueil de travaux est dédié; ensuite parce qu'aujourd'hui la plupart des experts français en matière de responsabilité civile semblent souhaiter l'adoption d'une législation spéciale, remédiant aux insuffisances du droit prétorien que la jurisprudence a [724] développé à partir des articles 1382 et suivants du Code civil français[1]. Or, la règlementation d'une grande part de la responsabilité civile par des lois spéciales est justement l'une des particularités du droit suisse. Ces lois complètent les dispositions sur la responsabilité fondée sur la faute et sur la responsabilité sans faute qui sont contenues dans les articles 41 à 61 du Code des

---

* *Mélanges offerts à René Savatier* (Paris 1965), S. 723—737.

Abréviations

CC = Code civil (suisse).
CO = Code des obligations (suisse).
L.At. = Loi fédérale sur l'utilisation pacifique de l'énergie atomique et la protection contre les radiations, du 23 décembre 1959.
LCR = Loi fédérale sur la circulation routière, du 19 décembre 1958.
LIE = Loi fédérale concernant les installations électriques à faible et fort courant, du 24 juin 1902.
LRC = Loi fédérale sur la responsabilité civile des entreprises de chemins de fer et de bateaux et des postes, du 28 mars 1905.
Ord. = Ordonnance sur la responsabilité civile et l'assurance en matière de circulation routière, du 20 novembre 1959.

[1] RENÉ SAVATIER, dans Revue trimestriel de droit civil, 1962 p. 617: «... la majorité des maîtres de notre doctrine actuelle souhaitent l'intervention du législateur, spécialement en matière d'accidents d'automobile, pour remédier aux subtilités et aux contradictions internes de notre droit jurisprudentiel» (v. déjà RENÉ SAVATIER, Les Métamorphoses économiques et sociales du droit civil d'aujourd'hui, 2e éd. I p. 250); ANDRÉ TUNC, 5e éd. du Traité de la responsabilité civile de Henri et Léon Mazeaud, III (1960) nos 2762 et s., surtout no 2764: «... la lourdeur, la complexité, l'ésotérisme, le byzantinisme parfois de notre droit en matière de responsabilité du fait des choses inanimées pourraient dans une large mesure être corrigés par une codification.»

obligations. A part quelques divergences marquantes, ces dispositions sont, dans les grandes lignes, analogues aux prescriptions des articles 1382 et suivants du Code civil français[2].

Nous exposerons tout d'abord quelques-unes des *caractéristiques générales* de la responsabilité civile suisse, tout en nous référant aux solutions adoptées par les lois spéciales les plus récentes.

1. En Suisse comme ailleurs, *la responsabilité fondée sur la faute est la règle* (art. 11 CO), *la responsabilité sans faute l'exception*. Cependant, le domaine de ce dernier type de responsabilité est aujourd'hui si étendu, que ce soit dans le CO, dans le CC suisse ou dans les lois spéciales, qu'il embrasse une grande quantité des dommages qui peuvent se produire.

2. Parmi les responsabilités sans faute, les *responsabilités fondées sur le risque* au sens technique, c'est-à-dire les *responsabilités fondées sur la création de certains dangers*, forment un groupe particulier[3]. Elles sont toutes régies par des lois spéciales et obéissent à un schéma uniforme. La responsabilité est donnée lorsque l'état de fait typique prévu par la loi en question est établi, par exemple en cas de dommage causé par l'exploitation d'un chemin de fer, d'une installation électrique ou par l'emploi d'un véhicule à moteur (cf. art. 1 LRC, 27 LIE, 58, al. 1 LCR)[4]. Il y a donc une présomption de responsabilité. Mais cette présomption peut être renversée lorsque le défendeur est en mesure de fournir une preuve libératoire bien déterminée. Dans les cas traditionnels, il s'agit d'établir que, contrairement à la présomption, le dommage a été causé en réalité par la force majeure, ou par la faute du lésé lui-même ou d'un tiers (cf. [725] p. ex. art. 1 LRC, 27 LIE, 59, al. 1 LCR)[5]. Il y a des variantes dans certains cas particuliers[6]. La force majeure et la faute du lésé ou d'un tiers ne libèrent le défendeur que lorsqu'elles atteignent une intensité telle que la cause primaire du dommage, par exemple l'exploitation d'un chemin de fer, passe à l'arrière plan et devient une cause inadéquate. Cette question est donc une question de rapport de causalité[7].

---

[2] Exposé général dans mon Traité de la responsabilité civile en droit suisse: OFTINGER, Schweizerisches Haftpflichtrecht, 2ᵉ éd. I, II-1, II-2, Zurich 1958—1962.

[3] Pour les détails, v. mon Traité, I p. 16 et s.

[4] L'article 58, alinéa 1ᵉʳ LCR est ainsi conçu: «Si, par suite de l'emploi d'un véhicule automobile, une personne est tuée ou blessée ou qu'un dommage matériel est causé, le détenteur est civilement responsable.»

[5] L'article 59, alinéa 1ᵉʳ LCR est ainsi conçu: «Le détenteur est libéré de la responsabilité civile s'il prouve que l'accident a été causé par la force majeure ou par une faute grave du lésé ou d'un tiers...»

[6] C'est ainsi que, selon l'article 59, alinéa 1ᵉʳ LCR, des preuves supplémentaires sont à rapporter par le défendeur. Le texte reproduit supra, note 1, continue comme il suit: «... sans que lui-même ou les personnes dont il est responsable aient commis de faute et sans qu'une défectuosité du véhicule ait contribué à l'accident.» L'article 14 L.At. est conçu d'une façon analogue.

[7] V. mon Traité, I p. 94 et s.

Nous montrerons dans quelle mesure les lois spéciales les plus récentes ont introduit certaines particularités dans ce schéma, sans toutefois en modifier les points essentiels.

Les lois spéciales les plus importantes sont actuellement la loi concernant les installations électriques (LIE de 1902); la loi sur la responsabilité civile des entreprises de chemins de fer (LRC de 1905, qui est également applicable, entre autres, aux tramways, téléphériques, télésièges et entreprises de navigation concessionnées); la loi sur la navigation aérienne (de 1948); la loi sur la navigation maritime (de 1953); la loi sur la circulation routière (LCR de 1958); la loi sur l'utilisation pacifique de l'énergie atomique (L.At. de 1959); la loi sur les installations de transport par conduites de combustibles liquides etc. (de 1963). Ce développement commença en 1875, avec l'ancienne loi sur la responsabilité des chemins de fer qui avait subi l'influence de la loi allemande de 1871 sur la responsabilité civile du Reich. Mais les lois postérieures sont des créations originales du législateur suisse, sauf en ce qui concerne la responsabilité des aéronefs et, en partie, des installations atomiques. Il est donc inexact de ranger les lois suisses sur la responsabilité civile en bloc dans la famille du «droit germanique», comme on peut de temps à autre le lire. Au contraire, les solutions préconisées par les lois, la jurisprudence et la doctrine suisses sont souvent fort différentes de celles admises en Allemagne, même en ce qui concerne la responsabilité des chemins de fer.

3. Sauf quelques rares exceptions, les lois spéciales suisses règlent la responsabilité civile dans son ensemble et d'une manière *exclusive*. La question de savoir s'il existe un *rapport contractuel* entre l'auteur du dommage et le lésé ne joue aucun rôle. Ainsi, par exemple, la responsabilité d'une entreprise de chemin de fer ou du détenteur d'un véhicule automobile est exactement la même, que ce soit un passager ou un tiers qui soit accidenté[8]. On supprime ainsi les [726] problèmes délicats, qui se posent dans d'autres pays, sur le fait de savoir s'il existe un lien contractuel, et lequel, et quelles sont ses conséquences sur la responsabilité[9]. Le conducteur d'un véhicule automobile peut même actionner le détenteur du véhicule sur la base de la LCR et faire usage de l'assurance responsabilité civile du détenteur[10]. La loi sur

---

[8] Cette constatation n'est pas infirmée par le fait que la responsabilité de l'automobiliste envers son passager gratuit est éventuellement atténuée selon l'article 59, alinéa 3 LCR; c'est toujours cette loi qui est appliquée.

[9] V. pour le droit français: RENÉ SAVATIER, Traité de la responsabilité civile, 2e éd. I nos 108 et s.; MAZEAUD/TUNC, Traité de la responsabilité civile, 5e éd. I nos 96 et s.; HENRI MAZEAUD, dans Revue de la Société des Juristes Bernois, 1954 p. 540 et s.; PATRY, ibid. 1957 p. 46 et s.; RAMSÈS BEHNAM, La responsabilité sans faute, thèse Paris 1953 p. 137 et s. Pour le droit allemand: WUSSOW, Das Unfallhaftpflichtrecht, 7e éd. Köln 1961 nos 930 et s.; GEIGEL, Der Haftpflichtprozeß, 11e éd. München et Berlin 1963, 22e chap. nos 54 et s., 24e chap.

[10] V. mon Traité, II-2 p. 474 et s., p. 722 note 79.

la navigation aérienne de 1948 adopte une solution différente. Ses dispositions sur la responsabilité civile ne concernent que les dommages causés aux personnes et aux biens au sol, alors que la responsabilité vis-à-vis des passagers est réglée par la Convention de Varsovie du 12 octobre 1929 (révisée le 28 septembre 1955 à La Haye) pour le trafic interne aussi bien que pour le trafic international: articles 64 et suivants et article 75 de la loi sur la navigation aérienne; règlement de transport aérien du 3 octobre 1952, révisé le 1er juin 1962.

4. Diverses lois spéciales ont admis comme cause de réduction des dommages-intérêts le *revenu exceptionnellement élevé* du lésé (art. 4 LRC, 62, al. 2 LCR, 15, al. 3 L.At.)[11]. On cherche ainsi à éviter que les dommages-intérêts n'atteignent des proportions exagérées[12]. Il est cependant assez rare que cette disposition soit appliquée, car son but est généralement atteint grâce à d'autres causes de réduction, surtout la faute du lésé.

5. En vertu des articles 16 LRC, 39 LIE, 87 LCR et 16 L.At., sont nulles toutes les *conventions qui excluraient ou restreindraient d'avance la responsabilité civile*. Il en va de même des avis ou des règlements unilatéraux du responsable[13]. Le problème épineux des clauses de non-responsabilité, qui soulèvent tant de discussions dans d'autres pays[14], est ainsi résolu. Les dispositions des articles 17 LRC, 87 LCR et 16 L.At., font également bénéficier le lésé d'une protection appréciable. Elles prévoient que toute *convention stipulant une indemnité manifestement insuffisante* est annulable, sans qu'il soit nécessaire d'établir une condition subjective [727] quelconque, par exemple l'erreur[15, 16]. Ces dispositions obligent en principe les assureurs à liquider les sinistres d'une manière correcte. Cela est d'autant plus important qu'on a constaté qu'en Suisse plus de 999 pour 1000 de tous les cas de responsabilité civile automobile sont liquidés par des transactions extra-judiciaires[17].

6. Le législateur suisse attache une grande importance à *l'assurance de la responsabilité civile*. En vue de protéger les intérêts des lésés, elle a été déclarée *obligatoire* dans les cas les plus importants, et spécialement pour les véhicules automobiles dès 1914. Nous verrons plus loin comment les lois les plus récentes ont traité l'assurance obligatoire. Souvent l'assurance responsabilité civile n'est pas

---

[11] V. mon Traité, I p. 244.
[12] V. la même proposition formulée par André Tunc, dans Mazeaud/Tunc, op. cit., III no 2767 p. 1018.
[13] V. mon Traité, I p. 413 et s.; II-2 p. 680 et s.
[14] Savatier, Traité de la responsabilité civile, II nos 659 et s.; Savatier, Métamorphoses, 2e éd. III nos 424 et s.; Mazeaud/Tunc, op. cit., III nos 2519 et s.; Geigel, op. cit., 10e chap. nos 6 et s.
[15] Savatier, Traité de la responsabilité civile, II no 666; Geigel, op. cit., 37e chapitre.
[16] V. mon Traité, I 418 et s.
[17] Revue Suisse de Jurisprudence, 1962 p. 384.

imposée par la loi, mais on en fait la condition d'une autorisation de police ou d'une concession, par exemple pour les chemins de fer et pour les ski-lifts [18].

Quelques lois spéciales accordent au lésé une *action directe* contre l'assureur. Ce droit est complété: *a)* par une disposition interdisant à l'assureur d'opposer au lésé les exceptions internes dérivant du droit des assurances, et *b)* par un droit de recours de l'assureur contre le preneur d'assurance ou toute autre personne assurée, droit qui permet à l'assureur de récupérer ce qu'il a dû payer faute de pouvoir opposer une exception au lésé, par exemple lorsque l'automobiliste assuré a causé l'accident par sa faute grave [19]. Ce régime est applicable à l'assurance responsabilité civile des automobilistes, des cyclistes et des organisateurs de manifestations sportives automobiles et de cycles; il s'applique également à certains modes particuliers de couverture des dommages causés par les véhicules automobiles: véhicules étrangers, courses illicites, véhicules non assurés, etc. (cf. art. 65, 70, 72 LCR et art. 40, 41 et 52 Ord.) [20]. L'action directe est aussi donnée lorsque le lésé s'adresse à certaines personnes qui répondent *parallèlement* au détenteur assuré, par exemple le conducteur. Ce dernier est personnellement responsable en vertu du droit commun (art. 41 CO), mais il est couvert par l'assurance obligatoire du détenteur (art. 63, al. 2 LCR); or, [728] l'action directe est attachée *ipso jure* à cette assurance. On retrouve essentiellement les mêmes dispositions dans la loi sur l'énergie atomique (art. 24) et dans la loi sur les installations de transport par conduites (art. 37); ces dispositions sont calquées sur l'article 65 LCR.

Si plusieurs lésés exercent à la fois l'action directe, et lorsque leur prétentions dépassent la garantie prévue par le contrat d'assurance, une procédure spéciale prévue par l'article 66 LCR entre en jeu et permet de liquider toutes les prétentions en une fois et devant le même juge. L'assureur qui a payé de bonne foi est libéré [21]. La même réglementation a été adoptée par l'art. 38 de la loi sur les installations de transport par conduites.

La combinaison de l'assurance obligatoire, de l'action directe, de l'inopposabilité des exceptions susmentionnées et du droit de recours de l'assureur est connue en Suisse depuis l'adoption de la loi sur la circulation des véhicules automobiles

---

[18] V. mon Traité, I p. 402.

[19] Ici se manifeste l'idée de la responsabilité personnelle de l'auteur d'un dommage, soulignée tant de fois par RENÉ SAVATIER: Du droit civil au droit public, 2e éd. p. 162 et s.; Métamorphoses, 2e éd. I nos 292 et s., 303. — V. mon Traité, II-2 p. 772 et s.

[20] CARRY dans Travaux de l'Association Henri Capitant, II 1946 p. 339 et s.; ABDÜLCELIL KALAV, L'action directe de la victime, etc., thèse Genève 1952; ROLAND CHATELAIN, L'action directe du lésé, thèse Lausanne 1961; mon Traité, II-2 p. 453 et s., 739 et s., 811, 822, 831. — Pour les problèmes de droit international privé cf. MAX KELLER, Das internationale Versicherungsvertragsrecht der Schweiz; t. IV 2e éd. du commentaire de ROELLI/JAEGER, Berne 1962 p. 100 et s.

[21] V. les postulats formulés par ANDRÉ TUNC dans MAZEAUD/TUNC, op. cit., III no 2698-9.

de 1932, qui a précédé la LCR actuelle. Notre droit était ainsi en avance de plusieurs années sur la plupart des autres pays dans le domaine de la protection des créances basées sur la responsabilité civile.

Lorsque l'action directe n'est pas expressément prévue par une loi, le tiers lésé dispose en son lieu et place d'un *droit de gage légal*, prévu par l'article 60 de la loi sur le contrat d'assurance, sur l'indemnité due au preneur d'assurance par son assureur responsabilité civile. L'assureur est autorisé (mais non obligé) à s'aquitter directement entre les mains du lésé [22].

L'article 68 LCR, l'article 16 de la loi sur les trolleybus de 1950, l'article 23 L.At. et l'article 36 de la loi sur les installations de transport par conduites sont destinés à compléter les dispositions sur l'assurance obligatoire: En cas de *suspension ou de cessation de l'assurance*, l'assureur est tenu d'en aviser l'autorité compétente qui prend aussitôt les mesures de police appropriées. Ainsi, lorsque le contrat d'assurance d'un automobiliste est suspendu parce qu'il n'a pas payé les primes, la police lui retire le permis de circulation et les plaques de contrôle. Le véhicule est ainsi retiré de la circulation [23].

II. APERÇU DES LOIS SPÉCIALES LES PLUS RÉCENTES

Nous ne traiterons pas la *loi sur la navigation aérienne* de 1948 et la *loi sur la navigation maritime* de 1953. En effet, les articles 64 à 74 de la première (cf. plus haut, I/3) n'ont fait essentiellement que reprendre, en ce qui concerne les dommages causés aux personnes [729] et aux biens au sol, les dispositions de la convention internationale de Rome du 29 mai 1933, avec cette exception qu'il n'y a en principe pas de limite de la responsabilité [24]. Quant à la loi sur la navigation maritime, elle institue (art. 48 à 50, 126) une responsabilité de l'armateur analogue à celle prévue par l'article 1 LRC. Cette responsabilité concerne la navigation sous pavillon suisse exercée sur la mer et sur certains fleuves conduisant à la mer, soit avant tout sur le Rhin (art. 1, 125).

L'exposé qui va suivre se bornera à relever les points les plus marquants; pour le reste, on se réfère à ce qui a été dit supra, sous chiffre I.

---

[22] W. KOENIG, Schweizerisches Privatversicherungsrecht, 2e éd. Berne 1960 p. 442 et s.; mon Traité, I 403 et s.
[23] V. mon Traité, II-2 p. 734 et s.; 769—70.
[24] RIESE/LACOUR, Précis de droit aérien, Paris et Lausanne 1951 no 237.

III. Haftpflichtrecht

A. Loi sur la circulation routière de 1958

Comme nous l'avons déjà dit, cette loi[25] a remplacé la loi sur la circulation des véhicules automobiles et des cycles de 1932, dont elle a considérablement développé les dispositions sur la responsabilité civile et l'assurance. La loi de 1958 est complétée par une ordonnance du 20 novembre 1959 comprenant non moins de 76 articles réglant les détails de l'assurance.

a) Responsabilité

La loi nouvelle instaure une responsabilité étendue du détenteur, dont j'ai exposé le principe supra sous chiffre I/2 (art. 58, al. 1, 59, al. 1). Si le détenteur ne peut pas se libérer en apportant la preuve de la faute du lésé, «le juge fixe l'indemnité en tenant compte de toutes les circonstances» (art. 59, al. 2)[26]. Cela signifie qu'il réduit les dommages-intérêts en tenant compte de la gravité de la faute du lésé, d'une part, de l'importance du risque inhérent et de la gravité d'une faute concomitante du détenteur, d'autre part. Cette faute du détenteur peut compenser partiellement ou même entièrement celle du lésé; dans cette dernière hypothèse, il n'y aura pas de réduction[27]. En général, il n'est pas nécessaire de trancher la question parfois délicate de savoir qui est le détenteur; en effet, l'article 63, alinéa 2 de la loi prescrit que l'assurance responsabilité civile couvre *ipso facto* la responsabilité du détenteur *de fait,* quel qu'il soit, et le lésé s'adresse dans la plupart des cas directement à l'assureur au moyen de l'action directe. Ainsi, par exemple, il n'est pas nécessaire de déterminer, en cas de vente du véhicule, à quel instant l'acheteur est devenu détenteur; l'assurance paie dans tous les cas.

[730] Le détenteur répond du conducteur (sauf en cas de course illicite, s'il n'a lui-même commis aucune faute) et de tous les auxiliaires au service du véhicule (art. 58, al. 1 et 4, 75, al. 1); le cas échéant, il est également responsable de ses passagers. Il faut des circonstances spéciales pour que l'on admette qu'il y a course illicite libérant le détenteur; le véhicule doit avoir été soustrait. Une course non autorisée d'un chauffeur, par exemple, ne suffit pas. La responsabilité du détenteur cesse de déployer ses effets lorsque le véhicule est remis à un garagiste ou à un autre exploitant d'une entreprise de la branche automobile. C'est le garagiste qui devient alors responsable, mais il reste couvert par l'assurance du détenteur, solu-

---

[25] Aperçu général de W. Yung, La responsabilité civile d'après la loi sur la circulation routière, Mémoires publiés par la Faculté de droit de Genève, vol. 15; pour les détails voir mon Traité, II-2, 1962 p. 441—845.

[26] Cf. la critique de la jurisprudence française émise par André Tunc dans Mazeaud/Tunc, op. cit., III no 2767.

[27] V. mon Traité, II-2 p. 628 et s.

tion à vrai dire plus pratique que logique (art. 71). Le garagiste est un détenteur fictif qui est au bénéfice d'une assurance pour le compte d'autrui. L'article 72 crée une fiction analogue. Il prévoit que les organisateurs de courses de vitesse répondent du dommage causé par les véhicules des participants, des suiveurs, etc., et ce selon les règles applicables à la responsabilité du détenteur (art. 58 et s.).

Citons encore les particularités suivantes: La responsabilité générale découlant de l'emploi d'un véhicule automobile — la responsabilité fondée sur le risque au sens technique (supra, I/2) — est complétée à un double point de vue. Lorsqu'un accident est causé par un véhicule automobile qui n'est *pas* à l'emploi (p. ex. un véhicule parqué), la présomption de responsabilité instituée par l'article 58, alinéa 1 LCR n'est plus valable. Le lésé devra prouver que le détenteur ou des personnes dont il est responsable (p. ex. le conducteur) ont commis une faute ou qu'une défectuosité du véhicule (p. ex. les freins qui lâchent) a contribué à l'accident (art. 58, al. 2). Selon les cas, il peut y avoir responsabilité fondée sur la faute ou responsabilité sans faute, mais jamais responsabilité fondée sur le risque, celle-ci prise au sens défini supra, I/2.

Le détenteur d'un véhicule accidenté est également responsable, dans certaines circonstances, du dommage consécutif à l'assistance prêtée entre autres soit à lui-même, soit aux passagers de son véhicule (art. 58, al. 3); ainsi, par exemple, lorsque celui qui prête secours subit des brûlures. Il s'agit là d'une responsabilité sans faute. Dans tous ces cas, l'assurance obligatoire entre en jeu, et c'est d'ailleurs dans ce but que ces dispositions spéciales ont été édictées.

Lorsque certaines conditions énumérées par l'article 85 sont remplies, on peut ouvrir action en Suisse à la suite d'un accident causé à l'étranger par un véhicule automobile ou un cycle suisse; c'est le droit suisse, c'est-à-dire la LCR qui est applicable. Le législateur a pensé avant tout aux demandes d'indemnité introduites contre le détenteur par les passagers d'un autocar suisse accidenté à l'étranger. C'est là une exception à l'application de la *lex loci delicti commissi*. Conformément à l'article 65 LCR, l'action directe peut être exercée contre l'assureur.

b) Assurances

[731] Le législateur a mis sur pied tout un arsenal de dispositions destinées à garantir que tout accident générateur de responsabilité soit couvert par une assurance responsabilité civile ou une institution destinée à la remplacer. Ceci vaut aussi bien pour la réparation du dommage proprement dit que pour le tort moral. Les moyens suivants sont utilisés dans ce but:

1. L'obligation de s'assurer, dont nous avons déjà parlé, et qui est sanctionnée par le droit de police et le droit pénal (cf. notamment les art. 11 al. 1, 63 al. 1, 68

al. 2 et 96). L'office fédéral des assurances, qui fonctionne comme organe de surveillance de toutes les assurances privées, contrôle avec une vigilance particulière, dans l'intérêt des lésés, la manière dont les compagnies d'assurances exploitent la branche responsabilité civile automobile.

2. L'obligation de s'assurer s'étend non seulement aux automobiles, aux cycles etc., mais aussi bien aux machines de travail (telles que certaines machines de chantier) et à certains types de machines agricoles automobiles, pour autant que ces engins apparaissent sur la voie publique.

3. Une assurance plus élevée est nécessaire en cas de risques spéciaux, par exemple pour les transports de matières dangereuses.

4. La loi ne prévoit qu'un nombre restreint de clauses d'exclusion du risque, par exemple en ce qui concerne les prétentions des familiers (art. 63, al. 3).

5. L'assureur contre lequel un lésé exerce l'action directe est privé de presque toutes les exceptions imaginables. Tout d'abord, comme nous l'avons déjà dit, il ne peut opposer au lésé les exceptions internes découlant du droit des assurances au sens de l'article 65 LCR, par exemple l'exception de suspension du contrat par suite de non paiement des primes (supra, II/6). Cela vaut aussi pour les clauses d'exclusion qui ne sont pas expressément permises par la loi, ainsi que pour les contrats prévoyant une somme d'assurance inférieure aux exigences légales ou une franchise. En outre, nous avons la règle importante que voici: La loi dispose d'une façon générale et impérative que, quelle que soit la teneur du contrat d'assurance, l'assureur répond envers le lésé pour autant qu'il y ait responsabilité du détenteur vis-à-vis du lésé (art. 63, al. 2)[28]. Par conséquent, il n'est pas possible d'objecter par exemple que la personne désignée par le lésé comme détenteur n'est pas un détenteur, [732] ou que le conducteur ne possède pas le permis de conduire. Une autre règle prévoit que l'assureur est lié par son attestation d'assurance (il s'agit de la déclaration délivrée par l'assureur à l'autorité et attestant l'existence d'une assurance, sur la base de laquelle l'autorité délivre le permis de circulation, art. 68). Il en résulte que l'assureur ne peut plus ensuite objecter, par exemple, que le contrat d'assurance n'a jamais été conclu, qu'il est nul ou que l'attestation d'assurance a été envoyée par erreur. Enfin, dans divers autres cas, la LCR et l'ordonnance du 20 novembre 1959 excluent certaines exceptions concrètes. Donnons-en un seul exemple: l'usage abusif des plaques spéciales de garage, auxquelles correspond une assurance particulière, ne peut être opposé au lésé (art. 26, al. 3 Ord.).

Les exceptions tirées du droit de la responsabilité civile, telles que la faute du lésé, la course illicite, etc., restent naturellement opposables. En outre, l'assurance obligatoire n'est pas illimitée: elle ne va que jusqu'à certains montants prescrits

---

[28] V. mon Traité, II-2 p. 703 et s., 762 et s. Il y a plus d'exceptions inopposables en droit suisse qu'en droit français; v. MAZEAUD/TUNC, op. cit., III nos 2702-3, 2704, 2747 et s.

par la loi (ceci contrairement à la solution adoptée en Belgique pour les dommages causés aux personnes). Au-delà des sommes assurées, c'est le détenteur qui est personnellement responsable.

6. Lorsque l'assurance ordinaire du détenteur est hors de cause, une série d'assurances ou de couvertures analogues sont prévues. Il en est ainsi, par exemple, de l'assurance de l'exploitant d'une entreprise de la branche automobile, entre autres pour les véhicules qui n'ont pas encore obtenu le permis de circulation et ne sont donc pas au bénéfice d'une assurance ordinaire (art. 71, al. 2 LCR, art. 26 à 29 Ord.); il en va de même de l'assurance (éventuellement de la responsabilité de l'Etat) pour les dommages causés par des véhicules utilisés sans droit (art. 75 LCR, art. 52 à 54 Ord.), ou par des véhicules en fuite, inconnus ou non assurés (art. 76, 77 LCR, art. 52 à 54 Ord.) ainsi que pour les étrangers (art. 74 LCR, art. 39 à 51 Ord.). Ces assurances ou ces couvertures analogues remplissent le rôle tenu en France et dans d'autres pays par le Fonds de garantie.

L'assurance obligatoire existe aussi pour les *cyclistes,* et elle est réglée à peu près de la même manière (art. 70 LCR).

B. Loi sur l'énergie atomique de 1959

Les travaux préparatoires de cette loi[29] ont commencé en 1956 et ont été conduits parallèlement à ceux de la Convention sur la responsabilité [733] civile dans le domaine de l'énergie nucléaire, du 25 juillet 1960, dite Convention OECE (ou OCDE)[30]. La loi suisse correspond à la convention dans les grandes lignes, mais contient aussi nombre de dispositions originales qui ont été en partie empruntées à d'autres lois suisses (supra, I). La loi sur l'énergie atomique réalise avant tout (art. 12) ce que l'on a appelé la canalisation des responsabilités sur l'exploitant de l'installation atomique. Comme l'a dit JEAN-PAUL PIÉRARD, cette canalisation est «accentuée au maximum[31]». L'exploitant de l'installation est *seul responsable;* c'est sur lui que toute la responsabilité est concentrée. Le lésé n'a donc aucune action contre par exemple le fournisseur des machines, l'ingénieur ou l'entrepre-

---

[29] Exposé instructif à base comparative par JEAN-PAUL PIÉRARD, Responsabilité civile, énergie atomique et droit comparé, Bruxelles 1963 p. 186—222 (avec reproduction du texte de la loi suisse); pour les problèmes de droit international privé v. MAX KELLER, op. cit. supra, p. 727 note 6. Le commentaire officiel contenu dans le Message du Conseil fédéral, Feuille fédérale 1958, II no 50, n'est plus valable en tous points, le projet de loi ayant subi des modifications considérables.

[30] Texte et commentaire de PIÉRARD, op. cit., p. 338—386; texte et exposé des motifs fort instructif reproduit par MAX KELLER, op. cit., p. 348—370. Sur cette Convention, pour ne citer qu'un auteur suisse: KAUFMANN dans Revue Hellénique de Droit international, vol. 13, 1960 p. 25 et s.

[31] Op. cit., p. 197.

neur qui a bâti l'installation, ou contre les personnes chargées de l'entretien. La responsabilité solidaire à laquelle ces personnes seraient soumises en vertu du droit commun est supprimée[32]. Il y a une seule exception à cette règle. En cas de transport de matières radioactives, le bénéficiaire de l'autorisation de transport peut, avec l'assentiment de l'autorité compétente, assumer la responsabilité à la place de l'exploitant de l'installation atomique. Le recours est également limité: il ne peut être exercé que contre les personnes qui ont intentionnellement causé le dommage, dérobé ou recélé les matières radioactives, de même que contre ceux qui ont expressément accepté qu'un recours soit exercé contre eux (art. 13). La responsabilité existe en cas de mort, de lésions dans la santé, et de dommage matériel. Contrairement à un principe admis presque sans exceptions, en droit suisse[33], la responsabilité est limitée à un montant maximum qui correspond à la somme assurée et qui atteint en règle générale le chiffre de 40 millions de francs suisses par installation atomique (art. 12, al. 4, 21, 22). Par contre, il n'y a pas de limite inférieure, c'est-à-dire de «plancher» à partir duquel la responsabilité spéciale entrerait en jeu[34]. Les trois exceptions libératoires classiques du droit suisse — force majeure, faute du lésé, faute d'un tiers (supra, I/2) — ont été modifiées. Le défendeur n'est exonéré de la responsabilité qu'en cas de cataclysmes naturels de caractère exceptionnel, de faits de guerre ou de faute grave du lésé, et encore doit-il prouver que lui-même n'a pas commis de faute (art. 14). On peut admettre que les cataclysmes naturels de caractère exceptionnel et les faits de guerre correspondent à la notion de force majeure telle qu'elle est comprise en droit suisse[35]. La faute d'un [734] tiers (p. ex. sabotage) ne peut pas être invoquée. Comme nous l'avons exposé, supra sous I/2, l'exonération de la responsabilité n'est possible que lorsque le rapport de causalité adéquate entre l'exploitation de l'installation atomique et le dommage paraît rompu par l'intervention du fait libératoire.

L'assurance responsabilité civile a un caractère obligatoire (exceptionnellement, elle peut être remplacée par des sûretés d'une autre forme, art. 25). Nous avons déjà parlé du plafond de l'assurance (art. 21). Il est fixé pour chaque installation atomique ou chaque détenteur de matières radioactives, et non pour chaque sinistre, comme c'est généralement le cas dans le domaine de l'assurance responsabilité civile[36]. Par conséquent, la somme assurée est réduite après un sinistre (contraire à la solution qui vaut pour l'assurance responsabilité civile générale);

---

[32] La loi atomique allemande, paragraphe 15, ne va pas aussi loin; comp. HANS FISCHERHOF, Deutsches Atomgesetz und Strahlenschutzrecht, Baden-Baden et Bonn 1962 p. 289 et s.

[33] V. mon Traité, I p. 253.

[34] Un tel plancher est proposé par RENÉ SAVATIER, Nature et condition juridiques de l'énergie, Annales de l'Université de Poitiers 1961 p. 22 et s.

[35] Même opinion: KAUFMANN, loc. cit., p. 42.

[36] V. KAUFMANN, loc. cit., p. 38 et s.

mais elle doit être reconstituée selon les modalités prévues par la loi («reinstatement», cf. art. 22). Pour le reste, la réglementation de l'assurance correspond essentiellement à celle de la LCR: action directe, inopposabilité des exceptions internes dérivant du droit des assurances, etc. (art. 23, 24; supra I/6). Nous avons déjà parlé de quelques autres prescriptions, par exemple de la nullité des clauses de non-responsabilité (supra, I/5).

La loi prévoit une réglementation spéciale pour les dommages différés, c'est-à-dire pour les dommages qui ne deviennent manifestes qu'après l'expiration du délai de prescription. Le lésé pourra alors faire valoir ses prétentions contre un fonds spécial (art. 18, 19). En cas de catastrophe dépassant la mesure du système que nous venons de décrire ainsi que le montant de la garantie assurée, un règlement d'indemnisation *ad hoc* doit être mis sur pied. L'Etat est tenu de prêter son assistance; aucun chiffre n'est mentionné (art. 27, 28).

C. *Loi sur les installations de transport par conduites de 1963*

Le législateur fédéral vient d'adopter une loi sur les installations de transport par conduites de combustibles ou carburants liquides ou gazeux, du 4 octobre 1963, dont les articles 33 à 40 concernent la responsabilité civile et l'assurance[37]. La loi est entrée en vigueur le 1er mars 1964.

S'il a paru nécessaire de prévoir un nouveau cas de responsabilité basée sur le risque au sens technique de ce mot (supra, I/2), c'est parce que les installations de transport par conduites créent un danger spécifique et considérable. Elles sont soumises à de hautes pressions. Les expériences américaines ont montré qu'il fallait compter en moyenne sur une fuite, chaque trois ans, pour 100 km [735] de conduite. Une fuite d'huile peut stériliser de vastes étendues et perturber l'alimentation en eau potable de villes entières. Un seul litre d'huile serait capable de polluer un million de litres d'eau. Même si cela est exagéré, il n'en reste pas moins que le dommage peut être fort considérable. Les fuites de gaz peuvent provoquer des explosions. La loi ne s'applique qu'aux conduites de pétrole, de gaz naturel, ou de combustibles et carburants similaires. Mais elle ne s'applique ni aux conduites transportant d'autres matières dangereuses, telles que des poisons utilisés par l'industrie, ni aux installations ordinaires d'alimentation en gaz des villes[38]. Le champ

---

[37] Le texte du projet de loi est reproduit, accompagné d'un commentaire officiel, dans la Feuille fédérale, 1962 II no 43; le texte définitif de la loi est publié dans la Feuille fédérale, 1963 II no 40, et dans le Recueil officiel des lois fédérales 1964 no 8.

[38] Ces installations sont soumises à la Reichshaftpflichtgesetz allemande, paragraphe 1a. Le législateur allemand envisage de soumettre à la même responsabilité spéciale les entreprises utilisant des matières comportant des risques d'incendie et d'explosion, et certaines matières fort toxiques ou caustiques. V. avant-projet du 1er août 1961.

III. Haftpflichtrecht

d'application de la loi s'étend, outre les conduites proprement dites, aux installations annexes telles que pompes, compresseurs, etc.

La responsabilité découle soit de l'emploi d'une installation de conduites, soit, si l'installation n'est pas en emploi, d'un vice (notion analogue à celle du vice de construction, art. 58 CO) ou d'un défaut d'entretien de l'installation. Ces prescriptions sont valables pour les dommages causés aux personnes et aux choses. C'est l'exploitant de l'installation qui est responsable; s'il n'est pas propriétaire, ce dernier répond solidairement avec lui. Il n'y a pas de «canalisation» de la responsabilité et on peut donc, conformément au droit commun (art. 51 CO), rechercher d'autres personnes solidairement responsables: constructeur de l'installation, personnel d'exploitation, etc. Il n'y a pas de limite de la responsabilité, comme dans la loi sur l'énergie atomique. Pour le reste le schéma de la présomption de responsabilité que nous avons décrit supra, sous I/2, est applicable, avec cette différence toutefois que les causes d'exonération sont au fond les mêmes que dans la loi sur l'énergie atomique (supra, II/B): cataclysmes naturels de caractère exceptionnel, faits de guerre, faute grave du lésé. En outre, le responsable devra prouver que lui-même n'a pas commis de faute. Les glissements de terrain, avalanches, etc. n'ont pas le caractère de cataclysmes naturels exceptionnels.

La loi prévoit l'obligation de s'assurer (à moins qu'une garantie d'un autre genre ne soit autorisée). Il est étrange que cette obligation ne s'étende qu'aux «risques assurables». Le législateur a voulu par là tenir compte du fait qu'actuellement les compagnies d'assurance suisses déclarent qu'elles ne sont pas en mesure de couvrir la totalité de la responsabilité, qui comprend notamment les dommages causés par la faute grave d'un tiers (qui n'est pas une cause d'exonération). Il y a donc un hiatus entre la responsabilité et la couverture de l'assurance. Les sommes assurées paraissent considérables (en principe, 10 millions de francs suisses pour les oléoducs); l'avenir dira si elles sont suffisantes. Comme dans la loi sur l'énergie atomique, [736] les autres aspects de l'assurance responsabilité sont essentiellement calqués sur les dispositions correspondantes de la LCR: action directe, inopposabilité des exceptions découlant des rapports internes d'assurance, etc. (supra, I/6). Par contre, certaines dispositions destinées à protéger le lésé, telles que l'interdiction des clauses de non-responsabilité et l'annulation des transactions prévoyant des indemnités manifestement insuffisantes, font malheureusement défaut (supra, I/5).

III. REMARQUES ANALYTIQUES COMPLÉMENTAIRES ET FINALES

Les lois spéciales les plus récentes sur la responsabilité civile présentent quelques particularités qu'il nous paraît intéressant de relever.

1. *Manque d'homogénéité de ces lois.* — On constate certaines divergences ou particularités qui ne sont pas toujours justifiées en fait; par exemple, l'absence des clauses de protection, à laquelle nous venons de faire allusion, dans la loi sur les installations de transport par conduites.

2. *Caractère casuistique de la matière.* — Ce caractère s'accentue de plus en plus. Nous sommes bien loin d'une clause générale de responsabilité sans faute, ou au moins de responsabilité fondée sur le risque au sens technique. Ceci est d'autant plus frappant qu'il existe de nombreux dangers aussi sérieux que ceux auxquels se rapportent les lois existantes; pour ces autres dangers, aucune aggravation de la responsabilité n'est prévue. Que l'on pense aux matières toxiques et autres poisons dangereux utilisés par l'industrie, aux tanks de benzine et d'huile de chauffage[39], aux matières explosives ou aux bassins d'accumulation. L'élaboration d'une clause générale paraît désirable.

3. *Protection accrue du lésé,* soit par la restriction des clauses d'exonération (par exemple dans la loi sur l'énergie atomique), soit par l'assurance responsabilité civile: caractère obligatoire, action directe, exclusion de nombreuses exceptions, etc. La disposition de la loi sur les installations de transport par conduites selon laquelle la couverture ne correspond pas à la responsabilité, et ne s'étend qu'aux risques assurables, va à des fins contraires.

4. *Modification du système des clauses d'exonération classiques* dans certaines lois, par exemple l'élimination (ou semblant d'élimination?) de la force majeure.

[737] 5. *Limitation de la responsabilité à une somme maximum,* prévue pour un cas spécial par la loi sur la navigation aérienne et, à portée générale, par la Convention de Varsovie, la loi sur la navigation maritime et la loi sur l'énergie atomique.

6. *Canalisation de la responsabilité* dans la loi sur l'énergie atomique et, dans une mesure plus modeste, dans la loi sur la circulation routière (art. 71 et 72). Ces dernières prescriptions concernent la responsabilité des garagistes et des organisateurs de courses, dont nous avons parlé supra, sous II/A/a. La responsabilité est exclusive, les détenteurs de véhicules ayant causé le dommage sont libérés[40]. Il n'y a donc pas de solidarité.

---

[39] Pour ce dernier cas il y a responsabilité spéciale selon la loi allemande du 27 juillet 1957; v. ERDSIEK dans Neue Juristische Wochenschrift, 1963 p. 1391.

[40] V. mon Traité, II-2 p. 507.

HAFTPFLICHT, VERSICHERUNG UND SOZIALE SOLIDARITÄT BEI DER WIEDERGUTMACHUNG VON SCHÄDEN IM SCHWEIZERISCHEN RECHT[*]

I. GRUNDLAGEN UND HAUPTLINIEN DER HAFTPFLICHT

A. Einleitende Klarstellungen

a) Vertragliche und außervertragliche Haftpflicht

[109] Wenn hier von Haftpflicht die Rede ist, so bedeutet dies zivilrechtliche außervertragliche Haftpflicht, gleichgültig ob sie auf Verschulden beruhe oder nicht: also Haftpflicht ex delicto und Haftpflicht quasi ex delicto oder ex lege. Doch sind zwei Bemerkungen anzubringen.

1. Unter gewissen Voraussetzungen, die übergangen seien, kann man, wenn ein Personen- oder Sachschaden eingetreten ist, sowohl einen vertraglichen (OR Art. 97 ff.) wie einen außervertraglichen Anspruch (OR Art. 41 ff.) geltend machen, sofern die Schädigung auch eine Vertragsverletzung darstellt. Es besteht Anspruchskonkurrenz. Dies gilt z. B., wenn der Arzt einen Patienten schädigt[1]. Davon soll hier nicht weiter die Rede sein.

[110] 2. Die typischen schweizerischen Haftpflicht-Spezialgesetze gelten ohne Rücksicht darauf, ob zwischen dem Schädiger und dem Geschädigten ein Vertrag bestanden habe oder nicht. Diese Gesetze sind exklusiv anzuwenden; folglich besteht keine vertragliche Haftung. Die Frage nach einem Vertrag stellt sich gar nicht. Das Straßenverkehrsgesetz (SVG) z. B. gilt sowohl für die Forderung des verletzten Passagiers wie für jene des verletzten Fußgängers.

b) Verschulden

Für Leser, die dem Gebiet eines romanischen Rechts angehören, ist deutlich zu machen, daß das schweizerische Recht zwischen Verschulden (faute) und Widerrechtlichkeit (illicéité) unterscheidet (Art. 41 I OR im Gegensatz zu Art. 1382 CC fr.). Verschulden umfaßt insbesondere den Vorwurf der Vermeidbarkeit des Schadens. Fahrlässigkeit bedeutet somit Unsorgfalt. Widerrechtlichkeit dagegen

---

[*] Recueil de travaux suisses présentés au VIIIe Congrès international de droit comparé (Basel 1970) S. 109—122.

[1] Näheres OFTINGER, Schweizerisches Haftpflichtrecht I (2. A. Zürich 1958) § 13 IV.

ist der objektive Verstoß gegen eine Rechtsnorm, die generell oder speziell Schädigungen verbietet. Haftung ohne Verschulden ist also keineswegs Haftung ohne Widerrechtlichkeit.

B. Einige Prinzipien des schweizerischen Haftpflichtrechts

a) Verschuldenshaftung

Wir haben nebeneinander Verschuldenshaftung (Haftpflicht ex delicto, OR Art. 41) und Haftung ohne Verschulden (Haftpflicht quasi ex delicto oder ex lege), die wir Kausalhaftung nennen. Die Verschuldenshaftung stellt die Regel dar, die Kausalhaftung die Ausnahme. Kausalhaftung besteht nur, wo ein Gesetz oder die dem Gewohnheitsrecht gleichzusetzende Gerichtspraxis sie anordnet. Kausalhaftung ist je auf einzelne vom Gesetz umschriebene Tatbestände zugeschnitten (z. B. Schädigung durch ein Tier oder durch ein Motorfahrzeug), während die Verschuldenshaftung universellen Charakter besitzt, also überall dort gilt, wo keine Kausalhaftung besteht. Desungeachtet ist das Anwendungsgebiet der Kausalhaftung überaus groß, weil die Vorschriften Schädigungstatbestände erfassen, die zu den häufigsten gehören, z. B. Motorfahrzeugunfälle oder Schädigungen durch ein Werk im Sinne des Art. 58 OR.

b) Kausalhaftung

aa) *Vorbemerkung*. Es sei darauf hingewiesen, daß ich verschiedene der im folgenden sowie infra, unter I/C und D, erwähnten Überlegungen und Angaben schon im Rapport für den V. Internationalen [111] Kongreß für Rechtsvergleichung (1958)[2], in den Mélanges René Savatier[3] und in meinem Schweizerischen Haftpflichtrecht[4] niedergelegt habe.

bb) *Wesen der Kausalhaftung*. Die Kausalhaftung (also die Haftung ohne Verschulden) hat folgende Auswirkungen:

1. Das persönliche Verschulden des Haftpflichtigen ist nicht Voraussetzung der Haftung. Wenn somit A ohne persönliches Verschulden für B haftet und *dieser* im Verschulden ist, haben wir Kausalhaftung vor uns, und natürlich auch, wenn B nicht im Verschulden ist.

2. Das Fehlen des Verschuldens kann darauf beruhen, daß der Haftpflichtige urteilsunfähig ist (ZGB Art. 16, 18): es mangelt dann an der subjektiven Seite des

---

[2] Schweizerische Beiträge (gedruckt Zürich 1958) 51 ff.

[3] Paris 1965, 723 ff.

[4] I (2. A. Zürich 1958) § 1.

Verschuldens. Oder (wenn man vom dolus absieht) das Fehlen des Verschuldens geht darauf zurück, daß der Haftpflichtige zwar unsorgfältig gehandelt hat, aber nicht in dem Ausmaß, welches das Verschulden voraussetzt: hier fehlt die objektive Seite des Verschuldens.

3. Kausalhaftung kann als Haftung für fremdes Verhalten auftreten, was sehr oft der Fall ist: Verhalten einer Hilfsperson, eines unmündigen Hausgenossen, eines vom Halter verschiedenen Führers eines Motorfahrzeugs usw. Die Arbeitsteilgkeit der modernen Wirtschaft gibt diesem Sachverhalt größte Tragweite. In der Literatur finden sich Vorschläge, die Kausalhaftung für fremdes Verhalten wegen ihrer Aktualität auszubauen [5].

4. Kausalhaftung kann als Haftung für Zufall erscheinen.

5. Auch wo das Gesetz Kausalhaftung vorsieht, hat das Verschulden große Bedeutung. Es erschwert regelmäßig die Haftung, indem z. B. ein Selbstverschulden des Geschädigten wegen Verschuldens des Kausalhaftpflichtigen weniger ins Gewicht fällt. Beispiele für andere Anwendungsfälle: Auseinandersetzung zwischen mehreren Haltern eines Motorfahrzeugs, die sich gegenseitig geschädigt haben (SVG Art. 61); Regreß unter Haftpflichtigen (OR Art. 51).

cc) *Ziele und Motive der Kausalhaftung.* Sie sind verschieden: Billigkeit, soziale Überlegungen, der Gedanke des Einstehens für eine Gefahr u. a. m. Die Hauptidee ist diese: daß das moderne Haftpflichtrecht nicht mehr vor allem nach der Verantwortlichkeit trachtet, [112] sondern nach der Schadensdeckung. Es blickt weniger auf den Schädiger als auf den Geschädigten. Dabei waltet die Einsicht, daß viele Schäden kollektiv verursacht sind, d. h. sie gehen letztlich darauf zurück, daß unsere Gesellschaft in einer Art organisiert ist, die zu Schädigungen führt. Deshalb trachtet man möglichst darnach, den Schaden vom Geschädigten abzuwälzen. Dies motiviert dann weiter die kollektive Schadenstragung durch die Versicherung, die sich insbesondere an die Kausalhaftung anschließt [6].

c) Verstärkung der Kausalhaftung

Die schweizerische Gesetzgebung kennt typische Vorschriften, um die Kausalhaftung zu verstärken. So enthalten mehrere Spezialgesetze die Bestimmung, daß Vereinbarungen, welche die gesetzliche Haftpflicht wegbedingen oder beschränken, nichtig sind. Ferner, daß Vereinbarungen, die offensichtlich unzulängliche Entschädigungen festsetzen, anfechtbar sind (z. B. SVG Art. 87). Es braucht weder Irrtum noch Täuschung oder die Absicht der Übervorteilung vorzuliegen. Diese

---

[5] Jäggi in ZSR 1960, 259a/60a und 1967 II 755 ff.; Gilliard in ZSR 1967 II 295 ff.
[6] Für Näheres verweise ich auf mein Exposé in Travaux de l'Association Henri Capitant II (Paris 1946) 267 f., 269 f., 275.

Vorschriften nötigen die Haftpflichtversicherer dazu, beim Abschluß eines Vergleichs korrekt vorzugehen.

d) Rolle der Spezialgesetzgebung

Wie die Übersicht infra, unter I/D, zeigt, ist ein äußerliches Charakteristikum des schweizerischen Haftpflichtrechts die große Zahl von Spezialgesetzen. Das Auftreten neuer akuter Gefahren hat jeweils den Gesetzgeber veranlaßt, ein entsprechendes Gesetz zu erlassen: für Eisenbahnen, Elektrizität, Motorfahrzeuge, Luftfahrzeuge, Atomenergie, Rohrleitungen für Erdöl und Gase usw. Zur Zeit prüft man den Erlaß einer besonderen scharfen Haftung für die Folgen der Gewässerverschmutzung.

e) Rolle der Haftpflichtversicherung

Verschiedene Gesetze kennen eine eigene Ausgestaltung der Haftpflichtversicherung und deren Obligatorium: infra, unter II/B. Diese Versicherung wird damit dem Interesse des Geschädigten dienstbar gemacht.

C. *Fälle der Kausalhaftung*

Die Kausalhaftung läßt sich gruppieren in Fälle der sog. gewöhnlichen Kausalhaftung und in Fälle der Gefährdungshaftung. Hier soll zunächst von den ersteren die Rede sein.

[113] Gewöhnliche Kausalhaftungen sind alle jene, die nicht auf eine Art, die für die fraglichen Gesetze typisch ist, an die Bewirkung einer Gefahr anknüpfen. Zu den gewöhnlichen Kausalhaftungen zählen insbesondere die Fälle der Art. 55 und 56 OR sowie Art. 333 ZGB: Haftung des Geschäftsherrn für seine Hilfspersonen, Haftung des Tierhalters, Haftung des Familienhauptes für seine unmündigen, entmündigten, geistesschwachen oder geisteskranken Hausgenossen. Der Geschäftsherr, der Tierhalter oder das Familienhaupt wird als haftpflichtig angesehen, solange er nicht den Gegenbeweis erbringt, daß er die genügende Sorgfalt aufgewendet habe. Dies ist kein Exkulpationsbeweis, sondern die erforderliche Sorgfalt ist objektiv umschrieben. Eine Unsorgfalt, die noch nicht Verschulden darstellt, sowie Urteilsunfähigkeit führen folglich nicht zur Befreiung des Beklagten. Nach Art. 58 OR haftet der Eigentümer eines Werkes, sobald Mängel des Werkes bewiesen sind, was wiederum objektiv zu verstehen ist, somit nicht Verschulden bedeutet. Werke sind Objekte wie Gebäude, Teile von solchen, eingebaute oder sonst stabile Maschinen, Straßen u.v.a.m. Der Kreis der Werke ist nach der Gerichtspraxis sehr groß, und dem entspricht die Bedeutung dieser Art von Haftung. Art. 679 ZGB kennt eine besondere objektive Haftung des Grund-

eigentümers für die Folgen einer Überschreitung seines Eigentumsrechtes, z. B. wenn er eine Immission bewirkt oder schädliche Stoffe ausfließen läßt. Art. 54 OR erlaubt, einen Urteilsunfähigen haftbar zu machen, wenn die Billigkeit dies nahelegt.

D. *Fälle der Gefährdungshaftung*

Alle Fälle der Gefährdungshaftung sind in Spezialgesetzen vorgesehen. Wie schon erwähnt, waren es typische neue Gefahren, die jeweils den Anlaß zur verschärften Haftung gaben. Daß solche Gefahren in großer Zahl bestehen und daß sie qualitativ bedeutend sind, ist ein Merkmal des technischen Zeitalters, in dem wir leben: sog. Schädigungspotential[7]. Erwähnt seien die Haftpflicht der Eisenbahnen (Gesetz zunächst von 1875, dann von 1905), jene für elektrische Anlagen (1902), jene des Motorfahrzeughalters (zunächst Gesetz von 1932, dann von 1958), des Luftfahrzeughalters (1948), des Inhabers einer Atomanlage (1959), des Inhabers einer Rohrleitungsanlage zur Beförderung flüssiger oder gasförmiger Brenn- und Treibstoffe (1963). Das Eisenbahnhaftpflichtgesetz gilt neben Eisenbahnen, einschließlich Straßenbahnen, u. a. auch für Luftseilbahnen, Sessellifte und konzessionierte Schiffahrtsbetriebe. Das Luftfahrtgesetz [114] erfaßt nur die Haftung gegenüber Drittpersonen und Sachen, die sich auf der Erde befinden; für Passagiere gilt das Warschauer Abkommen, und zwar kraft Verweisung auch für den internen Verkehr (Lufttransportreglement von 1952/62). Besonders umfassend sind die Haftung und die Versicherung des Motorfahrzeughalters geregelt: das Gesetz von 1958 (SVG) enthält darüber 32 Artikel, eine ergänzende Verordnung von 1959 deren 76.

II. ROLLE DER VERSICHERUNG

A. *Versicherung statt Haftpflicht*

a) Geltendes Recht

Die Haftpflicht führt per definitionem nur unter gewissen gesetzlichen Voraussetzungen, die mehr oder weniger weit — aber auch eng — umschrieben sein können, zur Pflicht auf Deckung des Schadens. Entlastungsgründe, die möglicherweise stark ins Gewicht fallen, können diese Pflicht beseitigen, Reduktionsgründe können sie — gegebenenfalls erheblich — vermindern. Demgegenüber vermag die Versicherung (hier sind insbesondere die Unfall- und die Sachversicherung aktuell)

---

[7] OFTINGER in Festschrift *Friedrich List* (Baden-Baden 1957) 120 ff.

einen viel weitergehenden Schutz zu gewähren. Es frägt sich deshalb, ob und wieweit das schweizerische Recht die Haftpflicht des Schädigers (oder der für ihn verantwortlichen Person) durch die Versicherung — namentlich durch Sozialversicherung — zwangsweise ersetzt hat [8].

Dies ist nur in einzelnen Richtungen der Fall. Es besteht kein umfassendes System der «sécurité sociale», das die Haftpflicht ganz oder weitgehend abgelöst hätte.

aa) *Obligatorische staatliche Unfallversicherung.* Eine solche besteht nach Gesetz von 1911 für ausgewählte Gruppen von Arbeitnehmern, namentlich solche industrieller Betriebe, des Transportgewerbes, Baugewerbes u.a.m. Versicherung besteht auch für gewisse Berufskrankheiten (Art. 68 KUVG). Sobald ein Betriebs- oder Nichtbetriebsunfall eingetreten ist, gleichgültig, welches die Ursache sei, haftet die Versicherungsanstalt grundsätzlich (Art. 67). Bei grobem Selbstverschulden tritt indes eine Reduktion der Versicherungsleistungen ein (Art. 98 III). Für die Nichtbetriebsunfälle bestehen Risikoausschlüsse (Art. 67 III). [115] Die Versicherungsanstalt besitzt in der Regel gegenüber dem Haftpflichtigen den Regreß für ihre Leistungen (Art. 100, 129). Unter gewissen beschränkenden Voraussetzungen kann der versicherte Geschädigte trotz der Versicherung den von dieser nicht gedeckten Teil des Schadens vom Arbeitgeber ersetzt verlangen, insbesondere bei grober Fahrlässigkeit (Art. 129). Das gleiche gilt bei Schädigung durch Arbeitskollegen des Geschädigten. Hiervon abgesehen, hat diese Versicherung die Haftpflicht insbesondere des Arbeitgebers ersetzt. Dagegen besteht die Haftpflicht Dritter (z. B. eines Motorfahrzeughalters, dessen Fahrzeug den Geschädigten auf der Straße überfahren hat) neben den automatisch wirksamen Versicherungsansprüchen weiter. Diese Haftpflicht wirkt sich aber, wegen des erwähnten Regresses, in der Hauptsache zugunsten der Versicherungsanstalt aus.

bb) *Militärversicherung.* Durch Gesetz von 1949 sind Militärpersonen gegen Unfälle und Krankheiten, die sie im Dienst erleiden, versichert. Eine Haftpflicht des Staates besteht alsdann nicht (siehe namentlich SVG Art. 81). Diese ist also gänzlich durch die Versicherung ersetzt.

cc) *Obligatorische private Unfallversicherung.* In einzelnen Fällen besteht das Obligatorium, bei einem privaten Versicherer eine Unfallversicherung zugunsten von Arbeitnehmern zu kontrahieren. Dann werden die Versicherungsleistungen auf die Haftpflicht des Arbeitgebers, der die Kosten der Versicherung trägt, an-

---

[8] Daß private, freiwillige Versicherung, z. B. Unfallversicherung oder Kaskoversicherung, stets neben den Haftpflichtanspruch treten kann, ist selbstverständlich und wird hier nicht weiter beachtet.

III. Haftpflichtrecht

gerechnet, sofern ihn kein oder nur leichtes Verschulden belastet. Die Haftpflicht des Arbeitgebers ist somit nicht grundsätzlich ausgeschlossen, aber vermindert. Das trifft zu für landwirtschaftliche Arbeitnehmer und für Schiffsbesatzungen (Landwirtschaftsgesetz von 1951 Art. 99, Seeschiffahrtsgesetz von 1953 Art. 85).

In den andern Fällen der Sozialversicherung als den aufgezählten ist die Regelung uneinheitlich. Gewöhnlich bestehen Versicherung und Haftpflicht nebeneinander. Die Versicherung hat die Haftpflicht nicht ersetzt. Eventuell besitzt der Versicherer einen Regreß. Es würde zu weit führen, auf Einzelheiten einzugehen. Hervorgehoben sei einzig, daß die allgemeine soziale Volksversicherung der Schweiz, die Alters- und Hinterlassenenversicherung, ihre Leistungen völlig unabhängig davon, ob der Tod eines Versicherten durch Unfall bewirkt sei und ob dafür eine Haftpflicht bestehe, erbringt und daß kein Regreß vorgesehen ist (Gesetz von 1946). Das gleiche gilt für die Invalidenversicherung (Gesetz von 1959 Art. 52), ausgenommen einen Sonderfall, der hier nicht interessiert.

b) Neuere Vorschläge

[116] In verschiedenen Ländern diskutiert man zur Zeit Vorschläge, gemäß denen die Haftpflicht ersetzt werden soll durch eine allgemeine obligatorische Unfallversicherung und eventuell auch eine Sachversicherung der Geschädigten, sei es für Unfälle allgemein, sei es für Verkehrsunfälle [9]. Die Versicherung würde z. B. sowohl den Automobilisten selber wie seine Passagiere und die geschädigten Dritten — Automobilisten und Nichtautomobilisten — schützen. Man erwartet davon einen umfassenderen Schutz der Geschädigten und eine Vereinfachung der rechtlichen Erledigung der Unfälle. Hierdurch sollen sich eine Verminderung der Prozesse und der Kosten und eine Beschleunigung ergeben. Das Haftpflichtrecht käme in reduziertem Umfange bei einem eventuellen Regreß auf den Schädiger wieder zum Vorschein. Der Regreß wäre z. B. auf grobes Verschulden zu beschränken. Man verlangt namentlich die Elimination des leichten Selbstverschuldens des Geschädigten als Grund für die Schadenersatzreduktion. Im entscheidenden Punkt hätten wir ein System, das demjenigen ähnlich ist, welches in vielen Ländern und auch in der Schweiz für die Unfälle von obligatorisch gegen Unfall versicherten Arbeitnehmern besteht (supra, II/A/a/aa; Gesetz von 1911).

---

[9] Vgl. im besonderen ANDRÉ TUNC, La sécurité routière (Paris 1966), der ein entsprechendes Gesetzesprojekt für Verkehrsunfälle ausgearbeitet hat; derselbe in Revue Hellénique de droit international 1967, 1 ff., sowie in Revue international de droit comparé 1966, 439 ff.; 1968, 513 ff.; 1969, 147 ff.; derselbe in Festgabe *Oftinger* (Zürich 1969) 311 ff.; EIKE VON HIPPEL, Schadensausgleich bei Verkehrsunfällen (Berlin/Tübingen 1968); derselbe in NJW 1967, 1729 ff.; 1969, 681 ff. — In seiner an erster Stelle genannten Arbeit unterrichtet VON HIPPEL über entsprechende Bestrebungen in zahlreichen Ländern. Für nähere Information sei auf dieses Werk verwiesen.

In der Schweiz sind solche Vorschläge schon vor längerer Zeit und auch jetzt wieder gemacht, aber von den meisten Autoren abgelehnt[10] und vom Gesetzgeber beiseite geschoben worden. Man darf dazu folgendes sagen: Im allgemeinen befriedigt die geltende Ordnung des Haftpflichtrechts in der Schweiz. Wir haben namentlich für Verkehrsunfälle eine sehr detaillierte gesetzliche Regelung und einen stark ausgebauten [117] Schutz durch Haftpflichtversicherung. Prozesse sind verhältnismäßig selten (man spricht von weniger als 1 ‰ der Fälle[11]); die weitaus meisten Haftpflichtansprüche werden durch Vergleich erledigt, was die Abwicklung beschleunigt und die Kosten senkt. Die Versicherungsgesellschaften leisten häufig à-conto-Zahlungen. Eine Änderung des Systems scheint deshalb nicht als sehr dringend und steht sicher nicht bevor. Der schweizerische Gesetzgeber ist im allgemeinen konservativ und stützt sich gerne auf Erfahrungen. Solche liegen für die postulierten Lösungen nicht vor. Somit wird eher eine Verbesserung, ein Ausbau des bestehenden Systems der Haftpflicht zu erwarten sein, falls sich der Gesetzgeber von Mängeln überzeugen läßt[12]. Der Verfasser möchte sich seine eigene definitive Stellungnahme für später vorbehalten.

B. *Haftpflichtversicherung*

a) Allgemeines

Nach geltendem Recht spielt unter den Versicherungen die Haftpflichtversicherung die Hauptrolle in unserem Problemkreis. Besteht eine Haftpflichtversicherung, so schafft sie eine Garantie dafür, daß der Geschädigte den ihm zugebilligten Ersatz wirklich erhält. Es ist nicht zu verkennen, daß die Existenz einer Haftpflichtversicherung es dem Gesetzgeber und dem Richter erleichtert, die Haftpflicht zu bejahen oder zu verschärfen. Über ihr ursprüngliches Ziel, den Versicherten zu decken, hinaus, ist der Zweck der Haftpflichtversicherung heute weithin der, dem Interesse des Geschädigten zu dienen. Daneben entlastet sie natürlich immer auch den Versicherten im Umfang der Versicherungssumme von seiner Zahlungspflicht.

---

[10] Darüber Bussy in ZSR 1949, 115a ff.; G. Bosonnet, Haftpflicht oder Unfallversicherung? Ersatz der Haftpflicht des Motorfahrzeughalters durch eine generelle Unfallversicherung der Verkehrsopfer (Diss. Zürich 1965); Stark in ZSR 1967 II 11 ff.; Yung in Colloque franco-germano-suisse sur les fondements et les fonctions de la responsabilité civile, Basel 1968, im Druck. Diese Autoren sind negativ eingestellt. Befürwortend in jüngerer Zeit Méan in JdT 1949 I 226 ff. und namentlich Gilliard in ZSR 1967 II 204 ff. — Vgl. auch Keller in Festgabe *Oftinger* (Zürich 1969) 116/17.
[11] Stark in SJZ 1969, 22.
[12] Vorschläge finden sich bei Stark in SJZ 1969, 21 ff., und bei Yung, a.a.O.

III. Haftpflichtrecht

b) Obligatorische Versicherung

Der schweizerische Gesetzgeber kennt das Obligatorium der Haftpflichtversicherung seit 1914 für Motorfahrzeuge. Heute sehen es fast alle wichtigeren Haftpflicht-Spezialgesetze vor, manchmal alternativ neben anderen Formen der Sicherstellung, z. B. Bankbürgschaft. Wo das Gesetz das Obligatorium nicht anordnet, tritt es gelegentlich auf Grund einer Polizeibewilligung oder Konzession auf. Von den gesetzlichen Obligatorien seien erwähnt jene nach SVG Art. 63 ff., Luftfahrtgesetz Art. 70, Atomgesetz Art. 21 ff., Rohrleitungsgesetz Art. 35 ff.

c) Besondere Mittel des Schutzes des Geschädigten

[118] Das Versicherungsvertragsgesetz von 1908 (Art. 60) sieht für die Haftpflichtversicherung bereits ein gesetzliches Pfandrecht des Geschädigten am Versicherungsanspruch des versicherten Haftpflichtigen vor. Dadurch erhält der Geschädigte ein Vorzugsrecht auf die Versicherungsleistung. Die neueren Gesetze, beginnend mit dem Motorfahrzeuggesetz von 1932 (jetzt SVG von 1958), kennen ein ganzes Instrumentarium von Maßnahmen zum Schutze des Geschädigten: 1. Obligatorium der Haftpflichtversicherung; 2. direkte Klage gegen den Haftpflichtversicherer; 3. Ausschluß der internen Einreden, die der Versicherer gegenüber dem Versicherungsnehmer oder dem Versicherten aus dem Versicherungsrecht ableiten kann; 4. Pflicht des Versicherers, der Behörde das Aussetzen und Aufhören der Versicherung zu melden. Die Behörde zieht dann die dem Haftpflichtigen erteilte Bewilligung zurück, z. B. den Fahrzeugausweis (und die Kontrollschilder) des Motorfahrzeughalters; dann ist das Fahrzeug aus dem Verkehr genommen.

d) Versicherung nach dem Straßenverkehrsgesetz im besonderen

Es sei vorweg bemerkt, daß sich eine ausführliche Darstellung in meinem Schweizerischen Haftpflichtrecht II/2[13] findet, eine Übersicht in dem schon erwähnten Beitrag zu den Mélanges René Savatier, 727 ff.

Die im Straßenverkehrsgesetz geregelte Haftpflichtversicherung (SVG Art. 63 ff., VO von 1959 Art. 1 ff.) folgt dem soeben unter lit. b) und c) geschilderten Schema, ist aber sehr detailliert ausgebaut und weist verschiedene Ergänzungen auf. Erwähnt seien folgende zusätzlichen oder besonderen Versicherungen: 1. für Rennen (SVG Art. 72 IV, VO Art. 30 f.); 2. für Unternehmen der Motorfahrzeugbranche (VO Art. 22 ff.; SVG Art. 71 II, VO Art. 27 ff.); 3. für Ausländer (SVG Art. 74, VO Art. 39 ff.).

Die allgemeine Versicherung des Motorfahrzeughalters ist als praktisch lücken-

---

[13] 2. A. Zürich 1962.

los gedacht. Es gilt der wichtige Grundsatz, daß gegenüber dem Geschädigten von Gesetzes wegen, kraft zwingenden Rechts, im Rahmen der gesetzlichen Minimalbeträge jede Haftpflicht, die nach dem Straßenverkehrsgesetz besteht, gedeckt ist, gleichgültig, wie der Vertrag laute. Dies erspart auch die Untersuchung, wer im konkreten Fall wirklich der Halter war. Der Versicherer, der zuhanden der Behörde das Bestehen einer Versicherung bescheinigt und damit die Zulassung des Fahrzeugs [119] zum Verkehr ermöglicht hat (SVG Art. 11, 16, 68), kann nicht die Einrede erheben, es bestehe kein, kein gültiger oder kein wirksamer Vertrag.

Eine obligatorische Haftpflichtversicherung besteht neben den Motorfahrzeugen auch für die Fahrräder (SVG Art. 70). Der Radfahrer untersteht der gewöhnlichen Verschuldenshaftung (SVG Art. 70, OR Art. 41 ff.). Den Fahrrädern sind die Motorfahrräder gleichgestellt (VO Art. 37).

Lücken im Versicherungsschutz, die bei Unregelmäßigkeiten der Verwendung oder Inverkehrsetzung eines Motorfahrzeugs ungeachtet des bisher geschilderten Systems entstehen können, werden durch eine Haftung des Staates ausgefüllt. Dies betrifft 1. Strolchenfahrten mit entwendeten Fahrzeugen (SVG Art. 75 III); 2. unbekannte, nicht versicherte und ohne gültige Kontrollschilder verkehrende Fahrzeuge (Art. 76, 77). Soweit es die Eidgenossenschaft ist, die haftet (Art. 75, 76) — was den Hauptfall darstellt —, hat sie ihrerseits eine Versicherung abgeschlossen. Auch hier besteht die direkte Klage (VO Art. 52). Die Haftung des Staates erfüllt die Aufgabe, die in andern Ländern der Fonds de garantie übernimmt.

Aus sozialen Gründen hat der Gesetzgeber den Motorradfahrern vorgeschrieben, neben der Haftpflichtversicherung noch — für sich selber und für Mitfahrer — eine Unfallversicherung abzuschließen (SVG Art. 78). Es ist eine Versicherung mit bescheidenen Leistungen und Prämien (VO Art. 57). Das Motiv für diese Versicherung liegt darin, daß Unfälle mit Motorrädern häufig sind, oft schwere Folgen haben und die Benützer vielfach wenig bemittelten Kreisen angehören.

C. Regresse

Wie die Rechte anderer Länder, so kennt auch das schweizerische Recht zahlreiche Vorschriften, die den Versicherern Regresse zur Verfügung stellen: im besondern in der privaten Schadensversicherung, zum Teil in der Sozialversicherung. So besitzt insbesondere die Anstalt, welche die obligatorische staatliche Unfallversicherung betreibt, gemäß Art. 100/129 des Gesetzes von 1911 einen Regreß, der aber u. a. gegenüber dem Arbeitgeber und den Arbeitskollegen des versicherten Geschädigten beschränkt ist (supra, II/A/a/aa). Die Anstalt hat unter gewissen Voraussetzungen auch einen Regreß auf den Versicherer, der einen Motorradfahrer — wie soeben erwähnt — gegen Unfall versichert.

III. Haftpflichtrecht

Auch der Haftpflichtversicherer besitzt Regresse: einmal nach allgemeiner Regel auf gewisse Dritte, die neben dem Versicherten für den [120] Schaden haftbar sind (Versicherungsvertragsgesetz von 1908 Art. 72 analog). Dann ist an folgendes zu erinnern: In den Spezialgesetzen, welche die direkte Klage gegen den Versicherer vorsehen, ist zulasten des Versicherers bestimmt, daß dieser dem Geschädigten die internen versicherungsrechtlichen Einreden nicht entgegenhalten darf (supra, II/B/c). Dementsprechend verfügen die Gesetze, daß der Versicherer insoweit einen Regreß auf den Versicherungsnehmer oder den versicherten Haftpflichtigen besitzt (SVG Art. 65, Atomgesetz Art. 24, Rohrleitungsgesetz Art. 37). Das führt namentlich dazu, daß der Versicherer gegen den versicherten Haftpflichtigen (wenigstens partiell) regressieren kann, wenn dieser den Schaden grobfahrlässig bewirkt hat (Versicherungsvertragsgesetz Art. 14). Hier haben wir somit, hinter der Versicherung, eine persönliche Verantwortung des Schädigers: ein wichtiger Grundsatz, dessen Fehlen in einzelnen andern Ländern beanstandet wird.

Eine eigene Vorschrift des SVG, Art. 88, will den Geschädigten davor schützen, daß der gegen den Haftpflichtigen regressierende Versicherer dem Geschädigten, der durch Versicherungsleistungen nicht voll gedeckt worden ist, zuvorkommt. Das Gesetz gibt deshalb dem Geschädigten den Vortritt vor dem regressierenden Versicherer, wenn der Geschädigte sich für seine noch ungedeckte Restforderung gegen den Haftpflichtigen persönlich oder gegen dessen Haftpflichtversicherer wendet (direkte Klage, SVG Art. 65). Insoweit ist dies der Grundsatz «nemo subrogat contra se». Die Vorschrift des Art. 88, deren Tragweite im einzelnen zunächst nicht klar war, ist durch ein Urteil des Bundesgerichts von 1967 präzisiert worden[14]: Ein leichtes oder grobes Selbstverschulden des Geschädigten ist nicht zu beachten. Das Bundesgericht drückt sich wie folgt aus[15]: «... l'assureur ne sera fondé à recourir contre le tiers responsable ou l'assureur qui couvre la responsabilité civile de celui-ci que si et dans la mesure où la somme de ses prestations et des dommages-intérêts dus par le tiers responsable excède le montant du dommage effectif. De ce point de vue, la question de la faute de la victime ou de son ayant droit ne se pose pas, seule demeure réservée celle du dol. Cette règle, qui marque une nouvelle tendance dans la conception des droits qui résultent, pour le lésé, du concours d'actions, concerne les cas où la responsabilité civile relève de la loi sur la circulation routière. Les autres cas demeurent soumis aux principes qui régissent en général la subrogation de l'assureur.» Dem Geschädigten soll also im Ergebnis der volle Schaden ersetzt werden, [121] selbst wenn der Ersatz eigentlich wegen Selbstverschuldens reduziert werden müßte.

[14] BGE 93 II 407 ff.
[15] S. 423.

Im Bereich des SVG ist somit das sog. Quotenvorrecht des Versicherungsträgers, d. h. dessen Bevorzugung vor dem Geschädigten, beseitigt. Die Lösung des Bundesgerichts kommt der in neuerer Zeit bei verschiedenen Autoren anzutreffenden Forderung, der Geschädigte sei trotz Selbstverschuldens [16] voll zu decken, entgegen. Die Lösung schafft aber singuläres Recht, und zwar ein Privileg des Geschädigten, dessen Anspruch unter das SVG fällt. Haftpflichtige, die unter andere Haftpflichtbestimmungen fallen, sind schlechter gestellt, was sachlich nicht gerechtfertigt ist.

III. SOZIALE SOLIDARITÄT

Das Thema, das die Veranstalter des VIII. Internationalen Kongresses für Rechtsvergleichung formuliert haben und dem dieser Bericht gewidmet ist, frägt noch nach der Rolle der «solidarité sociale», der «sozialen Solidarität», bei der Wiedergutmachung von Schäden. Die Bedeutung des Begriffs «soziale Solidarität» ist nicht ohne weiteres evident. ANDRÉ TUNC spricht von «solidarité dans le malheur [17]». Soviel sei bemerkt:

Jede Versicherung ist Kollektivhaftung und beruht insofern auf einer sozialen Solidarität. Die daher rührende Aufteilung der Haftung wird verstärkt durch die Rückversicherung. Die große Rolle, welche die Versicherung im Bereich des Schadenersatzes spielt, ergibt sich aus den bisherigen Darlegungen. Besonders ausgeprägt ist die Funktion der Versicherung als soziale Solidarität dort, wo sie für einen bestimmten Bereich die Haftpflicht ersetzt und unter leichteren Voraussetzungen als jenen der Haftpflicht zur Entschädigung führt. Das ist in der Schweiz nur in beschränktem Rahmen der Fall: teilweise im Gebiet der Sozialversicherung (supra, II/A/a). Sonst besteht die Versicherung neben der Haftpflicht, oder sie steht hinter dieser (Haftpflichtversicherung). Ich habe auch festgehalten, daß zur Zeit in der Schweiz keine allgemeine Tendenz wahrnehmbar ist, die Haftpflicht durch die Versicherung (Unfall- und Sachversicherung) zu ersetzen, wie dies z. B. Professor André Tunc und [122] Professor François Gilliard vorschlagen (supra, II/A/b). Hier wäre die soziale Solidarität verwirklicht.

Man kann ferner sagen, daß die soziale Solidarität in der Schweiz dort besteht, wo der Staat anstelle eines Haftpflichtigen, der aus bestimmten Gründen nicht

---

[16] Die Ansichten variieren im einzelnen: leichtes Selbstverschulden, unentschuldbares Selbstverschulden usw.; vgl. TUNC, La sécurité routière Nrn. 39 ff.; VON HIPPEL, Schadensausgleich bei Verkehrsunfällen 67 ff.; YUNG; GILLIARD 214 (alle zit. N. 9 und 10).
[17] In der Festgabe *Oftinger* (Zürich 1969) 317. — Vgl. auch meinen Aufsatz «Der soziale Gedanke im Schadenersatzrecht und in der Haftpflichtversicherung», SJZ 1942/43, 545 ff., 561 ff.

III. Haftpflichtrecht

herangezogen werden kann, oder anstelle eines privaten Haftpflichtversicherers haftet. Haftung des Staates bedeutet Haftung der Gesamtheit der Steuerzahler. Dies betrifft:

1. Die Fälle der Strolchenfahrt und der unbekannten und der nicht versicherten Fahrzeuge (SVG Art. 75—77, supra, II/B/d); 2. den Fall von Art. 27 des Atomgesetzes: Ist durch die Wirkung von Atomenergie eine Katastrophe eingetreten, die an sich die Haftung nach dem Atomgesetz begründet, und reichen «die vorhandenen Mittel» nicht aus, so stellt der Gesetzgeber ad hoc eine Entschädigungsordnung auf. Der Staat (die Eidgenossenschaft) leistet an den nicht gedeckten Schaden Beiträge. Auch von den Versicherungsnehmern können Beiträge erhoben werden, sofern ein Notstand eingetreten ist. 3. Von sozialer Solidarität kann man auch bei den sog. Spätschäden im Sinne von Art. 18 und 19 des Atomgesetzes sprechen. Nach Ablauf der ordentlichen Verjährungsfrist (gewöhnlich 10 Jahre) kann der Geschädigte seine Haftpflichtforderung gegen den «Fonds für Atomspätschäden» richten. Dieser Fonds wird gebildet aus Beiträgen der Inhaber von Atomanlagen und gewisser Inhaber einer Bewilligung zum Transport von radioaktivem Material. Der Staat (die Eidgenossenschaft) kann Vorschüsse gewähren, auf deren Rückerstattung er eventuell verzichtet.

IV. UMWELTSCHUTZRECHT

Zur Phänomenologie des Automobilismus:

VOM SCHÄDIGUNGSPOTENTIAL UND ANDEREN WIRKUNGEN DES MOTORFAHRZEUGES UND WAS SICH DARAUS FÜR RECHTLICHE FOLGERUNGEN ERGEBEN *

[198] In der Festschrift über «Die Rechtsordnung im technischen Zeitalter», welche die Rechts- und staatswissenschaftliche Fakultät der Universität Zürich dem Schweizerischen Juristenverein 1961 zu seinem Centenarium gewidmet hat, finden sich (S. 6 f.) einige *Zahlen über das Unfallgeschehen auf der Straße,* von denen hier lediglich die folgenden in Erinnerung gerufen und durch neuere ergänzt seien: Von 1954 bis 1959 verunfallten in der Schweiz mehr Personen, als die Stadt Genf Ende 1959 Einwohner aufwies, nämlich 179 164, und 6545 kamen dabei ums Leben, was gleich viel ist, als die Stadt Brugg Einwohner zählt. Das Jahr 1961 kostete 36 250 Verletzte und 1404 Tote. Nach einer Umrechnung, welche man im Jahresbericht 1961/62 der Schweizerischen Beratungsstelle für Unfallverhütung nachlesen kann, ereignete sich 1961 im ganzen Lande alle 10 Minuten ein Verkehrsunfall, alle 14^{1}/$_{2}$ Minuten wurde jemand verletzt, und alle 6^{1}/$_{4}$ Stunden jemand getötet. 1962 ließ sich ein leichter Rückgang wahrnehmen: 22 000 Leichtverletzte, 13 600 Schwerverletzte, 1384 Tote. Doch erklärt die Dachorganisation der schweizerischen Haftpflichtversicherer, die Unfalldirektorenkonferenz, auf Grund ihrer eigenen Unterlagen, die offiziellen Statistiken seien zu optimistisch, weil sie nur die polizeilich erhobenen Tatbestände erfaßten, und diese machten nicht die Gesamtzahl der Unfälle aus (NZZ Nr. 1921/1963). Bemerkenswert ist die Feststellung, daß von 1961 auf 1962 die Zahl der ums Leben gekommenen Lenker von Motorfahrrädern sich von 40 auf 77 erhöht hat; der Bestand dieser Fahrzeuge ist von rund 88 000 auf rund 150 000 angestiegen. Die Motorfahrräder hat der Gesetzgeber als neue, privilegierte, gesetzliche Kategorie von Motorfahrzeugen durch einen BRB vom 15. November 1960 auf den 1. Januar 1961 lanciert, und seit dann haben sie von einem fast ignorablen Stand aus explosiv diese Ausbreitung erfahren; ein ausgezeichnetes Geschäft für die Branche. Für die Privilegierung durch den Gesetzgeber waren die verschiedensten «sozialen» Argumente maßgebend. Den Preis dafür kann man an der obigen Zahl der getöteten Lenker von Motorfahrrädern ablesen (dazu die erwähnte Festschrift, S. 19 ff.). Für die

---

* *Schweizerische Juristen-Zeitung 59 (1963), S. 198–202.*

[199] Bundesrepublik Deutschland[1] lauten die Zahlen des Jahres 1962 wie folgt: Total der Unfälle 1 033 900, Verletzte 413 457, Tote 14 123. Über die Pfingstfeiertage 1962 sind in der Bundesrepublik 238 Menschen auf der Straße ums Leben gekommen; über die Osterfeiertage 1963 waren es 107, in Dänemark dagegen habe sich kein einziges nennenswertes Verkehrsunglück ereignet, so meldete die NZZ, Nrn. 1513 und 1497/1963. Für Europa wird eine ungefähre Zahl von 65 000 Toten 1960 angenommen. Die USA melden für 1962 deren 41 000, die höchste bis jetzt erreichte Zahl. Seit Jahren kommen in den Vereinigten Staaten viel mehr Leute auf der Straße um als durch alle ansteckenden Krankheiten zusammen. Die Zahl der Tötungen auf der ganzen Welt gibt man immer wieder mit über 100 000 an (so u. a. die SVZ — Schweizerische Versicherungszeitschrift — 30, 449, nach einer Zusammenstellung der Weltgesundheitsorganisation); doch muß diese Summe zu niedrig sein, wenn allein die Addition der Zahlen für Europa und USA rund 100 000 ergibt. Die Anzahl der Verletzten würde nach der gleichen Quelle für die ganze Welt mehr als 4 Millionen betragen, davon mindestens 1 Million Schwerverletzte. Am meisten betroffen seien Personen zwischen 15 und 25 Jahren — die Blüte der Jugend — sowie von über 65 Jahren.

Für den *materiellen Aufwand*, den die Motorfahrzeugunfälle bewirken, liegen Schätzungen vor. In der Bundesrepublik Deutschland kommen sie nach Quellen, die in der oben verzeichneten Festschrift von 1961, S. 7 N. 18, angegeben sind, für das Jahr 1959 auf 4 oder 5 Milliarden DM: Personenschaden, Sachschaden, Kosten für Polizei und Justiz. Allein die letzteren Kosten mögen 250 Millionen ausmachen. Die gleichen 4 bis 5 Milliarden jährlich schätzt Prof. P. BERKENKOPF, Direktor des Instituts für Verkehrswissenschaft an der Universität Köln. «Dazu kommen» — schreibt er — «die nicht zahlenmäßig feststellbaren, sehr verbreiteten Gesundheitsschäden durch Abgase, Lärm und nervöse Belastung vor allem der Fußgänger, die Entwertung an Gebäuden und manches andere. Man wird nicht zu hoch schätzen, wenn man die gesamten negativen Posten mit jährlich 5, wenn nicht 6 Milliarden beziffert.» (In: Straßenverkehr — Problem ohne Ausweg?, Kröners Taschenausgabe, Bd. 333, Stuttgart 1961 S. 12 f.) Diesen Minusposten stellt BERKENKOPF positive wirtschaftliche Leistungen des Automobils im Wert von jährlich 6 bis 8 Milliarden gegenüber und hält fest: «Bei keinem andern Verkehrsmittel nähern sich Verluste und Schäden auch nur annähernd so sehr den Leistungen wie beim Kraftwagen.» Beizufügen ist, daß bei den Minusposten der ungeheure Aufwand für die Straßen u. v. a. m., von dem unten die Rede sein soll, nicht veranschlagt ist. Aus der Schweiz sind solche Zahlen nicht bekannt. Der Kundige

---

[1] Zusammenstellungen für andere europäische Länder gibt THILO, La route et la circulation, JdT 1961 I 411.

Vom Schädigungspotential des Motorfahrzeuges

mag sie durch Extrapolation gewinnen. Auf 4 bis 5 Policen der Motorfahrzeughaftpflichtversicherung soll zur Zeit jährlich ein Schadensfall kommen (Dr. Hans Munz, in «Wir Brückenbauer», Nr. 22/1963). Für die USA bringt SVZ 30, 371 ff., einige Angaben. Im Jahre 1961 ereigneten sich 10 400 000 Unfälle, in welche 18 500 000 Fahrer verwickelt waren. 38 000 Personen kamen um, 1 400 000 wurden verletzt. Von den 87 Millionen Amerikanern, die einen Führerausweis besaßen, waren 46 000 in Unfälle mit Toten verwickelt und 1 600 000 Fahrer in Unfälle mit Verletzten. Jeder 53. Fahrer war an einem Unfall mit Toten oder Verletzten beteiligt, und jeder fünfte überhaupt an einem Unfall; 16 800 000 hatten Unfälle allein mit Sachschaden. Die Totalkosten dieser Unfälle machten — wir folgen immer unserer Quelle — 6 Milliarden 900 Millionen Dollar aus.

Jetzt wird man verstehen, wenn der erwähnte Berkenkopf auf S. 13 seiner Abhandlung festhält: *«Das Automobil ist das weitaus kostspieligste Verkehrsmittel.»* In einem mutigen Aufsatz, der in der «Schweizerischen Technischen Zeitschrift», Nr. 11/1961, erschienen ist, schreibt deren Chefredaktor, Dipl.-Ing. Prof. A. Imhof, ein angesehener Industrieller: «Trotz der rationellen Produktion ist die Wirtschaftlichkeit des Automobils, gesamtökonomisch betrachtet, unerhört schlecht ... Es liegt dies u. a. daran, daß jedes Personenauto durchschnittlich mit weniger als zwei Personen besetzt ist, daß seine Lebensdauer außerordentlich kurz ist, daß es zahlreiche Reparaturen bedingt.» Als weitere Aufwandposten zählt der gleiche Verfasser (neben den Personen- und Sachschäden) auf: die Kosten für die Straßen, für Garagen, Verkehrsregelungs- und Treibstoffgeräte, für die Aufblähung der Polizeikräfte und der Spitäler. Er fährt fort: «Tausende von Motoren laufen in großen Städten täglich eine bis zwei Stunden leer, bis einige hundertmal müssen diese Wagen täglich gebremst und wieder beschleunigt werden! Da verliert jede Wirtschaftlichkeitsbetrachtung ihren Sinn.» Als weiterer ganz gewaltiger Minusposten wäre der gesamte Zeitverlust beizufügen, den die kompakten Ströme der Automobile den Fußgängern sowie den Benützern und den Inhabern der öffentlichen Verkehrsmittel, die nicht mehr vorwärts kommen, verursachen. Imhof schätzt den eigenen Aufwand des Automobilhalters in der Schweiz als vergleichbar dem Aufwand für die Wohnung. Er schließt seine Betrachtung über die Unfallzahlen mit den Worten: «Die Folgen sind bitterster Schmerz, Verzweiflung, finanzieller Ruin, katastrophale Einbußen an Arbeitsleistung, unwirtschaftliche Ablenkung von Arbeitskräften, Aufblähung des Versicherungswesens. Die Autounfälle wirken gleichsam wie ein unaufhörlicher ‚verdünnter' Krieg. Unser Kampf in diesem Krieg wird mit ganz unzulänglichen Mitteln geführt.» Die schweizerischen Unfallzahlen stehen in der Tat, verglichen mit gewissen anderen Ländern, ungünstig da.

IV. Umweltschutzrecht

Damit ist das Problem wieder dem Juristen überantwortet. Immer noch ist der Einsatz der Mittel des Rechts im Kampf gegen die Verkehrsdelinquenz unzulänglich; es sei einmal mehr an die verdienstvollen Untersuchungen und Postulate von Professor Erwin R. Frey in der eingangs zitierten Zürcher Festschrift von 1961, 269 ff., erinnert. Er faßt zusammen: «Der Verfasser ist fest davon überzeugt, daß durch einen konzentrierten Einsatz aller Verantwortlichen die Zahl der jährlichen Straßenopfer weit unter den derzeitigen Durchschnitt gesenkt werden könnte.» Taten sind jetzt fällig. Sie zu realisieren, ja nur sie ernstlich zu wollen, scheint schwer. Für viele, die es angeht, reduziert sich das Problem — man scheue sich nicht, dies zuzugeben — auf den Satz: «Wo gehobelt wird, da fliegen die Späne.» Und unausweichlich fällt dann noch der fatalistische Hinweis auf das berühmte Rad der Zeit, das man angeblich nicht zurückdrehen kann. Man vermag es anscheinend nicht einmal besser zu ölen. Ferner ist nicht zu übersehen, daß es in [200] der Schweiz stoßkräftige und lautstarke Interessenverbände gibt, die bis jetzt so gut wie jede eingreifende Maßnahme zur Verminderung der Verkehrsunfälle bekämpft haben. Man erinnert sich an die seinerzeitige erbitterte Opposition gegen die Einführung der generellen Geschwindigkeitsgrenze innerorts. Diese Neuerung hat, seitdem sie besteht, ungezählten Personen das Leben gerettet. In seiner Analyse der Unfallzahlen des Jahres 1959 las man folgende Feststellung des Eidg. Statistischen Amtes: «Von Januar bis Mai 1959 zeichnete sich ein neues Ansteigen der Zahl tödlicher Verkehrsunfälle auf Innerortsstraßen ab. Diese Entwicklung kam aber mit der Einführung der Geschwindigkeitsbeschränkung am 1. Juni *schlagartig zum Stillstand.*» (Es folgen hernach die Zahlenbelege; NZZ Nr. 437/1960). Die gleiche positive Wirkung der Geschwindigkeitsbeschränkung zeigt die Untersuchung von Erwin R. Frey (a.a.O. 283). Viele Menschen wären — dieser Schluß ist unausweichlich — am Leben geblieben, hätte man, wie damals so oft und drängend gefordert, die Maßnahme früher ergriffen. Im Sommer 1961 alarmierte eine Serie besonders verhängnisvoller Unglücke die Öffentlichkeit. Der Vorsteher des Eidg. Justiz- und Polizeidepartements, Bundesrat Ludwig von Moos, sah sich veranlaßt, in der Presse um den 21. August einen Aufruf zu veröffentlichen, worin er seiner tiefen Besorgnis Ausdruck gab. «Il n'est guère possible de mettre tout simplement ces victimes et ces dommages sur le compte de la forte augmentation du trafic motorisé ...», so stellte er laut dem französischen Text seines Appells fest, der im Journal des Tribunaux 1962 I S. 422 nachzulesen ist. Am 14. September 1961 ließ sich demgegenüber eine der schweizerischen Automobilistenorganisationen in einem den Zeitungen übergebenen Communiqué wie folgt vernehmen: «In letzter Zeit ist eine aufsehenerregende Häufung schwerer Straßenverkehrsunfälle zu verzeichnen, welche zahlreiche Stimmen wachgerufen hat, die teilweise sehr einschneidende Maßnahmen zur Entschärfung der Situation verlangen. Auf der andern Seite steht jedoch fest, daß die Zunahme der Verkehrsunfälle im ersten halben Jahr im Verhältnis zur Zunahme der Zahl der Motorfahrzeuge sich in einem *normalen Rahmen* gehalten hat» usw. (NZZ Nr. 3369/1961). Man erachtet also die nach allgemeinem Urteil erschreckend schweren Opfer des Straßenverkehrs für normal! Der Club warnt dann — dies ist seine Schlußfolgerung — vor übereilten Maßnahmen der Unfallbekämpfung. Bald greift er wieder zur Feder. In einem von der Tagespresse verbreiteten Artikel nimmt er die von Prof. FREY in der mehrmals angeführten Abhandlung vertretenen rechtlichen Auffassungen und Postulate aufs Korn: «weil vieles unbeschwert von wirklicher Fachkenntnis vorgebracht wird» — so liest man wörtlich (NZZ Nr. 3181/1962). Wer auch nur elementare Kenntnis von dem Wesen der Verbrechensbekämpfung besitzt, der weiß, daß die Überwachung des Verkehrs durch Verkehrspolizisten in Zivil eine starke präventive Wirkung haben müßte. «Der Kommandant der Zürcher Kantonspolizei schätzt, daß der Effekt einer einzigen solchen zivilen Polizeipatrouille demjenigen von 50 uniformierten gleichkäme» (Dr. J. FLACHSMANN, NZZ Nr. 1484/1962). Der Vorschlag, aus dieser Einsicht die Folgerung zu ziehen, wird denn auch neuerdings öfters vorgebracht. Was hat jene selbe Organisation, von der bis jetzt stets die Rede war, dazu zu bemerken: «Der Zentralvorstand prüfte die Frage des Einsatzes von Polizisten in Zivil zur Überwachung des Straßenverkehrs, was nach gründlicher Aussprache abgelehnt und als ungeeignete Maßnahme zur Hebung der Verkehrssicherheit bezeichnet wurde» (Communiqué laut Agenturmeldung, NZZ Nr. 5009/1962). Jetzt überrascht es niemanden mehr, zu lesen, daß man zu Beginn des laufenden Jahres den Kampf gegen die verdienstvolle Praxis der Polizeidirektion des Kantons Zürich, größere Strenge im Entzug der Führerausweise walten zu lassen, aufnahm. Strenge in dieser Frage ist ein klassisches Mittel zur Hebung der Verkehrsdisziplin und Verkehrssicherheit. Die Tagespresse war voll von Mitteilungen über jene Kampagne, so daß sich Belege erübrigen. Als die Eidg. Polizeiabteilung in Artikel 10 ihres Entwurfes vom September 1961 für die Verordnung über die Straßenverkehrsregeln für die Autobahnen und Autostraßen eine Höchstgeschwindigkeit von 110 Stundenkilometer vorsehen wollte, ließ sich die fragliche Automobilistenorganisation wie folgt vernehmen: «Eine solche Vorschrift würde die verkehrstechnischen und volkswirtschaftlichen Vorteile unserer modernen Schnellverkehrsstraßen weitgehend herabmindern. Der Sinn dieser Straßen liegt in der Verflüssigung des Verkehrs und damit in der *Verminderung der Unfallgefahr*» (kursiv vom Verfasser). Ohne daß man sich in die anscheinend weitläufigen Kenntnisse vom Betrieb auf den Autobahnen zu versenken braucht, darf man doch anmerken, daß zum Begriff der *Gefahr* auch die *Wahrscheinlichkeit schwerer Folgen eines Unfalles* gehört, und hier hat die Geschwindigkeit nach der bekannten Formel von der kinetischen Energie die ausschlaggebende Bedeutung[2]. Damit läßt sich schwer die Behauptung in Einklang bringen, daß sehr hohe Geschwindigkeit der Verminderung der Unfallgefahr förderlich sei.

Was haben diese Tatsachen mit Fragen des Rechts zu tun? Doch wohl sehr viel. Es drängen sich einige *Folgerungen* juristischer Natur auf. Noch einmal ist in Erinnerung zu rufen, daß die Mittel des Rechts im Kampf gegen gewisse pathologische Erscheinungen der technischen Zivilisation durchaus nicht ausgeschöpft sind. Das gilt hier, und es gilt für andere Bereiche, wie den Lärm, die Verpestung der Luft und die Verschmutzung der Gewässer (hiezu eindrücklich Dr. HEINZ AEPPLI in SJZ 1963, 145 ff.). Der Schweizerische Juristenverein hat sich, was die Bekämpfung der Verkehrsunfälle anlangt, ausdrücklich zu dieser Auffassung bekannt (ZSR 1961 II 393 ff., 453 f.), und er hat dafür eine Aktionsgruppe gebildet. Man möchte ihr die moralische Unterstützung aller Juristen des Landes, die guten Willens sind, wünschen.

Zum anderen: Es ist ein vielbeklagtes Übel der schweizerischen Verwaltungs- und Gesetzgebungspraxis, daß den Interessentenverbänden ein ganz übermäßiger Einfluß zugestanden wird, handle es sich um die ständigen Befragungen aller Art, bevor man irgendeine Maßnahme ergreift, handle es sich um die Vorbereitung gesetzgeberischer Erlasse. Der Kampf gegen die [201] Verkehrsunfälle ist ein zu ernstes Anliegen, als daß man nicht die Frage prüfte und negativ beantwortete, ob Wortführer vom Zuschnitt der geschilderten weiterhin den Platz beanspruchen dürfen, den man ihnen bis jetzt eingeräumt hat. Auch dies ist ein dringendes Anliegen des Rechts. Im juristischen Bereich — beim Finden der richtigen Lösungen und insbesondere der zutreffenden Wertungen — spielt bekanntlich das dialektische Verfahren eine ausschlaggebende Rolle. Die Meinungen Für und Wider sollen sich aneinander reiben, und im Verlaufe dieser geistigen Auseinandersetzung soll sich beim Beurteiler die Lösung nach und nach, mit stetig zunehmender Klarheit herausbilden. Jeder Jurist kennt der Sache nach den Vorgang; die Kontroversen und Debatten aller Art, das kontradiktorische Verfahren im Prozeß zielen dahin. Jedoch, wie Aristoteles sagt: «Man darf aber nicht mit jedem disputieren und sich nicht mit dem ersten besten einlassen; denn je nachdem der Gegner ist, kann aus den Disputationen nichts Rechtes werden» (nach THEODOR VIEHWEG,

---

[2] Hier ein Beleg (Agenturmeldung vom 21. Mai 1963, einen Unfall auf der Autobahn Luzern-Hergiswil betreffend; NZZ Nr. 2095/1963): «Durrers Wagen, der mit ungefähr 120 Kilometern pro Stunde fuhr, streifte das Randmäuerchen des Grünstreifens, wurde nach links abgedreht und ... in die Luft geschleudert. Der Wagen wurde auf der Gegenfahrbahn über einen von Hergiswil kommenden Wagen hinweggetragen, ohne diesen zu berühren, und fiel direkt auf ein zweites korrekt daherkommendes Nidwaldner Personenauto.» Die drei Insassen der beiden Fahrzeuge kamen ums Leben.

Topik und Jurisprudenz, 2. A. München 1963). Überdies verlangt das dialektische Verfahren, soll es tunlich funktionieren, einigermaßen gleich starke Gegner. Wo aber ist die Gegenpartei, deren Stoßkraft derjenigen der Vertreter automobilistischer Interessen ebenbürtig wäre? Wo ist das Verfahren, das das erforderliche Gleichgewicht garantieren würde?

Endlich frägt sich angesichts des Massenphänomens der Unfälle und ihrer geradezu verheerenden volkswirtschaftlichen Folgen — um von der ideellen Seite gar nicht zu reden —, ob es weiterhin Sache des Staates, der ja heute als Sozialstaat, als Wohlfahrtsstaat auftritt, ist, die Motorisierung direkt oder indirekt so zu fördern, wie dies derzeit geschieht. Als Beispiele sei erinnert an die Privilegierung immer weiterer Kategorien von Motorrädern (darüber die mehrmals zitierte Festschrift von 1961, 19 ff.) und an die befremdliche Duldung des massenhaften Parkierens auf öffentlichem Grunde: unentgeltlich und sehr oft rechtswidrigerweise; letzteres, wenn man unbewilligten gesteigerten Gemeingebrauch vor sich hat (dazu BGE 77 I 288 ff.; FLEINER, Institutionen, 8. A. 379). So die juristische Einstufung; der herrschende Euphemismus nennt dies bekanntlich «ruhenden Verkehr». Nach offizieller Angabe des Stadtrates von Zürich (Die Tat vom 17. Januar 1962) stehen in dieser Stadt für rund 65 000 Automobile ungefähr 28 000 Garageplätze zur Verfügung; für 37 000 Fahrzeuge sind somit keine solchen vorhanden. Nach anderer Schätzung — derjenigen eines Polizeikommissars — wären es 25 000 bis 27 000 Motorfahrzeuge, die jede Nacht auf öffentlichem Grund abgestellt werden (NZZ Nr. 2134/1962). Art. 2 Ziff. 1 der stadtzürcherischen Verordnung über die Verkehrsregelung, vom 20. April 1949, lautet noch immer wie folgt: «Verboten ist das Parkieren[3] zur Vermeidung der Einstellung in einen ordnungsgemäßen Raum (Garage); dazu gehört auch das sich regelmäßig wiederholende Stehenlassen von Fahrzeugen auf Parkflächen innerhalb der erlaubten Parkierungsdauer.» Oft verbreitert man, mit Steuergeldern, in Wohnquartieren die Straßen zugestandenermaßen zu allem hin noch, um das Abstellen von Fahrzeugen zu ermöglichen.

Ungeachtet aller Unzukömmlichkeiten lassen unsere Behörden nach wie vor den schönfärberisch sog. Berufsverkehr[4] und sonstigen privaten Motorfahrzeug-

---

[3] Legaldefinition in Art. 1 Abs. 2: «Unter Parkieren wird das Stehenlassen eines Fahrzeuges auf einer Parkfläche während längerer Zeit, jedoch während längstens 15 Stunden, verstanden.»

[4] Der Psychologe kann, was die Kennzeichnung und wirkliche Motivierung dieser Art von Fahrzeugbenützung anlangt, Aussagen machen, die von solchem Euphemismus weit weg führen. — Bemerkenswert die nüchterne Feststellung, die der Vorsteher des Eidgenössischen Verkehrs- und Energiedepartements, Bundesrat Dr. W. SPÜHLER, in einem vor der Zürcher Volkswirtschaftlichen Gesellschaft gehaltenen Vortrag trifft (wiedergegeben in NZZ Nr. 4256/1962): Während die Güterzüge der Bahnen und die Lastwagen Funktionen der Gütererzeugung erfüllten, seien die privaten Personenautomobile «wohl zum größten Teil als *Konsumgüter* zu werten». Der Vor-

verkehr die Kerne unserer Städte überfluten. Nach der offiziellen Doktrin würde das Zurückdrängen des privaten Fahrzeugs die Innenstädte zum «Absterben» bringen, «obwohl uns das Beispiel der Automobil-Überwertung in amerikanischen Städten das pure Gegenteil beweist», so schreibt ein anerkannter Sachverständiger, der Architekt HANS MARTI (NZZ Nr. 1014/1962), der heute in hoher Stellung als Stadtplaner in der Verwaltung der Stadt Zürich tätig ist. In der Weisung des Stadtrates von Zürich für die Gemeindeabstimmung vom 1. April 1962 finden sich aufschlußreiche Zahlen. Darnach benötigt eine einzelne im privaten Personenautomobil fahrende Person etwa 17,5mal soviel Straßenfläche als der einzelne Tramreisende[5], und als Abstellfläche beansprucht der Automobilist, der im sog. Berufsverkehr ja meist allein sein Fahrzeug benützt, im Mittel 25 m². Ein vollbesetzter Tramzug von zwei vierachsigen Wagen befördert nach derselben Quelle (die sich auf eingehende Erhebungen über die Verhältnisse in der Stadt Zürich stützt) die gleiche Anzahl von Personen wie 143 Personenautomobile[6]. Rechnet man pro Automobil, einschließlich des Abstandes, 8,5 m Straßenstrecke, so ergibt dies in Einerkolonne eine Schlange von 1,215 km Länge[7], wogegen der erwähnte Tramzug, der die gleiche Anzahl von Personen mit sich führt wie die 143 Automobile, 28 m lang ist. An diesem Punkt hört jedes rationale Argumentieren auf; ja nichts zeigt so deutlich die Irratio, die so oft hinter technisch determiniertem Geschehen steckt. ROLAND L. KÄPPELI gibt in seiner volkswirtschaftlichen Berner Dissertation über «Die Zukunft unserer Städte[8]» das von anderen Autoren, HENRY und OBERLI, errechnete Modell einer utopischen Autostadt Zürich: «Zwei riesige, 200 m hohe Türme in der City zur Unterbringung [202] von Büros und Geschäften, dazwischen ein riesiges Einkaufszentrum und ein Riesenhotel von 1000 m Länge; der ganze Rest der Cityfläche, ca. 90 %, würde für Straßen und Plätze benötigt.» *Sapienti sat* — doch wo sind die *sapientes* geblieben? «Die Zerstörung unserer Stadt kann ... nicht Aufgabe der Verkehrsplanung sein», hält der

---

tragende schätzt den Aufwand des Jahres 1960 für den Straßenverkehr auf etwa 4,6 Milliarden Franken, wovon auf den Straßenbau über 700 Millionen entfallen, wogegen der Aufwand des gleichen Jahres für den gesamten Eisenbahnverkehr 1,4 Milliarden ausmacht.

[5] Andere Berechnungen kommen statt auf ein Verhältnis von 1:17,5 auf ein solches von 1:30; darüber die anschließend im Kontext angeführte Arbeit von KÄPPELI 27 f.

[6] Nach einer vom Verfasser eingeholten Auskunft geht man bei dieser Berechnung aus von einer Besetzung des Tramzugs mit 212 Personen und von der Besetzung der 143 Personenautomobile mit durchschnittlich je 1,48 Personen, was beides auf vielfachen Zählungen beruhe.

[7] Die 8,5 m Straßenstrecke stellen eine dem Verfasser vermittelte, als eher bescheiden aufzufassende Erfahrungszahl dar. Nimmt man eine kleinere Länge der einzelnen Wagen an oder einen geringeren Abstand und setzt deshalb 7,5 m beanspruchte Straßenstrecke ein, so ist die Schlange noch immer mehr als einen Kilometer lang. Im übrigen geht es dem Verfasser bei allen diesen Zahlen um *Größenordnungen*, so daß etwelche kleinere Differenzen nicht ins Gewicht fallen.

[8] Verlag P. G. Keller (Winterthur 1962) 28.

Zürcher Stadtrat in der vorhin erwähnten Weisung von 1962 fest. Wer aber zieht die Folgerungen aus dieser Einsicht?

Der Verfasser hat sich gestattet, mit seinen letzten Ausführungen seine angestammte Domäne zu verlassen. Doch sei der Hinweis erlaubt, daß die Lösung von Problemen wie derjenigen der Verkehrsplanung und dergleichen sich letztlich rechtlicher Mittel bedienen muß, und rechtliche Schlüsse setzen die Kenntnis der tatbeständlichen Prämissen voraus. Dies ist der Ansatzpunkt.

Die vorstehenden Darlegungen gehen von der Überzeugung aus, daß die zivilisatorische Bedeutung des Rechts unabsehbar groß ist. So sehr die letztere Feststellung einen Gemeinplatz darstellt, so sehr mangelt es, wo immer die Auswirkungen der Technik in Frage stehen, an ihrer Verwirklichung. Diese setzt, um es einmal mehr zu sagen, insbesondere voraus,
— daß man wirklich den Einsatz der Mittel des Rechts will;
— daß man von der richtigen Wertordnung, von der richtigen Hierarchie der Werte ausgeht und nicht einfach vor der «normativen Kraft des Faktischen» kapituliert;
— daß man den Einsatz der Mittel des Rechts, auf Grund der richtigen Wertordnung, nicht von vornherein hemmt oder gar blockiert, indem man der Vertretung der gegenläufigen Interessen zuviel Spielraum gewährt und zuviel Gewicht beimißt.

EINE NEUE SCHWEIZERISCHE BESTIMMUNG ÜBER DIE HAFTPFLICHT WEGEN VERUNREINIGUNG VON GEWÄSSERN *

I. ENTSTEHUNG DER BESTIMMUNG, DEREN ERSTE UND DIE JETZIGE FASSUNG

[961] Der schweizerische Gesetzgeber erließ ein erstes Bundesgesetz über den Schutz der Gewässer gegen Verunreinigung am 16. März 1955[1], im wesentlichen ein Polizeigesetz. Es enthielt keine eigene, privat- oder öffentlich-rechtliche, *Bestimmung über die Haftpflicht* wegen Gewässerverunreinigung. Das Ungenügen dieses Gesetzes gab Anlaß zu seiner Totalrevision. [962] In deren Vorbereitungsstadium beauftragte man ein Dreierkollegium[2] — im folgenden als «die Experten» bezeichnet —, abzuklären, ob es sich empfehle, in dem neuen Gesetz eine «umfassende Kausalhaftung[3] der Verursacher von Gewässerverunreinigungen» vorzusehen. Die *Experten* haben diese Frage in einem im Jahre 1969 erstatteten Gutachten[4] bejaht und folgenden Wortlaut einer Haftpflichtbestimmung vorgeschlagen:

---

* *Festschrift für Karl Larenz zum 70. Geburtstag (München 1973), S. 961—979.*

Abkürzungen

GSchG = Bundesgesetz über den Schutz der Gewässer gegen Verunreinigung (Gewässerschutzgesetz) vom 6. Oktober 1971, AS 1972, 950
VersR = Versicherungsrecht (Zeitschrift)
WHG = (deutsches) Gesetz zur Ordnung des Wasserhaushalts (Wasserhaushaltsgesetz) vom 27. Juli 1957
ZfW = Zeitschrift für Wasserrecht

Mit Verfassernamen angeführte Werke

GIESEKE/WIEDEMANN = Wasserhaushaltsgesetz. Kommentar (München/Berlin 1963)
MÜLLER = HANS-ULRICH MÜLLER, Der privatrechtliche Schutz vor Gewässerverunreinigungen und die Haftung (Diss. Zürich 1968, im Buchhandel)
OFTINGER = Schweizerisches Haftpflichtgesetz I, II/1, II/2 (2. A. Zürich 1958/62, unveränderte 3. A. 1969 ff.)
STARK = Probleme der Vereinheitlichung des Haftpflichtrechts, ZSR 1967 II 1 ff.

[1] AS 1956, 1533.
[2] Die Professoren HANS MERZ (Universität Bern), EMIL W. STARK (Universität Zürich) und den Schreibenden.
[3] Hierunter versteht die schweizerische Terminologie Haftung ohne Verschulden; Näheres unter Ziff. III/1.

¹ Wer durch seinen Betrieb, seine Anlagen oder durch seine Handlungen oder Unterlassungen ein Gewässer verunreinigt, haftet für den dadurch entstandenen Schaden.
² Ausgenommen sind Tatbestände, die unter das Straßenverkehrsgesetz, das Luftfahrtgesetz, das Rohrleitungsgesetz oder das Atomgesetz fallen.
³ Der gleichen Haftpflicht unterliegt die nachteilige Veränderung der Wassertemperatur.

Da die Durchsetzung der konkreten Haftpflicht leicht an Beweisschwierigkeiten scheitern kann, regten die Experten, einer in der Literatur gemachten Anregung folgend, die ihrerseits von § 26 Abs. V des österreichischen Wasserrechtsgesetzes von 1934/59 ausgeht[5], noch eine *Vermutung* des Verursachers eines Schadensfalles an:

⁴ Als Urheber der Verschmutzung (*recte* Verunreinigung des Gewässers) werden Betriebe und Anlagen vermutet, die örtlich und nach der Beschaffenheit der Stoffe in Betracht kommen.

Diese letztere Vorschrift erschien nicht im Gesetzesentwurf des Bundesrates (der Landesregierung), wurde dann im Verlauf der parlamentarischen Beratungen, etwas verändert, aufgenommen, aber wieder fallengelassen[6]. Auf das Obligatorium der Haftpflichtversicherung, Bestandteil aller neueren schweizerischen Haftpflichtgesetze, empfahlen die Experten zu verzichten. In welcher Form es dann doch im endgültigen Text erscheint, ist später zu zeigen. Der Bundesrat übernahm den Gesetzesvorschlag der Experten, mit Änderungen sekundärer Bedeutung (die hier [963] übergangen seien, da man sie später, soweit unbegründet, rückgängig machte), doch ohne die erwähnte Vermutung[7].

Die Experten konnten aus *ausländischen Gesetzen* wenig Anregung gewinnen. Aufmerksamkeit fand § 22 des deutschen Wasserhaushaltsgesetzes von 1957: eine Vorschrift mit ähnlichem Ziel[8].

Die *grundsätzlichen Überlegungen* der Experten waren die folgenden: Es sei eine scharf wirkende Kausalhaftung einzuführen, mit personell und sachlich umfassendem Bereich, niedergelegt in einer knappen Formel, die dem Kundigen Selbstverständliches wegläßt (s. den entscheidenden Abs. I des wiedergegebenen Entwurfs). So verzichtete man insbesondere darauf, Entlastungsgründe anzuführen, in der Meinung, diese ergäben sich aus der in der Schweiz maßgebenden Lehre

---

⁴ Eine vervielfältigte Abschrift ist vom 2. Juni 1969 datiert. Redaktor des Gutachtens war STARK. Die Unterschrift aller drei Experten bedeutet nicht, daß sie sich mit jeder Aussage voll identifizieren, wohl aber mit allen wesentlichen Ausführungen.
⁵ STARK, ZSR 1967 II 129 ff.; MÜLLER 134 ff., 150.
⁶ BBl. 1970 II 472/73; StenBull. NR 1971, 729 und 1170 f., StR 1971, 512.
⁷ Abdruck des Textes (Art. 34 des Gesetzesentwurfs) mit Erläuterungen in der Botschaft des Bundesrates, welche sich auf das Gutachten der Experten stützt, BBl. 1970 II 489, 469 ff.
⁸ Zur Rechtsvergleichung STARK, ZSR 1967 II 118 N. 18, 131 N. 51; MÜLLER 143 f.; GIESEKE, ZfW 1965, 65 ff. und 1966, 4 ff.; STAINOV daselbst 1968, 222. Das österreichische Bundesgesetz betr. das Wasserrecht von 1934/59, § 26, enthält eine Haftpflichtbestimmung begrenzter Tragweite. — Näheres zum Vergleich mit § 22 des deutschen WHG hinten Ziff. IV.

IV. Umweltschutzrecht

vom adäquaten Kausalzusammenhang. Danach wäre die Haftung auch ohne Hinweis im Gesetz unweigerlich entfallen, wenn ein Selbstverschulden des Geschädigten oder ein Drittverschulden so intensiv im Rahmen der (an sich komplexen) Verursachung aufgetreten wäre, daß nicht mehr die primär als (natürliche) Ursache des Schadens erscheinende Gewässerverunreinigung als adäquate Ursache zu bewerten wäre, sondern eben das Selbst- oder das Drittverschulden. Das gleiche hätte für die höhere Gewalt gegolten. So steht z. B. außer Zweifel, daß der Art. 58 OR [9] die Haftung, welche er dem Werkeigentümer für Schäden, die auf Mängel seines Werkes zurückgehen, scheinbar unausweichlich auferlegt, dem unausgesprochenen Vorbehalt untersteht, daß der beklagte Werkeigentümer der Haftung entgeht, wenn er durch Berufung auf Selbstverschulden, Drittverschulden oder höhere Gewalt die Inadäquanz der Verursachung des Schadens durch einen Mangel seines Werkes dartut [10]. Demgegenüber zählen die typischen schweizerischen Haftpflichtgesetze die Entlastungsgründe, deren Verwirklichung in gleicher Weise auf die Verneinung der Adäquanz herauskommt, ausdrücklich auf [11]. Die Haftung nach dem Entwurf der Experten hätte ihre Grenze somit einmal in der Lösung des Kausalproblems gefunden, dann wäre sie, wo angezeigt, gemildert worden durch den Art. 43 OR, wo dem Richter allgemein die Kompetenz eingeräumt ist, die «Größe des Ersatzes für den eingetretenen Schaden» unter Würdigung aller «Umstände» des Falles zu bestimmen. Hierher gehören, neben dem — diesfalls nicht zur Entlastung führenden — Selbstverschulden (sog. Mitverschulden, Art. 44 I OR) u. a. auch Tatsachen, welche die Haftung für den vollen Schaden als unbillig erscheinen ließen [12]. Eine ausdrückliche Verweisung auf ergänzende, durch die neue spezialgesetzliche Regelung nicht der Sache nach ausgeschlossene Bestimmungen der allgemeinen schadenersatzrechtlichen Ordnung des OR — z. B. über die Verjährung — betrachteten die Experten als überflüssig, weil im Ergebnis selbstverständlich, desgleichen die Feststellung, daß das Gemeinwesen der neuen Haftung gleich einem Privaten unterstehe [13].

---

[9] «Der Eigentümer eines Gebäudes oder eines anderen Werkes hat den Schaden zu ersetzen, den diese infolge von fehlerhafter Anlage oder Herstellung oder von mangelhafter Unterhaltung verursachen.»

[10] OFTINGER I 91 ff., bes. 100; STARK, Beitrag zur Theorie der Entlastungsgründe im Haftpflichtrecht (Diss. Zürich 1946).

[11] So z. B. Art. 1 des Eisenbahnhaftpflichtgesetzes von 1905 und Art. 58 I/59 I des Straßenverkehrsgesetzes von 1958; OFTINGER I 100; II/1, 339 ff.; II/2, 553 ff.

[12] Hiezu Art. 4 ZGB, wo der Richter angewiesen wird, dort, wo ihn das Gesetz auf die Würdigung der Umstände verweist, «seine Entscheidung nach Recht und Billigkeit zu treffen». OFTINGER I 232 ff., 443 ff.

[13] Siehe jetzt Art. 36 Abs. III und IV der Gesetz gewordenen Fassung, die *infra* wiedergegeben ist.

Haftpflicht wegen Verunreinigung von Gewässern

In allen diesen Punkten deckt sich der am 26. August 1970 an das Parlament geleitete *Entwurf des Bundesrates* mit dem Vorschlag der Experten[14]. Den Passus über die Wassertemperatur hatte man als überflüssig gestrichen, weil sich aus einer anderen Bestimmung des Gesetzesentwurfs ergab, daß die nachteilige Veränderung der Wassertemperatur ohnehin unter die Verunreinigung eines Gewässers fiel.

Nachdem die Botschaft des Bundesrates samt dem Entwurf für das neue Gewässerschutzgesetz, die besprochene Haftpflichtbestimmung eingeschlossen, publiziert worden war[14], begann das *parlamentarische Verfahren*. Es sei daran erinnert, daß die Eidgenossenschaft dem Zweikammersystem folgt. Gesetz wird nur ein Text, dem beide Kammern, Nationalrat und Ständerat, zugestimmt haben. Die Beratungen in den Plena der Räte werden je durch Ausschüsse, die als Kommissionen bezeichnet werden, vorbereitet. Ihre Beschlüsse besitzen größte Bedeutung. Die vorgeschlagene Haftpflichtbestimmung hatte in der juristischen Öffentlichkeit keiner [965] Reaktion gerufen[15]. Unmittelbar vor der Debatte im Ständerat, der die Priorität der Beratung hatte, erhob sich *Opposition*. Der Generalsekretär der Bundesversammlung, Alois Pfister, ließ unter den Mitgliedern des Rates ein Exposé verteilen[16], das die Haftpflichtbestimmung als viel zu weit gehend bekämpfte. Sie falle aus dem Rahmen des bisherigen Rechts, sei unvollständig und vor allem wegen ihrer personellen Unbeschränktheit unhaltbar. Einige Ratsmitglieder machten diese Bedenken zu den ihren. Der Ständerat stimmte gleichwohl im März 1971 der Fassung des Bundesrates zu, doch nur auf die Zusicherung hin, daß die Haftpflichtbestimmung vor der Beratung im Nationalrat neuerdings gründlich geprüft werde[17]. Die Experten erhielten den Auftrag, in einem zweiten Gutachten (von 1971)[18] zum Exposé von Pfister Stellung zu nehmen. Sie blieben bei ihrer Ansicht und verteidigten diese in einem *Hearing* vor der Kommission des Nationalrates. Diese Kommission arbeitete indes eine abweichende Fassung aus, die der Kritik von Pfister Rechnung tragen sollte und welcher das Plenum des Nationalrates im Juni 1971 zustimmte[19]. Die neue Fassung wies, abgesehen von der Antwort auf die Grundsatzfrage des personellen Umfangs der Kausalhaftung — hierüber sogleich —, Unstimmigkeiten in Einzelfragen auf. Die Kommission des Ständerates, die sich im Verfahren der Differenzbereinigung mit der Sache neuerdings zu beschäftigen hatte, hörte ihrerseits die Experten und — im kontra-

---

[14] BBl. 1970 II, 425 ff.
[15] Bedenken waren im Vorbereitungsverfahren geäußert worden: in der Großen Expertenkommission (die das ganze Gesetz vorzuberaten hatte) und hernach verwaltungsintern; doch schob der Bundesrat diese Bedenken beiseite, BBl. 1970 II 471.
[16] Später publiziert Neue Zürcher Zeitung Nr. 157 vom 4. April 1971, Fernausgabe Nr. 92.
[17] StenBull. StR 1971, 159 ff.
[18] Es besteht eine vervielfältigte Abschrift.
[19] StenBull. NR 1971, 729 ff.

diktorischen Procedere — den Opponenten Pfister an. Diese Kommission hielt mit ihrer nochmals umgearbeiteten Fassung der Haftpflichtnorm am Prinzip der scharfen, personell (und sachlich) umfassenden Haftung fest (Abs. I der nachstehend abgedruckten endgültigen Bestimmung). Sie nannte die Entlastungsgründe der höheren Gewalt und des (groben) Selbst- und Drittverschuldens ausdrücklich (Abs. II), womit nur in der Form — durch eine Verdeutlichung —, nicht aber in der Sache, eine Änderung eintrat (es sei auf die vorangehenden Überlegungen verwiesen). Verdeutlichungen, die dem Text der Experten und des Bundesrates in der Sache ebenfalls nichts hinzufügen, bringen auch die Abs. III und IV. [966] Abs. VI ist identisch mit der Fassung der Experten, von der der Bundesrat unzutreffenderweise abgewichen war. Abs. V ermöglicht, das Obligatorium der Haftpflichtversicherung einzuführen. Die Vermutung der Verursachung, die der Nationalrat aufgenommen hatte, fiel.

Der entscheidende Unterschied zur Fassung des Nationalrates vom Juni 1971 liegt im folgenden: Gemäß dieser sollte grundsätzlich Verschuldenshaftung gelten, Kausalhaftung nur für den Inhaber eines Betriebs oder einer Anlage. Verschuldenshaftung hätte somit bestanden für Privatleute, z.B. den Automobilisten, der Treib- oder Schmierstoff in ein Gewässer gelangen, den Motorbootfahrer, dessen Boot Öl entweichen läßt. Die Kausalhaftung hätte wohl den größeren und wichtigeren Bereich der Schädigungen gedeckt. Nach der Konzeption der Experten und des Bundesrates und nach der neuen Fassung der Kommission des Ständerates sollte dagegen generell und ohne Ausnahme Kausalhaftung bestehen. Mit den vorher erwähnten Verdeutlichungen (Abs. II, III, IV) wollte man namentlich den vorangegangenen Beschlüssen des Nationalrates[20] entgegenkommen. Die drei Experten akzeptierten diese Verdeutlichungen. Der Schreibende betrachtet sie heute als echte Verbesserung. Das Plenum des Ständerates übernahm die Vorschläge seiner Kommission, und im neuerlichen Verfahren der Differenzbereinigung stimmte der Nationalrat zu, beides im September 1971[21]. Dieser Ausgang ist wesentlich das Verdienst des Präsidenten der ständerätlichen Kommission, Dr. Paul Hoffmann. Dem Parlament ist das Zeugnis auszustellen, daß es das Problem der Haftpflicht überaus eingehend geprüft hat. Der Abdruck der Debatten allein im Plenum des Nationalrates umfaßt 21 Seiten Folio-Format.

Die *Gesetz gewordene Haftpflichtbestimmung, Art. 36,* lautet jetzt:

[1] Wer durch seinen Betrieb, seine Anlagen oder durch seine Handlungen oder Unterlassungen ein Gewässer verunreinigt, haftet für den dadurch entstandenen Schaden.

[2] Der Schadenverursacher wird von der Haftpflicht befreit, wenn er beweist, daß der Schaden durch höhere Gewalt oder grobes Verschulden des Geschädigten oder eines Dritten eingetreten ist.

[20] StenBull. NR 1971, 729 ff.
[21] StenBull. StR 1971, 510 ff., NR 1971, 1170 ff.

³ Anwendbar sind im übrigen die Artikel 42—47, 50, 51, 53 und 60 des Schweizerischen Obligationenrechtes.
⁴ Bund, Kantone und Gemeinden haften ebenfalls nach den vorstehenden Bestimmungen.
⁵ Der Bundesrat kann Bestimmungen darüber erlassen, wer eine Haftpflichtversicherung mit ausreichender Deckungssumme abzuschließen hat.
[967] ⁶ Von der Haftpflicht dieses Gesetzes ausgenommen sind Tatbestände, die unter das Straßenverkehrsgesetz, das Luftfahrtgesetz, das Rohrleitungsgesetz oder das Atomgesetz fallen.

Das Gewässerschutzgesetz ist am 1. Juli 1972 in Kraft getreten [22].
Der Widerstand gegen die schließlich durchgedrungene Konzeption ließ bei einzelnen Parlamentariern alte, als überwunden geltende *grundsätzliche Einwände* gegen die Kausalhaftung durchschimmern. Einer der Redner sprach von «Rückkehr zu mittelalterlichen Begriffen [23]». Dies fast hundert Jahre, seitdem mit dem früheren Eisenbahnhaftpflichtgesetz von 1875 in der Schweiz die erste moderne Haftpflichtordnung in Kraft getreten war [24]. Die (nicht Gesetz gewordene) Vermutung des Verursachers der Gewässerverunreinigung erschien einem Parlamentarier als «fast eine Rückkehr in die Steinzeit [25]», wie wenn es nicht im geltenden Recht eine Fülle mehr oder weniger weitgehender Haftungspräsumtionen gäbe und wie wenn nicht das Gesetz seit alters sogar so weit ginge, kraft der Ehelichkeitsvermutung einem Menschen jemanden als Vater zuzuschreiben, von dem er biologisch gar nicht abzustammen braucht.

II. DIE RECHTSLAGE VOR DER NEUEN REGELUNG UND DARAUS ABGELEITETE MOTIVE FÜR DIE SCHAFFUNG EINER EIGENEN HAFTPFLICHTBESTIMMUNG

Gewässerverunreinigungen unterstanden, neben der allgemeinen Verschuldenshaftung (Art. 41 OR), vor dem neuen Gesetz einer großen Anzahl verschiedener Kausalhaftungen. Zunächst einigen Spezialgesetzen: insbesondere Art. 58 ff. des Straßenverkehrsgesetzes von 1958 (Unfälle von Tanklastwagen und dergleichen), Art. 64 ff. des Luftfahrtgesetzes von 1948 (Ausfließen von Treibstoff aus Flugzeugen, Absturz von solchen), Art. 33 ff. des Rohrleitungsgesetzes von 1963 (z. B. Undichtigkeit einer Pipeline), Art. 12 ff. des Atomgesetzes von 1959 (Verseuchung

---

[22] Abdruck BBl. 1971 II 912 = AS 1972, 950.
[23] StenBull. NR 1971, 740.
[24] Die *damaligen* Einwände hat der Verfasser in seiner Abhandlung «Der soziale Gedanke im Schadenersatzrecht und in der Haftpflichtversicherung», SJZ 1942/43, 545 ff., festgehalten. Man verglich damals die Kausalhaftung «mit einem Faustschlag in das Antlitz der Göttin der Gerechtigkeit».
[25] StenBull. NR 1971, 740.

eines Gewässers durch radioaktive Stoffe usw.). Dann erfaßte vor allem die Grundeigentümerhaftung des Art. 679 ZGB einen weiten Bereich von [968] Verunreinigungen: Ausfließen von Öl oder Benzin bei Hantierungen mit diesen Stoffen (etwa beim Füllen von Behältern), unsachgemäßes Düngen oder Verwenden von Insektiziden und Herbiziden durch den Landwirt, Ausfließen der Abwässer landwirtschaftlicher Siloanlagen, Versickern schädlicher Stoffe aus Abfallgruben oder Klärbecken [26], Ausschütten von Altöl [27], Vergiftung von Gewässern durch das Einfließen schädlicher Stoffe aus Kanalisationen und anderen Abwasserleitungen. Dem Art. 679 unterlagen auch die öffentlichen Kanalisationen, gleichgültig, woher die giftigen Stoffe stammten [28]. Eigene, in der haftpflichtrechtlichen Praxis seltener in Erscheinung tretende sachenrechtliche Bestimmungen über die Schädigung von Quellen und Brunnen enthalten Art. 706 und 707 ZGB. Die von der Rechtsprechung stark ausgebaute und streng gehandhabte Haftung des Werkeigentümers gemäß Art. 58 OR [29] vermochte Schäden zu erfassen, die auf mangelhafte Tankanlagen, Futtersilos, ortsfeste Pumpen oder Gift verarbeitende maschinelle Einrichtungen zurückgehen. Dann fiel die Haftung des Geschäftsherrn in Betracht (Art. 55 OR). Andere Haftungsnormen mögen unerwähnt bleiben [29a]. Das deutsche Recht kennt keine den Art. 679 ZGB und 58 OR entsprechenden Bestimmungen.

Angesichts dieser dem Geschädigten schon recht günstigen Rechtslage mußte man sich fragen, ob es *erforderlich* sei, eine *eigene Haftpflichtnorm zu schaffen* [30]. Die bejahende Antwort ergab sich vor allem aus den folgenden Überlegungen. Man wollte die Haftbarmachung möglichst erleichtern. Wenn sich der Geschädigte auf Art. 58 OR stützt, hat er einen Mangel des Werkes zu beweisen, was ihm gegebenenfalls schwerfallen kann, und die Anwendung von Art. 679 ZGB bietet mancherlei Fährnisse, namentlich bei der Klage gegen ein Gemeinwesen, weil die [969] Lösungen nicht aller Rechtsfragen gefestigt sind und die Gefahr besteht, daß der Richter die Duldungspflicht des geschädigten Nachbarn gegenüber einer

---

[26] BGE 81 II 439.
[27] Aufzählung zahlreicher Fälle, auch zu den andern Bestimmungen, bei STARK, ZSR 1967 II 128.
[28] Darüber MÜLLER 108 ff. Beispiele BGE 75 II 116 ff.; 91 II 183 ff.
[29] Vorn N. 9.
[29a] Eingehende Darstellung der bisherigen Haftungsgrundlagen bei MÜLLER 47 ff.; über Art. 679 ZGB neben diesem (57 ff.) und der allgemeinen sachenrechtlichen Literatur: STARK, ZSR 1967 II 122 ff.; über Art. 706 und 707 ZGB auch R. KÜCHLER, Die Haftung für Rohrleitungsanlagen und ihre Versicherung (Diss. Zürich 1968, im Buchhandel); über Art. 58 und 55 OR OFTINGER II/1, 6 ff., 95 ff.
[30] STARK, ZSR 1967 II 128 ff. hat die Frage verneint, bejaht haben sie ZURBRÜGG, ZSR 1965 II 318/19 und 1967 II 799 f.; SCHINDLER, ZSR 1965 II 517; OSWALD, ZSR 1967 II 788/89; MÜLLER 138 ff.; Nationalrat AKERET in einem parlamentarischen Vorstoß, SJZ 1965, 368 und BBl. 1970 II 469/70.

Eigentumsüberschreitung (Art. 684 in Verbindung mit Art. 679 ZGB) zu stark ausdehnt[31]. Demgegenüber drängte sich die Formulierung einer wenige Voraussetzungen enthaltenden und schlagkräftig wirkenden, die verschiedenartigsten, vielfach komplexen Fälle von Gewässerverunreinigung erfassenden Haftpflichtbestimmung auf. Sie hat den Vorteil jeder vergleichbaren Norm: eine wirksame Haftungspräsumtion zu schaffen. Sie mildert die Beweisschwierigkeiten. Statt einer Vielzahl von Bestimmungen sollte *eine* solche die vielfältigen Tatbestände erfassen. Man verspricht sich von ihr eine präventive Wirkung [32, 33].

Pfister (s. Ziff. I) und mehrere Votanten, die sich in den parlamentarischen Kommissionen und im Parlament selber gegen die beantragte Haftpflichtbestimmung wandten, beanstandeten deren Härte besonders für den Privatmann oder den Bauern, d. h. für jene, die nicht als Inhaber gewerblicher oder industrieller Betriebe und Anlagen Gewässer verunreinigen. Ihnen kann man entgegenhalten, daß die meisten der von ihnen ins Auge gefaßten Fälle bereits zu einer strengen Haftung nach geltendem Recht, namentlich gemäß Art. 679 ZGB und 58 OR, führen würden. Der Nationalrat wollte zunächst, wie ausgeführt, nur für die Inhaber eines Betriebs oder einer Anlage die Kausalhaftung gelten lassen, sonst aber die Verschuldenshaftung vorsehen. Dies hätte für einen erheblichen Teil der Schädigungen, die *de lege lata* unter die Kausalhaftungen von Art. 679 ZGB, 58 und 55 OR fielen, eine Verschlechterung gegenüber dem bestehenden Recht gebracht; ein Ergebnis, das unannehmbar gewesen wäre. Man hätte diesfalls besser auf eine Spezialnorm verzichtet.

III. EINIGE FRAGEN DER NEUEN HAFTPFLICHTBESTIMMUNG

[970] Es kann hier nur darum gehen, einige ausgewählte Fragen in gedrängter Form zu besprechen. Weiteres ergibt sich aus den bisherigen Darlegungen. Eine nähere, die praktischen Probleme in den Vordergrund stellende Erläuterung des Art. 36 GSchG hat der Verfasser in einem 1972 in der SJZ, 101 ff. erschienenen Beitrag gegeben.

---

[31] Gutachten der Experten von 1969; Botschaft BBl. 1970 II 470; MÜLLER 57 ff., 141 f. mit Zitaten.

[32] Gutachten der Experten von 1969; Botschaft BBl. 1970 II 469.

[33] Die präventive Wirkung einer strengen Kausalhaftung wird in der Literatur vielfach bejaht: statt vieler OFTINGER I 35 N. 90 mit Zitaten; in betreff der Kausalhaftung für Gewässerverunreinigung im besonderen WEITNAUER, VersR 1963, 111 und sehr nachdrücklich ZSR 1967 II 766/67; MÜLLER 141; wohl auch GIESEKE/WIEDEMANN, § 22 N. 4. Dagegen PFISTER in seinem unter Ziff. I erw. Exposé (vorn N. 16); wider diesen die Experten in ihrem 2. Gutachten von 1971. Die präventive Wirkung wurde auch in der parlamentarischen Beratung hervorgehoben, StenBull. NR 1971, 739; Bundesrat TSCHUDI StenBull. StR 1971, 515; Nationalrat BRATSCHI StenBull. NR 1971, 1175 u.a.m.

IV. Umweltschutzrecht

1. Rechtsnatur der Haftung

Folgendes ist voranzustellen. Unter Kausalhaftung (als Oberbegriff) versteht die schweizerische Doktrin eine Haftung ohne persönliches Verschulden des beklagten Haftpflichtigen. Überwiegend hat sich eine Zweiteilung der Kausalhaftung in einerseits Gefährdungshaftung und anderseits gewöhnliche Kausalhaftung (als Unterbegriffe) durchgesetzt [34]. Die Gefährdungshaftung geht von einer typischen generellen Gefahr aus [35], z. B. eines Motorfahrzeugs oder einer elektrischen Anlage. Die der Umwelt zugemutete Gefährdung wird unter rechtspolitischem Gesichtspunkt dadurch ausgeglichen, daß man dem Urheber einer gefährlichen Tätigkeit oder dem Inhaber einer gefährlichen Einrichtung und dergleichen — kurz: dem für die Gefährdung Verantwortlichen — eine *stark* verschärfte Haftung auferlegt. Dogmatisch entscheidend ist im schweizerischen Recht, daß die Gefährdungshaftung auf eine Haftungspräsumtion hinauskommt, die sich grundsätzlich nur durch den Beweis fehlender Adäquanz zerstören läßt: in den typischen Fällen durch die Berufung auf einen der Entlastungsgründe des (eben den adäquaten Kausalzusammenhang beseitigenden) Selbst- oder Drittverschuldens oder der höheren Gewalt. So besonders anschaulich Art. 1 des Eisenbahnhaftpflichtgesetzes von 1905 [36, 37]. Gewöhnliche Kausalhaftungen sind die übrigen, also alle jene, die nicht zu den Gefährdungshaftungen gehören: die Haftung des Geschäftsherrn, Tierhalters, Werkeigentümers (Art. 55—58) usw. [38]

[971] Ob die neue Haftung nach GSchG eine Gefährdungshaftung sei, steht nicht ohne weiteres fest. Die Botschaft des Bundesrates erklärt [39], dem Gutachten der Experten von 1969 folgend, dies sei «keine Gefährdungshaftung im üblichen Sinn», weil nicht vorausgesetzt sei, daß die Gewässerverunreinigung, und damit der Schaden, aus einer für ein Gewässer (*sc.* generell) gefährlichen Anlage (*recte:* oder Betrieb) stammen müsse. Die Haftung auslösend sei die Tatsache der Gewässerverunreinigung. Diese sei der «eigentliche Haftungsgrund», so präzisiert das Gutachten. Die Experten waren sich intern nicht einig.

Wie in so vielen Rechtsfragen, empfiehlt es sich, statt des «*aut — aut*» an ein «*et — et*» zu denken. Die Haftpflichtbestimmung des Art. 36 will sicher vorab Betriebe und Anlagen treffen, die als solche von vornherein und generell für Ge-

---

[34] OFTINGER I 12 ff., 16 ff. und neuer in Recueil de travaux suisses présentés au VIIIe Congrès international de droit comparé (Basel 1970) 110 ff.
[35] Über den ausschlaggebenden Begriff der Gefahr OFTINGER I 16.
[36] OFTINGER in Mélanges René Savatier (Paris 1965) 724 f. — Einzelheiten sind hier unerheblich.
[37] Über das Wesen der Gefährdungshaftung ferner, im Kern wenig abweichend, aus der neuesten Literatur STARK, ZSR 1967 II 108 ff., 128, 163/64, 744.
[38] Näheres OFTINGER I 19 ff.
[39] BBl. 1970 II 470.

wässer gefährlich sind: Tankanlagen für Mineralöle und Gifte, Fabriken und andere Betriebe, die wassergefährdende Stoffe herstellen, lagern, verwenden, verarbeiten, befördern oder beseitigen u.a.m. Hier hat man Gefährdungshaftung vor sich.

Für Kanalisationen trifft dies, wenn sie an ausreichend wirksame Kläranlagen angeschlossen sind, nicht zu, wohl aber für nicht angeschlossene Kanalisationen. Sie stellen eine typische generelle Gefährdung dar. Andere Betriebe und Anlagen im Sinne des Art. 36 I GSchG als die erwähnten und derjenige, der im Sinne dieser Bestimmung durch seine Handlungen und Unterlassungen ein Gewässer verunreinigt, verwirklichen in der Regel nicht eine generelle Gefahr in der eingangs genannten Bedeutung: der gewöhnliche Gärtnerei- und Landwirtschaftsbetrieb (anders aber eine Siloanlage), der Haushaltbetrieb, jener, der im Garten Spritzmittel verwendet u.a.m. Grenzfälle können vorkommen. *Daß* ein Betrieb, eine Anlage, Handlung oder Unterlassung im Einzelfall zu einer Schädigung führt und damit *in concreto* deren Gefährlichkeit erweist, macht noch keine Gefährdungshaftung aus, sonst regelten die Vorschriften der Art. 56 und 58 OR (Haftung des Tierhalters und des Werkeigentümers) auch Gefährdungshaftungen, was nach schweizerischem Recht nicht zutrifft (siehe sogleich). In *allen* Fällen aber, die der Art. 36 GSchG erfaßt, gilt die beschriebene Haftungspräsumtion, also ein rechtstechnisches Mittel, das sonst nur der Gefährdungshaftung eigen ist (Abs. I und II der Vorschrift).

Eine Minderheit des Nationalrates wollte die Kausalhaftung auf «wassergefährdende», somit generell gefährliche Betriebe und Anlagen beschränken, [972] also eine Gefährdungshaftung des traditionellen Typs schaffen, unterlag aber. Für andere Gewässerverunreinigungen hätte Verschuldenshaftung gegolten [40]. Das hätte, soweit Betriebe und Anlagen betreffend, ungefähr der Lösung des § 22 Abs. II WHG entsprochen. Diese letztere Bestimmung hat die von MÜLLER [41] in seinen Überlegungen *de lege ferenda* vorgeschlagene Lösung inspiriert.

Im *Ergebnis* hat man eine Regelung vor sich, die sowohl eine Gefährdungshaftung im genauen technischen Sinn der eingangs geschilderten Konzeption als auch eine gewöhnliche Kausalhaftung in sich schließt. Der letzteren wird oft eine objektivierte Unsorgfalt zugrunde liegen [42]. Sie kann aber auch einfach Haftung für Zufall bedeuten. Das schweizerische Recht geht nicht davon aus, Gefährdungshaftung liege stets dort vor, wo immer eine Gefahr sich manifestieren kann, noch weniger, wo sie sich, rückblickend betrachtet, manifestiert hat, z. B. im Be-

---

[40] StenBull. NR 1971, 729, 732, 734.
[41] 144 ff.
[42] Näheres OFTINGER I 13/14, II/1, 3, und über die Auswirkungen der Kausalhaftung allgemein I 13 ff.

reich der Haftungen nach Art. 55 oder 58 OR. Ein Tier oder ein Werk *kann* gefährlich sein, aber Tiere und Werke im Sinne dieser Bestimmungen sind nicht *generell* gefährlich. Es bedarf jedoch einer generellen Gefährdungssituation, damit Gefährdungshaftung vorliegt. Das gesetzgeberische Motiv des Art. 36 GSchG besteht darin, in allen relevanten Fällen einer Gewässerverunreinigung eine zivilistische Sanktion eintreten und den Schaden decken zu lassen und vermöge der Drohung damit womöglich auch präventiv zu wirken.

Auf die deutschen Auffassungen zur Natur der Haftung nach § 22 WHG ist hier nicht einzutreten, zumal weder die schweizerische und die deutsche Gesetzesvorschrift identisch sind, noch durchwegs gleiche Auffassungen über das Wesen der Gefährdungshaftung überhaupt und der Widerrechtlichkeit (nachstehend Ziff. 2) bestehen [43]. Soviel sei indes festgehalten: Die Autoren sehen auf alle Fälle die Haftung nach § 22 Abs. II als Gefährdungshaftung an, und Gefährdungshaftung wäre dies auch im Sinne der schweizerischen Konzeption.

2. Widerrechtlichkeit (Rechtswidrigkeit)

[973] Im schweizerischen Recht ist die Widerrechtlichkeit unabhängig vom Verschulden, sie besteht also auch bei Kausalhaftung. Die objektive Normwidrigkeit — letztlich die Verletzung des Verbots zu schädigen, zugleich meist die Verletzung eines, vor allem absoluten, Rechts — macht die Widerrechtlichkeit aus [44]. Das GSchG verbietet grundsätzlich, Gewässer zu verunreinigen. Schaden durch solche Verunreinigung verletzt regelmäßig ein Recht des Geschädigten. Der gesetzlich mißbilligte Erfolg ist entscheidend [44a]. Gewässerverunreinigung ist somit *ipso facto* widerrechtlich. Widerrechtlichkeit liegt deshalb auch dann vor und Haftung besteht, wenn ein Schädiger kraft behördlicher Bewilligung oder Duldung, z. B. während einer unvermeidlichen Übergangszeit, schädliche Stoffe in ein Gewässer einleitet oder einbringt. Art. 16 Abs. V GSchG sagt solches ausdrücklich. Haftbar wird neben dem Einleitenden und Einbringenden die Gemeinde, welche solche Stoffe in ihrer Kanalisation weiterführt (Art. 36 Abs. IV GSchG). Sie kann Rückgriff ausüben [45].

---

[43] Statt weiterer: eingehend LARENZ, VersR 1963, 593 ff., bes. 596 ff.; derselbe, Schuldrecht II (10. A.) 556 ff.; WERNICKE, NJW 1958, 773; GIESEKE/WIEDEMANN, § 22 N. 2; ESSER, Schuldrecht (3. A.) II 488 f.

[44] Näheres OFTINGER I § 4. Aus der Judikatur, für viele: BGE 82 II 28; 91 II 405; A. KELLER, Haftpflichtrecht im Privatrecht (Bern 1970) 63 ff. Differenziert MERZ, ZBJV 1955, 301 ff.

[44a] HOFMANN, StenBull. StR 1971, 514. Sinngemäß gleich BGH, NJW 1972, 205.

[45] Auf die Kontroversen, die hinsichtlich der Widerrechtlichkeit im Bereich des § 22 WHG bestehen oder bestanden, ist hier nicht einzugehen. Statt vieler: LARENZ, VersR 1963, 595 ff., 599 ff.; derselbe, Schuldrecht II (5. A.) 445 f., (10. A.) 559; GIESEKE, ZfW 1962, 11 f.; 1963, 257 ff.; GIESEKE/WIEDEMANN, § 22 N. 7.

3. Verursachung des Schadens

Anknüpfungspunkt ist zunächst die *Gewässerverunreinigung.* Sie ist denkbar weit zu fassen. Wesentliche Unterschiede zu der in Deutschland maßgebenden Umschreibung werden sich im Normalfall nicht ergeben. Sowohl unmittelbar wie mittelbar bewirkte schädliche Veränderung des Wassers ist erfaßt (z. B. Versickernlassen eines Stoffes). Physikalische, chemische oder biologische Veränderungen fallen in Betracht (Art. 2 GSchG). Hiezu gehört die Veränderung der Wassertemperatur durch ein Atomkraftwerk. Jede Art Gewässer, auch das Grundwasser, ist geschützt. Der in der deutschen Literatur diskutierte Fall VersR 1967, 872 würde nach schweizerischem Recht zur gleichen Haftung führen, die das Kölner Oberlandesgericht bejaht hat: Die aus einem Tankschiff ausgelaufene stark [974] feuergefährliche Flüssigkeit treibt auf dem Wasser; zwei Schiffe, die etwa 3 km unterhalb in die auf dem Rhein dahertreibende Flüssigkeit geraten, fangen Feuer, weil die Flüssigkeit explodiert. Es besteht Haftung des Inhabers des Tankschiffs für den ganzen Schaden.

Die Begriffe des *Betriebs* oder der *Anlage*, auf welche die Gewässerverunreinigung gegebenenfalls zurückgeht, sind weit zu fassen. Dies ergibt sich aus der *ratio legis.* Abs. I von Art. 36 GSchG will grundsätzlich jeden Verunreiniger erfassen. Für die nähere Interpretation sei auf den erwähnten Aufsatz in der SJZ verwiesen. Neben Industrie- und Gewerbebetrieben kommen Landwirtschaftsbetriebe und Haushaltungen in Betracht, dann auch Betriebe im maschinentechnischen Sinn, z. B. eines Motorbootes. Zu den Anlagen gehören neben den Tankanlagen z. B. Parkplätze für Automobile (von denen Öl abläuft), Kanalisationen auch dann, wenn eine Kläranlage versagt (deren Inhaber ebenfalls haftbar wird). Wer der Kanalisation oder Kläranlage schädliche Stoffe zuleitet, ist selber, solidarisch mit den Inhabern dieser Anlagen, dem geschädigten Dritten nach Art. 36 haftbar. Überwiegend sind die Anlagen ortsfest, Fahrzeuge gehören nicht dazu.

Subjekt der Haftpflicht ist grundsätzlich der *Inhaber* des Betriebs oder der Anlage und überdies *jeder, der handelnd oder unterlassend* eine Gewässerverunreinigung herbeiführt, also z. B., wer Abfälle untunlicherweise wegwirft, Gift ausleert oder als Hilfsperson eines Betriebs- oder Anlageinhabers Schaden stiftet. Die hier mögliche Härte läßt sich durch Anwendung von Art. 43 OR mildern.

Von *entscheidender Bedeutung* ist die Folge dieser Enumeration: Abgrenzungen oder Überschneidungen der Begriffe Betrieb, Anlage, Handlung oder Unterlassung sind belanglos. Sie alle führen, sobald sich eine Verunreinigung ereignet hat, ohne weitere Voraussetzungen zur Haftung. Keine typische Gefahr muß sich verwirklicht haben. Würde man z. B. den Bauernhof nicht als Betrieb ansehen, so fiele das schädigende Spritzen eines Insektizides unter die Handlung im Sinne des Art. 36 I.

Nirgends ist ein Verschulden erforderlich. Jeder Haftpflichtige trägt auch die Haftung für seine Hilfspersonen.

4. *Begrenzung der Haftung*

Die Begrenzung dieser in ihren Konsequenzen gewolltermaßen harten Haftung ergibt sich einmal daraus, daß die Ursache, an die man *in concreto* die Haftung zu knüpfen geneigt ist, sich gegebenenfalls als inadäquat [975] erweist, sowie aus den in Abs. II von Art. 36 GSchG aufgezählten Entlastungsgründen der höheren Gewalt und des groben Selbst- oder Drittverschuldens. Dann kann der Art. 43 OR, auf den Abs. III von Art. 36 GSchG verweist, zu Milderungen führen. Es sei auf vorn Ziff. I verwiesen. Mittelbare Verursachung genügt zur Haftung, auch wenn die Ursache eine entfernte ist, solange sie nur adäquat erscheint.

5. *Vorbehalt anderer Spezialgesetze*

Abs. VI von Art. 36 GSchG nimmt von der Haftpflicht des neuen Gesetzes aus die Tatbestände, die unter einige dort aufgezählte andere Spezialgesetze fallen. (Über diese in anderem Zusammenhang vorn Ziff. II.) Damit ist die Universalität der Anwendbarkeit der neuen Norm als Haftungsbestimmung für Gewässerverunreinigungen verneint. Der Grund liegt im folgenden: Die ausgenommenen Gesetze enthalten eine Haftpflichtordnung, die im wesentlichen erprobten Schemata folgt. Zum Straßenverkehrsgesetz bestehen eine sehr umfangreiche Gerichtspraxis und eine breite Literatur. Die ausgenommenen Gesetze arbeiten mit dem Complementum der obligatorischen Haftpflichtversicherung, die (ausgenommen nach dem Luftfahrtgesetz) mit der direkten Klage gegen den Versicherer ausgestattet ist. Demgegenüber steht das Schicksal der Haftpflichtversicherung für Gewässerverunreinigung gemäß Abs. V von Art. 36 GSchG noch dahin. Bei den vorbehaltenen Gesetzen wandelt man auf sicherem Boden, wogegen die Praxis zum Gewässerschutzgesetz sich erst finden muß, was leicht lange Zeit dauern kann. Wichtig ist, daß die zahlreichen Unfälle mit Tankwagen der wirksamen Ordnung des Straßenverkehrsgesetzes (Art. 58 ff., 63 ff. und Ergänzungserlasse)[46] weiterhin unterstehen. Vom GSchG nicht ausgenommen ist das Seeschiffahrtsgesetz von 1953, dessen 1965 revidierte Fassung der Art. 48 ff.[47] keine Kausalhaftung mehr vorsieht. Es war erforderlich, hier die schärfere Haftung nach GSchG eintreten zu

---

[46] OFTINGER, Sammlung «Schweizerischer Haftpflichtgesetze» (Zürich 1967) 47 ff.
[47] AS 1966, 1453.

lassen; dies um so mehr, als die Schiffahrtsgesetzgebung auf internationalem Boden die Verschärfung der Haftung für Ölunfälle anstrebt[48].

IV. VERGLEICH DER SCHWEIZERISCHEN BESTIMMUNG MIT § 22 WHG

[976] Im Gegensatz zur deutschen Bestimmung, die scharf zwischen sog. Handlungshaftung (Abs. I) und Anlagehaftung (Abs. II) unterscheidet, konzentriert sich die schweizerische Bestimmung in Abs. I von Art. 36 GSchG auf *ein* entscheidendes Tatbestandsmerkmal: die Gewässerverunreinigung. Deren Ursachen werden dann freilich aufgegliedert in die Einwirkung von Betrieben und Anlagen und die Einwirkung menschlichen Verhaltens (Handlungen oder Unterlassungen); doch ist die Unterscheidung zwischen diesen vier Ursachen belanglos, die Aufzählung soll nur verdeutlichen. Entscheidend ist allein die auf irgendeine Weise bewirkte Gewässerverunreinigung. Für diese soll eine umfassende Haftung eintreten. Der äußeren Gestalt nach ist die Norm, einer schweizerischen gesetzgeberischen Tradition folgend, kurz und einprägsam gehalten. Schwierigkeiten in und auf Grund der Abgrenzung des Anwendungsbereichs der Abs. I und II von § 22 WHG[49] fallen für die schweizerische Bestimmung weg. Probleme wie jene der Art der Einbringung oder Einleitung von Stoffen oder der Einwirkung auf ein Gewässer (Abs. I), Fragen des subjektiven Aspektes solchen menschlichen Verhaltens, insbesondere eines allfälligen «bewußten Tuns» oder gar Vorsatzes, der «Finalität» des Geschehens[50], stellen sich nicht.

Vor allem aber fehlt der schweizerischen Bestimmung jede Begrenzung der Haftung, die sich auf die Beschränkung auf die Tatbestände des Einbringens und Einleitens von Stoffen in ein Gewässer oder der Einwirkung auf ein solches im Sinne des Abs. I von § 22 WHG sowie der näheren Umschreibung der Anlagen in Abs. II ergeben. Unmittelbar wie mittelbar bewirkte Gewässerverunreinigungen fallen unter Art. 36 GSchG, während hinsichtlich des «mittelbaren Einleitens» im deutschen Recht abweichende Ansichten bestehen[51]. Düngen z. B., das mittelbar

---

[48] HERBER in RabelsZ 1970, 228 ff.; das einschlägige internationale Abkommen von Brüssel ist abgedruckt daselbst 338 ff.
[49] ABT, NJW 1965, 189. Die Autorin nennt zahlreiche Fragen, die sich nach § 22 WHG zu stellen scheinen, nicht aber nach der schweizerischen Bestimmung.
[50] Dazu LARENZ, VersR 1963, 594; derselbe, Schuldrecht (10. A.) 558 f.; WERNICKE, NJW 1958, 773; ROHDE, VersR 1962, 103 ff.; GIESEKE/WIEDEMANN, § 22 N. 3, 5; ESSER, Schuldrecht (3. A.) II 488; GEIGEL, Haftpflichtprozeß (14. A.) 24. Kap. N. 9; die Urteile NJW 1966, 2014 = NJW 1967, 155 (Besprechung von Marlinghaus); 1972, 204.
[51] GIESEKE/WIEDEMANN, § 22 N. 4 und andere lehnen hier die Haftung ab, die Strafurteile NJW 1966, 559 (kritisiert von KRÜGER) und 1968, 1103 bejahen sie.

zur Gewässerverunreinigung führt, zieht nach der schweizerischen Norm ohne weiteres Haftung des hiefür verantwortlichen Bauern nach sich [52]. Nach beiden [977] Rechten haftet eine Gemeinde als Inhaberin einer Kanalisation, wenn ein Dritter in diese schädliche Stoffe eingeleitet hat und hiedurch ein Gewässer nachteilig verändert wird [53].

Der Akzent, der auf dem adäquaten Kausalzusammenhang liegt, dürfte in beiden Bestimmungen einigermaßen gleich geartet sein. In der schweizerischen Vorschrift bringt Abs. II eine Verdeutlichung und gleichzeitig Milderung der Haftung, indem hier ausdrücklich die Gründe angeführt sind, die zur Inadäquanz führen (vorn Ziff. I und III/4). Deren nähere Bedeutung ist durch Lehre und Rechtsprechung auf allgemeinem Boden geklärt. Die deutsche Vorschrift nennt nur die höhere Gewalt am Ende von Abs. II, wogegen diese im Falle des Abs. I nicht zur Entlastung zu führen scheint [54].

Unterschiede zeigen sich in der Bedeutung der Widerrechtlichkeit. Für die schweizerische Auffassung sei auf Ziff. III/2, vorn, verwiesen. Namentlich für behördlich bewilligte, sich als schädlich erweisende Einwirkungen (im weiten Sinne) auf das Wasser zeigen sich Abweichungen [55]. Gemeinsam ist beiden Rechten das Fehlen einer summenmäßigen Begrenzung der Haftung. Für die Schweiz ist dies die normale Regelung, auf die man größtes Gewicht legt [56], für Deutschland die, zum Teil beanstandete [57], Ausnahme.

An der schweizerischen Regelung fällt auf, daß der Schädigungsbereich gewisser früher erlassener Spezialgesetze von der Anwendung des Art. 36 GSchG ausgenommen ist (vorn Ziff. III/5). Dies hat zur Folge, daß, anders als nach deutschem Recht [58], z. B. Tankwagenunfälle von Motorfahrzeugen nicht dem GSchG unterstehen, sondern dem Straßenverkehrsgesetz. Nach schweizerischem Recht stellt sich somit — anders als nach § 22 WHG [59] — [978] die Frage, ob ein Tankwagen

---

[52] Entgegen dem deutschen Strafurteil, NJW 1966, 1570.
[53] NJW 1971, 617: Haftung selbst dann, wenn die Gemeinde diese Einleitung verboten hatte.
[54] WERNICKE, NJW 1958, 775; GIESEKE/WIEDEMANN, § 22 N. 15; GEIGEL, Haftpflichtprozeß (14. A.) 24. Kap. N. 20.
[55] Für das schweizerische Konzept siehe a.a.O., für das deutsche § 10 II, 11, 22 III WHG. Vgl. im übrigen LARENZ, VersR 1963, 596, 602; derselbe, Schuldrecht II (10. A.) 557; WERNICKE, NJW 1958, 773/74; ABT, NJW 1965, 188/89; GIESEKE/WIEDEMANN, § 22 N. 7, 13; GEIGEL, Haftpflichtprozeß (14. A.) 24. Kap. N. 22—24.
[56] OFTINGER I 253; man sehe des gleichen Autors vorn N. 46 erwähnte Textausgabe ein; HANS RUDOLF WOLFENSBERGER, Die summenmäßige Beschränkung der Haftung für Personenschäden (Diss. Zürich 1966).
[57] LARENZ, VersR 1963, 603, 604; derselbe, Schuldrecht II (10. A.) 558 f.
[58] NJW 1967, 1131 = VersR 1967, 374.
[59] Soeben N. 58; VersR 1967, 874 (betr. ein Schiff): in beiden Fällen hat man die Frage bejaht; gleich GIESEKE/WIEDEMANN, § 22 N. 10; LARENZ, Schuldrecht (10. A.) 558; die Urteile bei GEIGEL, Der Haftpflichtprozeß (14. A.) 24. Kap. N. 16.

oder ein Schiff eine Anlage sei, gar nicht, vielmehr fällt der ein Motorfahrzeug darstellende oder einem solchen angehängte Tankwagen von vornherein nicht unter das GSchG, und beim Schiff geht es einzig darum, ob dieses, gleichgültig wie, Anlaß zu einer Gewässerverunreinigung gegeben habe (vorn Ziff. III/3); dann ist Art. 36 GSchG anzuwenden. Gewässerverunreinigungen durch die Einwirkung von Atomanlagen oder solche, die sich beim Transport radioaktiven Materials usw. ereignen, werden vom schweizerischen Atomgesetz (Art. 12 I—IV) erfaßt, ausgenommen die Veränderung der Wassertemperatur: siehe einerseits Art. 2 II [60] und 36 VI GSchG, anderseits die Aufzählung der Schädigungstatbestände in Art. 12 I Atomgesetz: «Wird beim Betrieb einer Atomanlage durch die radioaktiven, giftigen, explosiven und andern Wirkungen von Kernumwandlungsvorgängen ein Mensch getötet oder in seiner Gesundheit geschädigt oder wird Sachschaden verursacht, so haftet ausschließlich der Inhaber der Anlage [61].»

Wer einer Kanalisation schädliche Stoffe zuführt, die in ein Gewässer gelangen, haftet dem hierdurch Geschädigten (neben dem Inhaber der Kanalisation) nach Art. 36 GSchG seinerseits auch, nicht aber nach § 22 WHG [62]. Nach dem schweizerischen Gesetz hat jener die Stoffe Zuführende das Gewässer mittelbar verunreinigt und dadurch den Dritten, der von dieser Verunreinigung betroffen wurde, adäquat kausal geschädigt.

Die Anwendbarkeit einer Reihe von Bestimmungen des allgemeinen außervertraglichen Schadenersatzrechts und damit der Ausschluß der übrigen ist in Abs. III von Art. 36 GSchG ausdrücklich angeordnet (womit man die erforderliche Klarheit schaffen wollte, wenn auch auf Kosten der Eleganz), nicht aber in § 22 WHG, wo sich Zweifel ergeben können, z. B. in betreff der Anwendbarkeit von § 831 BGB, wogegen die entsprechende Vorschrift Art. 55 OR explizit ausgeschlossen ist. Der nach Art. 36 GSchG Haftpflichtige haftet *ipso facto* für seine Hilfspersonen [63], ohne daß ihm die besonderen Befreiungsbeweise des Art. 55 OR offenstünden. Neben den anderen [979] durch Abs. III von Art. 36 GSchG ausgeschalteten Bestimmungen ist z. B. Art. 41 OR (entsprechend § 823 BGB) gänzlich eliminiert [64].

Gewisse Schwierigkeiten, die sich bei der Anwendung von § 22 WHG hinsichtlich des Bereichs der gesamtschuldnerischen (solidarischen) Haftung zu ergeben

---

[60] «Der Verunreinigung sind alle andern schädlichen physikalischen, chemischen oder biologischen Veränderungen des Wassers gleichgestellt.»
[61] Zu der deutschen Kontroverse, ob das Atomgesetz oder das WHG anwendbar seien, LARENZ, VersR 1963, 603, und ESSER, Schuldrecht II (3. A.) 488 N. 41. Ferner GIESEKE/WIEDEMANN, § 22 N. 5.
[62] GIESEKE/WIEDEMANN, § 22 N. 4, entgegen den Ausführungen vorn Ziff. III/3 zum schweizerischen Recht.
[63] OFTINGER I 14 f.
[64] Anders für das deutsche Recht GIESEKE/WIEDEMANN, § 22 N. 9.

scheinen [65], bestehen nach schweizerischem Recht nicht. Es gilt umfassende Solidarität aller Verursacher einer Gewässerverunreinigung und damit eines Schadens Art. 36 Abs. III GSchG in Verbindung mit Art. 50/51 OR).

Während § 22 WHG eine obligatorische Haftpflichtversicherung nicht vorsieht, hält Abs. V der schweizerischen Vorschrift die Möglichkeit offen, eine solche einzuführen — nach vielfachen Zweifeln im Gesetzgebungsverfahren.

Was die Natur der Haftung anlangt, sei auf Ziff. III/1 verwiesen. Keinesfalls sind nach schweizerischer Bestimmung nur gefährliche Anlagen von der Haftung des Art. 36 GSchG erfaßt [66].

Eine Untersuchung des § 22 WHG ist im übrigen nicht Sache des Verfassers dieser Abhandlung. Weitere, Einzelfragen betreffende, Unterschiede als die eben hervorgehobenen ergeben sich aus dem näheren Studium des Art. 36 GSchG, für das auf den eingangs erwähnten Aufsatz in SJZ 1972, 101 ff. verwiesen sei.

---

[65] Einerseits WERNICKE, NJW 1958, 775 Ziff. 8, anderseits GIESEKE/WIEDEMANN, § 22 N. 14.
[66] LARENZ, Schuldrecht II (10. A.) 558: Eine «typische Gefahr» müsse sich bei einem Handeln und einer Anlage im Sinne des § 22 verwirklicht haben.

LÄRMBEKÄMPFUNG IN RECHTLICHER SICHT * [1]

I. DIE TATSACHEN

[101] Es ist ein methodologisches Postulat heutiger Rechtswissenschaft, daß man mehr als früher sich um die Tatsachen kümmert. Demgemäß folgen hier einige Angaben dieser Art. Doch darf ich wohl davon ausgehen, es sei in diesem Kreise anerkannt, daß der Lärm unbedingt zu vermindern sei. Neben die offenkundigen Erscheinungen der Ubiquität des Lärms und seiner Lautheit tritt immer mehr die *Gefahr gesundheitlicher Schädigung* [2]. Viele Mitbürger zum Beispiel, die an belebten Straßen wohnen, kommen über fünf, vier, sogar nur drei Stunden Schlaf nicht hinaus. Der Zusammenhang mit dem Konsum an Schlafmitteln und an Drogen zur Aufpeitschung — als Pillensucht beklagt — ist evident. In der Umgebung des Flugplatzes [102] Kloten gibt man selbst Kindern Schlaf- und Kopfwehmittel. In sozialhygienischen Fragen — dazu gehört diejenige, die uns hier beschäftigt — verwendet man heute gerne die Definition der Gesundheit, welche die Weltgesundheitsorganisation geprägt hat: demgemäß ist Gesundheit, ein Zustand, der sich nicht nur durch das Fehlen von Krankheit kennzeichnet, sondern durch optimales körperliches, seelisches und soziales Wohlbefinden. Darnach ist deutlich, daß der Lärm ein eminentes gesundheitliches Problem darstellt. Doch unterstreiche ich, daß unsere Gesetze fast durchwegs den Lärm nicht erst erfassen, wenn er nachweisbar die Gesundheit schädigt, sondern bereits wegen seiner *Lästigkeit*. Anders müßte man ja annehmen, daß Belästigung grundsätzlich erlaubt sei.

Fügen wir diesen generellen Feststellungen die *ungünstige Wirkung des Lärms*

---

* *Zeitschrift des Bernischen Juristenvereins 100 (1964), S. 101—121.*

[1] Nach einem Vortrag (dessen Art der Darbietung beibehalten wird), gehalten am 2. November 1963 vor dem Bernischen Juristenverein. — Weitere Ausführungen finden sich in meiner Schrift «Lärmbekämpfung als Aufgabe des Rechts» (Zürich 1956), ergänzt durch einen Artikel in SJZ 1959, 97 ff., 117 ff. Umfassende juristische Darstellung von WIETHAUP, Die Lärmbekämpfung in der Bundesrepublik Deutschland (Köln 1961). Über die physikalischen, medizinischen, technischen und juristischen Aspekte des Problems jetzt u. a. der nachstehend N. 60 zit. Expertenbericht; ferner die anschauliche Sondernummer der Schweizerischen Arbeitgeber-Zeitung, Nr. 6 vom 5. Februar 1960.

[2] Darüber GRANDJEAN in Documenta Geigy Nr. 4: Die Wirkungen des Lärms auf den Menschen (Basel 1960); GRANDJEAN und SCHNEIDER in der eben zit. Arbeitgeber-Zeitung 32 ff., 36 ff. Weitere Angaben SJZ 1959, 97 N. 1.

auf die Jugend bei. Darüber bestehen alarmierende Aussagen von Medizinern[3]. Man führt die sog. Akzeleration der Jugend, das ist ihre vorzeitige körperliche Reifung, die verbunden ist mit gewissen auffallenden psychischen und intellektuellen Veränderungen (wie geringere Emotionalität, Verzögerung der Begriffsbildung, geschwächte Fähigkeit zur Konzentration), auf Reizüberflutung zurück, darunter solche durch Lärm. Daß viele *geistige Arbeiter* vom Lärm schwer betroffen werden, ist bekannt. Es sind namentlich die sensiblen Typen, zu denen viele schöpferisch Tätige gehören[4].

Über die *Lärmarten, die vorab stören*, gibt eine Umfrage Aufschluß, die die Zürcher Stadtpolizei im Jahre 1960 durchgeführt hat: an 1. Stelle steht der Lärm der Motorfahrzeuge, an 2. Stelle derjenige der Flugzeuge, dann kommen 3. Wohnlärm, 4. Gewerbe- und Baulärm, 5. Lärm der öffentlichen Verkehrsmittel.

Ich muß diese Seite des Problems verlassen. Doch sind noch weitere Angaben tatbeständlicher Art angezeigt.

1. In einem ganz stillen Studier- oder Schlafzimmer mag ein Geräuschniveau — sog. Lärmpegel — von 20 Phon herrschen[5]. Ein vorüberfahrendes [103] lärmiges Motorfahrzeug erzeugt mit 90 Phon die 128fache Lautheit, was mittels gewisser Instrumente eruierbar ist. Man halte jetzt die erwähnten Zahlen 20 und 90 Phon fest und ihr eben genanntes Verhältnis der Lautheit von 1:128. Hernach erwäge man, daß folgende Regel gilt[6]: bei Tage bedeutet ein Geräusch, das nur um mehr als 5 Phon das Lärmniveau der Umgebung überragt, schon eine wirkliche Belästigung, und bei Nacht gilt das gleiche für eine Differenz von mehr als 3 Phon. Die 5 Phon mehr bedeuten weniger als die Verdoppelung der Lautheit, während, ich wiederhole, jenes lärmige Motorfahrzeug die 128fache Lautheit des sonst herrschenden Geräuschniveaus leistet. Eine letzte solche Vergleichszahl: Die Hygieniker sagen uns, daß das Lärmniveau in Wohnquartieren 40 Phon nicht überschreiten sollte. Eine laute Straße (oder eine laute Baumaschine) kommt dagegen auf 95 Phon, das ist annähernd die 64fache Lautheit, verglichen mit 40 Phon.

Um die obigen Relationen zu verstehen, muß man wissen, daß *je 10 Phon mehr* jedesmal eine *Verdoppelung* der Geräuschempfindung bedeuten.

2. Wenn man einwendet, *Lärmbekämpfung koste Geld*, so vergleiche man mit diesen Kosten das ungeheure Ausmaß an Behelligung, das der Bevölkerung zugefügt wird, und das geringere Rendement vieler, vor allem intellektueller Arbeit aller Stufen. Überdies sind zahlreiche Lärmbekämpfungsmaßnahmen keineswegs

---

[3] WESPI in Zeitschrift für Präventivmedizin (Zürich) 1959, 83 ff.; HUTH und DE RUDDER bei DEMOLL, Im Schatten der Technik (München/Eßlingen 1960) 52 ff., 62 ff.

[4] Verschiedene Autoren laut SJZ 1959, 100.

[5] Die folgenden Angaben beruhen auf Vereinfachungen. Sie wenden deshalb auch das Maß der Phon und nicht dasjenige der Dezibel an.

[6] GRANDJEAN in den N. 2 zit. Documenta Geigy, 36.

sehr kostspielig. Da in sehr vielen Fällen Lärm rechtswidrigerweise bewirkt wird, werden die Kosten seiner Dämmung rechtswidrigerweise eingespart, zum Nachteil des Wohlbefindens der Umwelt. Der Unternehmer, der solche Kosten erübrigt, hält somit seine Hand in der Tasche anderer Leute.

3. Es steht fest, daß die *Technik schon heute fast jeden Lärm stark dämpfen kann*. Die technische Literatur ist reich an entsprechenden Angaben. Es gibt erprobte Methoden, und sie sind oft — ich wiederhole es — nicht besonders teuer. Weitere Methoden sind zu finden, sobald man sich darum bemüht. So könnte man z. B. den Lärm vieler Motorfahrzeuge oder Baumaschinen ganz erheblich vermindern. [104] Bereits hat man etwa das Rammen auf vielen Baustellen durch ein ganz anderes, leises Verfahren ersetzt. Statt daß Beton mit Preßlufthämmern zertrümmert wird, läßt er sich schon heute mit Hitze zerschneiden und später vielleicht mit unhörbarem Ultraschall.

II. LÄRMBEKÄMPFUNG EINE AUFGABE DES RECHTS

Wie weit ist der Kampf gegen den Lärm überhaupt eine Angelegenheit des Rechts? Es sind vor allem zwei Gebiete, auf die man das Problem gerne abzuschieben trachtet:

1. *Erziehung und Aufklärung*. Sie sind wichtig. Aber sie können nie durchgreifende und rasche Erfolge zeitigen, wie dies gegebenenfalls mit *einem* Satz des Gesetzgebers gelingt, vorausgesetzt allerdings, daß man ihn durchsetzt!

2. Die *Technik*. Der meiste Lärm stammt von technischen Vorhaben, und es ist folglich die Technik, die auch die Mittel zu seiner Minderung bereitzustellen hat. Aber der technische Sachverständige vermag nur unverbindliche Empfehlungen zu geben. Deshalb bleibt der größte Teil der technischen Möglichkeiten unausgeschöpft, solange nicht rechtlicher Zwang einsetzt.

III. ÜBERBLICK ÜBER EINIGE JURISTISCHE WAFFEN IM KAMPF GEGEN DEN LÄRM

Ich muß mich auf eine Auswahl beschränken. Der Akzent liegt auf neueren Entwicklungen.

A. Zivilrecht

a) Immissionen

Die Vorschrift, welche den Bewohner eines Grundstückes gegen übermäßige Störungen seitens seiner Nachbarn schützt, darf ich als bekannt voraussetzen:

Art. 684 ZGB in Verbindung mit *Art. 679*. Die erstere Bestimmung stellt deutlich die *Pflicht* des Grundeigentümers heraus, auf die Umwelt *Rücksicht zu nehmen*. Das Bundesgericht hat diesen Gedanken im Jahre 1947 mit der [105] Formel umschrieben[7], die Verantwortlichkeit des Grundeigentümers bestehe, sobald ihm vorzuwerfen sei, das an Schutzmaßnahmen und Rücksichtnahme unterlassen zu haben, was «... puisse être considéré comme rentrant dans l'ordre des choses que doit normalement faire un propriétaire soucieux des intérêts des tiers».

Art. 684 gilt auch für *Bauarbeiten*[8].

Die Vorschrift läßt sich nicht allein im ordentlichen Prozeß gemäß Art. 679 verwirklichen, sondern, was bedeutsam, auch im Rahmen des *Besitzesschutzes*, nach Art. 928/29 ZGB, regelmäßig im summarischen Verfahren[9]. Die «verbotene Eigenmacht», die der Art. 928 voraussetzt und gegen die sich der Kläger wehrt, liegt alsdann in der Immission, deren Widerrechtlichkeit nach Art. 684 zu beurteilen ist.

Die Durchsicht der *neuesten Praxis* zu Art. 684 zeigt im allgemeinen größere Strenge[10]. Aufschlußreich sind vor allem die Urteile mehrerer Instanzen, zuletzt des Bundesgerichts vom Jahre 1957, im Prozeß gegen eine Seidenstoffweberei in Affoltern am Albis[11].

b) Immissionen aus öffentlichen Grundstücken im besondern

Der Lärm, der von öffentlichen Grundstücken ausgeht, ist oft sehr beträchtlich: Baustellen von Gebäuden und Anlagen der Verwaltung, Arbeiten an Straßenbahngeleisen, Lärm von Flugplätzen und militärischen Anlagen u. v. a. m. Man weiß, daß die Praxis des Bundesgerichts die Beurteilung von Immissionen, die aus öffentlichen Grundstücken stammen, gegebenenfalls dem Privatrecht unterstellt und gemäß Art. 684/679 ZGB beurteilt[12]. Auch das Vorgehen [106] nach Art. 928/29 muß dann anwendbar sein, und neben der Klage auf Schadenersatz ist die Klage auf direkte Abwehr der Störungen zulässig (Art. 679). Es bereitete der Praxis Schwierigkeiten, ein Kriterium zu finden, um abzugrenzen, wann die Immissionen aus öffentlichen Grundstücken nach öffentlichem Recht zu beur-

---

[7] BGE 73 II 155.
[8] SJZ 1959, 104. Vgl. auch BGE 83 II 380.
[9] BGE 85 II 279; SJZ 1962, 202; Lärmbekämpfung als Aufgabe des Rechts 17, 30, 78.
[10] Beispiele: SJZ 1957, 329 (Spenglerei, Schlosserei); SJZ 1962, 87 (Molkerei); SJZ 1957, 140 (Schweinemästerei); BGE 84 II 89 (Schlachthaus). Dem im Hauptpunkt ungünstigen Entscheid BGE 88 II 10 (Kunsteisbahn) stehen das Urteil SJZ 1962, 202 und das nachstehend N. 45 zit. Judikat der waadtländischen Baurekurskommission gegenüber. — Vgl. auch BGE 88 II 340.
[11] ZR 57 Nr. 1; BGE 83 II 384.
[12] BGE 61 II 328 ff.; 70 II 87 ff., 93 f.; 75 II 118 ff.; 76 II 131 ff.; 79 I 203.

teilen seien und wann nach Privatrecht[13]. Wenn man die Überlegungen, welche sich in den letzten Urteilen des Bundesgerichtes finden, von den zum Teil verfehlten Formeln löst und auf ihren Kern zurückführt, so drängt sich folgende Dreiheit der Tatbestände und ihrer Beurteilung auf:

1. Immissionen, die *nicht übermäßig* sind, muß man dulden. Der Nachbar kann keine Ansprüche stellen, weder aus Privatrecht noch aus öffentlichem Recht.

2. Immissionen, die zwar *übermäßig* sind, aber *unvermeidlich*, sind rechtmäßig. Sie sind die Folge davon, daß die öffentliche Sache ihren Zweck erfüllt. Man nehme als Beispiel den normalen Betrieb einer Eisenbahn, dessen Störungen durch die Konzession legitimiert sind. Solche Immissionen können nicht nach Art. 684/ 679 oder 928/929 ZGB verboten werden. Sie unterstehen a limine dem öffentlichen Recht[14]. Dieses entscheidet, ob eine Entschädigung geschuldet ist. Ohne entsprechende Norm besteht nach einem allgemeinen, wenn auch fragwürdigen, Grundsatz des Verwaltungsrechts keine Ersatzpflicht[15]. Wo jedoch das eidgenössische Enteignungsgesetz von 1930 anwendbar ist, kann der Betroffene eine Entschädigung für den Verlust des Abwehranspruchs aus Art. 684/679 ZGB verlangen (Art. 5, 19 lit. c, 41 Abs. 1 lit. c, 66 lit. b dieses Gesetzes)[16]. [107] Daraus ergibt sich mit anderen Worten virtuell ein Anspruch auf Ersatz der durch die Immission bewirkten Schäden[17]. Außerhalb des Bereichs des eidgenössischen Enteignungsgesetzes beurteilt sich die Frage nach kantonalem Expropriationsrecht. Unabhängig von dessen Bestimmungen sollte aber eine Entschädigung geleistet werden schon auf Grund der Prinzipien der Rechtsgleichheit und der Eigentumsgarantie, die von der Bundesverfassung geschützt sind[18].

Die bernische Praxis hat schon vor längerer Zeit so entschieden, und die zürcherische in einem grundlegenden Urteil vom Jahre 1961, beide ohne direkte Grundlage im Expropriationsgesetz[19].

---

[13] Eingehender, mit weiteren Belegen, Lärmbekämpfung als Aufgabe des Rechts 30 ff., 56 ff.; ferner Schweizerisches Haftpflichtrecht (2. A.) II/1, 322 ff. (Immissionen von Eisenbahnen), II/2, 517 ff. (Immissionen von Straßen). Zustimmend zum leitenden Gesichtspunkt des folgenden: MEIER-HAYOZ, Kommentar Art. 664 N. 87, Art. 679 N. 68 ff.; EDUARD GROB, Die Enteignung für Anlagen, Einrichtungen und Vorkehren der Bodenorganisation nach dem Bundesgesetz über die Luftfahrt vom 21. Dezember 1948 (Diss. Bern 1962) 65 ff., 80 ff. — Zur Frage neuestens LIVER in ZBJV 99, 241 ff.
[14] BGE 75 II 119; 79 I 203; 88 I 195.
[15] Schweizerisches Haftpflichtrecht (2. A.) II/1, 117 ff.
[16] Gleiche Lösung im Eisenbahngesetz vom 20. Dezember 1957, Art. 20.
[17] BGE 62 I 12 f., 266 f.; 64 I 231, 381; 66 I 142; 79 I 203; 87 I 87 ff.; 88 I 195.
[18] Lärmbekämpfung als Aufgabe des Rechts 57 ff.; GIACOMETTI, Allgemeine Lehren des rechtsstaatlichen Verwaltungsrechts I (Zürich 1960) 511 ff., 527 ff.; ANDREAS KUONI, Das Enteignungsrecht des Kantons Graubünden (Diss. Bern 1959) 76 ff.; GROB, a.a.O. 47.
[19] ZBJV 74, 569 ff.; ZR 60 Nr. 106.

IV. Umweltschutzrecht

3. Immissionen, die *übermäßig und vermeidlich* sind, fallen unter Art. 684/679 ZGB. Das Bundesgericht betrachtet solche Eingriffe als widerrechtlich, nämlich als verbotene Überschreitungen des Eigentumsrechts. Die Ahndung der Widerrechtlichkeit ist somit — eine entscheidende Folgerung — dem Privatrecht übertragen[20]. Das Kriterium der Vermeidlichkeit übermäßiger Immissionen erhält einen besonderen Akzent durch die eingangs getroffene Feststellung, daß ein großer Teil des maschinell erzeugten Lärms sich mittels geeigneter technischer Maßnahmen stark reduzieren läßt.

Was ich soeben für die Immissionen *im allgemeinen* ausgeführt habe, gilt auch für die Einwirkung von *Lärm*. Der Bürger ist somit den Geräuschen, die von öffentlichen Grundstücken stammen, nicht wehrlos ausgeliefert. Wie die Erfahrung zeigt, ist es aber ein weiter Weg von der theoretischen Überlegung bis zur Verwirklichung. Immerhin ein ermutigendes Beispiel: Im Jahre 1961 hat das Bundesgericht[21] [108] auf Grund von Überlegungen, die denen entsprechen, die ich hier vortrage, dem Nachbarn eines großen Schießstandes, bei Lausanne, 30 000 Franken zugesprochen. Der Schießlärm, so erklärt das Gericht, «met à l'épreuve les nerfs des habitants de l'alentour».

Unser Problem erhält eine eigene Aktualität durch den Bau der *Nationalstraßen*. Art. 39 des Bundesgesetzes über die Nationalstraßen vom 8. März 1960 erklärt das eidgenössische Enteignungsgesetz für anwendbar. Daraus ergibt sich, daß die Nachbarn einer Nationalstraße, die durch unvermeidlichen Lärm der Bauarbeiten Schaden erleiden, eine Expropriationsentschädigung verlangen können (EntG Art. 5, 19 lit. c, 30 Abs. 1 lit. c, 41 Abs. 1 lit. c). Das gleiche Recht besitzen sie aber je nachdem auch, wenn der Lärm der in Betrieb genommenen Straße ihnen Schaden zufügt[22]. Es macht nach der Praxis keinen Unterschied aus, wenn der Expropriant die Grundstücke, die er für den Straßenbau benötigt, freihändig erworben hat[23]. Wichtig ist die im eidgenössischen EntG (Art. 41 Abs. 1 lit. c und Art. 66 lit. b) vorgesehene Möglichkeit, die Expropriationsentschädigung auch nachträglich geltend zu machen[24]. Die Frist nach Art. 41 Abs. 2 ist zu beachten[25].

---

[20] Insbesondere BGE 61 II 328 ff.; 70 II 85 ff.; 75 II 116 ff.; 76 II 129 ff.
[21] BGE 87 I 87 ff.
[22] Schweizerisches Haftpflichtrecht (2. A.) II/2, 519; SJZ 1962, 183.
[23] BGE 79 I 203; Hess, Das Enteignungsrecht des Bundes (Bern 1935) 16/17 N. 5.
[24] Aus der Judikatur: BGE 62 I 12 f., 266; 64 I 225, 379; 66 I 142; 88 I 190 ff.; VEB Heft 19/20 (1948—50) Nr. 180. — Theodor Glatzfelder, Die nachträgliche Enteignung (Diss. Bern 1952); Grob, a.a.O. 84 ff.; Liver in ZBJV 99, 254 ff.; weitere Angaben: Lärmbekämpfung als Aufgabe des Rechts 56 N. 2.
[25] BGE 88 I 190 ff.

Das eidgenössische Expropriationsgesetz liefert noch eine *präventive Waffe*. Sein Art. 7 Abs. 3 verpflichtet den Exproprianten, Schutzmaßnahmen im Interesse der Nachbarn zu ergreifen. Die Vorschrift ist, was den Lärm anlangt, toter Buchstabe geblieben. Parallel dazu verpflichtet Art. 42 des Nationalstraßengesetzes die Kantone, dafür zu sorgen, daß die Bauarbeiten nicht zu unzumutbaren Belästigungen der Nachbarn führen. Die Botschaft des Bundesrates weist ausdrücklich auf die Lärmbekämpfung hin [26]. Bittere Klagen der Betroffenen [109] zeigen, daß die zuständigen Behörden auch diese Vorschrift ganz oder großenteils übergangen haben.

c) Ergänzende Bemerkungen

Diesen Betrachtungen über Art. 684/679 ZGB und das Expropriationsrecht seien folgende Gedanken angefügt:

Ich bin immer mehr davon überzeugt worden, daß die *Rechtslage, eingeschlossen die Praxis, den heutigen Immissionen nicht überall konform* ist. Dies gilt u. a. in folgender Hinsicht:

1. An den *Beweis des Schadens*, der nach Art. 679 ZGB gegebenenfalls geschuldet ist, sollte man nicht strengere Anforderungen stellen, als im Haftpflichtrecht, gestützt auf Art. 42 OR, üblich ist. Auch hier müßte gelten, was das Bundesgericht hinsichtlich einer Schadenersatzforderung aus unlauterem Wettbewerb erklärt hat: daß die Rechtswidrigkeit kein «vorteilhaftes Geschäft» für deren Urheber darstellen soll [27].

2. Übermäßiger Lärm bedeutet eine *Verletzung der Persönlichkeit* [28]. Gestützt auf Art. 28 Abs. 2 ZGB/Art. 49 OR kann man *Genugtuung* verlangen. Der Betrag ist, gemäß heutiger Tendenz, ausreichend hoch anzusetzen. Aus Art. 28 ZGB fließt auch vor allem ein *Abwehranspruch*, der nicht an die für Art. 679/684 ZGB geltende Voraussetzung der objektiven Übermäßigkeit des Lärms gebunden ist. Subjektive Gesichtspunkte sind folglich relevanter als dort. Man denke an einen Künstler oder Gelehrten. Hinsichtlich solcher hat der Physiologe und Nobelpreisträger Hess besonders nachdrücklich auf den Tort hingewiesen, den der Lärm für ihre schöpferische Arbeit darstellen kann [29].

3. Mittels des Instituts der sog. *unechten (eigennützigen) Geschäftsführung ohne Auftrag* im Sinne von Art. 423 OR lassen sich gegebenenfalls die Gewinne, die

---

[26] BBl. 1959 II 128.
[27] BGE 83 II 165. Zutreffend BGE 83 II 383 und besonders ein Urteil des deutschen Bundesgerichtshofes, NJW 1963, 2020.
[28] Lärmbekämpfung als Aufgabe des Rechts, 18/19, 30, 132; ZSR 79, 656a ff.; sinngemäß auch Jäggi, daselbst 174a, 228a; ferner Meier-Hayoz, Kommentar Art. 679 N. 33, 133; Götzfried in NJW 1963, 1961 ff.
[29] Zeitschrift für Präventivmedizin 1959, 1 ff.

ein Unternehmer unter Verletzung des [110] Persönlichkeitsrechts und des Art. 684 ZGB durch übermäßige Lärmproduktion erzielt hat, an den Betroffenen abführen. Man denke an den Einsatz stark lärmiger Baumaschinen. Diese Konstruktion bedarf vielleicht noch weiterer Begründung. Es geht darum, einen Weg gangbar zu machen, den die Praxis z. B. bei Patentverletzungen und dergleichen seit langem beschreitet[30].

4. Selbst so krasse Immissionen wie jene in der Nachbarschaft eines großen Flughafens bleiben heute ohne Ausgleich durch eine *Expropriationsentschädigung*, weil eine Wertverminderung des Grundstücks sich nicht beweisen läßt. Inflation und Liegenschaftenboom wirken dagegen. Zum Sachverhalt nur soviel: Es gibt Flughafenanwohner, die — ich bitte dies wörtlich zu nehmen — schlechthin Unglaubliches erdulden müssen. Sie werden eines Teils der Lebensfreude beraubt und in ihrer Gesundheit bedroht (neben anderen Anwohnern freilich, die am Lärm Freude haben oder daran wirtschaftlich interessiert sind oder die einfach indolent sind.) Man kennt Fälle von Fehlgeburten, die sich ereigneten, als in Kloten die Düsenflugzeuge neu auftraten. *Das geltende Recht versagt jede Hilfe.* Die zivilrechtlichen Mittel aus Art. 28 und 679 ZGB sowie aus Art. 49 OR sind mangels Widerrechtlichkeit nicht gegeben. Das Expropriationsrecht ist auf Grundstücke zugeschnitten. De lege ferenda wäre eine der Genugtuung entsprechende Abgeltung, *parallel* der Expropriationsentschädigung, in Aussicht zu nehmen. Der Sache nach ginge es um die *Expropriation des Abwehranspruchs aus Art. 28 ZGB.* Die Realisierung dieses Vorschlags wäre nicht schwerer als die Bemessung der Genugtuung nach Art. 47 und 49 OR.

Aus dem *Zivilrecht* wären an *Rechtsbehelfen noch zu nennen*[31], ohne daß ich darauf eingehen kann: Die Möglichkeit, den *Mietzins* gemäß Art. 254/55 OR *herabzusetzen,* und zwar, weil sich der Mietwert [111] wegen Lärms vermindert hat; der tatkräftige Schutz der *Dienstbarkeiten*, die die Ruhe in der Nachbarschaft sichern wollen; die *Haftung* des Architekten und des Werkunternehmers wegen ungenügender Schallisolation in Gebäuden.

B. Polizeirecht

a) Allgemeine Überlegungen

Man braucht einem Kreis von Juristen nicht zu beweisen, daß das Zivilrecht keine *allgemeine* Verminderung des Lärms bringt. Es ist das *Polizeirecht*, das ein-

---

[30] BGE 45 II 206 ff.; 49 II 518 ff. Weitere Belege in «Die Rechtsordnung im technischen Zeitalter», Festschrift zum Zentenarium des Schweizerischen Juristenvereins (Zürich 1961) 34 N. 105.
[31] SJZ 1959, 104 ff.

greifen muß. Dieses muß aber auch für die Verminderung des Lärms in *Einzelfällen* im Vordergrund stehen. Man nehme als Beispiel den erwähnten Rechtshandel gegen eine Seidenstoffweberei in Affoltern am Albis. Ein jahrelanger Zivilprozeß vor vier Instanzen war nötig, um ein Resultat zu erreichen, das bei normalem Funktionieren der Polizei nur einer kurzen Verfügung bedurft hätte und das eine bare Selbstverständlichkeit darstellt: das Schließen der Fenster der Fabrik, die mit lautestem Lärm während 17 Stunden im Tag — also auch bei Nacht — arbeitete.

Hiermit ist das Thema der *Aufgabe der Polizei* angeschnitten. Wenn man diese umschreibt, hebt man gemäß der Tradition gewöhnlich die Wirkung der Polizei hervor, die persönliche Freiheit und die Ausübung des Eigentums des Bürgers zu *beschränken*[32]. Damit ist ein Schreckgespenst beschworen. Die Polizei hat aber vorab die Wirkung, Freiheit und Eigentum zu *schützen*. Sie bietet diesen Schutz im Rahmen ihrer generellen Zielsetzung: der Wahrung der öffentlichen Ruhe, Sicherheit und Ordnung. Da im schweizerischen Recht das *Persönlichkeitsrecht* von fundamentaler Bedeutung ist, so scheint mir die Formel angezeigt, die Polizei habe u. a., neben dem *Eigentum*, besonders die *Persönlichkeit* des Bürgers zu schützen. HANS NEF hat dies in der Festschrift für Hans Huber[33] unterstrichen. Die polizeilichen Normen dienen, so führt er aus, überwiegend [112] dem Schutz des Individuums, darunter dem Schutz der Gesundheit, dem Schutz vor Störung und Belästigung. *Hierum* geht es bei den polizeilichen Maßnahmen der Lärmbekämpfung, obwohl das öffentliche Interesse, eben die Aufrechterhaltung der öffentlichen Ruhe, Sicherheit und Ordnung, die unmittelbare Begründung liefert. In Literatur und Judikatur wird denn auch immer wieder betont, daß die Störung selbst einer einzelnen Person als Grund für das polizeiliche Eingreifen genügen könne[34]. Das Bundesgericht hat dies unlängst klar hervorgehoben: «Zum Bestand der (polizeilich geschützten) öffentlichen Ordnung ... gehören auch die Rechte, die dem Einzelnen als Glied der Gemeinschaft im gesellschaftlichen Zusammenleben gewährleistet sind, wie insbesondere der Schutz vor von außen kommenden Ruhestörungen[35].»

Dem Ausbau des Polizeirechts und der Strenge in seiner Anwendung steht oft — wenn auch häufig nur vorgeschobenermaßen — das liberale *Bedenken* gegenüber, man dürfe die *Freiheit des Bürgers nicht zu stark beschränken*. Hält man

---

[32] Etwa FLEINER, Institutionen des deutschen Verwaltungsrechts (8. A. Neudruck Zürich 1939) 389; H. A. VOIGT, der liberale Polizeibegriff und seine Schranken in der bundesgerichtlichen Judikatur (Diss. Zürich 1945) 48.
[33] Verfassungsrecht und Verfassungswirklichkeit (Bern 1961) 196.
[34] BGE 53 I 401; DREWS/WACKE, Allgemeines Polizeirecht (6. A. Berlin/Köln 1958) 21, 32.
[35] Urteil von 1961 i. S. der Gemeinde Wetzikon, BGE 87 I 364.

sich die soeben hervorgehobene Aufgabe und Wirkung der Polizei vor Augen, Eigentum und Persönlichkeit zu *schützen*, so verliert jenes Bedenken an Gewicht. Die Erzeugung übermäßigen Lärms ist meist *Mißbrauch* der Freiheit; es ist die Freiheit des *Rücksichtslosen*, die es hier zu beschränken gilt. Die Minderung dieser Freiheit trifft zudem sehr viel weniger Personen, als die Zahl derjenigen beträgt, die man vor dem Lärm bewahrt. Die Folgerung liegt auf der Hand: *Zurückhaltung des Staates in der Abwehr des Lärms führt einerseits zur Mißachtung von Persönlichkeitsrecht und Eigentum von Bürgern, die auf Schutz Anspruch erheben können. Anderseits schützt man statt des Opfers den Täter.*

Nach diesen grundsätzlichen Bemerkungen sind, in kasuistischer Form, einige weitere allgemeine Überlegungen anzustellen.

1. Es ist selbstverständlich, daß das polizeiliche Vorgehen der *legalen Grundlage* bedarf. Es ist aber auch ein Gebot der Legalität, [113] daß man die bestehenden Vorschriften wirklich *anwendet*. Die *generelle Polizeiklausel* — das ist die allgemeine Ermächtigung, zur Wahrung der öffentlichen Ruhe, Sicherheit und Ordnung einzuschreiten — reicht aus, um die Polizei zum Vorgehen gegen neue, übermäßig laute, im Gesetz nicht erwähnte Lärmquellen zu legitimieren [36]. Das Bundesgericht hat in einem Genfer Fall von 1941 das Einschreiten gegen Tierquälerei auf Grund der generellen Polizeiklausel geschützt [37]. Die Zürcher Stadtpolizei scheut sich keineswegs, von diesem Mittel notfalls Gebrauch zu machen, während andere Polizeibehörden sich gehemmt fühlen.

2. Die Erfahrung zeigt, daß nur *weitgehende Vorschriften* wirklich Hilfe bringen. Sonst überholen die Fortschritte der Lärmerzeugung immer wieder die Fortschritte der Abwehr. Es reicht z. B. nicht aus, die Verwendung motorisierter Rasenmäher zeitlich zu beschränken; man muß geräuschvolle Modelle überhaupt verbieten. Allgemein sollte die Maxime gelten: *Je größer und vielfältiger die Möglichkeit von Störungen, desto schärfer der präventive und repressive behördliche Zugriff.*

3. *Strafen* als Sanktionen sind wenig erfolgreich. Viel wirksamer sind administrative *Maßnahmen:* Einstellung von Betrieben und Arbeiten, Verbot der Verwendung bestimmter Maschinen, Entzug von Konzessionen und Bewilligungen usw. Es bedarf hiefür der gesetzlichen Grundlage. Die Stadtpolizei von Zürich hat im Jahre 1963 auf 58 Baustellen den Betrieb vorübergehend eingestellt. Als man solches Vorgehen vor einigen Jahren forderte, wurde dies als Utopie ironisiert.

4. Zu einem wirksamen Instrument der polizeilichen Lärmbekämpfung könnte die *generelle Vorprüfung lärmerzeugender Maschinen und Geräte* werden. Man kennt dieses System als sog. Typenprüfung der Motorfahrzeuge (SVG Art. 12).

---

[36] SJZ 1959, 120.
[37] BGE 67 I 74 ff.

Nur solche Produkte, die ein zum voraus festgelegtes Maß an Lärm nicht überschreiten, dürften in Betrieb genommen werden. Man denke z. B. an Baumaschinen, landwirtschaftliche Maschinen, Haushaltgeräte, Rasenmäher. Die [114] periodische Nachkontrolle ist erforderlich. Die verfassungsmäßige Zulässigkeit unter dem Gesichtspunkt der Handels- und Gewerbefreiheit ist generell gegeben (Art. 31 und 31bis Abs. 2 BV).

5. Der *öffentlich-rechtliche*, speziell polizeirechtliche *Schutz gegen Immissionen* läuft grundsätzlich *parallel dem privatrechtlichen* Schutz. Unter Vorbehalt ausdrücklicher gegenteiliger Bestimmung ist er folglich nach schweizerischer Auffassung *nicht bloß subsidiär* gegeben. Dies ist seit langem die maßgebende Meinung; das Bundesgericht hat sie neuerdings unterstrichen [38]. Die Behörden dürfen deshalb nicht, um sich eine unangenehme Sache vom Leibe zu halten, einen von Lärmstörungen Betroffenen auf den Zivilweg verweisen. Interessant ist in dieser Hinsicht eine Bestimmung des kantonalen zürcherischen Gesundheitsgesetzes von 1962, § 74:

> Die Gesundheitsbehörden der Gemeinden ... sind *befugt,* gegen Belästigungen durch Rauch, Ruß, Dünste, Lärm, Erschütterungen sowie gegen Gewässerverunreinigungen und dergleichen einzuschreiten. Sie sind dazu *verpflichtet*, wenn Gefahren für die Gesundheit bestehen.

Der «Beleuchtende Bericht» des Regierungsrates erklärt hiezu [39], der Betroffene habe die Wahl, ob er sich an die Verwaltungsbehörde oder an den Richter wenden wolle. Der Weg über die Verwaltung werde oft bevorzugt, weil er einfacher und billiger sei [40].

b) Einzelne Gebiete des Polizeirechts

Von den zahlreichen Gebieten des Polizeirechts, auf denen die Lärmbekämpfung dringlich ist, werde ich nur vier erwähnen: die Aviatik, die Baupolizei, die allgemeinen Polizeiverordnungen der Gemeinden und die Fabrikpolizei.

1. Der *Fluglärm* gehört heute zu den am meisten gerügten Lärmarten. *Ein Flugzeug vermag auf seinem Wege Zehntausende, oft Hunderttausende oder gar Millionen Leute zu stören.* Die schweizerische und die internationale Luftfahrtgesetzgebung kennen jedoch, [115] abgesehen von einigen örtlichen Regeln über Flugwege und dergleichen, keine wirksamen Vorschriften der Lärmbekämpfung. Es ist dringlich, sie zu schaffen. So sind z. B. Zulassungsbedingungen zu stellen, die vorsehen, daß die Luftfahrzeuge ausreichende Vorrichtungen zur Schall-

---

[38] BGE 87 I 362 ff.
[39] SJZ 1963, 63.
[40] Die interessanten Ausführungen von FRITZ BAUR, JZ 1962, 73 ff., über den polizeilichen Schutz privater Rechte sind für die Schweiz nicht durchwegs verwertbar.

dämpfung aufweisen müssen und daß man Maschinen, die ein bestimmtes Maß an Lärm überschreiten, nicht verwenden darf. Daneben müßten genaue Vorschriften den Flugbetrieb unter dem Gesichtspunkt der Vermeidung von Lärm regeln. Das Vorbild bietet die Gesetzgebung für die Motorfahrzeuge. Luftfahrzeuge, die dem internationalen Verkehr dienen, wären durch eine internationale Regelung zu erfassen. Die großen Agglomerationen sollte man umfliegen; dies schon wegen der Gefahr von Abstürzen. Die Zahl der Flugplätze ist zu begrenzen; die Schweiz besitzt, wenn meine Informationen stimmen, heute schon, proportional betrachtet, deren mehr als jedes andere Land im westlichen Europa, und immer werden weitere projektiert und errichtet.

Man muß sich den Gedanken zu eigen machen, daß ein lärmiges Flugzeug ein nicht ausgereiftes, also mangelhaftes Produkt ist. So betrachtet, erweist sich die Flugtechnik als auffallend rückständig, ein Sachverhalt, den eine rastlose Propaganda zudeckt, indem sie die Aviatik künstlich als Mythos aufmacht.

Mit BG vom 14. Juni 1963 haben die eidgenössischen Räte eine Ergänzung des Luftfahrtgesetzes von 1948 beschlossen[41], kraft welcher der Bundesrat oder das Eidgenössische Luftamt jetzt verpflichtet ist, polizeiliche Vorschriften und andere Anordnungen zur Bekämpfung des Fluglärms zu erlassen (Art. 12, 15). Eine Verfügung des zuständigen Departementes vom 18. November 1960 über Verkehrsregeln für Luftfahrzeuge[42] enthält in Art. 10 bereits die Vorschrift, es dürfe beim Betrieb eines Luftfahrzeuges kein unnötiger Lärm verursacht werden. Die Bestimmung hat noch keine merkbare Wirkung gezeigt. Es fehlt offenbar an ihrer Durchsetzung. Für die typischen Flieger und für gewisse sie protegierende Behördemitglieder ist eben Fluglärm überhaupt kein Lärm, [116] und jede Behinderung der Fliegerei erscheint ihnen als ein Sakrileg.

Mit dieser Bemerkung, die ich wörtlich zu nehmen bitte — sie beruht auf vielen Erfahrungen —, soll auf die psychologischen Hemmnisse hingewiesen sein, die der Bekämpfung des Fluglärms entgegenstehen. Erschwerend wirkt auch, daß sich die bindende Wirkung des Legalitätsprinzips bei gewissen Instanzen, bis weit hinauf, merkbar vermindert, sobald die Interessen der Aviatik im Spiele stehen. Es gibt Behörden, die von vornherein, entgegen dem Gesetz[43], davon ausgehen, sie hätten schlechthin die Interessen der Aviatik zu fördern, also gegenläufige Interessen zu übergehen. Es wäre ein Leichtes, hierfür Belege zu liefern.

2. Die *Baupolizei* hat die allgemeine Kompetenz, die Zulässigkeit eines Bauwerkes zu beurteilen. Es läßt sich feststellen, daß man hier neuestens den Gesichts-

---

[41] BBl. 1963 I 1400.
[42] AS 1960, 1519.
[43] Luftfahrtgesetz von 1948, Art. 101—103.

punkt des Lärms besser beachtet. Vorbildlich äußert sich ein vom Bundesgericht [44] geschützter Entscheid der waadtländischen Baurekurskommission vom 22. Dezember 1959 [45], der die Errichtung einer Kunsteisbahn inmitten eines Quartiers, das überwiegend Wohnzwecken dient, abgelehnt hat: «... de tous les excès prohibés par le Code civil et que la loi administrative tend à prévenir en matière de police des constructions, ceux du bruit comptent aujourd'hui parmi des plus redoutables, individuellement et socialement, pour l'équilibre nerveux, mental et physique des adultes, des adolescents et des enfants. Telles sont en effet les conclusions unanimes des plus réputés psychologues, physiologues et éducateurs du monde entier.»

Die *Baubewilligung* gibt den Behörden auch ein Mittel, übermäßigen *Baulärm* zu verhüten. Es ist zulässig, in die Baubewilligung entsprechende Bedingungen oder Auflagen aufzunehmen. Die Behörden der Stadt Zürich befolgen diese Praxis in gewissen Fällen. Die gesetzliche Grundlage ist, wenn keine speziellere Norm besteht, [117] in der generellen Polizeiklausel zu finden [46]. Besser ist jedoch, eigene genaue Vorschriften gegen den Baulärm zu erlassen. Solche sind dringlich. Es wirkt überaus peinlich, daß sie trotz ständiger Vorstöße fast überall noch fehlen. Das bernische Baugesetz von 1958 (Art. 5 Ziff. 3) macht die Gemeinden auf das Problem aufmerksam.

In fast der ganzen Schweiz bedarf das Baupolizeirecht nachgerade des Ausbaues auch dahin, daß man detaillierte Vorschriften über die *Schallisolation der Bauten* erläßt. Die Gemeinde Spreitenbach (Aargau) hat 1960 ein ausgezeichnetes solches Reglement beschlossen [47], das meines Wissens in unserem Lande ohne Parallele ist. Verschiedene andere Länder kennen derartige Vorschriften [48]. Die stadtbernische Bauordnung von 1955 enthält nur eine Blankettnorm (Art. 284). Die Ausführungsvorschriften fehlen.

3. Zahlreiche schweizerische Gemeinden besitzen in ihren *allgemeinen Polizeiverordnungen* und zerstreut in weiteren Erlassen Vorschriften gegen den Lärm. Einzelne Städte haben eigene *Lärmschutzverordnungen* erlassen, desgleichen der Kanton Genf. Es wird nicht überraschen, daß ich der Meinung bin, fast alle diese Verordnungen bedürften des Ausbaus. Eine eidgenössische Expertenkommission für Lärmbekämpfung hat dafür ein Muster ausgearbeitet [49], mit folgenden leiten-

---

[44] Unveröffentlichtes Urteil der Staatsrechtlichen Kammer vom 25. Mai 1960 i. S. Patinoire de la Riviera vaudoise (Auszug NZZ Nr. 243 vom 22. Januar 1961).
[45] Revue de droit administratif et de droit fiscal 1961, 107 ff.
[46] SJZ 1959, 121.
[47] «Zonenordnung» vom 12./26. Januar 1960.
[48] Beispiel: LASSALLY, Deutsches Lärmbekämpfungsrecht (2. A. München 1961) 141 ff.; dazu auch WIETHAUP (zit. vorstehend N. 1) 258 ff.
[49] Abgedruckt in dem nachstehend N. 60 erwähnten Expertenbericht, 333 ff.

den Gedanken: Vor allem ist der maschinell erzeugte Lärm zu treffen. Die Enumeration vieler Lärmquellen ist erforderlich, damit Bürger und Polizeiorgane leicht zu erkennen vermögen, was erlaubt und was verboten ist. Gewerbe und Bauarbeiten sind ausführlich geregelt, dann natürlich der Radiolärm u. a. m. Neben der Kasuistik findet sich eine Generalklausel, die vermeidbaren Lärm untersagt. Sie ist unerläßlich, um ungeregelte, vor allem neu auftretende Tatbestände zu erfassen. Auf Grund einer ähnlichen Generalklausel hat z. B. der Genfer Polizeirichter am 25. Januar 1960 zwei Bauern bestraft, weil sie anhaltend einen Knallapparat zum [118] Vertreiben der Vögel in Betrieb hielten, mit 700 Detonationen im Tag. Die Verfasser des Lärmbekämpfungsreglementes der Stadt Bern von 1961 haben die erwähnte eidgenössische Muster-Verordnung zur Grundlage genommen.

4. In gewissen *Industriebetrieben* ist die Lärmerzeugung überaus intensiv. Ohrenschäden der Arbeiter, die unheilbar sind, sind häufig. Das eidgenössische *Fabrikgesetz* von 1914 (Art. 5, 8, 9) kennt eine gewisse Schutzpflicht des Unternehmers zugunsten der Betriebsangehörigen (und übrigens auch der Nachbarschaft). Das kommende eidgenössische *Arbeitsgesetz* will den Arbeitnehmer überdies zum Selbstschutz mit Gehörschutzmitteln verpflichten [50].

Wichtig ist, wie anschließend bemerkt sei, daß der Gesetzgeber jüngst die Lärmschwerhörigkeit den durch die SUVA *versicherten Berufskrankheiten* gleichgesetzt hat; dies mittels Revision von Art. 68 KUVG [51] und Erlaß der neuen VO über Berufskrankheiten vom 27. August 1963 [52]. Jetzt kann die SUVA den Betrieben auch präventive Maßnahmen vorschreiben [53]. Dies ist viel wirksamer als die Berufung auf Art. 339 OR.

C. Weitere Hilfen des Verwaltungsrechts

Verschiedene Institute des Verwaltungsrechts liefern wirksame Waffen im Kampfe gegen den Lärm, *ohne* daß man den *Gesetzgeber* mobilisieren müßte. Man denke etwa an folgendes:

1. *Submissionsbedingungen* der öffentlichen Hand. Mit ihnen ließe sich z. B. bei gutem Willen der Lärm auf den Baustellen der Gemeinwesen stark vermindern.

2. *Bedingungen und Auflagen in Konzessionen und Polizeibewilligungen*. Das Bundesgericht läßt solche generell in weitem Rahmen zu [54]. Man denke etwa an Flugplätze, Schiffahrtsbetriebe, Luftseilbahnen, Skilifte. Das Eidgenössische Verkehrs- und Energiewirtschaftsdepartement [119] verwirklicht diesen Gedanken

---

[50] Bundesrätlicher Entwurf Art. 6; BBl. 1960 II 960 ff.
[51] BG vom 20. Dezember 1962 (AS 1963, 271).
[52] AS 1963, 758.
[53] BBl. 1962 II 658 f.
[54] BGE 55 I 281; 71 I 199.

bereits in bestimmtem Rahmen, z. B. bezüglich der Luftseilbahnen [55]. — Von den Baubewilligungen habe ich gesprochen.

3. *Bedingungen in Subventionserlassen.* Dringlich ist nachgerade, im sozialen Wohnungsbau bessere Schallisolation zu verlangen. So oft man dies schon gefordert hat, unsere Politiker interessiert es nicht.

4. *Verwaltungsinterne Weisungen.* Der Bundesrat hat durch Kreisschreiben vom 19. Mai 1960 [56] die gesamte Bundesverwaltung angewiesen, das Anliegen der Lärmbekämpfung zu verwirklichen, z. B. bei der Vorbereitung von Erlassen, bei der Erteilung von Konzessionen usw. (dies im Sinne der vorangehenden Ausführungen), dann vorab beim eigenen lärmerzeugenden Betrieb. Die Leitung der SBB hat entsprechend verfügt.

D. Strafrecht

Zum Thema des Strafrechts sei lediglich festgehalten [57], daß in Deutschland mehrfach Verurteilungen wegen Körperverletzung — infolge gesundheitsschädlichen Lärms — erfolgt sind [58]. Neben Fahrlässigkeit ist dolus eventualis denkbar.

IV. FOLGERUNGEN UND BILANZ

Nach diesem Überblick über juristische Waffen im Kampf gegen den Lärm — ich wiederhole, daß er nicht vollständig ist — ist der Augenblick da, einige *Folgerungen* zu ziehen. Vorab steht fest, daß die zahlreichen, der Lärmbekämpfung dienenden Vorschriften dem Bürger virtuell einen Anspruch auf Nichtstören, also auf (relative) Ruhe verleihen. Anders müßte man annehmen, es gebe einen Anspruch [120] auf übermäßige Störungen und diese seien grundsätzlich erlaubt, was keiner Widerlegung bedarf.

Das *Grundproblem* ist nicht zu verkennen: der Widerstreit zwischen *Technik und Recht* [59]. Die Technik verfolgt das Ziel möglichst großen Effektes und wirtschaftlichen Nutzens. Das Recht dagegen beruht auf einer Hierarchie der Werte, in der Freiheit, Leben, Gesundheit und Wohlbefinden zuoberst, die persönliche

---

[55] Vgl. den nachstehend N. 60 zit. Expertenbericht, 298.
[56] Gleicher Expertenbericht 344 ff.
[57] Indes sei an die Strafbestimmungen der kantonalen EG zum StGB über öffentliche (nächtliche) Ruhestörung erinnert. Das Urteil des solothurnischen Obergerichts vom 3. Oktober 1962 (Rechenschaftsbericht dieses Gerichts 1962 Nr. 24) räumt mit der verbreiteten Legende auf, daß nützlicher Lärm — hier von nächtlichen Bauarbeiten stammend — auf alle Fälle erlaubt sei; SJZ 1964, 13 f.
[58] WIETHAUP (zit. vorstehend N. 1) 62 f.
[59] Hierüber allgemein HANS HUBER, Das Recht im technischen Zeitalter, Rektoratsrede (Bern 1960); OFTINGER in der vorstehend N. 30 erwähnten Festschrift 1 ff.

IV. Umweltschutzrecht

Sphäre, und damit ein gewisser Bereich der Ungestörtheit, weit oben stehen, grundsätzlich höher als der technische Effekt an sich und der wirtschaftliche Nutzen. Das Recht fordert Rücksichtnahme, der Technik ist diese ein Hemmnis. Der heute herrschende Lärm ist ein drastischer Beleg. Er führt zur massenhaften Verletzung des Persönlichkeitsrechts und des Eigentums, und — wenn der Staat die Störung zufügt — der Eigentumsgarantie. Die Lärmbekämpfung will hier eine Korrektur bringen.

Die Postulate des Rechts wollen sich gegenüber den Postulaten der Technik durchsetzen. Das Recht soll seinen Vorrang, den ihm die Technik auf weiten Strecken entwunden hat, wieder einnehmen. *Es ist das Recht, das dem Techniker — richtig verstanden — die Grenzen setzt, und nicht umgekehrt.* Der Jurist muß dem Techniker nachgerade sagen, *daß Können und Dürfen nicht eins sind.* Sind technische Mittel nach den Maßstäben des Rechts unerlaubt, so ist auch das Ziel des Technikers unerlaubt. So trivial dies eigentlich klingt, so wird doch gegen solche Einsicht dauernd verstoßen. Konkret gesprochen: Läßt sich ein technisches Vorhaben allein unter Erzeugung widerrechtlichen Lärms ausführen, so muß es unterbleiben. Es ist nicht zu verkennen, daß genau dies der Sinn des Art. 684 ZGB und der typischen polizeirechtlichen Vorschriften gegen den Lärm ist. Man muß den Mut haben, solches nicht nur zuzugestehen, sondern darnach zu handeln.

Abschließend drängt sich die Frage auf: *Sind wirklich in der Lärmbekämpfung Fortschritte erzielt worden,* lohnt sich der Einsatz? Diese [121] Frage bejahe ich entschieden. Man hat eine Reihe wichtiger gesetzlicher Bestimmungen erlassen. Neben den in meinem Exposé erwähnten ist insbesondere die neue Straßenverkehrsgesetzgebung zu nennen. Wichtiger als die Gesetze ist freilich meist deren Vollzug. Auch dieser hat sich in manchen Bereichen intensiviert. Die Gerichtspraxis ist alles in allem schärfer. Die Verwaltungspraxis, speziell die Polizeipraxis, ist vielenorts energischer geworden. Man ist sich des Problems bewußter. Auch institutionell ist Nützliches geschehen. Die Stadtpolizei von Bern und diejenige von Zürich z. B. verfügen über eigene Lärmbekämpfungsstellen. Die letztere ist mit einem Offizier und drei Unteroffizieren besetzt. Sie hat im Jahre 1962 1970 Beschwerden erledigt. Fest steht, daß ohne die bisherigen Bemühungen der Lärm größer wäre, als er heute noch ist. Wichtige Ratschläge vermittelt der Bericht einer eidgenössischen Expertenkommission für Lärmbekämpfung[60]. Im ganzen gesehen, steht jedoch der Kampf gegen den Lärm erst an seinem Anfang.

---

[60] Unlängst im Druck erschienen: Lärmbekämpfung in der Schweiz, Bericht der eidgenössischen Expertenkommission an den Bundesrat (Bern 1963, Eidgenössische Drucksachen- und Materialzentrale). Der Bundesrat, hiezu beauftragt durch eine Motion, wird seinerseits den eidgenössischen Räten einen Bericht erstatten müssen.

LÄRMBEKÄMPFUNG *

§ 23 EINFÜHRUNG — ABGRENZUNGEN — ZIEL DES BEITRAGS

[271] Bei der Lärmbekämpfung, deren Verwirklichung vorab ein technisches und dann ein organisatorisches Problem zu sein scheint, kommt dem *Recht die Schlüsselstellung* zu. Ohne Gesetze, ohne darauf gestützte behördliche Maßnahmen bleiben die Lösungen der Techniker unverbindliche Ratschläge. Dies gilt sinngemäß auch für die medizinischen, psychologischen und physikalischen Einsichten, auf die die Lärmbekämpfung sich gegebenenfalls stützt. Es braucht nicht allein kundig formulierte, die Lärmquellen möglichst umfassend treffende Erlasse, sondern es bedarf vor allem deren scharfer Durchsetzung. Ohne diese bleiben die Gesetze toter Buchstabe. Hier liegen die Schwächen: daß die Gesetze vielfach weder umfassend noch rigoros genug sind und daß die Anwendung oft im argen liegt. Der Grund für die letztere Tatsache liegt oft darin, daß der Behördenapparat, namentlich jener der Polizei, personell zu dürftig ausgestattet ist. Hiermit und mit einer Reihe von falschen Konzeptionen (§ 24 II) muß man auch künftig rechnen. Die systematisch begründete und betriebene Lärmbekämpfung heutigen Zuschnitts hat in der Schweiz im Jahre 1956 begonnen. Zuerst als utopisch eingeschätzt, bis heute von einzelnen Gruppen von Gegeninteressenten befehdet, hat sie mit einem relativ bescheidenen Anfangskapital an gesetzlichen Vorschriften ein schon beachtliches Ausmaß erreicht und ihre verbale Krönung im neuen Art. 24^{septies} BV erfahren. Nur durch kräftigen Einsatz auf allen Stufen wird sich die dringend erforderliche Intensivierung erreichen lassen. Sonst wird die Lärmbekämpfung immer wieder von der Zunahme der Lärmquellen überholt werden.

Nach dem Plan dieses Buches sind *verwaltungsrechtliche Verhaltensvorschriften* und *Instrumente zu deren Verwirklichung* zu erörtern. Innerhalb des Rechts der Lärmbekämpfung [272] hat das *öffentliche Recht* den Primat und hinsichtlich der konkreten Lärmquellen das *Polizeirecht*. Die Mittel des Zivilrechts (vor allem gemäß ZGB Art. 679/684) haben ihre Bedeutung, *wenn* sie zum Zuge kommen, was das prozessuale Vorgehen eines Klägers voraussetzt. Doch ist dies oft

---

* *Schweizerisches Umweltschutzrecht, herausgegeben von Hans-Ulrich Müller-Stahel u. a. (Zürich 1973), 2. Abschnitt, 3. Kapitel, S. 271—312.*

unzumutbar, und die Wirkung ist nur punktuell (z. B. die Außerbetriebsetzung *einer* besonders lärmigen Maschine), wogegen ein verwaltungsrechtlicher Erlaß, der solche Maschinen von vornherein verbietet, generell wirkt.

Aus der Darstellung sind insbesondere *auszuscheiden* (erwähnt seien die folgenden Gebiete und einige Belege, damit der Leser Überblick gewinnt und die Nahtstellen erkennt — im übrigen beachte man das Inhaltsverzeichnis des Bandes: was für den Umweltschutz, den Immissionsschutz im allgemeinen gilt, erfaßt gewöhnlich auch die Lärmbekämpfung):

1. *Das Zivilrecht.*

2. *Das Enteignungsrecht.* Dieses hat für unseren Bereich steigende Bedeutung erlangt, weil von öffentlichen Grundstücken starke Immissionen herrühren können, den betroffenen Nachbarn aber meist die Abwehrklage des Art. 679 ZGB genommen ist[1] und sich deshalb die Frage der Abgeltung durch eine Expropriationsentschädigung nach eidgenössischem oder kantonalem Recht stellt. In den letzten Jahren hat sich das Problem namentlich durch die Inbetriebnahme von Nationalstraßen aktualisiert[2]. Auch an neu angelegte Flughäfen ist u. a. zu denken[2a]. Man möchte annehmen, daß die Gefahr, ersatzpflichtig zu werden, den Staat zur Prävention durch Verzicht auf gewisse zu lärmige Vorhaben oder durch Schutzmaßnahmen ermuntern sollte. Doch ist dies meist illusorisch. EntG Art. 7 Abs. III, [273] wo eine Pflicht zu Schutzmaßnahmen verankert ist, scheint ohne Wirkung zu bleiben[2b]. De lege ferenda müßte ein der Expropriations*entschädigung* paralleler Anspruch auf *Genugtuung* wegen Beeinträchtigung der Persönlichkeit durch übermäßigen Lärm (und andere Immissionen) gewährt werden[3].

3. *Das Haftpflichtrecht:* Schadenersatz- und Genugtuungsklagen wegen Beeinträchtigung durch Lärm. Solche Klagen können z. B. gemäß LFG Art. 64 aktuell werden[4].

---

[1] BGE 96 II 347 ff.

[2] In der Literatur längst im voraus behandelt. Restriktive, aber im Grundsatz zustimmende Praxis BGE 93 I 301 ff.; 94 I 286; 95 I 490; Kritik von GIGER und WEGMANN, SJZ 65, 201 ff., 369 ff., mit Nachschrift von OFTINGER, daselbst 372 f. — Aus der neuesten Literatur über diese Aspekte des Enteignungsrechts ROSENSTOCK, Haftung 164 ff.; MARTIN STREICHENBERG, Nachbar- und Enteignungsrecht bei Sachen im Gemeingebrauch (Diss. Zürich 1970); ANDRÉ GRISEL, Droit administratif suisse (Neuchâtel 1970) 311 ff., 372 ff.; JÖRG KUBAT, Die Enteignung des Nachbarrechts (Diss. Basel. Maschinenschrift). — Eindrücklich das Urteil BGE 87 I 87: Expropriationsentschädigung von Fr. 30 000.— wegen des Lärms eines Schießstandes; ein kantonales Urteil betr. Schießlärm BlZR 70 Nr. 40. — Die eventuellen Fristen und die Prozedur sind zu beachten; EntG 41 Abs. I lit. c, 41 Abs. II, 66 lit. b; BGE 88 I 190; 92 I 176; 97 I 181 u. a. m.

[2a] OFTINGER, Lärmbekämpfung als Aufgabe des Rechts (Zürich 1956) 123 ff.; derselbe, ZBJV 100, 105 ff.

[2b] Expertenbericht 314 ff.

[3] OFTINGER, ZBJV 100, 110.

[4] OFTINGER, Lärmbekämpfung als Aufgabe des Rechts 121 ff.; DONALD REICHENBACH, Haftpflicht und Versicherung des Luftfahrzeughalters für Lärmschäden (Diss. Zürich 1971). In Frank-

4. *Die Landes-, Regional- und Ortsplanung.* Bereits das vielfach bestehende Regime der Bau- oder Zonenordnung kann als wirksame präventive und repressive Waffe wirken: die Lärmquelle, z. B. ein Gewerbebetrieb, wird von vornherein gar nicht zugelassen[5]. Die nunmehr im Luftrecht vorgesehene Möglichkeit, in der Umgebung öffentlicher Flugplätze «Lärmschutzzonen» zu schaffen, wo gewisse Gebäude nicht erstellt oder nur unter Beschränkungen benützt werden dürfen, z. B. nur für gewerbliche Zwecke und nicht zum Wohnen[6], ist zwar begrüßenswert, kommt aber auf die Kapitulation vor der zu stark wirksamer Dämpfung des Fluglärms bis jetzt unfähigen oder nicht willigen Flugzeugindustrie hinaus.

5. *Das Strafrecht.* Es ist denkbar, daß die Wirkung von Lärm, mindestens in objektiver Hinsicht, den Tatbestand einer Körperverletzung erfüllt[7], bei einem Überschallknall eventuell auch einer Tötung; in beiden Fällen wären die Schuldformen der Fahrlässigkeit und des Eventualdolus zu prüfen. In kantonalen EG zum StGB finden [274] sich Strafbestimmungen über öffentliche Ruhestörung, Nachtruhestörung und dergleichen[8].

Das Recht der Lärmbekämpfung ist zu einer ausgedehnten Materie geworden. Von allen Immissionsarten ist der Lärm am breitesten juristisch erfaßt. Die gesetzlichen Grundlagen sind überaus verzweigt. Die folgende Erörterung muß sich auf *Schwerpunkte* und auf *einige* der zahlreichen *Lärmquellen* beschränken. Es wird vor allem neuestes Material vorgelegt. Für Weiteres und für Einzelheiten sei auf die *Literatur* verwiesen. Unter den im Verzeichnis der Materialien und im Literaturverzeichnis eingangs des Bandes angegebenen Schriften stehen im Vordergrund:

— Der *Expertenbericht von 1963:* ein unentbehrliches Kompendium der Aspekte des Lärms und seiner Bekämpfung, einschließlich der Rechtsfragen. Der Bericht enthält eine noch lange nicht ausgeschöpfte Fülle von Anregungen.

---

reich werden zur Zeit Schadenersatzklagen von Nachbarn des Flughafens Orly gegen Fluggesellschaften auf Grund einer dem Art. 64 LFG parallelen Gesetzesvorschrift vor Gericht ausgefochten.

[5] Beispiele SJZ 66, 362; BlZR 69 Nr. 122.

[6] RevLFG Art. 42 ff. (dazu BBl. 1971 I 274 f.); Zürcher Fluglärmgesetz vom 27. September 1970 (Gesetzessammlung 43, 597).

[7] SJZ 55, 123; SCHMID, Immissionen — Ausmaß und Abwehr insbesondere nach ZGB 28 und 684 (Diss. Zürich 1969) 120 f., 130 f.; WIETHAUP, Die Lärmbekämpfung in der Bundesrepublik Deutschland (Köln 1961) 125 ff. — Aus einem Arztzeugnis: X leidet an «Coronarinsuffizienz, die ihm häufig ... stenokardische Beschwerden verursacht ... Die durch Baulärm verursachte Schlaflosigkeit am frühen Morgen sowie die dadurch bedingte Beanspruchung seines Herzens stellen eine ernste gesundheitliche Gefahr — bei Eintreten eines Herzinfarktes eine Lebensgefährdung dar.» Das Original des Arztzeugnisses liegt dem Verfasser vor. Siehe auch den in SJZ 63, 72 ff. erörterten Fall: Der gerichtlich bestellte medizinische Experte hielt fest, der Gesundheitszustand des Klägers sei durch Baulärm wesentlich beeinträchtigt worden.

[8] Beispiele von Verurteilungen: SJZ 58, 303 (Küchenlärm einer Gaststätte); 60, 13 f. (Wohnlärm, Baulärm); 61, 130 (Baulärm: Preßlufthammer ohne Schutzhülle) — all dies sind bemerkenswerte Urteile.

— Die *Schrift von Schmid:* sie enthält u. a. Regesten zahlreicher Gerichts- und Verwaltungsentscheide.

— Das *Buch von Wiethaup von 1967:* eine umfassende Darstellung, die auch die faktische Seite behandelt (Lärmmessung, medizinische Einsichten usw.).

Obwohl sich die Materie seit dem Erscheinen des Buches *des Verfassers, Lärmbekämpfung als Aufgabe des Rechts, 1956,* stark entwickelt hat, betrachtet der Autor die dort niedergelegten Gesichtspunkte weiterhin als maßgebend[9]. Für im folgenden nicht berührte Fragen sei vorab auf den Expertenbericht und auf «Lärmbekämpfung als Aufgabe des Rechts» verwiesen. Die seitherige Rechtsentwicklung ist zu berücksichtigen. In Deutschland erscheinen zwei Zeitschriften, die reiche Information bieten: *Lärmbekämpfung, Technisch-wissenschaftliche Zeitschrift* (Baden-Baden) und *Kampf dem Lärm* (München).

§ 24 GRUNDLAGEN — ALLGEMEINE RECHTLICHE GESICHTSPUNKTE — ERFAHRUNGEN

I. Faktische Grundlagen

[275] «Lärm ist störender Schall[10].» Zahlreiche *medizinische* Untersuchungen haben erörtert, ob und wann der Lärm *gesundheitsschädlich* sei. Darauf ist hier nicht einzugehen, weil unsere Gesetze grundsätzlich nicht hierauf abstellen, sondern z. B. auf das Übermaß oder die Vermeidbarkeit, so daß auch *belästigender* Lärm verboten und *zu bekämpfen* ist (z. B. ZGB Art. 684, SVG Art. 42 Abs. I, vor allem BV Art. 24^{septies}). Um so mehr trifft letzteres zu, wo Gefahr für die Gesundheit besteht. Es ist mit einem menschenwürdigen Dasein nicht zu vereinbaren, daß man — wie von Vertretern der Immittenten immer wieder versucht — darauf abstellen will, daß die Gesundheitsschädlichkeit des Lärms allgemein oder in concreto nicht bewiesen sei. Das Leben darf sich auch in der technischen Zivilisation nicht gerade nur am Rande des eben noch Erträglichen abspielen; vielmehr wollen wir ein von Lärm, Gestank, Schmutz und weiteren störenden Beeinträchtigungen möglichst freies Leben. *Daß* indes der verbreitete und oft auch bei Nacht nicht abreißende Lärm generell eine Gefahr für die Gesundheit darstellen kann,

---

[9] Ergänzt durch: Entwicklungen im Recht der Lärmbekämpfung, SJZ 55, 97 ff.; Les Armes juridiques dans la lutte contre le bruit, JdT 108, 466 ff.; und in theoretischer Hinsicht unterbaut durch: Punktationen für eine Konfrontation der Technik mit dem Recht, in: Die Rechtsordnung im technischen Zeitalter, Festschrift (Zürich 1961) 1 ff.

[10] ETIENNE GRANDJEAN, Der Mensch in seiner Wohnung, (Zeitschrift) Wohnungsmedizin 9, 69.

steht fest[11]. Das Bedürfnis nach relativer oder zeitweiliger Ruhe ist eine anthropologische Tatsache.

Für die *akustischen* Phänomene und die *Messung des Schalles* (heute in Dezibel = dB, früher in Phon) sei auf einschlägige Unterlagen verwiesen[12]. Eine Zunahme um 10 dB kommt bei mittlerer Frequenz einer Verdoppelung des Lärms gleich. Ein Geräusch, das bei Tage um mehr als 5 dB und bei Nacht um mehr [276] als 3 dB das Lärmniveau der Umgebung überragt, gilt als wirkliche Belästigung[13]. Verschiedene Institute befassen sich mit der Messung und Begutachtung von Lärm.

II. Allgemeinrechtliche und empirisch gewonnene Gesichtspunkte, vor allem des Polizeirechts der Lärmbekämpfung

Dies soll kein Abriß von Lehren des Verwaltungsrechts oder von Prinzipien des Polizeirechts sein, wie etwa der (vielmehr als bekannt vorausgesetzten) Grundsätze der Gesetzmäßigkeit oder Verhältnismäßigkeit; vielmehr will der Verfasser einige ausgewählte Einsichten hervorheben, die erfahrungsgemäß von Belang sind. Sie gelten zum Teil auch für andere Immissionen als den Lärm und für den Umweltschutz allgemein.

A. Entscheidende Bedeutung der Rechtsanwendung

Wie eingangs bemerkt, bedarf es umfassender und strenger Gesetze. Doch ist ein Gesetz nur so viel wert wie seine Anwendung. Diese hat vom leitenden Gesichtspunkt des Persönlichkeitsschutzes und von der richtigen Hierarchie der Werte auszugehen (nachstehend B, E). Häufige *Kontrollen* sind erforderlich. Baustellen z. B., auch solche der Gemeinwesen, müßten allesamt inspiziert, die Kleinaviatiker bezüglich der Einhaltung der vorgeschriebenen Minimalhöhen und der die Lärmbekämpfung betreffenden Vorschrift Art. 72 der Verkehrsregeln für Luftfahr-

---

[11] Als dem Juristen zugänglich seien angeführt: SANDRO BÜRGI, Allgemeines über Gesundheitsschädigungen durch Lärm, SJZ 63, 73 ff.; WIETHAUP 55 ff.; W. KLOSTERKÖTTER, Lärmwirkungen: Ergebnisse und Aufgaben medizinischer Lärmforschung, (Zeitschrift) Kampf dem Lärm 15, 141 ff. Ferner HANS RICHTER, Der Lärm und die Lärmbekämpfung in der heutigen Zivilisation, Universitas 26, 403 ff.; derselbe laut den Zitaten SJZ 65, 373. — Dazu die vorn N. 7 und hinten N. 103 wiedergegebenen Arztzeugnisse.
[12] Vorab Expertenbericht 67 ff.; referierend SCHMID 35 ff. und WIETHAUP 42 ff. — BlZR 70 Nr. 40, 94.
[13] ETIENNE GRANDJEAN, Lärm und Gesundheit — Erkenntnisse heutiger Medizin, Universitas 23, 420/21.

zeuge vom 3. Dezember 1971[14] überwacht werden. Die Verursachung von Lärm im Straßenverkehr bedarf viel intensiverer Kontrolle in allen Richtungen und mit allen Mitteln. Stichproben und gelegentliche Überprüfungskampagnen auf der Straße sind verdienstvoll, kommen aber zu selten vor. Die praktischen Schwierigkeiten liegen auf der Hand. Doch sieht man nie, daß ein Polizist eines der vielen unverkennbar zu lauten, weil verbotenerweise abgeänderten («frisierten») Motorfahrräder anhält, wozu ihn Art. 54 SVG verpflichtet. Von den *Sanktionen* sind administrative Maßnahmen wirksamer [277] als Strafen: z. B. der Entzug des Führerausweises (SVG Art. 16)[15], die Einstellung des Betriebs einer Baumaschine oder einer Baustelle, der Entzug einer Konzession oder Bewilligung. Eine gesetzliche Grundlage ist erforderlich.

B. Aufgabe der Polizei

Wo immer man mit der Lärmbekämpfung Ernst machen will, sprechen die Vertreter der gegenläufigen Interessen von untunlicher Beschränkung der Freiheit. Polizeiliche Eingriffe bewirken in der Tat solche Beschränkung; die Doktrin spricht ausreichend davon[16]. Doch ist es die Aufgabe der Polizei vorab, neben dem Eigentum namentlich die *Persönlichkeit zu schützen*[17], hiermit das Rechtsgut der Ruhe, der Freiheit vor Störung und Belästigung. Störung einer einzelnen Person kann polizeiliches Eingreifen rechtfertigen[18], denn: «Zum Bestand der öffentlichen Ordnung... gehören auch die Rechte, die dem Einzelnen als Glied der Gemeinschaft... gewährleistet sind, wie insbesondere der Schutz vor... Ruhestörung[19].» Achtung der Persönlichkeit ist ein ungeschriebenes Grundrecht der Verfassung, und die Polizei hat die Aufgabe, dieses zu schützen[20].

---

[14] AS 1972, 521.
[15] In der amtlichen, der Presse übergebenen Statistik der Gründe für solche Entzüge, für 1971, figuriert die verbotene Verursachung von Lärm nicht.
[16] FRITZ FLEINER, Institutionen des deutschen Verwaltungsrechts (8. A. Neudruck Zürich 1939) 389.
[17] Grundlegend JÖRG PAUL MÜLLER, Die Grundrechte der Verfassung und der Persönlichkeitsschutz des Privatrechts (Diss. Bern 1964) 151 f., 156 ff., 192 ff.; ferner HANS NEF, Die Wertordnung der schweizerischen Bundesverfassung, Festschrift *Hans Huber* (Bern 1961) 196 f.; FRITZ GYGI, Neuere höchstrichterliche Rechtsprechung zu verwaltungsrechtlichen Grundfragen, ZBJV 102, 143; OFTINGER, ZBJV 100, 111 ff.; SCHMID 61 ff., 139 ff.
[18] BGE 53 I 401.
[19] BGE 87 I 384. BlZR 70 Nr. 43, 106: «Der Begriff des öffentlichen Interesses umfaßt auch... die Vermeidung übermäßiger Lärmimmissionen.» Aufschlußreich ferner BGE 95 I 193; SJZ 68, 187 f.
[20] Das kann hier nicht näher begründet werden; es sei auf die N. 17 zit. Schrift von MÜLLER und dort Angeführte verwiesen; der Sache nach wohl übereinstimmend BGE 97 I 49/50, 842.

C. Polizei und Freiheit

Wenn die Polizei im Rahmen ihrer eben beschriebenen Aufgabe mittels Gesetzgebung und Vollzug die Persönlichkeit und damit die [278] *Freiheit des von einer Immission Betroffenen* schützt, so beschränkt sie zwar die Freiheit des Immittenten; dies aber bedeutet, wenn die Immission zu mißbilligen ist, *Beschränkung der Freiheit des Rücksichtslosen*. Diese Freiheit aber ist mißbräuchlich. Hält sich der Staat in der Bekämpfung der Immissionen zurück, so steht er zu solchem Mißbrauch, und er schützt den Angreifer statt des Opfers. Viele Politiker, die in gesetzgebenden Gremien wirken, erkennen dies noch immer nicht. Die jetzt vielerorts zustande kommenden kommunalen Polizeiverordnungen zum Schutz gegen Lärm stoßen oft auf daher rührende Opposition, die gegen das Gemeinwohl verstößt[21].

D. Technik und Recht

Das Übermaß der Immissionen und im besonderen des Lärms geht auf technische Mittel zurück. Wir stehen vor einem Widerstreit zwischen Technik und Recht. Es geht darum, daß das *Recht dem Techniker Grenzen vorschreibt* — hier: daß das Recht keine übermäßige oder vermeidbare Erzeugung von Lärm zuläßt — und daß es zum Zweck der Abwehr der Immissionen konkrete *Ziele setzt*, z.B. die Schaffung ausreichend leiser Lastautomobile und Flugzeuge (Näheres lit. G). Statt dessen besteht (und hat sich oft verwirklicht) die Gefahr, daß der Techniker nach seinen eigenen Maßstäben handelt und vom Recht — in Gesetzgebung und Rechtsanwendung — erwartet, daß es sich diesen fügt und die technische Schöpfung als Gegebenheit akzeptiert. Für den Techniker sind im Grundsatz Können und Dürfen eins. Das Recht muß dem durch Beharren auf [279] seinen Maßstäben, Werten und Zwecken, wie eben dem Schutz der Persönlichkeit, entgegentreten. Das Recht verlangt Rücksichtnahme, der Techniker empfindet diese als Hemmnis in seinem Streben nach Fortschritt, größtem Effekt seiner Maschinen und Methoden und nach wirtschaftlichem Nutzen. Führt ein technisches Vorhaben oder Mittel zu Folgen, die, richtig beurteilt, widerrechtlich sind, so muß es unterbleiben. Was

---

[21] Einige Stichworte aus einem Zeitungsbericht über eine Debatte in einem Gemeindeparlament, vom Mai 1971: «Orgie von Verboten... (der Redner) appellierte an die Aufrechterhaltung der Freiheiten des einzelnen Bürgers, an Toleranz und Achtung... Antrag auf Nichteintreten.» So zwei Wochen vor der denkwürdigen Abstimmung über BV Art. 24[septies], die ein Bekenntnis des Volkes zur Bekämpfung des Lärms erbrachte. Dieses Beispiel gilt für viele. Es geht über das erträgliche Maß hinaus, was im hier interessierenden Gebiet in unseren Ratsälen an Unverstand oftmals zutage tritt. Aus einem verwandten Bereich: Ein kommunaler Parlamentarier fordert die Ausmerzung der fatalen Einwegflaschen. Ein Kollege von ihm bekämpft den Vorstoß: «Man kann das Rad der Zeit nicht zurückdrehen.» Die Apostrophen «Umwelthysterie» und «Umweltschutzapostel» gehören neuerdings zur Standardterminologie der Zurückgebliebenen. «Lärmhysteriker», «Lärmapostel», «Lärmfanatiker» waren die entsprechenden Bezeichnungen von 1956 an.

widerrechtlich ist oder sein soll, muß im Lichte der hier besprochenen Auffassungen, namentlich was den Schutz der Persönlichkeit und die Hierarchie der Werte anlangt, gesehen werden [22].

E. Hierarchie der Werte

Das Recht verwirklicht *Werte,* und diese sind zu einer *Hierarchie* gegliedert, in der Freiheit, Leben, Gesundheit, Wohlbefinden und Ungestörtheit der persönlichen Sphäre — mit einem Wort die Persönlichkeit — grundsätzlich höher stehen als die Werte, die der Bewirkung von Lärm und anderen Immissionen gewöhnlich zugrunde liegen, wie technischer Effekt, wirtschaftlicher Nutzen, Vergnügen, persönliche Geltung (das Motorfahrzeug!), nationales Prestige (das neben anderem den Bau ziviler Überschallflugzeuge motiviert). Das Recht hat jene Hierarchie zu verwirklichen und somit die Immissionen tatkräftig zu mindern. Sonst stehen wir vor einer *Perversion* der Werte. Diese hat man z. B. vor sich, wenn eine Behörde leichthin Sportflugplätze befürwortet oder bewilligt und die Ausdehnung der Sportfliegerei ohne adäquate Lärmbekämpfungsmaßnahmen zuläßt — ja fördert —, zum Nachteil der ruhebedürftigen Bevölkerung. Ein einzelner Sportflieger, der zu seinem Vergnügen — das ist hier der protegierte Wert — auszieht, kann Zehntausende, ja mehr Personen stören, und gegebenenfalls subventioniert man ihn noch zulasten der von ihm behelligten Steuerzahler [23].

[280] Daß Technik und Wirtschaft um des Menschen willen da sind und nicht umgekehrt, darüber besteht wohl in thesi Einigkeit. Die Wirklichkeit dagegen läßt oft das Gegenteil vermuten, weil man die schlicht humanen Interessen den technischen und wirtschaftlichen sog. Notwendigkeiten unterordnet, und nur zu oft heiligt der Zweck die Mittel. Belege sind jedem aufmerksamen Betrachter der Wirklichkeit bekannt.

F. Erhöhter Schutz vor Lärm, besonders in Erholungsgebieten

Die Hierarchie der Werte führt auch zur Forderung, daß besonders *schutzbedürftigen Objekten* (und damit den dort befindlichen Personen, allenfalls auch Tieren) erhöhter Schutz vor Lärm gewährleistet wird: Krankenhäusern, Schulen

---

[22] Näheres zu diesen Fragen und zum folgenden in des Verfassers N. 9 zit. Festschriftbeitrag von 1961, und allgemein: HANS HUBER, Das Recht im technischen Zeitalter, Rektoratsrede (Bern 1960).

[23] Über das unzumutbare Ausmaß solcher Störung und über solche Subventionierung HANS MERZ, Fluglärmbekämpfung in der Praxis. Der Flughafen Belp-Bern, in Festgabe *Oftinger* (Zürich 1969) 187 ff. Wie dort erwähnt, erhielt — der Sache nach — im Jahre 1967 jeder Sportflieger, der in Bern-Belpmoos startete und landete, vom Steuerzahler Fr. 28.— geschenkt. LFG Art. 101 Abs. III lit. a (Fassung vom 17. Dezember 1971) ermöglicht dem Bund die Subventionierung von Sport- und anderen Privatflugplätzen. Weiteres hinten § 25 III A 2.

aller Stufen, wissenschaftlichen Instituten, Naturschutzgebieten, Erholungslandschaften usw. Dies ist vorab eine Aufgabe des Polizeigesetzgebers und des Vollzugs. Die von der eidgenössischen Expertenkommission für Lärmbekämpfung vorgelegte Musterverordnung zum Schutz gegen Lärm trägt diesem Gesichtspunkt in Art. 26 Rechnung [24], desgleichen die VVO zum LFG (rev. 30. Oktober 1968) [25] in Art. 47 Abs. IV, 47a, 51 lit. f, 60, 63, 129, 133 f.; wie weit sich diese Bestimmungen angesichts des übergroßen Störungspotentials der Luftfahrzeuge und Flugplätze praktisch auswirken, ist schwer abzusehen. Der Schweizerische Fremdenverkehrsverband hat 1969 eine «Anleitung zur Erhaltung der Ruhe in Ferienorten» herausgegeben, die der erwähnten Musterverordnung ähnliche Empfehlungen für Polizeiverordnungen enthält. Schutz vor Lärm bei der *Erholung,* in den *Ferien* ist ein elementares Gebot der physischen und psychischen Hygiene und damit der Lärmbekämpfung [26]. Die starke Bautätigkeit an vielen schweizerischen Kurorten und ungenügende Schutzmaßnahmen haben oft zu unannehmbaren Zuständen geführt. Wo nötig, ist dringend Abhilfe geboten. Weitere Postulate der Kurorte sind bekannt, z. B. Anlage von Umfahrungsstraßen und Verkehrsbeschränkungen im Innern der Orte. Der rev. Art. 8 Abs. IV LFG (Fassung vom 17. Dezember 1971) schreibt vor, bei der Bezeichnung von Gebirgslandeplätzen für Luftfahrzeuge [27] [281] seien «Ruhezonen auszuscheiden», eine Bestimmung, die im Parlament von den Parteigängern der Aviatik mit Scheinargumenten lebhaft bekämpft wurde [28]. Wenn das im Wurf befindliche BG über die *Raumplanung* Erholungsräume ausscheidet, sollte man vorsehen, daß diese insbesondere von den Maschinen der Kleinaviatik nicht überflogen werden dürfen und daß innerhalb und in der Nähe keine Flugplätze zuzulassen sind. Auch die Militäraviatik ist möglichst zu erfassen. Ohne solche Maßnahmen können die Erholungsräume illusorisch werden. Die Regelung von Besiedelung und Überbauung, worauf man vorweg abzielt [29], genügt insofern nicht. In den USA scheinen riesige Naturschutzgebiete mit Überfliegungs- und Landeverbot zu bestehen [30]. In der Schweiz hat man die stellenweise stark störende *Gebirgsfliegerei* ungenügend zurückgebunden [30a].

[24] Expertenbericht 342.
[25] AS 1968, 1341.
[26] Näheres OFTINGER, Juristische Betrachtungen zum Lärmproblem, Universitas 18, 162 ff.
[27] Über diese Landeplätze LFG Art. 8 (Fassung vom 17. Dezember 1971) und VVO zum LFG Art. 65b ff. (Fassung vom 3. April 1964).
[28] StenBull. NR 1971, 639, 1420 ff.
[29] BB über dringliche Maßnahmen auf dem Gebiete der Raumplanung vom 17. März 1972 und VVO vom 29. März 1972 (AS 1972, 644, 686); Botschaft und Entwurf zu einem BG über die Raumplanung, BBl. 1972 I 1453 ff.; über Erholungsräume und Schutzgebiete Art. 16, 25 f.
[30] RUEDI SCHATZ, Die Berge der Profitgier opfern? NZZ Nr. 5111 vom 20. Dezember 1962.
[30a] Hinten bei N. 109.

Die Frage, wieweit man den *subjektiven Verhältnissen* der vom Lärm Betroffenen Rechnung zu tragen habe (Intellektuelle, Künstler, Kranke, Kinder usw.), kann hier nur gestellt, nicht aber erörtert werden [31].

G. Falsche Maßstäbe

Der heutige Jurist steht in Gefahr, vom technischen Denken auf Kosten des juristischen Denkens überwältigt zu werden und dorther seine Maßstäbe zu beziehen [32]. Dies ist, wie sich aus der vorstehenden Darlegung unter lit. D ergibt, verfehlt. Fragwürdig ist deshalb, daß verschiedene gesetzliche Bestimmungen, was die vorzuschreibenden Schutzmaßnahmen anlangt, auf den *Stand der Technik* abstellen, [282] z. B. ArbG Art. 6 Abs. I, KUVG Art. 65 Abs. I, revOR Art. 328 Abs. II, BAV [33] Art. 21 Abs. III, IV. Gewiß soll man nicht Utopisches fordern. Doch schlechthin den Stand der Technik als maßgebend zu betrachten, erzeugt die Gefahr, daß man auch einen schlechten Stand — selbst einen vorsätzlich tief gehaltenen — als genügend übernimmt. Statt dessen sollte der Gesetzgeber, wo immer dies angeht, der Technik Ziele setzen, von ihr Verbesserungen verlangen und dafür Fristen ansetzen, statt sich ins Schlepptau nehmen zu lassen und vorweg vor der Faktizität des Vorhandenen zu kapitulieren. Diese neue Konzeption hat der amerikanische Gesetzgeber hinsichtlich der Entgiftung der Auto-Abgase exemplarisch verwirklicht [34]. Das ist ein entscheidender Gesichtspunkt. Der Gesetzgeber hat es in der Hand, im Bereich der Immissionen den *technischen Fortschritt zu steuern*. Man denke z. B. an den Fluglärm, dessen einschneidende Verminderung ganz und gar noch aussteht. Gleichwohl stellt die auf Kleinflugzeuge bezügliche Verfügung über die Bekämpfung des Fluglärms an der Quelle vom 16. Juli 1971 [35] in Art. 6 Abs. II ausdrücklich und der Sache nach durchwegs auf den Stand der Technik ab; die Ansprüche, die diese Verfügung an die Lärmminderung stellt, sind denn auch ungenügend (hinten § 25 III A 2). Wo der Gesetzgeber noch nicht in der Lage ist, über den heutigen Stand der Technik hinaus zu sehen und Ziele zu setzen, soll er als Sofortmaßnahme die beste vorhandene technische Lösung (z. B. den leisesten Kompressor — es gibt sehr leise!) als Maßstab nehmen. Die herrschende *Technik- und Wissenschaftsgläubigkeit* und die *Überbewertung des Wirtschaft-*

---

[31] Hiezu SCHMID 52 ff., 111 ff.; MEIER-HAYOZ, Immissionsschutz 48 f.; WIETHAUP 95. Es sei nachdrücklich auf die in SJZ 55, 100 wiedergegebene Äußerung des Physiologen W. R. HESS hingewiesen.

[32] Näheres in meinem N. 9 zit. Festschriftbeitrag von 1961.

[33] AS 1969, 821.

[34] MÜLLER-STAHEL, Environmental Law: Umweltschutzrecht — Eine neue Disziplin im Recht der USA, SJZ 68, 50 f.; KARL OFTINGER, Die Immissionen und ihre Abwehr, in: Die Bedrohung unseres Lebensraumes, NZZ-Schriften zur Zeit Nr. 12, 37.

[35] AS 1971, 1168.

lichen drohen durchwegs die typisch juristischen, auf die früher besprochenen Werte ausgerichteten Maßstäbe zu verfälschen. Diese Maßstäbe sollten z. B. das Ermessen lenken und im voraus schon die politischen Entscheidungen, die (z. B. in der Frage der Errichtung eines neuen Flughafens) sich an humanen Werten und Maßstäben ausrichten sollten.

Aus dieser Gedankenreihe ergibt sich ferner, daß man die *akustischen Messungen* in Dezibel (früher Phon, vorstehend § 24 I) nicht als schlechthin verbindlich in der Frage des Übermaßes oder der Zumutbarkeit von Lärm betrachten darf, sondern sie sind Hilfsmittel, [283] bieten Indizien [36]. Das gleiche gilt für die sog. *Grenzrichtwerte* [37], d. h. in Dezibel ausgedrückte, je für Zonen geltende Limiten annehmbaren oder übermäßigen Lärms (z. B. für ruhige Wohnzonen, Industriezonen, Zonen von Hauptverkehrsadern). Richter und Verwaltungsbehörden dürfen sich nicht von akustischen Experten die Entscheidung über das Zulässige vorschreiben oder abnehmen lassen. Daß — allgemein — der Maßstab der *wirtschaftlichen Zumutbarkeit,* daß die *Abwägung der Interessen,* wegen der herrschenden Überschätzung der ökonomischen Gesichtspunkte zu verfehlten Ergebnissen führen können, ist so bekannt, daß es hier nicht belegt zu werden braucht. Auch das Abstellen auf die *«Empfindlichkeit des Durchschnittsmenschen»* ist ein falscher Maßstab, wenn man hierunter eine undifferenzierte, dickfellige, jedem noch so unerfreulichen technischen «Fortschritt» von vornherein zugeneigte Person versteht [38].

H. Gesichtspunkte des Subjektiven und des Objektiven

Eine der klassischen Ausflüchte, wenn es um Lärmimmissionen geht, ist (auch im politischen Bereich, wo die Würfel vielfach fallen) noch immer — offen oder verdeckt — die Behauptung: die Auswirkungen des Lärms seien «nur» subjektiver Natur, vorab seien die Empfindungen der Betroffenen subjektiv, folglich keiner oder ungenügender Objektivierung zugänglich und somit (das ist der angestrebte Schluß) unbeachtlich. Ein anderer Ausdruck dafür lautet: die Auswirkungen seien «nur psychologisch». Ohne auf medizinische Einsichten, die objektiv nachteilige Lärmeinwirkungen kennen [39], oder auf die Psychologie des Lärms einzugehen, kann man als Jurist festhalten, daß es, vom Standpunkt des Rechts aus, bei der Einschätzung des Lärms um eine *Wertung* geht. Wertungen sind aber objektiv im Sinne der Geisteswissenschaften, wenn ein verbreiteter Konsens in der Beurteilung [284] besteht. Objektivität bedeutet hier Übersubjektivität [40]. Man kann verein-

---

[36] OFTINGER, Lärmbekämpfung als Aufgabe des Rechts 44 ff.; zutreffend die Entscheide BGE 83 II 392; 88 II 14; BJM 1964, 85/86; ZBJV 103, 365; SJZ 61, 308 und besonders SJZ 67, 192.
[37] SJZ 67, 192; OFTINGER, SJZ 65, 372/73 gegen BGE 94 I 290, 301, 303. Solche Werte finden sich aufgestellt und erläutert im Expertenbericht 53 f., 62 ff.
[38] Vorn N. 31.
[39] Vorn N. 11.

fachend bildhaft sagen: Tausendmal subjektiv macht objektiv; folglich *ist* der von einem Sportflugplatz ausgehende Lärm lästig oder gar unzumutbar, wenn zahlreiche Anwohner dies so empfinden. Ob das einzelne Flugzeug z. B. nicht lauter ist als ein Lastauto, ist dann belanglos (von anderen Überlegungen abgesehen). Unser ganzes Dasein beruht auf Wertungen — gut, angenehm, lästig, übermäßig, unzumutbar usw. —, und das Recht trägt dieser anthropologischen Gegebenheit [41] mit seinen Normen und Methoden Rechnung. Das hat auch dort zu gelten, wo es um den Lärm geht. Wertungen kann man nicht beweisen wie Tatsachen, aber man kann sie einsehen [42].

I. Falsche Vergleiche

So oft man dies schon widerlegt hat: bis heute berufen sich Lärmproduzenten (und oft auch Behörden) darauf, ihr Lärm (oder der von ihnen beschützte Lärm) sei nicht lauter als jener anderer Quellen [43]. Hier sei nur *ein* Gegenargument festgehalten: in unserer überlauten Welt darf man nicht Lärm mit Lärm vergleichen, sondern man vergleiche ihn mit der Stille. Die Sportflieger z. B. behaupten beharrlich, Sportflugzeuge seien nicht lauter oder sie seien gar leiser als Lastautos. Abgesehen davon, daß diese nach allgemeinem Urteil meist viel zu laut sind, trägt ein Flugzeug den Lärm auch dorthin, wo kein Lastauto fährt, sondern wo Stille herrscht: auf die Rückseite des Hauses, in den Garten, in die Erholungslandschaft, ins Gebirge. Dies [285] ist entscheidend. Zudem ist der Sportflieger besonders aktiv dann, wenn der Lastautomobilist sein Fahrzeug eingestellt hat: am Wochenende. Je mehr der heutige Mensch, für ihn unentrinnbar, dem Lärm ausgesetzt ist, desto mehr müssen Gesetz und Behörden ihn vor weiterem Lärm schützen [44].

---

[40] KARL ENGISCH, Wahrheit und Richtigkeit im juristischen Denken, Münchner Universitätsreden, Neue Folge Nr. 35 (München 1963) 19 f. Siehe auch WALTHER BURCKHARDT, Methode und System des Rechts (Zürich 1936) 241 ff.

[41] WALTER HEITLER, Der Mensch und die naturwissenschaftliche Erkenntnis (Braunschweig 1961) 19 ff.; derselbe im Sammelband Menschenzüchtung, hg. von *Friedrich Wagner* (München 1969) 62 f., 71; ARNOLD GEHLEN, Der Mensch (7. A. Frankfurt/Bonn 1962) 304.

[42] KARL LARENZ, Methodenlehre der Rechtswissenschaft (Berlin usw. 1960) 217.

[43] OFTINGER, Lärmbekämpfung als Aufgabe des Rechts 24, 138, und SJZ 55, 102 mit Belegen. Aus der neueren Judikatur zutreffend BGE 83 II 392; 88 II 15; SJZ 67, 193; BlZR 69 Nr. 122: «Das Bestehen einer ... Lärmquelle (sc. einer Nationalstraße) bildet keinen Freipaß für jede andere lärmige Tätigkeit» (hier die Ausbeutung einer Kiesgrube). Bedenklich BGE 94 I 303; der Lärm einer *neu angelegten* Autobahn sei nicht lauter als jener einer Hauptverkehrsader, folglich nicht übermäßig; dazu kritisch OFTINGER, SJZ 65, 372.

[44] BlZR 70 Nr. 43, 106: Lautsprechermusik und Wettspiele auf einer Kunsteis- und Rollschuhbahn brächten zusätzlichen Lärm dann, wenn die Anwohner erhöhten Anspruch auf Ruhe hätten.

MERZ erwähnt 195, die Verteidiger des intensiven Betriebs von Privatflugzeugen auf dem Flugplatz Bern-Belpmoos hielten den vom Fluglärm stark betroffenen Nachbarn entgegen: «Längs einer Autobahn sei der Lärm mindestens gleich intensiv, im Start- und Landebereich von Düsenflugzeugen noch viel stärker; was dort ertragen werde, sei auch hier zu dulden.» Also ist der maximale Lärm das Maß.

K. Umweltbewußte Einstellung der Behörden

Dies ist ein Postulat. Daraus ergibt sich, daß die Behörden aller Stufen und Kompetenzbereiche negative Wirkungen, die ein Vorhaben zum Nachteil Dritter erzeugen kann, z. B. Lärm, von vornherein abzuklären haben. Jedoch sind das technische und oft das behördliche Denken monistisch: man sieht allein den unmittelbaren Zweck und faßt negative Folgen (falls überhaupt) zu oft erst ins Auge, wenn sie eingetreten sind. Demgegenüber hielt der Bundesrat unlängst fest: «Vor der praktischen Anwendung von neuen Entwicklungen werden deren Auswirkungen auf den Menschen und seine Umwelt sehr sorgfältig geprüft werden müssen[45].» In einem Kreisschreiben vom 10. Mai 1960[46] verpflichtet der Bundesrat die gesamte eidgenössische Verwaltung, diesen Gesichtspunkt hinsichtlich des Lärms bei der Vorbereitung von Erlassen und bei der eigenen Tätigkeit zu beachten (Näheres hinten § 25 III A 4). Jetzt sollen einige Beispiele umweltfeindlicher oder -freundlicher Einstellung von Behörden (auch von Gerichten) folgen.

Beim Erlaß des NSG hat man es abgelehnt, hinsichtlich der Anlage der Straßen in Art. 5 Abs. II das Anliegen der Lärmbekämpfung ausdrücklich zu erwähnen; die «Straße an sich» verursache keinen Lärm, wer den Lärm bewirke, seien «die Menschen, die mit ihren Vehikeln [286] darauf verkehren», so hieß es[47]. Die Folgen sind bekannt: bittere Klagen der Bevölkerung, Forderungen auf nachträgliche Ergreifung von Schutzmaßnahmen und auf Schadenersatz in Gestalt von Expropriationsentschädigungen[48] vielen Orts, wo Siedlungen durchfahren oder berührt werden. Oftmals ist die akustische Auswirkung der Eröffnung einer Autobahn geradezu wie eine Katastrophe über die Anwohner hereingebrochen. Es wäre, über Generationen hin betrachtet, nicht auf — auch sehr erhebliche — Mehrauslagen angekommen, z. B. abgesehen von der Routenführung, für Schallschutzwälle und -wände, für die Unterfahrung bebauter Gebiete und dergleichen. Noch im Jahre 1971 hatten Lehrer in der Stadt Zürich Anlaß, sich darüber zu beklagen, es bestehe die Absicht, mehrere Schulhäuser neu «in verkehrsreichste Straßenlabyrinthe..., hinein in den Lärm, in die Abgase, in Rauch und Staub» zu bauen: zum Teil unmittelbar neben eine sehr stark befahrene Brücke, und «ganze fünf Meter» von einer sieben- bis neunspurigen Expreßstraße entfernt; zwei Fronten des einen Schulhauses wären an «zwei lärmigen, mächtigen Verkehrsströmen» gelegen[49]. Seit einigen Jahren verwendet man verschiedenen Orts, z. B. zur Reini-

---

[45] BBl. 1972 I 406.
[46] Abgedruckt Expertenbericht 344 ff.
[47] StenBull. NR 1959, 678.
[48] Vorn bei N. 2. — Postulat von Nationalrat Schürmann, NZZ Nr. 482 vom 16. Oktober 1972, der jetzt präventive Maßnahmen verlangt.
[49] NZZ Nr. 32 vom 21. Januar 1971.

gung von Trottoirs und Bahnhöfen, mächtige, selbstfahrende Staubsauger: sie vollführen einen ganz übermäßigen Lärm. Auf geräuscharmen Maschinen zu beharren, hat man, dem Ergebnis nach zu schließen, versäumt. Als Gegenbeispiel diene das Projekt für die Anschaffung von Autobussen durch die Stadt Zürich. Die Behörden wollen ausdrücklich und mit gerechtfertigtem erheblichem Mehraufwand lärm- und abgasarme Fahrzeuge anschaffen und einzelne Linien auf Trolleybusbetrieb umstellen [50]. Im Jahre 1962 bezeichnete das Bundesgericht den Lärm einer Kunsteisbahn als nicht übermäßig im Sinne des Art. 684 ZGB und wies die nachbarrechtliche Klage eines Anwohners ab [51], obwohl Lautsprechermusik vom Morgen bis abends 22 Uhr, täglich während mehrerer Monate, ertönte und in der Saison 20 Eishockey-Matches vor sich gingen, die das Gericht als «particulièrement bruyants» bezeichnete. Die gleichen Tatsachen bewogen im Jahre 1971 das Zürcher Verwaltungsgericht, die Bewilligung für die Errichtung einer Kunsteis- und Rollschuhbahn zu verweigern: [287] «Die Vermeidung übermäßiger Lärmimmissionen liegt im öffentlichen Interesse [52].» Im schon mehrmals erwähnten Entscheid BGE 94 I 286 erklärte das Bundesgericht 1968, den Behauptungen eines Experten folgend, die Autobahn Genf–Lausanne, die durch die Stadt Morges führt, bewirke keinen im Rechtssinn übermäßigen Lärm auf einem dort gelegenen Grundstück, obwohl dessen Grenze nur ungefähr 10 Meter und das Wohnhaus des Klägers ungefähr 20 Meter von der Straße entfernt lagen [53]. Laut Angaben im Entscheid ZBJV 103, S. 368 hat eine Ortspolizeibehörde eine gesetzwidrige Bewilligung für den geradezu quälend lärmigen Betrieb einer Kartbahn erteilt, der Sonntag für Sonntag von 10 Uhr bis zum Einnachten vor sich ging. (Karts oder Go-Karts sind zu sportlichem Fahren oder zu Rennen eingesetzte Miniaturautos mit Motoren ähnlich jenen äußerst lärmiger Rasenmäher oder Kettensägen [53a].)

Erst wenn bei allen Behörden, vor allem den lokalen, der Gedanke vom *grundsätzlichen Primat des Umweltschutzes* durchgedrungen und zur Überzeugung geworden ist, werden sich die auf Immissionen und im besondern auf Lärm be-

---

[50] NZZ Nr. 16 vom 11. Januar 1972.

[51] BGE 88 II 10.

[52] BlZR 70 Nr. 43. Gleich der Sache nach schon 1959 ein waadtländischer Rekursentscheid in einer Baupolizeiangelegenheit, ebenfalls eine Kunsteisbahn betreffend, Revue de droit administratif et de droit fiscal 1961, 107.

[53] Näheres und Kritik mit gegenläufigen Belegen: OFTINGER, SJZ 65, 372 f. BASLER/HOFMANN betrachten in ihrer Untersuchung «N3 — Linienführung Brugg» (1968, hg. von der Baudirektion des Kantons Aargau) 50 ff., eine 250 Meter breite Zone in der Ebene als «starkem Autobahnlärm» ausgesetzt; in ansteigender Hanglage sind es 400 Meter! Das Bundesgericht möge dies zur Kenntnis nehmen.

[53a] Beschreibungen Sem.jud. 1966, 36, und ZBJV 103, 365. Lärmurteile Zbl. 64, 449; ZBJV 103, 362.

züglichen Vorschriften, vor allem jene der Polizeigesetzgebung, so auswirken, wie es ihrem Zweck und einer zeitgemäßen Konzeption entspricht[54]. Die Umweltfreundlichkeit der Behörden ist neuerdings etwas gewachsen. Wieviel auf Gesinnungswandel und was auf Taktik zurückgeht oder nur auf Lippenbekenntnisse herauskommt — Beispiele hierfür wären leicht zu geben — bleibe dahingestellt. Von den Behörden ist zu fordern, daß sie *sofort reagieren*, wenn eine neue Lärmquelle auftritt. Als z. B. die ersten (motorisch getriebenen) Kettensägen erschienen — man verwendet [288] sie vor allem in Gärten und Forsten zum Fällen und Zerkleinern von Bäumen — hätte man diese unzumutbar lärmigen Geräte verbieten sollen, so nützlich sie auch sind. Es ist anzunehmen, daß dann rasch geräuscharme konstruiert worden wären — man bringt es ja auch fertig, auf den Mond zu fliegen, und die schöpferische Kraft der Technik ist fast ohne Grenzen. Wären Gesetze und Behörden so streng, wie hier angeregt, so würde den Konstrukteuren bewußt, daß nur mehr geräuscharme Maschinen einen Markt fänden.

L. Rechtsvereinheitlichung

Der Gedanke liegt nahe, für gewisse Bereiche des Umweltschutzes eine internationale Regelung anzustreben. Dies ist vielfach richtig, kann aber auch bloß ein Vorwand sein, um eine schweizerische Normierung, die den Betroffenen nicht genehm ist, zu hemmen. So verschanzt man sich in der Aviatik jeweils gegenüber der Forderung nach viel intensiverer Fluglärmbekämpfung gerne hinter eine angeblich zu erwartende oder eine anzustrebende Regelung der Internationalen Zivilluftfahrtorganisation (ICAO), von der man weiß, daß sie, falls überhaupt, erst nach langer Verzögerung und, so ist zu erwarten, mit milden Restriktionen zustande kommen wird. Dies traf z. B. evidentermaßen zu, als die Forderung nach einem schweizerischen Verbot der zivilen Überschallfliegerei (jetzt, gegen eisernen Widerstand aviatischer Kreise, in revLFG Art. 14 Abs. I aufgenommen) auftrat[55]. Die Arbeiten der ICAO, auf die man abstellen wollte, haben m. W. bis heute noch zu keinem die Sache selber erfassenden Ergebnis geführt, wohl aber fliegen das französisch-englische und das russische Überschallflugzeug bereits. Ebenso wenig erfolgversprechend erscheint das Vorgehen des Europarates, der sich jetzt

---

[54] Kraß die Entscheidungen kantonaler Behörden laut BGE 95 I 33: eine Industrieanlage mit starkem Werkverkehr in der Wohnzone des Kurortes St. Moritz bewilligt; ebenso befremdlich die in BGE 95 I 193 beurteilten Geschehnisse.

[55] Zum Beispiel Antwort des Bundesrates auf eine Interpellation Schmidt, vom 19. Dezember 1967, BBl. 1971 I 271 f.; H. C. von Schulthess, Überschallverkehr und Gesetzgebung, NZZ Nr. 506 vom 19. August 1969. Über die geradezu hanebüchenen juristischen Fehlbehauptungen, die auch von hochgestellter Seite zur Abwehr der Volksinitiative auf Verbot der zivilen Überschallfliegerei verbreitet wurden, sei hier der Mantel des Schweigens gebreitet.

mit der Überschallfliegerei befaßt und beschlossen hat, die UNO zu ersuchen, sich der Angelegenheit anzunehmen, um zu einem internationalen Abkommen zu gelangen[56].

[289] Keinesfalls darf die Schweiz sich im Bereich der Lärmbekämpfung (und allgemein des Immissionsschutzes) je einer internationalen Ordnung anschließen, die schlechter ist als die bestehende schweizerische. Die Gefahr eines solchen Ergebnisses besteht, weil die Tendenz sich durchsetzen kann, auf die unterste Stufe schon vorhandener nationaler oder in rückständigen Ländern als realisierbar erscheinender Bestimmungen hinabzugehen; dies um zurückgebliebenen Ländern entgegenzukommen. Sollten je die Geräuschlimiten für Motorfahrzeuge vereinheitlicht werden, etwa von der EWG aus, so wäre dieser Gesichtspunkt streng zu beachten. Im Entwurf für eine Europäische Straßenverkehrsordnung, 1966 von der World Touring and Automobile Organization herausgegeben, fand sich einzig die Vorschrift, akustische Warnzeichen seien kurz zu geben (Art. 30), wogegen so unentbehrliche Bestimmungen wie Art. 42 SVG und Art. 33 VRV fehlten.

M. Mentalität der Lärmproduzenten

Wer über jene *humanarum rerum notitia*, die dem Juristen eigen sein sollte, verfügt, der wird, wenn er sich anschickt, gegen Immissionen aufzutreten, darauf gefaßt sein, Widerstand zu begegnen. Daß der Industrielle, dem man auferlegt, eine kostspielige Filteranlage gegen Geruchsemissionen einzubauen, opponiert, ist einfühlbar. Gewissen Widersachern der Lärmbekämpfung dagegen bleibt es vorbehalten, sich mit einem aus andern Schichten als dem Gewinnstreben genährten Widerstand zu wehren; mit Scheinargumenten (um nicht mehr zu sagen), mit Spott, mit Erbitterung oft, mit Gehässigkeit. Der Lärm nimmt da eine Sonderstellung unter den Immissionen ein, und es ist das Fahren auf der Straße und in der Luft, das zu solcher Reaktion prädestiniert. Belege gibt es im Übermaß[57]. Daß es dem Gemeinwesen als Erzeuger von Baulärm besonders schwer fällt, sich den Geboten der gerade in diesem Bereich in technischer Hinsicht besonders erfolgreichen Lärmabwehr zu fügen, läßt sich immer wieder feststellen. Öffentliche Baustellen gehören oft zu den lautesten. Selbst elementare Schutzmaßnahmen, wie z. B. der Einsatz leiser Kompressoren, [290] die Einschalung solcher oder die Verwendung von Schutzhüllen für Preßlufthämmer, fehlen. Man kennt Fälle, wo das Baugewerbe der Minderung des Lärms dienende gesetzliche Vorschriften während

---

[56] Mitteilungen des Europarats Nr. 1/1972, 12.
[57] Eine vom Verfasser stammende Zusammenstellung von entsprechenden Äußerungen und Aktionen in (Zeitschrift) Gegen den Lärm, Nr. 3 vom Juli 1968, 47 ff. Selbst dieser zur Abwehr des Kampfes gegen die Fluglärmbekämpfung verfaßte Artikel führte zu ganz unangemessenen Reaktionen. Weiteres hinten § 25 III A 2.

Jahren hintanzuhalten wußte, und andere Fälle freilich, wo man auf guten Willen stieß. Die Opposition der Bevölkerung gegen umweltfeindliche staatliche Vorhaben, etwa eine ihr untunlich erscheinende Führung städtischer Expreßstraßen (das sind Stadt-Autobahnen), wird wach. Dann mag sich zeigen — aber erst, wenn der Widerstand kräftig wird —, daß die Behörde ein verbessertes Projekt vorzulegen imstande ist, mit der Begründung, die Bedeutung des Umweltschutzes sei erst in jüngster Vergangenheit deutlicher erkannt worden [58]. Das bedeutet doch nur: daß die Behörde sich verspätet schon längst bekannte Erkenntnisse zu eigen macht [59]. Weitere Beispiele finden sich im Verlaufe dieser Arbeit angegeben.

Diese als *pars pro toto* — als vereinzelte Belegstücke für ein umfangreiches Ganzes — zu verstehenden Tatsachen gehören zu den «Realien» des Rechts der Lärmbekämpfung und dürfen nicht übergangen werden. Man hat mit ihnen nach wie vor zu rechnen.

§ 25 KOMMUNALES, KANTONALES UND EIDGENÖSSISCHES RECHT

Der dreistufige Aufbau des schweizerischen öffentlichen Rechts zeigt sich auch hier: Gemeinde, Kantone und Bund treten als Gesetzgeber und Vollzieher der Vorschriften zur Lärmbekämpfung auf.

I. Gemeinderecht

[291] *Polizeiverordnungen* einzelner Gemeinden enthielten seit langem Bestimmungen, die einzelne Lärmquellen erfaßten, wie Radioapparate, Hundezwinger und Unfug, vielleicht auch Gewerbebetriebe, und allgemein die Störung der öffentlichen Ruhe. Diese Bestimmungen erwiesen sich als wenig wirksam. Die eidgenössische Expertenkommission für Lärmbekämpfung legte deshalb eine *Musterverordnung zum Schutz gegen Lärm* vor [60], die eine möglichst umfassende Regelung anstrebt. Sie macht das Einschreiten zur Amtspflicht und verbindet eine Generalklausel (Art. 2) mit der Enumeration typischer, die heutigen Gegebenheiten erfassender Tatbestände. Da Eile not tat, unterrichtete man schon 1959 Interessenten, vor allem den Schweizerischen Städteverband, über den Vorent-

---

[58] So bezüglich des sog. Verkehrs-Y (einer Verknüpfung und Routenführung von Expreßstraßen inmitten der Stadt Zürich): NZZ Nr. 560 vom 1. Dezember 1971.
[59] Schon der Expertenbericht von 1962, gedruckt 1963, befaßte sich rechtzeitig — aber ohne ausreichende Wirkung — unter dem Gesichtspunkt des Lärmschutzes mit den Nationalstraßen, 111 f., 265 f.
[60] Expertenbericht 333 ff.

wurf, der mit der definitiven Fassung praktisch identisch war, damit er bei den zahlreichen damals in Gang befindlichen Revisionen von Gemeindepolizeiverordnungen berücksichtigt würde. Dies geschah kaum. Nach langen Jahren erst setzte sich die Tendenz der Musterverordnung durch und wurden zahlreiche ihrer Bestimmungen in vielen Gemeinden Gesetz, z.B. in der Lärmschutzverordnung der Stadt Zürich vom 2. Juni 1971. Diese (die hier als Beispiel diene) enthält in Art. 1 eine Generalklausel, die grundsätzlich verbietet, Lärm zu verursachen, der vermeidbar oder verminderbar ist, und erfaßt in 20 Artikeln einen großen Teil der Lärmquellen, die nicht vom kantonalen oder vom Bundesrecht geregelt sind. Die Polizei hat für die Durchsetzung der Verordnung zu sorgen. Entscheidende Bedeutung besitzt die Kompetenz der Polizei, Kontrollen vorzunehmen und administrative Maßnahmen zu verhängen, z. B. den Betrieb einer Baustelle oder einer Maschine einzustellen (MusterVO Art. 28, Zürcher VO Art. 26). Die MusterVO (Art. 28 Abs. V) sieht vor: «Unternehmer, welche dieser Verordnung zuwidergehandelt haben, werden bei der Erteilung von Aufträgen durch die öffentliche Hand bis auf weiteres nicht mehr berücksichtigt.» Die Zürcher VO enthält, was offenbar unausweichlich ist, einzelne ungenügende Bestimmungen, z.B. in betreff des Gebrauchs von Lautsprechern in Privathäusern und in betreff des Baulärms, befindet sich aber sonst in der Vorhut.

Zahlreiche Polizeiverordnungen großer und kleiner Gemeinden sind jetzt modernisiert oder enthalten wenigstens einzelne zeitgemäße Vorschriften, [292] oder es sind gar eigene Lärmschutzverordnungen zustande gekommen. Wenn hier nicht andere als die stadtzürcherischen genannt werden, so bedeutet dies keine Zurücksetzung. Als Anhaltspunkte für die der Regelung bedürftigen Lärmquellen und Gegenstände seien anhand der MusterVO die folgenden aufgezählt: Gewerbe und Industrie — Baulärm — Sirenen, Signalgeräte, Rufanlagen und dergleichen — Reparaturarbeiten zu privaten Zwecken auf öffentlichem Boden — landwirtschaftliche Arbeiten, Gartenarbeiten — Fahren, Fahrzeuge, Benützung der Garagen — Wasserski — Milchkannen, Kehrichtkübel und dergleichen — Unfug, Schreien, Johlen — Radio- und Fernsehapparate, mechanische und andere Musikinstrumente, Singen — Lautsprecher im Freien — Tiere — häusliche Arbeiten, Maschinen und Geräte — Spiele der Kinder, lärmige Maschinenmodelle — Bestandteile von Gebäuden — Nachtruhestörung, nächtliche Arbeiten — Schießen, Knallkörper — Sonntage, Ruhetage — Wirtschaften, Konzertsäle, Versammlungsräume, Vergnügungsstätten — Kegelschieben, Bocciaspiel, Minigolfspiel und dergleichen — Campingplätze — Messen, «Chilbinen», Jahrmärkte und dergleichen — öffentliche Veranstaltungen — schonungsbedürftige Örtlichkeiten und Veranstaltungen. Als Beispiel für eine kurzgefaßte Bestimmung aus der allgemeinen Polizeiverordnung einer Landgemeinde diene: «Gefährliche oder belästigende

Immissionen aller Art sind verboten» (Bülach, 17. September 1969). Daß Kurorte einer eigenen Regelung bedürfen, wurde unter § 24 II F erwähnt.

Ausschlaggebend ist auch hier der *Vollzug*. Ohne tatkräftige Durchsetzung nützen die Bestimmungen wenig. Es bedarf, wo dies möglich ist, spezialisierter Polizeifunktionäre. Vereinzelte Städte verfügen über eine eigene Lärmbekämpfungsstelle der Stadtpolizei, die verdienstvoll wirkt. Die größte, die zürcherische Stelle, verfügt über vier Unteroffiziere unter Leitung eines Polizeikommissars [61]. Die Polizei kann nicht jeden verbotenen Lärm wahrnehmen. Es ist Sache des Bürgers, Anzeige zu erstatten. Dies ist sein Recht und oft eine moralische Pflicht — man denke an ein von vermeidbarem Baulärm bedrängtes Spital —, und hier von verpönter Denunziation zu sprechen ist abwegig. Lärmbekämpfung beginnt insofern damit, daß man sich selber wehrt.

II. Kantonales Recht

[293] Bau-, Gewerbe-, Gesundheitspolizei und Ruhetagsgesetzgebung sind traditionelle Domänen der Lärmbekämpfung. Verschiedenen Orts sind neuzeitliche Gesetze zustande gekommen oder in Vorbereitung. Als Beispiele dienen zwei zürcherische Erlasse [62]:

1. Die revVO über den *Baulärm* vom 27. November 1969/24. Juni 1971 [63]. Vorgeschrieben sind u. a. Grenzen zulässigen Lärms (deren sukzessive Senkung vorbehalten wird). Rammen bedarf vorgängiger Bewilligung. «Alle Baumaschinen sind so zu unterhalten, zu bedienen und einzusetzen, daß vermeidbarer Lärm verhütet wird.» Die Gemeinden können strengere Vorschriften erlassen. Die VO macht keine Ausnahmen für Baustellen des Gemeinwesens. (Andernorts, z. B. in der Stadt Aarau, bestehen verwandte Bestimmungen. Basel-Stadt besitzt eine allgemeine VO zur Bekämpfung von übermäßigem Lärm vom 14. März 1966, die sich generell auf bauliche Einrichtungen und den Betrieb von industriellen und gewerblichen Anlagen sowie von Maschinen und Gerätschaften bezieht [64].)

---

[61] Diese Lärmbekämpfungsstelle hat eine Broschüre «Grundlagen der Lärmbekämpfung», von EUGEN HUG und ERNST BACH, herausgegeben, die über zahlreiche Möglichkeiten der Lärmminderung und über verschiedene gesetzliche Vorschriften unterrichtet: kommunales, kantonales und eidgenössisches Recht.

[62] Der Verfasser muß sich der Kürze halber hier und anderenorts in der Regel auf diesen Kanton beschränken.

[63] Gesetzessammlung 43, 391; 44, 157. ERNST BACH, Die Praxis der Baulärmbekämpfung in der Stadt Zürich, (Zeitschrift) Gegen den Lärm, Nr. 3/4 vom Oktober 1969, 55 f.

[64] Eine ausführliche gesetzliche Regelung des Baulärms kennt die Bundesrepublik Deutschland: WIETHAUP 361 ff.; derselbe, Luftverunreinigungen 159 ff., 182 ff.; (Zeitschrift) Lärmbekämpfung 14, 106 ff., 159 ff. Die technische Literatur (z. B. Publikationen in letzterer Zeitschrift und in der Zeitschrift Kampf dem Lärm) kennt eine Fülle von Mitteln zur Dämmung des Baulärms; hiezu ferner soeben N. 61.

2. Das Gesetz über das *Gesundheitswesen* vom 14. November 1962 § 74 Abs. II bestimmt: (Die Gesundheitsbehörden der Gemeinden) «sind befugt, gegen Belästigungen durch Rauch, Ruß, Dünste, Lärm, Erschütterungen sowie gegen Gewässerverunreinigungen und dergleichen einzuschreiten. Sie sind dazu verpflichtet, wenn Gefahren für die Gesundheit bestehen.» Die ergänzende VO über allgemeine und Wohnhygiene vom 20. März 1967[65] sieht vor: § 2. «Gefährliche oder belästigende Immissionen aller Art, wie namentlich Verunreinigungen der Luft, Lärm und Erschütterungen, sind zu bekämpfen. — Handelt es sich um unbedeutende Fälle oder ausschließlich um die Verhütung von Sachschaden, kann der Betroffene auf den Zivilweg [294] verwiesen werden.» § 4. «Industrielle und gewerbliche Betriebe sind so einzurichten und zu betreiben, daß die Umgebung vor gefährlichen oder belästigenden Auswirkungen bewahrt wird.» § 7. «Maschinen und Geräte, die Lärm verursachen, sind so einzurichten und zu bedienen, daß übermäßiger oder vermeidbarer Lärm verhütet wird. — Der Regierungsrat kann verbindliche Richtlinien sowie Vorschriften über die Kontrolle und deren Kosten erlassen.»

Kein Wort darüber ist zu verlieren, daß der Baulärm aufs schärfste zu bekämpfen ist[66].

Kantonal ist im wesentlichen noch die Regelung für die *Schiffe*. Die Interkantonale Vereinbarung über die Schiffahrt auf dem Zürichsee und dem Walensee vom 15. Februar 1966 besagt in Art. 126: «Lärm, der zu Belästigungen führen kann, ist zu vermeiden, soweit dies möglich und zumutbar ist.» Art. 3 eines zugehörigen Reglements vom 23. September 1966 setzt eine Lärmgrenze fest[67]. § 7 der zürcherischen VO über die Schiffahrt auf dem Rhein vom 10. Juni 1971 verbietet das Wasserskifahren[68]. Eidgenössische Vorschriften gegen den Schiffslärm stehen in Vorbereitung.

Das kantonale Recht ermangelt großenteils, wenn nicht überall, ausreichender Vorschriften über die *Schallisolation von Bauten*. Der Bund beabsichtigt deshalb, solche gestützt auf BV Art. 24^{septies} zu erlassen. Eine Vorschrift wie jene der zitierten zürcherischen VO über allgemeine und Wohnhygiene, § 19 Abs. I, wo nur bestimmt ist, Wohnräume seien angemessen zu isolieren, genügt nicht[68a]; es braucht ins einzelne gehende Regeln. Die Gemeinde Spreitenbach verfügt schon seit 1960 über eine, einige Hauptpunkte erfassende Regelung, die, trotzdem man sie ver-

---

[65] Gesetzessammlung 41, 291; 42, 666. Hiezu der wichtige Entscheid SJZ 67, 191 ff.
[66] Siehe auch hinten bei N. 136, 138. — SJZ 68, 187 f.
[67] Gesetzessammlung 42, 375, 417.
[68] Gesetzessammlung 44, 152. — SJZ 65, 366: Keine Bewilligung für eine Wasserskischule auf dem Zürichsee in der Nähe eines Strandbades.
[68a] Es bestehen ähnliche Bestimmungen in verschiedenen Kantonen.

schiedentlich bekanntmachte, im wesentlichen unbeachtet und unnachgeahmt blieb. In Deutschland bestehen längst taugliche Vorschriften. Es gehört zu den unverzeihlichen Sünden der kommunalen oder kantonalen Behörden, trotz immer wiederholter Warnungen [69], die Schallisolation überwiegend übergangen [295] zu haben. Jährlich entstanden in den letzten Jahren in der Schweiz über 53 000 Wohnungen [70], wohl zu einem großen Teil ohne ausreichende Schallisolation. Der SIA hat 1970 «Empfehlungen für Schallschutz im Wohnungsbau» herausgegeben. Die Gemeinwesen, die Erlasse besitzen, welche nur generell schalldämmende Maßnahmen vorschreiben, können diese Empfehlungen für verbindlich erklären [71].

III. Eidgenössisches Recht

A. Geltendes Recht und Forderungen

Der Bund besaß schon vor der 1971 erfolgten Aufnahme des neuen Art. 24^{septies} in die BV, wonach er schlechthin allgemein zum Erlaß von Vorschriften zur Lärmbekämpfung verpflichtet ist, weitreichende Gesetzgebungskompetenzen, und es bestehen zahlreiche der Minderung des Lärms gewidmete Vorschriften [72]. Sie sind hier nicht einzeln zu schildern. Vielmehr sind ausgewählte Gebiete herauszugreifen.

1. Straßenverkehr

Im Vordergrund steht das Straßenverkehrsrecht [73], und hier sind als allgemeines Mittel der Steuerung der Lärmentwicklung die Normen über die Geräuschgrenzen für die Motorfahrzeuge von entscheidender Bedeutung. Sie liegen als Anhang 4 der BAV [74] vor. Die Grenzen betragen für Motorfahrräder 70 dB, für Motorräder 73—82, für leichte Motorwagen 78—82, für schwere Motorwagen (d. h. insbesondere Lastwagen) usw. 85—87. Die Normen sind mehrmals verschärft worden. Man muß weitere Verschärfungen verlangen (vorn § 24 II G). Welche zur Zeit realistisch sind, ist anhand der Gegebenheiten zu entscheiden [75]. Der *jetzige* «Stand der Technik» darf nicht maßgebend sein. Vorab sind ein großer Teil der Lastautos zu laut. Systematische [296] Kontrollen (SVG Art. 13 Abs. IV) [75a] und Stichproben sind erforderlich (Art. 13 Abs. III, 54). Art. 43 Abs. I, wonach Wege, die offensichtlich nicht für den Verkehr mit Motorfahrzeugen bestimmt sind, nicht

---

[69] Statt vieler des Verfassers Lärmbekämpfung (1956) 54/55 und wieder ZBJV 100 (1964) 117.
[70] F. BERGER, Wohnungsbestand und Wohnungsbedarf, NZZ Nr. 228 vom 21. Mai 1970.
[71] Expertenbericht 214/15.
[72] Übersicht Expertenbericht 274 ff.
[73] Vorschriften zusammengestellt bei SCHMID 80 ff.
[74] AS 1969, 821, 889.
[75] Angaben hinten N. 78.
[75a] BAV Art. 83.

IV. Umweltschutzrecht

befahren werden dürfen, wird ständig verletzt. In der Schweiz waren Ende September 1971 rund 1,765 Millionen eigentliche Motorfahrzeuge immatrikuliert, davon 110 000 Last- und Lieferwagen, und zudem 567 000 Motorfahrräder, also insgesamt 2,332 Millionen motorische Fahrzeuge. Darüber hinaus traten im Jahre 1971 über 46,5 Millionen ausländische Motorfahrzeuge auf. Die von allen diesen Gefährten bewirkte ungeheure Plage an Lärm bedarf, so man wirklich etwas erreichen will, der Verminderung mit drastischen Mitteln. Es sei an Art. 24^{septies} BV erinnert.

Hier einige Anregungen. Sofort zu beseitigen ist die Bestimmung, wonach Kinder schon mit 14 Jahren — ohne Fahrprüfung — Motorfahrräder fahren dürfen[76]. Diese Fahrzeuge sind, wenn neu, leise, viele aber werden von den Fahrern absichtlich durch technische Eingriffe akustisch verschlechtert, und ihre Menge vergrößert die Lärmfülle. Zudem ist der Gebrauch oft rücksichtslos und verbotswidrig[77]. Das Mindestalter sollte erheblich hinaufgesetzt werden, neben andern sich aufdrängenden Maßnahmen. Das grundsätzliche Nacht- und Sonntagsfahrverbot für Lastwagen (SVG Art. 2 Abs. II, VRV Art. 91 ff.), ein großer Vorzug des schweizerischen Rechts, darf nicht abgeschwächt werden; an massiven Versuchen hiezu seitens der Interessenten hat es nicht gefehlt. Auf längere Frist drängen sich u. a. die folgenden viel erwähnten Maßnahmen auf: Zurückdämmen des privaten Verkehrs zugunsten des öffentlichen, Förderung der elektrischen [297] Fahrzeuge. Durchschlagende Wirkung kann wohl nur die Neukonstruktion des wirklich geräuscharmen, wenn nicht fast geräuschlosen Motorfahrzeugs bringen. Die große Hoffnung scheint noch immer der Motor mit Brennstoffzellen zu sein, welche die Umwandlung von Treibstoff in elektrische Kraft ohne den herkömmlichen Verbrennungsmotor erlauben[78]. Für die nähere Zukunft ist das «narren-

---

[76] BRB über administrative Ausführungsbestimmungen zum SVG vom 27. August 1969 (AS 1969, 793) Art. 18 Abs. I lit. a.

[77] Aus dem Bericht über eine Aktion der Luzerner Stadtpolizei zur Kontrolle von Motorfahrrädern: In den ersten zwei Stunden mußten von 100 Fahrzeugen «14 an Ort und Stelle konfisziert und 30 beanstandet werden» (auch aus anderen Gründen als der Lärmerzeugung), NZZ Nr. 182 vom 19. April 1972. Die «Nationale Zweirad-Konferenz» meint, das Motorfahrrad sei «ein vorzügliches Mittel zur Integration der jungen Generation in den modernen Verkehr», NZZ Nr. 156 vom 4. April 1972. Jeder unvoreingenommene Beobachter dagegen weiß, daß Scharen von Jugendlichen ihre Fahrzeuge systematisch gesetzwidrig verwenden: Fahren, wo es verboten ist, «fortgesetztes unnötiges Herumfahren in Ortschaften» (untersagt durch VRV Art. 33 lit. d), absichtliche Erzeugung von Lärm usw. Viele Jugendliche «steigerten damit den Lärm in gewissen Quartieren ins Unerträgliche», hält ein eidgenössischer Parlamentarier in einer Kleinen Anfrage fest, NZZ Nr. 183 vom 20. April 1972.

[78] M. BERCHTOLD, NZZ Nr. 123 vom 13. März 1972. — Über die technischen Probleme der Lärmbekämpfung im Straßenverkehr unterrichten, für den Laien verständlich, neuere Arbeiten in (Zeitschrift) Kampf dem Lärm 18, 57 ff., 103 ff., 117 ff., 127 ff., 130 ff., 151 ff., ferner Expertenbericht 93 ff. (mit Diskussion auch organisatorischer Maßnahmen, der Gestaltung der Straßen, des Verhaltens der Lenker usw.).

sicher» leise Auto und Motorrad der jetzigen Machart zu fordern. Es sei an die vorn § 24 II G entwickelte Aufgabe des Gesetzgebers erinnert. Fachleute versichern, daß der Technik schon heute eine spürbare Senkung der Geräusche möglich ist[79]. Fußgängerzonen in Städten sind ein einfaches, lange übergangenes Mittel der Lärmverminderung[80].

2. Aviatik

Zunächst einige *Vorbemerkungen*.

Die Lärmbekämpfung in der Zivilaviatik hat in der Schweiz erst in den letzten anderthalb Jahrzehnten, so gut wie vom Nullpunkt an, eingesetzt. Sie stößt noch immer auf größte Hemmnisse. Der durchschnittliche Flieger betrachtet Fluglärm kaum als Lärm und sieht die Forderung nach dessen Minderung als unverständlich an[81]. Jene, die wirksame Fluglärmbekämpfung anstreben, und jene, die die Aviatik [298] als Interessenvertreter oder Behörden gegen die Fluglärmgegner verteidigen, sprechen nicht die gleiche Sprache[82]. Wer sich der Aviatik verbunden fühlt, der empfindet es als normal, daß in weiten Bereichen der Schweiz lauter Fluglärm zeitweise kaum abreißt und oft in drei Ebenen, zum Teil gleichzeitig, bewirkt wird: durch Verkehrsflugzeuge, Militärflugzeuge und Sport- oder Rundflieger. Nach Ansicht einer Direktion der Berner Regierung ist der weitere Umkreis eines Großflughafens eine Kurzone[82a]. Zahlreiche eidgenössische und kantonale Be-

---

[79] Belege in der vorhergehenden Fußnote.

[80] Beispiele aus der strafrechtlichen Judikatur zum Motorfahrzeuglärm: BGE 91 IV 149 («unnötiges Herumfahren», VRV Art. 33 lit. d); SJZ 53, 92 (vermeidbarer Lärm); 53, 93 (Nachtruhestörung); 64, 57 (Aufheulenlassen des Motors, Hupen). Ferner SJZ 65, 81 (Entzug des Führerausweises für zwei Monate wegen Verursachung übermäßigen Lärms). — Die Zürcher Behörde verfügt den Entzug, wenn übermäßiger Lärm darauf zurückgeht, daß am Fahrzeug verbotenerweise Abänderungen vorgenommen worden sind, siehe die N. 61 zit. Schrift 28.

[81] Noch 1968 bezeichnet ein Mitarbeiter der Aero-Revue, Blatt des Aero-Clubs (Juni-Nr., 274 ff.) jene, die sich für Fluglärmbekämpfung einsetzen, der Sache nach als Neurotiker und Psychopathen. In der Juli-Nr. 1971 des gleichen Blattes ironisiert der Chefredaktor die Verfügung einer Gemeindebehörde, die für Sonntage und Feiertage den Betrieb der überaus lärmigen motorisierten Modellflugzeuge verboten hat: «Wessen Umwelt wird da geschützt? — Haben Modellflieger keine Umwelt?» Dann redet er von Hysterie. Der Aero-Club ist vom Bund, wie später zu zeigen, mit einer vom letzteren als *staatlich* betrachteten Aufgabe betraut: Flieger auszubilden.

[82] Der Belege gibt es unzählige. Ein eidgenössischer Parlamentarier erklärte, *er* hätte nie unter dem Lärm von Kleinflugzeugen gelitten; sie bewirkten nicht mehr Lärm als sein elektrisches Rasierzeug, StenBull. NR 1971, 639. Im Bericht über eine luftrechtliche Tagung liest man 1967 von der Hoffnung, daß «mit dem Aufkommen des Überschallflugzeuges eine allmähliche Anerkennung der Tatsache verbunden sein wird, daß Rechtsgrundsätze aus dem Zeitalter des Pferdes und der Kutsche einer gewissen Überprüfung bedürfen», Zeitschrift für Luftrecht und Weltraum-Rechtsfragen 16, 25. — Der Verfasser würde diese Stellen nicht anführen, wenn sie nicht kennzeichnend wären und nicht beweiskräftig für die Hemmnisse, auf welche die Fluglärmbekämpfung noch und noch stößt.

[82a] So der N. 128 zit. amtliche Bericht 79.

hördemitglieder der verschiedensten Bereiche vermögen nicht einzusehen, daß seit Jahren ein scharfer Interessengegensatz besteht zwischen der Aviatik, die sie möglichst ungehemmt gewähren lassen und vorantreiben wollen, und großen Teilen der Bevölkerung, die nicht mehr gewillt sind, eine ständig zunehmende Lärmbelastung, die in weiten Gebieten des Landes stark fühlbar ist, auf sich zu nehmen. Die oft heftige, öfters erfolgreiche Opposition gegen Flugplatzprojekte ist dafür schlüssig. Gleichwohl schätzt man noch immer das Interesse am Fliegen und dessen wirtschaftliche Bedeutung grundsätzlich höher ein als das gegenläufige Interesse an einem nicht durch störenden, oft ganz übermäßigen Lärm beeinträchtigten Dasein (vorn § 24 II B, E, G, J). Da auch im eidgenössischen Parlament und zum Teil in der Bundesverwaltung, bis zur Regierung, *eingreifende* Fluglärmbekämpfung ungeachtet gegenteiliger Beteuerungen[83] immer wieder auf Widerstand stößt, erscheint der Einsatz jener Beamter, die sie vorangetrieben haben, desto verdienstlicher. Vom Gesichtspunkt des Umweltschutzes aus ist die Flugzeugtechnik eine der rückständigsten. Anders wären die Flugzeuge sehr viel leiser. Bei den meisten Promotoren der Aviatik herrscht noch ungebrochen ein sonst überwundener Fortschrittsglaube. Während sonst nachgerade der traditionelle Mythos des [299] ständigen, nur quantitativ verstandenen, wirtschaftlichen Wachstums als eine der Hauptursachen für die Verderbnis der Umwelt erkannt ist, befördert man in der Aviatik nach wie vor die Expansion in allen Richtungen. Hemmung gilt als untragbar. Man übersieht, daß die Verkehrsfliegerei zu einem sehr großen Teil ein Bedürfnis befriedigt, das sie selber mit ungeheurer, nie abreißender Propaganda erst selbst erzeugt.

Auf diese Gesichtspunkte — «Realien der Gesetzgebung» — hinzuweisen, war unerläßlich, um die juristischen Aspekte einsehbar zu machen.

Aus dem vielschichtigen Gebiet des *Rechts der Fluglärmbekämpfung*[84] kann hier so viel erwähnt werden. Die Revision des LFG vom 17. Dezember 1971[85] verpflichtet den Bundesrat zum Erlaß von Vorschriften zur Bekämpfung des Lärms. Der Überschallflug ist verboten. Die schon angeführten Beschränkungen des Grundeigentums in der Nähe öffentlicher Flugplätze sind vorgesehen (vorn § 23 bei N. 6). Die Lärmentwicklung der Luftfahrzeuge ist zu prüfen (Art. 12, 14 Abs. I, 42 ff., 58). Zahlreiche Einzelbestimmungen finden sich in der VVO zum LFG kraft Revision vom 30. Oktober 1968[86], z. B. bezüglich Anlage von Flug-

---

[83] Man lese unbefangen etwa StenBull. NR 1971, 630 f., 637, 639; StR 1971, 579, 581, 582—87 (bes. 585 f.), 590 f.
[84] Weiteres in des Verfassers Artikel: Der Fluglärm und seine Bekämpfung, (Zeitung) Die Ostschweiz Nr. 206 vom 4. September 1971.
[85] BBl. 1971 II 1988; noch nicht in der AS.
[86] AS 1968, 1341. — Eine neue Revision der VVO steht 1972 in Arbeit.

plätzen und An- und Abflugrouten, Konzessionierung oder Bewilligung von Flugplätzen, Pflicht von deren Haltern, sich der Lärmbekämpfung anzunehmen, gewisse Beschränkungen von Nachtflügen [87], Schonung von Sonn- und Feiertagen [88]. Es ist bereits vorgekommen, daß das Projekt für einen Flugplatz an diesen Bestimmungen gescheitert ist, wenn sich die Bevölkerung gewehrt hat. Die revidierten Verkehrsregeln für Luftfahrzeuge vom 3. Dezember [300] 1971 [89] enthalten in Art. 72 nur gerade die allgemeine Pflicht, beim Betrieb eines Luftfahrzeugs keinen übermäßigen Lärm zu bewirken und demgemäß sich rücksichtsvoll zu verhalten und das Luftfahrzeug sachgemäß zu bedienen. Es fehlen detaillierte Anweisungen, wie man sie im Straßenverkehrsrecht kennt. Eine Verfügung über die Bekämpfung des Fluglärms an der Quelle vom 16. Juli 1971 [90] sieht Grenzen des zulässigen Lärms für Kleinflugzeuge vor. Die Vorschriften sind ungenügend; nur etwa $1/10$ der im Betrieb befindlichen Apparate wird überhaupt erfaßt [91] — also wird praktisch der bestehende, überwiegend unannehmbare Zustand legalisiert —, und es finden sich im Erlaß noch manche Abschwächungen. Man stelle sich vor, die Motorräder dürften (wie bis jetzt die von der Verfügung erfaßten Flugzeuge) ohne Schalldämpfer verkehren, und man schreibe nun solche gerade nur für $1/10$, d. h. für die allerlautesten, vor, während die übrigen ungedämpft weiter lärmen und die Umwelt behelligen dürften. Der Vorsteher des zuständigen eidgenössischen Departementes bemerkte [92], die Verfügung erlaube zu eliminieren «au fur et à mesure des possibilités et sans dommages trop graves (sc. für die Aviatik) ... tous les avions ... (sc. die unter die Verfügung fallen) qui produisent un bruit considéré comme insupportable». Dies ist also der Maßstab, und prävalierend ist das Interesse, die Aviatik möglichst wenig zu behelligen.

Das Störungspotential der einzelnen Maschine ist bedeutend, der Flugbetrieb

---

[87] Art. 132. Gestützt auf Art. 54 Abs. V hat man 1972 solche Beschränkungen mäßigen Umfangs auch für die Flughäfen Zürich-Kloten und Genf-Cointrin vorgesehen. Für Zürich siehe BBl. 1972 I 1133. Die für Zürich getroffenen Einschränkungen werden vielfach als ungenügend eingeschätzt; der Kantonsrat hat demgemäß Beschluß gefaßt, NZZ Nr. 191 vom 25. April 1972. Einmal mehr hat man das Interesse der Bevölkerung an Ruhe dem Interesse der Aviatik hintangestellt. Ein eidgenössischer Parlamentarier aber meint, die sog. Nachtflugverbote richteten sich gegen die Charterflüge und damit gegen den «Volksflugverkehr», NZZ Nr. 466 vom 6. Oktober 1972.

[88] Art. 47 Abs. IV, 47a, 51 lit. f, 60 Abs. II, 63, 135; 54 Abs. IV lit. c, 62 Abs. IV lit. b; 129, 132, 133. Siehe auch vorn § 24 II F.

[89] AS 1972, 521.

[90] AS 1971, 1168.

[91] Angabe des Zürcher Stadtrates, NZZ Nr. 551 vom 25. November 1971; Kritik von WALTER ROHNER, Mit dem Kampf gegen den Fluglärm Ernst machen, Neue Zürcher Nachrichten vom 23. Oktober 1971. — Nach anderer (amtlicher) Information wären es nicht 10 %, sondern nur etwa 8 % der Kleinflugzeuge, die von der Verfügung erfaßt werden.

[92] StenBull. StR 1971, 581.

sehr intensiv und infolgedessen das *Ausmaß der Belästigung* der Bevölkerung durch Fluglärm sehr groß. Im Jahre 1969 wurden in der Schweiz ohne Segelflug 1 062 784 zivile Flugbewegungen (d. h. Starts oder Landungen) gezählt[93], in Zürich-Kloten 1968 allein im kommerziellen Verkehr 84 498. Bern-Belpmoos kam 1971 auf rund 100 000 Flugbewegungen[94], ganz überwiegend Sport-, Schulungs-, Rund- und andere Privatfliegerei. Zur Zeit bestehen in der Schweiz (samt Basel-Mülhausen) 65 zivile Flugplätze, nämlich 9 konzessionierte [301] Flughäfen und 56 Flugfelder (d. h. Kleinflugplätze, insbesondere für Sportflieger, auch für Helikopter), dazu kommen bis zu 48 Gebirgslandeplätze[95]. Ende 1959 waren es erst etwas über 50 zivile Flugplätze[95a]. Vereinzelt stehen überdies Militärflugplätze der privaten Fliegerei offen. Die Schweiz mit ihrer überaus dichten Besiedelung weist übermäßig viele — zu viele — Flugplätze auf, und zwar, so vernimmt man, mehr (proportional gesehen) als alle andern Länder Europas und die USA[96]. Zu beredten Klagen gibt die Sportfliegerei Anlaß[97]. Zwei Parlamentarier aber erklären: «Erziehung zum Flugsport» sei «sinnvolle Freizeitgestaltung», der Flugsport habe sich zu einem «eigentlichen Volkssport» entwickelt[98]. Unsere Behörden protegieren die Sportfliegerei, weil sie für die Schulung künftiger Verkehrs- und Militärpiloten unentbehrlich sei[99]. Die Wirklichkeit sieht anders aus. In den letzten Jahren konnten in der vom Bund finanziell unterstützten und vom Aero-Club durchgeführten fliegerischen Vorschulung[100] von je rund 330 neu eintretenden Schülern ganze rund 10 als Linienpilotenanwärter und rund 25 bis 30 zur Ausbildung als Militärflieger übernommen werden. Das Rendement ist also dürftig. Zudem kann man ohne fliegerische Vorbildung direkt in die Schweizerische Luft-

---

[93] BBl. 1971 I 146 f., 268.
[94] NZZ Nr. 71 vom 11. Februar 1972.
[95] Eine zum Teil überholte Liste BBl. 1966 II 848; dazu BBl. 1972 II 1077 (neue Gebirgslandeplätze).
[95a] Expertenbericht 149.
[96] MERZ 203.
[97] MERZ, passim.
[98] StenBull. NR 1971, 1554, 1555. — Siehe vorn N. 23.
[99] So in der Debatte (die auch bezüglich der Fehleinschätzung der Gebirgsfliegerei aufschlußreich ist) StenBull. StR 1971, 578 ff., 590 f. Der Vorsteher des einschlägigen eidgenössischen Departementes (StenBull. NR 1971, 637): «... nous devons conserver la faculté de nous mettre au service de la jeunesse, de pouvoir l'aider lorsqu'il le faut à aménager une place d'atterrissage d'entraînement dont elle a absolument besoin.» Die unter verschiedenen Titeln praktizierte Subventionierung der Sportfliegerei (N. 23, 100) kommt auf eine gegen Art. 4 BV verstoßende Privilegierung einer einzelnen Sportart hinaus.
[100] BB über die Förderung des fliegerischen Nachwuchses vom 3. Oktober 1958, AS 1959, 46. Die Kosten der fliegerischen Vorschulung beliefen sich im Jahre 1970 auf Fr. 926 408 (Staatsrechnung der Schweizerischen Eidgenossenschaft 1970, 78). Jetzt soll das System noch bekräftigt werden durch eine Revision des BB vom 3. Oktober 1958: Botschaft des Bundesrates vom 24. April 1972, BBl. 1972 I 1145.

verkehrsschule, die Ausbildungsstätte für Verkehrspiloten[101], eintreten; also ist die eben erwähnte fliegerische Vorschulung [302] hiefür unnötig. 1970 hatten denn auch von 71 in diese Schule in Vorkurse aufgenommenen Kandidaten 46 gar keine fliegerische Vorbildung und nur 11 eine solche aus der offiziellen fliegerischen Vorschulung. Diese ist folglich überwiegend Leerlauf und dient dazu, auf Staatskosten die Schar der Sportflieger zu vergrößern, die zur Verlärmung des Landes beiträgt. Befremdlicherweise werden somit Leute für die Ausübung einer Liebhaberei, die zahlreiche Mitbürger stört, mit öffentlichen Mitteln zubereitet. Das geschilderte System der fliegerischen Vorschulung sollte durch ein anderes ersetzt werden. Desgleichen ist die in LFG Art. 101 Abs. III (Fassung vom 17. Dezember 1971) vorgesehene Möglichkeit der Subventionierung von Sportflugplätzen zu beseitigen.

Der Betrieb der *privaten Fliegerei* ist nicht nur auf privaten, sondern auch auf öffentlichen Flugplätzen rechtswidrig im Sinne der Art. 684/679 ZGB, soweit er übermäßig lärmig ist; denn die Immissionen sind bei einem öffentlichen Flugplatz in betreff der privaten Fliegerei nicht durch die dem öffentlichen Flugplatz für den *öffentlichen* Betrieb erteilte Konzession der Widerrechtlichkeit entkleidet[102]. Es ist unerläßlich, wo nötig, durch neue gesetzliche Bestimmungen die Errichtung von Helikopterlandeplätzen für Privatpersonen zu verhüten: Geschäftsleute und Geschäftsfirmen beginnen, solche anzulegen, Landhausbesitzer werden folgen. Die Auswirkungen drohen angesichts der Lautheit der Helikopter unannehmbar zu werden, wenn sich diese Tendenz ausbreitet[103].

[303] Obwohl in der *Verkehrsfliegerei* gewisse Lärmminderungen erzielt und noch zu erwarten sind, ist die Prognose nicht günstig, schon wegen der Zunahme

---

[101] Gleicher Erlaß wie soeben N. 100; BRB über die Schweizerische Luftverkehrsschule vom 19. Juni 1964, AS 1964, 565. Diese Schule belastete den Bund 1970 mit Fr. 4 656 039 (gleicher Beleg wie in N. 100).

[102] EDUARD GROB, Die Enteignung für Anlagen, Einrichtungen und Vorkehren der Bodenorganisation nach dem BG über die Luftfahrt vom 21. Dezember 1948 (Diss. Bern 1962) 81, 83; OFTINGER, Lärmbekämpfung als Aufgabe des Rechts 123 ff.

[103] Anders denkt der Vorsteher des zuständigen eidgenössischen Departementes (StenBull. SR 1971, 585): Der Helikopter sei in den Alpen «le mulet idéal des temps modernes». Mit diesem Argument wollte der Redner die strikte Limitierung der Zahl der Gebirgslandeplätze bekämpfen. Der Helikopter, dieses hier als ideal bezeichnete Fluggerät, verwirklicht indes gerade in den Alpen mit ihren Tälern und Kesseln ein peinlich effizientes Störungspotential, das insbesondere mit der Kurortruhe nicht vereinbar ist. Aus einem ärztlichen Attest, das sich auf die Stationierung eines Helikopters in einem Kurort, von wo aus er Rundflüge ausführte, bezieht: «Die Feriengäste machten in härtesten Worten der Empörung Luft mit Drohung der Abreise, ja mit Drohungen von Schadenersatzprozessen. Ganz allgemein wurde die Beeinträchtigung der Ferienruhe, wie sie heute nötiger ist denn je, gerügt. Die Patienten meiner Heilstätte wurden in grober Weise durch den Flugbetrieb gestört, der Heilungsplan beeinträchtigt und damit schlußendlich auch den Patienten gesundheitlich geschadet.» Das Attest liegt dem Verfasser vor. Das Geschehnis datiert aus der Zeit vor dem Inkrafttreten der heute geltenden relativen Beschränkungen der Gebirgsfliegerei. Das Störungspotential des Helikopters ist jedoch nach wie vor sehr groß.

des Verkehrs[104]. Die von der Internationalen Zivilluftfahrtorganisation (ICAO) auf internationalem Boden 1969 inaugurierten Verbesserungen[105] werden sich, sofern überhaupt, erst in Jahren voll auswirken und sind nach Auffassung des Schreibenden nicht ausreichend. Dafür sorgt schon das gegenläufige Interesse der Länder mit großer Flugzeugproduktion. In der *Kleinaviatik* fehlt es noch immer an wirkungsvollen Schalldämpfungsvorrichtungen, obwohl solche im Jahr 1962 dem eidgenössischen Parlament in aller Form in Aussicht gestellt worden sind[106]. Die Zahl der Flugplätze für die Kleinaviatik sollte stark herabgesetzt und jene der Großflughäfen nicht vermehrt werden: es sei einmal mehr an den in BV Art. 24[septies] enthaltenen Auftrag erinnert, mit dem die gegenteilige Haltung nicht vereinbar ist. Die Flughöhen (vor allem jene der Kleinflugzeuge und Helikopter) sind oft ungenügend[107]. Wie hoch z. B. Sportflugzeuge und Rundflieger fliegen sollten, um nicht ernstlich zu stören, zeigt eine jährlich bekanntgemachte Verfügung des Bundesrates, wonach Landgemeinden «nicht tiefer als 1500 Meter über Grund» überflogen werden dürfen[108]. Ein bedauerliches Kapitel ist die *Fliegerei im Gebirge*, der unersetzlichen Landschaft der Naturschönheit, die möglichst ein Raum der Unberührtheit, der Ungestörtheit und der Erholung sein sollte. Mit allen Mitteln müßte sie [304] geschützt werden. Statt dessen hat man, erstmals durch eine Gesetzesrevision von 1963 (LFG Art. 8), die expandierende Gebirgsfliegerei nur unzulänglich gehemmt, und unlängst hat der Gesetzgeber weiteres Entgegenkommen gezeigt[109]. Demgegenüber sollte man die kommerzielle und sportliche Ge-

[104] Näheres Botschaft des Bundesrates, BBl. 1971 I 159 ff., mit im Ergebnis wenig verheißungsvollen Angaben.
[105] Konferenz von Montreal, 1969: darüber der Bundesrat BBl. 1971 I 161 und 278/79; (Zeitschrift) Kampf dem Lärm 17, 122 ff.; Zeitschrift für Luftrecht und Weltraum-Rechtsfragen 19, 173 ff.; 20, 41 ff.; ferner HANS ACHTNICH, Zur Verminderung des Fluglärms, daselbst 19, 5 ff. — Die Konferenz hat eine *Empfehlung* an die Staaten zustande gebracht. Es «werden Jahre vergehen, bis sich diese Empfehlung voll auswirken wird», schreibt der Bundesrat a.a.O. Zudem müßte sich die Empfehlung auch auf schon in Betrieb befindliche Flugzeuge erstrecken, was nicht der Fall ist.
[106] Kommissionsreferent HUBER, StenBull. NR 1962, 812: «Wir (die Kommission) haben uns von einem Fachmann orientieren lassen, daß bereits die technischen Grundlagen zur Lärmbekämpfung weitgehend vorhanden sind und daß es nur eine Frage des nötigen Einsatzes auch von oben her ist, damit diese Lärmbekämpfungsmaßnahmen in die Praxis eingeführt werden.» Nach sachkundiger Auskunft fehlt es am Willen, solches «von oben her» durchzusetzen — heute noch, nach zehn Jahren.
[107] Über diese Höhen die revVVO zum FLG Art. 131 und die N. 89 zit. Verkehrsregeln Art. 18, 60, 65.
[108] NZZ Nr. 252 vom 25. April 1969.
[109] Art. 8 LFG, Fassung vom 17. Dezember 1971, gegenüber Fassung vom 14. Juni 1963; VVO zum LFG, rev. 3. April 1964, Art. 65a ff. Dazu mein Artikel: Eine Revision des eidgenössischen Luftfahrtgesetzes, die gegen die Gebote des Umweltschutzes zu verstoßen droht, (Zeitschrift) Natur und Mensch Nr. 3/1971, 108 ff. Die aufschlußreichen Debatten über die Regelung von 1963 finden sich StenBull. NR 1962, 807 ff.; 1963, 1 ff.; StR 1963, 131 ff. Die damals mühsam errungenen Restriktionen wurden und werden von Promotoren der Aviatik bekämpft.

birgsfliegerei stark beschränken. Sie fördert wenige und beeinträchtigt viele. Sie verstößt gegen das Gebot des Umweltschutzes, zumal Luftfahrzeuge im Gebirge oft besonders laut erscheinen. Gewisse Verkehrsvereine, Gemeinde- und kantonale Behörden, die das Gebot der Schonung der Alpenwelt vor technischem Zugriff weder erkennen noch anerkennen wollen, möchten diesen Zweig der Aviatik vorantreiben, und das geltende eidgenössische Recht enthält schwache Dämme.

Nur *durchgreifende* Maßnahmen gemäß den Überlegungen vorn § 24 II könnten gegenüber der Behelligung durch den Fluglärm erhebliche Erleichterungen bringen. Möglichst viele Staaten sollten die Flugzeugindustrie *zwingen, viel* leisere Flugzeuge zu bauen, vielleicht vermöge ganz neuer technischer Konzeptionen. Wo und wie immer sinnvoll, müßte gemäß der Verpflichtung von Art. 24^{septies} BV ein Maximum an Anstrengungen zur Minderung des Fluglärms erbracht werden, auch wenn dies eingelebten Überzeugungen widerspricht und gegen etablierte Interessen verstößt.

Zusammengefaßt läßt sich sagen: Die Durchsicht der neuesten, auf die Zivilaviatik bezüglichen Gesetzgebung zeigt, daß hier, von allen Lärmquellen, die meisten Vorschriften zur Minderung des Lärms bestehen: Ergebnis größter Mühsale. Doch sind die Vorschriften vielfach zurückhaltend formuliert. Vor allem aber wird ihre Wirkung wegen der Ubiquität und Penetranz des Fluglärms und wegen der Kleinheit und dichten Besiedelung unseres Landes beschränkt bleiben, solange nicht *wesentlich* leisere Luftfahrzeuge geschaffen und allein noch verwendet werden dürfen. Die Bilanz ist somit — trotz relativ vieler punktueller Fortschritte — im ganzen nicht günstig[110]. [305] Auf die besonders lärmintensive *Militäraviatik* kann nicht eingegangen werden. Sie ist stellenweise so sehr zur Plage geworden (im Rhonetal z. B. bestehen fünf Militärflugplätze), daß ein Parlamentarier vorschlägt, wenigstens die Überschallflüge über das Meer und in fremde unbewohnte Gebiete zu verlegen[111]. Warum nur diese Flüge?

3. Arbeitsgesetz Art. 6 (sog. Umgebungsschutz)

Diese Bestimmung verpflichtet den Arbeitgeber als Inhaber eines Betriebes, der dem Gesetz untersteht (Art. 1 ff.), dazu, «zum Schutze der Umgebung des Betriebes vor schädlichen und lästigen Einwirkungen» — also u. a. vor Lärm — Maß-

---

[110] Über technische und organisatorische Aspekte der Entwicklung des Fluglärms und seiner Bekämpfung neben der zit. Stelle BBl. 1971 I 159 ff. aus der unübersehbaren Literatur verschiedene neuere, dem Laien zugängliche Arbeiten: (Zeitschrift) Kampf dem Lärm, u. a. 16, 130 ff., 133 ff., 149 ff., 161 ff., 171 ff.; 17, 1 ff., 8 ff., 20 ff.; Zeitschrift für Lärmbekämpfung 15, 79; Expertenbericht 143 ff.; BÜRCK/GRÜTZMACHER/MEISTER/MÜLLER, Fluglärm (Gutachten, Göttingen 1965); über die physikalischen und technischen Seiten (neben juristischen) die Arbeit von REICHENBACH.
[111] BODENMANN, StenBull. StR 1971, 480 f.

nahmen zu treffen, deren Umfang die Vorschrift näher begrenzt. Die Bestimmung kann, bei tunlicher Durchsetzung, heilsam wirken. Wie weit dies der Fall ist, läßt sich anhand des dem Verfasser vorliegenden Materials nicht beurteilen. Die Vorschrift ist, neben Handwerks- und Industriebetrieben u. a. m., grundsätzlich auch auf Baustellen anwendbar. Sie schließt konkurrierende kantonale und kommunale Bestimmungen nicht aus (Art. 71 lit. c). Es ist hier nicht der Ort, sie näher zu erörtern, und ebenso wenig den Lärmschutz der Arbeitnehmer [112].

4. Weisungen des Bundesrates an die Verwaltung

Mit Kreisschreiben vom 10. Mai 1960 [113] hat der Bundesrat die ganze Bundesverwaltung sowie die SBB und PTT angewiesen, in jeder [306] Hinsicht das Anliegen der Lärmbekämpfung zu berücksichtigen. Wie weit dies geschehen ist und weiter geschieht, kann man von außen schwer beurteilen: sicher zum Teil, aber nicht durchwegs. Sonst hätte es z. B. nicht zu den überaus lärmigen Baumethoden kommen dürfen, die man bei der Errichtung eines Bahntunnels innerhalb einer Stadt angewandt hat und die zu bitteren Klagen Anlaß gaben [114]. Es fehlt der von der eidgenössischen Expertenkommission für Lärmbekämpfung vorgeschlagene Delegierte (oder eine Zentralstelle) für Lärmbekämpfung, der u. a. die Aufgabe gehabt hätte, diese Weisungen rigoros durchzusetzen [115]. Die Verwaltung hat sich erfolgreich hiegegen gewehrt [116]. Gegen die Weisungen des Bundesrates verstieße es z. B., wenn die PTT die Postbüros mit Dauer-Musikberieselung versehen würde, was sie zur Zeit prüft [117]; störender, weil unerwünschter Schall ist Lärm (vorn § 24 I). Wenn es stimmt, daß ein großer Rangierbahnhof neu in Betrieb genommen worden ist, der zu unzumutbaren Belästigungen führt und angemessene Schutzmaßnahmen fehlen [118], dann hat man die Weisungen ebenfalls übergangen; desgleichen, wo immer eine Baustelle des Bundes zu laut ist. Die Baunormenverfügung

---

[112] Aus der, was den Lärm anbelangt, nicht ergiebigen Literatur: R. CANNER/R. SCHOOP, Arbeitsgesetz (Zürich 1968); KARL WEGMANN, Der Umgebungsschutz nach dem Arbeitsgesetz, Festschrift *Walther Hug* (Bern 1968) 193 ff.; ERWIN BITTERLI, in Kommentar *Hug* 89 ff. Insbesondere den Lärmschutz der Arbeitnehmer erfaßt Art. 36 der VO III zum Arbeitsgesetz vom 26. März 1969; dazu, lakonisch, die vom Bundesamt für Industrie, Gewerbe und Arbeit herausgegebene Schrift Gesundheitsvorsorge und Unfallverhütung in industriellen Betrieben, Ausgabe 1972, 92 f.
[113] Abgedruckt Expertenbericht 344 ff.
[114] Dazu Expertenbericht 289/90: Laut einer Weisung der SBB sind «lärmarme Baumethoden ... vorzuziehen, wenn dies wirtschaftlich verantwortet werden kann». Wieviel wert ist demgegenüber die Ruhe ungezählter Anwohner? Wieviel ihre Nervenkraft und Gesundheit? Man erinnere sich an das vorn N. 7 angeführte Arztzeugnis und den andern dort genannten medizinischen Beleg.
[115] Expertenbericht 43/44, 318 f.
[116] BBl. 1966 I 623.
[117] NZZ Nr. 19 vom 12. Januar 1972.
[118] NZZ Nr. 416 vom 7. September 1971.

des Eidgenössischen Verkehrs- und Energiewirtschaftsdepartements vom 1. Juli 1970 [119] nennt keine bei Bauten des Bundes zu berücksichtigenden Normen zum Schutz gegen Schall, obwohl die Eidgenössische Materialprüfungsanstalt schon damals Richtlinien für die Schallisolation ausgearbeitet hatte [120] und das Kreisschreiben des Bundesrates ausdrücklich verlangt, es sei auf genügende Schallisolation zu achten. Ob dies auch so der Fall ist, bleibe dahingestellt.

B. Bundesverfassung Art. 24[septies]

Die ad hoc zu erlassende Ausführungsgesetzgebung zu dieser neuen, vom Volk am 6. Juni 1971 mit überwältigendem Mehr beschlossenen [307] Verfassungsbestimmung zu behandeln, gehört nicht zum Thema des vorliegenden Aufsatzes [121]. In der eventuellen Festsetzung allgemeiner Grundsätze des Umweltschutzes und im Erlaß von Gesetzen über bisher vom Bund nicht erfaßte Gebiete erschöpft sich aber der Sinn der Bestimmung:

> «Der Bund erläßt Vorschriften über den Schutz des Menschen und seiner natürlichen Umwelt gegen schädliche oder lästige Einwirkungen. Er bekämpft insbesondere die Luftverunreinigung und den Lärm»

— nicht. Sondern der Artikel bezieht sich auch auf die vorhandenen Gesetze der verschiedenen Sachgebiete, z. B. des Straßenverkehrs und der Luftfahrt [121a]. Daraus folgt, daß *die ganze bestehende und künftige Gesetzgebung des Bundes auf das Ziel der neuen Verfassungsbestimmung auszurichten ist.* Anders bliebe diese ein Torso. Das drastisch positive Abstimmungsresultat und damit der Wille des Gesetzgebers kann nur als Auftrag auch hiezu verstanden werden. Wo immer es sinnvoll ist, hat man, wo Immissionen in Frage stehen, durch Vorschriften aller Stufen

---

[119] AS 1970, 873.
[120] Siehe die bei N. 141 zit. VVO vom 22. Februar 1966.
[121] Dazu vorläufig Botschaft des Bundesrates, BBl. 1970 I 761. Vgl. auch hinten 5. Abschnitt 1. Kapitel; RENÉ RIGOLETH, Das Recht im Kampf gegen die Luftverschmutzung (Zürich 1973) 54 ff.
[121a] Dies bestätigt die Debatte der neuen Verfassungsbestimmung im Parlament der Sache nach: Es war ausdrücklich von der Anwendung des Art. 24[septies] z. B. auf Motor- und Luftfahrzeuge die Rede, StenBull. NR 1970, 578 ff., StR 1970, 406 ff., bes. NR 1970, 582, 584, 589, StR 1970, 411 ff. Explizit in dieser Hinsicht ist der Berichterstatter für die Verfassungsvorlage, BRATSCHI, in der Debatte über die Revision des LFG, StenBull. NR 1971, 1422: «Wir haben beim Verfassungsartikel (sc. 24[septies]) ausdrücklich festgestellt, daß die jeweiligen Umweltschutzgedanken in den Gesetzen der betreffenden Sachgebiete verwirklicht werden sollen, z. B. das Luftlärmproblem im Luftfahrtgesetz...»; sinngemäß gleich derselbe Votant StenBull. NR 1971, 656. Der Bundesrat bemerkt in seinen Richtlinien der Regierungspolitik 1971 bis 1975 soviel (BBl. 1972 I 1058): Neben einer «umfassenden und wirksamen» Ausführungsgesetzgebung zu BV Art. 24[septies] seien «verschiedene bestehende Bundesgesetze, die sich auf umweltbeeinflussende Gebiete beziehen, zu revidieren und mit geeigneten Vorschriften zum Schutz unseres Lebensraumes auszustatten».

auf deren Verminderung hinzuwirken, und selbstverständlich auch beim Vollzug[122]. Demgemäß sind z. B. die Vorschläge des Expertenberichts von 1963 daraufhin durchzusehen, ob sie — entgegen den kräftigen Abstrichen, die der Bundesrat in seinem hiezu 1966 [308] erstatteten Bericht vorgenommen hat[123] — nicht doch zu verwirklichen, ja auf Grund der seitherigen Entwicklungen auszubauen sind.

Alle Forderungen, die der Verfasser in seinen Darlegungen aufgestellt hat und die den betroffenen Gegeninteressenten als übertrieben vorkommen werden, lassen sich mit BV Art. 24^{septies} begründen, also, um Beispiele in Erinnerung zu rufen, das Begehren, das Führen von Motorfahrrädern mit 14 Jahren nicht mehr zuzulassen, sukzessive strengere Lärmgrenzen für die Motorfahrzeuge vorzuschreiben und den Kampf gegen den Fluglärm stark zu intensivieren. Andere Anregungen: die Motorschlitten (Snowmobiles) generell zu verbieten; die von der SUVA gestützt auf KUVG Art. 65bis, 65ter und 68[124] zu treffenden Lärmschutzmaßnahmen zu verstärken, z. B. bezüglich der überaus lärmigen Baumaschinen, die zu Kraftwerksbauten im Gebirge eingesetzt werden.

Für den Verfasser steht fest, daß eidgenössische Behörden bereits mehrmals wider den neuen Verfassungsartikel gehandelt haben:
– Das Parlament durch den Erlaß einzelner lärmfördernder Bestimmungen bei der Revision des LFG vom 17. Dezember 1971, z. B. in betreff der Gebirgsfliegerei und der Subventionierung von Sportflugplätzen[125].
– Der Bundesrat mit seinem Antrag, durch Revision des Art. 9 SVG schwerere Lastwagen zuzulassen[126]. Die gegenteiligen Behauptungen in der Botschaft, die Vorlage sei umweltfreundlich, stimmen nicht. Das Parlament hat denn auch die vornehmlich auf wirtschaftlichen Überlegungen beruhenden Vorschläge abgeschwächt[127].
– Der Bundesrat, der Sache nach und potentiell (d. h. sofern, was anzunehmen, sich eine zusätzliche Verlärmung breiter Landstriche ergeben hätte) durch seine präjudizielle Unterstützung des Projektes eines bernischen Großflughafens im

---

[122] Zum Beispiel ist Art. 42 des NSG, wo die Kantone verpflichtet werden, bei den Bauarbeiten Schutzmaßnahmen gegen unzumutbare Belästigungen der Anwohner zu ergreifen, soweit bekannt, nicht durchwegs (falls überhaupt) verwirklicht worden; siehe BGE 93 I 303/04. Es ist Sache des Bundes, zum Rechten zu sehen.
[123] BBl. 1966 I 621 ff.
[124] Gemäß BG vom 20. Dezember 1962 und zugehöriger VO vom 27. August 1963, AS 1963, 271, 758 (Versicherung der Lärmschwerhörigkeit); BBl. 1962 II 685 f.
[125] Vorstehend § 25 III A 2 und näher die N. 109 zit. Arbeit in: Natur und Mensch.
[126] BBl. 1971 I 1373 ff.
[127] BG vom 9. März 1972, AS 1972, 1605.

Großen Moos[128], gegen das [309] sich, wie man liest, 65 Gemeinden mit rund ¼ Million Einwohnern, darunter die Stadt Biel, vehement wehren[129]: insbesondere wegen des zu erwartenden Lärms. Für diese Einschätzung des Vorhabens genügt, gleichgültig ob und wo der Lärm *excessiv* sein würde, daß noch ein Teil mehr des Mittellandes davon bedroht wäre, mit einer Lärmdecke überzogen zu werden.

So hart dies klingt, so läßt sich doch die Feststellung nicht vermeiden: Die Behörden haben in diesen Fällen gehandelt, wie wenn es in der Verfassung hieße: «Der Bund fördert den Lärm.» Man darf, was die Verwirklichung der neuen Verfassungsbestimmung anlangt, an die evidente Einsicht erinnern, daß man den Pelz nicht waschen kann, ohne ihn naß zu machen.

Für den Verfasser ist nicht ausgemacht, daß aus Art. 24^{septies} nicht doch, durch Interpretation, ein Grundrecht des Bürgers herauswachsen wird. Ein solches ausdrücklich in die Verfassungsbestimmung aufzunehmen, hat man seinerzeit abgelehnt[130].

§ 26 ERGÄNZENDE BEMERKUNGEN ÜBER DAS POLIZEIRECHT UND EINIGE VERWALTUNGSRECHTLICHE BEHELFE

Die bisherigen Darlegungen betreffen überwiegend das *Polizeirecht*. Als allgemeiner Natur, ist hiefür vorab § 24 aktuell. Für Weiteres darf der Verfasser auf frühere Schriften verweisen[131]. Folgendes [310] sei noch hervorgehoben. Die generelle Polizeiklausel genügt grundsätzlich als Legitimation für ein Einschreiten gegen Lärm, wo eine spezielle Vorschrift fehlt[132]. Neben die oder anstelle der Belästigung als Kriterium für behördliches Eingreifen[133] sollte immer mehr die

---

[128] Darüber (gedruckt erschienener) Bericht über das Problem eines Berner Flugplatzes vom 23. Februar 1972, hg. von der Direktion für Verkehr, Energie- und Wasserwirtschaft des Kantons Bern 33 ff. — In dem Bericht Näheres über das Vorhaben. Eine vernichtende Kritik des Berichts und des Projektes entwickelt ein ehemaliger Sektionschef des Eidgenössischen Luftamtes: E. STECK, Wie viele Flughäfen braucht die Schweiz? in der Zeitung Der Bund Nr. 208 vom 5. September 1972. Der Große Rat des Kantons Bern hat nunmehr — nachdem diese Abhandlung längst geschrieben war — das Projekt für lange Jahre beiseite gelegt, NZZ Nr. 455 vom 29. September 1972.
[129] NZZ Nr. 198 vom 28. April 1972.
[130] BBl. 1970 I 778.
[131] Lärmbekämpfung als Aufgabe des Rechts 42 ff.; ZBJV 100, 111 ff.; Einige aktuelle Probleme der Lärmbekämpfung ... (Zeitschrift) Lärmbekämpfung 10, 80 ff.
[132] OFTINGER, Lärmbekämpfung als Aufgabe des Rechts 44; JÖRG PAUL MÜLLER (zit. vorn N. 17) 200 ff.; KATARINA SAMELI, Freiheit und Sicherheit im Recht (Diss. Zürich 1969) 124/25; ROLF R. DÜRR, Die polizeiliche Generalklausel (Diss. Zürich 1967) 60 ff. und passim (mit Betonung der allgemeinen Problematik); aus der Judikatur sind wichtig SJZ 61, 307 und 68, 187.
[133] Vorn § 24 I; BGE 87 I 364; SJZ 61, 307.

Vermeidbarkeit treten[134]. Sie umfaßt die Verminderbarkeit des Lärms. Jedoch sollten auch unvermeidbare Immissionen, wenn sie als übermäßig oder lästig widerrechtlich sind, verhindert werden. Maßgebend ist jedoch der Gesetzestext. Dieser bedarf gegebenenfalls der entsprechenden Ausgestaltung. Jene Kriterien können je nachdem innerhalb des Bereichs des Ermessens wirksam werden. Als lehrreiche Beispiele eines schließlich erfolgreichen behördlichen Eingreifens und seiner Begründung seien zur Einsichtnahme empfohlen: die Entscheide SJZ 61, 306 (den Zeitglockenschlag betreffend), SJZ 68, 187 (Baulärm — Rechtsanspruch auf behördlichen öffentlich-rechtlichen Immissionsschutz) und SJZ 67, 191 (Lärm und andere Immissionen einer Fabrik). Das letztere Judikat stellt geradezu ein Pandämonium dar, das keinen Einzelfall darstellt (konkretes Vorgehen gegen Lärm ist den Behörden oft zuwider): schlechter Wille des Emittenten; bedenkliches Versagen lokaler Behörden in zwei Instanzen; Verschleppung der Sache während fünf Jahren; sachgemäße Beurteilung erst durch die letzte Instanz. Diese bejaht die *Pflicht* der Gemeinde einzuschreiten. Der erste Entscheid räumt mit einigen typischen Ausflüchten auf[135].

Ein wirksames Mittel präventiver Lärmabwehr wäre die sog. *Typenprüfung* von Fahrzeugen, Maschinen und Geräten, wie man sie von den Motorfahrzeugen her kennt (SVG Art. 12). Nur vorweg geprüfte Produkte, die ein bestimmtes Maß von Lärm nicht überschreiten, dürften überhaupt in Betrieb genommen werden. Der Bund denkt de lege ferenda an die Typenprüfung von Baumaschinen, Motorsägen [311] und Rasenmähern[136]. Der Gedanke bedarf der Verallgemeinerung, z. B. auf Motorboote, gewisse Haushaltgeräte und Lautsprecher. Der vorn § 24 II G geäußerte Gedanke, der Gesetzgeber solle dem Techniker vorausschauend Ziele setzen — hier sehr leise Produkte zu schaffen — läßt sich dadurch verwirklichen. Periodische Nachkontrollen sind erforderlich.

Einfache und hilfreiche Wege der Lärmbekämpfung, die den Steuerzahler meist nichts kosten und keine neuen Gesetze erfordern, stellen *Bedingungen* und *Auflagen* dar[137], z. B. in Konzessionen, Polizeibewilligungen (etwa in Baubewilligungen: bezüglich der Lärmverminderung[138]), Submissionsbedingungen, Subventionserlassen[139]. In Bahnkonzessionen erscheinen z. B. folgende Klauseln: «Soweit es

---

[134] So z. B. SVG Art. 42 Abs. I; VVO III zum ArbG vom 26. März 1969 (AS 1969, 561) Art. 36 Abs. I. Dazu BREUGST, Das Tatbestandsmerkmal «Gesundheitsgefährdung» im Lärmbekämpfungsrecht, (Zeitschrift) Kampf dem Lärm 15, 79; WIETHAUP 173 ff.

[135] Siehe die dem Entscheid beigegebene Glosse.

[136] BBl. 1966 I 630, 632; 1970 I 777.

[137] Darüber im allgemeinen ZACCARIA GIACOMETTI, Allgemeine Lehren des rechtsstaatlichen Verwaltungsrechts (Zürich 1960) 365 ff.; BGE 55 I 281; 79 I 199 f.; 88 I 215; 93 I 254.

[138] In der Stadt Zürich gegebenenfalls verwirklicht.

[139] Schon oft vorgeschlagen: SJZ 55, 121, 122 f.; ZBJV 100, 116/17, 118 f.; übergegangen in die bei N. 113 zit. Weisungen des Bundesrates und den Expertenbericht 320.

mit der Sicherheit des Betriebes vereinbar ist, hat die Konzessionärin die ihr zumutbaren Maßnahmen zur Verminderung des durch ihren Betrieb bedingten Lärms zu treffen [140].» Es hat bis 1966 gedauert, bis der Bund in der VVO II zum BG über Maßnahmen zur Förderung des Wohnungsbaues vom 22. Februar 1966, Art. 5 Abs. I [141], Schallisolation (Schallschutz) vorschrieb. Die Kantone werden, so ist zu befürchten, wohl meist nichts Entsprechendes vorgekehrt haben. Wo das *Gemeinwesen als Auftraggeber, Besteller* von Werken oder als *Käufer* auftritt, hat es es in der Hand, auf umweltfreundliche Arbeitsmethoden, Produkte usw. zu dringen [142]. Daß die *Verwaltung*, wo sie *selber* als Lärmproduzent auftritt, als Vorbild wirken sollte, ist selbstverständlich [143].

§ 27   SCHLUSSBEMERKUNGEN

[312] Es sei nochmals unterstrichen, daß sich, was das Bundesrecht anlangt, durch den Erlaß des *Art. 24^septies BV neue Dimensionen eröffnen*. Es ergeben sich nicht nur erweiterte Bundeskompetenzen, sondern diese Bestimmung stellt eine *völlig neue Tatsache* dar für die *bestehenden Gesetze*. Entsprechend dem Auftrag des Verfassungsgesetzgebers sind diese auszubauen und zu verschärfen, und das gleiche gilt für den Vollzug. Man muß auch die Konsequenz erkennen: daß es mehr und kundige Vollzugsorgane braucht.

Der Verfasser widmet diese Abhandlung dem Andenken des Bundesrates Dr. iur. Markus Feldmann (1897—1958) und dem Glarner Ständerat Dr. iur. Rudolf Stüssi, die sich im Jahre 1956 für das damals vorgelegte Gedankengut einer zeitgemäßen Lärmbekämpfung auf Grund rechtlicher Prinzipien und mit rechtlichen Mitteln gewinnen ließen und das Vorhaben überlegen vorantrieben: der zweite als Motionär in den eidgenössischen Räten, der erste als Vorsteher des Eidgenössischen Justiz- und Polizeidepartementes.

---

[140] BBl. 1972 I 686; siehe auch HANS-KASPAR STIFFLER, Verkehrssicherungspflicht für Skipisten, SJZ 67, 102; VVO zum LFG Art. 54 Abs. IV lit. c und Abs. V, 62 Abs. IV lit. b, 63 (Fassung vom 30. Oktober 1968).

[141] AS 1966, 456.

[142] Die Weisungen des Bundesrates vom 10. Mai 1960 (zit. bei N. 113) schreiben solches vor, der Expertenbericht 319/20 empfiehlt es allgemein, und die Verwaltung der Vereinigten Staaten ist gesetzlich verpflichtet, den gleichen Gedanken hinsichtlich abgasarmer Fahrzeuge zu verwirklichen, MÜLLER-STAHEL, Environmental Law 54.

[143] SJZ 55, 122.

KRITERIEN FÜR DIE BEWILLIGUNG EINES SPORTFLUGPLATZES *

Mit einem Ausblick auf den Umweltschutzartikel der Bundesverfassung

[137] Der Autor zeigt in einer kritischen Auseinandersetzung mit einem Rekursentscheid des Bundesrates die Normen und Kriterien auf, die bei der Bewilligung von Flugfeldern im Hinblick auf den Umweltschutz zu beachten sind.

Er befaßt sich namentlich mit den Schranken, die sich aus den Bestimmungen über den Gewässerschutz, den Normen zur Lärmbekämpfung und aus dem Umweltschutzartikel der BV ergeben. *Fo.*

I. AUSGANGSPUNKTE UND KRITERIEN IM ALLGEMEINEN

Den Anlaß zu diesen Ausführungen bietet ein Rekursentscheid des Bundesrates vom 5. September 1973, abgedruckt in Verwaltungspraxis der Bundesbehörden 37 (1973) Nr. 67, S. 88—97. Der Entscheid schützt letztinstanzlich die vom Aero-Club der Schweiz nachgesuchte und vom Eidgenössischen Luftamt erteilte Bewilligung, ein Flugfeld — in der meist den Sachverhalt treffenden Umgangssprache einen Sportflugplatz — zu errichten. Dieser Entscheid, dem ein zum gleichen Ergebnis gelangtes Erkenntnis der Vorinstanz, des Eidgenössischen Verkehrs- und Energiewirtschaftsdepartementes, vorangegangen war, stützt sich auf mehrere Argumente, die zum Teil unrichtig sind. Ein wesentliches fehlt zudem. Jedes dieser Argumente hätte, zutreffend gewürdigt, dazu führen müssen, die Bewilligung zu verweigern. Da Überlegungen anzustellen waren, die allgemeiner Natur sind, ähnliche Bewilligungsverfahren jederzeit in Gang kommen können und die Möglichkeit besteht, daß man den Entscheid von 1973 als präjudiziell ansehen wird, soll hier eine Prüfung erfolgen. Vorab wird ein Überblick über die Bewilligungskriterien im allgemeinen gegeben. Der Verfasser geht von den im Entscheid erörterten Gesichts-

---

* *Schweizerische Juristen-Zeitung 72 (1976), S. 137—145.*

Abkürzungen

dB(A) = Dezibel (Maß für Lautstärke)
KDL = Kampf dem Lärm (Zeitschrift)
LFG = BG über die Luftfahrt (Luftfahrtgesetz) vom 21. Dezember 1948
LFV = VVO zum LFG vom 5. Juni 1950 oder VO über die Luftfahrt vom 14. November 1973

punkten auf jene näher ein, für die er sich zuständig fühlt. Er behält sich vor, auch einige über das engere Thema hinausführende Bemerkungen anzubringen.

Zum *Tatbestand* soviel: Als Ersatz für ein Flugfeld X, dessen Weiterbetrieb untunlich erschien, wollte der Aero-Club ein Flugfeld Y errichten. Der Ort ist im Entscheid nicht angegeben. Das Eidgenössische Luftamt erteilte die Bewilligung mit einigen vom Regierungsrat des Kantons verlangten Auflagen, die u. a. die Lärmbekämpfung und den Gewässerschutz betreffen. Die Auflagen zur Lärmminderung sind überaus bescheiden. Sie gehen viel weniger weit als die Einschränkungen des Betriebs eines Sportflugplatzes, die unlängst das Oberlandesgericht Düsseldorf, wie unter Ziff. III, a. E., zu erwähnen, verfügt hat[1]. Mehrere Gemeinden, der Naturschutzverein und ein Privater beantragten mittels ihrer an die erwähnten Instanzen gerichteten Rekurse erfolglos, die Bewilligung zu verweigern.

Flugfelder sind Flugplätze, die nicht dem öffentlichen Verkehr dienen. Dem öffentlichen Verkehr gewidmete Flugplätze heißen Flughäfen. Für sie bedarf es [138] einer Konzession, für Anlage und Betrieb der Flugfelder einer *Bewilligung des Eidgenössischen Luftamtes* (LFG 37). Das Nähere hierüber ist heute in der LFV von 1973[2] geregelt: Art. 31, 42 ff., ergänzt, was den Betrieb anbelangt, insbesondere durch Art. 92 ff. über die Lärmbekämpfung. Das Luftamt «erteilt die Bewilligung, wenn ... durch den Bau und Betrieb das öffentliche Interesse nicht beeinträchtigt wird, namentlich unter Berücksichtigung ... der Raumplanung, ... des Umweltschutzes sowie des Natur- und Heimatschutzes» (Art. 43 IV). Der Umweltschutz umfaßt auch die Lärmbekämpfung. «Die Anlage von Flugplätzen ist mit der Landes-, Regional- und Ortsplanung abzustimmen» (Art. 33 II). Zur Zeit des Rekursentscheides vom 5. September 1973 galt noch die mehrfach erneuerte LFV von 1950 (was die hier einschlägigen Fragen anlangt, namentlich revidiert am 30. Oktober 1968[3]). In diesem Zusammenhang ist dies unerheblich. Auch diese frühere LFV (Art. 47 ff., 129 ff.) sah die Berücksichtigung des Anliegens der Lärmbekämpfung vor und allgemein die Möglichkeit, wegen Beeinträchtigung «wichtiger öffentlicher Interessen» — u. a., doch «namentlich», wegen des «zu erwartenden Fluglärms» — die Bewilligung zu verweigern (Art. 60 II,

---

[1] Einschränkung des Flugbetriebs im schweizerischen Entscheid S. 89: «Der Forderung der Gemeinde, den Flugbetrieb an Sonntagen nicht vor 10 Uhr aufzunehmen und den Schulungsbetrieb an Sonn- und allgemeinen Feiertagen einzustellen, ist gebührend Rechnung zu tragen.» (Was heißt «gebührend»?) Wenig erfolgversprechend, weil zu unbestimmt, ist die Auflage: «Der Bekämpfung des Fluglärms ist volle Beachtung zu schenken.» — Es sei beigefügt, daß der letztinstanzliche Entscheid den Vorbehalt aufweist: «Die Betriebsbewilligung wird entschädigungslos entzogen, wenn der Betrieb des Flugfeldes überwiegende öffentliche Interessen, insbesondere die Verwirklichung einer optimalen Wasserversorgung oder sonst die künftige planmäßige Besiedelung der Region, beeinträchtigen sollte.» Daß hierin eine *contradictio in adiecto* liegt, wird der Leser später erkennen.
[2] AS 1973, 1856.
[3] AS 1968, 1341.

Fassung 1968). Letzteres sei im Hinblick auf die Ausführungen Ziff. III unterstrichen.

Die angeführten Bestimmungen enthalten mithin *Kriterien* für die Erteilung oder Verweigerung einer Flugfeldbewilligung. Es ist selbstverständlich, daß über die im LFG und in der LFV direkt genannten Kriterien hinaus sich solche aus der übrigen Rechtsordnung ergeben können. So zog der Rekursentscheid von 1973 den Raumplanungsartikel der BV, 22^{quater} Abs. III, heran. Nach dieser Vorschrift muß der Bund «in Erfüllung seiner Aufgaben die Erfordernisse der Landes-, Regional- und Ortsplanung» berücksichtigen. Zu jenen Aufgaben des Bundes gehört die Prüfung der Voraussetzungen für die Erteilung einer Flugfeldbewilligung[4]. Heißt das Volk in der noch ausstehenden Abstimmung das BG über die Raumplanung vom 4. Oktober 1974 gut, so ist näher auch dieses Gesetz heranzuziehen (etwa, mit verschiedener Tragweite, Art. 1, 4, 7, 10, 14, 15, 17, 18, 22), ferner die auf Grund des neuen, vom 7. Dezember 1975 datierten Wasserwirtschaftsartikels der BV, 24bis, zu schaffende Gesetzgebung sowie die bestehenden Erlasse über den Gewässerschutz: BG über den Schutz der Gewässer gegen Verunreinigung vom 8. Oktober 1971 und Ausführungserlasse[5]. Die Erlasse über Natur- und Heimatschutz können aktuell werden: Art. 24^{sexies} Abs. II BV («Der Bund hat in Erfüllung seiner Aufgaben das heimatliche Landschafts- und Ortsbild, geschichtliche Stätten sowie Natur- und Kulturdenkmäler zu schonen und, wo das allgemeine Interesse überwiegt, ungeschmälert zu erhalten»), Art. 2 lit. b und Art. 3 (namentlich Abs. II lit. b) des BG über den Natur- und Heimatschutz vom 1. Juli 1966. Darnach können oder müssen die Behörden des Bundes nach näher umschriebenen Maßgaben Konzessionen und Bewilligungen aus Gründen des Natur- und Heimatschutzes «nur unter Bedingungen oder Auflagen erteilen oder aber verweigern[6]». Dies gilt auch für Flugplätze. Nach Art. 2 der VVO vom 27. Dezember 1966 zum Natur- und Heimatschutzgesetz wirkt die Eidgenössische Natur- und Heimatschutzkommission an der Behandlung dieser Fragen mit, und nach der Praxis werden gegebenenfalls einschlägige private Organisationen zur Vernehmlassung eingeladen: so der Schweizerische Alpen-Club und Organisationen des Natur- und Landschaftsschutzes. Art. 12 des Gesetzes vom 1. Juli 1966 gibt gewissen privaten Organisationen, den Gemeinden und Kantonen das Beschwerderecht ge-

---

[4] Siehe hiezu die parallele Umschreibung der Aufgaben des Bundes in den nachstehend erwähnten Erlassen (BV und Gesetz) über Natur- und Heimatschutz. Was dort gilt, gilt auch hier.

[5] Hiezu der eingangs zitierte Rekursentscheid 90 ff.

[6] Hiezu: Bezüglich des — der Anlage eines Flugfeldes parallelen — Problems der Errichtung von touristischen Transportanstalten (Luftseilbahnen und dergleichen) siehe PFENNINGER bei *Müller-Stahel*, Schweizerisches Umweltschutzrecht (Zürich 1973) 81 ff., mit wenig ermutigenden Angaben über die Praxis der Behörden.

gen Verfügungen von Bundesbehörden. Unter den für die Bewilligung eines Flugfeldes in Betracht fallenden Erlassen und Bestimmungen (die für die Einzelheiten einzusehen sind) sticht jetzt der Umweltschutzartikel der BV, 24^{septies}, hervor, wovon unter Ziff. V eigens die Rede sein soll [7]. Diese Aufzählung von Kriterien und Erlassen ist nicht abschließend.

Wichtige der allgemeinen, zum Teil eben geschilderten Kriterien sind, zusammen mit der Generalklausel des gegenläufigen öffentlichen Interesses, in den zitierten Art. 43 IV und 33 II der LFV, Fassung 1973, vorweg aufgeführt. Ausgeklammert sei die Bewilligung für Gebirgslandeplätze (LFG 8, LFV von 1973 Art. 50 ff.).

II. GEWÄSSERSCHUTZ

Der Rekursentscheid von 1973 behandelt ausführlich das Kriterium des Gewässerschutzes (S. 90—93). Das geplante Flugfeld sollte, mehr oder weniger, in das Gebiet einer für später vorgesehenen Anlage für «Grundwasseranreicherung» zu liegen kommen, was — wie der Entscheid festhält — «für das Grundwasser (ein) erhöhtes Risiko» schafft: «Treibstoffunfall», «vom Bau und Betrieb eines Flugfeldes ausgehende schleichende Kontamination des Grundwassers» u. a. m. (Beizufügen [139] wäre der Absturz eines Luftfahrzeugs mit Auslaufen des Treibstoffes.) Doch handle es sich um eine «sehr ungewisse und entfernte Gefahr», die sich durch geeignete Vorkehrungen «ganz wesentlich vermindern» lasse usw. Deshalb gelangte der Bundesrat zur «Auffassung, daß es eine sachlich nicht unbedingt (!) gebotene und deshalb zu große Härte darstellen würde, wenn in Fällen wie dem vorliegenden Gesuche um die Bewilligung von Flugfeldern aus Gründen des Gewässerschutzes abgewiesen würden». Darauf näher einzugehen, ist der Verfasser nicht kompetent. Nehmen wir an, der Optimismus der Rekursinstanz sei durch die Tatsachen gerechtfertigt. Immerhin sei eine längst postulierte, aber keineswegs ins allgemeine Bewußtsein gedrungene Hauptmaxime des Menschen- und des Umweltschutzes in Erinnerung gerufen: *In dubio pro securitate* [8]. Dann sei darauf hingewiesen, daß der Verfassungs- und Gesetzgeber mehrmals die Schutzbedürftigkeit gerade der Anlagen zur Anreicherung von Grundwasser betont hat: so u. a. in BV Art. 24bis Abs. I lit. a (Wasserwirtschaftsartikel von 1975), in Art. 18 Abs. II lit. b des Raumplanungsgesetzes von 1974 («Schutzgebiete, wo mit

---

[7] Die einschlägigen Erlasse (auch weitere als eben vermerkt) finden sich abgedruckt und mit Verweisungen versehen in der Gesetzessammlung: Das Umweltschutzrecht des Bundes, herausgegeben von MÜLLER-STAHEL/RAUSCH/WINZELER (Zürich 1975). Man sehe das Inhaltsverzeichnis und das Sachregister ein.
[8] OFTINGER in der Festschrift: Die Rechtsordnung im technischen Zeitalter (Zürich 1961) 29.

Rücksicht auf ... die Grundwasseranreicherung keine Vorkehren getroffen werden dürfen [!], welche die Gewässer verunreinigen oder sonstwie beeinträchtigen»), in Art. 31 des Gewässerschutzgesetzes von 1971. Bemerkenswert eine Agenturmeldung [9]:

> «Der Regionalrat des Planungszweckverbandes Olten-Gösgen-Gäu hat ... beschlossen, beim Bundesrat in einem Wiedererwägungsgesuch zu beantragen, auf die Bewilligung für das geplante Flugfeld Kestenholz zurückzukommen, weil sich in bezug auf den Grundwasserschutz neue Gegebenheiten ergeben hätten. Gegen das Flugfeld Kestenholz, das das Flugfeld Olten ablösen soll, ist aus der Bevölkerung der umliegenden Dörfer heftige Opposition gemacht worden.» — Kestenholz ist bei Oensingen, Kanton Solothurn, gelegen. Vier Gemeinden wehrten sich von Anfang an gegen das Flugplatzprojekt. Ob das Flugfeld Kestenholz mit jenem identisch ist, auf das sich der Rekursentscheid von 1973 bezieht, weiß der Verfasser nicht.

III. BELÄSTIGUNG DURCH FLUGLÄRM

Die Rekurrenten führen als Beschwerdegrund die befürchtete Belästigung durch den Lärm an. Für die einzelnen Ansätze sei auf den Rekursentscheid, 93 ff., verwiesen. Dies ist der klassische Klagepunkt der Opposition gegen einen Flugplatz, solle dieser neu errichtet werden oder bestehe er schon. Auch dieses Argument weist der Bundesrat zurück. Man habe während 12 Flügen Messungen von Fluggeräuschen veranstaltet und eine «Bandbreite (der Lautstärke) von 50 bis 59 Dezibel» festgestellt, bei 3 Flügen 60 bis 64 und bei 1 Flug 68 bis 70 Dezibel (= dB). Als präjudiziell wird ein früherer Entscheid des Bundesrates angeführt, wonach ein Lärm von 70 dB und mehr eine Belästigung darstelle.

> «Diese sei für das öffentliche Interesse an der Vermeidung von Lärm relevant. Jedoch handle es sich ‚nicht um einen Lärm, der in jedem Falle wegen Beeinträchtigung wichtiger öffentlicher Interessen verhindert werden müßte'.»

Die Beurteilung des Lärmkriteriums stützt sich beim strittigen Flugfeld (ohne daß dies ausdrücklich gesagt wird) auf den unter Ziff. I nach N. 3 hervorgehobenen Art. 60 II LFV, Fassung 1968; heute gilt Art. 43 IV LFV 1973. Um ein endgültiges Urteil *in concreto* zu fällen, müßte man die Verhältnisse genau kennen. Dies trifft für den Verfasser nicht zu. Keineswegs aber genügen die angeführten 12 Flüge und die Dezibelzahlen des Rekursentscheides, um das Lärmargument auszuschalten. Was an dieser Stelle möglich, das ist: allgemeine Überlegungen anzustellen, die Erfahrungen mit anderen Sportflugplätzen in Rechnung zu stellen, daraus Erkenntnisse abzuleiten, die über den Rekursfall hinaus Bedeu-

---

[9] NZZ Nr. 115 vom 22. Mai 1975.

tung beanspruchen. Die Basis für eine Einschätzung der Situation wird dadurch viel breiter als im Rekursentscheid. Um das Ergebnis vorwegzunehmen: der Verfasser wagt den Schluß, daß Belästigung in einem Ausmaß zu erwarten war, daß die Bewilligung hätte verweigert werden müssen. Die Argumente liefern die anschließenden Ausführungen. Der Schluß stützt sich zudem wesentlich auf die Überlegungen hinten Ziff. V. Daraus läßt sich folgern, daß der Umweltschutzartikel der BV mit seinem imperativen Auftrag, den Menschen gegen schädliche und lästige Einwirkungen zu schützen — mehr zu schützen als bisher —, den Behörden bei der Beurteilung der Lärmbelästigung die Pflicht auferlegt, einen strengeren Maßstab für die Bewilligung von Flugfeldern anzuwenden als früher üblich und anscheinend im Rekursentscheid angewandt. Um Klarheit zu schaffen: Beweisen läßt sich ein Schluß wie der eben vorweggenommene nicht. Aber es lassen sich Indizien beibringen, die seine Richtigkeit mit *der* Wahrscheinlichkeit, die hier möglich ist, einsehbar machen.

Ansatzpunkt ist die *Belästigung*. Eine Belästigung beachtlicher Intensität und Häufigkeit reicht aus, den Flugbetrieb je nach den Umständen (darüber später Näheres) als unannehmbar und damit unzumutbar erscheinen zu lassen[10]. Dies sollte genügen, die Bewilligung gemäß den zitierten Vorschriften der LFV zu verweigern. Über die Belästigung vom allgemeinen Standpunkt aus soviel (es seien hier, wie andernorts, Stellen im Wortlaut angeführt, weil der Leser sie meist nicht zur Verfügung haben wird):

[140] «Die wohl wichtigste und verbreitetste Lärmwirkung ist die Belästigung durch verschiedenartigste Störgeräusche ... Sie stellt ... in jedem Falle eine Störung des Wohlbefindens dar. — Begrifflich kann Belästigung als Empfindung von Ärger, Unmut, Verdruß, Unbehagen beschrieben werden, die dann eintritt, wenn Geräusche in die Privatheit des Menschen, sein Territorium, seine Gedanken, Aktivitäten oder Stimmungen eindringen.» «Häufige Belästigungen durch Lärm, also häufige Störungen des Wohlbefindens, können zu Nervosität, möglicherweise zu vegetativen Störungen führen ... Die Vermeidung der Belästigung durch Lärm muß ... auch ohne Nachweis von Krankheit der Leit-Maßstab für eine befriedigende Lärmbekämpfung sein; denn zweifellos muß das Recht des Menschen auf eine Lebensqualität anerkannt werden, die seinem Bedürfnis nach Wohlbefinden Rechnung trägt.»

So Prof. KLOSTERKÖTTER (Universitäts-Klinikum Essen), ein anerkannter medizinischer Lärmforscher[11].

Der Verfasser ist so wenig, wie die Urheber des Rekursentscheides des Bundesrates dies sein werden, Mediziner oder Akustiker. Doch meint er, die folgenden

---
[10] OFTINGER, Lärmbekämpfung als Aufgabe des Rechts (Zürich 1956) 15 und passim; derselbe in dem vorne N. 6 zit. Sammelwerk von *Müller-Stahel* 275; Belege (statt vieler) der Sache nach in den folgenden Mitteilungen sowie nachstehend N. 40.
[11] KDL 1972, 118; daselbst 1973, 114; Universitas 1973, 894/95.

Aussagen machen zu dürfen. Einmal: «Eine Veränderung des Schallpegels um 10 dB wird subjektiv als Halbierung bzw. Verdoppelung der Lautheit empfunden [12].» Dann: Ein Geräusch, das bei Tage um mehr als 5 dB und bei Nacht um mehr als 3 dB das Lärmniveau der Umgebung überragt, gilt als wirkliche Belästigung [13]. Sogenannte Grenzrichtwerte zieht der Rekursentscheid nicht heran. Sie wären ohnehin nicht entscheidend.

> «Lärm-Grenzrichtwerte haben den Sinn, Grundlagen zum Schutz von Gesundheit und Wohlbefinden des Menschen zu bilden. — Für die Behörden sind Grenzrichtwerte ein Hinweis, wo und wann Maßnahmen und Eingriffe erforderlich sind [14].»

Mit Grenzrichtwerten operiert man z. B., um lang andauernde Geräusche wie den Straßenlärm zu erfassen; die dem Verfasser bekannten passen für die Störung durch einen Sportflugplatz nicht ohne weiteres [15]. Indes mögen die viel verwendeten Grenzrichtwerte der Eidgenössischen Expertenkommission für Lärmbekämpfung [16] als Beispiel zitiert werden. Sie betragen für die ruhige Wohnzone tags, im offenen Fenster gemessen, 55 dB für das Grundgeräusch, 65 für häufige Spitzen, 70 für seltene Spitzen. Als wünschbar bezeichnet sind je 10 dB weniger. Wünschbare Grenzrichtwerte haben gemäß der Zürcher Sonderkommission (soeben N. 12) Bedeutung für die Planung, mithin auch für die Umgebung eines projektierten Sportflugplatzes. Man darf Klagen über Belästigung, gerade durch Flugzeuge, nicht als «subjektiv» oder als «nur psychologischer» Art abtun. Sonst verkennt man «völlig, daß sich menschliches Leiden wesentlich über die psychische Dimension manifestiert [17]». Wie an anderer Stelle näher ausgeführt [18], beruht, in der Sicht des Juristen, die Einschätzung des Lärms auf einer Wertung. Um eine Wertung als objektiv und damit durchschlagend anzusehen, genügt ein verbreiteter Konsens in der Beurteilung. Besteht ein solcher, negativer, unter den vom Lärm eines Flugplatzes Betroffenen, so *ist* mithin dieser Lärm lästig, unzumutbar und grundsätzlich zu verhindern. Wie noch zu belegen, sind Klagen über Sportflugplätze besonders häufig und lebhaft. Auch im strittigen Fall wehrten sich mehrere Gemeinden mit größtem Nachdruck; sie empfanden den Lärm demnach als unzumutbar. Dies hätte, unbekannte durchschlagende Gegenargumente vor-

---

[12] Bericht einer «Sonderkommission für den Immissionsschutz an Straßen», erstattet dem Regierungsrat des Kantons Zürich am 1. Dezember 1973. — Das Faktum ist allgemein bekannt und eine Standardfeststellung im Bereich der Lärmbekämpfung.
[13] GRANDJEAN, Universitas 1968, 420/21.
[14] So die eben erwähnte Zürcher Sonderkommission.
[15] Hiezu sinngemäß KLOSTERKÖTTER in KDL 1976, 5.
[16] Bericht «Lärmbekämpfung in der Schweiz» (Bern 1963) 62 ff.
[17] KLOSTERKÖTTER in KDL 1974, 104.
[18] OFTINGER in dem vorne N. 6 zit. Sammelwerk von *Müller-Stahel* 283 f.

behalten, genügen sollen, das Projekt aus Gründen des Umweltschutzes abzulehnen (siehe die erwähnten Art. 60 II LFV revidiert 1968, Art. 43 IV LFV 1973), zumal eben unter Berücksichtigung der hinten unter Ziff. V anzustellenden Überlegungen. Dieser Auffassung über die Bedeutung eines verbreiteten Konsenses steht nahe jene des Vorentwurfes der Expertenkommission für ein BG über den Umweltschutz vom 18. Dezember 1973, Art. 3 [19]: «Eine Einwirkung gilt auch als beeinträchtigend, wenn sie nach Erfahrung und allgemeinem Urteil lästig ist.»

Im Lichte dieser Überlegungen erweisen sich — wie vorweg bemerkt — die im Rekursentscheid für «zulässig» erachteten Dezibelzahlen, namentlich die grundsätzliche Limite von 70 dB, nicht als schlüssig. Dabei ist, was im Rekursentscheid nicht geschehen, in Erwägung zu ziehen, daß das Geräusch von Kleinflugzeugen sehr oft als besonders unangenehm empfunden wird; daß der Bundesrat in seinem Entscheid *Art und Umfang des Betriebs auf dem umstrittenen Flugplatz überhaupt nicht in Rechnung stellt* (es gibt von Sport- und anderen Privatfliegern benützte Flugplätze mit oft intensivem Betrieb von morgens bis abends, einen großen Teil des Jahres hindurch, bei geeignetem Wetter); daß der Bundesrat nicht den Einsatz sehr lauter Flugzeugtypen ausschließt, nicht einmal lauterer als bei der Messung eingesetzt wurden; daß Sportflieger in der Zeit, da der Bürger sich erholen will (über Mittag, am Feierabend, am Wochenende, an Feiertagen), besonders störend wirken; [141] daß es vor dem Fluglärm (anders als z.B. oft vor dem Straßenlärm) kein Entrinnen gibt: weder im Haus noch im Garten, nicht in Erholungsgebieten, die im Bereich der Flugtätigkeit liegen [20]. Dies alles übergeht der Rekursentscheid.

Anders das Publikum: wie man liest, haben sich die Luftfahrtbehörden wesentlich häufiger «mit Klagen über den Lärm von Kleinflugzeugen zu befassen ... als mit Beschwerden über den Lärm von Großflugzeugen oder von Luftfahrzeugen der Flugwaffe [21]». Hier Beispiele: Der Arzt eines Dorfes, das, neben andern Dörfern, vom Lärm betroffen ist, welcher von einem Sportflugplatz ausgeht, weist auf die Klagen der Bevölkerung hin. Diese hat mit überwältigender Mehrheit der Stimmbürger ein Protestschreiben an den Regierungsrat beschlossen, natürlich ohne merkbaren Erfolg. Der Arzt weist auf die Beschwerden von Schichtarbeitern hin, die sich über Tag nicht auszuruhen vermögen. Sie fordern Schlafmittel. Für gewisse körperliche und andere Schäden von Patienten konnte der Arzt «keine

---

[19] Abgedruckt bei MÜLLER-STAHEL/RAUSCH/WINZELER (zit. vorne N. 7) 285.
[20] Über die unzulänglich berücksichtigte Schutzbedürftigkeit von Erholungsgebieten OFTINGER in dem N. 6 zit. Sammelwerk von *Müller-Stahel* 280 f.
[21] STALDER (ehemaliger hoher Funktionär des Eidgenössischen Luftamtes) in: Lärmbekämpfung, Referate des 8. Internationalen Kongresses für Lärmbekämpfung der AICB, in Basel (Zürich 1974) 176.

andere Erklärung finden als den Fluglärm²². Aus einem Leserbrief über den von einem im Gebirge gelegenen Flugplatz ausgehenden Betrieb von Sportflugzeugen und Helikoptern sei festgehalten: es würden «viele Einwohner und Feriengäste fast an jedem Schönwettertag des Jahres von frühmorgens bis zum Eindunkeln in ihren Wohnungen, auf Spaziergängen und Wanderungen bis weit in die Nebentäler hinein durch Fluglärm behelligt ... stundenlanges nervenaufreibendes Schnarren und Sägen²³». Diese Beschwerden seien hier, als *pars pro toto*, statt ungezählter anderer vermerkt, über die Belege bestehen²⁴.

Der Umfang potentieller Belästigung eines Teils der Schweizer Bevölkerung — insbesondere der näheren und weiteren Nachbarschaft von Flugplätzen — ergibt sich einmal aus deren übersetzter Anzahl (darüber anschließend Ziff. IV), und dann aus der Statistik der Flugbewegungen (Starts oder Landungen) im Privatflugwesen, um allein dieses zu berücksichtigen: vorab Sportfliegerei, Flugschulung und Rundflüge. Im privaten Motorflug betrug laut Statistischem Jahrbuch 1975 das Total der Flugbewegungen im Jahr 1955 184 732, 1965 575 306, 1974 940 197. Die Anzahl der Privatflugzeuge (das sind insbesondere die von den Sportfliegern benützten) stieg von 1955 bis 1974 von 256 auf 841.

Man halte jetzt neben all diese Feststellungen nochmals die Dezibelzahlen des Rekursentscheides und die Schlüsse, die die Instanz daraus gezogen hat. Sie sind offenbar angesichts der evidenten Belästigung, die die Kleinaviatik zu verursachen in der Lage ist, unhaltbar. Es braucht wohl kaum ins Licht gestellt zu werden, welches der Sinn der über andere Sportflugplätze und die verbreitete Belästigung durch solche gemachten Angaben ist: Rückschlüsse auf das strittige Flugfeld und auf andere ähnliche Fälle nahezulegen.

Die hier geäußerte Ansicht über die belästigenden Einwirkungen von manchen Sportflugplätzen erfährt eine gewisse Bestätigung durch eine in der Bundesrepublik Deutschland durchgeführte «sozialpsychologische Studie²⁵». Sie wurde von behördlicher Seite angeregt, betraf vier als Musterobjekte ausgewählte «Landeplätze» für den nicht gewerblichen Luftverkehr, also Flugfelder in der schweizerischen Terminologie, und beruht insbesondere auf 398 im April 1975 nach be-

---

[22] Dr. med. X in einer der Aviatik gewidmeten Sondernummer des Appenzeller Tagblatts vom Mai 1975. — Der Bundesrat spricht hinsichtlich eben des Fluglärms in anderem Zusammenhang vom «Anspruch auf Ruhe, Gesundheit und ein möglichst ungestörtes Dasein», VPB 1975 Nr. 35, 104.

[23] NZZ Nr. 249/1974.

[24] Siehe weiter die eindrückliche Schilderung von MERZ in Festgabe *Oftinger* (Zürich 1969) 187 ff., besonders 200 ff., sowie OFTINGER in dem vorne N. 6 zit. Sammelwerk von *Müller-Stahel* 300/01. Über zahlreiche Probleme des Lärms, darunter des Fluglärms, dort 271 ff.

[25] Darüber ROHRMANN in KDL 1976, 6 ff. — Die «Soziopsychologische Fluglärmuntersuchung» von GRANDJEAN et al. vom Mai 1974 betrifft die Gebiete der Flughäfen Zürich, Genf und Basel, also die Einwirkungen von Großflughäfen, die dem Linienverkehr dienen.

kannten Methoden durchgeführten Befragungen Betroffener und auf Lärmmessungen. Diese ergaben Werte vorwiegend zwischen 45 und 80 dB (A). Als Ergebnis zeigte sich, daß ungefähr die Hälfte der Betroffenen den Flugbetrieb als Belästigung empfindet. Darf ein Staat sich unter diesen oder ähnlichen Umständen erlauben, neue Sportflugplätze zu bewilligen, um Gelegenheit zur Ausübung eines Sportes und anderer privater Aktivitäten, wie z. B. Rundflüge, zu geben? Dies selbst dann, wenn sich Gemeinden, sogar mehrere, oder zahlreiche Einwohner wehren? Es sei wieder an Art. 60 II LFV revidiert 1968 und Art. 43 IV LFV 1973 erinnert. Triftige Gründe bestehen hiefür nicht: nachstehend Ziff. IV.

Statt so tolerant zu sein wie in seinem Rekursentscheid, täte der Bundesrat besser, durch Strenge einen Druck auf die Flieger auszuüben, *endlich* — und mit der Zeit ausschließlich — *leise Flugzeuge zu verwenden*. Verbesserungen gegenüber früher gibt es (auch freiwillig von Fliegerklubs eingeführte), aber sie sind nicht durchschlagend und nicht allgemein, so lange man dies [142] auch fordert [26]. Eine Verfügung über die Bekämpfung des Fluglärms an der Quelle vom 16. Juli 1971 [27] sieht für Kleinflugzeuge gewisse Höchstgrenzen erlaubten Lärms vor («zugelassener Schallpegel in dB [A]»), doch sind diese Grenzen zu nachsichtig angesetzt. Man hat sie seinerzeit laut amtlicher Mitteilung so bestimmt, daß nur etwa 8 bis 10 % der damals im Betrieb befindlichen Maschinen sich als zu laut erweisen würden [28]. Eine Revision der Verfügung von 1971 ist im Gang. Betroffene Kreise haben, darüber befragt, eine ganz wesentliche Verschärfung gefordert, indem sie sich auf Art. 24[septies] BV beriefen.

Wie Grenzrichtwerte, so liefern *Messungen des Lärms* in Dezibel (auf die der Rekursentscheid abstellt), richtig betrachtet, nur Indizien, sie sind Hilfsmittel [29]. In einem bemerkenswerten Zivilurteil vom 14. Oktober 1974 [30] im Prozeß eines Nachbarn eines etwa 1 km entfernten Sportflugplatzes gegen den «Betreiber» dieser Anlage hält demgemäß das Oberlandesgericht Düsseldorf fest:

«Maßgeblich ist nicht eine objektiv meßbare physikalische Beschaffenheit des Geräusches (Lautstärke, Frequenzzusammensetzung), sondern die subjektive Lästigkeit für einen Durchschnittsbewohner des individuell betroffenen Grundstücks.» Gemäß der Rechtsprechung des deutschen Bundesgerichtshofes müsse der Richter sich «letzlich nur auf seine eigene Empfindung verlas-

---

[26] OFTINGER, Lärmbekämpfung als Aufgabe des Rechts (Zürich 1956 [!]) 95 ff.
[27] AS 1971, 1168.
[28] Näheres bei OFTINGER in dem vorne N. 6 zit. Sammelwerk von *Müller-Stahel* 300.
[29] Angaben bei OFTINGER in demselben Sammelwerk 282/83. — Zutreffend in verwandtem Zusammenhang WOLFF-ZURKUHLEN in KDL 1975, 36: «Alles klammert sich an Richtwerte und behandelt sie — wiederum zu Unrecht — als Rechtsanspruch des Geräuscherzeugers» (sc. so viel Lärm zu erzeugen, wie dem Grenzrichtwert entspricht).
[30] Abgedruckt KDL 1975, 168 ff. Über die Rechtskraft, die in diesem Zusammenhang nicht ausschlaggebend ist, ist nichts bekannt.

sen». Das Gericht sieht «als wesentliche Beeinträchtigung ... noch nicht die mit dem einzelnen Überflug eines Motorflugzeuges verbundene Geräuscheinwirkung an», sondern erkennt sie in «einer zu häufigen Wiederholung von Motorflugbewegungen im Verlauf der Starts vom Flugplatz der Beklagten». Demgemäß ordnete das Gericht folgende Beschränkungen des Flugbetriebs an: verboten sind an Samstagen, Sonntagen und gesetzlichen Feiertagen Starts mit Motorflugzeugen a) vor 8.00 und nach 20.00 Uhr, b) zwischen 12.00 und 15.00 Uhr, c) in den Stunden von 8.00 bis 12.00 und von 15.00 bis 20.00 Uhr, soweit es sich um mehr als fünf Starts innerhalb der einzelnen Stunde handelt.

Diese Urteilsmotive und dieses Urteilsdispositiv enthalten der Sache nach eine deutliche Kritik der dem schweizerischen Verfahren laut VPB 1973 Nr. 67 zugrunde liegenden Konzeption, und sie liegen in der Linie der Beanstandungen, die der Verfasser vorne geübt hat.

Ergänzend sei unterstrichen, daß im Bereich des Fluglärms eine Maxime des präventiven und repressiven polizeilichen Einsatzes gegen Ruhestörung vergessen wird: daß auch die Störung Einzelner Grund zum Einschreiten bieten kann: BGE 53 I 401; 87 I 364 u. a. m. Um so mehr gilt dies, wenn viele gestört werden.

Zusammengefaßt: Der Verfasser postuliert, die gesetzlichen Bestimmungen über die Bewilligung von Flugfeldern seien dahin zu verstehen, daß solche Anlagen gegen den Willen der Betroffenen nicht erlaubt werden dürfen. Was für die Errichtung, gilt für den Ausbau.

IV. FÖRDERUNG DES FLIEGERISCHEN NACHWUCHSES

Auf Seite 95 des Rekursentscheides VPB 1973 Nr. 67 liest man, der Bund habe (wie vorne unter Ziff. I erwähnt) bei der Erfüllung seiner Aufgaben — wozu die Prüfung der Voraussetzungen für die Bewilligung eines Flugfeldes gehört — die Erfordernisse der Raumplanung zu berücksichtigen. Weiter:

«Die zuständige Regionalplanungsgruppe wendet sich vor allem im Hinblick auf die kommende dichte Besiedlung des Gebietes mit Entschiedenheit gegen die Errichtung des Flugfeldes. Diese Stellungnahme ist nach der Auffassung des Delegierten für Raumplanung grundsätzlich zu respektieren [31].»

Dieses Argument schiebt der Entscheid beiseite:

«Allein die Auffassung der Regionalplanungsgruppe deckt sich im vorliegenden Falle nicht vollständig mit nationalen Belangen. Im Interesse der Luftwaffe und des Verkehrs hat der Bund für einen ausreichenden fliegerischen Nachwuchs zu sorgen. Eine Mindestzahl von Flugplätzen stellt hiefür eine unerläßliche Voraussetzung dar. Die Interessen der Regionalplanung kollidieren hier mit Bundesaufgaben, die im Bereich der Landesplanung zu berücksichtigen sind. Nicht nur der Bund hat die Regionalplanung zu beachten, sondern auch die regionalen Gruppen haben auf die Bundesaufgaben Rücksicht zu nehmen.»

Kriterien für die Bewilligung eines Sportflugplatzes

Mithin wird, wie wir wissen, die Bewilligung erteilt.

Diese Argumentation geht völlig daneben. Laut Bundesblatt 1974 II 191 ff. bestehen 38 Flugfelder (ohne nur im Winter benützte, ohne Helikopter-Flugfelder und einen Wasserflugplatz). Dazu kommen eine Reihe von Militärflugplätzen, die auch der Zivilfliegerei, besonders Sportfliegern, offenstehen [32], und konzessionierte Flughäfen, deren es total 9 gibt und von denen einige, nebst weiterer Privatfliegerei, einen sehr lebhaften Schulungsbetrieb aufweisen, wie z. B. neben anderen namentlich Bern-Belp und Grenchen. Da kann man doch [143] nicht (der Sache nach) behaupten, ein einzelner Flugplatz sei vom nationalen Interesse aus unentbehrlich und deswegen ein sonst nicht zu entkräftendes Gegenargument — die Raumplanung — beiseite schieben. Die Schweiz leidet nicht an Mangel an Flugplätzen, sondern hat deren zu viele, und sie sind oft nahe beieinander gelegen (z. B. Biel, Grenchen, Olten, Langenthal). Unser überaus dicht besiedeltes Land besitzt, proportional, mehr Flugplätze als alle anderen (in einer Übersicht erfaßten) Länder Europas und die USA [33]! Sie sind, was die Störung der Umwelt anlangt, zum Teil ungünstig gelegen.

Ebensowenig sticht das Argument der Förderung des fliegerischen Nachwuchses, für den der strittige Flugplatz erforderlich sein soll. Diese Förderung beruht auf einem BB vom 20. Dezember 1972, früher vom 3. Oktober 1958 [34]. Darnach führt der Aero-Club der Schweiz im Auftrag und zu finanziellen Lasten des Bundes Kurse durch, in denen junge Leute zu Piloten ausgebildet werden. Hierüber schrieb der Verfasser im Jahre 1973 [35]:

«In den letzten Jahren konnten in der ... fliegerischen Vorschulung von je rund 330 neu eintretenden Schülern ganze rund 10 als Linienpilotenanwärter und rund 25 bis 30 zur Ausbildung als Militärflieger übernommen werden. Das Rendement ist also dürftig. Zudem kann man ohne fliegerische Vorbildung direkt in die Schweizerische Luftverkehrsschule, die Ausbildungsstätte für Verkehrspiloten [36], eintreten; also ist die eben erwähnte fliegerische Vorschulung hiefür unnötig. 1970 hatten denn auch von 71 in diese Schule in Vorkurse aufgenommenen Kandidaten 46 gar keine fliegerische Vorbildung und nur 11 eine solche aus der offiziellen fliegerischen Vorschulung. Diese ist folglich überwiegend Leerlauf und dient dazu, auf Staatskosten die Schar der Sportflieger zu vergrößern, die zur Verlärmung des Landes beiträgt.»

---

[31] Über den Standpunkt der Regionalplanungsgruppe näher S. 90/91 des Entscheids.
[32] LFG 38 I.
[33] MERZ (zit. vorne N. 24) 203.
[34] AS 1973, 959; 1959, 46.
[35] In dem vorne N. 6 zit. Sammelwerk von *Müller-Stahel* 301/02.
[36] Gleiche Erlasse wie soeben N. 34; VO über die Schweizerische Luftverkehrsschule vom 22. November 1972, früher BRB vom 19. Juni 1964, AS 1972, 2746; 1964, 565.

Dem ist soviel beizufügen. Es gibt, nach einer Zusammenstellung von fliegerischer Seite, in der Schweiz wie Flugplätze so auch proportional mehr Flugzeuge als in anderen europäischen Ländern [37]. Die Zahl der zivilen Motorpiloten (ohne Linien- und Helikopterpiloten) nahm laut Statistischem Jahrbuch 1975 allein von 1965 bis 1974 von 3260 auf 5781 zu. Das Übermaß an Schulung zu Piloten, die nachher weder die Luftverkehrsunternehmen noch das Militär annehmen, könnte, so meint der Verfasser, durch andere Methoden der Auswahl vermieden oder gemildert werden. Einzelheiten spielen hier keine Rolle. Entscheidend ist, daß mit dem praktizierten System der Förderung des fliegerischen Nachwuchses zu viele junge Leute angezogen und ausgebildet werden, was dem Verlangen nach zu vielen Flugplätzen ruft. Diesen Zusammenhang betrachten die Beteiligten als selbstverständlich.

> Der Präsident einer großen Vereinigung von Motorfliegern klagte über den seiner Ansicht nach bestehenden Mangel an Flugplätzen: «Der Bund bilde diese jungen Leute mit großen Kosten aus, und nachher könnten sie ihren *Sport* nicht mehr weiter betreiben, weil in ihrer Nähe (!) kein geeigneter Flugplatz vorhanden sei [38].»

Das Gegenargument zur Kritik des Verfassers liegt bereit: man brauche eine möglichst große Anzahl von Anwärtern, um die tauglichen zu finden. Es entkräftigt die vorangehenden Feststellungen nicht und legitimiert nicht das arge Mißverhältnis zwischen der Zahl der durch die fliegerische Vorschulung zu Sportfliegern vorbereiteten und der Zahl der für die Verkehrsfliegerei und vom Militär übernommenen Absolventen der fliegerischen Vorschulung. Es liegen denn auch Aussagen von jungen Leuten vor, die Lust empfanden, das Fliegen zu lernen, sich aber sagten, sie wären töricht, dies ganz auf eigene Kosten zu tun, deshalb die fliegerische Vorschulung mitmachten, aber nie die Absicht hatten, Verkehrs- oder Militärpiloten zu werden.

Das in VPB 1973 Nr. 67 für die Ausräumung des Gegenargumentes der Raumplanung als durchschlagend verwendete Motiv des fliegerischen Nachwuchses ist mithin nicht schlüssig. Die Interessenvertreter werden — wie könnte es anders sein — die hier mitgeteilten Tatsachen anders interpretieren. Doch: über die wiedergegebenen Zahlen ist nicht hinwegzukommen.

Der Leser möge nicht einzelne Partien dieser Ausführungen als «unjuristisch» stigmatisieren. Es geht, im Rahmen des kritisierten Rekursentscheides, um Rechtstatsachen.

---

[37] NZZ Nr. 120/1973.
[38] Bericht in der Zürichsee-Zeitung Nr. 246/1966. Ähnlich NZZ Nr. 476/1970 — eine Äußerung seitens eines anderen Funktionärs eines Flieger-Clubs: «Viele Absolventen dieser Kurse bekommen Freude am Fliegen, das sie ... auf *sportlicher* Ebene weiter betreiben» (Hervorhebungen vom Verfasser).

V. DER UMWELTSCHUTZARTIKEL DER BUNDESVERFASSUNG

Der Rekursentscheid des Bundesrates VPB 37 (1973) Nr. 67 erwähnt Art. 24^septies BV mit keinem Wort. Und doch wäre hier ein entscheidendes Argument zu finden gewesen: gegen die Bewilligung des Flugplatzes. Abs. I der vom Jahre 1971 datierten Bestimmung lautet:

«Der Bund erläßt Vorschriften über den Schutz des Menschen und seiner natürlichen Umwelt gegen schädliche und lästige Einwirkungen. Er bekämpft insbesondere die Luftverunreinigung und den Lärm.»

[144] Die Vorschrift ist nicht hier zu erläutern [39]. Doch soviel sei festgehalten. Die *unmittelbare* Bedeutung des Artikels ist die, den Bund zu verpflichten, Vorschriften zu erlassen. Indes erschöpft sich der Sinn darin nicht. Die Bestimmung enthält eine grundlegende *Wertentscheidung*: sehr hoch eingeschätzte Bedeutung des Schutzes des Menschen und seiner natürlichen Umwelt, Schutz insbesondere (neben der Luftverunreinigung) vor Lärm [40]. Daraus fließt die *mittelbare* Bedeutung der Bestimmung. *Jene Wertentscheidung hat, wo immer aktuell, als Direktive zu dienen für die Lösung von Problemen — so für die Entscheidung von Interessenkollisionen —* dort, wo die bestehenden oder künftigen Gesetze einen Interpretationsspielraum lassen. Dies hat nicht explizit, aber — so darf man sagen: — der Sache nach das Bundesgericht getan in den Urteilen BGE 99 Ib 77 und namentlich 101 Ib 170: «Jede vermeidbare Luftverschmutzung ist im Zweifel grundsätz-

---

[39] Allgemeine Literatur (das folgende nicht behandelnd): bes. MÜLLER-STAHEL/RAUSCH in ZSR 94 I 35 ff. (1975); dann WEGMANN in ZBJV 107, 289 ff.; RIGOLETH, Das Recht im Kampf gegen die Luftverschmutzung (Diss. und im Buchhandel, Zürich 1973) 54 ff.; FLEINER, Rechtsgutachten über die Verfassungsmäßigkeit des Vorentwurfs zu einem BG über den Umweltschutz vom 18. Dezember 1973, Wirtschaft und Recht 1975 Nr. 3, 201 ff. (auch separat erschienen); OFTINGER in dem vorne N. 6 zit. Sammelwerk von *Müller-Stahel* 306 ff.

[40] Über die *allgemeine* Bedeutung dieses Ziels (ohne die im folgenden zu ziehende Konsequenz) Botschaft BBl. 1970 I 775 ff.; RIGOLETH, a.a.O. 55 ff.; MÜLLER-STAHEL in dem von ihm herausgegebenen, vorne N. 6 zit. Sammelwerk 548 ff.; MÜLLER-STAHEL/RAUSCH in ZSR 94 I 51 ff., 58 ff.; FLEINER, a.a.O. 219, 237. — Mißverständlich dagegen FLEINER 246: Ziel der Verfassungsnorm sei die Abwendung der Gefahr der *Schädigung* der Gesundheit des Menschen; bekämpfen solle ein Staat lediglich Gefahren, die sich schädlich auswirken können, entsprechend dem traditionellen (deutschen, nicht schweizerischen! Der Verfasser) Polizeibegriff (Hervorhebung vom Verfasser). Das Gegenteil trifft zu: Art. 24^septies erfaßt ausdrücklich auch *lästige* Einwirkungen (was FLEINER an anderer Stelle, 243 f., nicht entgangen ist). Deren Wesen ist in der Botschaft 776 einleuchtend umschrieben: «Die *lästigen* Einwirkungen kennzeichnen sich dadurch, daß sie die betroffenen Menschen in ihrem Dasein beeinträchtigen, ohne ihnen einen eigentlichen Schaden zuzufügen. Die Belästigungen können beim Menschen dazu führen, daß die Leistungsfähigkeit und die Lebensfreude, der Naturgenuß, das Gefühl der Ungestörtheit, das private Leben überhaupt beeinträchtigt werden. Darin liegt ein Angriff auf die Persönlichkeit und damit auf die Freiheit.» Wie MÜLLER-STAHEL/RAUSCH in ZSR 94 I 44 f. richtig hervorheben, weitet «der Verfassungsartikel ... den ursprünglichen engen Polizeibegriff aus.»

lich unrechtmäßig (Art. 24^septies BV).» Deutlich äußert sich der Bundesrat in einem *nach* dem Fall VPB 37 (1973) Nr. 67 gefällten Rekursentscheid vom 13. Februar 1974, abgedruckt VPB 39 (1975) Nr. 33, S. 94 ff. Der Bundesrat wägt ab einerseits die Interessen der motorisierten Verkehrsteilnehmer und anderseits jene eines Spitals, das vom Straßenlärm bedrängt wird und deshalb Verkehrsbeschränkungen fordert:

> «Zwar bleiben die Flüssigkeit und Leichtigkeit des Verkehrs bedeutsam; sie finden aber ihre Schranke an den Anforderungen des Umweltschutzes (in diesem Zusammenhange sei darauf hingewiesen, daß der *Gedanke des Umweltschutzes* und insbesondere jener der *Lärmbekämpfung* in Art. 24^septies BV seinen Niederschlag gefunden hat und damit zu einem der *Grundpfeiler schweizerischer Rechtsordnung* geworden ist ...)» (Hervorhebungen vom Verfasser).

Expressis verbis findet der eben vertretene Standpunkt des Verfassers Ausdruck in einem Urteil des deutschen Bundesgerichtshofes vom 20. März 1975 (NJW 1975, 1406):

> «Bei der Würdigung, welches Maß von Straßenlärm dem Eigentümer eines Wohngrundstückes entschädigungslos zugemutet werden kann, ist nunmehr die Wertentscheidung des Bundes-Immissionsschutzgesetzes für den Schutz von Wohngebieten vor schädlichen Umwelteinwirkungen zu beachten» (so die Zusammenfassung).

Diese im (polizeirechtlichen) Immissionsschutzgesetz vom 15. März 1974 enthaltene Wertentscheidung wendet das Gericht an auf einen u. a. gemäß BGB § 906 II zu entscheidenden Streitfall [41], der die Frage der Enteignungsentschädigung wegen Straßenlärms betrifft, und es verschärft wegen dieser Wertentscheidung seine frühere Praxis. Das Immissionsschutzgesetz war nicht direkt anwendbar [42].

Mit der Entnahme einer Wertentscheidung aus einer nicht direkt anwendbaren Norm des positiven Rechts, als Hilfe der Interpretation, steht man auf festem Boden; sie ist längst anerkannt [43]. Muß daran erinnert werden, daß das Bundes-

---

[41] BGB § 906 ist die nachbarrechtliche Vorschrift, die unserem Art. 684 ZGB entspricht.

[42] Bemerkenswert auch die folgende Stelle aus dem Urteil: «Die neue gesetzliche Regelung (des Immissionsschutzgesetzes) erstrebt eine Verbesserung des Umweltschutzes. Freisein von Krankheit und körperliches, seelisches und soziales Wohlbefinden setzen neben anderem bestimmte, dem Menschen gemäße Lebensbedingungen voraus. Hierzu gehören auch die den Lebensraum prägenden Umweltbedingungen.»

[43] Statt weiterer Autoren insbesondere GERMANN, Methodische Grundfragen (Basel 1946) 111: Auslegung «nach den in der positiven Rechtsordnung zum Ausdruck kommenden, ihr immanenten Wertungen». Derselbe, Probleme und Methoden der Rechtsfindung (2. A. Bern 1967) 87 ff.; OTTO SCHWEIZER, Freie richterliche Rechtsfindung intra legem als Methodenproblem (Basel 1959) 117 ff.; OFTINGER in ZSR 79 (1960) 659a; dann MEIER-HAYOZ im Berner Kommentar I (Bern 1962) Art. 1 N. 351; ZIPPELIUS, Einführung in die juristische Methodenlehre (München 1971) 62 (verschiedene dieser Autoren erwähnen ausdrücklich die Verfassung als Quelle der Wertentscheidung); wohl auch der sonst stark positivistisch denkende GIACOMETTI, Allgemeine Lehren des rechtsstaatlichen

gericht aus Art. 46 II BV, wo der [145] Bund für zuständig erklärt ist, gegen Doppelbesteuerung zu legiferieren, die bekannte immense Praxis über Doppelbesteuerung und ein verfassungsmäßiges Recht, nicht doppelt besteuert zu werden, abgeleitet hat? Diese Praxis stützt sich auf die in der Verfassungsbestimmung enthaltene Wertentscheidung, interkantonale Doppelbesteuerung sei unstatthaft; die Ausführungsgesetzgebung fehlt bis heute [44].

Hoffen wir, da der Gesetzgeber mit dem Vollzug auch von Art. 24^{septies} BV bereits säumig ist, es werde nicht in *dem* Umfang, wie bei der Doppelbesteuerung, Sache der Gerichte und administrativen Rekursinstanzen sein, aus jener Bestimmung Grundsätze abzuleiten [45].

Ergebnis der unter Ziff. V entwickelten These ist, daß auch die aus Art. 24^{septies} BV entnommene Wertentscheidung hätte dazu führen müssen, die Bewilligung für jenes streitige Flugfeld zu verweigern, *was auch für künftige ähnliche Fälle gilt;* dies analog dem besprochenen Rekursentscheid VPB 39 Nr. 33. Die genannte Wertentscheidung verstärkt überdies die Schlußfolgerungen der Untersuchungen Ziff. III und IV und müßte bei der Beurteilung der Frage der Gefahr einer Gewässerverschmutzung (Ziff. II) in Rechnung gestellt werden.

Verwaltungsrechts (Zürich 1960) 225. — Es sei ferner auf die Urteile BGE 82 II 302 und 86 II 376 hingewiesen, wo eine Wertentscheidung der Bundesverfassung als maßgebend für die Lösung privatrechtlicher Interessenkollisionen betrachtet wurde.

[44] Hiezu BURCKHARDT, Kommentar der BV (3. A. Bern 1931) 410; FLEINER/GIACOMETTI, Schweizerisches Bundesstaatsrecht (Zürich 1949) 168 f.

[45] Einsatz des Gesetzgebers — dies beiläufig — bedeutet hier nicht allein den eventuellen Erlaß eines eigenen Umweltschutzgesetzes, sondern vorab die Pflicht, die ganze bestehende und künftige Gesetzgebung des Bundes, soweit einschlägig, auf das Ziel der neuen Verfassungsbestimmung auszurichten; OFTINGER in dem vorne N. 6 zit. Sammelwerk von *Müller-Stahel* 307 ff., mit Belegen. Das aber heißt im Bereich der Immissionen, die Gesetzgebung zu verschärfen. Dies hätte längst durchgehend in Angriff genommen werden, wenn nicht schon geschehen sollen. Statt dessen findet man in den Richtlinien des Bundesrates für seine Regierungspolitik 1975 bis 1979 so gut wie nichts als leere Worte. Wohl aber ist konkret vom weiteren Ausbau der Flughäfen Genf, Zürich und Basel die Rede; BBl. 1976 I 500 f., 508. Das Bundesgericht seinerseits verbietet nächtliches Herdengeläut, indem es auf die Folge der «enormen Technisierung und Motorisierung» hinweist: «daß die Nervenkräfte des heutigen Menschen oft bis aufs äußerste beansprucht werden» (BGE 101 II 250). Quid de aviatione? so frägt man da. Daß die neuesten Revisionen luftrechtlicher Erlasse dem Umweltschutz bis zu einem gewissen Grade Rechnung tragen wollen, sei anerkannt. Doch genügen die Verbesserungen nicht.

VERÖFFENTLICHUNGEN VON KARL OFTINGER

Bücher

Von der Eigentumsübertragung an Fahrnis, Abhandlungen zum schweizerischen Recht NF Nr. 82 (Dissertation, Bern 1933).

Der Trödelvertrag. Prolegomena zu seiner Lehre (Habilitationsschrift, Zürich 1937).

Schweizerisches Haftpflichtrecht (Band I: 1. A. Zürich 1940, 4. überarbeitete und vermehrte A. Zürich 1975; Band II: 1. A. Zürich 1942; Band II/1: 2. überarbeitete und vermehrte A. Zürich 1960, 3. unveränderte A. Zürich 1970, Nachdruck Zürich 1977; Band II/2: 2. überarbeitete und vermehrte A. Zürich 1962, 3. unveränderte A. Zürich 1972).

Vom Handwerkszeug der juristischen Schriftstellerei (1. A. Zürich 1944, 5. überarbeitete A. Zürich 1974: Vom Handwerkszeug des Juristen und von seiner Schriftstellerei).

Kommentar zum Schweizerischen Zivilgesetzbuch. IV. Band: Sachenrecht. Abteilung 2/c: Das Fahrnispfand. Art. 884—918, mit ergänzender Darstellung der im Gesetz nicht geordneten Arten dinglicher Sicherung mittels Fahrnis (2. neu bearbeitete A. Zürich 1952).

Lärmbekämpfung als Aufgabe des Rechts. Ein kritischer Beitrag zur Behandlung der Immissionen und ähnlichen Einwirkungen im schweizerischen Zivilrecht, Polizeirecht und Expropriationsrecht (Zürich 1956).

Schweizerische Haftpflichtgesetze samt ergänzenden Bestimmungen. Sammlung der gebräuchlichen Erlasse mit Hinweisen (Zürich 1967).

Bundesgerichtspraxis zum Allgemeinen Teil des Schweizerischen Obligationenrechts, für das Studium ausgewählt und erläutert (1. A. Zürich 1969, 2. A. Zürich 1973).

Jurisprudence du Tribunal fédéral sur la partie générale du Code des obligations. Traduit de l'allemand par Raymond Jeanprêtre (Zürich 1970).

*

Revolution der Technik. Evolutionen des Rechts. Festgabe zum 60. Geburtstag von Karl Oftinger. Hrsg. von Max Keller (Zürich 1969).

Aufsätze

Die Bedingungen hinsichtlich der Eheschließung des Bedachten in einer Verfügung von Todes wegen, Zeitschrift des Bernischen Juristenvereins LXXI (1935) 153—174; 201—211.

Die Haftung des Bürgen für die gesetzlichen Folgen eines Verschuldens oder Verzugs des Hauptschuldners, in: Festgabe für Fritz Fleiner (Zürich 1937) 175—202.*

Über die Frage der Wünschbarkeit einer besonderen Regelung des Pfandrechts an Luftfahrzeugen, Archiv für Luftrecht VIII (1938) 113—151.

Gesetzgeberische Eingriffe in das Zivilrecht (Referat, Verhandlungen des Schweizerischen Juristenvereins 1938), Zeitschrift für Schweizerisches Recht NF 57 (1938) 491a—695a.

Rassegna di Giurisprudenza Svizzera in Tema di Diritto del Lavoro, Anni 1932—1937, Istituto Italiano di Studi Legislativi, Roma, XVII (1939) 141—190.

Einige grundsätzliche Betrachtungen über die Auslegung und Ergänzung der Verkehrsgeschäfte, Zeitschrift für Schweizerisches Recht NF 58 (1939) 178—209.*

Die krisenbedingte Veränderung der Grundlagen bestehender Verträge. Von der sog. Clausula rebus sic stantibus. Ein Überblick auf Grund bundesgerichtlicher Judikatur und inländischer Literatur, Schweizerische Juristen-Zeitung (SJZ) 36 (1939/40) 229—236; 245—249.*

Bericht über die schweizerische Rechtsprechung zum gewerblichen Rechtsschutz und Urheberrecht in den Jahren 1932—1937, Istituto Italiano di Studi Legislativi, Roma, XVIII (1940) 57—107.

Vom Beruf des Anwalts, SJZ 37 (1940/41) 8—11.

Über den Zusammenhang von Privatrecht und Staatsstruktur, SJZ 37 (1940/41) 225—230; 241—246.*

Die Haftpflicht des Landwirts im schweizerischen Recht, Internationale Zeitschrift für Agrarrecht 11 (1941) 29—40.

Über Bankgarantien, SJZ 38 (1941/42) 58—62.

Der soziale Gedanke im Schadenersatzrecht und in der Haftpflichtversicherung, SJZ 39 (1943) 545—551; 561—565.*

Das Rechtsverhältnis zwischen Arzt und Patient, Schweizerische Medizinische Wochenschrift 74 (1944) 195.

Die rechtliche Zulässigkeit der Publikation von Krankengeschichten zu psychiatrisch-wissenschaftlichem Zweck, Schweizer Archiv für Neurologie und Psychiatrie LIV (1944) 227—230.*

Fragen schweizerischer Rechtsliteratur und Rechtswissenschaft, SJZ 41 (1945) 349—355.

Rapport sur l'évolution récente de la responsabilité sans faute en droit suisse, Travaux de l'Association Henri Capitant II (1946) 263—277.*

Chronique de Droit Suisse (Bibliographie — Jurisprudence — Législation), Revue trimestrielle de droit civil 45 (1947) 229—245; 46 (1948) 253—256; 47 (1949) 308—325; 48 (1950) 242—253; 50 (1952) 292—307; 51 (1953) 418—428; 52 (1954) 390—402; 53 (1955) 395—405; 54 (1956) 431—442; 55 (1957) 421—432; 56 (1958) 324—330; 57 (1959) 398—410; 58 (1960) 381—389.

Deckung der von ausländischen Motorfahrzeugen verursachten Schäden, SJZ 43 (1947) 204—205.

Die Revision des Code civil français, SJZ 44 (1948) 307—309.

Die Vertragsfreiheit, in: «Die Freiheit des Bürgers im schweizerischen Recht», Festgabe zur Hundertjahrfeier der Bundesverfassung (Zürich 1948) 315—333.*

Le droit commercial et le droit civil dans la législation suisse. Colloques internationaux du Centre National de la Recherche Scientifique. Sciences humaines VI: L'unification interne du droit privé (Paris 1954) 31—46.

Handelsrecht und Zivilrecht. Monismus oder Dualismus des Privatrechts und seiner Gesetzbücher? SJZ 50 (1954) 153—163.*

Zum 50. Jahrgang der Schweizerischen Juristen-Zeitung, SJZ 50 (1954) 1—10.

L'assurance automobile obligatoire: Rapport sur le droit suisse, Travaux de l'Association Henri Capitant IX (1955) 243—254.

Die ungelesen unterzeichnete Urkunde und verwandte Tatbestände, in: «Aequitas und Bona Fides», Festgabe für August Simonius (Basel 1955) 263—272.*

Die «Berichtigungen» in der Sammlung der eidgenössischen Gesetze, SJZ 52 (1956) 311—314.

Gefahr für die Gefährdungshaftung, SJZ 52 (1956) 1—8.

Haftpflichtrecht und Persönlichkeitsrecht vor der neueren technischen Entwicklung, in: Festschrift für Friedrich List (Baden-Baden 1957) 120—128.*

Le régime matrimonial légal dans les législations contemporaines: Suisse, Travaux et Recherches de l'Institut de Droit Comparé de l'Université de Paris XIII (Paris 1957) 3—12.*

Die Haftung ohne Verschulden im schweizerischen Recht, in: Schweizerische Beiträge zum fünften internationalen Kongreß für Rechtsvergleichung (Zürich 1958) 51—62.*

Entwicklungen im Recht der Lärmbekämpfung, SJZ 55 (1959) 97—105; 117—124.

Les armes juridiques dans la lutte contre le bruit, note de jurisprudence, Journal des Tribunaux 108 (1960) 466—481.

Zur Jubiläumstagung des Schweizerischen Juristenvereins, SJZ 57 (1961) 265—267.

Punktationen für eine Konfrontation der Technik mit dem Recht, in: «Die Rechtsordnung im technischen Zeitalter», Festschrift zum Zentenarium des Schweizerischen Juristenvereins 1861—1961 (Zürich 1961) 1—34.*

Fünfzig Jahre Schweizerisches Zivilgesetzbuch, SJZ 58 (1962) 1—2.

Nationalstraßen und Immissionen, SJZ 58 (1962) 182—183.

Zur Phänomenologie des Automobilismus: Vom Schädigungspotential und anderen Wirkungen des Motorfahrzeuges und was sich daraus für rechtliche Folgerungen ergeben, SJZ 59 (1963) 198—202.*

Die Reform der deutschen Orthographie und die Juristen, SJZ 60 (1964) 4—8.

Lärmbekämpfung in rechtlicher Sicht, Zeitschrift des Bernischen Juristenvereins 100 (1964) 101—121.*

L'évolution de la responsabilité civile et de son assurance dans la législation suisse la plus récente, in: Mélanges offerts à René Savatier (Paris 1965) 723—737.*

Konfrontation der Technik mit dem Recht, in: «Technik im technischen Zeitalter», Stellungnahmen zur geschichtlichen Situation; hrsg. von Hans Freyer, Johannes Chr. Papalekas, Georg Weippert (Düsseldorf 1965) 247—270.

Überblick über die Problematik und einige Hauptpunkte der Interpretation, SJZ 63 (1967) 353—361.*

Dürfen Redaktionen ihnen übergebene Beiträge verändern? Presserechtliche Studie mit einer Nutzanwendung auf das Radio, SJZ 64 (1968) 17—24.*

Haftpflicht, Versicherung und soziale Solidarität bei der Wiedergutmachung von Schäden im schweizerischen Recht, Recueil de travaux suisses, 8e Congrès international de droit comparé (Basel 1970) 109—122.*

Motorisierte Schneefahrzeuge in rechtlicher Sicht, SJZ 67 (1971) 183—184.

Haftpflicht wegen Verunreinigung eines Gewässers. Die Haftpflichtbestimmung des neuen Gewässerschutzgesetzes, SJZ 68 (1972) 101—109.

Künstliche Beeinflussung des Wetters, künstliches Abschmelzen von Gletschern und von der Verfassung gewährleisteter Schutz der natürlichen Umwelt des Menschen, SJZ 68 (1972) 350—351.

Eine neue schweizerische Bestimmung über die Haftpflicht wegen Verunreinigung von Gewässern, Festschrift für Karl Larenz zum 70. Geburtstag (München 1973) 961—979.*

Betrachtungen über die laesio im schweizerischen Recht. Die Bestimmung über die Übervorteilung, insbesondere im Lichte neuerer Entwicklungen und Tendenzen, in: «Xenion», Festschrift für Pan. J. Zepos anläßlich seines 65. Geburtstages am 1. Dezember 1973. Hrsg. von Ernst von Caemmerer, Joseph H. Kaiser, Gerhard Kegel u. a. unter Mitarbeit von Th. J. Panagopoulos. Band II (Athen, Freiburg i. Br. u. a. 1973) 535—553.*

Lärmbekämpfung, in: Schweizerisches Umweltschutzrecht, hrsg. von Müller-Stahel u. a. (Zürich 1973) 271—312.*

Kriterien für die Bewilligung eines Sportflugplatzes. Mit einem Ausblick auf den Umweltschutzartikel der Bundesverfassung, SJZ 72 (1976) 137—145.*

*

In dieses Verzeichnis sind kleinere Beiträge, Mitteilungen, Nekrologe u. ä., die Karl Oftinger als Redaktor in der Schweizerischen Juristen-Zeitung veröffentlicht hat, sowie Zeitungsaufsätze nicht aufgenommen worden.

Die hier mit * bezeichneten Veröffentlichungen sind im vorliegenden Sammelwerk abgedruckt.